辽宁日报社
历史书系

1954—2024

辽宁日报史

本书编委会

编著

辽宁人民出版社

图书在版编目（CIP）数据

辽宁日报史 / 本书编委会编著 . -- 沈阳：辽宁人民出版社，2024. 9. --（辽宁日报社历史书系）.

ISBN 978-7-205-11295-0

Ⅰ . G219.243.1

中国国家版本馆 CIP 数据核字第 2024E09K85 号

出版发行：辽宁人民出版社

地址：沈阳市和平区十一纬路 25 号　邮编：110003

电话：024-23284325（邮　购）　024-23284300（发行部）

http://www.lnpph.com.cn

印　　刷：辽宁新华印务有限公司

幅面尺寸：185mm × 260mm

印　　张：34.75

字　　数：550 千字

出版时间：2024 年 9 月第 1 版

印刷时间：2024 年 9 月第 1 次印刷

责任编辑：贾妙笙

装帧设计：丁末末

责任校对：吴艳杰　等

书　　号：ISBN 978-7-205-11295-0

定　　价：139.00 元

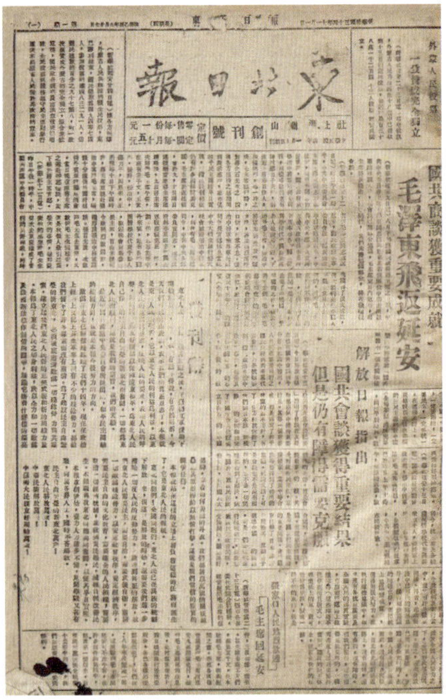

東北日報

創刊號

毛澤東飛返延安

遼寧日報

社論

充分發揮報紙這一思想武器的作用

中華全國總工會

關於貫徹執行有關生產的發明技術改進及合理化建議的獎勵暫行條例的通知

用實際行動支援解放台灣

瀋陽職工展開勞動競賽

橡膠工業的一項重大技術改革

在遼寧各地

瀋陽電纜廠主場房可提前半年完工

创刊

1　1945 年 11 月 1 日出版的《东北日报》创刊号。报头为吕正操题写，沿用至 1946 年 4 月 22 日

2　1954 年 9 月 1 日出版的《辽宁日报》创刊号。报头为林枫题写，沿用至 1955 年 12 月 31 日

变迁

1 2011 年 9 月 26 日，辽宁报刊传媒大厦落成

2 1997 年 5 月 28 日，辽宁日报社新闻大厦落成

3 1954 年 9 月 1 日，《辽宁日报》在这座楼内创刊

4 《东北日报》在沈阳创刊时的电台小楼

辽宁日报

LIAONING DAILY

江泽民总书记致全国科普工作会议的信

辽宁报业发展进入新阶段

国家新闻出版署批准辽宁日报组建报业集团

新的起点

——祝贺辽宁日报报业集团批准成立

省统战系统各界聚会喜迎澳门回归

省理论界召开迎澳门回归座谈会

强化依法治理 打牢稳定基础

以理服人 以情感人

全省国有企业党组织和广大党员

在改革攻坚中发挥先锋模范作用

基层党建巡礼

壮大

1　1999 年 12 月 15 日，国家新闻出版署批准辽宁日报社组建报业集团，12 月 16 日，《辽宁日报》一版头题刊发消息并配发评论《新的起点》，祝贺辽宁日报报业集团获批成立

2　2006 年 7 月，辽宁日报报业集团更名为辽宁日报传媒集团。这是集团更名后的牌匾

3　2009 年 11 月 25 日，辽宁日报传媒集团更名为辽宁报业传媒集团

4　2018 年 7 月 19 日，辽宁报刊传媒集团（辽宁日报社）成立

改版

1　《辽宁日报》第五次改版的2015年1月26日一版

2　《辽宁日报》第五次改版新增加的版面《本报调查》第一期

3　第四次改版的2009年4月1日一版，此次系列改版是一次党报办报理念的创新

4　第三次改版的2003年7月1日十二版要闻（封底）版

5　第二次改版的1999年9月1日一版。改版后报纸由8块版改为16块版

6　第一次改版的1993年1月1日一版。改版后报纸由4块版改为8块版

1

2

3

融合

1 2018年10月，“中央厨房”——辽宁报刊传媒集团融媒体采编管理系统（一期）正式投入使用

2 2018年5月，辽宁日报社全员融媒体改革启动。制定部门重组、干部调整、首席制落实、考核制执行等各项改革实施方案

3 2021年，“中央厨房”——辽宁报刊传媒集团融媒体采编管理系统（二期）投入使用

1

2 3

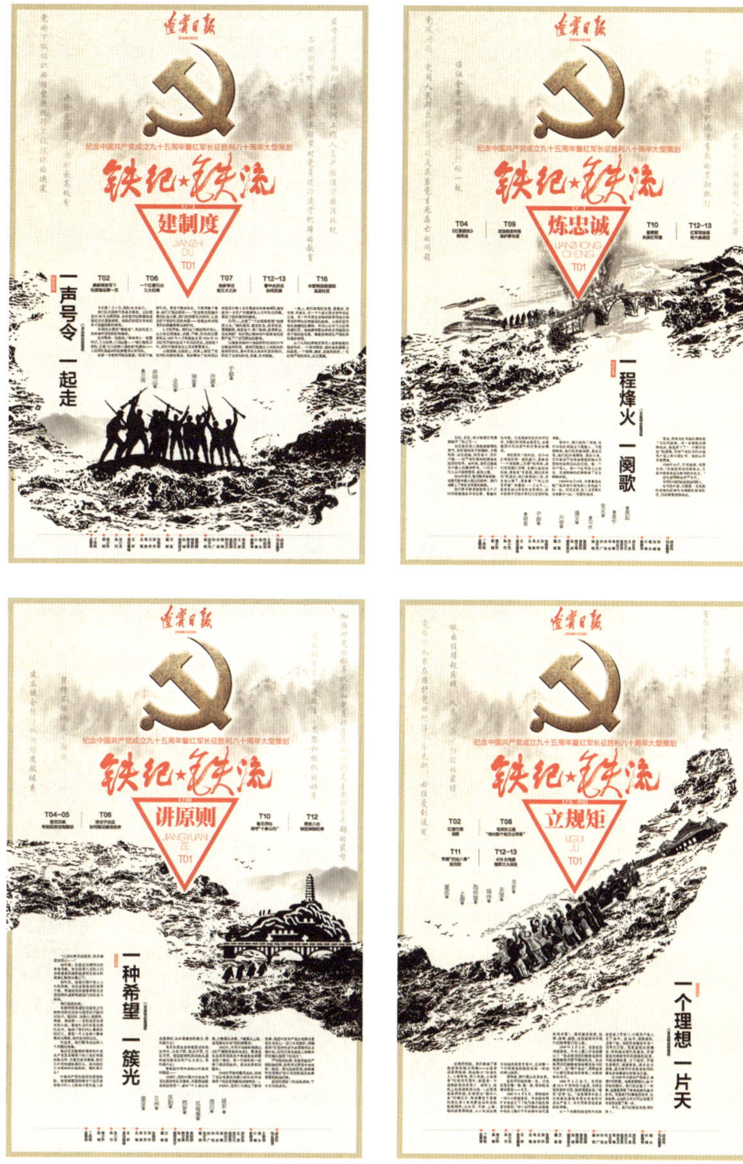

突破

1 《辽宁日报》推出庆祝中国共产党成立95周年暨长征胜利80周年的重大主题新闻策划《铁纪·铁流》。2017年11月，《铁纪·铁流》荣获第二十七届中国新闻奖一等奖

2 2017年11月，张小龙代表《铁纪·铁流》报道组进京领奖

3 《铁纪·铁流》报道组成员在党旗下宣誓后，踏上采访征程

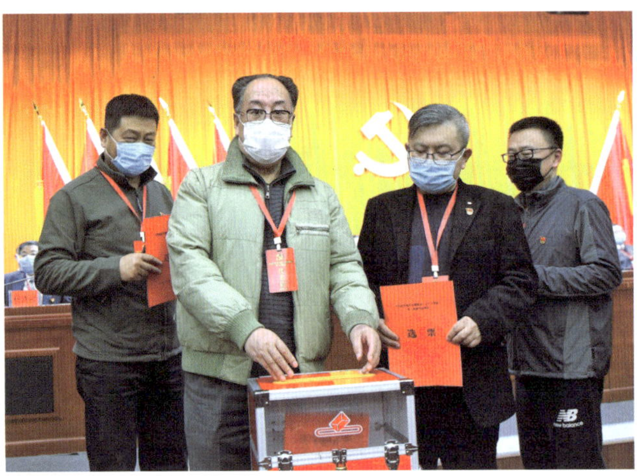

党代会

1 2020年12月26日，辽宁报刊传媒集团（辽宁日报社）首届党代会召开

2 党代会代表投票表决

3 党代会代表认真审议报告

4 党代会代表举手表决

新三板

1 2015 年 6 月，北国传媒（证券代码：832647）在新三板挂牌，它成为全国首家经中宣部同意在新三板挂牌上市、登陆资本市场的省级党报新媒体公司

2 2017 年 6 月，辽宁金印文化传媒股份有限公司在新三板上市。金印传媒（证券代码：871470）成为全国报业印刷企业独立挂牌第一股

3 2015 年 6 月，辽宁日报新闻客户端正式上线

1

2

3

1

2 3

4

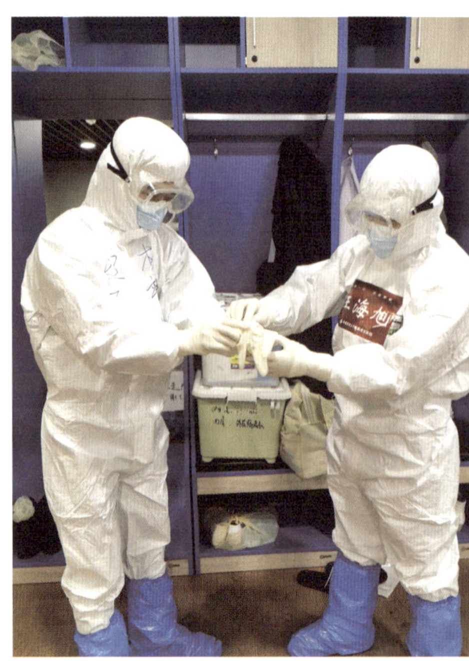

战疫情

1 2020 年 2 月，《辽宁日报》组成赴湖北战“疫”报道小组

2 2020 年 2 月 13 日，报道组成员从桃仙机场出发，奔赴抗疫第一线

3 《辽宁日报》记者深入方舱医院采访

4 《辽宁日报》记者在进入医院采访前穿戴防护设施

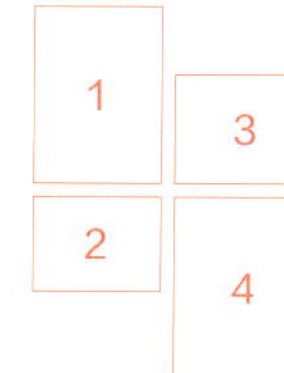

创佳绩

1 2016 年，在全国第三届“好记者讲好故事”演讲比赛中，《辽宁日报》记者高爽演讲《我们的长征路》获全国最佳选手荣誉

2 2021 年，在全国第八届“好记者讲好故事”演讲比赛中，《辽宁日报》记者孙明慧演讲《请回答 1921—2021》获全国最佳选手荣誉

3 2021 年，《辽宁日报》记者朱宗鹤获得辽宁省第八届“好记者讲好故事”演讲比赛二等奖

4 2022 年，《辽宁日报》记者黄岩获得辽宁省第九届“好记者讲好故事”演讲比赛一等奖

总序

我们的历史

江河滔滔，其来有自；江河渺渺，其归有方。

新闻事业是党的事业重要组成部分。一代又一代的新闻工作者，从实现民族独立、人民解放开始，经历了社会主义革命和建设时期、改革开放和社会主义现代化建设新时期，更有幸的是走进了中国特色社会主义新时代。我们这个群体，既是实现中华民族伟大复兴的参与者，又是这壮阔历史的记录者。这特殊的身份带给我们别样的荣耀。

今天的新闻，明天的史记。如何以记录者的角色参与历史？时值《辽宁日报》创刊70周年之际，组织编撰《辽宁日报历史书系》，既是对新闻工作的梳理，更是对历史现场的还原，这一过程里，我们这一代新闻工作者，精神为70年的风云所激荡，为新闻工作者的初心与奋斗所感动，为前辈的创新和创造而骄傲。在记录历史的同时，创造了自己的历史，70年来，一代代新闻工作者将自身价值的实现深深融入国家和民族的命运，并沉淀出自身的传统，我们的荣耀即源于此。

本书系包括三卷，即《辽宁日报史》一卷，记录了《辽宁日报》1954年创刊以来的发展历程；《东北日报史》一卷，为《东北日报》时期的老同志于1986年组织撰写，1987年定名为《东北日报简史》，以内部资料形式印制，追述了《东北日报》1945年创刊到1954年停刊9年间的发展过程，作为《辽宁日报》的前身，短短9年的《东北日报》极其重要，简史中记录的内容也异常珍贵；第三卷即《〈共产党员〉刊史》，《共产党员》杂志创刊于1948年，其前身分别是《翻身乐》《新农村》《好党员》，第四次正式更名为《共产党员》，为在全国拥有广泛影响的党刊之一。

党报和党刊的历史，是新闻工作者的奋斗史。从一张报纸到一个传媒集团，我们的事业不断壮大。一代又一代新闻名家、一个又一个新闻精品，累积成我们的传统和品格，其中包含着坚定信仰、守护初心使命、永葆理想主义精神、坚守文化价值等丰富内涵。

翻看发黄的纸上一行行文字，默读一篇篇稿子，仿佛看见前辈坐在农民的土炕上，在幽暗的灯光下写稿，或在地头和车间里，专注地采访，也仿佛看见伏案的老编辑头发花白，稿纸上的文字被勾得通红。这些历史的瞬间每每让人心潮澎湃，书系三卷所记录的全部历史成就，都由这样的瞬间构成。

谨以此礼敬70年过往，以此热望未来！

《辽宁日报社历史书系》编委会

2024年9月

序言

我们与传统

丁宗皓

今年是《辽宁日报》70周年华诞。为纪念70载光荣岁月，辽宁日报社组织撰写这部《辽宁日报史》，40万的文字、百余张图片，书写了辽报人的心血与付出，记录着共同创造的荣光。

《辽宁日报史》，既是辽宁日报社新闻事业发展史，也是文化产业发展史；既是社会发展史的记录和见证，也是记录者和见证者的思想造像。辽报人万分珍视几代报人的奋斗成果，把《辽宁日报史》的撰写作为一项神圣工作，着笔反复斟酌、颇费思量，要求是，写下的每一个结论都能经得起时间的考验。当然，历史的书写永远是一个不断删繁就简的过程，但我们这一代报人，希望自己曾经的奋斗，作为价值能够始终留在纸上。

《辽宁日报》历史辉煌，70年间，完整继承《东北日报》的办报传统，根据党对新闻工作的要求，根据时代的发展和需要，始终贴近现实、回应现实、积极作为，始终保持党报的影响力，充分发挥了省委机关报的作用。同时，辽报人以自己的智慧、胆略和气魄，丰富和发展了党报的办报传统。

《辽宁日报》是中共辽宁省委机关报、党的重要思想舆论阵地，宣传党的理论、路线、方针、政策是主责主业，建强主流思想舆论阵地，做一个合格的党报新闻工作者，是一代又一代辽报人严格的自律要求。从一项政治要求到融入新闻工作者的日常并成为自觉，坚持政治家办报这一传统，是新闻工作者坚定信仰和践行初心使命的前提。70年来，《辽宁日报》“跟省委、抓大事”，始终与党和国家的发展命运与共，始终盛满对辽宁这片热土的血脉深情，始终围绕省委中心工作，记录了辽宁老工业基地彪炳史册的成就与贡献，记录了辽宁人民奋斗的创举与成果。《辽宁日报史》会带我们重回峥嵘岁月：火热的社会主义建设现场的豪迈和创举，改革开放初期勇闯“禁区”、披荆斩棘的改革勇气以及辽宁经济进场入轨的艰难跋涉，新时代里辽宁老工业基地推动全面振兴的新担当和新成就。70年里，《辽宁日报》从未懈怠，在各个历史阶段，都充分发挥了党的喉舌的重要作用，高质量完成了宣传工作，推出了多篇可以写入新闻史的精品力作，雷锋、孟泰、王崇伦、尉凤英、张志新等一大批典型，从《辽宁日报》记者的笔下走出，列入共和国英模和典型的历史长廊，成为国家记忆。

文字、图片或影像，新闻产品无论呈现为哪种形态，都出自新闻工作者的主观世界，它是否全面、真实反映了所记录的客观事实，是否揭橥了客观事实背后的历史真实，对新闻性即新闻价值追问，这一新闻工作者的工作习惯，是推动新闻工作开展、保持新闻工作水准的内驱力。独立思考和最大限度深入基层，作为报人的传统，是70年来辽宁日报社对采编人员耳提面命的工作要求，它是钥匙，也是路径。新闻的价值在于“新”字，“新”的发现建立在所叙述事实涉及的纵向历史样态和横向现实样态的对比上，在这个坐标系里，事实所呈现出的特殊性，才是“新”的体现，这是一个报人独立思考的过程。而对历史和现实所涉信息的获取，要求新闻工作者要深入现实生活，最大限度了解并把握丰富的社会生活，在所观察的变与不变的向度内，接近、发现新闻。新闻不会出现在书斋，也不会出现在办公室，好新闻的初稿首先用脚写就，首先要求我们走遍生活的角角落落，置身于新闻现场。《莫把开头当过头》，范敬宜这篇写进中国新闻史的名篇，就是基于这一传统的优秀作品，它的出现，标志着《辽宁日报》将这一传统提升到一个历史高度，它启示后来者，好新闻是如何产生的，新闻记者在重要的历史关头敢于发声，首先基于对时代发展方向的准确把握，其次才是勇气和气魄。

始终把提升影响力作为新闻工作的目标追求，是党报对自身存在意义和作用的首要价值考量。最大限度实现读者覆盖面，最大限度满足广大群众的现实生活需要，贴近受众的阅读需求，让党的声音走进千家万户，依据不同的历史条件，《辽宁日报》始终保持新闻工作方法的创新，70年间，这已经积淀为工作传统。70年里，《辽宁日报》有和兄弟省级党报在党的政策窗口期里所创新的共性成果，当然更有个性的探索。资讯不发达的时期，通讯员队伍的建立意味着一个通过电话和书信为通讯媒介的信息网络的形成，其活跃度以及和编采队伍的互动程度，决定了党报获取基层信息的丰富性，在一定程度上决定了报纸的新闻质量。处理读者来信，是党报获得舆论监督类新闻线索的重要渠道，通过回信答疑解惑，是编辑部的重要工作，而来信必复是工作的刚性要求。依据来信提供的线索，记者赶赴现场，通过公开报道或写内参的方式推动解决群众反映的问题，直至20世纪80年代，皆为始终沿袭的工作方式。记者都和通讯员一起署名，并把通讯员的名字放在本报记者前面，也都深谙“来稿”和“来信”特有的工作内涵，这是党的群众路线在新闻工作中的具体体现。新闻工作方法的创新，从编采工作开始，最终催生了新闻业态的不断调整，进入20世纪90年代后，都市报崛起，承接和拓展了党报在舆论监督和民生服务方面的功能。辽宁日报社布局《辽沈晚报》《半岛晨报》等，抢占历史先机，进一步扩大了党报在全国的影响。进入移动互联网时代，辽宁日报社经过10余年奋斗，在平台、渠道、技术、人才、制度等方面都取得长足的进步，建设完成了纸媒网媒、内宣外宣、网上网下协同发展的全媒体传播格局。放眼70年的历史，围绕着传播力、引导力、影响力、公信力提升工作，辽宁日报社创新的脚步从未停歇，从当年的一张报纸到今天的6报14刊、若干新媒体平台，70年间的变化已是沧海桑田。

新闻工作方法上的个性探索，在《辽宁日报》70年的历史中格外耀目，体现了辽报人深厚的文化底蕴和历史担当。20世纪80年代，为充分报道改革开放初期广大人民群众主动拥抱时代，满怀激情推动各项工作创新的壮阔历史，《辽宁日报》鲜明提出一个具有独创性的办报理念——“不拘一格选头题”，即把头题让给新闻，不拘于地区，不拘于战线；也无论是发生在省委和省政府大院里，还是出现在田间地头。凡改革创新之举，凡可资借鉴的经验，不论事件大小，只要已经发生，只要有新闻价值，就可以发在一版头题。这是沿袭至20世纪90年代的工作制度，是尊重人民群众首创精神在办报实践中的生动体现，使《辽宁日报》在全国党报中独树一帜。2009年，《辽宁日报》的改版至今仍然为中国新闻界所称道。改版目的是实现党报进报亭、进家庭的目标，在新闻写作上，追求“短、实、新”，在视觉上追求强大的冲击力，把版面形式美提高到与质量并重的高度来认识。经历了市场经济洗礼的辽报人，已经在以市场的眼光来观照新闻工作，将优质文化产品以商品的形式面对世人，这是符合市场逻辑的一次大胆尝试。10余年之前，《辽宁日报》重大主题策划，即已成为全国党报的重要文化品牌，《当今中国主流道德判断》《重估中国当代文学价值》

《铁纪·铁流》等新闻策划，关注全国性重大主题，以几十版甚至百余版规模予以全媒体呈现，冶高品质新闻和高站位创意于一炉，形成了强烈冲击力和独特风格，一直以来为全国新闻同行所激赏。上述个性化的新闻工作探索，充分体现了辽报人的承担勇气和开拓精神，丰富发展了《辽宁日报》的工作传统，注定写在党报的新闻发展史上。

基于履行党报职责的文化自觉，贯穿了辽报人的70年。这种文化自觉体现在近40年里文化产业发展上，培育了辽宁日报社鲜明的与时代偕行的改革精神，成为辽宁日报社优秀传统的重要部分。1984年起，辽宁日报社成为自收自支的事业单位，企业法人的身份意味着作为经营主体时时须直面报业市场，由辽宁日报社到辽宁日报报业集团，由辽宁日报传媒集团到辽宁报刊传媒集团，依据影响力和市场状况，去落后产能，培育新的媒体和新经济增长点，辽宁日报社供给侧结构性改革的历史远远早于这个概念的出现。特别是应对移动互联网的冲击，大幅度调整业态以实现转型发展，最近10年，辽宁日报社以非凡的勇气，最大幅度深化改革，在建设全媒体传播体系的同时，为新的传媒经济业态做了布局，为实现高质量发展奠定了基础。

本书记录了我们引以为傲的奋斗和创造，一代代辽报人从未辜负过党报人这一光荣身份，更不曾虚掷过70年间的每一寸时光。辽报人有一个自己的小小的星空，我们都在那里，同样璀璨，并彼此照耀。

追忆光荣传统，是为了以更丰沛的激情，面对互联网时代的诸多挑战，这是我们纪念《辽宁日报》70周年的真正含义。对照传统，我们会发现，承继传统，回到新闻工作的常识，以不断提升党报影响力为全部工作的核心，是我们践行初心使命的正道；以追求优质的新闻、全面提升新闻产品供给能力，在喧嚣的自媒体信息海洋里，始终保持声音的理性，是我们应守持的文化定力；围绕着党报影响力建设，不断壮大报业实力，始终以高度历史责任感和改革精神，不断探索开拓事业发展的新空间，是我们应融入日常的自觉行动。纪念70年的时刻，是奋斗的新开端，我们仍须筚路蓝缕，以启山林。

2024年8月

（本文作者系辽宁报刊传媒集团（辽宁日报社）党委书记、社长）

目录

遼寧日報

第一篇

记录新中国建设成就
书写共和国长子辉煌

社会主义革命和建设时期的《辽宁日报》

1954 年 9 月至 1978 年 11 月

1954 年 9 月 ———————————— 1978 年 11 月

1945 年 11 月 1 日，《辽宁日报》的前身——中共中央东北局机关报《东北日报》在沈阳创刊。1954 年 6 月，《东北日报》光荣完成历史使命，于 1954 年 8 月 31 日终刊，共出版 3115 期。

作为辽宁省委机关报，《辽宁日报》继承《东北日报》的主要资产及政治、业务基因，于 1954 年 9 月 1 日在沈阳创刊。

从 1954 年到 1978 年的社会主义建设时期，《辽宁日报》忠实履行党委机关报的神圣职责，创造性地把党中央及省委的指示精神传播到机关单位和广大群众中去，同时又对各行各业在生产实践中创造出来的先进经验、涌现出来的先进典型进行大力宣传，全方位讴歌新辽宁的建设成就、多视角弘扬伟大的劳模精神。从工业领域的增产节约、科技创新、多个“新中国第一”，到农业战线的治山治水、增产增收、抗击自然灾害；从老劳模孟泰、王崇伦，到伟大的共产主义战士雷锋的集中报道，都在全国产生了巨大的反响。这些影响深远的优秀报道，极大地鼓舞了全省人民奋发图强、努力建设社会主义新辽宁的坚强斗志，哺育了几代辽宁人。这个时期的辽报人，在党的新闻宣传工作上进行多方探索，付出了艰辛努力、积累了宝贵经验、培育出优良作风、铸就了光荣传统。优异的报风报格，为此后的《辽宁日报》再启新篇、更上层楼，奠定了坚实的政治、业务基础。

第一章

《东北日报》在战火中成长

1945 年 9 月 15 日，中共中央决定在沈阳建立以彭真为书记的中共中央东北局。9 月 21 日，中共中央书记处指示：东北局所创办的机关报定名为《东北日报》。首任社长李常青，首任总编辑李荒，创刊号报头由乡情深重的抗日名将吕正操题写，其《发刊词》阐明《东北日报》的党报属性及人民立场。在解放东北、抗美援朝及新中国成立初期的经济建设中，《东北日报》不负使命，为推进党在东北的各项事业取得胜利作出重要贡献。

| 第一节 |

创办《东北日报》　助力东北解放

《东北日报》创刊时的社址在如今的沈阳市一经街和三经街之间的浩然里路北。创刊后，受东北战局态势影响，《东北日报》先后四次迁址。其间对辽沈战役及东北全境的解放进行了全面、深入的报道，极大地振奋了民气军心。

一、战场形势多变　社址四次迁移

1945 年 11 月，蒋介石调动大批精锐部队进入东北，我方处于不利局面。为落实"让开大路，占领两厢"的指示，《东北日报》进入四次转移的动荡发展期。

1945 年 11 月 24 日，东北日报社由沈阳迁往本溪，1946 年 2 月 2 日撤出本溪。

1945年11月1日出版的《东北日报》创刊号。

报头为吕正操题写，沿用至1946年4月22日

《东北日报》在本溪共出版40期日报和8期号外，较好地实现了放手发动群众的工作目标。

由于国民党军队占领沈阳后逼近本溪，东北日报社随东北局机关向吉林省海龙县（今梅河口市）转移，2月7日在海龙复刊。在海龙期间，为了驳斥国民党“日本投降前东北没有共产党军队”的谬论，报纸对东北抗联进行了大量报道，书写了中国新闻史上浓重的一笔。其中穆青采写的《中国共产党与东北抗日联军14年斗争史略》最具影响力。

上 《东北日报》创刊时的办公地点

下 《东北日报》创刊时曾在这座小楼内接收电稿

1946年4月18日，我军解放长春。4月22日，东北日报社开始向长春挺进，28日在长春复刊。在长春办报时间不长，报道内容多为当地新闻，客观上留下了许多珍贵的革命史料。

1946年5月22日，四平失守。东北日报社撤出长春，28日在哈尔滨复刊。复刊后的报道集中在军事斗争方面，重点是破除消极情绪、坚定必胜信念。

值得一提的是，《东北日报》历史上共采用过三个报头。除吕正操题写的创刊号报头外，第二个报头由选拼毛泽东同志的手迹单字而成，于1946年4月28日刊出。从1946年12月18日起，《东北日报》开始使用毛泽东同志亲笔题写的报头，直至1954年8月31日终刊。

二、为东北全境解放贡献舆论力量

1948年，东北战局发生了根本变化，有利于人民解放军的决战条件已经成熟，

DUNGBEI RHBAO

東北日報

第八十六期

中國共產黨與東北抗日聯軍十四年鬥爭史略

關寄晨

1

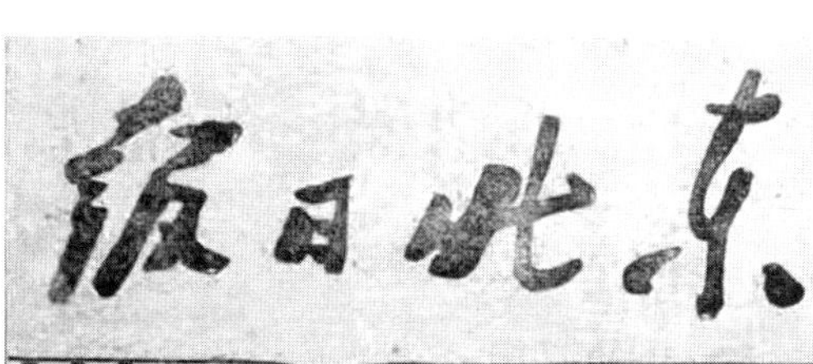

2
—
3

1 《东北日报》1946 年 3 月 17 日发表的《中国共产党与东北抗日联军十四年斗争史略》

2 用毛泽东同志手迹单字拼成的《东北日报》报头。首发于 1946 年 4 月 28 日，沿用至 1946 年 12 月 17 日

3 毛泽东同志为《东北日报》亲笔题写的报头。首发于 1946 年 12 月 18 日，沿用至 1954 年 8 月 31 日终刊

一场声势浩大的辽沈战役拉开帷幕。《东北日报》紧密配合战场形势，用大量版面刊登军事报道，同时派出华山、穆青、刘白羽等多路记者随军采访。他们采写的大量优秀作品，赞颂革命英雄主义气概，对鼓舞我方士气、瓦解敌人军心、接管中心城市，起到了不可替代的作用。

1948 年 12 月 22 日，《东北日报》刊登华山的战地通讯《英雄的十月》，其中“塔山的英雄们”一章写道：“勇士们抗击着敌人各师的轮回猛攻，心中只有一个信念——不让敌人前进一步，保证主力顺利攻入锦州。地堡被轰塌了，转到壕沟里打；壕沟被轰平了，跳进弹坑打；子弹打光了，用手榴弹打，手榴弹打光了，用石头打；正面挡不住，就插到敌人中间去打。有口气，阵地丢不了！这就是塔山部队的英雄誓言。”

长春是国民党军在东北的三大战略据点之一，而东北野战军第 12 兵团对长春只是层层包围，并没有发起总攻。1948 年 8 月，随军记者穆青在国民党军给长春守敌投放的物资中，发现了四捆邮件，这些信件里充满担忧、恐惧和绝望的情绪。穆青意识到，这些东西不就是蒋家王朝的末日写照吗？于是，穆青以《空中飞来的哀音》为题，写了一篇夹叙夹议的报道。这篇报道起到了动摇敌人军心、削减蒋军战力的巨大作用，成为对敌攻心战的“匕首和投枪”。

1948 年 11 月 3 日的《东北日报》号外宣告：沈阳解放，东北解放。战地记者刘白羽记录下一个个历史瞬间，在中国新闻史上留下了一篇佳作《光明照耀着沈阳》。这篇刊登在 1948 年 11 月 24 日《东北日报》上的文章写道：“一切都是解放后的新光景，像红日曈曈而上，沈阳千万人民在这样光照里喊出了同样的一句话：光明的日子开始了！”“第一个大城市接管成功了，它后来成为全国城市接收的榜样。”刘白羽回忆说：“那些日日夜夜，我都在陈云同志身边，很熟悉情况，所以写出了一篇很受中央重视的报道。”

上　战地记者穆青
中　战地记者刘白羽
下　战地记者华山

| 第二节 |

为新中国经济建设提供范本和榜样

1948 年 11 月，辽沈战役胜利结束，《东北日报》于 12 月 12 日重返沈阳，社址为和平区北三经街与中山路交会处的东南角。返沈后，《东北日报》从人员、建制到报道内容都有了新的变化，迎来了以报道经济建设为中心的新发展阶段，为新中国的经济建设，尤其是重工业基本建设，提供了工作范本、树立了劳动榜样。

1949 年 4 月，报社奉命抽调一批干部随军南下，《东北日报》则由李荒任社长，王揖任总编辑。1951 年秋，王揖调入北京后，由张沛任总编辑。

东北全境解放后，党的工作重心由战争转向建设，由农村转向城市。这一重大转变，给报纸工作提出了新要求。1948 年 12 月 12 日，《东北日报》在《本报迁沈出版》中指出："在今后的新闻报道里，经济建设应成为主要的中心，特别是城市和工业生产的报道比重要增加。"此后，《东北日报》便把宣传重点转向重工业基本建设。

建设以鞍山钢铁联合企业为中心的东北工业基地，是新中国第一个发展国民经济五年计划的核心。鞍钢建设的重点是"三大工程"，即大型轧钢厂、无缝钢管厂和 7 号炼铁高炉。建设者们昼夜奋战，攻坚克难，使"三大工程"在很短的时间内先后告捷。1953 年 12 月 24 日，毛泽东同志在给鞍钢全体职工复信祝贺时称，"（三大工程）是 1953 年我国重工业发展中的巨大事件"。

在鞍钢"三大工程"建设过程中，全体建设者大干巧干，在施工技术和管理方面，积累了许多先进经验。《东北日报》及时加以总结推广，从 1953 年 1 月 3 日至 5 日先后刊发《正在建筑中的我国最大轧钢厂》等三篇系列报道，全面系统地呈现大型钢厂建设的实战经验，为后来我国大型厂矿建设提供了可资借鉴的样本。

《东北日报》还注重先进典型的挖掘和宣传，全方位报道鞍钢工人王崇伦的先进事迹，赞扬他不断进行生产革新的首创精神，为新中国的工人阶级树立了劳动榜样。1954 年 1 月 13 日，中央人民政府重工业部号召重工业战线的广大职工向他学习。

| 第三节 |

抗美援朝：唯一派出战地记者的地方党报

1950 年 6 月 25 日朝鲜战争打响后,《东北日报》高度关注半岛战况。特别是中国人民志愿军 10 月跨过鸭绿江之后,《东北日报》更是进行重点报道。

自 1950 年 7 月 30 日起,《东北日报》除转载新华社和《人民日报》的相关稿件之外，逐渐增加了有关本地反对美帝国主义侵略行径的报道，当日头版刊登的消息为《反对美帝侵略台湾、朝鲜　沈市各工厂热烈展开宣传活动》。此后，有关朝鲜战局以及我国抗议美国入侵朝鲜、威胁我国安全、造成我人员伤亡和财产损失的报道接连不断。

从 10 月 20 日开始,《东北日报》进入舆论宣传全面升温阶段。当日的《东北日报》以头版整版篇幅报道了东北地区民众对美帝侵略愈演愈烈的强烈愤慨。这些报道唤起了东北地区广大人民群众高昂的反美情绪，在思想、政治、组织层面，为抗美援朝奠定了坚实的群众基础。

1950 年 10 月中旬,《东北日报》派出记者顾雷、吴少琦到驻安东的志愿军第 13 兵团报到，并很快随军入朝采访。《东北日报》是唯一派出战地记者的地方党报。他们发回的第一篇战地报道是《在云山战场上》，之后陆续传回的多篇战地报道让《东北日报》的抗美援朝宣传更加生动有力。此后，报社又派出第二批、第三批随军记者。

为了集中刊发入朝记者的战地报道，起到更显著的宣传作用，1950 年 12 月,《东北日报》开辟《朝鲜通讯》专栏，连续刊发随军记者顾雷、吴少琦、常工、方青、刘爱芝、王坪等人采写的战地报道。其中，吴少琦采写的《为祖国而战　为朝鲜人民而战》被《人民日报》转载，并入选人民出版社出版的以此文标题为书名的战地通讯集。

1951 年 7 月 25 日,《东北日报》副总编辑张沛收到国家新闻总署署长胡乔木签发的委任状，被任命为中外记者团团长，率队采访板门店谈判。最后一批派赴朝鲜的记者是白天明、霍庆双，白天明还是唯一一位获准进入谈判会场的地方报纸记者。

《东北日报》特别注重发挥评论的鼓动作用，刊发了大量社论、时评。其中《破了产的“空军制胜论”》在《东北日报》发表后，被《人民日报》《文汇报》《大公报》等 11 家权威报纸转载，彰显了《东北日报》在抗美援朝宣传报道上的影响力。

第二章

《辽宁日报》接续《东北日报》使命

从 1945 年 11 月 1 日创刊到 1954 年 8 月 31 日终刊,《东北日报》经历了近 9 年艰苦卓绝的奋战历程。从战火纷飞的东北战场到硝烟弥漫的朝鲜前线、从黑土地上的农家炕头到《白毛女》里的血海深仇、从围剿匪患的林海雪原到鞍钢火热的基建工地，都有《东北日报》记者奔忙的身影，都有《东北日报》版面的鲜活呈现。《东北日报》始终牢牢坚持党报本色，总是迅速、精准地把党中央、东北局的声音传达到军营阵地、厂矿车间、田间地头，让各级干部及广大工农兵群众心里有方向、浑身有干劲。在这个过程中,《东北日报》不断充实办报力量、提高办报水平、讲究宣传艺术。《东北日报》的版面上先后走出杨子荣、董存瑞、马恒昌、王崇伦等为新中国的诞生和建设事业作出巨大贡献的功臣模范，刘白羽、华山、华君武等多位名家以及《英雄的十月》《光明照耀着沈阳》《咱们工人有力量》等影响全国、流传至今的名篇佳作，在中国新闻事业史上留下一笔宝贵的财富。随着 1954 年全国大区一级党政机构撤销,《东北日报》光荣地完成了自身的历史使命，继续奋斗的接力棒传到了《辽宁日报》手上。

|第一节|

以《东北日报》为根基　《辽宁日报》创刊

辽宁省于 1954 年 8 月 1 日正式成立。经中共中央批准，中共辽宁省委同时组成。在继承《东北日报》主要有形资产和无形资产的基础上，又从《辽东大众》《辽西日报》

《辽宁日报》1954年9月1日在这座楼内创刊

抽调部分人员，经过一段时间的筹备工作，辽宁省委机关报《辽宁日报》于1954年9月1日创刊。

一、辽东、辽西省合并成辽宁省

1949年全国解放后，先后开展了土地改革、抗美援朝以及大规模工业基本建设，并于1953年开启了第一个发展国民经济五年计划，全国进入经济建设与全面发展的新时期。根据经济、政治形势发展的客观需要，1954年4月，中共中央召开政治局扩大会议，决定撤销大区一级党政机构。1954年6月19日中央人民政府发布《关于撤销大区一级行政机构和合并若干省、市建制的决定》。根据中共中央、中央人民政府的决定，东北行政委员会建制8月被撤销；中共中央东北局11月终止工作；辽东省、辽西省建制被撤销，两省合并成立新的辽宁省，省会为沈阳市。

二、《辽东大众》《辽西日报》不简单

《辽东大众》和《辽西日报》在辽宁省报业历史上占有重要地位，与《辽宁日报》颇有渊源。

东北全境解放后，为了加强统一领导、支援大军南下，1949 年春，中共安东省委、辽南省委同时撤销，成立中共辽东省委。中共中央政治局委员张闻天同志任中共辽东省委书记（1949 年 5 月至 1950 年 2 月）。原有的《安东日报》《辽南日报》停刊。1949 年 5 月 23 日，中共辽东省委机关报《辽东大众》创刊，8 月 1 日改为日刊，报纸于 1954 年 8 月 31 日终刊。1949 年 5 月 20 日，《中共辽东省委关于出版〈辽东大众〉和〈辽东通讯〉的通知》发布，明确了省委党报的办报宗旨及服务对象等相关要求，《辽东大众》创刊号刊登了这一文件。报纸发扬“全党办报、群众办报”的优良传统，始终坚持“党报必须放在党的绝对领导之下”的原则。报纸初创时期以恢复经济、发展生产为主要报道内容。抗美援朝战争打响后，地处战场前沿的《辽东大众》刊发了大量相关报道，在辽东各地各界激起强烈反响，广大人民群众对美帝国主义的侵略暴行义愤填膺，纷纷表示要用抓紧生产、努力工作的实际行动支援中国人民志愿军的正义之举。战争期间，尽管遭到敌机的多次轰炸，《辽东大众》一天也没有停刊。记者们冒着生命危险四处采访，编辑们一遇敌机来袭便躲进防空洞暂避，印刷工人们曾在连续停电半个多月的情况下，用蜡烛、马灯照明，从未耽误过印报。《辽东大众》的全体人员发扬下定决心、排除万难的坚韧精神，圆满完成了“在任何情况下都要坚持出报”的艰巨任务。

与此同时，按照当时的行政区划要求，辽西、辽北两省合并后，成立新的辽西省。郭峰同志任省委书记，杨易辰同志任省政府代理主席。新成立的辽西省委决定，原辽西省的《人民报》与原辽北省的《辽北新报》合并，出版辽西省委机关报《辽西日报》。报纸于 1949 年 5 月 18 日创刊，报头为省委书记郭峰题写，社址为锦州市老城东一区的“郝家大院”。《辽西日报》在创刊号上的发刊词《给辽西人民办好报纸》中强调：“由于革命即将在全国胜利，全党的工作重心，已经从乡村转到城市。本报首先应该成为指导这一工作和作风改变的工具。”报纸在中共辽西省委的领导下，认真贯彻“地方性、群众性、通俗化”的办报方针，对过渡时期总路线和第一个国民

经济五年计划进行大力宣传，突出以经济建设为中心的指导思想，有力地推动了辽西省各方面的工作。到 1954 年 8 月 31 日终刊，在 5 年多的时间里共出版 1717 期报纸，报纸发行量在初创时期为 1.2 万份，最高达到 7 万份。报纸直接发行到各级机关、企事业单位以及工厂班组、农村村屯，成为广大读者的良师益友。

《辽东大众》曾办过新闻干部学校，被称为新闻干部的摇篮。东北解放后，先后调出 200 多名干部，分赴东北及全国 10 多个省市的党委机关报工作。报纸终刊前，又有部分同志被直接抽调到正在筹办中的《辽宁日报》工作;《辽宁日报》创刊前，《辽西日报》副总编辑肖白门等同志被调入辽宁日报社工作。在《辽宁日报》人员构成的谱系中，《辽东大众》和《辽西日报》是两个闪亮的因子。

三、《辽宁日报》创刊

（一）东北解放前曾有三张《辽宁日报》

在以《东北日报》为根基、一直延续至今的《辽宁日报》创刊之前，曾有过三张以《辽宁日报》作为报名的省级党委机关报。由于解放战争的战场形势瞬息万变，我党的各级机构建、撤、合并频繁，重新命名的情况频现。由此出现同级党报、先后同名的现象也属正常。

第一张《辽宁日报》是 1946 年 7 月在通化易名而成的。当时，随着战场形势的变化，中共辽宁省委机关部分人员从本溪转移到通化，重新组建中共辽宁省委，并决定把原通化地委机关报《通化日报》改名为《辽宁日报》，作为辽宁省委机关报。原通化地委宣传部部长胡少祖任社长、骆风任副社长兼总编辑，边学义、肖白门、吴少琦等从事采编工作。1946 年 11 月，国民党军队进攻通化，这张《辽宁日报》随辽宁省委机关部分人员撤至临江。此后，随着安东省委机关报《安东日报》也转移到临江，这张《辽宁日报》于 1947 年 2 月终刊。

第二张《辽宁日报》是 1947 年 7 月在梅河口创办的。1947 年 6 月，分散转移的中共辽宁省委机关部分人员，包括去临江的部分人员，重新在梅河口集结，组建新的中共辽宁省委。原《辽宁日报》人员边学义、肖白门、吴少琦等被调回辽宁省委机关，在负责人刘秩农、林敏的主持下，创办了新的《辽宁日报》。1948 年初，中共中央决定撤销辽宁、辽吉省委，组建辽东、辽西和辽北省委，这张《辽宁日报》也随之终刊。

第三张《辽宁日报》是1948年9月在辽南瓦房店创办的。1948年10月，中共中央决定撤销中共辽南分省委，再次成立中共辽宁省委，《辽南日报》改名为《辽宁日报》。邢路任社长兼总编辑，报头由舒同题写。1948年11月初，东北解放后，中共中央决定撤销中共辽宁省委，这张《辽宁日报》也同时终刊。

这三张《辽宁日报》尽管与今天的《辽宁日报》没有直接关联，但为避免混淆史实，确有梳理与明示的必要。

（二）《辽宁日报》要发挥思想武器的作用

今天的《辽宁日报》已经走过了70年的风雨历程，见证了辽宁大地70年的沧海桑田，凝结了几代人的忠诚、智慧和汗水，在辽宁的社会主义建设、改革开放事业和中国特色社会主义新时代中展现出自己独特的使命担当，成为一张在不同时期都涌现出影响全国的名家名篇、具有悠久历史和深厚底蕴的省级党报。这一切始于1954年9月1日——中共辽宁省委机关报《辽宁日报》继承《东北日报》的光荣传统在沈阳创刊。

《辽宁日报》创刊后沿用东北日报社原址挂牌办公，东北日报社的部分人员调往北京工作。与此同时，《辽宁日报》从原《辽东大众》《辽西日报》抽调部分采编人员充实办报力量。《辽宁日报》的首任总编辑为殷参，副总编辑为石果、王遵伦。

殷参，1916年出生，浙江象山人。1935年参加左联，1936年参加中华民族解放先锋队，1938年加入中国共产党。曾任延安鲁艺编审委员会编辑，绥德《抗战报》编辑。1945年10月后来到东北，先后任《胜利报》《新嫩江报》《西满日报》编辑部主任，《黑龙江日报》社长。1951年后，历任中共黑龙江省委宣传部副部长、《东北日报》副社长兼总编辑。1954年出任《辽宁日报》首任总编辑。1978年任《光明日报》副总编辑。

《辽宁日报》首任总编辑殷参

当时，辽宁日报社共有职工440人，其中中共党员65名，占职工总数的14.7%。《辽宁日报》创刊后，陆续在鞍山、抚顺、本溪、旅大、锦州、安东、阜新等地设立记者

站。报纸印张为对开 4 版，一版为要闻版；二版为地方新闻版，主要刊登经济新闻；三版为政法文教副刊版；四版为时事版。印刷厂的主要机器设备有高速轮转机 3 台、铸字机 6 台等。创刊首月，每期发行量为 116866 份；到 1955 年，全年每期发行量为 125456 份。

在酝酿创办《辽宁日报》时，殷参曾组织力量对辽宁省的工业、农业、商业、交通运输、文化教育、科学卫生乃至企业管理、各阶层思想动态等情况，进行了深入细致的调查研究，编写了 20 余万字的《内部参考情况》。这份情况清晰、数据详实、分析精当的情况报告，为《辽宁日报》创刊后选取报道方向、精准确定选题、迅速进入角色、扎实开展工作，起到重要作用。

《辽宁日报》在发刊词《充分发挥报纸这一思想武器的作用》中，进一步明确了自身的党报属性："《辽宁日报》是党的耳目和喉舌，为党和人民的事业鼓与呼。"同时，申明办报宗旨："报纸是最广泛影响群众的思想生活的武器，在中共辽宁省委的直接领导下，《辽宁日报》将努力成为全省范围内宣传和贯彻党的路线、方针和政策，指导实际工作，联系和教育广大人民群众的有力武器。"

《辽宁日报》创刊号上的报头由原东北行政委员会主席林枫题写。具体过程是，辽宁日报社请中共辽宁省委第二书记黄欧东同志写一封请林枫题写报头的信，总编辑殷参凭借这封信，拿到了林枫亲笔题写的报头。这个报头是《辽宁日报》历史上的第一个报头，沿用至 1955 年 12 月 31 日。

| 第二节 |

毛泽东同志为《辽宁日报》亲笔题写报头

头版是一张报纸的门面，而报头是门面上的点睛之笔，标志着这张报纸的政治取向、业内位置、社会影响力等方面的核心价值。在经历了创刊初期的繁杂忙碌，进入正常有序的运转之后，报社上下都有一个共同的迫切愿望：请毛泽东同志为《辽宁日报》题写报头。

遼寧日報

第一號

社論

充分發揮報紙這一思想武器的作用

中華全國總工會

關於貫徹執行有關生產的發明技術改進及合理化建議的獎勵暫行條例的通知

用實際行動支援解放台湾

瀋陽職工展開勞動競賽

橡膠工業的一項重大技術改革

在遼寧各地

瀋陽電機廠主場房可提前半年完工

大連工礦企業不斷試製新產品

1954年9月1日出版的《辽宁日报》创刊号

报头为林枫题写，沿用至1955年12月31日

一、用毛泽东同志手迹单字拼成报头

请毛泽东同志为省级党委机关报题写报头，此前正常走流程即可。只要以报社的名义给中共中央办公厅写信提出请求，一般情况下都能办成。殷参同志在任《黑龙江日报》总编辑时，就这样解决了报头问题。可是后来情况发生了变化，中共中央办公厅不再转呈请求毛泽东同志题写报头的信件了。

1955 年夏天，殷参同志决定亲自去北京争取一下报头的事。他先后找到在北京工作的一位老朋友和一位老领导帮忙，对方均表示很难办。无奈之下，殷参硬着头皮去求助与自己只有一面之交的毛泽东同志的政治秘书田家英同志。田家英热情接待了殷参，但听完事情的原委后，明确表示爱莫能助。殷参在失望之余，想到了用毛泽东同志手迹单字拼成一个报头的办法。这下，田家英有了用武之地，他特意找来 300 多张毛泽东同志平时办公、酬答时废弃的字纸，这让殷参喜出望外，以为马上就能大功告成了，但出人意料的是只找到了“日”与“报”，没有“辽宁”二字。第二天，殷参又跑到新华社总社的资料室，想从众多报纸报头、杂志封面中找到毛体的“辽宁”二字，最后从《宁夏日报》的报头里找到“宁”字，遗憾的是，还是没有“辽”字，资料室的同志给殷参出主意：可以到中央档案馆去一趟，从毛泽东同志发往各地的电文原件中，很可能找到“辽”字。功夫不负有心人，殷参终于在中央档案馆找到了“辽”字。这样，“辽”“宁”“日”“报”四个字总算凑齐了。殷参又请《人民日报》印刷厂制版室的同志进行技术处理后，制成了毛泽东同志手迹单字拼成的《辽宁日报》报头。这是《辽宁日报》历史上的第二个报头，从 1956 年 1 月 1 日开始，使用至 1964 年 12 月 31 日。新报头刊出后，受到社会各界和广大读者的欢迎，纷纷来信来电表示赞赏。

用毛泽东同志手迹单字拼成的《辽宁日报》报头
首发于 1956 年 1 月 1 日，沿用至 1964 年 12 月 31 日

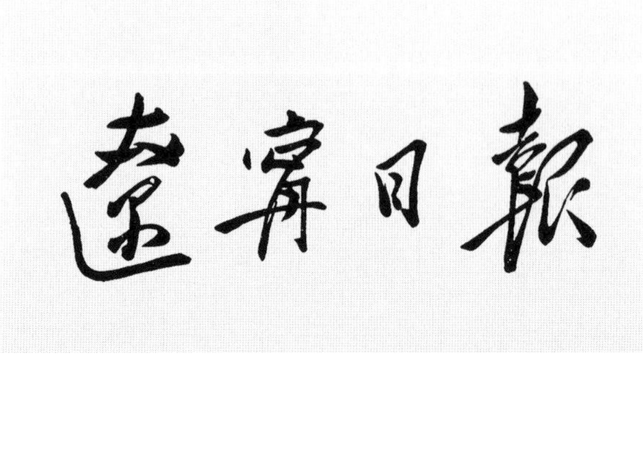

二、历经9年等待　终获“亲笔报头”

《辽宁日报》的第三个报头就是毛泽东同志亲笔题写、目前仍在使用的报头。在第二个报头使用过程中，殷参及其他同志的“亲笔报头”心结始终没有解开，一直惦记着有朝一日能请毛泽东同志为《辽宁日报》亲笔题写报头。只是大家谁也没有想到，这个“亲笔报头”让人一等就是9年。1964年9月，殷参在工作中惊奇地发现，毛泽东同志给若干省市的党委机关报改题了报头，这些报头原本就是毛泽东同志亲笔题写的，现在又改题，是不是中共中央办公厅又开始转呈各地请求毛泽东同志题写报头的信件了呢？经过请示辽宁省委并获批准后，殷参以报社名义向中共中央办公厅发出了请求信，恳请毛泽东同志为《辽宁日报》题写报头。信件发出后，大家满怀期待地等了两个多月也不见回音。殷参又想起了田家英，给他写了一封情真意切的求助信，请他过问催办一下。信件发出半个月后的一天上午，省委办公厅突然收到中央办公厅转来的急件，里面装的就是让人朝思暮想的毛泽东同志亲笔为《辽宁日报》题写的报头，这件事还惊动了当时正在召开的省委常委会议，大家都为《辽宁日报》终于如愿以偿而感到高兴。消息传到报社后，上上下下都为这个突如其来的喜讯而兴奋异常。

经过专门设计、精心制版，毛泽东同志亲笔题写的报头于1965年1月1日正式刊用，报纸还在一版就新报头发表了《致读者的话》，文中说：“毛主席在百忙中为我们挥毫题字，不仅是对《辽宁日报》的亲切关怀和巨大鼓舞，也是对全省人民的亲切关怀和巨大鼓舞。”

创刊任务圆满完成后，《辽宁日报》在中共辽宁省委的有力领导下、在全省人民的殷切期待中，满怀豪情踏上新的征程，并在此后的70年时间里，不断创造出新的辉煌。

毛泽东同志为《辽宁日报》亲笔题写的报头
首发于1965年1月1日，沿用至今

第三章

浓墨重彩报道“一五”计划

新中国成立后，面对美帝国主义的战争威胁与西方资本主义国家的经济封锁，独立自主地建设社会主义工业化国家成为当务之急。在周恩来、陈云的主持下，制订了1953年至1957年的“发展国民经济的第一个五年计划”。由于辽宁工业基础相对较好，具有资源、人才、地理位置等方面的优势，“一五”时期，全国的156项重点工程建设有24项安排在辽宁。辽宁成为“全国工业化的出发点”和“共和国的装备部”。1954年《辽宁日报》创刊时，正值辽宁省实施“一五计划”的第二年。1954年至1957年，辽宁省委举全省之力，采取一系列措施，以确保全面超额完成以工业化为主体的“一五”计划，作为省委机关报的《辽宁日报》全力出击、重点突破，在展现“一五”成就，推出先进典型，宣传增产节约、科技创新、大干苦干加巧干等方面，刊发了大量针对性强、鼓动性强、实用性强的高质量报道，有力地配合了省委的中心工作，为辽宁全面超额完成包括对农业、手工业、工商业进行改造在内的“一五”目标，发挥了重要的促进作用。

| 第一节 |

书写工业长子辉煌　谱写催人奋进战歌

辽宁是共和国工业化的初始发力点，这些发力点体现在它为中国工业创造了许多个“第一”。中国的第一辆蒸汽机车、第一架喷气式飞机、第一艘万吨级远洋货轮、第一台拖拉机、第一条重轨、第一台大功率变压器、第一台重型水压机、第一台组合机床、第一根无缝钢管、第一块顺丁橡胶产品、第一根直径100毫米的不透明石英玻璃管、第一辆大功率的内燃机车、第一台晶体管计算机，等等，都诞生在辽宁。对这些建设成就进行有系统、大篇幅、长周期的报道，一直是“一五”时期报纸宣传的主线。

据不完全统计，从1954年9月1日《辽宁日报》创刊到当年年底，仅四个月时间，报纸就发表了几十篇关于执行“一五”计划所取得的新成就、新经验的报道。9月8日报道了本钢六号高炉创造“不氧化”炼钢法，使生产效率比过去增长60%。10月10日报道了抚钢创造的“快速定矽法”，简化了化验程序，缩短化验时间近两倍。10月19日报道了大连机床厂试制成功“1730”多刀半自动车床，提高功效五六倍。10月21日报道了沈阳电工机械厂制造成功多刀圆剪机床，功能增强，效率提高70%。10月16日报道了沈阳重型机器厂创造锻造“快速加热法”，使加热炉处理钢锭效率提高一倍多，全年可多给国家创造约200亿元（旧币）的财富等。

与此同时，报纸又连续报道了省内一批重点改造项目建成投产、一批厂矿企业超额完成国家年度计划，以及其在实践中创造的新经验。如沈阳第一机床厂改扩建工程，正式经过国家验收投入生产；锦州石油五厂常减压蒸馏车间投入运行；抚顺老虎台煤矿西部矿区正式建成投产；鞍钢完成65项改扩建工程项目，使钢铁产量大幅度增加。并对沈阳机床三厂重视产品质量的经验、鞍钢中板厂组织经济核算及制定技术组织措施的经验、沈阳风动工具厂全面完成国家计划的经验，进行全面报道。

1957年10月1日的《辽宁日报》二版头题刊发综合消息《我省执行第一个五年计划取得辉煌成就》，报道说，按照“一五”计划规定的指标，辽宁省工业提前一年零三个月完成了各项指标，其中国营工业超过计划27.5%，地方工业超过计划26.2%；全省粮食生产总产量，比计划指标提前一年实现；工农业总产值比“一五”计划前增长1.1倍；相当多的地区和工矿企业提前一年半甚至两年完成了“一五”计划规定的各项指标。从1956年下半年开始，报纸以简讯或调查报告形式，陆续报道了辽宁省各地区、各厂矿企业提前或超额完成“一五”计划的消息或经验。

这些新成就、新经验的报道，极大地鼓舞了全省人民战胜困难、实现目标的斗志，人们以高昂饱满的热情积极投身到生产劳动中去，为社会主义新辽宁的建设贡献出自己的力量。

第二节

宣传先进典型　弘扬劳模精神

“一五”计划时期，为帮助广大工人、农民、知识分子及社会各阶层人士正确认识世界形势、鼓舞他们的劳动热情，从 1954 年 11 月至 1959 年底，《辽宁日报》先后刊发了 150 多篇有关国际形势的分析文章和相关资料，对国际上发生的重大事件，向群众做了通俗易懂的宣传，从而进一步增强了他们加速国内建设的干劲，以及提早实现“一五”计划的使命感和紧迫感。

从 1954 年底开始，报纸在《为实现“一五”计划而奋斗》的大刊题下，陆续宣传了一批为完成“一五”计划而忘我奋斗的先进人物。1954 年 12 月 21 日，报纸在一版显位刊登报道《詹水晶连续七年年年超额完成计划》，并发表长篇通讯《时刻为整体着想的人》，详细介绍了詹水晶的先进事迹。詹水晶是大连造船公司机械厂的一名车工，他先后用几部旧车床加工出成千上万件大小不同的各种船舶长轴类部件，废品率为 0；而且连续七年，年年月月超额完成生产计划；1954 年超过年度生产计划的 202%，他被工友们称为“走在时间前面的人”。1957 年 12 月 29 日，报纸在一版显位，以《詹水晶十年没出废品》为题，再次报道他在技术十分复杂、质量标准要求很高的岗位上，靠一丝不苟的工作态度和娴熟过硬的车工技术，闯过一道道质量难关，十年没出一件废品，而且创造了在第一个五年计划的时间里，完成了七年零八个月工作量的先进经验。1954 年 10 月 31 日，报纸还以《钳工王振山创造钻床万能工具胎》为标题，报道了鞍钢修理总厂修理车间钳工王振山经过刻苦钻研，数百次试验，终于成功地制造出“万能胎具”，使汽车用螺丝钉和内燃机内钢垫加工能够进行机械化生产，提高功效 5 到 20 倍。1955 年 10 月 21 日，报纸在一版发表沈阳机械厂工段长徐连贵的自述文章《我愿帮助大家学会使用套料刀》，讲述了套料刀的发明过程及使用方法。用这种刀具加工机械零部件省工省料省时，平均提高功效 2 倍，节省原材料近 3 倍。报纸为此发表社论《大力推行套料刀的先进切削经验》，赞扬徐连贵的创造精神和节约精神。

1955 年末，以孟泰为代表的一批劳动模范提出倡议：争取提前一年完成“一五”计划。报纸随之连续发表两篇社论：《可贵的创议》《劳动模范要成为执行“一五”计

老英雄孟泰

殷参 崔誠五

革命干劲不减当年

聞听人說，老英雄孟泰老迈了。老孟泰却有他自己的看法：承认老了，并不服老。他今年六十八岁，腰腿不如从前硬实是事实，有时愛鬧个病也是事实，不承认老不行。可是，老也挡不住啥，只要自己尽心尽力工作，照样可以作不少事情。

从一九五七年六月被任命为鞍鋼炼鉄厂副厂长以来，他很少在办公室坐一坐，一有空就到現場找事干，帮着解决問題。

去年八月的一天，他来到三号高炉，不顾手脚和眼神不大好使唤，順着螺旋梯爬上了炉頂。这一上不要紧，只見螺旋梯上积存的瓦斯灰，足有二尺厚，論重量，起碼有三四十吨。他伸手摸了摸炉皮，热得发烫。他头天发現了这个情况，第二天就在生产会議上提出批評。他說：“我問你們：厂长也罢，炉长也罢，都上高炉檢查过沒有？我們的高炉能承担一百吨，你們硬让它承担一百三四十吨，我們的高炉喜欢凉一点，你們硬让它发高燒，它能受得了受不了？这样下去，咱們的生产能搞好搞不好？”接着，他提出具体建議：瓦斯灰要馬上組織工人清扫；为了解决高炉冷却問題，要立即把解放初期行之有效的用蒸汽和压縮空气冲刷循环水管的办法用起来。

党委书記和厂长，誠恳地接受了他的批評。当即責成有关人員抓紧按他提出的办法解决这两个問題。

老孟泰处理問題，从来有始有終。过了几天，他发現一盘盘螺旋梯都被清扫得一干二凈，眞是打心眼里高兴。可是伸手摸了摸炉皮，却不禁搖起头来。他知道这件事由配管技师負責，便跑去找他。結果不大順利。配管技师认为，除了往循环水里多加点除銹剂以外，沒有什么好办法。

老孟泰一听，有点急了：“你为什么老追求那些洋办法呢？剛解放那陣儿，咱們沒有加什么除銹剂，哪座高炉发过热啦？那时候靠什么？还不就是靠用蒸汽和压縮空气冲刷循环水管那个土办法嗎！如今，厂里旣有蒸汽、压縮空气，又有高压水，你为什么不能把那个現成的办法用起来呢？”

这次談話沒有产生什么結果。一連好多天，老孟泰心情不大平靜。有时想：“我虽是副厂长，可高炉冷却問題并不归我管，管他怎么干呢。”可是馬上又想：“不，不对。我是头頂工厂的天、脚踩工厂的地的工人，工厂的一草一木都有我的一份。这事我要是不管，万一把高炉燒坏啦，給国家造成的损失可就远去啦！我要坚持，我要斗争！你不是說那个办法不頂用了嗎？好，我試給你看，让事实来教育你。”

后来，他亲自动手和工人一起在高炉上做了試驗。事实証明那个办法有效。当鞍鋼公司和本厂領导上征求他对生产的意見的时候，他就把这件事擁开了。公司和厂的領导上支持了他的意見，决定馬上在高炉上施行。

我們去看他时，談起上边这件事，他說几个月来心里結的一个疙瘩解开了。談話中間，我們发現，类似的疙瘩在他的心里还有好几个；有屬于本厂范圍的，也有外单位找上門的。

熟悉他的工人，說他专門打着灯籠找难題。这話不假。这股革命干勁是怎样形成的呢？人們对此一定会感到兴趣。

名字的由来，英雄的称号

他原名孟瑞祥。从小念了不到三个月的书，总嫌自己的名字笔划太多，写不好。一九二六年来到鞍山考炼鉄厂的时候，日本头目叫他写下名字，他想，大字加一点总会写，就写了个“孟太”。旁边有个办事的对他說：“你是这个泰吧？”一边蘸着唾沫在桌上写了个“泰”字。他連忙說，“对，是那个泰。”就这样，他开始叫孟泰。当时，他二十九岁。

老英雄孟泰和鞍鋼炼鉄厂配管班工人交談生产情况。 本报記者 刘宝成摄

一九四九年七月九日，鞍鋼召开全公司的开工庆功大会，奖励一百四十二名英雄模范。会上，給予老孟泰的荣誉最高，被評为一等功臣。当年，他五十二岁。炼鉄厂的干部和工人見了他，不再叫老孟泰，都称呼老英雄了。

打那十五年后，去年七月九日，鞍鋼为紀念开工十五周年召开的全公司群英会上，表彰了十个先进集体和十个先进人物，树立二十面旗帜；其中，先进人物的头一名是老孟泰。这年，他六十七岁了。

对无产阶級說来，解放，意味着自身地位的根本改变，由昔日的奴隶变为今日的主人。对每一个工人說来，自然都会深感这种变化。可是，一个工人，在党的領导和教育下，把干活为了挣錢吃飯，改变为以主人翁姿态建設社会主义工业，这不仅是一般的进步，而是思想认識上的一个飞跃。

实現这个飞跃的人，必将創造不平凡的业迹，必将得到党和人民給予的应得的荣誉。在这种情况下，仍然听党的話，接受党的領导和教育，保持无产阶級的本色，一貫不驕不躁，始終勤勤恳恳，这不仅是一般的进步，而是思想认識上的又一个飞跃，比前一个飞跃达到更高的境界。

在老孟泰身上，我們看到这种一次又一次的飞跃。深深感到，这种变化不仅是可信的，而且是必然如此的。

旧社会除了苦难，还是苦难

无产阶級在旧社会的遭遇，除了苦难，还是苦难。老孟泰出身于河北丰潤县的一个貧农家庭。他的爷爷和爸爸都是給地主扛活的。他六岁就干活，压耆子，破草子，打柴，做飯，分担家庭生活的重担。十七岁上，他給刘举人家当长工，专管做飯，供六十人的一日三餐。活計压得他直不起腰，更甚的是受不住那种窩囊气。

他在做飯之前，都得到刘举人母亲住房門边，輕声地說：

“老太太，該做飯啦。”

过了一会儿，門帘掀开了，递出四根火柴，傳出个严厉的声音：“省着点！”

老孟泰說，頓頓如此！在地主眼里，連一盒火柴也信不着，穷人都是賊。这口气咽不下去。

他干了一年长工就不干了。十九岁上闖关东，到千金寨（現在的撫順）車輛修理厂学鉚工手艺。在那里干了十年，受了日本工头十年的气。后来，实在受不住了，又跑到鞍山另找活計。

考进炼鉄厂，做配管工人。工种改变了，受穷受气的情况沒有变。进厂的第六年，“九一八”事变，亡国奴的日子更不好过了。他宁肯受穷，也不願給鬼子多干活。他带头領着大家泡蘑菇，把日本鬼子糊弄得一楞一楞的。

說到受气，老孟泰随便举了当时的一二件事。日本头目撥了两名日本小年輕的跟他干活。三个月之后，他把日本小年輕的教会了，他反倒受日本小年輕的支派。孟泰天天受他們的气，一忽儿捏你的鼻子，一忽儿揪你的耳朵，把你当作使他开心的玩艺儿。一天中午，他正在吃飯。鬼子偷偷从背后走近，擤了一把鼻涕，甩在他的高粱米飯上。

他一时气得說不出話来。鬼子在一旁嘻皮笑臉地說：

“鼻涕埋汰的沒有，吃了的力气大大的有。”

他的妻子和四个女儿宁可整天喝稀的，攒下一点高粱米，为他煮了点干飯，让小鬼子弄埋汰了。吃吧，实在咽不下；不吃吧，肚子餓。沒有办法，他把筷子倒过来，刮掉鼻涕污染的飯粒。小鬼子在一旁哈哈大笑。 （下轉第二版）

永不衰退的革命精神

編輯的話

一个真正的革命者，应该把自己
神貫彻始終，在任何时候，都是有一
分光，絶不受年龄、体力等等客观条
絶不满足于已有的成绩和人們的称頌
期，在鞍鋼恢复建設的艰苦日月里
表現出工人阶級为了革命事业赴湯蹈火，誓死不辞
神；今天，他已是六十八岁的老人了，在鞍鋼継續
的新任务面前，不論在解决生产技术难题方面，或
年青一代方面，仍然不减当年的锐气。这些年来，
个劲力强大的火車头，一直跑在广大职工的前头，
命事业做出貢献。尤其可貴的是，尽管他做出了許
色的成绩，尽管党和人民給予了他很高的荣誉，他
做到居功不驕，勤勤恳恳。他这种老当益壮、保持

1965年3月17日的《辽宁日报》

一版发表弘扬劳模精神的长篇通讯《老英雄孟泰》

划的骨干》，社论对工人们的倡议给予热情的支持，并高度赞扬了他们敢想、敢干的革命精神。与此同时，在《为提前全面超额完成“一五”计划而奋斗》的通栏刊题下，陆续刊登了鞍钢、本钢和阜新煤矿、抚顺煤矿等一批厂矿企业争取提前一年完成“一五”计划的消息，以及孟泰等一批知名劳动模范的署名文章，表达坚决提前完成任务的坚定决心。报纸还开辟以“在提早完成五年计划的道路上”“在伟大的社会主义革命高潮中前进”“为提早完成‘一五’计划而奋斗”“在先进生产者运动中”等为栏题的专栏，这些专栏共持续40期，刊登消息、通讯、特写、文章、照片210多篇（幅）。

这些典型人物的先进事迹，一经报纸传播，在广大干部职工中引起强烈反响。大家在表示敬佩的同时，都自觉向他们看齐，学有榜样，赶有目标，迸发出提前完成“一五”计划的强劲动力。

| 第三节 |

报道劳动竞赛　力促增产节约

劳动竞赛是广大人民群众劳动热情高涨的集中体现。1954年底，群众自发组织的劳动竞赛活动在全省此起彼伏、遍地开花。在中共辽宁省委的指导下，《辽宁日报》不失时机地把群众这种自发的竞赛活动引导到有组织、有秩序的竞赛中，在全省发起了以反对铺张浪费、提高劳动生产率为中心的劳动竞赛活动。当时的竞赛内容虽然很广泛，但重点集中在两个方面：一是反对铺张浪费、提倡废物利用，开展“不领材料日”活动，把有限的物力用在刀刃上；二是大搞技术革新、技术革命，提高劳动生产率，提高产品质量。

据《辽宁日报》一些老报人回忆，当时全省反对铺张浪费、提倡废物利用与技术革新的竞赛活动风起云涌，增产节约标兵与科技创新能手，犹如两颗火种，而《辽宁日报》就是承载、播撒火种的平台，两颗火种借助平台，很快燃遍辽宁大地。

一、“不领材料日”是个创举

“不领材料日”活动，是工人群众在增产节约运动中的一个可贵创举。具体做法是一个星期有一天不领生产原材料，靠堵塞漏洞、内部挖潜解决原材料问题。在执行“一五”计划的过程中，许多厂矿企业面临的最大难题是原材料不足。“不领材料日”活动，就是在这种背景下开展起来的。1955年9月3日，《辽宁日报》二版头题报道了沈阳变压器厂金工车间开展“不领材料日”活动的经验。这个车间动员职工平时尽量节省原材料并搜集废料，从7月13日到8月22日，全车间已安排9个“不领材料日”活动，给国家节约了大量原材料。报纸为此发表社论《广泛推广“不领材料日”的先进经验》，社论指出，对这一活动“领导者应十分珍重地加以支持”。社论强调：“‘不领材料日’是群众性的节约原材料活动，机械工业需要推行，其他产业也需要推行，特别是轻工部门，如纺织、橡胶等系统，都有原材料不足的困难，而另一方面又存在着严重的浪费，就更有推广的必要。”11月9日，报纸再次发表社论《端正对“不领材料工作日”先进经验的认识》，进一步阐述了“不领材料日”活动的重要意义，使“不领材料日”活动在全省广泛开展起来。报纸先后报道了沈阳机械工业系统、旅大橡胶行业、本溪矿业系统等开展“不领材料日”活动的经验。1956年1月22日，报纸以《孟泰工段提出一年不领原材料》为题，报道劳动模范、鞍钢炼铁厂修理工段段长孟泰向公司做出保证：全工段一年不领原材料。那么原材料从哪里来呢？在孟泰的提议下，全工段建立一个“节约日”制度：每星期五，工段所有职工提前两个小时上班，背上筐，拿起锹镐，到全公司各个角落搜集被丢弃的散乱废料。从1955年8月到1956年1月，已搜集50多吨废旧钢管、钢板、角钢及散乱钢筋。全工段除高炉探料尺和泥枪机轴杆所需的较长钢料外，其余所有产品在保证质量的前提下，都用捡来的废料制造。与此同时，报纸开辟了“广泛开展‘不领材料日’活动”专栏，刊发各地厂矿企业开展“不领材料日”活动的经验，赞扬先进人物吃苦耐劳、勤俭节约的精神，推动“不领材料日”活动在全省开展得更加深入持久。

二、科技创新　威力无穷

靠科技创新挖潜增产，沈阳机床三厂当属典型代表，《辽宁日报》对此进行了突出的报道。

1954年10月28日，报纸在一版头题位置，以《沈阳机床三厂开展技术革新月月超额完成国家计划》为题刊发消息，同时在二版发表长篇通讯《技术革新在机床三厂》，报道了这个制造母机的工厂发动广大职工人人提合理化建议，坚持走科技创新、挖潜增产的道路。仅从5月初至10月15日，全厂职工就提出合理化建议225项，被厂里采纳了197项。其中，已实施的重要技术改造建议46项，解决了长期困扰企业生产的六角刀刀台变形、主轴闷车、齿轮噪音、218合镗等关键性技术难题，从而使工厂走上了科技兴厂之路。报纸为此配发社论《技术革新必须服从于生产需要》，赞扬机床三厂靠科技创新攻破生产难点的革新精神。

报纸还以《青工孔庆堂以一顶十》为题，报道了该厂青年磨工孔庆堂五年来坚持技术革新，生产效率分别提高3倍至35倍的事迹，并发表社论《学习孔庆堂的革命干劲加钻劲》。从10月30日开始，报纸以《围绕生产关键问题开展技术革新》为刊题，陆续报道各厂矿企业开展技术革新、技术革命的情况：抚顺石油三厂根据生产需要开展技术革新，已经实施的108个技术革新项目大见成效。1954年下半年到1955年上半年全厂汽油和灯油的产量分别超过原计划136%和127%，各项产品成本率下降了5.4%；沈阳机械系统22个企业广泛开展技术革新竞赛，已实施的548个技术革新项目，个个在生产中凸显威力。1954年全系统大部分企业完不成国家计划并亏损，到了1955年上半年全部扭亏为盈，其中19个企业超额完成国家计划；沈阳低压开关厂通过技术革新一年完成了两年的生产计划，等等。

在超额完成“一五”计划的进程中，增产节约与科技挖潜是两个关键链条，直接关系到任务指标攻坚战的最终成败，《辽宁日报》紧紧抓住这两个关键点发力，通过大规模的集中报道，在众多厂矿企业中掀起增产节约与科技创新的热潮，为辽宁交上了一份优异的“一五”成绩单，起到重要的推动作用。

| 第四节 |

宣传“一化三改”　推动生产关系变革

“一五”计划的主体是“集中主要力量发展重工业”，但同时也需要“有步骤地促进农业、手工业的合作化；继续对资本主义工商业的改造；保证国民经济中社会主义成分的比重稳步增长”。逐步实现社会主义工业化和逐步实现对农业、手工业和资本主义工商业的社会主义改造，可以概括为“一化三改”。“三改”的核心是变生产资料私有制为社会主义集体所有制和全民所有制，是“一五”计划的重要组成部分。为全面贯彻“一五”计划的整体要求，《辽宁日报》刊发了大量相关报道，助力“一化三改”工作如期完成。

一、促进农业合作化

“三改”首先从农业开始。我党在1951年底就明确提出：农业要走互助合作的道路。到1954年《辽宁日报》创刊时，辽宁已有40%的农户加入了互助组，以土地入股、统一经营为特征的初级农业生产合作社已发展到5000多个。又经过一冬一春的工作，到1955年春播前，全省新老农业生产合作社已达到3万多个，入社农户占农村总户数的30%以上。为了巩固新社、提高老社，使其发挥示范作用，进而影响引导70%尚未入社的农户，《辽宁日报》先后发表了10多篇社论、评论和述评，从不同角度、不同侧面阐明发展与巩固、巩固与提高的关系，批判把入社门槛抬得太高的“关门主义”和不顾主客观条件盲目发展的急躁冒进倾向。同时，连续报道各地巩固新社、提高老社的经验。据不完全统计，从1955年春播开始到秋收前，短短八个月的时间里，报纸刊发的相关报道达350多篇。

1955年9月9日至20日，中共辽宁省委在沈阳召开全省市县（区）委书记会议，总结全省农业合作化运动的经验，分析当前农业合作化运动的形势，确定今后农业合作化运动的方向和目标。《辽宁日报》以醒目大字标题发表会议消息。从1955年9月22日到10月3日，《辽宁日报》一版在短短11天的时间里连续发表3篇社论。9月22日发表的社论《正确认识我省农业合作化运动的形势》，详细阐述了掀起全省农业合作化运动新高潮的条件已经具备的依据，同时批评了那种顾虑重重、止步不前的“右倾保守”思想。与此同时，《辽宁日报》在二版开辟以“全面规划　加强领导　迎接农业合作化新高潮”为题的大型专栏，交替刊登各县区领导同志文章和广大社外农民要求入社建社的文章，其中包括盖平县委书记魏民的《做好准备迎农业合作化的新高潮》、昌图县委书记李源的《切实为农业合作化大发展创造条件》、义县县委书记裴汉青的《对大量发展农业合作社充满了信心》、海城县委书记高路滨的《克服右倾消极情绪　做好农业合作社大发展规划》、辽阳县委书记章明的《从两个村典型调查看农业合作化运动大发展的条件已经具备》，等等。

1955年10月16日，全国各大报都在一版头题位置刊登毛泽东同志在全国省市区委书记会议上的报告《关于农业合作化的问题》。10月18日，中共七届六中全会做出了《关于农业合作化问题的决议》。《辽宁日报》刊登了《宽甸县灌水区万户农民挂号申请建社入社》《开原县一万五千户农民要求入社》《盖平县两万农民报名入社》《新金锦县昌图海城等十一个县二十万农民申请建社入社》《宽甸盖平辽阳三县基本实现农业合作化》《营口县建成七十五个高级社》，等等。12月22日，《辽宁日报》一版显位刊发报道《我省基本实现农业合作化》。

二、宣传工商业改造

《辽宁日报》创刊时，辽宁省对手工业和资本主义工商业改造工作，已进行了近两年时间。全省相当多的手工业者已经走上互助合作的道路，少数规模较大的私营企业也进入了公私合营的轨道。在众多中小私营企业的要求下，中央提出"统筹兼顾，归口安排，按行业改造"的方针。1955年12月13日至18日，中共辽宁省委召开有各市、县（区）、乡（镇）党委书记及统战、财贸、工业、工青妇等部门的负责人参加的干部会议。会议对全省资本主义工商业、手工业、小商小贩和交通运输业的改造形式、速度、方法进行了研究，并决定按照中央的方针，在较短时间内，全省基本实现全行业公私合营。报纸在一版头题位置发表的闭幕消息说，这次会议是一个转折，它预示着辽宁省对资本主义工商业的改造进入一个新的发展阶段，其标志就是从过去一厂一店的改造，转向全行业的公私合营。

为贯彻落实干部会议精神，《辽宁日报》一版于1955年12月30日发表了题为《工商业者应该积极接受社会主义改造》的社论，详细阐述了对资本主义工商业改组改造的必要性和实行全行业公私合营的必然性。12月31日，报纸再次发表社论《掌握自己命运走社会主义光明道路》，提醒广大私营工商业者，要跳出个人利益的小圈子，将自己的命运与国家、与社会主义联系起来。与此同时，报纸连续突出报道全省各地贯彻落实省委干部会议精神的措施与行动。这些报道包括《旅大市全面规划私营企业改组改造工作》《营口市七十五户私营工业企业走上全行业公私合营之路》《锦州市五个私营工业行业实行全行业公私合营》《沈阳市百余户私营工业企业接受改组和改造》等。

到1956年1月，经过一段时间的宣传发动和细致协商，资本主义工商业全行业改组改造加速。1月15日，《辽宁日报》一版在《加速社会主义改造 实行全行业公私合营》的通栏刊题下，刊登了《快把工人群众发动起来》的社论，赞扬了工人阶级是社会主义改造主力军，并号召工人们行动起来，推动对私营工商业的改造。同时发表《沈阳市工商业改造工作进展迅速》《抚顺市资本主义工商业实现全行业公私合营》以及长篇通讯《在公私合营的高潮里》等7篇（幅）报道和照片。16日，《辽宁日报》用前三块整版刊发全省人民欢庆社会主义改造胜利的报道：一版在《庆祝社会主义改造的伟大胜利》的通栏刊题下，刊登了《首都二十万人载歌载舞热烈祝捷——毛主席在天安门接受北京首先完成社会主义改造的喜讯》、两篇题为《巩固胜利 继续前进》《手工业者的光荣任务》的社论，以及《沈阳市私营工商业全部公私合营 全市手工业基本实现合作化》等报道；二、三版通开，在通版刊题《四面八方鞭炮响 家家户户庆合营 大街小巷悬灯彩 行行业业合作化》下，刊登《新企业的职工们》《难忘这一天》《手工业者在社会主义大道上前进》等18篇报道。17日，《辽宁日报》一版头题为《沈阳四十万人集会游行欢庆胜利》，同时发表庆祝大会给毛泽东同志的致敬信。还刊登了鞍山市45个私营商店、9个工业行业、45个手工行业全部实现公私合营和合作化的报道。二版在《庆祝社会主义改造伟大胜利》刊题下，刊登了沈阳市线材厂二车间主任王延隆等8名劳动模范的欢庆文章，以及长篇通讯《欢腾在大转变的日子里》。通讯描绘了全省人民欢庆胜利的壮观场面，表达了广大职工群众向往社会主义、向往富裕生活的美好愿望。18日至月底，《辽宁日报》连续报道全省各地各行业报捷的消息——《本溪锦州营口私营工商业全部实现公私合营》《旅大市二十万人上街游行 庆祝社会主义改造伟大胜利》《海城康平等六县完成对私营工商业改造》《我省农村集镇私营工商业改造进入高潮》《我省手工业小商小贩交通运输业的社会主义改造取得决定性胜利》等。30日，《辽宁日报》一版显位刊登消息《全省十市私营工商业全部实现公私合营 手工业同时实现全行业合作化》，正式宣布：“我省已基本完成了对手工业和资本主义工商业的改造任务。”

| 第五节 |

运用“尖锐武器” 解决实际问题

开展批评报道是《辽宁日报》“一五”期间工作的亮点之一。1954年9月1日，《辽宁日报》在发刊词《充分发挥报纸这一思想武器的作用》中明确指出：“批评与自我批评是我们党用来和一切缺点错误进行斗争的基本方法，报纸是开展批评与自我批评的尖锐武器。”“一五”期间的《辽宁日报》在履行党委机关报职责、紧密配合省委中心工作的同时，还刊发报道，批评各项工作及社会生活中的一些不良现象，督促个别行业、单位、相关人员端正态度、改正错误，为辽宁早日超额完成“一五”计划清除思想障碍。

《辽宁日报》的批评报道形式有记者调查、读者来信、言论、小品文等。对于重大典型事件或涉及全局的倾向性问题，多是用记者调查或社论、评论等形式进行批评干预；对于社会现象的批评劝导，则是以小品文、读者来信的形式出现。多种报道手段交替使用，构成“一五”期间《辽宁日报》批评报道的完整体系。

《辽宁日报》对重大典型事件的批评报道，一贯秉持的原则是面对事实、纠正错误、解决问题、促进发展。对医疗系统和农业系统的几次批评报道，就很好地体现了这一点。

1954年底到1955年初，报纸接连报道了卫生系统发生的两起事故。经过记者的充分调查，在报道中指出了问题出现的原因，被报道单位进行了彻底的整顿，医护人员的医德医风有了明显的转变。

1956年初，辽宁农村普遍出现了鸡饲料供应不足的问题。3月26日报纸就此问题发表社论《是什么阻碍着水稻种子串换？》，相关部门闻风而动，立即召开了全省种子工作会议，为新老水田地区牵线搭桥，保证了春播生产的顺利进行。

提起20世纪50年代《辽宁日报》的批评报道，许多老报人至今仍念念不忘“小品文”专栏。它是当时《辽宁日报》影响力较大的一个知名栏目。贴近群众、贴近生活、敢于直言、小中见大是“小品文”专栏的魅力所在。其中，批评某单位“困难补助金”分配不公的“快乐的分肥”反响较大，报纸辟出版面，刊登了30多封群众来信；“老爷作风”发表后，编辑部收到了80多封群众来信，报纸另辟“彻底清算老爷作风”专栏，共发表了30多篇读者署名文章；《铜臭染污了灵魂》在见报后的短短几天里，编辑部就收到了400多封群众来信，纷纷谴责这种“进了城忘了娘”的可耻行为，《人民日报》还转载了这篇小品文。此外，《难为情的干杯》《在耀眼的墙院里》《隆重的婚礼》《婴儿在啼哭》《小学教师的苦恼》《回去报销》《在漂亮的新居里》《在美化的病室里》《这样的人能提拔吗！》等也比较有影响。从1954年9月4日至1956年底，“小品文”专栏共发文64篇，每篇都很精彩。

《辽宁日报》当时还有两个与“小品文”类似的栏目，一个是“杂文”，一个是“杂谈农村百事”。“杂文”专栏是1956年4月增辟的，署名朱家壁。专栏开辟后，发表了48篇思辨性很强的文章，如《谈丁贵事件》《为什么一定要招待》《反派演员的“苦恼”》《个人理想是不是个人主义》《敢于说真话》《公文与来信》等，对提升读者的思想境界起到了有益的作用。“杂谈农村百事”专栏，主要是反映农业合作化以后，农民最关心的问题，诸如按劳分配政策、社队财务、干部思想作风等。

据不完全统计，从1954年9月1日《辽宁日报》创刊到1957年的三年时间里，报纸运用多种形式，发表了上千篇批评性稿件，其中社论就有30多篇。这些批评报道的显著特点是：有的放矢、实事求是、以理服人、治病救人。这期间，《辽宁日报》的批评报道在社会上影响较大，效果很好。

第四章

记录社会主义建设的探索和曲折发展

1958 年至 1976 年，先后出现“大跃进”运动、人民公社化运动等错误，反右派斗争也被严重扩大化。“文化大革命”，使党、国家、人民遭到新中国成立以来最严重的挫折和损失，教训极其惨痛。1976 年 10 月，中央政治局执行党和人民的意志，毅然粉碎了“四人帮”，结束了“文化大革命”这场灾难。

这一时期的《辽宁日报》，大力弘扬艰苦奋斗精神、集中宣传自力更生举措、树立一批先进典型人物，助力经济困难时期的辽宁人民增强战胜苦难的勇气和信心。1963 年 1 月 8 日刊发的长篇通讯《永生的战士》，掀起了向雷锋同志学习的热潮。辽宁是雷锋精神的发祥地，在中央及省级党报中，《辽宁日报》最先集中报道了雷锋事迹。

从 1978 年 5 月开始，《辽宁日报》积极参与真理标准大讨论，在辽宁大地吹响了思想解放的号角。这次真理标准大讨论，为年底召开的中共十一届三中全会开启改革开放大幕，奠定了坚实的理论基础、唤起了强烈的思想共鸣、做好了充分的舆论准备。

| 第一节 |

谱写一曲抗洪救灾的英雄凯歌

1960 年 7 月底至 8 月初，受台风袭击，辽宁省太子河、浑河、辽河、鸭绿江等流域先后连降暴雨，山洪暴发，河流水位急剧上涨，造成抚顺、本溪、沈阳、辽阳、鞍山、营口、安东等 7 个市 2 个县（区）遭遇了百年不遇的特大洪水灾害。大批农田被淹，部分房屋倒塌，道路多处中断。8月5日，省委召开紧急电话会议，号召全省党员、干部、群众紧急动员起来，战胜洪涝灾害。《辽宁日报》以通栏标题刊发会议消息、传达会议精神，报道各地洪涝灾害情况，并连续发表两篇标题为《坚决战胜一切自然灾害确保农业丰收》《动员群众战胜暴雨洪水》的社论。一场波澜壮阔的抗洪救灾斗争在全省迅速展开。

为了及时报道抗洪救灾情况，报社派出大批记者深入抗洪斗争第一线，记录了全省军民抗洪抢险的动人场面。8月6日，报纸在《全民动员抗洪救灾保卫家园》的通栏刊题下，以《我省广大干部群众日夜与洪水搏斗》为题，报道了抚顺、本溪、鞍山、沈阳等地各级党组织带领50万干部群众奋起抗洪抢险，以及沈阳军区3万官兵奔赴抗洪一线与当地干部群众并肩战斗的消息。同时刊登通讯《把洪水治服在我们脚下——抚顺干部群众抗洪抢险纪实》。8月7日至15日，《辽宁日报》分别报道了沈阳铁路局职工奋战两天两夜将148处被洪水冲坏的线路修复，确保沈大、沈吉线畅通；抚顺干部群众群策群力战胜浑河首次洪峰；沈阳军区空军出动62架次飞机，向灾区空投救灾物资的消息。并连续集中报道受灾的7个市22个县（区）的广大干部群众与驻军部队一起抗洪抢险、除水排涝、生产自救的消息。在抗洪救灾斗争中，涌现出大批英雄集体和个人，他们的事迹感人至深。

为弘扬抗洪勇士们舍生忘死的英雄主义精神，《辽宁日报》从1960年8月22日开始，专门开辟大型专栏“数风流人物还看今朝”。专栏“开篇的话”中写道：“空前的大洪水考验了我们。广大干部群众和解放军指战员都是英雄好汉，无数可歌可泣的事迹放射着共产主义光芒。在战胜洪水的斗争里，他们临危不惧，舍己救人，为公忘私，英勇机智，不愧为毛泽东思想哺育下的英雄人们。”专栏开篇刊载通讯《解放军大战桥头堡》，生动地记述了解放军某部集训大队在沈大线太子河铁路大桥桥头抗洪抢险的事迹。太子河铁路大桥紧邻辽阳城区，由于受洪水冲击，大桥桥头与太子河防洪大堤连接处出现大面积塌方，随时都有桥毁决堤的危险。在这紧要关头，集训大队的268名官兵临危不惧，跳进滔滔洪水之中，扎桩、搬石、运土，硬是制服了塌方和洪水，保住了桥头堤坝和太子河铁路大桥。

专栏中的《二百七十七名阶级兄弟　我们同你们在一起》《青春常在》两篇通讯最为感人。《二百七十七名阶级兄弟　我们同你们在一起》，讲述了发生在本溪的一次惊心动魄的救援经过。8 月 4 日凌晨，一场突如其来的暴雨洪水，将本溪肉联厂的 277 名工人和家属围困在一个孤岛上。随着洪水上涨孤岛被淹，人们只好爬到房顶上避险。在这危急时刻，工人龙怀国、胡玉坤等人冒着生命危险，顶着洪水巨浪，驾着橡皮船冲了上去。小船被巨浪顶回来，再冲上去，经过反复搏斗，终于将一条救命绳索送到孤岛上。接着，他们牵着绳索一船又一船地把遇险的 277 名阶级兄弟运送到安全地带。《青春常在》介绍的是本溪水泥厂团委副书记、共产党员南蕴雨舍身抢救 4 名工人的事迹。8 月 3 日深夜，暴雨洪水袭击了本溪市食品厂，南蕴雨闻讯后，立即带领抢险突击队赶去救援。当他们将食品厂的 2300 头猪及部分物品赶运到安全地带后，再回来组织没脱险人员撤离时，洪水淹没了整个厂区。南蕴雨及其同伴们只好退到房顶，等待救援。突然一座房屋倒塌，房顶上 4 名工人掉进洪水里，南蕴雨立即跳进水里救人。他奋力救出 3 个人，当他再去营救第四个人时，滔滔洪水推着一根大木头砸倒了他。年仅 24 岁的南蕴雨为抢救阶级兄弟，献出了宝贵的生命。

此外，《巨龙劈浪——记共产党员傅广裕在水险中保机车的事迹》《老船工刘贵桓一人救了 570 人》《让电话动脉永远跳动》《党是再生父母——本溪化工厂党总支组织 270 名工人家属脱险记》《坚持到最后一分钟——记水文战线尖兵刘跃廷和他的伙伴们》《巨龙飞渡太子河——本溪太子河乙线铁路桥抢修记》等都是《辽宁日报》在抗洪救灾期间的报道佳作。

在“数风流人物还看今朝”专栏刊登的通讯、特写中，主人公有工人、农民、干部、解放军指战员，尽管岗位不同，身份不一，但他们的行动都体现出舍己为人的崇高境界，他们身上都闪耀着集体主义思想的光辉。到 9 月 15 日止，这个专栏共出刊 23 期，发表 77 篇通讯、特写。最后一期发表的“结束语”写道：“英雄们用自己的勇敢和机智，甚至不惜牺牲自己的生命，顽强地击退了猛兽般的洪水，使灾害缩小到最低程度。英雄们的行为，真是一首震撼天地的共产主义凯歌。他们不愧为今朝风流人物，不愧为当代英雄，我们为有这些优秀儿女而感到万分自豪！”

| 第二节 |

树立先进典型　带动各行业发展

为了战胜严重的经济困难，引导激励全省人民同心同德、奋发图强，《辽宁日报》根据中央及省委的有关指示精神，派出记者深入田间地头、车间班组，多方收集相关材料、广泛听取各方意见，在工业、农业及商贸服务业集中树立宣传了一批先进典型。他们的先进事迹为辽宁逐步走出经济困境提供了强大的精神力量。

一、树起农业战线上的"两面红旗"

《辽宁日报》在农业战线重点宣传了高清连和傅荫普。1960年10月11日，《辽宁日报》用一、二版两个整版篇幅，分别以《农民爱戴的"好打头"——高清连》《革命的好干部、群众的"好管家"——傅荫普》为题，刊登通讯介绍他们的先进事迹。

高清连是义县红墙子大队党支部书记、省特等劳动模范。他吃苦在前，享受在后，带领群众埋头苦干，硬是在山坡薄地上创造出高产纪录，全大队粮食产量由平均每亩1200斤，提高到3200斤，使穷山沟变成了远近闻名的富裕屯。群众亲切称他为"咱们的好打头"。

傅荫普是铁岭县大甸子公社党委书记兼张楼子大队党支部书记。他多年如一日，带头吃苦，带头劳动，带头节约，带领群众常年搞农田基本建设，硬是将旱田薄地改造成高产稳产水田，使贫穷落后的张楼子，变成了富裕的鱼米之乡。社员们称他是"我们的好管家"。

中共辽宁省委在《关于组织干部学习高清连、傅荫普同志思想作风的决定》中说："高清连、傅荫普是我省农村干部的两面红旗，是全体农村干部的学习榜样。"报纸同日全文刊登了省委的决定，并配发社论《让千百面红旗在全省飘扬——在全省迅速掀起学习高清连、傅荫普的运动》。这期间，报纸不仅大量报道全省各地开展学习高清连、傅荫普活动的经验，还专门开辟专栏"向高清连、傅荫普学习"。这个专栏从10月14日起到11月底止，共出刊11期，发表60多篇农村干部的体会文章。学习高清连、傅荫普，争做高清连、傅荫普式干部的热潮迅速在全省展开。据《辽宁日报》报道，全省当时产生高清连、傅荫普式的干部达200多名。

二、赞颂技术攻关的能工巧匠

1960年初，辽宁省委根据中央指示精神，决定适当压缩工业生产指标，放慢产量的增长，把工作重点转移到品种的增加和质量的提高上来，向科学技术要潜力、要效益。

按照省委部署，《辽宁日报》随即将工业报道的重点转移到技术革新、技术革命上来。报纸分别以《向技术革新、技术革命要潜力》《人人动脑筋 个个闹革新》《破迷信 树雄心 攀登技术高峰》等为大刊题，先后报道了大连机床厂职工敢想敢干，首创我国齿轮加工自动生产线，提高工效2倍以上的事迹；鞍钢80%的职工投入技术革新、技术革命运动，提出技术创新建议13万条；本钢创转炉、电炉双联炼钢法，每炼一炉钢的时间比过去缩短一个半小时；等等。

1960年3月至4月间，报纸连续发表3篇社论，题目分别是:《在新形势面前——论我省技术革新技术革命运动》《继续抓紧机械化这个中心环节——再论我省技术革新技术革命运动》《大推广、大提高、大跃进——三论我省技术革新技术革命运动》。社论热情讴歌工人们的伟大创造精神，阐述了全省开展技术革新、技术革命运动的重要性和必要性。一个以建立自动生产线、联动线，实现工业生产机械化、半机械化为中心的技术革新、技术革命的群众运动，迅速在全省开展起来。其范围包括冶金工业、机器制造业、煤炭工业、电力工业、交通运输等大中小型工业企业及诸多轻工业单位。

在技术革新、技术革命运动中，全省涌现出大批能工巧匠。这期间，报纸突出宣传了沈阳市劳动模范吴家柱、林海丰、吴大有等人发起的技术协作活动。1962年12月4日，报纸以《星火燎原》为题，发表长篇通讯，对沈阳市技术协作活动给予热情的赞扬，并发表社论《一项意义重大的活动》。随后，又以《优秀的技术协作突击队》为题，报道了沈阳市技术协作委员会焊接小组开展协作攻关的事迹。技术协作活动的宣传收到了很大成效，使全省技术革新、技术革命运动由个别先进人物和单位的行动，发展成为有组织的群众性运动。到1962年底，全省有467个企业几千个车间建立起技术协作网。1963 年，辽宁省参加技术协作活动的积极分子近 5 万人，交流推广先进技术 5700 多项，解决生产技术难题 1.1 万个。

1962 年 12 月 7 日，《辽宁日报》一版头题以《搭桥赞——王崇伦新事》为题，刊登长篇通讯，详细介绍了王崇伦的新事迹。王崇伦是鞍钢机修总厂职工、全国特等劳动模范，1953 年他以创造“万能工具胎”而闻名，他年年有革新、年年有贡献。1961 年他又在全厂千名职工中搭起一座技术协作的桥梁。有人说，这是王崇伦过去十年革新和贡献中最大的革新和最大的贡献。所说的“搭桥”，就是通过直接、间接、间接的间接等方式，将各车间班组的革新能手串联起来，形成网络，相互协作，联合攻关。在王崇伦的串联下，全厂 500 多名技术协作积极分子和 1000 多名技术协作职工，通过协作网活跃在全厂各个角落，攻破了 30 多项技术难题，使全厂生产不断迈上新台阶。报纸为此配发评论《让技术协作之花开遍全省》。

为了总结经验，推动全省技术协作活动深入发展，1963 年 12 月 19 日，《辽宁日报》在一版头题位置，刊发万字篇幅的记者述评《多快好省地提高技术水平的康庄大道——评述我省两年来工业战线的群众性技术协作活动》，热情赞颂了王崇伦、吴家柱、林海丰、吴大有等劳动模范在国民经济困难时期挺起胸膛，带动大批劳动模范、先进生产者及广大职工，以主人翁的责任感，不计得失、不辞劳苦、公而忘私地大搞技术协作的集体主义精神和中国工人阶级的高昂斗志。

三、推广服务标兵的先进工作经验

在财贸等服务行业，同样是模范人物不断涌现。1960 年 2 月 8 日，辽宁省人民委员会召开全省服务行业群英大会，报纸在刊登会议消息的同时，配发社论《向服务战线的英雄们致敬》。社论高度赞扬了服务行业的广大职工全心全意为人民服务的精神。其中写道：“服务行业与广大人民群众、特别是城市人民生活息息相关，通过服务人员的辛勤劳动，可以使广大人民生活舒适、愉快，精神饱满，精力充沛，工作得更好。”同时在一版连续报道了一批服务标兵，他们中有热爱清扫工作的清洁工刘春恩；风雨无阻、忘我奔忙的送奶员李亚东；以车为家、以客为友的电车乘务员樊绪明；服务周到、细致入微的食堂工作人员鲍静芝等。1961 年 1 月 11 日，报纸在一版头题位置，以大字标题突出报道了沈阳市令闻街第一粮站“四人包送千户粮”的先进事迹，刊登令闻粮站群英谱，同时发表社论《处处为群众谋方便》。令闻粮站的先进工作经验迅速在全省推广，报纸为此专门开辟专栏“向令闻粮站学习　处处为群众着想”。这个专栏连续出刊11期，刊登近50篇消息、通讯、特写、评论、文章等稿件，使令闻粮站“处处为群众谋方便”的思想深入人心。

| 第三节 |

宣传“鞍钢宪法”　提倡民主管理

“鞍钢宪法”由毛泽东同志命名，是毛泽东同志对鞍钢广大工人群众在实践中创造的企业管理经验的总结和概括，是探索我国现代化建设道路的重要一环，是探索国有企业管理模式的重大成果。推广、施行“鞍钢宪法”对当时全国工业战线提高管理水平、增强技术实力、提高产量质量、扭转经济困难局面，起到了巨大的推动作用。

1960年3月初，时任中央书记处书记的彭真亲自给鞍山市委书记杨士杰打电话，指示鞍山市委要尽快总结鞍钢的生产经验，向党中央写出报告。鞍山市委迅速落实彭真的指示，确定由市委书记处书记兼市委秘书长罗定枫同志负责组织、起草报告。罗定枫当即带领市委办公室、调研室和鞍钢党委办公室的调研力量，投入紧张的工作。他们分赴鞍钢炼铁厂、炼钢厂、轧钢厂、运输部以及一些地方厂矿，调查了解企业管理及技术革新的情况。罗定枫在深入厂矿企业的同时，多次召开座谈会，做起草前的准备工作。在参考了鞍钢党委提供的《关于技术革新技术革命运动的情况报告》等资料后，由鞍山市委办公室副主任高扬执笔，经罗定枫修改、定稿的8000多字的《鞍山市委关于工业战线上的技术革新和技术革命运动开展情况的报告》，于当年3月11日经鞍山市委常委会讨论通过后，上报辽宁省委转中央。从接到指示到调研、座谈、查档、起草、修改、定稿，前后只用了10天时间，堪称高效。《辽宁日报》全程见证、参与了“鞍钢宪法”的经验总结。

1960年3月22日，毛泽东在《鞍山市委关于工业战线上的技术革新和技术革命运动开展情况的报告》上作了长达600字的批语（即关于“鞍钢宪法”的批示），指出：鞍钢是全国第一个最大的企业，“过去他们认为这个企业是现代化的了，用不着再有所谓技术革命，更反对大搞群众运动，反对‘两参一改三结合（干部参加劳动，工人参加管理，改革不合理的规章制度，工人群众、领导干部和技术人员三结合）’的方针，反对政治挂帅，只信任少数人冷冷清清地去干，许多人主张一长制，反对党委领导下的厂长负责制，他们认为‘马钢宪法’（以马格尼托哥尔斯克冶金联合工厂经验为代表的苏联企业一长制管理方法）是神圣不可侵犯的”。现在这个报告，“不是‘马钢宪法’那一套，而是创造了一个‘鞍钢宪法’。‘鞍钢宪法’在远东，在中国出现了”。

毛泽东同志的批语在高度评价鞍钢经验的同时，提出了社会主义企业的管理原则，即坚持政治挂帅，实行党委领导下的厂长负责制，开展技术革命，大搞群众运动，实行“两参一改三结合”。1960 年 4 月 16 日，《辽宁日报》一版发表社论《颂现代化大企业的红旗》，总结、升华、推广鞍钢的经验；并以《坚持党的领导　坚持政治挂帅　坚持大搞群众运动　鞍钢树立无产阶级办企业的典范》为题，对相关举措及成效进行长篇报道。

| 第四节 |

把农业农村报道放在首位

从 1962 年到 1965 年，《辽宁日报》对农业农村的报道非常集中突出。报纸的头题几乎都来自农业，版面上农业农村报道的篇幅大多较长。报纸对农业生产的指导也非常及时、十分具体。从备耕、春播、铲趟、大小秋收，一直到秋冬积肥、农田基本建设，一环扣一环地紧跟农业生产的节奏进行报道。不仅宣传粮食生产，而且对棉花、花生、蔬菜以及林业、牧业、蚕业、渔业、农业技术推广等工作，都一一关注。与以往对农业农村报道不同的是：更注重治山治水和农田基本建设，以求从根本上改变农业生产条件；更重视生产大队，特别是生产队的建设，突出队干部在农业农村发展中的关键作用。

一、大力宣传治山治水的先进典型

治山治水，大搞农田基本建设，是农业实现高产稳产的根本大计。《辽宁日报》在这方面的报道不仅数量多、声势大，而且挖掘出一批过得硬、叫得响的先进典型。

20 世纪 60 年代闻名全省的“三沟经验”就是一个范例。1964 年 4 月 7 日，报纸在一版头题位置，以《学习“三沟”经验　振奋革命志气》为通栏刊题，刊登报道《阜新县大力推广“三沟”经验》，介绍了毛岭沟封山育林、招束沟治理坡耕地、搭子沟河边造林的经验。“三沟”经过 3 年的艰苦奋斗，封山育林 400 多公顷，植树造林 320 公顷，治理坡耕地 210 多公顷。山变地变、粮多收入多，“三沟”的粮食亩产 3 年增长 1 倍多，林副产品收入人均增加 130 多元。山穷水恶的穷“三沟”，变成了林茂粮丰的富“三沟”。报纸发表的社论《阜新县总结“三沟”经验给我们的启示》指出：“只要奋发图强，艰苦奋斗，任何恶劣的自然条件都会得到改变。”

磊子山大队和吕王公社的变化进一步验证了这一点。1964 年 4 月 22 日，《辽宁日报》一版头题刊发的报道记述了磊子山大队坚持治山 9 年挖掉穷根的经验。磊子山大队是复县老虎屯公社的山区穷队，全大队有 5000 亩耕地，分布在 43 个沟坡上，跑水跑肥易旱，要多打粮就得治山。9 年间他们治理了 36 个沟坡，垒成的石坝连起来有 300 多公里，使山坡薄地变成了保水保肥的梯田。1963 年粮食亩产比过去增长 1 倍多。治山第二年，粮食生产就自给有余。7 年间，共向国家交售商品粮 140 多万公斤，报纸为此发表社论《坚持就是胜利》。在同日二版，又用一个整版的篇幅，刊登了这个大队的治山英雄谱，介绍了 6 位治山英雄的事迹，每人配发大幅照片。其中最著名的是女劳动英雄佟金凤，5 月 23 日《辽宁日报》刊发长篇通讯《佟金凤》，详细介绍了这位年近 50 岁的女劳动英雄的先进事迹，并发表社论《赞佟金凤》。1965 年 8 月 23 日《辽宁日报》又在一版刊发自述性通讯《佟金凤进京》，记叙了佟金凤在北京参加全国群英会的生动场面及其感受。

1964 年 4 月 29 日，同样在一版头题位置，报纸以《敢教石山变庄田》为题，报道了营口县吕王公社的治山事迹。吕王公社地处营口东部的高寒山区，人们描述这里是：“扁扁天，牛槽子沟，庄稼种在石缝里。”然而，吕王人民没有被恶劣的自然条件吓倒，在省特等劳动模范、公社党委书记徐树刚的带领下，坚持治山不止。他们苦干3年，硬是搬走了成千上万个大大小小的乱石窟，使全公社4000多亩坡耕地变成了一道道平坦的梯田。粮食亩产由过去的不足50公斤，增长到200公斤。这个常年吃救济粮的穷社，1963年第一次向国家交售了17.5万公斤商品粮。报纸发表社论《吕王公社社员是硬骨头》，热情赞扬吕王人的愚公移山精神。7月2日，报纸又用一个整版的篇幅，刊登长篇通讯《徐树刚》，详细介绍了徐树刚带领社员战天斗地的英雄事迹，同时发表社论《徐树刚是农村基层干部的好榜样》。随后，报纸又开辟“向徐树刚学习坚持参加集体劳动”专栏，连续刊登了部分公社党委书记学习徐树刚的体会文章。

在先进典型的带动下，从1963年冬开始，辽宁省掀起了波澜壮阔的治山治水、大搞农田基本建设的群众运动。《辽宁日报》先后以《向穷山恶水进军》《奋发图强自力更生开展群众性的治山治水运动》《掀起以水肥为中心的农田基本建设高潮》等为大型专刊的刊题，连续报道各地治山治水、大搞农田基本建设的情况：朝阳出动40万人开展轰轰烈烈的治山治水运动；鞍山、安东、锦州掀起群众性治山治水高潮；海城、新民、铁岭等12个重点产粮县向水肥要高产；营口县自力更生改造西部44.5万亩涝洼盐碱地等。1965年8月15日，一版头题以《下甸子再造山河》为题，报道了桓仁县下甸子大队在省特等劳动模范、大队党支部书记王连升的带领下，采取山顶带帽（封山育林）、山坡穿带（栽紫穗槐和叠石格）等措施，使“山河易色，换了人间”。全大队粮食亩产由合作化初期的80多公斤，增长到177.5公斤，报纸发表社论《我省山区建设的又一面红旗》，高度赞扬下甸子大队干部群众大干苦干的豪迈情怀，同时指出，“下甸子为山区建设又闯出了一条新路”。

二、推出一批社队干部的榜样

在生产队建设上，报纸除了宣传贯彻党的方针政策，对领导干部参加培训、到困难社队蹲点加强报道外，还重点宣传了一批优秀的社队干部，用先进典型的经验和精神武装社队干部的头脑，为农村及农业的发展奠定基础。

《辽宁日报》以《挂符桥大队果树生产队办得好》为题，报道了金县的这个生产队在队长、省特等劳动模范李德春的带领下，狠抓关键性生产措施，大胆采用果树高产优质栽培技术，使水果生产连年增产。1962 年全队水果总产量从上一年的 18 万斤，增加到 30 万斤；向国家交售商品果 23 万斤，而且 98% 以上是一等优质果。社员收入年年增加，成为金县乃至辽南地区有名的富裕队，李德春被社员誉为“百里挑一的好队长”。同时在二版用一个整版的篇幅，刊登长篇通讯《一个好队长》，详细记述了李德春一心为公、带头苦干、关心群众疾苦、善于做思想政治工作，带领社员连年增产增收的事迹，并发表社论《团结社员发展生产的领导艺术——评李德春的领导作风和工作方法》。社论指出，生产队是农村最基层的经济组织，是农村和农业发展的基础。而办好生产队，首先要有一个好队长。李德春就是一个“百里挑一”的好队长，值得全省社队干部学习。

7 月 9 日，报纸在一版头题位置，发表长篇通讯《拣重担子挑的生产队长刘荣》，记述了省劳动模范刘荣，仅用 3 年时间就把一个落后生产队改造成先进队的事迹。刘荣原是昌图县古榆公社小会大队东双合屯生产队队长，1960 年 8 月被派到远近闻名的后进队——岗岗营子生产队担任队长。刘荣上任后，没有哇哩哇啦地叉腰指挥，而是拣最苦、最累、最脏的活儿干；刘荣不仅带头劳动，还时时处处关心群众疾苦；在生产队的日常工作中，他善于谋划大事、精于算计细微；他带领社员办猪场、搞副业，并动员群众户户养猪。在增肥改土、建设丰产田、大搞农田基本建设的过程中，他样样想在前、干在前。在他的带领下，岗岗营子变了模样：1962 年不仅还清了全部欠款，队里还有了几万元的积累，社员劳动日值也由过去的不足 0.4 元，上升到 1.34 元。在公社组织的竞赛评比中，岗岗营子生产队第一次夺得了红旗。报纸在为这篇通讯配发的按语中说：“做一个生产队长，只有把群众带动起来，同群众一起艰苦奋斗，改变面貌，才是好队长。在这一点上，刘荣给我们树立了一个出色的榜样！”

在国民经济调整时期，全省先后召开两次农业战线群英会。一次是 1962 年 2 月召开的省农业先进单位和劳动模范代表会议，一次是 1965 年 8 月召开的省贫下中农代表会议。劳模会期间，《辽宁日报》推出一批先进典型加以突出宣传。其中包括记述宽甸县罗圈夹大队趟子沟生产队同自然灾害作斗争的长篇通讯《震撼不动的英雄队》，以及《支部书记邹慎清勤奋劳动十二年如一日》《生产队长李绍荣发阶级之愤带头劳动发展集体经济》《下洼子大队是勤俭办社的好榜样》《生产大队长徐宝岩坚持种试验田》等；省贫代会期间，《辽宁日报》在一版重点宣传了一批贫下中农代表的先进事迹，比较有影响的报道有《朱德才——贫下中农的好“长工”》《黄之龄——为革命而育种》《崔景明——老当益壮的护林员》《贾凤岐——为集体甘当“大头”》《林彦——一心为集体放好蚕的贫农女儿》《张河——身在渔船心怀祖国》等。这些先进单位和典型人物的经验和事迹，极大地激发出全省农村干部群众勇攀生产高峰、改变农村面貌的昂扬斗志。

| 第五节 |

推动各行各业支援农业

推动各行各业把工作重心转移到面向农村、支援农业上来，是这一时期《辽宁日报》报道的重要内容之一。

1963 年 4 月 11 日，《辽宁日报》用一、二版两个整版的篇幅发表长篇通讯《在为农业服务的大道上前进——记阜新县农业机械制造厂》，详细记述了他们支援农业、服务农业的先进事迹和成熟经验。阜新县农业机械制造厂从干部到职工，把为农业、农村、农民服务作为自己的神圣职责，他们急农民所急，想农民所想，3 年间生产出 253 种 30 多万件机械化、半机械化的农机具和零部件，登门修理各式农机具 1600 多台次。无论是制造还是修理，他们都力求质量好、价格低、应农时，并根据农业发展需要，自己研制出 11 种新式农机具，农民赞扬他们是“农业的好后勤部”。报纸在为这篇报道发表的社论《首先要从思想上转过来——从阜新县农业机械制造厂为农业服务的事迹和经验谈起》中指出：“阜新县农机厂的经验最根本的一条是，必须树立以农业为基础的思想。思想上转过来了，行动才能更自觉更积极。”随后，报纸以“在为农业服务的大道上前进”为题开辟专栏，刊发各厂矿企业学习阜新县农业机械制造厂的报道。专栏共出刊 4 期，发文 30 多篇。全省各地纷纷学习阜新农机厂经验，很快掀起面向农村、支援农业的热潮，城市工业部门更是一马当先。《辽宁日报》连续大篇幅地报道了一批工矿企业支援农业、服务农业的报道。其中，引起广泛关注的有：沈阳市皇姑区与盖平县对口帮扶的经验，鞍钢帮助海城县一些社队发展社办工业的经验，沈阳空气压缩机厂、大连机车车辆厂、沈阳水泵厂、大连第二机电厂

1964年春，《辽宁日报》总编辑殷参在农家炕头写社论
右为副总编辑边学义

等工厂与社队定点协作的经验，阜新市厂社协作建立农机修配中心的经验等。

在报道涉农工业部门支援农业的同时，《辽宁日报》还以《各行各业都要面向农村》为刊题，出版专刊报道轻工业、手工业部门大力生产适合农民需要的日用工业品；科研和科技推广部门送科技下乡；金融财贸、医疗卫生、文化艺术等部门面向农村、服务农民的先进事迹和经验。

1964 年 2 月 27 日，《辽宁日报》以《哈尔套地区医院用革命精神办院越办越好》为题，报道了这个医院全心全意为农民服务的先进事迹，并发表社论《地区医院的一面红旗》；4 月 6 日，在《向哈尔套医院学习　在革命化道路上奋勇前进》的通栏刊题下，刊发了中共中央东北局（编者注：1960 年 10 月，中共中央政治局决定，中共中央东北局重新组建，任命宋任穷为第一书记、欧阳钦为第二书记、马明方为第三书记，中共中央东北局领导辽宁省委、吉林省委、黑龙江省委工作）在彰武县召开现场会，推广哈尔套地区医院经验的报道，并配发社论《加强党的领导　实现医院革命化》。当日，《辽宁日报》二版刊登了哈尔套地区医院党支部书记包保林的长篇文章《我们是怎样抓活的思想的》；三版刊发人物通讯《战斗在哈尔套的红色医务人员》。1965 年 8 月 4 日，报纸又刊发通讯《哈尔套医院被誉为农民的救命医院》，报道这个医院救死扶伤的感人事迹，并配发评论《继续深入地向哈尔套地区医院学习》。

财贸方面，在《办革命的供销社　一心一意为农民服务》的刊题下，刊发报道《勤勤恳恳为山区农民服务的久才峪供销社》，并发表社论《向久才峪供销社学习》。

在文化艺术领域，《辽宁日报》突出宣传了法库县评剧团的先进事迹。1965 年 5 月 18 日，报纸以《法库县评剧团是我省戏剧战线上的“乌兰牧骑”》为题，报道法库县评剧团常年坚持送艺术下乡的事迹，并发表社论《努力实现剧团革命化　更好地为工农兵服务》。9 月 11 日，报纸又发表了中共中央东北局为法库县评剧团事迹报道所撰写的按语，以及法库县评剧团团长的长篇文章《面向农村　为农民服务　做红色的文化轻骑队》，并为此再次配发社论《让革命的文化深深扎根在农村》。

从报道上可以看出，《辽宁日报》对各行各业面向农村、支援农业的宣传，始终坚持抓住典型、突出报道的方法，收到了较好的效果。

| 第六节 |

大力推动干部参加劳动制度化

对干部参加劳动的宣传，《辽宁日报》一直比较重视，早在创刊初期就陆续进行过报道。到了国民经济调整时期，为了促进农业生产尽快再攀新高，中央和省委对干部参加劳动更为重视，在报纸宣传上也就更加集中突出。

《辽宁日报》首先采取点面结合、先面后点的报道方式，对这项工作加以推进。1963 年 5 月 24 日，《辽宁日报》刊发综合消息《我省农村干部参加生产劳动出现新气象》，报道了全省农村干部参加劳动的人数和劳动天数，都分别比上一年增长 20% 和 30%。许多县、社领导干部以身作则，带头劳动，他们与社员共同劳动，同等评工记分。随后，《辽宁日报》又分别以《大队长刘久祥驻队蹲点常年参加劳动》《三棵树大队干部参加劳动好工作好》为题，报道了朝阳县六家子公社龙山大队大队长刘久祥和盘山县三棵树大队干部参加劳动的事迹。报纸在编者按中说："干部经常参加生产劳动，是党与群众保持密切联系的有效途径，也是干部队伍建设的根本大计，所有干部都应深刻认识这一点。刘久祥和三棵树大队干部的可贵之处，就在于他们能放下架子，采取与社员平等的态度参加劳动。只有在劳动中是个好社员，在领导生产中才能做个好干部。"

在探索干部参加劳动常态化、制度化方面，各地也都做出了相应的努力。1963 年 5 月 30 日，《辽宁日报》在一版头题位置，以《认真组织干部参加生产劳动形成制度坚持下去》为题，报道了鞍山市的经验：不断强化对干部参加劳动的认识，完善各级干部定工定点劳动计划，使干部参加劳动经常化、制度化。中共中央东北局对鞍山的经验作出批示："鞍山市的经验具有普遍意义，值得学习和推广。各地必须把干部参加劳动这件大事抓紧抓实，并长期坚持下去。"按照东北局的要求，1964 年 3 月 3 日，《辽宁日报》在《振奋革命精神　坚持参加劳动》的通栏刊题下，用一、二版两个整版的篇幅，发表鞍山市委和吉林省东辽县委组织干部参加劳动的经验及东北局的批示，同时配发社论《提高认识　学习先进　坚持参加劳动》。

此后，全省很快掀起学鞍山、学东辽，干部坚持参加生产劳动的热潮。《辽宁日报》先后以《发扬革命传统　坚持参加劳动》《坚持参加劳动　保持劳动人民本色》

《干部参加劳动对社会主义制度是根本性大事》等为刊题，连续发表县、社、队和城市机关团体、厂矿企业组织干部参加劳动的报道，其中包括：喀左县县级领导干部进点驻队带头参加生产劳动；海城县王石公社干部带着问题下乡蹲点劳动；省特等劳动模范、茶条房大队党支部书记任宝山身兼数职仍然常年坚持参加生产劳动；阜新县农业机械制造厂党总支书记李树仁参加劳动“四不例外”：上下班时间不例外，服从组长分配不例外，干脏活重活不例外，干坏活计被检查不例外，报纸就此发表社论《做一个普通劳动者》；抚顺市电瓷厂干部参加劳动实行定岗位、定时间、定职责、顶定员的“三定一顶”制度，报纸为此发表社论《“三定一顶”是工业干部参加劳动的好办法》；鞍钢铸管厂调整机构、精简会议，为干部参加劳动创造条件；等等。

从 1964 年 10 月 27 日起，《辽宁日报》还专门开辟专栏，开展“怎样正确对待干部参加劳动问题”的讨论。这个专栏一直持续到 1965 年 3 月，共出刊 11 期，重点讨论了三个问题：一是要不要结合生产，带着问题参加劳动；二是“三定一顶”好不好；三是干部参加劳动合算不合算。共刊发文章、来信 50 多篇，对提高认识、交流经验、推动干部参加劳动，起到了一定的促进作用。

据不完全统计，从 1963 年到 1965 年 6 月末，《辽宁日报》共刊发干部参加劳动的报道、言论、来信和文章 400 多篇。

| 第七节 |

最早报道雷锋事迹

在《辽宁日报》及其前身《东北日报》挖掘、树立、宣传的众多英雄、模范、先进典型中，雷锋是影响最广泛、最深远、最深入人心的一个，已经成为全民族的道德高点与精神巅峰。

辽宁是雷锋精神发祥地，雷锋生活在辽宁，战斗在辽宁，也是在辽宁牺牲的，辽宁大地哺育了雷锋精神。而对雷锋的集中宣传，在全国包括《人民日报》在内的各大报刊中，《辽宁日报》是第一个。这也是《辽宁日报》坚持“综合宜少　典型宜多”办报宗旨结出的硕果。

时至今日，每年的 3 月 5 日——毛泽东同志为雷锋题词的周年纪念日，全国上下都会掀起一股“向雷锋同志学习”的热潮，而这源自1963年1月8日，《辽宁日报》刊登的那篇长篇通讯《永生的战士》，它让辽宁人民、全国人民认识雷锋、了解雷锋、崇敬雷锋，它让雷锋精神射出第一道强光，点亮中华、波及海外、照彻后世。

一、在平凡的雷锋身上发现伟大之处

雷锋是湖南望城人，出生于1940年12月18日。1956年起，先后在中共望城县委、望城县沩水工程指挥部、团山湖农场工作。1958年，雷锋来到辽宁鞍山，在鞍钢化工总厂担任推土机手。1960年1月8日，雷锋应征入伍，同年11月加入中国共产党。

雷锋是在驻辽部队成长起来的优秀战士。早在1960年12月30日，《辽宁日报》就曾以《红色战士雷锋》为题，介绍过雷锋的先进事迹，1961年又刊登了“雷锋日记片段”，这些报道让雷锋作为一位先进典型人物，当时在省内产生了一定影响，而报纸大规模集中突出宣传雷锋，是在雷锋牺牲之后的1963年。

当年1月初，中共辽宁省委常委、《辽宁日报》总编辑殷参同志到省委参加一个会议。中共抚顺市委第一书记沈越，在会上介绍了雷锋同志因公牺牲的情况，以及他生前的简要事迹，殷参听了很受感动。回到报社后，他立即召集有关部门的同志，连夜布置宣传雷锋的工作，包括采写雷锋事迹的通讯、撰写社论及整理雷锋日记。确定由记者彭定安采写事迹通讯，政教部副主任霍庆双撰写社论，编辑赵旭整理雷锋日记，并要求1月8日见报。1963年1月8日，《辽宁日报》在一、二、三版用接近三块整版的篇幅，刊登长篇通讯《永生的战士》，并发表社论《学习无产阶级革命战士雷锋的高尚品德》。自此，《辽宁日报》展开了对雷锋事迹的集中突出宣传。

《永生的战士》全篇大约1.5万字，共分“血泪九年、新生、启蒙、斗争、熏陶、苦学、功业、入党、向前、谦逊、永生”11个部分，详实而生动地记述了雷锋生前的光辉事迹，饱含深情地赞颂了雷锋坚定的共产主义信念和崇高的思想品德，感人至深、催人泪下。广大读者看过通讯后，纷纷来信来电，表达对雷锋的崇高敬意与哀痛之情。1月9日、10日，《辽宁日报》接连用四个整版的篇幅，刊登《雷锋日记》摘抄；2月28日又用一块整版刊登了第二批《雷锋日记》摘抄。为“日记摘抄”配

永生的战士

积极經营小商品　滿足人民生活需要

沈河商場小商品經营有方生意越做越活

和平商店增加小商品品种

百貨迎百客

1963 年 1 月 8 日的《辽宁日报》二版发表弘扬雷锋精神的长篇通讯《永生的战士》

发的编者按说:“这些日记是十分宝贵的材料。从日记里，我们看到了一个毫不利己，处处为他人的高尚的人；看到了一个真正的无产阶级战士的革命情怀；看到了一颗鲜红的、永远跳跃着的，对集体、对革命、对党的火热的心。雷锋无心于写作，他写日记是给自己看的，是自己内心世界的驰骋。他想不到这些生前用来鼓励自己的东西，今天会成为鼓励他人的教材。为什么雷锋同志的日记会有这种力量呢？作为无产阶级革命战士的雷锋，不是用笔，而是用他全副身心，用他自己的行动，来写下他短促的革命一生。”

随后,《辽宁日报》又刊发多篇报道:《雷锋在党的生活中》《真正的青春——雷锋在鞍钢的时候》《英雄行为和高贵品质的源泉——记雷锋同志学习毛主席著作》《伟大的战士　红色的汽车驾驶员——记雷锋同志苦练专业技术爱护车辆的事迹》《千锤百炼——记雷锋同志在部队的成长》《雷锋和红领巾的故事》，等等，从各个侧面专题记述雷锋的成长历程。1 月 10 日，雷锋烈士生前工作、战斗过的地方——抚顺市，创办了“雷锋烈士生平事迹展览室”,《辽宁日报》就此发表通讯《雷锋烈士生平事迹展览室巡礼》，结合展室实物，再一次全面介绍了雷锋的感人事迹与高尚情操。展室随即扩展到沈阳、鞍山、营口、锦州、旅大、安东等地。短短 10 多天，全省就有 100 多万人次参观展室,《辽宁日报》均给予报道。

1 月 22 日，报纸以《雷锋班在前进》为题刊登通讯，讲述雷锋班战士们用实际行动悼念老班长的故事。同时，报纸刊发一组雷锋的战友们训练、执勤、劳动、生活的照片。此后，报纸陆续刊登一批纪念雷锋的文章，其中有雷锋班第一任班长张长吉的《在雷锋班里》，雷锋生前战友曾光彬的《和雷锋在一起的日子里》，以及《雷锋永远活在我们心中——抚顺青少年回忆和雷锋叔叔在一起的日子里》，等等。为了把雷锋的事迹宣传得更形象、更直观、更感人，报纸除运用社论、消息、通讯、特写、文章、日记摘抄等报道形式外，还刊发了大量照片、美术作品和文学作品。从 1 月 10 日到 16 日，报纸以《毛主席的好战士》为题，连续刊登 30 多幅连环画；3 月 3 日，报纸用两个整版的篇幅发表了安波同志创作的长诗《雷锋颂》；随后又发表路政的长诗《无产阶级优秀的儿子——悼念雷锋同志》。

在不到两个月的时间里,《辽宁日报》从雷锋这位普通战士身上挖掘、升华出信念坚定、爱党爱国、无私奉献、敬业进取的雷锋精神，并不断将其发扬光大，最终产生全国影响。随着时代的进步，雷锋精神的内涵也在不断地丰富和发展。

二、让雷锋精神在人们心中扎根

1963年3月5日，包括《辽宁日报》在内的全国各大报刊，均在一版头题位置，以异常醒目的大字标题，刊登毛泽东同志发出的伟大号召和他的亲笔题词："向雷锋同志学习"，以及刘少奇、周恩来、朱德等领导同志的题词。《辽宁日报》同时配发社论《响应毛主席伟大号召向雷锋同志学习》，并于同日推出《向雷锋同志学习》专刊，旨在把学习雷锋活动不断引向深入，让雷锋精神在人们心中扎根。

《向雷锋同志学习》专刊的首期，刊登了沈阳、旅大、鞍山、抚顺、本溪等地的广大干部群众人人学雷锋、人人做雷锋、社会风气大改观的报道。《抚顺市学习雷锋运动深入人心》一文中说，雷锋事迹在抚顺市家喻户晓、妇孺皆知，各行各业、男女老少都把雷锋作为自己学习的榜样，出现了许多公而忘私、不畏艰险、助人为乐、克勤克俭的动人事迹。《辽宁日报》在集中报道各地机关团体、厂矿企业、农村社队、学校、驻军等单位和个人学习雷锋活动的消息、经验的同时，在《向雷锋同志学习》专刊里，以"笔谈会""讨论会"的形式，发表了多期、多篇文章。每期都选定一个主题，诸如"怎样写自己的历史？""人为什么活着？""在平凡的岗位上怎样做出不平凡的成绩？""怎样做毛主席的好学生？"等。工农商学兵结合各自实际，抒发自己内心情感，生动深刻、具体实在、引人入胜。据不完全统计，《辽宁日报》从1963年3月5日开办《向雷锋同志学习》专刊起，到10月5日止，仅半年多时间就出刊50多期，每期少则半块版，多则一块版，刊登各类文章、通讯、特写、消息、言论、照片等报道500多篇（幅），对全省学雷锋活动深入开展起到了重要的推动作用。

3月17日，《辽宁日报》刊登了《我省城乡广大干部群众热烈开展学习雷锋活动》的报道，其中写道："短短两个多月，雷锋事迹传遍辽宁大地，千千万万的干部群众受到深刻教育。许多人学雷锋见行动，涌现出大量好人好事。"

4月17日，《辽宁日报》在一版发表了中共辽宁省委第二书记黄欧东同志的文章《学习雷锋高尚的共产主义品德》，全面阐述了雷锋精神的形成与发展，以及对社会主义精神文明建设的推动作用，文章有很强感召力，让雷锋精神走脑入心，进而起到塑灵魂的作用。

由于全省广大人民群众，特别是青少年，自觉以雷锋为榜样，学雷锋、做雷锋，使学雷锋活动的成果很快体现出来，雷锋式的青少年不断涌现。1964 年 3 月 5 日，在毛泽东同志发出“向雷锋同志学习”伟大号召一周年的时候，《辽宁日报》发表共青团辽宁省委的题为《以雷锋为榜样　引导青年革命化》的文章，总结了一年来全省各级团组织团结带领广大共青团员和青年开展学雷锋活动的经验，并同时刊登长篇通讯《千万个雷锋在成长》。

此后，《辽宁日报》抓住现实生活中涌现出的雷锋式典型人物，给予重点报道。其中有雷锋式的营业员王贞娥、雷锋式的护理员臧智华、雷锋式的班长袁西乐、雷锋式的女乘务员杨瑞芝等典型人物的先进事迹。对雷锋式典型人物的宣传，促进了学雷锋活动的蓬勃开展，让雷锋精神更加深入人心。

2009 年，雷锋被评为“100 位新中国成立以来感动中国人物”之一。

| 第八节 |

宣传“工业学大庆”“农业学大寨”

在大庆油田的生产建设过程中，以王进喜为代表的大庆人，发扬“宁可少活二十年，拼命也要拿下大油田”的“铁人精神”，为国分忧、艰苦奋斗、无私奉献、成就斐然。1964 年 2 月 5 日，中共中央发出通知，号召全国其他部门学习大庆油田的经验。1964 年 2 月 13 日，毛泽东同志在春节座谈会上发出号召：“要鼓起劲来，学习石油部大庆油田的经验。”自此，“工业学大庆”的口号响彻全国。大寨是山西省昔阳县的一个生产大队，农业合作化后，这个自然条件恶劣的小山村在党支部书记陈永贵的带领下，面对干旱、洪涝等多重自然灾害，开山凿坡、修造梯田，粮食生产多年保持高产稳产。1964 年 3 月 28 日，毛泽东同志在听取大寨事迹的汇报后，高兴地说：“穷山沟里出好文章。”此后，“农业学大寨”运动在全国开展起来。

全国对“工业学大庆”“农业学大寨”的宣传报道，在“文化大革命”初期曾经断档，到 20 世纪 70 年代初期才逐渐升温，并形成高潮。《辽宁日报》亦是如此。

一、“工业学大庆”宣传

1971年6月20日,《辽宁日报》转载《人民日报》社论《工业学大庆》。6月29日,《辽宁日报》在一版头题位置全文刊登《中共辽宁省委关于掀起工业学大庆群众运动新高潮的通知》。此后，报纸一版头题多次发表全省工矿企业学大庆的典型经验。7月3日一版头题以《大庆精神放光芒》为题，报道了锦州红星机械厂认真学大庆，把落后的小铁厂改造成批量生产机床的机械厂。7月30日，同样在一版头题位置报道了《“两论”指方向　艰苦创大业——沈阳重工冶金粉末厂学大庆的先进事迹》。同时，还刊登了一批通过学大庆注重抓产品质量、抓科技创新并取得成果的典型。据不完全统计，仅从1971年初至1972年末,《辽宁日报》开辟的《工业学大庆》专版或专栏，达40多期，发表各类报道、文章120余篇。

1974年至1976年，“工业学大庆”的报道在报纸上一度中断，直到1977年，“工业学大庆”的报道又出现在《辽宁日报》上。1977年1月4日,《辽宁日报》一版头题发表了省委召开全省工业学大庆会议的消息，并配发社论《深揭狠批“四人帮”坚决走大庆人的路》。1月17日,《辽宁日报》在一版开辟“学大庆赶开滦　多出煤出好煤”专栏，先后刊发本溪、抚顺等矿务局学大庆、夺高产的报道。1月30日，一版打出通栏刊题《狠批“四人帮”　掀起工业学大庆新高潮》，刊题下发表了整版的文章和报道，其中包括:《田师傅煤矿坚决把煤炭搞上去　向党中央报喜》《阜新矿务局、本溪矿务局提前完成国家计划》以及沈阳铁路局、锦州铁路局、北票发电厂、大连造船厂等工矿企业学大庆的动态消息。此外,《辽宁日报》还在二、三版刊出了十几期“工业学大庆”专版。

二、“农业学大寨”宣传

1966年3月1日,《辽宁日报》刊登首篇“农业学大寨”的报道，题为《北镇县上观大队学大寨——学了大寨　回来就干　八十八天　面貌大变》。“文化大革命”初期，“农业学大寨”的报道中断了一段时间，集中宣传是在1970年至1977年之间。

1970年9月6日,《辽宁日报》在一版开辟《学大寨　赶昔阳　坚决打胜农业翻身仗》专版，9月22日，在专版中刊发通讯《我省农业学大寨的又一面红旗——军民大队活学活用毛主席著作学大寨的事迹》，介绍了宽甸县永甸公社军民大队坚持学大寨，由一个吃返销粮的后进队变成跨“纲要”（1960年4月颁布的《全国农业发展纲要》，要求粮食亩产目标为200公斤）的先进队。9月26日，报纸在一版发表社论《学大寨　赶昔阳　坚决打胜农业翻身仗》。1970年8月25日至10月5日，国务院在山西省昔阳县召开北方地区农业工作会议，全省进一步掀起“农业学大寨”运动的高潮。报纸连续宣传了一批学大寨的先进集体和先进个人。

1975年9月15日，党中央在昔阳县召开了全国农业学大寨会议，国务院副总理邓小平同志到会并做重要讲话。9月16日，《辽宁日报》转发了新华社和《人民日报》发表的会议消息及大寨的基本经验。随后《辽宁日报》又突出报道了省委常委扩大会议消息，会议传达了邓小平同志在全国农业学大寨会议上的讲话，总结了全省开展“农业学大寨”运动的经验，并提出深入开展学大寨运动，坚定不移地把辽宁的农业搞上去。会后，《辽宁日报》又陆续报道了一批学大寨的典型人物和单位。9月21日，在一版头题位置刊发报道《用办合作化的那股劲办农业机械化——辽中县牛心坨公社调查》。这期间的《辽宁日报》在一版开辟多期《全党动员　大办农业　为普及大寨县而奋斗》专版，分别介绍了营口、大洼、台安等地学大寨的经验。作为当时学大寨的先进典型，《辽宁日报》对营口县的宣传报道比较突出，1975年11月15日发表中共营口县委的文章《学大寨永不停步》；11月30日，《辽宁日报》在一版头题位置发表《营口县建设大寨县的经验》，并配发本报评论员文章《像营口那样学大寨抓根本》。从1975年8月到12月，《辽宁日报》几乎是两天一个“农业学大寨”专版，报道内容主要集中在三个方面：一是增强领导班子的战斗力，培育和锤炼“大寨式”的带头人；二是搞好农业机械化，增肥改土，改造中低产田，建设高标准丰产田；三是大搞秋冬农田水利建设，改变农业生产条件，为打胜农业翻身仗，奠定物质基础。

| 第九节 |

报道全面治理整顿成效

从1975年初到1976年10月粉碎"四人帮"，对全国所有媒体而言，都是一段非同寻常的时期。

从1975年1月初开始,《辽宁日报》连续刊登新华社电稿，突出报道中国共产党十届二中全会和四届人大一次会议的消息。在十届二中全会上，邓小平同志被选为中共中央副主席、政治局常委。四届人大一次会议决定，周恩来同志继续担任国务院总理，邓小平等12人为副总理。四届人大闭幕后，周恩来病情加重，邓小平在毛泽东同志支持下主持中央日常工作。

邓小平对工业、农业、交通运输、科技文教、军队、党的组织进行全面治理整顿。《辽宁日报》对党和国家有关全面治理整顿的方针政策都及时、充分地进行转载和报道。同时，按照辽宁省委部署，全力投入省内全面治理整顿的宣传报道。《辽宁日报》先后刊发了沈阳铁路局重建规章制度，整顿铁路运输秩序的措施和成效；鞍钢组建党委，同"革委会"一道全力扭转钢铁生产欠产局面的报道。2月4日，报纸以《两副重担一肩挑　齐奔革命大目标》为题，报道了海城县感王公社老干部热情支持、帮助青年干部的经验。2月5日，报纸在一版头题位置刊发综合报道《我省煤炭战线超额完成一月份采煤掘进计划》以及铁岭地区农业大幅度均衡增产等一大批狠抓治理整顿初见成效的报道。这些报道为辽宁省的全面治理整顿工作不断深入，起到了积极的促进作用。

| 第十节 |

报道抗震救灾的"不低头"精神

1975年2月4日19时36分，辽宁省营口、海城一带发生7.3级强烈地震，30多个公社、近百个生产大队人民生命财产遭受不同程度的损失。《辽宁日报》肩负领导的重托和灾区人民的期待，立即派出大批记者深入灾区，传达党组织的亲切关怀，报道兄弟省市的全力支援、人民子弟兵的忘我救险，赞颂了灾区人民"重灾面前不低头”的顽强斗志，谱写了一曲天崩地裂撑得住、奋发图强建家园的凯歌。

2月6日，《辽宁日报》一版刊登新华社电稿《毛主席和党中央国务院十分关怀灾区人民》，电稿内容为党中央给灾区人民的慰问电以及国务院组织有关部门迅速进行救灾工作的部署。同时通报了这次强烈地震的灾害波及范围与造成人民生命财产损失的情况。2月8日，同样在一版头题刊发消息，报道中央慰问团、辽宁省慰问团踏积雪、冒严寒到抗震救灾第一线慰问的情景。在受灾最严重的海城县毛祁公社，中央及省慰问团不但及时送去救灾物资和慰问品，还与同时到达的北京、黑龙江、吉林、河北和解放军医疗队一起风餐露宿，救死扶伤。报道中还记录了沈阳市第七人民医院医疗队同沈阳部队总医院医疗队第一批到达灾区后，连夜投入战斗的情景。外科护士长王殿珍在为一个产妇接生时，又赶上一次余震，在纷纷下落的棚顶灰土中，她一手扶着门框，一手扶着床头，用自己身体保护了产妇的安全，受到灾区群众的称赞。随后，《辽宁日报》又连续报道了上海、天津、黑龙江、广西等20多个省（市、自治区）的救援队为灾区赶送帐篷、食品、建房材料、防寒衣被、中西药品、医疗器械的消息，以及我省沈阳、旅大、锦州等多地领导干部亲自带队携带救灾物资到灾区慰问，许多工矿企业派出代表到重灾社队定点支援的消息。《让毛主席的声音畅通无阻地传达给灾区人民——记沈阳部队通信兵某团七、八连干部战士抢修地震灾区通信线路的事迹》《人民的需要就是我们的战斗任务——营口地区驻军某部指战员协助群众防震救灾记事》则记述了广大解放军战士闻令而动，迅速投入抢险救灾战斗中的事迹。

这期间，《辽宁日报》在抗震救灾第一线的记者发回大量稿件，记述灾区人民在各级党组织的领导下，发扬“天崩地裂撑得住，重灾面前不低头”的精神奋力抗震救灾。从2月9日到3月8日，《辽宁日报》共用了14个整版连续突出报道了灾区人民抗震救灾的情况。《战斗在防震抗灾第一线的共产党员》《顶起灾区半边天——妇女在抗震救灾中的表现》等报道，从不同侧面反映了灾区人民的战斗意志和精神面貌。通讯《震不垮的钢铁大道——31次快车历险记》，再现了列车脱险的场景。2月4日19时36分，大连至北京的31次直达旅客快车，接近海城县唐王山站时，前方夜空突然出现紫红色耀眼火光，紧接着传来一声震天动地的巨响，列车剧烈地颤动起来，这里是此次强烈地震的中心地带，高速前进的列车随时有脱轨翻车的危险，车上1000多名旅客处在危险之中。在这千钧一发之际，司机姜师傅临危不惧，沉着大胆，凭着多年安全行车经验，右手紧握闸把，双眼密切注视前方，利用地震稍微平息的瞬间，不失时机地采取紧急制动，使列车安全停在唐王山站外。而此时，海城河大桥在余震中不断摇晃，导致桥体受损。海城站机修师傅们不顾个人安危，冒险修复大桥，半夜1时40分，31次列车从唐王山站出发，顺利地通过海城河大桥，开出了地震中心区。

《辽宁日报》还转发了国务院通报，表扬辽宁省南部地区有关单位对这次地震做出精准预报，使地震所造成的损失大幅减少。2月10日，《辽宁日报》以《中央慰问团深入灾区城乡进行慰问活动》为题，报道慰问团到海城县牌楼公社南铁、北铁、丁家沟、东沟、南沟等大队走访慰问。2月11日，《辽宁日报》的一版头题为《一曲人定胜天的响亮凯歌》，报道了营口县各级党组织带领群众抗击震灾，把损失减少到最低程度的事迹。这个县地震最严重的虎庄公社14个大队没有一人死亡，有7个大队没伤一人，全公社仅损失3头牛和1头毛驴。《辽宁日报》在这方面的多篇报道都涉及此次地震带给我们的重要启示——依靠科技手段做出准确预测、各级领导全力组织避险、广大群众积极配合，可以极大地减轻自然灾害所造成的损失。

从1975年3月开始，《辽宁日报》抗震救灾报道重点转入振奋精神、重建家园、恢复生产上来。3月13日新华社转发《辽宁日报》的报道《辽宁地震灾区奋发图强重建家园》，翔实记述了营口、海城等地的灾区人民遭灾不减志，自力更生、重建家园的初步成果。此前，报纸在一版头题刊发消息，报道了鞍钢海城镁矿职工奋起抗灾，大干6天，全矿恢复生产；还报道了海城县人民去年夺得了农业丰收，今年遭灾不减志，迅速掀起备耕高潮的冲天干劲。

1980年2月5日，《辽宁日报》在一版显位刊发通讯《震后五年访海城》，记述了海城人民在当地党组织的有力领导下，在兄弟地区及有关部门的大力支援下，自力更生、艰苦奋斗，经过5年的艰苦重建，曾经的地震重灾区呈现出一派欣欣向荣的喜人景象。

| 第十一节 |

加大拨乱反正报道力度

粉碎“四人帮”后，拨乱反正，落实干部政策和知识分子政策；平反冤假错案，让蒙受不白之冤者得到公正对待，成为党和国家面临的首要任务。它直接关系到党心的凝聚、民心的向背。《辽宁日报》按照党中央和省委的要求，加大报道力度，为完成这一艰巨而复杂的任务全力营造舆论环境。

一、开展真理标准大讨论

1977 年 2 月 7 日，《辽宁日报》转载《人民日报》社论《学好文件抓住纲》，突出强调了“两个凡是”。在党的指导思想上拨乱反正，已成为党在当时面临的紧迫而重大的课题。1978 年 5 月 3 日，《辽宁日报》转载《光明日报》文章:《实践是检验真理的唯一标准》和邢贲思的文章《关于真理标准问题》，不点名地批评了“两个凡是”的错误认识。文章的观点像星星之火，逐渐在全国范围内形成了真理标准大讨论的燎原之势。

1978 年 5 月 27 日，《辽宁日报》一版刊登了辽宁省委第一书记任仲夷在省委党校的讲话，题目是《认清形势　把思想和行动统一到新时期总任务上来》，“讲话”强调要“重视马列主义的学习，提倡实事求是，反对说大话、空话和假话”。6 月 6 日，《辽宁日报》一版头题刊登了《邓小平同志在全军政治工作会议上的讲话》，《讲话》特别强调：实践是检验真理的唯一标准，毛泽东思想的核心是实事求是，一切从实际出发。8 月 4 日，报纸以《坚持实事求是一切从实际出发》为题，刊发了省社科院哲学研究所、《哲学研究》编辑部举行理论与实践研讨会的报道。

从 8 月 5 日开始，《辽宁日报》在三版开辟“马克思恩格斯是怎样创立马克思主义的”专栏，共刊出 9 期，刊登 40 多篇文章。同时开设思想理论学习专版，连续刊登马克思、恩格斯、列宁、毛泽东有关唯物主义和辩证唯物论的论述，以及大量批判“唯心论”“天才论”的文章。从 5 月到 11 月，辽宁各地的宣传部门陆续开始组织真理标准问题的大讨论。11 月 21 日，《辽宁日报》发表了 13 个市（地、盟）关于真理标准问题的讨论综述。

从1979年10月开始，辽宁省真理标准问题的大讨论，从理论上的研讨，逐步转到理论联系实际、冲破“两个凡是”束缚，进而解决实际问题上来。

二、力促为干部和知识分子落实政策

1977年12月21日，《辽宁日报》一版头题刊发报道，内容为省委召集插队（编者注：插队是插队落户的简称，20世纪六七十年代城市知识青年、国家干部到农村生产队劳动和生活）干部控诉“四人帮”一伙人，利用插队之机打击迫害干部的罪行。并配发社论《插队干部是党的宝贵财富》，社论强调，必须尽快落实插队干部政策，为他们发挥应有的作用创造条件。据报道，截至1978年2月，全省大批插队干部陆续被调回，走上各自的工作岗位。仅省直机关就安排使用了215名厅局级干部、606名中层干部。随即，《辽宁日报》刊发了《抓紧对干部审查结论的复查及积案处理工作》的报道。

11月22日，《辽宁日报》又发表了省委《关于为天安门革命行动而受迫害的同志彻底平反的决定》。随后《辽宁日报》在一版头题以《我省“三案”平反工作取得很大成绩》为题，报道了全省各地为一些在“文化大革命”中遭受打击迫害的干部落实政策，恢复名誉的消息。

1977年11月辽宁省召开全省教师代表会议，12月召开全省科技大会，辽宁省落实知识分子政策工作也随即展开。11月16日，《辽宁日报》一版报道了千名先进教师参加的全省教师代表会议，并用对开专页刊登先进教师事迹，配发照片。会议闭幕时，《辽宁日报》发表社论《忠诚党的教育事业无上光荣》，随后陆续报道了全省各大专院校为一批受迫害教职员工落实政策的消息。1978年5月27日，报纸以《为一人昭雪　暖万人之心》为题，报道了位于沈阳、旅大的一批大专院校为700名教职员工平反、恢复名誉的消息。

1977年11月25日召开的全省科技大会规模更大，荟萃了2600多名科技精英。《辽宁日报》对会议进行了重点报道。会议闭幕时，3位有贡献的科技人员被晋升职称，《辽宁日报》12月7日刊发了这条消息。全省科技大会后，全省科技战线及相关行业落实知识分子政策的力度不断加大。1978 年 6 月 11 日,《辽宁日报》报道了鞍钢解决工程技术人员学非所用的问题，并配发短评《一天也不能等》。短评指出，全省近万名被撵出专业岗位的科技人员，急需落实政策、发挥特长、促进生产。7 月 3 日,《辽宁日报》报道了中科院林业土壤研究所（现中科院沈阳应用生态研究所）落实知识分子政策的消息。1979 年 1 月 6 日,《辽宁日报》以《阅尽人间春色》为题刊发通讯，报道刘慎谔的事迹。

1979 年 12 月 5 日,《辽宁日报》一版头题发表辽宁省委第一书记任仲夷在省科协第一届委员会第二次会议上的讲话《要真正把广大知识分子当成工人阶级的一部分》，这篇讲话在省内引起较大反响，它进一步明确了知识分子的政治地位，激发了广大知识分子投身科教事业的巨大热情和动力。12 月 10 日,《辽宁日报》一版刊登文章《“现在该我们干了”——我省中年知识分子攀登科学技术高峰述评》，表达了全省广大知识分子科教报国的坚定决心。

三、助推平反冤假错案

在全省平反冤假错案期间,《辽宁日报》对这项工作的报道主要体现在以下三个方面：一是转发《人民日报》、新华社等中央级新闻单位，对具有全国影响的重大事件、重要人物平反的报道；二是刊登对辽宁的重大事件、重要人物平反的报道；三是刊登对被错误批判过的文艺作品及其作者平反的报道。

《辽宁日报》先后转发了中共中央对“二月逆流”“天安门事件”等冤假错案以及刘少奇、刘冰等同志平反的报道。刘少奇同志平反后，1980 年 5 月 17 日,《辽宁日报》在一版发表长篇通讯《永久的记忆　深切的怀念——追记刘少奇同志视察辽宁》。

对全省的平反冤假错案工作,《辽宁日报》始终旗帜鲜明地发声造势、全力跟进。1978 年 7 月 12 日，发表特约评论员文章《平反冤假错案工作必须抓紧再抓紧》。

对文化艺术界的平反工作,《辽宁日报》也极为关注。1979 年 1 月 27 日,《辽宁日报》报道了省文联、省作协连日举行座谈会，为遭错批的作品和受迫害的作家平反的消息。报道说，座谈会落实党的文艺政策，重新评价了一批作品，并为遭受错误批判的作家平反。被重新评价的文艺作品包括长篇小说《大地的青春》、短篇小说《一个女报务员的日记》《邂逅》、话剧《风华正茂》《茶花女》、歌剧《阿诗玛》、杂文《见死不救·张嫂及其他》、歌曲集《梅花开得好》等以及沈阳市文联创办的文艺刊物《芒种》。在报道这次座谈会期间，《辽宁日报》发表社论《落实作品政策　发扬艺术民主》，呼吁把全省广大文艺工作者从极左路线的桎梏中解放出来。

在为一批作家和作品恢复名誉的同时，《辽宁日报》还陆续发表了一批批判“四人帮”炮制的“文艺黑线专政论”的文章。1977 年 2 月 4 日，《辽宁日报》发表了《文艺革命的历史岂容篡改——批“四人帮”的“空白论”“创始论”》; 11 月 30 日，发表了《坚决推倒文艺黑线专政论，砸碎精神枷锁》。12 月 8 日，《辽宁日报》编辑部邀请文艺界举行座谈会，会后发表了《“文艺黑线专政论”必须推倒》《成果如山推不倒，叫喊“空白”亦枉然》《“文艺黑线专政论”祸害无穷》等文章。这些文章有力地驳斥了“四人帮”在文艺创作领域的种种谬论，使人们对新中国成立后的文艺创作史有了正本清源的正确认识。

四、为张志新平反昭雪报道产生重大影响

在《辽宁日报》报道的平反冤假错案工作中，为张志新烈士平反昭雪的报道在全国产生重大影响。张志新是辽宁省委宣传部干事，“文化大革命”初期，她出于对党和国家前途命运的关心，断然拒绝被拉拢入造反派，公开阐明自己的观点，揭露和反对林彪、“四人帮”一伙迫害干部、乱党乱国的阴谋，于 1969 年 9 月被逮捕。被捕后她仍然坚持自己的观点，在狱中坚持斗争。后在未经法庭审讯的情况下，于 1975 年 4 月 4 日惨遭杀害，年仅 45 岁。

粉碎“四人帮”后，中共辽宁省委为张志新平反昭雪。1979 年 3 月 31 日，辽宁省委召开干部大会为张志新恢复党籍、恢复名誉、追认为烈士，并做出向张志新同志学习的决定。《辽宁日报》运用新闻、评论、文学作品、美术作品等多种方式，宣传张志新烈士的事迹。4 月 5 日，《辽宁日报》一版头题刊发省委召开干部大会的消息，二版刊发长篇通讯《为真理而献身》，介绍张志新烈士与“四人帮”进行坚决斗争的英勇事迹。报道在社会上引起强烈反响，报社收到来自省内外的大量读者来信，

表达对张志新烈士的由衷敬佩、对“四人帮”的强烈愤慨。6 月 13 日，《辽宁日报》发表社论《向张志新同志学习》，同时转发新华社电稿《以党和人民的利益为第一生命——张志新在狱中的一次答辩（摘要）》；6 月 19 日，《辽宁日报》在二版刊发《一个共产党员为真理而斗争的宣言——张志新同志在狱中针对审讯人员提出的问题写的万言书》；并在 6 月、7 月两个月中，连续以《向党的好女儿张志新同志学习》《张志新同志为我们树立了共产主义战士的光辉榜样》为刊题，刊发大量新闻、通讯、评论、文艺作品以及全国各地学习张志新烈士的文章。据初步统计，在短短两个月内，《辽宁日报》共发表消息 15 篇，通讯、文章 39 篇，社论及评论 12 篇，文学作品 11 篇，图片 24 幅，连环画、宣传画、油画及木刻 27 幅。《辽宁日报》对张志新烈士的宣传一直持续到 1979 年底。

《辽宁日报》大规模、高规格宣传张志新，使烈士本人的斗争事迹激发出人们对“四人帮”罪行的极大义愤，更让人们从中吸取极为深刻的历史教训。6 月 21 日，《辽宁日报》转载了《人民日报》署名卢之超的文章《冷静下来的思考》，文章结合对张志新烈士的报道重点论述了我国法制建设问题。7 月 2 日，《辽宁日报》发表辽宁省委第一书记任仲夷的长篇文章《吸取历史教训　健全社会主义法制》，文章提出应从四个方面吸取教训：划清罪与非罪界限；严格按法律程序办事；党内生活必须正常化；防止阴谋家篡党夺权，这是最根本的一条。此后，《辽宁日报》在 8 月 7 日、9 月 13 日，分别刊发《坚持审判制度　防止悲剧重演》《论张志新这个典型的时代意义》两篇文章，从不同角度论述了建立健全社会主义法制以及解放思想的重要性，并指出大力宣传张志新烈士事迹对党和国家的建设、发展具有重大的现实意义和深远的历史意义。

右　1979 年 4 月 5 日，《辽宁日报》刊发长篇通讯，介绍张志新烈士与“四人帮”进行坚决斗争的英勇事迹

为真理而献身

——记共产党员、革命烈士张志新同林彪、江青斗争的事迹

亲爱的读者，现在向你介绍的，是一位为坚持真理而献身的女共产党员——张志新。

一九七五年四月四日，她从容地一步一步地向行刑地点走去。面对死亡，她大义凛然、视死如归。此刻，她在想什么呢？她也同任何人一样，有自己所热爱的工作，有美满的家庭，有年迈的双亲和年幼可爱的孩子，还有对未来的无数美好的憧憬！谁能不留恋人间这一切美的事物！可是，当真理被林彪、“四人帮”一伙粗暴践踏的时候，为了捍卫真理，这一切她都决计抛掉了。在身陷囹圄的漫长岁月里，只要违心地承认自己坚持的东西是错误的，向谬误投降，她曾有过不死的机会，但，在这位英勇的女共产党员看来，这简直是奇耻大辱！

她顶天立地般地站在刑场上。在生命的最后一瞬，她想高举起双拳表达对“四人帮”的满腔愤怒，可是双手被镣铐紧紧锁住；她想高声倾诉对党、对毛主席的无比热爱，可是，“四人帮”剥夺了她最后说话的权利。

随着一声撕心裂肺的枪声，英雄的鲜血浇灌在神州大地上。她用自己的鲜血，为革命的旗帜又增添了一点鲜红的颜色。她不愧是光荣的中国共产党党员。

一

一九三○年，张志新出生在天津的一个爱国的知识分子家庭。全国解放后，她参加了革命，念了大学；她朝气蓬勃，特别喜欢唱国际歌。她非常喜爱保尔、丹娘和林祥谦这些英雄形象。她常用保尔说过的“一个人要仅仅为几个人而活着，是自私的，只为一个人活着是可耻的”这句话，与哥哥妹妹们共勉。在党的培养下，她成了一个共产主义先锋战士。

她热爱新的生活，整天无忧无虑地埋头于党交给她的工作；她热爱党，热爱毛主席，热爱为我们打下江山的老一代无产阶级革命家。她正在沿着先辈们的脚印向前走……

可是，正当这时，文化大革命开始了。那时，张志新正在中共辽宁省委宣传部文艺处工作。她亲眼看见怀疑一切，打倒一切的思潮象旋风一样席卷了辽沈大地，一大批老干部被无端地戴上“叛徒”、“特务”、“反革命”帽子而打倒在地。这使张志新愕然了。她认真学习毛主席著作，苦苦思索着：如果这些老干部是早已投敌的“叛徒”，为什么在阶级搏斗的关键时刻却为革命立了功？如果他们早就是与党势不两立的资产阶级代理人，为什么在推倒三座大山的决战关头不为蒋介石效劳？如果他们披的是“反革命两面派画皮”，为什么在这样长的战斗历程中，能够隐瞒下来？他们有什么罪，竟遭此浩劫？今天揪一个，明天揪一个，我们的国家将来怎么办？想着想着，她不寒而慄！无穷无尽的忧虑，使昔日文静少言的张志新更加沉默寡语了。她脸上总是挂着淡淡的忧虑神色。有时到街头看大字报，那些对老干部无限上纲和必欲置之死地而后快的言词，犹如烈火炙烤着她的心。看着看着，眼泪就不觉夺眶而出，有时甚至哭出声来。每当参加批斗原东北局和省委的一些主要领导同志的大会后，她都象得了一场病一样难受。做为一个共产党员，她有多少心里话、有多少想法要向党说啊！可是党的组织在哪里？

随着时间的推移，张志新逐渐由重重疑虑变为愤慨。她仔细观察着文化大革命的每一步进程，认真搜集并研究着各种小报和材料。她曾经为自己的迷惑不解而苦恼过，总是反复盘问自己：“是谁，又根据什么作出了与事实相背离的诬陷？”那怀疑一切，打倒一切的种种行为，那全面内战的激烈枪声，以及林彪、江青一些人的煽动性的讲话，使她渐渐明白了：“被打倒的人，不一定都是反对毛主席的，可能有什么名堂！”而搞这些名堂的，不是别人，正是林彪、江青一伙。

一九六八年的春天，辽沈地区正在筹措各派群众组织的大联合。一天，有的同志来劝张志新，要她考虑重新“站队”问题。林彪、江青一伙分裂群众，制造所谓“站队”问题。对此张志新不屑一顾，她郑重地说：“我考虑的不是个人对与错的问题，我考虑的是大是大非。”是的，在张志新看来，大是大非问题并没有解决。她想，林彪、江青一伙无耻地玷污了马列主义关于阶级斗争和无产阶级专政的学说。他们颠倒黑白，无中生有，把老革命都打翻在地，而要人民联合在林彪、江青这些人的旗帜下，这怎么行呢？总有一天，颠倒的历史要重新颠倒过来。

张志新决心用自己的战斗来捍卫马列主义真理。她回到天津家里清理和焚烧了个人信件和材料，并告诉母亲：“现在是为国家贡献力量，也是为孩子们做出榜样的时候了！”她又赶到北京哥哥和妹妹家中，嘱咐他们对任何事情都要问一个为什么，不要人云亦云，并对年老双亲的疾病治疗和生活以及家里一些事情的安排向他们做了交待。为坚持真理而斗争，张志新作好了一切准备。

二

一九六八年冬天，北风夹着鹅毛大雪，横扫着空旷无际的盘锦大地。在这里，聚集着原东北局、省委和省人委的广大干部。张志新也在其中。他们被带到这里，名曰上五七干校，实际上是林彪、江青一伙及其在辽宁的党羽、亲信继续摧残干部的场所。在这里，广大干部白天要参加繁重的体力劳动，夜间便进行所谓的“清队”。说不定什么时候，从哪儿飞来“叛徒”、“特务”和“严重政治历史问题”的帽子戴到谁的头上，谁就要被立即专政。人们成天提心吊胆，真是一片白色恐怖。

面对白色恐怖，张志新处之泰然。她一天到晚，废寝忘食，刻苦学习。为了捍卫马列主义真理，她抓紧一切时间，一页一页地仔细攻读《毛泽东选集》一至四卷，努力掌握战斗的武器；她认真学习鲁迅的作品，用鲁迅的硬骨头精神激励自己。“其实地上本没有路，走的人多了，也便成了路。”她反复理解鲁迅这句话的深刻含义，决心在反对林彪、江青一伙的战斗中作一个踏路的人。

那个时候，林彪和江青这些历史小丑戏剧般地抢上了潮流的顶峰，他们骄横恣睢，不可一世。有多少因为怀疑和反对他们的人身陷囹圄，乃至死于非命！在他们的淫威面前，有人屈服了，充当了“指鹿为马”的辩护士；有人沉默了，敢怒而不敢言。张志新也完全懂得：反对林彪、江青，确有掉头的危险。晚上，别人都入睡了，她拿出自己孩子的照片仔细地端详着，眼里不觉噙满了泪花。为了坚持真理，很可能永远再也见不到一双可爱的儿女啦！照片上的孩子在向她稚气地微笑，年迈的双亲和爱人、兄妹的面容也不断从眼前闪过。亲属一共有二十一人之多。她怀念他们，希望他们幸福、美满。她也亲眼见过林彪、江青一伙大施株连九族的淫威，知道自己坚持真理会给自己的亲人带来什么危险。可是，党和国家的命运尚且岌岌可危，他们还有什么幸福可言？为了自己的家，忘记自己是个共产党员不行。为了捍卫真理，坚持斗争，这些人就是都抛掉了又有什么了不起。她又想起白天房东大嫂的诚恳规劝，多么好的贫下中农啊！为了他们，就更需要坚持斗争。就是被捕被抓，也决不退缩。她坚信自己对一系列问题的疑问，起之有因，看法观点立之有据，坚持不改有理。

张志新同志遗像

在沉默不语和奋起战斗之间，张志新选择了后者。她把一个共产党员的浩然正气和对林彪、江青的无比仇恨凝聚在笔端。她公开揭露了林彪的罪行，指出他所说的“主席的话一句顶一万句，主席的指示理解的要执行，不理解的也要执行”，这样下去局面是不堪设想的，他的五一八讲话“是为大换班大清洗制造舆论，搞阶级斗争扩大化，不是从阶级出发，而是从某一宗派和集团出发”。她还揭露了江青。她写道：“从江青的多次讲话及反映在文化大革命的斗争关系和社会舆论，我对江青的历史经历是有怀疑的”，“这个叛徒、那个特务，她自己怎么样？”“她同样存在着否定一切的问题，她对建国以来一百几十部电影的评价，就反映了她否定一切的态度，这当然不是方法问题”。“把很多电影、戏剧都批了，就剩下几个样板戏，唱唱语录歌，这样搞下去祖国的文化艺术不是要枯竭了吗？”她尖锐地指出，“武斗、分派、联合不起来”，就是江青在搞鬼。对林彪、江青故意神化领袖，张志新作了深刻的批判。她还认为不应定六十一个人为叛徒集团，应该给彭德怀同志平反……从一九六八年十二月二十日她被当作“现行”问题揪出来，到一九六九年九月，张志新用她那只愤怒的笔，一共写出了十几万字的材料，提出了几十个问题，系统地揭露了林彪、江青一伙的罪行及其理论基础的由来和发展，语言犀利，论理精辟，逻辑也十分严谨。张志新提出的这些问题，当时都是不能触及的禁区，谁触犯这些禁区，谁就要被戴上一顶“恶毒攻击”的政治大帽子，受到批判、拘捕和判刑。可是，张志新毫无惧色。她正确运用了一个共产党员应有的权利，说出了多少人敢想而不敢说的心里话！

张志新为真理而战的斗争精神，吓呆了“四人帮”在辽宁的那个死党，他歇斯底里地叫嚷：“这样的人得整起来！”

一九六九年九月二十四日上午十时，在盘锦胡家农场红旗村的一块空地上，已经聚集着上千的干校“学员”。谁也不知道今天开什么会。人们都沉默着。张志新同志的爱人曾真也赶来了。他十分惦念着自己的妻子，特别是听到一些有关志新的风言风语，他多么想见见她问个究竟。虽然他们相距只有十多里路，可是一种莫明其妙的叫人窒息的政治空气缠住了他，使他们已有九个多月不得相见。现在，他高高兴兴地幻想能在会场上见到她。突然，领导通知他，说今天是召开逮捕“现行反革命分子”张志新大会，命令他开会时不准说话。这意外的消息，使曾真肝胆欲裂，在一起生活了十几年，他了解她，无论如何也不相信她会是“反革命”……可是，就在这时，张志新已在一个女宿舍里，镇定自若地走到镜子面前，用手理一理头发，整了整衣着，昂首阔步向会场走去。在短短的几十步的路程里，她已在自己心中谱写了一曲美好的歌：“首次远离集体，一切要独立，感到缺什么？惟缺马列主义。战斗的岁月中，勤奋地学习，接受新考验，动摇不允许”……

当她被塞向囚车时，她的身上洒满了金色的阳光。

三

就在张志新被捕后的第二天，一辆吉普车开到她家门前。车门打开，从车上跳下几个人来，接着，张志新也被架了下来。是让她来看望阔别已久的女儿林林和儿子彤彤吗？此时，她多么想知道十二岁的女儿和三岁的儿子离开父母是怎么样生活的啊！可是，她知道这无非是一个美丽的幻想，她完全明白带她来的目的是什么；抄家。她被推搡着进到自己家里。家里空无一人，家俱还象往日那样摆放着。她怎么也不会想到，两个孩子此时竟给挡在家门外，竟被剥夺了见妈妈的权利。好心的邻居阿姨急切地喊：“林林！快到你家对门去，再过一会就看不到了！”当孩子醒悟过来时，妈妈已被人押着正要上车。林林只看到妈妈的一个侧影，车就开跑了。“妈妈！我要妈妈！”一双儿女的嘶哑的哭喊声，震撼着张志新的心灵。可是，黑越越的吉普车里，她看不到，永远再也看不到一双儿女了，而眼前出现的，还是刚才抄家的情景。

被捕以后，张志新对自己被诬为犯罪始终想不通。她忍受着巨大的精神折磨，从马列和毛主席著作中寻求答案。她更加坚定了信念。她奋笔疾书：

“随着运动的深入发展，我就积累起不少疑问，也形成了自己的看法和观点。疑问产生来自运动的观感和实践，观点形成经过独立思考判断，不是别人强加，更不是受了蒙蔽欺骗，检点言行没有越过党纪国法规定。自己是个共产党员，所以虽有疑虑，但从未和任何人私下散布过（包括自己的爱人在内），都是经过一定的组织形式允许和运动中勒令作交待。全部观点言行总和一起也构不成什么反革命罪犯。”

“扪心自问确实不是为了什么个人，如果是出自个人，难道家庭父母子女不值得挂牵！远离双亲、子女一年、二年，若坚持立场观点不放，也许永远不能相见。世界上母亲千万个，哪一个没有慈母心！难道只有我张志新的心最毒狠！不，凡是了解我的人，都不可能得出这样评论。但为了追求真理，这一切都可抛开。生活、革命的意义本来就不是这么个小圈圈。”

“在路线斗争中那些显而易见的问题，如若少闻未见也可不加责难，一旦发觉仍处之泰然，贪图个人安危不究不管，那么有朝一日阶级弟兄问你：供你们念这么多书，享有这么优越条件，为什么没发现问题，见到了又置之不问，好象与己无关？你们是谁的干部，是什么党员？！那时候该做出什么回言？”

“捍卫党的原则和革命的利益。这就是我要走的道路。”“走自己的路，让人家去说吧！想革命吗？你就应当是强者，这就是一个共产党员的宣言！”

这是一篇用血和泪写成的万言书，它以真挚的感情、奔放的语言，声讨林彪、“四人帮”的法西斯专政，向人民倾诉心声。为什么按照党的组织原则提意见、讲看法竟被视为犯法？难道一个党员口是心非、做政治上两面派才是正常，才算合法？为什么坚持党的原则，系个人安危于不顾竟遭迫害？难道图个人安危，对党和国家的前途漠不关心才是好党员好干部？为什么多问几个为什么都不允许？为什么对党忠诚坦白竟有罪？为什么行使党员正当权利竟要坐牢？真理啊，你在哪里？

在看守所里，张志新成天地写啊写啊！不停笔地写！她要用这支笔当作枪，同林彪、江青一伙继续斗争，揭露他们的罪行。笔被没收了，她就用小木棍蘸着墨水写；纸被没收了，她就把心中的话儿写到手纸上。

在法庭上，张志新更是坚贞不屈。这里，我们把一次审讯记录节选如下：审讯人问她，为什么要这样嚣张“攻击”？她从容地回答：“我这不是攻击，这是我的看法。”当审讯人说她是为了达到“反革命”目的时，她立即反问审讯人：“你说我是要达到反革命目的，哪条是？”问得审讯人无言以对。审讯人问：“你是不是要超阶级的自由？”她回答：“我不需要，我是共产党员。”审讯人又问：“你和共产党有什么阶级仇恨？”她回答：“没有，我是共产党员！”最后审讯人告诫她应当考虑自己的前途，她慷慨陈词：“我没有什么考虑的，离开了党，那就没有个人的前途！”张志新被审讯过无数次，每一次她都是以一个审讯者的姿态出现，以胜利告终。

看守所的铁窗，怎能锁得住共产党员的思想光辉！灾难的岁月，更不能消磨张志新那钢铁般的坚强意志！一九六九年十月二十五日，张志新怀着满腔悲愤，写出了战斗的诗篇：

“十五年前的这一天，
我庄严地宣读了誓言。
为社会主义而奋斗，
为人类解放而献身。
十五年后的这一天，
我严肃地接受党的‘审判’
不是我违背了誓言，
也不是党来把我屈冤，
为什么没落案？
时间和实践将公正裁判。
追求真理，
坚持斗争。
我奔向党指引的航线，
驾驶生命的航船。
铲私根，战恶浪，
向前！
勇敢地去接受考验，
用胜利迎接春天！”

“四人帮”在辽宁的那个死党，害怕张志新这颗燎原的火种，害怕她所坚持的真理，他们决计要对她下毒手啦！那个死党气极败坏地说：“多活一天多搞一天反革命，杀了算了！”

一九七五年四月三日，是张志新临刑前的最后一天。晚上六点，审判员对她进行了最后的审判。张志新和每次被提审时一样，整容理装，昂首挺胸走进审讯室，对审讯人员提出的每一个问题，她都理直气壮，毫不隐讳自己的观点。审判员最后向她宣读了死刑的判决。死，对一个革命者并不可怕。她从容自若，从那张俊美的面容上露出了一丝轻蔑的微笑。她要亲眼看一看判决书，遭到了拒绝；临刑前的上诉期也被取消了。她心里已完全明白：“四人帮”一伙因为惧怕真理，非杀她不可；而她，只有用生命和鲜血来实践自己的誓言——为真理而斗争！当审判员问她还有什么话要说时，她平静地说：我的观点没有变，我没有什么要说的了。这是张志新留给中国人民的最后声音。

张志新在反对林彪、“四人帮”的战场上英勇地牺牲了，她用鲜血和生命在二十世纪七十年代谱写了一曲共产党人的正气歌！她没有死，她还活着，她那磊落光明的坦荡襟怀、坚贞不屈的斗争精神，永远教育和鼓舞着人们战斗、前进！

中共辽宁省委于三月三十一日召开大会，彻底为张志新平反昭雪，追认她为革命烈士，号召广大党员、干部向她学习。如今烈士生前的遗愿已经实现，烈士的旗帜，由千万人接过高高举起！党的好女儿志新同志，安息吧！

本报记者　吴佳铭　杨迎秋

发扬天安门的革命精神

（上接第一版）粉碎“四人帮”以后，青年一代在拨乱反正的斗争中，也是思想解放，敢于冲决禁区的。这充分显示了毛泽东同志、周恩来同志等老一辈无产阶级革命家开创的革命事业兴旺发达，后继有人。现在，我们要教育、鼓励青年，继承和发扬天安门革命精神，为四化建设献身。要看到，我们这一代青年，是在极其复杂的政治斗争中长大成人的。他们受到革命斗争的洗礼，也受过“四人帮”的毒害。我们要特别关心青年一代，正确看待青年一代。要看到他们的优点，这是主要的；也要看到他们的弱点和他们的不足之处，善于加以教育、引导、帮助和爱护。要充分发挥青年们富有理想、勤于思考、敢想敢干的优点，使他们大有作为。要教育他们继续和保持艰苦朴素、勤勤恳恳、公而忘私的高贵品德。当国家、集体利益与个人利益发生矛盾又一时难以解决时，我们应该教育青年们顾全大局，个人利益服从国家、集体利益，眼前利益服从长远利益，局部利益服从整体利益，体谅国家的苦衷，不要搞个人主义和极端民主化。各级共青团组织，要经常研究青年的思想动向，抓好思想政治工作，调动广大青年的社会主义积极性，使青年成为新长征的突击队。

怎样继承和发扬四五精神，是一个很重要的问题。毛泽东同志在回顾五四运动时曾经指出：“五四运动的发展，分成了两个潮流。一部分人继承了五四运动的科学和民主的精神，并在马克思主义的基础上加以改造，这就是共产党人和若干党外马克思主义者所做的工作。另一部分人则走到资产阶级的道路上去，是形式主义向右的发展。”这个历史的经验，值得我们借鉴。粉碎“四人帮”两年多的事实说明，广大群众继承发扬了四五运动的精神，对揭批“四人帮”的斗争，对破除现代迷信，解放思想以适应四个现代化的需要，都起了积极作用，这是主流。但是，也有极少数人打着继承四五运动的旗号，散布不要信奉马列主义、毛泽东思想，不要共产党领导，不要无产阶级专政，不要社会主义。这种苗头，尽管刚刚出现，很值得注意。

在四五运动三周年来到之际，我们向参加这场斗争的同志们致意，希望你们在新的长征中，再立新功。我们深信，全国人民在党中央的领导下，一定会以优异的劳动成绩、工作成绩、战斗成绩和学习成绩，为建设社会主义和保卫社会主义作出贡献，迎接中华人民共和国建国三十周年。

（新华社北京四月四日电）

前所农机三厂制造一批施肥机

本报讯　绥中县前所农机三厂制造一批机耕播系列化关键机械——施肥机，原来每台拖拉机播种时要几十人跟着施肥，如今将被机器所代替。

这种施肥机是锦州市农机科研所研究设计的，前所三厂的任务是在春耕前赶制出四十台。三厂干部和工人为了完成这一任务，争分夺秒，一天完成一天半的工作量。

制成的施肥机在绥中县西甸子公社二队现场试用，社员群众很满意。现在，第一批施肥机已经运到部分县投入春耕生产，其余二十五台也已制完，即将出厂。

（杨满林）

大东塑料厂增产塑料滴灌设备

本报讯　沈阳市大东塑料厂多产、快产塑料滴灌设备，提前十三天完成了一季度生产任务，已经生产出八十一吨滴灌成套设备，比去年同期增长了百分之一百七十。一批批塑料滴灌设备正源源发往上海、黑龙江、山东、山西、北京等十多个省市农村。

滴灌是农业上的一种先进灌溉技术。具有高效、省水、省工，不板结土地等优点，既适用于温室、果园、蔬菜的浇灌，也适用于大豆、玉米、小麦等大田作物的浇灌，平原和丘陵坡地都可使用。

（张笑胜）

第二篇

引领思想解放大潮
树立理性深刻形象

改革开放和社会主义现代化建设时期的《辽宁日报》

1978 年 12 月至 2012 年 10 月

1978年12月——————————2012年10月

1978年到2012年,《辽宁日报》作为中共辽宁省委机关报，在坚持正确的舆论导向的前提下，在一代又一代辽报人的传承下，逐渐形成了鲜明的独具特色的省级党报的风格与特色，推出了一批极具特色和风格的新闻报道，有力地推动了全省乃至全国的改革开放工作，在全国党报中树立起了理性深刻的形象。

这一时间，报业市场整体也呈现快速发展的态势。辽报集团领风气之先，创造性地做好宣传工作，围绕省委、省政府中心工作推出了众多重大主题策划，这些策划主题鲜明、感染力强，实现了主题宣传与传播形式的完美统一，充分体现了党报主旋律宣传的优势。《辽宁日报》改版创新，轰动全国，集团所属子报子刊以及新媒体持续增加，新闻事业蓬勃发展。同时辽宁日报集团还主动作为，积极改革，创新发展，集团走上转型发展之路，实现了多元经营，集团逐渐发展成为东北地区经济实力最强、经济规模最大、经济效益最佳的传媒集团，成为进入全国省级党报第一方阵的新型报业集团。

这一时期，辽报集团在全国的影响力不断提升。中共中央政治局常委李长春，中共中央政治局委员、中央书记处书记、中宣部部长刘云山先后来辽报集团调研，对《辽宁日报》改版和重大主题策划作出批示。中宣部召开会议研讨《辽宁日报》改革创新之路。省委书记李克强在辽报集团视察时指出:“《辽宁日报》始终围绕辽宁老工业基地振兴的主题，始终保持推进振兴的强进态势。《辽宁日报》重大主题报道，主题鲜明，深度显著，不仅对指导全省工作，对调动干部群众的积极性、创造性发挥了促进作用，同时对省委、省政府的工作决策也提供了一定的帮助。”全国众多党报领导前来考察学习。

第五章

聚焦中共十一届三中全会后的历史转折

1978 年 12 月 18 日至 22 日，党的十一届三中全会在北京召开，这是党的历史上一次拨乱反正的重大会议，它揭开了中国改革开放和社会主义现代化建设的时代序幕，党的工作重心转移到经济建设上来。《辽宁日报》按照三中全会精神，掀起了两场旨在打破极左路线对人们思想禁锢的思想大解放讨论，涌现出一大批诸如《莫把开头当过头》这样的经典作品，为辽宁乃至全国的改革开放营造深厚的舆论氛围。

1978 年 12 月至 1982 年 10 月，《辽宁日报》及时把宣传报道的重点转移到经济建设和改革开放上来，其报道大胆鲜活，在全国党报中独树一帜，如率先呼吁给企业放权、为企业自负盈亏叫好，鼓励变通搞好闯新路，宣传提拔重用人才，无一不是突破“禁区”。这些在当时被视为“破格”的报道屡见报端，引发社会强烈反响，对于打破思想僵化，改革经济体制，促进农村城市经济发展，都起到了十分重要的推动作用。

| 第一节 |
引领思想大解放　在全国树起理性深刻形象

党的十一届三中全会，实现党的历史上具有深远意义的伟大转折，开启改革开放和社会主义现代化的伟大征程。要将方案转化为行动、将蓝图转变为现实，解放思想是基本前提。1978 年、1980 年，《辽宁日报》以刊登读者来信的方式，先后在社会上引领了两次思想大解放讨论，对发展辽宁省的家庭副业和发展农村多种经营，以及其后开展各项改革工作，都起到极为重要的推动作用。

一、两场思想大解放讨论

1978年11月，《辽宁日报》收到一封读者来信，反映女社员周素清“文化大革命”时曾因养猪养鸡被批斗过，现在她又养了起来。村子里议论纷纷，有人说对有人说不对，希望报纸能公开讨论周素清的行为是否正当。编辑部凭着对中央政策的理解和新闻敏感性，认为这是一个有普遍意义的问题，决定在报纸上公开展开讨论。

11月11日，报纸以《这究竟是不是正当的家庭副业？》为题刊登了这封来信，并配发“编者按”提出“正当副业的标准是什么？”“走个人发家致富道路会不会产生两极分化？”“家庭副业收入多了是不是必然离开集体？”等讨论的题目。来信和“编者按”见报后，立即引起读者广泛关注。他们纷纷给报社投稿、写信，发表看法提出建议。到1979年2月11日，“讨论”先后发表9期，共刊登27篇文章。对人们解放思想，发展家庭副业，起到了重要推动作用。沈阳、鞍山、营口等地区很快出现了一批以家庭副业收入为主的专业户、重点户，当地政府积极给予扶持。《辽宁日报》也给予及时报道。

1980年6月27日，《辽宁日报》刊登一篇新华社消息：沈阳市新城子区给畜牧专业户苏玉兰贷款6000元，支持她办养猪场。这篇报道引发震动。不久，《辽宁日报》编辑部收到一封署名长篇来信，批评新城子区是在“帮助个人与集体竞争，不符合党在农村的经济政策”，“不能用巨资支持个人发家致富”，等等，要求报纸公开发表来信并展开讨论：“这6000元贷款应该用在哪？”编辑部认为，来信反映了相当一部分人的思想倾向，决定发表来信展开讨论。8月19日，《辽宁日报》以《这6000元究竟应该贷给谁？——由扶持苏玉兰办家庭养猪场一则新闻引起的讨论》为题，全文发表来信，并配发“编者按”希望人们踊跃参加这场“很有现实意义”的讨论。这场讨论共刊登13期35篇稿件。报纸每期都发表正反两方意见，供读者讨论，一些专家和学者也加入其中。讨论持续到12月19日，历时四个月，最后由编辑部以《6000元贷款应该贷给苏玉兰》为题，对这次讨论做了结论性报道。

两场大讨论，促进了人们思想的解放，使农村的多种经营和专业户都有了飞跃发展。1981年5月5日，《辽宁日报》一版头题配漫画刊登《营口地区出现上百个多种经营专业村》，这个典型报道在全国是首次出现。不久，得到了中央领导同志的肯定。接着又报道了锦县等地出现的各种农民创办的小型经济联合体。此外，还报道了各地发展多种经营的经验。1982年6月18日，报道宽甸县《层层建立指导中心普及推广农科技术——上年多种经营收入占农业收入的62%》的经验。6月28日，以《前六生产队全面发展十年　人均收入增加154元；后六生产队只抓粮食　十年人均收入只增加26元》为题，报道两个生产队抓法不同，效益各异的消息，并配发短评《早转移，早富——再论争取多种经营更大发展》。

二、发表《莫把开头当过头》

随着党的十一届三中全会精神的贯彻落实，全省农村经济形势明显好转，农村干部和农民思想越发活跃，他们要求有更多的生产、经营自主权。一些地方搞起了联产承包责任制，实行包产到户、包干到户。对于这种要求和做法，相当多的人给予支持，也有些人把开头当过头，认为“偏”了、“右”了，甚至说什么“辛辛苦苦三十年，一夜退到解放前”。《辽宁日报》编辑部认为，宣传各种形式的生产责任制，符合三中全会精神，于是顶着压力，作出继续大力宣传报道的决定。

1979年2月13日，报纸一版发表的评论《让思想冲破牢笼》一文中说，认为解放思想可别搞过头了，这是一种担心，大量事例说明，不是过了头，而是很不够。3月22日，报纸发表辽宁省委政策研究室的文章《把国家、集体、个人三者利益结合起来》，明确提出可以联系产量计算报酬，鼓励群众实行“五定一奖”“以产付工”等计酬形式。4月起，连续发表省农业经济研究所的文章，从理论上阐述各种形式责任制的优越性，回应一些人对实行责任制的责难。

同时，《辽宁日报》派出大批记者深入农村做调查研究。农村部记者范敬宜深入农村调查时，凭着对三中全会精神的深刻理解和敏锐的分析，并吸取农村部同志的意见写出《莫把开头当过头——关于农村形势的述评》，发表在5月13日《辽宁日报》的一版头题位置。这是一篇旗帜鲜明具有方向性的报道。文章用大量事实批驳怀疑三中全会精神的种种论调，阐述了贯彻三中全会精神是刚刚开头，没有什么过

辽宁日报

LIAONING RIBAO

第8995号 1979年5月13日 星期日

华国锋总理会见托尔博伊斯副总理

华总理同托尔博伊斯副总理进行了友好的谈话

莫把开头当过头

——关于农村形势的述评

狠抓质量升级活动

鞍钢炼铁厂生铁质量显著提高

立足现有条件改造企业

本溪水泥厂扩建新项目速度快投资少见效大

省革委会决定

放宽牛的淘汰标

1979年5月13日，《辽宁日报》一版头题刊登农村部记者范敬宜的《莫把开头当过头——关于农村形势的述评》，被《人民日报》加按语在一版头题转载，在全国产生很大影响头问题。这篇述评很快被《人民日报》加按语在一版头题转载，新华社向全国发通稿，接着全国许多省报纷纷转载，在全国产生很大影响。《辽宁日报》的独家新闻报道也从此闻名，在全国树起理性深刻的形象。

三、最早提出“要敢富要会富要帮富”的口号

《辽宁日报》抓富的报道，要早于全国其他省报一至两年。早在1977年11月便报道了《金县二十里堡公社改变穷队面貌》的经验，接着又以《定了就算数不怕社员富》和《不要忌讳那个“钱”字》为题，发表了消息和评论员文章。1978年12月，邓小平同志提出“允许一部分地区、一部分人先富起来”以后，《辽宁日报》抓富的报道规模加大，形成了战役性报道，从1979年初到1981年，先后持续三年时间，报道大致分两个阶段。

第一阶段：批判“穷光荣”“富变修”的谬论，扫除怕富的思想障碍，树立致富的先进典型。1979年4月4日，《辽宁日报》先后以《阜新县委广开生产门路帮助农民富裕起来》《西郊公社表彰贡献大的富裕大队》等为题，报道了一组抓富的动态消息，并配发评论《让农民富裕起来》。8月9日报纸以《盐滩窝里的“百万庄”》为题，刊登了营口市郊区黄旗大队的访问记，详细介绍了一个全无土地靠发展水产和办工业、租地而致富的典型，配发评论员文章《要理直气壮地让农民富起来》。7月13日，《辽宁日报》以《领导致富的带头人——复县永宁公社大队党支部书记邹家恒》为题，报道了邹家恒早在“文化大革命”前就以种树致富，由于果树10年见效，为解决眼前困难用办小工厂“以短养长”的经营思想和他在“文化大革命”中顶住各种压力，坚持带领社员致富的事迹。8月30日以《营口地区决心在全省先富起来》为题，报道了营口市委农村工作会议消息，同时以《一心一意搞“四化” 千方百计富起来》为题，摘发任仲夷同志在这次会议上的讲话。“讲话”肯定了营口敢于抓富的做法，要求各部门都要把让农民尽快富起来当成重要工作去抓。从10月9日起，《辽宁日报》连续发表5篇记者撰写的通讯——“营口纪行”。这一组报道有叙有议，对营口地区抓富的条件、措施、经验及设想做了详细的介绍。在此期间还报道了海城县联系抓富开展真理标准讨论的消息，题目为《就是要让劳动致富的积极性“蹦高蹿”》。

10月20日，报纸发表综合消息《困难队和“穷”字分了家　贫困户和“富”字结了缘》，报道全省农村抓富后的大好形势。接着又发表一批县委书记学营口经验的文章。

11月8日至17日，省委召开全省县委书记会议，会议中心议题是研究讨论怎样尽快让农村和农民富裕起来。《辽宁日报》在11月21日打出通栏刊题《全省齐动员　为建设富庶的社会主义新农村而奋斗》，在栏题下以《敢不敢富　能不能富　会不会富　让不让富》为标题，刊登会议消息。随后报纸连续发表三篇社论:《要敢富》（1979年12月1日）、《要会富》（1980年1月17日）、《要帮富》（1980年7月14日），全面系统地、有针对性地阐述了省委抓富的指导思想。

同时，《辽宁日报》还从不同角度报道了一批抓富的经验和典型，其中比较突出的有《法库县五台子公社召开比富大会》《请回致富尖子　共商致富大计——东沟县委拆关撤卡为富让路》《要想富栽桑树——东沟县山城子大队栽桑养蚕年年得利》等。这期间，报纸还开辟了《建设富庶的社会主义新农村》专栏，仅1980年1月至2月共发表17期，刊登58篇稿件。

第二阶段：探致富路怎么走。1980年1月19日，《辽宁日报》一版头题发表省委第一书记任仲夷在全省宣传工作会议上的讲话。任仲夷说，我们提倡的富，是勤劳致富的富，是共同富裕的富，是国家、集体、个人三者利益一致的富，是局部利益和整体利益、当前利益和长远利益相结合的富，是事事遵循党的政策，步步不离社会主义道路的富。根据任仲夷的讲话精神，《辽宁日报》陆续发表4篇具有引导性的评论员文章:《依靠集体勤劳致富》《要想富栽桑树》《栽桑养蚕利国利民》《抓富要抓本——搞好农田基本建设》。接着开辟多个专栏、专版推出一批带领农民致富的基层干部和一批敢富会富的典型，诸如《运筹帷幄的总经理王延森》《王朋森——活着就该干番事业》《王国珍的韬略》《张殿奎领富三部曲》《宁官大队干部社员依靠集体致富》《开原县建设千条百宝沟》《古战场上的新乐园——三八里大队向社会主义小城镇目标迈进》《多个能人多条路，有了能人不难富——高桥公社召开致富能人大会》等。为鼓励农民敢富还会富，《辽宁日报》连续发表社论，如《今年的富路怎么走》《向资源、科学管理要财富》《妇女是抓富的半边天》《要想富起来，必须抓人才》《发展社队企业是农村致富必由之路》等。随着抓富工作的不断深入，一批富裕起来的“冒尖户”涌现出来。针对一些地区出现的“掐尖”现象，1980年8月18日，报

辽宁日报
LIAONING RIBAO
第9187号 1979年11月21日 星期三
农历己未年十月初二（小雪，农历十月初四）

华主席会见巴勒斯坦朋友时说
要解决中东问题就必须解决巴勒斯坦问题

新华社北京十一月二十日电 中共中央主席、国务院总理华国锋今天下午在会见哈立德·法胡姆主席率领的巴勒斯坦全国委员会代表团时明确指出："巴勒斯坦人民恢复民族权利的斗争和阿拉伯各国人民收复失地的斗争，是休戚与共的。要解决中东问题，就必须解决巴勒斯坦问题。"

华国锋主席重申："中国政府和人民坚决支持巴勒斯坦人民实现民族权利，包括返回家园、自决、建立巴勒斯坦国家的崇高目标；坚决支持阿拉伯国家收复失地和全面地公正地解决中东问题。我们这一立场是一贯的、始终不渝的。我们衷心希望阿拉伯国家加强团结，共同对敌。"

法胡姆主席转达了阿拉法特等巴勒斯坦领导人对华主席、中国政府和人民的问候，感谢中国支持巴勒斯坦和阿拉伯人民的正义斗争。

华国锋主席请法胡姆主席转达中国政府、中国人民和他本人对阿拉法特等领导人，巴勒斯坦广大游击队战士和人民的亲切问候和敬意。

巴勒斯坦解放组织驻北京办事处主任塔依布·阿卜杜勒·拉希姆·马哈茂德参加了会见。

会见时在座的有我国外交部副部长何英、西亚北非司司长周觉等。

全省齐动员，
为建设富庶的社会主义新农村而奋斗！

敢不敢富 能不能富 会不会富 让不让富

群众继续讨论如何使农村尽快富裕起来的问题

省委召开县委书记会议，任仲夷同志作了题为《全省齐动员，为建设富庶的社会主义新农村而奋斗》的总结讲话，要求今冬明春发动

本报讯 中共辽宁省委在全省县委书记会议上提出：三年调整期间，我省农业的主要任务是：在党中央一系列方针政策指引下，大力提高科学技术水平、经营管理水平和机械化水平，切实搞好农林牧副渔、粮食和其它经济作物的合理布局、农作物的区域合理布局，逐步增加农业经济中林牧业的比重和社队企业的比重，在生产持续发展，对国家多作贡献的同时，使全省农村和广大农民尽快富裕起来。

这次会议是在十一月八日至十七日举行的。参加这次会议的有各市、地委的主要领导同志和主管农业的书记、农办主任，各县（区）委书记和管农业的副书记，省直各部、委、办、局的负责同志，沈铁、锦铁、省直属农业科研和国营农场的负责同志等，共三百三十多人。

这次会议总结交流了粉碎"四人帮"以来，主要是三中全会以来，我省农业生产的经验，讨论了明年增产的计划和措施，部署了今冬明春的农村工作任务。会上，大家特别着重地讨论了怎样尽快富裕起来的问题。对于敢不敢富，能不能富，会不会富，让不让富的问题，大家发表了许多很好的意见，营口、旅大两个市和十三个县（区）在会上介绍了经验，到会同志认为，必须把富提到社会主义基本经济规律的高度来认识，提到实现四个现代化的高度来认识，让农村尽快富起来的口号，符合实际，深得民心，当前抓住这一条，就能把农村各方面的工作带动起来、他们纷纷找富的差距，想富的措施，并提出了一些政策性的意见和要求。省委常委除了参加小组会和听取各组召集人的汇报以外，还针对讨论的主要问题，分别召集部分县委书记和省直有关部门负责同志进行了座谈。在这个基础上，省委常委又对会议提出的若干政策问题专门进行了讨论。

明年要使人均收入二百元以上的生产队数目增加一倍以上；把绝大多数队的人均收入提高到一百元以上；使贫困队的面貌有一个显著的改变

省委第一书记任仲夷同志，代表省委在会上作了题为《全省齐动员，为建设富庶的社会主义新农村而奋斗》的总结讲话。他提出：今冬明春要在各个社队普遍发动群众，围绕着如何使农村尽快富裕起来，开展敢不敢富，能不能富，怎样富起来的大讨论，通过群众性的讨论，把广大农民的社会主义积极性更好地调动起来，把各种生产潜力进一步挖掘出来，在壮大集体经济的基础上，明年要使人均收入二百元以上的生产队数目增加一倍以上，使一部分社队先富起来；把绝大多数队的人均收入提高到一百元以上，使贫困队的面貌有一个显著的改变。他在讲到敢不敢富的问题时，指出：革命的目的是什么？革命是为了解放生产力，使劳动者在政治上由奴隶变成主人，在经济上由贫穷达到富裕。人们不是为生产而生产，而是为满足自己的需要而生产。社会主义不是要人们贫穷，而是要人们富裕，让劳动者过上美满、幸福的生活。当然，我们讲的富，是走社会主义道路的富，是在不断地发展壮大社会主义集体经济基础上的富，是靠劳动和勤俭得来的富。社员发展个人家庭副业，要坚持一不搞剥削，二不破坏国家和集体的资源，三不影响参加集体生产劳动，在这个前提下，家庭副业应当尽量发展，不能限制。光解决敢不敢富的问题还不够，还必须充分发动群众认真讨论怎样才能富起来的问题，促使群众从发展本社本队集体经济和增加自己的物质利益出发，在农业生产建设中，选择经济上最有利的方案，获取最好的经济效果。营口、旅大、沈阳农村开展尽快富起来的讨论后，开辟了许多过去没有的生产门路，提出了许多切实有效的发展生产的措施。队与队，社与社，甚至县与县自发地展开了看谁先富起来的竞赛。全省各地农村都应当通过这种讨论，引导农民敢富、想富，通过辛勤劳动和艰苦奋斗尽快地富起来。这样，全省经济就会大发展，农业现代化步伐就会加快。各地在讨论如何富起来的时候，应当把计划生育作为一项重要内容落实，做到把劳动生产率提上来，把人口增长率降下来。

要加快我省农业的发展，建立富庶的社会主义农村，必须巩固发展安定团结的局面

要加快我省农业的发展，建立富庶的社会主义农村，必须深入学习和贯彻党的四中全会精神，巩固发展安定团结的局面。任仲夷同志指出：当前不利于团结的因素，是来自"左"的和右的两个方面的干扰。"左"的干扰，主要表现为打着"高举"的旗号，抵制和反对三中全会精神。右的干扰，主要表现为打着"民主"的旗号，怀疑和反对四项基本原则。当前从思想上、理论上、政策上，应当继续着重肃清"左"的流毒；同时也要警惕和反对各种背离四项基本原则的右的倾向，要深入进行四项基本原则的教育。要批判无政府主义和极端个人主义，特别要批判那种破坏党的威信，丑化和削弱党的领导的错误行为。同时，各级领导要十分关心群众的疾苦，要和农民打成一片，倾听他们的呼声，发现问题及时解决。要进一步加强民主集中制，加强纪律性。共产党员、领导干部要做遵守纪律的模范。对少数犯罪分子要依法制裁，绝不能手软。我们要有两手，对广大群众要充分保障民主权利，对少数坏人要予以打击。

要使我省农村尽快富裕起来，必须深入批判极左，进一步落实党在农村的经济政策。要夺取明年农业的全面丰收，仍然"要吃政策饭"

要使我省农村尽快富裕起来，必须深入批判极左，进一步落实党在农村的各项政策，任仲夷同志指出，我省这两年农业的迅速恢复和发展，主要靠的是党的政策的落实，按群众的说法，"吃的是政策饭"。要夺取明年农业的全面丰收，仍然"要吃政策饭"。要进一步检查落实党在农村的各项政策，认真研究解决不利于农业发展的各种具体政策问题，现在妨碍农村政策落实的最大障碍，仍然是林彪、"四人帮"的极左流毒，有些急需解决的政策问题迟迟解决不了，已经定了的正确政策落实不下去，究其原因，都是极左流毒影响在作怪。通过深入批判极左，进一步弄清什么是社会主义，什么是资本主义。社会主义的主要标志，一是基本的生产资料实行公有制，二是实行各尽所能，按劳分配的原则。只要坚持这两条，没有人剥削人的现象，就从根本上同资本主义划清了界限。在这个前提下，什么办法有利于发展生产，有助于国家、集体、个人三者的利益，我们就采用什么办法。在深入批判极左的同时，今冬明春，全省要普遍开展一次对落实政策情况的大检查，重点检查经济政策的落实情况。

调整种植业内部粮食和经济作物的布局，调整农业的区域布局，都要从各地的自然特点出发，因地制宜

任仲夷同志在谈到进一步搞好农业内部的调整时指出：调整种植业内部粮食和经济作物的布局，调整农林牧副渔各业的布局，调整农业的区域布局，都要从各地的自然特点出发，真正做到因地制宜，宜粮则粮，宜油则油，宜林则林，宜牧则牧，宜苇则苇，宜渔则渔，一业为主，多种经营，走农林牧副渔并举，农工商相结合的道路，进行这种合理的调整，有利于挖掘潜力，提高劳动生产率和商品率。粮食关系到国计民生，所有宜粮的地方一定要努力增产粮食。要加速发展林业、牧业，逐步提高林业、牧业在整个农业经济中的比重。各地不仅要大养其猪，一切有条件的地方，还要大力发展食草家畜。

在讲到努力改善生产条件，提高农业科学技术水平时，任仲夷同志说：要改善农业生产条件，必须全面加强农业基本建设。农田基本建设是农业基本建设的一个重要内容，但不是全部，必须把农田基本建设和其它各项建设作为一个整体，统筹兼顾，全面安排。农田水利建设，今冬明春要掀起一个高潮，集中力量搞好现有工程的续建、配套和水库加固，加强现有工程管理。要充分发挥现有农业机械的作用。要加强农业科学技术工作，不断提高农业科学技术水平。要大力推广现有的增产经验和措施，搞好科学种田，提高粮食、油料和各种经济作物的单位面积产量。

（下转第四版）

公社奶场（油画） 董本伟

省委政法小组召开会议研究部署城市治安工作

发展安定团结政治局面保卫四化建设 行动起来坚决打击犯罪分子嚣张气焰

本报讯 最近，省委政法小组召集各市地委政法小组和公检法三机关的负责同志，共同研究和部署我省城市治安工作，要求各地在党委统一领导下，立即行动起来，解放思想，放开手脚，运用法律的有力武器，抓好城市和铁路交通沿线的治安秩序整顿，坚决打击违法犯罪分子的嚣张气焰，巩固和发展安定团结的政治局面，保障四化建设的顺利进行。

今年以来，我省城市治安形势是比较稳定的，但是，仍然存在妨碍四化建设的不安定因素。最近一个时期，社会上"左"的和右的错误思潮又冒了出来，无政府主义和极端个人主义倾向，追求资产阶级自由化、民主化的思潮都有所抬头。少数"四人帮"的残渣余孽和别有用心的人，利用"四人帮"横行时所造成的大量问题，乘机兴风作浪，制造事端。沈阳、旅大、抚顺、丹东等地都出现极少数人煽动、威逼群众上访闹事，冲击专政领导机关，游行请愿，围攻殴打国家工作人员和执勤民警，制造动乱。几种重大刑事案件也有所上升，有些地方治安问题还相当严重。九月中旬以来，一些违法犯罪分子嚣张地拦路强抢、聚众殴斗、抢军帽夺财物、追逐侮辱妇女、动刀行凶伤人，直接侵犯人民生命财产安全，严重地扰乱和破坏了生产秩序、社会秩序、教学科研秩序和人民群众生活秩序。

对于当前存在的城市治安问题，必须引起足够的重视，绝不能让一小撮"害群之马"继续闹下去，必须大力加强城市治安工作，否则我们的四化建设就无法进行。省委政法小组要求各地立即深入发动群众，广泛进行宣传，掀起一个既有声势，又扎扎实实的整顿治安，预防和打击犯罪的高潮。当前，要重点打击那些拦路抢劫、强奸妇女、行凶杀人、流窜作案的犯罪分子和打砸抢、聚众械斗的为首分子，打击无理取闹、煽动闹事、出卖情报、败坏国格的犯罪分子。只要是动刀伤人，都要认真追查，严肃处理。只要是抢劫犯罪，不论其抢到财物多少；只要是拦路强奸，追逐侮辱妇女的，不论已遂未遂，后果如何，都要依法追究法律责任，坚决把犯罪分子的嚣张气焰打下去。对于在文化大革命中的打砸抢分子和林彪、"四人帮"的残渣余孽，又乘机活动进行犯罪的，要新老账一起算，从严处理。各地都要采取有力措施，力争在短时间内把城市治安秩序整顿好。

省委政法小组还要求各地结合整顿治安，大力加强社会主义法制的宣传教育，旗帜鲜明地批判无政府主义、极端个人主义和资产阶级自由化、民主化，反对违法乱纪，反对制造动乱。要大力宣传和表彰同违法犯罪分子作斗争的好人好事，宣传执法必严、违法必究的典型案例，把法制教育同治安宣传结合起来。要整顿和健全基层治保组织、调解组织，做好基础工作；要切实落实各项治安防范措施，堵塞漏洞，严防案件发生。工、青、妇群众组织和各有关部门，要通力合作，搞好青少年的教育工作，搞好城市治安的综合治理。

鸡蛋碰石头 曾光

左　1979年11月21日，把省委提出供讨论的“敢不敢富　能不能富　会不会富　让不让富”作为大字标题，把任仲夷同志讲话的题目《全省齐动员，为建设富庶的社会主义新农村而奋斗！》做通栏刊题。见报后，醒目的标题迅速在全省农村迅速传开，有力推动了农村形势发展

纸在一版头题发表题为《鼓励冒尖、反对掐尖、提倡护尖》的社论，保证了致富工作正确、健康地向前发展。

| 第二节 |
点面结合报道“包产到户、包干到户”

从人民公社化运动开始，直到十年“文化大革命”，农村生产队和农民的经营自主权，一直没有得到尊重和保护。干部瞎指挥、当“保姆”，不仅挫伤了农民积极性，也严重破坏了生产力发展。针对这种情况，《辽宁日报》在宣传贯彻三中全会精神过程中，把尊重和保护生产队自主权作为一项重要内容，给予大力宣传报道。旗帜鲜明批评侵犯生产队自主权的种种现象，还农民在生产和经营上当家作主的权利。

一、批评干涉生产队自主权现象

1979年1月5日，《辽宁日报》一版刊登沈阳市苏家屯区一位生产队队长的来信《售后余粮生产队是否有权自行安排》，信中反映区政府随意改变政策，压低社员口粮标准的问题。同时发表记者调查和评论员文章《生产队自主权不容乱加干涉》，点名批评了苏家屯区政府的做法。1月31日，刊登法库县委书记张相的文章《要为农民的民主权利争“口袋”》，文章指出，必须保障农民参加本队生产经营管理的权利，必须保障农民经营自留地自主权利，那种把自留地收归集体和让社员不许种什么，只许种什么，给社员增加“笼头”的做法，都是对农民民主权利的侵犯。2月26日，报纸反映两位生产队队长的呼声：《为啥还这样不实事求是》，诉说上级对种植计划的乱干涉。报纸配发短评《生产队有权抵制瞎指挥》。有些干部反映现在指挥不灵了，

报纸围绕种植计划问题又接连发表几篇言论和典型，提出不是“指挥不灵”是“指挥不当”。

2 月 13 日，《辽宁日报》一版头题的题目是《旧闻新编》，为其配的“编者按”说：“《旧闻新编》原题应为《我们又会种地了》，这篇稿是编者去年（1978 年）春耕时收到的，当时没有发表，主要原因是那时对尊重生产队自主权的重要性认识不足，同时也想等一等实践的结果。现在拿出来，不仅是因为实践已经做出回答，更重要的是因为直到今天，报道中提出的问题仍具有现实意义。现在又到了制订生产计划和生产措施的时候了，希望领导干部真正深入下去，了解一下民心的向背，充分发扬民主，做一个能够反映广大群众心愿，按客观规律办事的好指挥。”这篇稿发表之后，《辽宁日报》又以《秋后补充》为题，对《我们又会种地了》一稿进行了反馈报道，稿件中提到的魏家山公社柴木沟大队坚持因地制宜原则，秋后全大队八个生产队，队队大丰收，总产量达 203650 公斤，比上年增产 55%。2 月 20 日，《辽宁日报》在一版还发表了《社员当家作主　实现“五增一降”——富屯公社实行民主管理的调查》。

生产队有了自主权，党的领导怎么体现？这是许多干部担心的问题。1 月 23 日，《辽宁日报》发表评论员文章《生产队自主权与党的领导》。2 月 28 日，一版头题以《把加强党的领导同尊重生产队自主权统一起来》为题，报道宽甸县上长阴子大队组织干部学习中央文件澄清模糊认识，正确指挥生产的消息。这两篇文章回应了某些人的忧虑。随后，报纸以《生产队自主权与党的领导》为刊题，连续刊登了几十篇正确处理两者关系的消息、文章和经验。

二、强化正面舆论宣传

粉碎“四人帮”以后，《辽宁日报》编辑部陆续收到一些农村干部和农民为农业生产责任制正名的来信和来稿。1978 年 4 月 11 日，《辽宁日报》顶着压力首次打出《要坚持按劳分配原则》的刊题，刊题下发表了三篇文章：《实行“大寨工分”要因地制宜》《小包工可以搞》《小组作业定额管理好》。这组报道在当时犹如死水投石，激起波澜。4 月 18 日和 20 日，连续发表金县二十里堡公社实行定额管理的经验，以及一个养猪场实行定额管理取得成效的消息，并配发短评《把定额管理全面搞起来》。

这些报道都得到农村干部和农民的关注和欢迎。

党的十一届三中全会胜利召开，极大地鼓舞了农民的生产积极性。农村建立各种形式责任制的生产队越来越多，而且许多是联系产量计算报酬的责任制，对此，《辽宁日报》给予积极宣传。1978 年 12 月 29 日，报纸一版头题以《莫把科学管理看作复辟倒退》为题，介绍营口县土台子大队实行大田作业组常年责任制的做法和经验。1979 年 1 月 29 日，报纸以《大包干带来新变化》为题，报道义县瓦子峪公社 16 个生产队实行大包干，队队增产的经验。2 月 19 日，二版以《农业生产需要搞好责任制》为刊题，发表一组牧业、蚕业、蔬菜种植业等实行生产责任制的经验。同时发表一位生产队队长介绍作业组的包工办法。第二天，报纸一版头题发表评论员文章《论农业生产责任制》，详细论述责任制产生的历史及其性质、作用。2 月 22 日，报道营口县全县普遍建立“五定一奖”责任制的消息。3 月 7 日，发表一组工作研究：《作业组“五定”能动摇生产队所有制吗？》等，这些报道起到释疑解惑的作用，让农民建立健全生产责任制的热情进一步高涨。

到 1980 年初，全省已有 30% 的生产队建立了各种形式的责任制。1980 年 3 月 21 日，《辽宁日报》以《怎样解决建立责任制后的新问题》为刊题开辟专栏，一直持续到同年 8 月，连续介绍全省各地巩固作业组和包干到户的经验。这期间还刊登《要积极扎实地推广责任制》和《全党动手抓好责任制》的评论和社论。

1980 年秋，辽宁省一些贫困山区的生产队实行包产到户、包干到户的家庭联产承包责任制及口粮田的责任制，《辽宁日报》及时刊登消息，给予支持。同时，报道水田地区实行包干到户、蔬菜生产实行包干到户、造林实行户造户管、蚕场实行三权固定等。这些实行包干到户的生产队虽然数量很少，但影响颇大，褒贬皆有，议论纷纷。报纸针对群众中的一些模糊认识，刊登系列评论员文章，诸如《“回头路”辩》《“单干”辩》《“方向”辩》《折腾没了的是什么》《包干到户不是分田单干》等。1981 年，一版头题刊登《公社书记朱连吉谈农村新变化——责任制治穷又育人》。文中说责任制让干部作风变了，社员主人翁精神增强了，出现了“科学热”，懒汉不懒了。回答和澄清了家庭联产承包责任制的性质、前途及其产生的历史必然。这些文章在舆论上形成一股强大的气势，使那些犹疑的、动摇的、看不清方向的同志胆子壮了，信心足了，敢于迈步了。1982 年 10 月 10 日，《辽宁日报》在一版头题发表社论《重新认识包干到户》，文章再次强调要把选择责任制形式的权利交给农民。对于农民自己选择的各种责任制形式——联产的、不联产的，联产包干的、联产不包干的，包干到组的、到户的，以及专业承包的、兼业承包的，都要承认其合法地位，一视同仁，并帮助他们不断完善，充分发挥其对促进农业生产的积极作用。实践让广大农村干部消除了疑虑，积累了经验，为农村经济的全面改革打下了坚实基础。

丨第三节丨

展现农村喜人形势

从1979年第三季度开始，《辽宁日报》把报道重点转到对农村大好形势的宣传上。用大量生动的事实驳斥"怀疑论""秋后算账论"，证明三中全会路线的正确性。

1979年9月28日，《辽宁日报》在一版头题位置用农民的一句话作标题：《千好万好不如三中全会好，金条银条不如六十条》，发表综合消息，报道贯彻三中全会精神以来，全省农村出现的大好形势。10月17日，又在一版刊登通讯《今年秋月分外明——宽甸农村中秋纪事》。从11月5日开始，报纸在一版以《今年花胜去年红》为题开辟专栏，先后发表《今年蹦了五个高》《过去整天抓纲日子难过　今年落实政策增产增收》《十载运动群众集体个人遭破产　一年权归自主生产生活大变样》《穷沟今日新事多》等20余篇稿件。11月23日，报社开辟《写在秋后的结论》专栏，编辑部在为"专栏"配的"编者按"中说："今年春天按照党的三中全会精神，报纸发表了一批关于联产承包责任制和尊重生产队自主权的报道，在社会上刮起一股否定三中全会冷风的时候，这些报道遭到种种责难，被指责'制造混乱'，有人甚至扬言要'秋后算账'。实践是检验真理的唯一标准。究竟是好得很，还是糟得很，请看'写在秋后的结论'。"在专栏里发表的文章有的是春天报道过，秋天看到了结果；有的是作者春天担心过的地方，秋后重访；有的是口号喊了多少年无法实现，生产队有了自主权就实现了。

1980年至1981年，辽宁日报编辑部开辟《春节回乡见闻》《今年农村笑声高》《喜看农村变化大》专栏，反映农村大好形势。编辑部派出大批记者深入农村社队和厂矿企业，写出一批优秀稿件。1981年，农村部记者在兴城县红崖子公社老驸马大队看到，这个大队的第五队曾经是个典型的“三靠”穷队，1971 年至 1979 年，平均每年每人从集体所得的收入只有两元钱。1980 年由于实行粮油承包到户联产计酬责任制，奇迹般地翻了身，家家的屋地几乎被大大小小的粮食囤、花生囤占满了。群众说：“千好万好是党的政策好。”于是，记者写出通讯《若知政策好　穷乡问父老——访老驸马大队第五队》，刊登在 1981 年 2 月 13 日《辽宁日报》一版头题位置上。一年后，这位记者赴康平县两家子公社采访，又写出《夜无电话声、早无堵门人——两家子公社干部开始睡上安稳觉》，整篇文章不足 500 字，用以小见大的笔法描绘出三中全会实行包干到户责任制后，上边夜间打电话下指示，追生产进度的情况不见了；生产队干部社员来公社要农贷和救济粮、救济款的情景不见了；社员生活好转了，不但不再向国家伸手，而且由于“穷靠、穷泡、穷打、穷闹”造成民事纠纷和家庭纠纷的现象也越来越少，公社干部能睡上安稳觉了。

为了进一步回答农村实行生产责任制后发生了哪些深刻变化的疑问，1981 年 6 月 20 日，《辽宁日报》在一版发表记者在兴城围屏乡采写的通讯《大老齐成了香饽饽》。文章通过农民们对一位乡农业技术员在实行生产责任制前后截然不同的态度，形象、生动地反映了实行生产责任制给农村带来的深刻变化。1980 年 12 月 1 日，《辽宁日报》在一版发表消息:《过去：粮食过“长江”群众喝菜汤，现在：到处粮满仓，外流争回乡》，展现了党的政策给岫岩农村带来深刻变化，这条消息后来被《人民日报》全文转载。

| 第四节 |

大胆宣传搞活经济　“破格”报道全国瞩目

从 1979 年开始，《辽宁日报》逐渐加大经济报道力度。这期间经济报道的鲜明特点就是大胆宣传把经济搞活，不少在当时被视为“破格”的报道屡见报端，引起全国瞩目，这对于打破思想僵化，改革经济体制，推动城市经济发展，都起到了推动作用。

一、呼吁给企业放权

1979年3月18日，《辽宁日报》在一版头题和显著位置发表两篇消息，题目是《鞍钢运输部　下放经营管理权　发挥厂矿积极性　促进生产发展》《克服官僚作风　调动企业积极性——沈阳市建材工业局下放十四项权力》，并配发短评《让企业有自主权》，旗帜鲜明地提出：限制企业自主权的直接结果是削弱企业经济管理的主动权，严重阻碍生产力的发展。

为了让人们从实践上感悟放权于企业的必要性，《辽宁日报》陆续刊登《管理体制和方法不同　经济效果相差悬殊——金县轧钢厂和金县石河轧钢厂的调查》《扩大企业自主权势在必行》《国务院下达改革国营工业企业管理体制五大文件　扩大企业自主权　让企业办更多的事情》等一些扩大企业自主权的消息、经验。1980年1月13日，报纸一版以《企业扩大自主权　组织生产更灵活》为题，发表全省107个扩大企业自主权试点企业的经验和成就。

1982年，党的十二大召开之后，全省在一些中小企业中扩大试点范围，《辽宁日报》对企业自主精神给予热情的鼓励和支持，连续报道锦州市扩大企业经营自主权，允许实行承包责任制的企业自选领导人，自聘技术人员，自定晋级奖励范围，工资浮动；本溪国营小企业全部放开，新楼饭店实行经理承包制后有权招收或辞退职工，经营管理自主等。一版头题以大字号标题刊登《工商企业要大力搞好经济责任制》，报道辽阳灯塔县无线电元件厂联产计酬、包干经营的经验，本溪纺织局实行利润包干、权责利三结合的经验，省供销系统《一包就灵，一包就活，一包就盈》的经验，大连自行车零件六厂实行定包合同制后《定包如包心，谁包谁操心，包字当了先，企业面貌变》经验。相关资料显示，《辽宁日报》是全国最早报道企业承包经营的省级党报之一。

随着改革的不断深入，企业要求“松绑”的呼声越来越高。《辽宁日报》围绕“松绑”做了突出的宣传。1984年4月11日，一版发表题为《厂长松绑效益翻番》的文章，报道海城县中小乡中小水泵厂厂长拥有实权后，产值、利润、税收成倍增长。社办小厂放权之后立见功效，那么，国营大厂敢不敢放？10月23日，《辽宁日报》报道辽宁省纺织厅《把生产经营权放给企业　集中精力搞好指导服务》的消息。11月4日，发表《沈阳一轻局停止九个行政性公司职能　向经营型过渡》的新闻。1985 年 3 月 1 日，一版发表《抚顺钢厂向车间放权》报道。

二、提倡企业自负盈亏

让企业自食其力，自负盈亏，是深化企业体制改革的重要一步。《辽宁日报》对此给予突出宣传，为更多企业实行自主经营自负盈亏鼓劲助力。

1979 年 8 月 19 日，《辽宁日报》一版头题刊登彰武县第二工业局所属集体企业实行自负盈亏的调查，并配发评论员文章《集体企业搞自负盈亏好》。8 月 28 日，报纸发表调查，题目是《把经营成果同劳动者利益紧密结合起来——锦西县先锋渔场十年增收增产调查》，调查说："这个场提供的主要经验是，独立核算，自负盈亏，实行岗位分工，坚持多劳多得，依靠劳动者从物质利益上对企业生产的关心来努力提高劳动效率。"9 月 18 日，发表《大胆而有益的尝试——金县铸造厂实行财政包干的调查》并配发"编者按"。11 月 7 日，报纸刊登通讯《厂活新事多》，详细介绍金县铸造厂的变化，通讯报道：为什么外单位的姑娘愿意跟这个厂小伙子搞对象？为什么新工人乐于到这个厂工作？为什么离厂多年的老职工要求重返"老家"？原因是工厂实行自主经营，自负盈亏，把企业办活了，工人收入多，生活福利也改善了。工人们说，企业越办越兴旺，咱越干越有奔头。

1979 年至 1980 年，《辽宁日报》对集体企业自负盈亏的宣传形成高潮。11 月 24 日，一版报道沈阳第二毛纺厂利润留成的小指标竞赛算奖法出现新局面，利润额猛增，三方面有利。8 月、9 月给国家创造利润比前 17 个月平均增长 56%，工人奖金和给国家创造价值的比例是 1∶25。1980 年 2 月 24 日，以《划小核算单位　实行自负盈亏》为题，报道鞍山一个商业总店恢复合作商店消息，并配发短评《恢复是前进不是倒退》。8 月，刊登《手工业生产合作社重放光辉》的调查报告，配发评论《社会主义经济的重要补充》。

三、催生个体户报道

1980年6月29日，《辽宁日报》在一版头题发表《“夫妻果子店”街头设摊受欢迎》。报道称，沈阳市委第一书记郭峰亲切问候和热情鼓励店主赵长春夫妇，报纸配发短评《应该热情支持》。编辑还写了一首打油诗作为编后语：“心有余悸一点惊，恶魔附体梦不清。春风拂煦频送暖，夫妻小店吐芳馨。”这篇报道犹如一场及时雨，催生个体户如雨后春笋般出现在辽宁大地上。

这期间，报纸连续大量地刊登城乡个体户搞活经济、活跃市场、方便群众的消息、经验和事迹。1980年8月10日，报纸发表通讯《大南一条街》，热情称颂沈阳市一条街上个体摊床经营灵活，为群众带来方便的事迹；还在二、三版组织“对个体理发户收入千元应该怎么看”的大讨论，以及各级领导、有关部门积极扶持个体户发展的消息。1981年5月10日，已担任省委第一书记的郭峰、省长陈璞如和沈阳市委第一书记李涛走访“麦香村”小吃部等个体经营网点。5月11日，《辽宁日报》一版头题详细报道省市领导走访个体户的情形。报道称：由三名女青年自谋职业办起来的“麦香村”小吃部、铁西个体光明钟表快修部和马壮生活服务一条街等八个个体、私人合资、国营商业服务网点，勇于改革创新，为人民生活用力，为安置青年发展第三产业作出贡献。同时刊登三篇通讯：《“麦香村”的三位姑娘》《一个钟表快修部》《赞为国家分忧为群众解愁——退休干部张怀忠创办待业青年服务队》。这组报道很醒目，对于人们改变思想观念、经营观念和就业观念起到一定的启迪作用。5月24日，报纸在一版头题报道沈阳市将50多处国营、集体商业、服务业门点承包给职工经营的经验。5月29日，一版头题以《自谋职业　功在社会　利在自己》为刊题，发表张凤春办起家庭托儿所、支持待业青年合资办小商店、冯丽萍和王颖自设摊床经营小百货的消息，并配发短评《提倡待业青年自谋职业》。

随着时间的推移，全省个体户犹如滚雪球一样，越滚越多。6月13日，《辽宁日报》发表综合消息《我省四年安置待业人员220万》，报道大批待业人员通过发展个体户，自谋职业，走上了自立自强之路。同时发表《本溪市出现三家个人集资兴办的厂社　21名待业青年就业后勤奋工作》《沈阳百余粮店个体经营熟食　开办早点》等消息。

四、打破城乡割据报道

1979年11月15日，辽宁省召开物资交流大会，这是辽宁30年来第一次打破禁区，让一、二、三类物资同时进入市场。《辽宁日报》以醒目标题发表了会议开幕消息，并配发社论《解放思想打破禁区 把国民经济搞活》。11月23日交流大会闭幕，报纸在发表闭幕消息同时，发表记者述评《大破闭关自守 让流通渠道畅通》。此后，城乡物资交流、蔬菜产销见面等新事物在报纸上不断出现。为适应党的十一届三中全会以后改革开放的需要，搞活全省城乡经济，丰富人们的物质文化生活，1979年12月，报纸创办《辽宁市场》专版，共刊发近百期。

1980年1月4日，《辽宁日报》在一版头题刊登500字的短新闻《双庙公社农民进沈阳农学院开豆腐坊》。编辑为此配发短评《欢迎社队进城开豆腐坊》，指出农民进城开豆腐坊是个创举，其意义在于打破了长期以来形成的城乡割据、商农割据的藩篱。既然豆腐坊可以进城，其他行业为什么不行？同时还配上一幅漫画和一首打油诗。这条消息见报后在社会上引起强烈反响。2月7日，报纸一版头题发表《自产自销 微利经营 经济实惠——本溪小堡畜牧场进城开奶馆》的消息，并配漫画和短评《一项有前途的事业》。之后，农民进城打工、办企业，城乡物资交流，工农、工商联合等消息越来越多，屡见报端。

1980年1月8日，《辽宁日报》一版刊登省委召开常委扩大会议的消息。会议强调，农村要继续抓富，坚持一业为主，多种经营，走“农林牧副渔并举，农工商相结合”道路，努力把经济搞活，同时强调有步骤地改革经济管理体制，把计划经济与市场经济结合起来。《辽宁日报》按照省委的部署，进一步加强对“市场调节”、搞活城乡经济的宣传。2月9日，报纸一版头题以《促进商品交流扩大产品销路》报道沈阳经编服装和丹东轻工业产品畅销首都市场的消息，并配短评《围绕“活”字做文章》。短评说，在为本地产品寻找市场的同时，应积极向外地敞开市场大门。不要害怕本地产品外流，也不用担心外地产品到本地竞争，像这样利厂利商利民的商品交流活动，何乐而不为呢？1981年9月21日至10月16日，省政府举办建国以来最大规模的消费品展销会。记者到现场跟踪采访，在20多天的展销会上，目睹了消费者对消费品生产如饥似渴的需求，一方面用消息形式报道了大会的盛况，配发了许多

辽宁日报

第9231号 1980年1月4日 星期五 农历己未年十一月十七

全省蔬菜一律不提价

省革命委员会根据中央关于蔬菜销价要严格控制，尽量不提或少提的原则，决定全省蔬菜销售价格一律稳定在一九七八年水平上，不再提高；收购价格提高幅度不能超过百分之十五，超过部分要做好工作降下来。这一决定，是党和国家对城市居民生活的极大关怀。

大米恢复到省原定等级标准

我省原定的大米标准精度已沿用多年。省革命委员会决定：从一九八〇年一月一日起，将大米标准精度恢复到省原定的等级标准。

学校开设早点教师一心教学

本溪矿务局第三中学开设早点部，解决教师给学生补课早晨吃不上饭的问题。开设早点部以后，学校总务处选派了三名兼职服务员，提前从矿食堂取来油条、豆浆，还准备了一些点心。除了早晨为来不及吃饭的同志服务以外，晚间还接待给学生补课的教师。解除了教师们早、晚餐的后顾之忧，使他们能够一心扑在提高教学质量上。现在，绝大多数教师六点多钟到校，和学生一起上早自习，晚上给同学们辅导、补课的人也越来越多了。（孟 然）

沈阳办起七所职工业余中学

沈阳市办起七所地区性职工业余中学，四千六百多名职工参加了学习。业余中学，面向中小厂矿，为生产服务，利用全日制中小学的校舍和教学设备，选部分中学教师兼课。（姚敬东、李庆民）

双庙公社 进沈阳农学院开豆腐坊

沈阳市委欢迎，昌图县委支持，沈农党委重视

本报记者李江报道：昌图县双庙公社在沈阳农学院院内开办了一个豆腐坊。从去年十二月十四日起卖豆腐，平均每天投料一百七十九斤，已经生产豆腐六千七百二十斤。每斤豆腐市价两角二分，比农贸市场便宜三分。沈阳农学院师生员工的食堂和在院内的职工家属能买到鲜嫩的大豆豆腐。他们无不高兴地说：这是一件大好事。

豆腐坊设备简单，一盘钢磨、两口大锅和几口大缸，从筹备到投产只花了二十二天时间。这座豆腐坊只有六个人，自从正常生产以后，每天可投料二百三十斤，生产豆腐六百四十四斤，除掉成本、费用，平均每人每天可为集体赚四元多钱。

双庙公社到沈阳农学院开豆腐坊，得到昌图县委的支持，受到沈阳市委的欢迎，特别是沈阳农学院的领导非常重视。借给他们房屋，并帮助维修、间壁，安装上下水道、暖气等等，为他们尽快投产提供了方便条件。根据现有的大豆，他们可以生产到今年十月新大豆上场。

编后　喜赋打油一首

禁区又破农经商，
社员进街开豆坊；
城乡从此两称便，
工农联盟谱新章。

短评　欢迎社队进城开豆腐坊

双庙公社社员进沈阳开办豆腐坊，是多年来破天荒的事，很值得欢迎。

去年以来，省里领导同志从关心人民生活出发，多次倡议请农村社队进沈阳开豆腐坊。现在双庙公社带了头，沈阳农学院开了此例。他们在短时间的实践证明：农民进城开豆腐坊一举三得，一可以增加集体收入，二可以补充城市市场供应不足，三不用国家投资，增加了网点，见效很快。

沈阳市现在只有八家豆腐坊，比公私合营时减少了一百一十八个，比文化大革命前少十一个。八家豆腐坊日投料八万斤，比文化大革命前减少一半多，其中用来做豆腐只有三万五千斤，平均每人六七天能吃到一块豆腐。由于豆腐坊布局不合理，偏远，加之运输力不足，近处供应好些，远处多日见不到豆腐。怎样解决豆腐不足的问题？从眼前看，全靠国家供料不行，有一定的限度。沈阳市有关部门正在努力加工一些议价豆腐或开展带料加工业务，是一个补救的措施。除此，请农村社队进城来办一些豆腐坊，也是一个很好的门路。如果一些大专院校、厂矿企业和居民区能搞些农办豆腐坊，沈阳市豆腐供应紧张就会得到很大的缓和。

农民进城办豆腐坊，需要城市有关部门给积极创造条件。条件并不高，调不过用几间小房，搞点自来水管道。成本甚少，得益甚多。沈阳农学院是个样子，可以仿效。希望农办豆腐坊能在沈阳城遍地开花。

开张志喜　于明厚

东沟县委拆关撤卡为富让路

各部门提出让富的几条意见是：允许社队基建队进城揽活；沿海荒地、海滩区属于谁谁有权利用；减免税收；帮助办好社队商业；扩大副业产品收购范围。

本报讯　中共东沟县委不久前开了一次拆关撤卡，为农村致富开放绿灯的会议。县委把建设、财贸、供销、税务等部门的负责同志召集来，跟公社干部一起，当面锣、对面鼓地解决让富的一些具体的问题。

早些时候，这个县不少公社党委书记反映，农村奔富的劲头很大，但由于有些部门设关卡，堵富路，使得一些社队想富富不了，会富富不成。这次经过共同商量，许多关卡被拆掉。例如：一、允许社队基建队进城揽活，国营基建队不许干涉，提倡国营和集体进行竞争；二、沿海荒地、海滩区划属于谁，谁就有优先利用的权力，如果自己不用，应允许别人开发利用；三、根据上级有关的政策规定，县税务局采取十三项减免税收的措施，使农村社队多增加一些收入；四、县供销社帮助社队办好商业；五、供销部门根据实际情况认真组织收购一度不收的蜂蜜、草包、生姜、鹿茸、滑子蘑等农副产品。另外，对于关卡在上面的，县委已责成有关部门向上级请示汇报。

（刘孙、徐杨）

编后　让富要见诸行动

在让富帮富的问题上，东沟县委组织各有关部门实实在在地解决了几个具体问题，给农村尽快富起来开了绿灯，这种做法很值得提倡。

当前在农村致富的道路上，仍有不少关卡。对此，我们的态度应该是：凡是实践证明伤害群众积极性，阻碍生产发展的不合理规定，都应当改正；基层干部和群众提出的确实有利于生产发展的合理的政策性建议，应当采纳。有些问题牵扯到上边，固然要由上边解决，但也有不少问题，根据党的方针政策精神，在本地区本部门的范围内是完全可以自主解决的。这里需要的，就是象东沟县委那样积极的敢于负责的态度。

希望各级领导和有关部门都当农村致富的促进派，不当绊脚石。

向干部队伍专业化迈出可喜一步

沈阳市一批专业技术干部走上领导岗位
沈阳市机电局晋升一千五百多名工程师技师

本报讯　全国科学大会以来，沈阳市五百六十多名专业技术干部被提拔到领导岗位，其中担任县团以上单位领导职务的有一百六十二人。沈阳市各级党委把提拔和使用各类专业技术干部做为落实知识分子政策的一个重要方面，看成是实现党的政治路线的组织保证。市建工局等单位从生产建设的实际出发，大胆地把一批专业技术干部提拔到主要领导岗位。在七名正副局长中，有三名是工程师。另外，全市还有两千多名专业技术干部被提拔担任处（科）长及车间主任一级的基层领导职务。

（李志正）

本报讯　沈阳市机电工业局党委认真做好科技人员的晋升工作，去年以来，在全局所属的工厂企业和科研单位，共晋升一千五百三十名工程师和技师。这批新晋升的科技人员，百分之八十以上是中年技术骨干。这个局由于认真抓了晋升工作，充分调动了广大科技人员的积极性。一九六三年大学毕业的沈阳市机电工业研究设计院张振衡，在这个院为我国研究成功第一台激光表面光洁度检测仪的工作中，做出了贡献。去年被晋升为工程师之后，更加刻苦钻研技术，他和同志们一起，不到半年时间，又完成了我国第一台激光曲面光洁度检测仪的研制任务，对发展我国计量技术起了推动作用。（郝正元、谷印成）

铁岭县熊官屯公社上峪大队第六生产队长傅成祥一家，最近被公社授于“富裕之家”的光荣称号。他一家五口人，三个劳力，参加集体劳动收入一千七百元，家庭副业收入一千八百五十元。图为傅成祥接受光荣匾。

李益民摄

请回会富尖子　共商致富大计

安平公社取消限制致富的种种规定

本报讯　去年十二月十八日，辽阳市首山区安平公社党委，把那些在“四人帮”横行时期遭受批判和惩罚的致富尖子请回来，为其恢复名誉，与其共商集体经济致富大计，宣布过去规定的种种堵富路的条条一律作废。进一步解放了思想，敞开了致富的大门。

这些人，有的是经济管理行家，有的是养猪能手，有的被称为“菜王”、“葡萄王”，群众说他们有“经济脑瓜”，叫他们富参谋。在“四人帮”大搞“限制小生产”，割富尖，堵富路的时候，这些人首先遭到批判，受了罚。现在虽然再号召一部分农民先富起来，可是一想起“大砍”那年许多人还心有余悸，不敢大胆闹富。公社党委感到，极左路线在群众心上留下的伤痕太深了，必须医治这个创伤，让农民放开手脚抓富闹富。为此，党委向全社宣布，过去规定的种种堵富路的条条一律作废。并且把那些有影响、受伤害较深的致富尖子请到公社，给他们恢复名誉。充分相信他们，他们也热情为公社富起来出谋划策。在开会当天，他们就和党委商议，为敞开致富大门，废旧规，立新章，定出了十个允许：允许大队、生产队办集体饭店、旅店、理发、缝纫等商业、服务业；允许生产队在完成派购任务后，加工或出售农副产品及其制成品；允许大队、生产队组织包工队，劳动在外，向队交钱记分；允许生产队在不破坏水土保持的前提下，集体开荒种植经济作物；允许集体的猪包给户养；允许老弱劳力在家搞五养等副业；允许匠人单独外出劳动，向队交钱记分，允许有证商贩和个体手工业者从事商业和手工业活动；允许把社员房前屋后的零星小块地分给社员栽树，允许生产队把边远山沟里的耕地包给社员耕种。这些决定农民很欢迎，思想马上活跃起来，为全社致富创造了条件。

（高贤君、王兴亚）

金县集体商业越做越活

国合商业分开　实行自负盈亏

本报讯　金县商业局党委切实加强对集体商业的领导，积极鼓励和支持集体经济的发展。

这个局在深入开展真理标准问题讨论，认识到集体商业是国民经济不可缺少的一个轮子的基础上，决定将原属于国营食杂公司领导的（合作）集体商店划出来，单独成立金县零售公司，直属局领导；把过去国营商店占用集体商店的九十万元资金，订出计划，按期偿还；把国营百货公司二商店转让给集体商店经营。同时规定集体企业的资金由本企业自行支配，国营企业一律不准占用；各批发部门在分配商品上，对国营、集体一视同仁。

集体商业独立后，实行自负盈亏，充分调动了集体商业的经营积极性，想方设法提高服务质量，增设简易网点、摊亭和流动服务车。仅一个月，他们摆设摊亭收入就占全局摊亭收入的百分之三十，十六个集体门市参加集市贸易收入三万二千余元，生意越做越活。

（刘承宽　辛华）

用能人会干巧算　富裕路越走越宽

为了使农村尽快富起来，各地在充分利用本地物质资源、广开生产门路的同时，积极发掘人力资源，起用各种有专长的人材，收到了很好的效果。许多社队往往因为用了一个“能人”，就开辟了一条生产门路，或者使生产技术水平大大提高一步，产值、利润成倍增加。下面介绍的是海城县社队工业起用能人的几个事例。

用了能人和树立信誉　后五道大队产值利润猛增

在海城县的社队企业中，许多被服厂“吃不饱”，而南台公社后五道大队被服厂的一百七十多人，已经连着几个月每天加班到夜间十多点钟，订货任务还是源源不断。什么原因呢？

原来，这个大队去年初任用社员周波当了被服厂的副厂长兼采购员。周波以前是说评书的，眼宽熟人多，又有经济脑瓜，对搞好集体经济的事业心很强。上任后，他背着各种被服样品，到省内一些市、县承揽订货，四个月揽得产值九十多万元的订货任务，比前年全年产值增加了十几倍。

周波揽来这么多活计，不是靠请客送礼，也不是靠他那三寸不烂之舌去吹嘘，而是靠保证工期，靠保证质量，靠降低成本。如今，许多单位主动登门成交，远至吉林、黑龙江的一些单位，也来到这里订货。

去年底这个厂获利润近二十万元，比前年增加二十多倍。加上农业丰收，全大队人均收入由前年的六十一元增加到二百四十多元。

尚世顺热心带徒传艺　耿庄公社雕刻厂越办越兴旺

耿庄公社有一个三十名工人的雕刻厂，最大年龄二十七岁，最小的才十六岁。他们在一块块红松、椴木上刻出一幅幅线条清晰优美、形态逼真动人的雕像。问他们是怎么学会雕刻技术的，这些年轻人便夸奖起他们的老师来。

受这些年轻人赞佩的老师叫尚世顺，原是上海美术电影制片厂的美术设计。一九五七年被错划为右派，一九六五年回到家乡北耿大队当社员。一九七七年公社成立木器厂，公社让他负责带领十名徒弟成立一个木雕车间。前年七月在杭州展销会上，他和徒弟们雕刻的《嫦娥奔月》《牛郎织女》《唐僧取经》等木雕，受到外国客商的欢迎，十一种木雕工艺美术展品被加拿大商人全部买去。去年春天，日本客人还通过外贸部门要这个厂给雕刻释迦牟尼佛像和小屏风。

去年七月，尚世顺的右派问题得到改正后，调到湖南的电影制片厂工作。但是，经他传授技艺的徒弟已经成长起来。去年这个厂又招了二十名新工人，老尚的雕刻艺术又被他的徒弟传授给了新徒弟。木雕工艺美术在尚世顺同志的家乡开花结果，雕刻厂也越办越兴旺。

西牌楼大队起用技工梁兆福　生产出折叠式起重吊

牌楼公社西牌楼大队设备简陋的小农机修配厂，最近生产出一种折叠式起重吊。它象一只灵活的巨臂，使用时能一节一节伸出，高达二十二米，起重两吨；用完把吊臂收回折叠起来，运输、使用都很方便。

这种折叠式起重吊的研制者叫梁兆福。敌伪统治时期，他当过多年机械修理工人，后来又在海城开过铁工厂，修理大型机器，搞设计制造，他都有几手。解放后，因怀疑他在敌伪时期有政治历史问题，遣送回乡参加农业生产。去年初，大队党支部贯彻三中全会精神，落实政策，决定让梁兆福担任大队农机修配厂的技术员。

梁兆福研制的折叠式起重吊，经过鞍山市有关部门鉴定合格，第一批生产七台，很快就被鞍山市等一些单位买去。现在，省内外又有许多单位前来订货。

勤劳致富光荣（剪纸）　吴润今

新闻照片；另一方面，采写了《低档产品高档化》《高档产品低档价》两篇通讯。

1980年2月20日，《辽宁日报》在一版头题位置开辟“把经济工作搞活”专栏，连续在一版头题刊登相关消息和经验。例如，2月28日，一版头题刊登《法库农村食品站和沈阳皇姑副食品商店产销挂钩　鲜肉直接上柜台》的消息，同时报道鞍山食品公司减少迂回运输，就地供应鲜肉的新闻并配漫画和短评《为鲜肉产销见面叫好》。随后，在一版头题又先后发表海城县响堂镇荒岭大队到镇内设点卖菜的调查，题目为《生产队进城卖菜好　种菜人想着吃菜人》和沈阳九路市场的消息《三种经济结合　农工商联合办商业》，并配发短评《顺乎民意大得人心》。1982年7月15日，一版发表的《消费品生产的新课题》的评论员文章，由省委书记沈越亲自审批，他在小样上批示：希望赵阜同志修改后以本报评论员名义发表。这篇文章之所以受到省领导的重视，主要因其较早地指出消费品生产已由持币待购、凭票证限购转向贮币待购，甚至进行全国性择优选购；人们的要求从有吃、有穿、有用的，转向吃得好、穿得美、用得舒适。消费品生产由解决数量上的供需矛盾，逐步转向解决质量上的供需矛盾，要求领导经济工作的同志认清形势，转变思想。

五、变通搞活闯新路

用变通的办法解决问题，是辽宁省委第一书记任仲夷提出来的。1980年5月13日，《辽宁日报》一版头题发表题为《任仲夷同志在提出如何把经济搞活时强调：要实行四个“打破”运用变通办法解决问题》的会议消息。任仲夷提出的四个“打破”，一是打破保守思想，改变孤陋寡闻、眼界不宽的状况；二要打破条条和块块分割，提倡广泛的经济合作；三要打破多余的中间环节；四要打破各种妨碍经济指标的不合理旧框框。任仲夷说，运用变通的办法解决问题就是要全面理解和掌握中央政策，

左　1980年1月4日，一版头题刊登500字短新闻《双庙公社进沈阳农学院开豆腐坊》。编辑为此配发短评《欢迎社队进城开豆腐坊》，同时还配上一幅漫画和一首打油诗。这条消息见报后在社会上引起强烈反响

特别是新规定，从实际出发，灵活运用这些政策去解决工作中的矛盾，推动经济工作前进。《辽宁日报》的这篇消息立即被《人民日报》一版转载。

5月26日，《辽宁日报》一版以《提倡联合搞活经济》为刊题，发表两篇经验：《大连棉织厂和甘井子区红旗公社联合办纺织厂》《营口平二房大队协同稍道沟、徐家、前寨大队联合办矿共同致富》。6月4日，发表《冲破"画地为牢"开辟多种渠道——鞍山铁东鱼菜市场生意兴隆》的消息，同时以《打破行业界限　发挥各自特长　多办联合企业　广开就业门路》为刊题，报道丹东二轻局与农村、学校、机关联办30多个企业，知识青年全部得到安置。6月5日和6日，报纸在一版头题发表两篇用变通方法解决问题取得成效的稿件，一篇为《双喜牌高压锅质量提高　恢复信誉　订货量占全国同类产品首位　畅销五十四个国家和地区》，另一篇为《新宾县造纸厂与样子沟大队联合经营　优势相加　迅速形成新的生产力》，报道一厂一队联合经营四年，造纸厂纸张产量增加一倍，大队植树为1949年后总和的2.6倍，工厂利润翻两番，社员收入增加九倍。

1980年6月16日，《辽宁日报》发表社论《用变通的办法解决问题》，社论进一步强调变通就是要求每个行业、每个部门、每个单位面对搞活经济的障碍，要自己开动脑筋想办法，变通地解决问题，不要一切都等上级，靠别人出主意。同时，刊登兴城县税务局正确贯彻税收政策，扶持社队发展盐业生产的消息。随后，报纸在一版头题发表丹东经济工作通讯《绿灯开了　关卡通了　经济活了》。关于用变通办法解决问题的报道，《辽宁日报》在全国媒体中报道是较早的，稿件数量也是比较多的。

六、加大人才报道力度

1980年4月7日，《辽宁日报》以编辑部名义刊登《本报开辟"毛遂自荐""求贤榜"启事》，拟通过这一"鹊桥"，解决一方学非所用，一方求贤若渴的矛盾。同时在一版头题发表《黎培广毛遂自荐以后》，又刊登《谁愿意试验土壤改良剂？》的求贤信，很快，报社收到大量来稿。4月14日，发表《宝山公社林业助理戴景峰自告奋勇到困难队当队长》，随后又发表一组愿意从事日文、印尼文翻译的自荐信。5月20日，刊登兴城果树研究所拟聘日、英、德、西班牙等六种外文编辑。接着，《我愿献身养鼬事业》《我愿回抚顺电视台当导演》《我志愿任气象专业教师》《我愿重操彩绘彩塑工作》等来信先后在报纸上发表。这引起社会的极大关注，许多人如愿以偿：要求归队的电视导演回去了，养鼬者被外贸部门聘去了，华籍日本女护士长登上大学讲台等。

这一时期，《辽宁日报》进一步加大人才报道的力度。5 月 15 日，一版头题刊登《养鱼技术员修世晓——科学养鱼亩产千斤》，并配发本报评论员文章《要想富必须抓人才》。5 月 21 日，一版以《发现人才　培养人才　选拔人才　使用人才》为刊题，报道本钢焦化厂综合加工厂在待业青年中通过考试选拔管理人员，技术员于桥被提升为副厂长后在研制金州曲酒中作出突出贡献；年轻干部朱光武挑起重担，当厂长后工厂大变样。6 月 9 日，一版头题发表消息《重事实重表现　大胆使用人才》，报道锦西县缸窑山公社党委大胆使用一批有历史问题而现实表现较好的工程师，他们主动承担了各种工程设计任务，为全社人民造福。

6 月 12 日，《辽宁日报》一版头题发表省委召开知识分子工作会议的消息，省委第一书记任仲夷提出：当前贯彻党的知识分子政策的一个突出问题是从知识分子中选拔人才。报纸配发社论《让知识分子在"四化"建设中大展宏图》。6 月 14 日，省委领导邀请知识分子代表座谈，直接听取意见，报纸进行了详细报道。随即《辽宁日报》发表任仲夷的长篇文章《在新的历史时期更要重视发挥知识分子作用》。6 月 20 日，一版头题以《要想富起来必须抓人才——重新起用智多星　散花穷队大翻身》为题，报道兴城县大寨公社马圈子大队的经验。报道说，不久前，省委第一书记任仲夷视察辽西后，在向省委汇报时提到，兴城县大寨公社马圈子大队第二生产队原来是个贫困落后的生产队，1974 年人均收入只有 13 元。1975 年，青年万春余当上队长以后，狠抓经营管理，当年人均收入增加到 55 元。有些社员嫌他管得严，第二年又换了队长，人均收入降到 4 元。大家一看不行，还请万春余当队长，结果 1977 年人均收入达到 145 元。生产队不断扩大积累，买车买马，每年人均收入在 110 元以上。为此，报纸配短评《既要重视"千里马"，又不放过"百里驹"》。8 月 11 日，报纸刊登毕永德、孙建业、陈宝伟自荐当厂长，企业半年大变样的消息。他们三人都是桓仁县第一工业局干部，揭榜自荐到亏损企业改变落后面貌，上任半年，就把濒临停产的县棉织厂救活了，盈利 2.6 万元。报纸为此发表评论《治厂必须重用能人》。

对于社会某些方面忽视人才的状况，《辽宁日报》也十分关注。1980 年 8 月 9 日，报纸在一版发表《高云峰为什么离开抚顺县受聘到浙江工作？》的消息。文中介绍，高云峰是李石污水灌溉试验站的临时工（后调县农科所），他研制成功的反向极普仪，1978 年经国家计委鉴定命名为伏安仪。他要求所在单位给他转正以便继续研制开发，但迟迟得不到解决。高云峰后被浙江以每月 105 元工资，转为国家干部、解决城镇户口为条件聘走。几个月后，又得到资助办起一个科学仪器厂专门生产伏安仪，并建议冶金部列为重点科研项目。对人才的这两种态度发人深思，《辽宁日报》发表署名文章《鱼大乎？水浅乎？——从高云峰受聘浙江谈起》，批评那些不重视人才反而埋怨科技人员“好高骛远”等思想。

1983 年 4 月下旬，报社收到抚顺毛纺织厂副厂长、总工程师康义的来信，反映他无故被解职的遭遇。编辑部认为康义反映的问题很有普遍意义，于是派出记者前往调查。5 月 9 日，报纸一版头题刊登康义的来信，配发了记者调查。报道介绍，记者走访了市委、纺织局和第二毛纺织厂等单位，同各级干部、工程技术人员和群众谈话 60 余人次。他们都说，老康工作好好的，突然被免职，纯粹是人际关系问题。老康只懂技术，不懂“关系学”，他为人正直，敢于抵制不正之风，有些领导不喜欢他。记者查证，康义当技术副厂长的 18 个月，是工厂生产的“黄金时代”，产值、利润、产量、质量等经济指标均创历史最高水平。康义来信和记者调查见报后，反响很强烈，仅十多天时间，编辑部就收到来信 110 多封。接着，报纸以《这样的“明白人”为何被解职》为题开展讨论。“讨论”发表三期登载 17 篇来稿。1984 年 2 月 19 日，报纸发表抚顺市委办公厅来信《康义问题已得到解决》，来信说，经过市委及有关部门调查和工作，现已恢复康义同志的职务。为了使知识分子政策落实得更好，报纸又陆续发表了几起迫害排挤知识分子的事件，以及在落实知识分子政策方面的一些好的做法和经验。1983 年 3 月 1 日，一版头题发表记者史航采写的长篇报告文学《“牧马人”新传》，推出知识分子的杰出代表曲啸、魏书生等。同时，发表沈阳市委认真检查落实知识分子政策，丹东坚决把压制知识分子的人从领导岗位上撤离下来等消息，有力地推动知识分子政策的落实，受到知识分子的热烈欢迎。

第六章

吹响改革开放号角

1982 年 11 月至 1991 年 12 月,《辽宁日报》围绕改革、开放、农业、科技、民生、抗灾、精神文明等党和政府的中心工作，利用专版、专栏、专题等多种形式和专访、图片、言论、通讯多种体裁，对辽宁农村经济体制改革、城市经济体制改革、辽东半岛对外开放、科技兴辽、大中型国企改革、加强精神文明建设等中心工作和发展建设大局，精心策划，深入组织采访，浓墨重彩开展主题系列报道，宣传改革开放的大好形势，宣传各条战线的新业绩、新经验，精彩纷呈，冲击力强。1982 年率先报道免职不作为干部——《木器五厂得救了！——抚顺家具公司对不干事的干部就地免职》，1986 年率先报道厂长负责制——《企业只设厂长一个一把手》，以及报道辽宁第一个破产企业——《沈阳市防爆器械厂破产倒闭》，这些新闻作品都在全国引发震动，影响力和冲击力为历年罕见。

| 第一节 |

推进农村经济体制改革

中国的经济体制改革从农村开始。人们从农村家庭联产承包、包产到户、包干到户的成功实践中，感受到了农村经济体制改革蕴含的巨大潜力。20 世纪 80 年代初,《辽宁日报》根据省委、省政府的安排部署，精心策划，周密安排，为“两户”和乡镇企业破壳出土鸣锣开道，推动全省农村改革迈向一个更深的层次。

一、为“两户”鸣锣开道　力促个体经济发展

农村的联产承包和“两户”（个体户、专业户）是在旧体制禁锢下破壳出土的。习惯了“一大二公”模式的人们对联产承包责任制和“两户”的出现，总是提出许多问题，生怕越雷池一步。针对这种心态，1983 年 1 月 7 日，《辽宁日报》一版头题发表营口市委书记张振华和养猪专业户赵玉英的谈话:《请两个帮工　政策允许这样做》。这篇消息振聋发聩，因为不久前，农民多养几头猪还会被指责为走资本主义道路。如今，养了几百头猪，还有雇工，是不是剥削？政策能不能允许？人们都在等待、观望。市委书记明确表态：政策鼓励专业户的发展，而且雇工也被准许。这条消息对发展“两户”起到了示范作用。

《辽宁日报》继续为“两户”呐喊，连续在一版推出四篇重点报道，题目分别是《锦西县申家大队出现一批长途贩运户　经过一年实践　人们改变了对长途贩运的认识　称他们为不耗油的农民运输队》《专业户王沛海跨省联合养蜂》《阜新农村出现农民粮栈》《新金县赵屯大队张前生产队饲养专业户李嘉国自办奶牛场》。全省“两户”如雨后春笋，出现了迅猛发展的势头。截至 1983 年 6 月，全省各类“两户”达 84 万户，占全省总农户的 16%，“两户”进入大发展时期。

全省“两户”的数量在快速增长，但残存在人们头脑中的某些错误观点，仍束缚着各类专业户的发展，已经创办的专业户也大多满足于小富即安。面对这种情况，报纸发表社论《两户还要大发展》和系列评论员文章，同时继续选择一些有一定影响、规模较大的专业户典型加以突出报道。1984 年 1 月至 5 月，报纸一版先后报道《赛马乡 87 台农民汽车运输忙》《急农民之所急　运农民之所需——岫岩县黄花甸子乡 95 个农民运输专业户一年运 3.4 万吨工副业产品》，同时配本报评论员文章《积极发展农村运输专业户》；还以《支持农民联办开发性事业》为栏题，对这一主题深入开掘，共发 30 多篇报道，其中包括《村户联合开发草炭资源　兴办复合肥厂　金山村农民喜抱“金山”》《猴儿石捕捞场联办鱼粉加工厂》《新民“万人马帮”更加活跃　县委县政府积极支持贩运经商》《凤城近千农民进城开店设坊》《“养兔状元”石磊创办养兔协会》《农民张文厚北上黑龙江　跨省创办联营机械化农场》《农村青年洪雅娟进城承包　倒闭厂半年起飞》《海城大屯乡 25 户农民汽车运输队开赴山西抢

运晋煤》等。

为了推动初始阶段的“两户”向规模化发展，1984年6月，《辽宁日报》组织了十篇典型报道，即《菜农刘朋然与500户农民联办蔬菜科研所》《八里村农民办起林业股份合作社》《复县罐头厂与专业户联建黄桃基地》《新民“万人马帮”与两户定购　与坐商定销》《沙宝金投资13万开发“百宝沟”》《沈阳4000农户到集镇开店办厂》等。临近岁尾，一版以《城乡经济携手发展　第三产业方兴未艾》为栏题，报道全省各地农民进城办第三产业的消息，报纸配发本报评论员文章《支持农民进城办第三产业》，这些报道充分反映了农民除务农以外，务工、经商以及进入第三产业领域，对活跃城乡经济，推进经济改革有着不可替代的积极作用。

二、调整农村产业结构　发展乡镇企业

1984年下半年，全省“两户”发展进入了一个新阶段。省委农村工作会议提出调整农村产业结构，发展乡镇企业和农村商品经济的指导思想，明确农村深化改革的方向。9月20日，《辽宁日报》一版头题发表会议消息，并配发社论《农村商品生产要有一个新的跃进》，同时在二版刊发消息《我省“两户”发展进入新阶段》。省委农村工作会议以后，报纸不惜版面，在报道各地发展乡镇企业消息、经验的同时，有意识地配发一批有指导性的评论，如发表沈阳《给去乡镇企业工作的技术人才以优厚待遇》、阜新对乡镇企业实行《市县乡层层承包　人财物项项扶持》以及《锦西县涌现600多白灰生产专业户》《78户农民联办罐头厂》等消息，同时配评论《就地加工农副产品发展乡镇食品工业》。在报道大连华侨农场与石油七厂合作发展养鸡业、灯塔县支持农民进入流通领域、小陈家村《余粮变成肉和蛋　农民收入翻一番》等消息时，配本报评论员文章《粮多是好事　出路在转化》；在一版刊发《朝阳市千村万户大办商业》等典型经验时，配发本报评论员文章《发展深加工开拓新领域》。

从1984年年底开始，报纸着力宣传发展乡镇企业，活跃城乡商品经济的经验。11月29日，二版刊发《当年富靠经济作物　中期富靠种草养畜　长远富靠造林植树　梁山乡农林牧综合发展》的消息。12月1日起，报纸在一版连续刊发五篇消息，即《服务油田　致富农工　大洼县调整产业结构　大力发展工副业生产》《建立新的产业结

构　开拓新的生产领域　沟帮子乡农工商业协调发展》《跨出农村改革第二步　苏家屯区提出调整农村产业结构新方案》《以城带乡　以乡补城　城乡互助　共同繁荣　沈阳市160多家企业与1500个乡镇企业建立各种形式的经济协作关系》《地上求财难　地下找富路　义县涌现60多个采矿村　十年九旱的山乡开始富起来》。

1985年2月1日，报纸一版头题发表省委召开农村工作会议消息，会议提出了抓紧时机，积极放开，大胆调整，切实搞活，加速翻番，促进快富的指导思想。按照这次会议精神，报纸开始注意选择农村致富的典型进行宣传。先后在一版刊发一批典型经验：锦州太和区《按“工菜粮”方针发展郊区经济》、沙海乡《开发矿业资源兴工致富》、《农民季文贵投资万余元　自办大牲畜交易市场》、《阜新、彰武确定以畜为主的生产结构》、《昌图县8000豆腐坊竞相发展》、《营口市1000户农民筹集资金800万元进城办第三产业148项》、《大沟乡在转化中发展优势　在增值上大做文章》、《灯塔县调整农村产业结构，一县变四县》、《辽阳郊区建起一批养鱼村》、《昌图帮助农民搞粮食转化》等。

肩负宣传改革重任的《辽宁日报》推出一波又一波改革力作。当时，人们展开《辽宁日报》，几乎每隔几天就有农村改革的新动向、新事物映入人们眼帘：《四户农民联合经营拖拉机为包干户代耕》《少数人不离土　种地不再拉大帮　多数人不离乡　工副业上做文章》《千家能手种田　万户农民治山》《口粮生产商品化　农民离土无牵挂　杨士村发展十三个口粮生产专业户　可为离土不离乡的农民提供平价口粮百万斤》《大连南关岭乡一户集中经营土地　七十劳力从事工业》《沈阳农村出现社会化服务体系》《为两户建立信息系统》《朝阳县建立农村科技推广网　万余“科技小先生”走村串户传播技术》《于洪区农村改革在探索中深化》……这些鲜活生动的画面，极大地启发了人们的创造性。

1988年1月3日，《辽宁日报》发表社论《乡镇企业要深化改革再上新台阶》。之后，报纸在一版以《放宽政策深化改革　让乡镇企业跃上新台阶》为刊题，报道《铁岭市乡镇企业崛起》《“小富即安”要不得　深化改革继续富　红旗镇去年集体总收入突破三亿元》。辽南农村见闻《企业化村庄与村庄企业化》，讲述由于发展村办集体企业，出现了农村企业化的新面貌。

由于省委、省政府对于发展乡镇企业的思路清晰，目标明确，1991年6月6日报纸推出大刊题《推进全省乡镇企业发展的总要求是：统筹规划　完善政策　突出特色　分类指导　梯次推进》，发社论《咬定目标拿下二二一》。6月18日至6月20日，全省召开县区乡村工业会议，报纸对这次会议的报道进行了精心制作，开幕和闭幕的消息标题分别是：《进一步动员各方面力量加快发展县区乡村工业》《全省动员上下一心艰苦奋斗坚决把县区乡村企业搞上去》，配发社论《加强领导狠抓落实》。随后，一版又以《迅速采取实际步骤发展县区乡村企业》为大刊题，连续发表五篇海城发展乡镇企业的经验：《一颗璀璨的明珠》《不断解放思想不断更新观念》《政策对了头一步一层楼》《“这里的烟囱不犯风”》《不断寻求新的生长点》。

经过不断深化改革，辽宁省乡镇企业得到迅速发展。到1986年全省乡镇企业总产值实现500亿元，占农村社会总产值的70%以上，转移农村剩余劳动力十多万人。

| 第二节 |

吹响城市经济体制改革的号角

农村联产承包的成功实践，使许多从事城市经济工作的领导者及企业管理者受到极大启发。一些思想活跃的企业负责人开始尝试把“包”字引进城市，早在1979年初，《辽宁日报》宣传报道的触角就从单纯的农村改革扩展到城镇经济改革上来。1982年党的十二大召开后，《辽宁日报》连续报道了企业扩大经营自主权的系列典型，成为对企业承包经营宣传最早的省级党报。

一、宣传国有企业经营承包

抚顺市饮食公司在全省最早开展国有企业经营承包改革。1981年，这个公司派职工到公司所属基层门市部进行个人承包经营，一年下来，大部分获得成功。编辑部抓住这一典型事例，立即组织报道。1982年9月18日，一版以十分显著的位置发表消息《个人承包　离店经营　离店经营的职工13个月人均利润高于在店职工23倍》，报纸配发“编者按”，肯定了这种成功的经营方式，并以热情洋溢的笔调对饮食公司的大胆探索予以褒扬和称赞。

消息见报后，省内多家单位到抚顺饮食公司考察学习。这种商业部门的试验性做法，随之也打开了工业、交通企业的思路，多家企业如法炮制。11月12日、12月3日，报纸一版以《推行商业责任制势在必行》为栏题，发表三个单位试行承包经营的消息。12月22日，报纸一版发表本溪钢铁公司的消息《实行包　保　联责任制》，报道该公司一年有八项指标全国夺魁。1983年1月21日，一版发表沈阳市新光服装厂为解决内销服装积压问题的经验《任务投标承包　人员自愿组合》，办法实行一个月，销售额从6万元增长到17万元。同日还以《万人企业万人管》为题，报道大连海洋渔业公司实行包干到人责任制的经验。

针对一些部门对引“包”字进城的经验不甚敏感的实际情况，报纸在1983年1月23日报道省委第一书记郭峰对商饮服务业个人承包发表的肯定性谈话:《既是个人承包　奖金岂能封顶　实行交足国家的　留够集体的　余下都是自己的》。同天还发表记者述评《吃了“定心丸”承包发展快　我省饮服行业出现多样承包形式》。抚顺饮食公司的示范、省委书记的赞许，使全省承包经营逐渐形成气候。如1月27日一版报道大连770多个企业按六种不同形式实行经营承包。

1986年，报纸开始有意识将承包经营引导到大中型企业的层面。1986年1月17日，一版刊发经验性消息《这里，改革又迈出新的一步》，对沈阳电缆厂完善内部划小核算单位的经验和做法进行了翔实介绍。1987年2月4日，一版刊发本溪市工具厂成为完全独立经营试点企业的消息《探索搞活大中型企业新途径》。3月16日，一版发表长篇通讯《冲破羁绊始奋飞》介绍了鞍钢搞活经营的举措。5月14日，一版报道沈阳20家商业大户实行承包经营。5月18日，一版报道沈阳拖拉机厂实行纵横两向全方位经营承包责任制。6月16日，一版以《推行各种承包经营责任制　增强企业奋发向上的活力》的大刊题，报道辽阳石油化纤总公司、营口化纤厂等单位实行承包经营的经验。7月7日，一版报道辽河油田实行多种形式承包经营责任制的消息。10月2日，一版刊发消息《本钢推行企业升级承包责任制　年初从零起步　到九月中旬已有六项经济技术指标达到或超过国家二级企业标准》。1987年底，全省960户大中型企业有96%的企业实行了承包经营，1960户预算内国有企业中63%的企业实行了承包，实行承包、租赁的企业占预算内国有企业86.2%。

二、宣传干部能上能下政策

引“包”字进城、进企业，推动了全省的城市经济体制改革，搞活了经济。但仍有一些单位面貌依旧，死水一潭。《辽宁日报》编辑部认为，造成这种局面的一个重要原因就是长期在计划经济体制的影响下，企业缺少奖勤罚懒手段。企业负责人一旦被上级任命，即使无任何业绩，也没有前程风险，时间一久，便使企业陷入惰性窠臼。

抚顺有了新举措：1982年秋天，抚顺市家具公司将迟迟打不开局面，也不思进取，使企业走入泥潭的木器五厂厂长就地免职。编辑部敏感地认识到这是抚顺为扭转城市经济工作被动局面开出的一剂良药。报社副总编辑谢怀基立即赶到抚顺，迅速写就一篇很有思想性的长篇力作：《木器五厂得救了！——抚顺家具公司对不干事的干部就地免职》。

1982年12月10日，报纸在一版头题用通栏大标题发表了这篇重大题材的稿件之后，立即在全国引起剧烈震动，影响力、冲击力为历年所罕见。《人民日报》在一版进行转载，中央人民广播电台向全国广播，于是，“就地免职”这个提法迅速传遍全国。

由于反响强烈，编辑部收到许多关于解决这一经济工作痼疾的讨论稿。12月27日，报纸一版以《对不称职干部就是要撤》为栏题，发了一组文章：《这个头开得好》《既要识良才　也要识庸才》，有的稿件一针见血地评说不干事的干部，如《这就是最大的毛病》。

木器五厂的经验受到抚顺市委的重视，市委要求全市举一反三。1983年1月31日，报纸一版以《不称职的“小官”可以就地免职　不称职的“大官”也要就地免职》为题，报道抚顺市委要求各战线学习和推广家具公司的经验，推动城市经济体制改革。1984年2月6日，报道抚顺市学习这一经验成果的消息《全市推广家具公司经验后　原来亏损的企业73%增盈14%减亏》。

围绕“有功者赏，无功者下”这一话题，1983年1月29日开始，报纸一版陆续刊发消息：《“就地免职”再现生机　抚顺市二轻局免去27名不称职干部　振奋广大干部精神　迅速扭转亏损局面》《丹东市政府令出必行　将易地任职的亏损企业领导干部调回原厂免职》《沈阳免去两家亏损企业的书记、厂长职务　决定企业整顿任务一定要落实到主要领导人头上》《营口市塑料八厂原厂长力不胜任主动让位　改革者治厂有方勇挑重担》《招标选聘制救活抚顺市钢木家具厂　无力扭亏不敢应聘原厂长让位　很有作为者毅然揭榜副厂长上任》。

一个“就地免职”，像一块巨石把一潭死水搅出层层巨浪。《辽宁日报》对如何使“庸者下”的问题提出了可操作办法。对在改革中脱颖而出的先进人物也大加渲染，为先进人物创造一种“能者上”的舆论环境。1982 年 9 月 24 日和 1984 年 4 月 26 日，报纸在一版两次宣传朝阳重型机器厂厂长王亚忱，前一篇题目是《有胆有识的厂长王亚忱》，后一篇是《在艰难中奋飞——记锐意改革的企业家王亚忱》。在这两篇典型通讯里，记者以生动的笔调，翔实的素材，恢弘的篇章，使一个锐意改革的厂长的改革事迹跃然纸上。王亚忱的改革实践在全省引起强烈反响，编辑部收到大量读者来信，《人民日报》特约作者将王亚忱事迹写成专稿发表在《人民日报》上。

继王亚忱之后，报纸陆续宣传了李华忠、赵希有、徐有泮、刘相荣、王泽普等一批企业改革家。这些先进人物站在改革的前列，不但把本企业的改革搞得有声有色，而且带动了全省经济体制改革向前发展。省委作出决定:《选拔大批技术业务干部进领导班子》。报纸先后在一版刊发系列消息《思想守旧　政策有偏　能人无故被解职　用改革精神看干部　请回能人重委任　本溪市供销社党委把过去看偏用错的原市废品公司副经理张玉金请回原单位　两个月挣 57 万元》《改革人事制度　引入竞争机制　省政府机关聘任千余名正副处长》《省机械委 71 名干部角逐 47 个正副处长职位》《鞍山 145 家企业实行厂长信任选举》《经营管理形式和领导体制的重大改革　沈阳三家企业公开招聘厂长》《层层选聘　择优录用　按劳付酬　沈阳轧辊厂通过招标原有 133 名干部只留任 30 名》。

三、宣传改革举措新突破

党中央关于城市经济体制改革的决定公布之后，《辽宁日报》顺应历史潮流，敏锐地把新闻触角伸向改革前沿，把全省有开创性的改革动向醒目地搬上报纸主要版面。这些新闻在当时引起全国瞩目。

（一）为企业的租赁经营摇旗呐喊。1984 年 6 月 28 日，沈阳市汽车工业公司开全省租赁经营之先河，用签订三年合同的方式，将所属的汽车油泵厂交给个人租赁经营。第二天，报纸一版头题发消息《沈阳市汽车工业公司大胆探索敢于创新　把国营小企业租赁给个人经营》。这一改革动作，在全省引起强烈反响。随后，各地纷纷借鉴沈阳市汽车工业公司的经验，筹划租赁举措，使租赁经营在全省迅速开展。到 1984 年底，全省各地先后有 100 多家工业企业和 55 个国营商业小店租赁给个人经营。

为了让人们改革的胆子更大、步子更大，1985 年起，报纸重视用租赁的成功典型经验引导社会舆论，在一版先后刊发消息《沈阳市租赁较早的 32 家小型工业企业去年利润增长速度比全市工业企业增长水平高出六倍》《辽中县造纸厂租赁经营一年利润增长五倍》《大型国营企业内部能不能搞租赁？抚钢新经验　钢管分厂试行两个月　利润相当于上年总额》等。

由于省委领导支持，新闻舆论的强力跟进，租赁经营在全省形成遍地开花之势。1987 年 2 月，阜新不再只对走投无路的小企业实行租赁经营，而对较大的国企、经营状态好的企业也实行租赁经营。3 月 2 日，报纸一版以《阜新大面积推广租赁经营》为题发消息，向全省推荐阜新经验。9 月 24 日，报纸刊发《省委、省政府召开搞活城镇集体企业和国营小型企业经验交流广播电视大会　以推进租赁制为重点完善经营机制》的消息。12 月 23 日，报纸一版刊发阜新大面积租赁跟踪报道，主题为《大面积租赁带来大面积丰收》，副标题为《阜新市租赁企业前 11 个月实现的工业总产值、税金、利润都创历年同期最高纪录　政府推广租赁经营一年　全市 93.7% 的工业企业和 91.2% 的财贸企业实行租赁经营　全市财政收入比去年同期增长 12.16% 税收增长 14.8%》。《人民日报》也以《阜新企业大面积租赁喜获丰收》为题发了消息，还有通讯《出租了的城市——阜新市实行大面积租赁见闻》，对阜新的经验进行连续报道。至此，全省租赁经营已形成气候，租赁也从最初的小型工商企业发展到大中型企业，并从工商企业拓展到外贸出口、旅游行业。

（二）记录辽宁第一个破产事件。1985 年 1 月 23 日，沈阳市有关部门对全市三家处于破产边缘的企业发出黄牌警告，要求限期扭亏，到期无好转就依法破产。沈阳市发出“黄牌”警告的第二天，报纸在一版显著位置发表消息，接着又先后发表三家企业后续动态消息。1986 年 1 月 23 日，刊登消息《沈阳市“破产警戒通告”

收效显著　赔本单位知耻而进复苏有望　亏损企业引以为戒奋起直追》。半年之后，被“黄牌”警告的三家企业中有两家企业摆脱困境，而沈阳市防爆器械厂依然亏损。1986年8月3日，沈阳市工商局收回该厂营业执照，宣告其破产。8月4日，报纸在一版刊发消息《负债累累资不抵债　虽经拯救复苏无望　沈阳市防爆器械厂破产倒闭》。8月7日，发表长篇通讯《改革的冲击波》，报道沈阳市防爆器械厂由创办到破产的发展轨迹，揭示了“大锅饭”体制下企业生存发展面临的种种弊端。

（三）为首创证券市场站脚助威。商品经济除了要建立物资市场外，还须建设相应的证券市场、金融市场、人才市场、劳动力市场。沈阳市经济管理部门经过周密筹划，于1986年8月5日在国内率先举办可交易的证券市场。8月6日，报纸以《沈阳首开证券交易市场》为题，详细报道沈阳市开办证券市场的思想准备、理论准备和物质准备。沈阳证券市场正式挂牌营业，开启了人们探寻完善、健全市场经济体系的思想大门。之后，全省各地相继创办人才市场、劳动力市场。《辽宁日报》都予以全面和及时的报道。

（四）为厂长负责制开道。在城市经济体制改革进入一个新阶段之后，由于传统体制原因，企业里党委和行政两套系统各行其是，互相掣肘，无法形成一个现代企业的指挥系统，这种弊端一直困扰着企业的行政负责人。1986年夏，沈阳市冶金局在所属企业尝试建立党委负责党组织建设和企业职工思想建设，不再干预行政事务，不再干预企业的生产经营活动，而由行政领导人负全责的领导机制。1986年7月21日，报纸在一版头题以《企业只设厂长一个一把手》为题，报道了沈阳市冶金局党委的决定，这比中央下发的企业厂长、党委、工会工作“三个条例”和厂长负责制的决定早半年。

各界对这个很有前瞻性的改革，看法并不一致。总编辑赵阜决定在9月18日一版头题报道本溪市的12条规定，规定中明确了“厂长要在企业中居中心地位，起中心作用；企业一切动作都要围绕生产经营活动进行，企业里包括党组织在内的一切组织、一切部门、一切工作人员，都要执行厂长的指令和决定；如党委和职代会对

右　1986年7月21日，《辽宁日报》一版《企业只设厂长一个一把手》报道大中型企业改革经营管理模式

辽宁日报
LIAONING RIBAO

1986年7月
21
星期一
丙寅年六月十五
第11621号
（代号7－1）

沈阳地区天气预报
白天 阴有阵雨 南风3—4级
夜间 阴有阵雨 南风2—3级
最高气温 28—30℃
最低气温 18—20℃

省六届人大常委会第二十一次会议结束

通过《关于加强民族工作的决议》，通过《辽宁省文化市场管理条例》、《关于保障律师依法履行职务的若干规定》、《辽宁省关于〈中华人民共和国文物保护法〉实施办法》

本报讯 省六届人大常委会第二十一次会议于七月二十日下午在沈阳圆满结束。

今天下午的全体会议由王光中副主任主持，代省长李长春列席会议，并讲了话。他在讲话中分析了我省面临的挑战和有利条件，表示决心紧紧依靠中央和省委的领导，在省人大的监督和支持下，在省一、二、三线的老同志的指导和帮助下，团结全省各族人民和各级干部，把辽宁这个老工业基地建设好，为国家的现代化做出更大的贡献。

这次会议通过了《辽宁省文化市场管理条例》、《关于保障律师依法履行职务的若干规定》、《辽宁省关于〈中华人民共和国文物保护法〉实施办法》，通过了《关于加强民族工作的决议》和人事任免事项，向省人大常委会第二十次会议任命的省科委主任纪中、省财政厅厅长高永和、省乡镇企业管理局局长王大军颁发了任命书。

王光中副主任在会议结束时的讲话中强调要做好防汛工作。他说，这次会议听取了政府关于整治辽河和防汛工作的报告，检查了今年一月第十八次常委会议通过的《关于整治辽河的决议》的执行情况。去年遭受严重洪涝灾害之后，各级政府对整治辽河和防汛工作是很重视的，做了大量工作，辽河干流的抗洪能力有所增强。但是，工作进展不平衡，今年计划的工程还没有完全保质保量的完成。现在大汛已到，连日大雨暴雨不断，各级政府应当组织力量突击施工，特别是对险工险段，要保质保量地完成。“千里大堤，溃之蚁穴”，我们决不能掉以轻心，对薄弱环节突击进行检查和解决，全面落实防汛措施，消除隐患，切实做好各项防汛准备工作，动员起来，严阵以待，发扬去年抗洪抢险的精神，战胜今年可能出现的洪涝灾害。汛期后，应继续齐心协力，搞好辽河治理工作，从根本上解决问题。

省人大常委会主任张正德，副主任谢荒田、张铁军、娄尔康、唐宏光、顾敬心、刘曾浩、冯汝松、张知远、崔荣汉和四十五名委员出席了会议。列席会议的还有副省长左琨，省法院院长张焕文，省检察院检察长胡启成，省政府有关部门和各市人大常委会负责同志。

辽宁省人民代表大会常务委员会关于加强民族工作的决议

（一九八六年七月二十日辽宁省第六届人民代表大会常务委员会第二十一次会议通过）

辽宁省第六届人民代表大会常务委员会第二十一次会议听取并审议了省人民政府关于全省民族工作情况和意见的报告。会议认为，党的十一届三中全会以来，我省的民族工作取得了很大成绩。但是，还存在一些急待解决的问题。为了全面落实党的民族政策，进一步做好民族工作，更好地为我省“两个文明”建设服务，特作如下决议：

一、进一步提高对民族工作的认识，加强民族工作的领导。我省是多民族省份，少数民族人口较多，做好民族工作，不断巩固和发展平等、团结、互助的社会主义民族关系，对于振兴辽宁、服务全国，加强社会主义物质文明和精神文明建设具有重大意义。各级人民政府要加强对民族工作的领导，经常检查民族政策落实情况，及时研究解决民族工作中出现的问题。通过各种形式经常进行民族政策和民族团结的宣传教育，开展有益于民族团结的活动，表彰民族团结的好人好事。要结合各地实际情况，向各族干部和群众进行民族区域自治法的宣传教育，抓紧制定地方民族自治条例。

二、采取有力措施，加快改变少数民族地区贫困落后面貌。要认真贯彻落实党中央、国务院和省委、省政府的有关规定，对仍未摆脱贫困、温饱问题尚未解决的一些少数民族地区，要进一步放宽政策，采取特殊优惠的措施，尽快脱贫致富。在制定经济和社会发展规划时，要照顾到少数民族的特点和实际需要。要切实管好用好国家支援少数民族地区和经济不发达地区的各项经费，定期进行检查，做到专款专用，专项专用。

三、积极发展少数民族文化教育卫生事业。根据国家关于教育体制改革决定和我省普及九年制义务教育条例的精神，要重点抓好民族中小学基础教育的普及提高工作。努力改善办学条件，尽快改变落后状况。应努力办好民族师范教育，采取多种形式积极为民族中小学培养合格的师资。积极开展成人文化技术教育，加快少数民族地区的人才培养，努力改善少数民族地区的医疗卫生条件，加强地方病防治工作，加强民族文化遗产整理，办好少数民族文字出版和少数民族语言广播事业。

四、继续做好培养和选拔少数民族干部工作。应注意选拔符合条件的少数民族领导干部，注意培养少数民族科学技术干部和专业管理干部。

五、要继续落实好尊重少数民族风俗习惯的政策。要照顾少数民族的特点和需要，安排好少数民族生活用品和食品的生产及供应，少数民族聚居街道的建设和改造要注意保持和发展具有民族特色的建筑和环境建设。

怎样解决企业里两个体系并存的局面？沈阳市冶金局提出：

企业只设厂长一个一把手

党委不再干预行政中层干部任免，不干预生产活动，不干预经营决策

本报讯 “企业只有一个一把手，厂长。一个体系，生产经营。一个中心，商品经济。今后，企业党委不再干预行政中层干部任免，不干预生产活动，不干预经营决策。厂长决策不再经过党委讨论。”这个旨在把厂长负责制进一步推向深入的决定，是沈阳市冶金工业局党委书记欧阳庚，于本月十二日结束的沈阳市冶金系统领导干部会议上宣布的，并开始在全局十三个厂长负责制试点企业实行。

实行厂长负责制，是企业领导体制的重大改革。但实践中不少企业仍存在着行政党委两个体系互相作用，两套马车互相“掣套”的现象。少数企业依然是党政不分，甚至以党代政，致使厂长无法负责，无权负责。这是厂长负责制目前陷于沉闷局面的症结所在。今年以来，冶金局领导和所属企业负责同志，针对厂长负责制的现状，认真总结经验，探索改革的新路子，提出要在政治体制的改革上，寻找经济体制改革进一步深入的突破口。他们认为，企业设两个一把手，实际是没有一把手，而从企业的性质和地位上说，只有厂长是企业的一把手。既然企业的一把手只有行政的意义，企业的党委作为基层党组织，它的主要任务是围绕工厂中心工作，发挥对思想政治工作的领导作用，搞好保证监督。局领导集中基层的意见，提出企业只能有厂长一个一把手，党委同行政指挥完全脱钩，并决定首先在厂长负责制试点企业实行这种做法，从而为进一步理顺企业的党政关系创造了条件。

欧阳庚关于“企业只有一个一把手”的讲话，在企业的书记、厂长们中引起了强烈反响。沈阳轧钢厂党委书记肖殿勋认为，实行企业只有厂长一个一把手的做法，打破了企业改革的沉闷空气，使厂长负责制取得了突破性的进展。第一，它进一步巩固了企业的法人地位，确认了企业作为相对独立的经济实体的性质；第二，它强化了厂长在企业中的地位和作用，保证了企业的生产经营活动在一个有效的行政指挥系统下进行；第三，它结束了企业中实际存在的党、政对峙的局面，为政治体制、经济体制的配套改革提供了有益的经验。正因为这样做合乎规律，顺乎自然，一些企业的党委书记普遍反映不感到突然，早该这么办。有的厂长说，我们成了企业的一把手，时刻不要忘记要在我们身上体现党的路线、方针、政策的领导，时刻不能脱离党组织的保证和监督。

郑阳 杨集才 侯思贵

政治体制改革更需宽松环境

余世昌

经济体制改革要求相应的政治体制改革。没有政治体制改革，经济体制改革就难以继续深入下去。

政治体制改革的禁区更多，无论是理论探讨，还是具体实践，都需要有更大的勇气。同时，也需要更加良好的宽松环境，使人们敢于讲话，敢于实践，成功了就坚持，有不足就完善，错了就改正。只有在这样的环境中，人们才能大胆地去探索、去创造。不然，大帽子一扣，令人望而生畏，谁还敢去碰那诸多的禁区。比如，企业的党组织如何设立，可否将现在的党委改为机关党委。这个问题可谓禁区，议论的人并不少，赞成将企业党委改为机关党委的人士在日渐增多。但是，议论者总有些战战兢兢之感。这个问题当然涉及一些根本理论，这样做是否取消了党对企业的领导？保证党的领导是否在企业必须设立党委？这些理论问题弄不清，人们自然怕扣上政治帽子，因为这样的帽子过去实在是制造得够多了。然而，现在的经济体制改革必然要涉及政治体制改革，在厂长负责制中遇到的突出矛盾，就是如何处理好党委与行政的关系，这个关系不理顺，双轨制问题不解决，厂长负责制就总要受阻，应该说，厂长负责制既是经济体制改革，也是政治体制改革，因为厂长负责制是对过去党委的无限权力的制约。既然这方面的改革已经开了好头，就该继续进行下去。

我们的党组织是生机勃勃的，这首先应该体现在自身的不断完善，使自己在应该发挥作用的地方充分行使自己的职能。

全省防汛工作进入实战阶段

入汛早 雨量多 基流高 水库满

省防汛指挥部号召全省人民发扬去年抗洪抢险精神，以战斗姿态迎接可能出现的暴雨洪水袭击

本报讯 “目前，我省进入主汛期，防汛工作转入实战阶段。全省干部群众要克服侥幸、麻痹、恐惧情绪，发扬去年抗洪抢险精神，以战斗的姿态迎接可能出现的暴雨洪水袭击，完成‘七五’第一年的防汛任务。”省防汛指挥部负责同志在十九日结束的省防汛会议上，动员全省人民努力搞好今年防汛工作。

今年，我省汛期的特点是入汛早、雨量多、历时短、基流高、水库满。六月二十七日，我省普降中到大雨、暴雨，这是多年没有的。去年八月辽河才出现汛情，今年汛情在七月中旬就开始了。七月十四日，辽河支流柳河闹德海水库出现一千三百秒立米的入库流量，辽河干流上的铁岭水文站又出现超过一千秒立米的流量。六月二十七日以来，全省降雨不仅次数多，而且强度大，先后发生四次暴雨。辽、浑、太三河的基流多在七百至一千秒立米之间，比去年同期明显偏高，特别是辽河干流的流量比去年同期高六倍以上。三河上游水库蓄水较多，大伙房、清河、柴河、葠窝、汤河等水库的水位均超过汛限水位。个别中小河流堤坝决口，造成灾害。据统计，法库、铁岭两县中小河流堤坝决口三十多处，受淹七个乡，农田受损四十多万亩，一百多间房屋倒塌。尽管辽河整治工程的筑堤、清除规划套堤和民堤的任务基本完成，但进展不平衡，工程质量有的也达不到标准，其他中小河的清障任务还未开始。

省防汛指挥部要求各地尽快抓紧各项准备工作，查清隐患，尽快抢修薄弱环节工程，特别是险工险段要加倍注意。各级领导要层层建立责任制，党员、干部、团员、民兵要发挥作用，夺取今年防汛工作的全胜。 本报记者 马光

丹东市通过各种形式广泛宣传老山前线指战员英勇保卫边疆的事迹，妥善安排、具体落实后方家属的生活。这是前线丹东籍战士回家乡休假时，与曾经到前线采访过他们的丹东电视台、丹东电台记者亲切见面，感谢市委、市政府对他们的关怀。 本报记者 马庆令摄

四千大中专学生陆续开赴全省各地

暑期社会实践营活动拉开序幕

本报讯 全省大中专院校团组织开展的暑期社会实践建设营“百营会战”活动拉开序幕，四千多名大中专学生组成的二百四十个建设营已陆续开赴全省各地，为振兴辽宁，实现“七五”计划，贡献才能。

东北工学院团委已派出三个先遣团到辽西等地，帮助解决技术难题，协助企业制定科学化管理方案，开展技术培训。朝阳市水泥厂、朝阳市公路工程公司已和东工团委商定了帮助设计电子秤和工业废渣铺路新工艺技术转让的课题。阜新县农机修造厂听说大学生组织建设营活动后，专程派人到东工团委，就帮助工厂改造铸铁炉达成了协议。辽宁大学参加建设营的大学生，重点对辽宁东部山区的开发进行综合考察；辽宁中医学院派出的送医送药服务营，已开赴朝阳山区。

沈阳团市委、市学联从省科委了解到，全省农村正在实施的“一二三工程”，即在全省一百个村、二十个乡、三个县重点进行开发，就相应组织了一百个建设营，投入这项工程。团市委还安排了“专题调查”和“创十万个共产主义义务劳动日”活动，要求大中专学生立足家乡，在实践中学习，在学习中参与，在参与中贡献。 何明洲

我国功率最大的船用柴油主机在大连建成

本报讯 我国最大功率的一万五千七百四十二千瓦船用柴油主机，在大连船用柴油机厂建成，十六日举行隆重的交工剪彩仪式。这台柴油机经国内外专家和国际船级社代表按国际标准严格检测，各项指标均符合设计要求，达到了国际先进水平，它标志着我国大型船用柴油机制造技术又向前迈进了一步。

这台大型柴油机总装实验台周期仅用五十三天，创国内最新纪录。 本报大连记者站

今年哈尔滨之夏音乐会盛况空前

本报哈尔滨专电 第十四届哈尔滨之夏音乐会，二十日晚在北方剧场开幕。这届音乐会是庆祝哈尔滨解放四十周年重大活动之一，其规模超过以往历届音乐会，将有五百多个单位，七百八十余名专业和业余演员参加演出。 黄世明 杨建秋

大枣之乡的家庭体育场

锦西市红螺岘镇板石沟村，最近传出一条新闻，农民韩少全建起“家庭体育场”，开展篮球、乒乓球、羽毛球、单杠、跳高等运动，吸引了全村青少年。

板石沟是闻名辽宁的大枣之乡，实行承包责任制后，家家生活富裕。韩少全家把承包的大面积枣园、果树都转包给别人。主要劳动力都离田务工，每月光工资收入人均百元左右。韩少全想，家里兄嫂、妻子及侄儿共十来口人，生活好了，业余时间多了，很需要一个活动场所，村里青少年也可以来玩，免得大家闷得慌。他的愿望得到全家人的支持，在村里爱好体育活动青年的帮助下，于今年五月在家门前空地建成了“家庭体育场”，购置了一些体育器材。从此不光韩少全和弟弟、侄儿们赛球，他爱人和嫂子也赛起羽毛球、乒乓球，妯娌比高低；韩少全侄女在本村结婚，晚饭后经常回家参加比赛。

韩家出现体育热，吸引了村里的青少年，每天晚饭后到这里活动的不下三十人。前几天，韩少全又新安了水银灯，夜晚在“灯光球场”参加活动的人更多，有时玩到十点多不愿散。为建“家庭体育场”，他还买了不少备用品。有人说天天赛球，乒乓球都供不起，可韩少全的哥哥韩少奇说，“大伙到这活动，热热闹闹的，还锻炼了身体，花几个钱值得。” 赵德宏

省朝鲜族首届科技夏令营开营

本报讯 辽宁省朝鲜族青少年首届科技夏令营昨天在沈阳举行了开营式。

这次夏令营是由省民族科普协会承办的。营员共八十几名，主要是各朝鲜族中学的三好学生、优秀共青团员及科技爱好者。营员们将利用十天的时间参观我省的现代化工厂、高等院校、科研院所和先进的朝鲜族农村，并开展适合青少年特点的科普活动。

夏令营名誉营长柳文及有关同志参加了开营式。 郑基

沈阳征收能源基金超亿元

本报讯 到今年六月底统计，沈阳市共征集国家能源交通重点建设基金一亿一千八百万元，完成中央下达任务的53%。其中，市级征集六千万元，完成省下达任务的75%。做到了时间过半，完成任务过半。为实现中央“集中资金，保证重点建设”和平衡国家财政收支的决定做出了贡献。沈阳市国家能源交通重点建设基金征集任务之所以完成这样好，有以下几个因素，第一，随着经济体制改革不断引向深入，城乡工农业生产有了较大幅度的增长，地方、部门及企业预算外资金增加较多。第二，由于税务部门充实了力量，加强了征收管理，堵塞了征管工作中的漏洞。第三，通过加强政策的宣传辅导，使大多数缴纳单位提高了对征收国家能源交通重点建设基金重大意义的认识，从而做到了自觉履行缴纳义务。 张景宏

我省修志工作取得进展

辽宁地方志学会成立

本报讯 记者从七月十六日在沈阳召开的“辽宁省地方志首次工作会议”上获悉，我省地方志编纂工作在“六五”期间有较大进展。除盘锦市外的所有市、县都成立了专门修志机构，已形成一支素质较高的五千余人的专业修志队伍。

盛世修志。一九八〇年，辽阳市、本溪、台安两县率先发起编修地方志。以后各市、县陆续成立了修志机构，行业和大型企业的专业志也开始编修。到目前为止，台安、本溪、长海三县县志已修完出版，还有十几个县写出初稿，预计一九九〇年，全省各县的县志全部修完，并完成部分市志。当前各修志队伍，正在整理旧志、档案，收集民间资料，摘资料汇编和资料类编。全省共创办地方志刊物十六种，发表理论文章六百八十余篇。还有一批市情、概览、年鉴等资料陆续出版，不仅为修志提供素材，也为党政领导机关全面系统地了解本地情况、作出正确的判断和决策提供了翔实的资料依据。

会上，成立了辽宁省地方志学会，选举戴苏理为名誉会长，林声为会长。中国地方志指导小组办公室打来贺电。四川、吉林、天津等省、市地方志办公室的同志到会表示祝贺。会议还表彰了王沐林、赵仁等三十名卓有贡献的修志工作者。 刘洪伶 李玉华

省科技情报所试行情报有偿服务

本报讯 辽宁省科技情报所以中小企业和乡镇企业为重点服务对象，通过各种科技信息服务活动，对情报实行有偿服务，给这个所带来了活力，取得了良好的经济效益和社会效益。

他们把为中小企业、为农村“两户”服务作为工作重点，开展技术咨询服务。这个所在工作中，根据用户要求，承接了有偿服务项目一百五十四项，其中包括技术攻关、成果转让等。这个所为苏家屯区一个小厂开发新产品提供文献资料和技术服务，试制成社会急需的聚丙烯撕裂网膜，填补了东北地区该项产品空白，每年可创产值四十万元，利润十一万元。去年，这个所与有关部门联合，从国外引进了四千件产品样品，四次举办情报样品展览会，请中小企业、乡镇企业的同志参加，启发了这些企业开发新产品的思路，有二百三十四种引进产品转让给六十七家用户。省科技情报所试行情报有偿服务，既取得了良好的社会效益，也给这个所带来了生机。去年，全所收入二十六万元。

营洗获全国设备管理优秀奖

本报讯 七月二日，在全国第二次设备管理维修工作座谈会上，营口洗衣机总厂被国家经委授予一九八五年度全国设备管理优秀单位称号。这是全国一百零八个生产洗衣机厂家中唯一的获奖单位。 常庆军

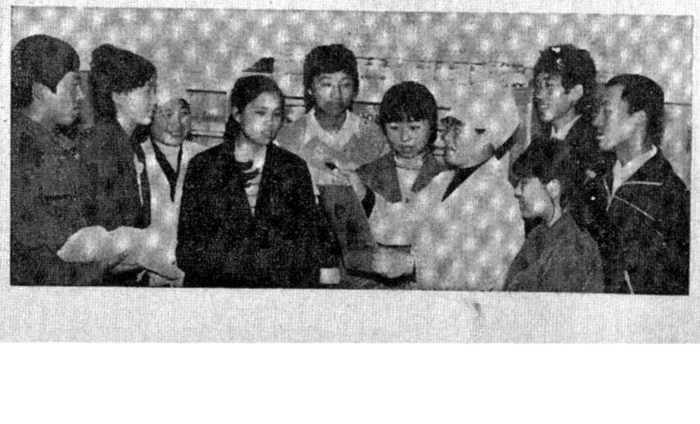

开原精神病疗养院讲医德重质量，经常对刚刚走上工作岗位的青年护理员进行职业道德教育。图为护士长刘淑清结合工作向青年护理员们传授知识。 孙葆翔 摄

厂长的经营方针、人事任免等重要决策有不同意见，厂长有最后决定权；与厂长不配合的行政副职，厂长有权要求免职，上级主管部门应在十天内及时调整处理”。赵阜还连夜为这篇消息配发评论。之后，报纸又先后在一版头题发三篇消息：一、鞍山市把原控制在市里的出国考察、招工、聘任、内部分配等企业管理职能全部下放给厂长。厂长可直接任命副厂长，可自行决定出国考察，在为生产经营服务上，可对党委部门实施领导。二、沈阳气压机厂党委不与厂长争权，让厂长对生产经营实行“一龙治水”式的管理。三、鞍山高压容器厂党委制定30条实行厂长负责制实施细则，厂党委把以前口头还给厂长的中层干部任免权、职工奖惩权和生产经营管理权都写进实施细则，用制度确定了厂长在企业中的主角地位。

后来，中央下发了“三个条例”，《辽宁日报》发表的一系列文章与中央的条例精神完全吻合，至此，关于厂长要不要负全面责任的争论随之平息。

（五）旗帜鲜明为改革者撑腰。改革需要锐意进取者带头破除旧体制旧机制，改革者也会遭遇陈规陋习的反弹，一些在风起云涌的改革热潮中崭露头角的“出头鸟”中箭落马。《辽宁日报》旗帜鲜明地为改革者撑腰壮胆，用以推动改革。

鞍山化工二厂厂长倪亦方，是闻名全国的先进人物。1986年9月2日，报纸一版头题以《倪亦方为什么要辞职》为题发表通讯，抨击了残存在人们头脑中的某些落后的思维定式，理直气壮地为倪亦方撑腰，热情讴歌了倪亦方创造性的改革举措和企业发展壮大的成果。

这篇报道由于抓住了改革时期普遍存在又亟待解决的问题，激浊扬清，针砭时弊，引起了人们的共鸣，也引起了领导机关的高度重视，问题最后都得到了纠正。

| 第三节 |

为辽东半岛对外开放擂响战鼓

1988年初，国务院正式批准辽东半岛对外开放，包括沈阳、大连、丹东、营口、盘锦、锦州、鞍山、辽阳8市及其所属17个县区。《辽宁日报》为了配合省委、省政府提出的“以大连为前沿，以营口、丹东、锦州为两翼，以沈阳为腹地，建设辽东半岛经济区”的开放战略，集中全部编采力量，大造舆论声势。省委领导同志说，加速建设辽东半岛开放性经济，《辽宁日报》功不可没。

一、做足理论准备

1988年1月9日，省委、省政府召开加速辽东半岛外向型经济建设干部动员大会。1月10日，报纸一版用醒目版面报道加速辽东半岛外向型经济建设干部动员大会。1月11日，一版以《勇敢地参与世界市场竞争　跻身于国际经济大循环》为肩题，全文刊发《省委关于加速辽东半岛外向型经济建设的决定》。

之后，报纸先后用《奋发图强　振兴辽宁　服务全国　走向世界》《大力发展外向型经济　加速辽东半岛的开放》《辽东半岛发展外向型经济　参与国际经济大循环战略　两个拳头往外打　改造创汇一手抓》等大刊题，连续报道对外开放的消息、经验、文章。同时，连续在一版发表七篇社论，即《开放与放开》《为外商投资创造更加优越的环境》《加速辽东半岛开放是全省人民的共同任务》《大力开展“三来一补”》《尽快打开人才流动的局面》《确立以生产力为标准的新的思维方式》《进一步深化对省情的认识》，全面论述加速辽东半岛外向型经济建设的重要性和迫切性。

1988年至1991年，省委、省政府每年召开一次辽东半岛对外开放工作会议，《辽宁日报》对每次会议都做了突出的报道。从1986年起，《辽宁日报》对每年举行一次的东北地区暨内蒙古出口商品交易会（也称大连“小交会”），也都进行了突出的宣传报道。

二、跟踪开放脚步

大连的开放举国瞩目，辽东半岛开放很大程度上取决于大连的示范。宣传辽东半岛开放这个大动作中，《辽宁日报》始终把焦点对准大连。在大连开放宣传中，报纸又以大连经济技术开发区为重点报道对象。早在中央开放辽东半岛之前，报纸于1986年2月20日一版在《搞好对外开放　提高创汇能力》的刊题下发表社论《办好大连开发区是全省的大事》。1987年10月13日起，报纸围绕大连开发区建设在一版头题发五篇消息，即《开放与改革并举　开发与效益统一　大连经济技术开发区取得长足进展》《大连经济技术开发区一扫扯皮拖拉作风　能解决的问题当场拍板　一时解决不了的限期解决》《大连开发区已成为国内外投资“热点”》《大连开发区抓住机遇加快外向型企业建设　起步区项目全部排满　向新区滚动发展》《大连开发区建设七载成果喜人　起步区域项目已经摆满　基础设施建设又迈新步》。

在大连开发区创办七周年的1991年，报纸更把大连开放报道推向一个高潮。编辑部派出阵容庞大的采访团开赴大连，多角度、全方位地介绍了大连开发区从开山第一炮开始的可歌可泣的情景和栩栩如生的画面，再现了开发区成长经历。与此同时，报纸还发表了来自大连开发区的六篇通讯。

为配合省委、省政府提出的“以大连为前沿，以营口、丹东、锦州为两翼，以沈阳为腹地，建设辽东半岛经济区”的开放战略，《辽宁日报》在重点跟踪报道大连开放的同时，还注意加大对营口、沈阳、丹东、锦州开放的报道力度。

从1986年开始，报纸对营口的报道有《营口市把增强出口创汇能力作为建设重点　自筹资金建设开放城市　量力而行解决关键问题》《引进国外先进技术增强自我发展能力　省政府推荐“营口方式”》《营口市在开放中坚持自力更生　实现创汇—引进—更多创汇良性循环　两年创汇两亿美元　是用汇的2.5倍》《抓快节奏高效率抓产品更新升级　营口市国营租赁业务日益发展》。4月6日，一版发表通讯《路在脚下——营口市对外开放实践的启示》，比较系统地介绍了营口市对外开放的经验。4月29日，刊发通讯《逼出来的营口速度》，介绍了营口市改进对外开放工作成果。

到1990年，营口的开放已具规模。报纸在一版又为营口的开放鼓劲，发表了《扩大开放规模　加快开放步伐　营口对外开放步入新阶段》《以穷开放起步　在困境中前进　营口对外开放更上一层楼　去年外贸出口额突破七亿元大关　利用外资金额、创办“三资”企业数、劳务输出等均大幅度增长》《鲅鱼圈加快步伐尽快建成东北第二个对外开放窗口，500万吨级煤码头早已建成　八个万吨级散货码头正兴建　后年进入全国十大港口行列》《引入竞争机制　走出“穷开发”之路　营口出口加工区投入少产出多效益高》。

这期间，报纸以《我省第三个对外开放重点窗口拉开帷幕　沈阳出口加工区方略新　起步快》为题，在一版对沈阳出口加工区（后改为沈阳经济技术开发区）进行详细报道，对为加速辽东半岛外向型经济建设作出贡献的单位也进行了宣传，如辽宁无线电七厂冰箱打入国际市场，沈阳第三机床厂面向国际市场，大连服装工业建成外向型经济，大连石化公司敢到国际市场争高低，大连液压件厂利用外资加速改造走向世界，大连造船厂靠技术进步跻身国际市场，金纺走出万人大厂创汇路子，本溪第三制药厂打进国际市场，辽阳外向型经济出现新局面，省二建跻身世界建筑市场，“大渔”走向世界，沈阳第一机床厂占领国际市场，辽宁无线电三厂“借船”出海“造船”过洋等新经验，一一在报纸上亮相。

随着对外开放力度加大，辽东半岛对外开放渐成气候，报纸有意识地把几篇辽东半岛开放成就新闻作为加速辽东半岛外向型经济建设的杀青之作。这几篇报道分别是：发在1995年9月25日一版大字主标的消息《大连市全方位多层次对外开放》，报道了大连口岸商品总值达122亿美元，外商投资企业4186家，实际利用外资43.2亿美元，跃升为我国东北地区综合经济实力最强的城市之一；9月26日一版的消息《用优越投资环境吸引国际资本》，报道辽东半岛开放以来，大连用于“七通一平”等基础设施的投资已达40亿元，外商投资在500万美元以上的项目有521个，协议外资金额49.9亿美元，松下、佳能、东芝、三洋、辉瑞等一大批日本、美国国际知名大企业纷纷落户大连；9月28日一版的消息《我省开发区建设进入新阶段》等。

三、加大基础设施建设报道力度

辽东半岛对外开放有得天独厚的自然优势，但基础设施薄弱，远远不能适应对外开放日益发展的需求。所以，加快基础设施建设已成为迫切需要解决的问题。在这一时期，凡涉及辽东半岛基础设施建设动态，报纸都给予重点关注。

有“神州第一路”美誉的沈大高速公路还在建设阶段，报纸就多次报道工程建设进度情况。1988年9月29日建成250公里（全长375公里）之时，报纸就围绕建设情况四次刊发报道。10月26日，沈阳到鞍山和大连到三十里堡（共131公里）正式封闭试运行刊发消息。11月3日，报纸在一版发表长篇通讯《“沈—大”大陆公路的新纪元》，详细介绍沈大公路从酝酿到施工建设的历程。此外，对于纵横在辽东半岛上的另外几条公路建设，报纸也在版面上给予充分反映，这些公路包括后来建成通车的沈阳到本溪、沈阳到丹东、沈阳到锦州的高速公路。

考量一个地区开放程度的硬性指标，除了公路这一重要因素外，还要对铁路、航空、航运、港口的运行能力进行评估。《辽宁日报》在对沈阳北站和沈山电气化铁路建设、大连周水子机场和沈阳桃仙机场建设做出重点报道之外，还特别对辽东半岛的港口建设给予特殊注意。自大连港1981年建成国内最大的转油码头之后，《辽宁日报》对大连港口建设中的每个环节都做出了报道。1985年10月7日，一版刊发《大连港香炉礁码头交付使用》的消息。1993年7月3日，一版以《大窑湾新港正式开港》为主标题，报道了大连国际深水中转港开港，国务院副总理邹家华为开港剪彩的盛况。

在重点报道大连口岸建设的同时，对辽东半岛两翼的港口建设也给予关注。1984年以来，报纸陆续报道港口建设动向：《营口港对外轮开放》《丹东港正式对外开放 “友谊”11号轮首航日本》《我国第一座自卸船煤码头建成 营口鲅鱼圈煤码头单线重载试车成功》《北国开放又一门户 辽东海岸再现明星 丹东大东港两年建成交付使用》。从1986年起，锦州港经过四年建设，到1990年12月，一期起步工程终于完工，建成两个5000吨级泊位，国务院批准对外开放。1990年12月21日，报纸一版用《锦州口岸对外开放》的大字标题报道了这个振奋人心的消息；随后，以《惊涛壮歌》为题，发表长篇通讯，锦州港建设中可歌可泣的英雄群像跃然纸上。

四、乡镇企业报道

除了把大连、沈阳、营口、丹东、锦州的对外开放当作辽东半岛开放报道重点，报纸对在辽东半岛开放中起到重要作用的乡镇企业也倍加关注。1987年4月22日，一版发表消息《营口县商品生产又有新发展 从专业村、专业乡走向国际市场 全县有12个乡镇61%的村生产出口产品》。1988年1月2日，一版报道《发展规模小、投资少、耗能低、见效快的外向型企业 营口市去年乡镇工业创汇2000万美元》；1月11日，一版报道《我省乡镇企业涌现30个创汇大户 去年共创汇6700万美元》；3月3日，一版报道《村办工业如何发展创汇骨干企业“借路出门”增强出口创汇能力》；3月24日，一版报道《新金创汇夺冠探秘》；4月25日，一版报道《大连金州区发展外向型经济成果喜人前程远大 以勇敢姿态进入世界经济舞台 1987年全区出口商品收购额达2.2亿元居我省各县区第一位其中一半出自乡镇企业》；6月23日报道《以城市技术作依托　以国内练兵为基础　大连农村服装加工出口基地形成规模》；7月15日，报道《长海干群脚踏实地发展外向型经济》；1990年5月3日，报道《工贸合作发展外向型经济　甘井子区乡镇工业成为创汇生力军》等。

| 第四节 |

为“科技兴辽”造势

20世纪80年代，随着改革开放的不断深入，特别是省委、省政府提出“科技兴辽”战略思想之后，《辽宁日报》迅速做出反应、及时调整报纸版面，不断加大对科学技术的宣传报道力度。

一、为“科技兴辽”助力

1985年末到1986年初，省委、省政府组织科技工作者下乡，以科技推动农民脱贫致富，报纸迅速做出反应。1986年1月3日之后，报纸在一版连续发表消息《加速科技向农村转移　推进农业现代化进程　“一二三工程”在我省蓬勃发展》《沈阳出现两万农民科普大军》《农民盼“星火”想“星火”　现将见“星火”　我省实施50个“星火”计划项目》《先进生产力的代表　科技致富的带头人　我省涌现15万科技示范户》，详细报道全省各地科技示范户的产生、发展、壮大的历程。

1988年6月15日，省委、省政府召开全省科技工作会议，报纸把“科技兴辽”和关于科技的宣传报道推向了新阶段，特别突出“科技兴农”的报道。《我省千名农业科技人员下乡搞技术承包》《建平脱贫》，都是见诸报端的重点报道。

1990年1月17日，省委、省政府召开科技进步大会，宣布1990年为辽宁省“科技进步年”。1月18日，报纸在第二天用大字标题刊发会议消息，同时配发本报评论员文章，强调落实“科技兴辽”方针，促进经济持续稳定协调发展，并在一版发表省委书记全树仁在大会上的讲话《全党全民动员起来，为推动科技进步、振兴辽宁而奋斗》。2月2日，报道省农科院人员在阜新科技兴农的事迹，题目是《走上主战场》。7月7日起，连续发表五篇“科技兴辽”述评，即《领导要增强科技意识》《何日人才不流失》《增强农业科研后劲》《接线补网弥合“断层”》《一项重要的软件工程》。9 月 25 日，一版发表综合消息《“燎原计划”成果喜人》，报道全省建起五个实验区和 150 个示范乡，培训技术人才 134 万人次，创经济效益 1.4 亿元。为这一时期的报道作了阶段性总结。

二、改造传统产业报道

针对辽宁省工业基础雄厚，而设备陈旧、技术老化的实际情况，编辑部在报道选题上有意识地抓住几个依靠科技进步使企业大展宏图的典型。

1989 年 11 月 19 日，一版刊发消息《沈阳市创建科技先导型企业　加速高新技术产业化　促进传统产业改造》。由于报道中的做法具体，创科技先导型企业的活动在全省很快铺开，报纸又陆续报道了一些企业依靠科技进步取得好的效益的典型，如 1990 年 3 月 25 日一版《提高科技意识　推行科技效益承包　鞍钢依靠科技稳定发展》；10 月 7 日一版《推动产业结构调整　扭转生产被动局面　沈阳今冬明春着力科技促产　市政府首批确定 102 个重点项目》；10 月 13 日一版《狠抓科技进步　调整产品结构　瞄准国际市场　沈阳电缆厂坚持追求不止精神取得良好经济效益》；10 月 22 日一版《科技先导型企业经济效益显著　全省科技先导型企业向多层次发展经济效益远远高出全省平均水平》；1991 年 11 月 5 日一版《省科协系统企业技术承包经验交流会表明　技术承包企业振兴》，报纸还连续发了三篇评论员文章:《技术进步的重要步骤》《企业承包要包技术进步》《树立科技与经济一体观》。

为了让科技报道更有声色，1988 年 4 月 18 日，报纸在一版显著位置发消息《沈阳兴建南湖科技园区》，报道 40 家科研院所、大专院校和新兴产业部门报名到科技园区内的“三好一条街”建门市窗口。接着一版又用大字标题连发消息《发展高新技术　改造传统产业　沈阳南湖科技开发区迅速崛起》《跨世纪工程》《大连科研院所创办 13 家高新技术企业》《鞍山高科技开发区迅速崛起》。

这个时期，《辽宁日报》有三篇报道影响较大，一篇是 1994 年 5 月 16 日一版的《沈阳有条特殊的高速公路》，对沈阳利用高科技信息技术与金融联袂，发展信息工程的做法进行了详细报道。另两篇是 1995 年 2 月 19 日的通讯《梦想成真——东大阿尔派集团开发中国版权软件的事迹》和 11 月 12 日的消息《东软成为国际同行关注焦点》，对 1990 年创立的东北大学软件中心买下沈阳浑南产业区 44.8 万平方米地产，并投资 5 亿元建设软件园的高科技大手笔开发予以褒扬。

除了正面的科技报道之外，为了促进科技转化成生产力，1993 年 2 月 2 日，报纸发表思考性文章《关卡下的沉重喘息》和《可怕的小家子气》，对阻碍和限制科技成果的种种体制上的弊端进行分析和思考。这两篇文章披露：某些领导机关官僚气十足，全不把转化科技成果当回事，甚至还对科技人员设置重重障碍，致使许多科技人员带着科技成果远走他乡。这两篇新闻均引起了不小的震动。

| 第五节 |

为大中型企业改革鼓劲

辽宁是新中国重要工业基地，大中型企业约占全国大中型企业总数的 1/10。大中型企业的状态决定着辽宁经济的发展走势。搞好搞活大中型企业，不仅是省委、省政府的工作重心，也是党中央、国务院十分关注的事情。从 20 世纪 80 年代末起，搞好大中型企业成为辽宁经济工作的主攻方向。《辽宁日报》将搞好国有企业作为常态化报道，从倡导企业振奋精神克服困难、剖析企业成功范例、助推清理企业“三角债”等方面入手，对搞好国有大中型企业作了系统全面报道。

一、为企业加油鼓劲

1988 年，国内经济工作遇到了前所未遇的严峻局面，这使本来就困难重重的辽宁大中型企业更加举步维艰。《辽宁日报》编辑部派记者深入各地对大中型企业调查研究，了解企业在生产实践中，克服困难、摆脱困境的经验和思路，在困境中挖掘积极因素。1989 年 1 月 2 日，根据调查研究结果，《辽宁日报》发表社论《振奋精神争取改革和建设新进展》。1 月 23 日，一版刊发消息《资金严重短缺　原材料价格上涨　企业进一步发展靠什么？鞍钢靠管理承包一年赚回一亿元》，并配发本报评论员文章《形势严峻出路何在》。3 月 13 日，报道了李振厚事迹：鞍山青年李振厚两年租赁、兼并四家濒临倒闭的集体企业，新办一家企业，均妙手回春收到奇效，受到经济界瞩目。之后，他又在承包鞍山造纸厂的合同上签字，成为第六家企业的法人代表。1989 年第四季度，报纸宣传一些战胜困难完成生产计划的单位，如 11 月 25 日一版报道沈阳电缆厂战胜重重困难，提前一个半月完成全年产值和利润计划，标题是《生产最困难的一年　精神状态最好的一年　经济效益最佳的一年》。12 月 19 日起，报纸在一版开辟《振奋精神抓住机遇　艰苦创业稳定经济》专栏，刊登抚顺钢厂摆脱困境获得生机的《两个轮子转起来》等经验文章，介绍全省各地在治理整顿深化改革中，为稳定和发展经济作出贡献的新鲜经验。

由于客观原因，辽宁省工业生产困难情况持续时间较长。1989 年后，报纸连续报道企业战胜困难的事迹和亏损企业扭亏增盈的做法，并对一些单位如何稳定经济的经验进行了系列报道。如 1990 年 3 月 16 日起，连续刊发四篇大连市工业生产稳定发展的经验，即《有困难就有办法》《后发而先至》《权威在协调和服务中建立》《务实为本》；6 月 20 日起，连续发表两篇介绍沈阳市经济稳定发展的文章，即《不寻常的拼搏不寻常的成果》《像爱护自己的生命那样》；还发表了营口经济的系列报道，即《越困难越要坚持改革》《越困难越要坚持开放》《越困难越要依靠科技》。

二、报道大中型企业改革成功范例

搞好大中型国有企业是个艰巨又复杂的系统工程。在搞好大中型企业的系列报道里，报纸突出树立了大连造船厂这一具有时代特色的典型。1990 年 10 月 31 日，一版头题刊登《省委关于组织全省工业企业向大连造船厂学习的决定》，同时发表省、市联合调查组的文章《从困境中奋起　在开放中振兴　大连造船厂发挥政治优势促进企业发展的事迹与经验》。接着陆续在报纸上发表四篇向大连造船厂学习的社论，即《让“大船”经验在全省开花结果》《振奋精神把经济工作搞上去》《坚持“一道去做”》《提高职工素质　发挥整体优势》。还发表长篇通讯《神采——大连造船厂人物纪实》，与此同时，发表了一些企业向大连造船厂学习的消息。

1991 年 3 月，报纸一版头题开辟《来自大中型企业的报道》专栏，介绍辽宁省各地大中型企业搞好搞活的经验。3 月 24 日第一期报道鞍山针织总厂如何抓管理，理顺内部分配关系，全力提高经济效益的经验。专栏共发40期，在这组报道中，最有代表性的新闻当数1991年7月14日一版头题以《高新技术引路　走出一盘好棋》为题发表的沈阳有色冶金机械总厂的经验。这个厂在产品销路受阻、经济指标下滑的严峻形势面前，没有乱阵脚，而是制定出“科技兴厂”的发展战略。经过全厂工程技术人员协作，攻克了多个技术难题，终于成功地生产出国际先进水平的油膜轴承，生产出我国第一台精炼炉、第一台振支成型机、第一条每秒60米高速线材轧机。由于技术领先，产品科技含量高，不但销路大开，连开发新产品的资金也由用户争相投入。企业迅速从被动局面走出，仅为国家节约外汇就达6200万美元。沈阳有色冶金机械总厂的报道，在企业界引起不小的轰动，也给很多大中型企业以启发。

由于《辽宁日报》搞好大中型企业报道有气势、有规模，对全省搞好大中型企业起到了积极的推动作用，受到了省委、省政府领导同志的充分肯定。

三、报道企业清理“三角债”

1991年6月，国务院副总理朱镕基在辽宁调研时，要求加强内部管理，搞活大中型企业，提出：各地区、各部门要把清理“三角债”作为搞活大中型企业、提高经济效益的突破口，切实抓紧抓好。国务院还把东北地区作为清理“三角债”的试点。《辽宁日报》立即把国务院和省委、省政府的这一重要部署当作宣传报道工作重点。

1991年8月4日，一版刊发会议消息《统一思想加强领导振奋精神真抓实干　省政府召开会议动员部署清欠压库工作》。8月16日，用大刊题《把清理“三角债”工作抓紧抓实抓出成果》，报道《东北三省四市清欠工作进入决定性阶段　注入资金49亿元　今日开始运转》。8月31日，一版刊发消息《东北清理“三角债”试点取得重要成果　我省清欠83亿余元　已解开三分之一债务链》。7月31日起，连续发表四篇清理“三角债”系列杂谈:《立足治本清源防止前清后欠》《解决产品积压实现良性循环》《破除“亏损有理”的观念》《治本之道清防结合》。系列杂谈言之有物、涉及事项具体，对全省清理“三角债”的工作起到了积极推动作用。9月17日，报纸在一版头题刊发《本溪曲轴厂给先回款的客户发货》，报道这个厂派出大批人员进行全国曲轴市场调查，建立起3000多个销售网点，由这些网点直接与用户以销定产，订单到手后，立即保质保量按时发货，而且谁先给回款先给谁发货，确保资金快速有效流转，使销售收入和实现利税分别比上年同期增长30.8%和24%。这篇报道由于经验有很强的借鉴意义、针对性强，成为省领导指导工作中提到的正面典型。

| 第六节 |

加强意识形态宣传工作

1987年《人民日报》元旦献词《坚持四项基本原则是搞好改革开放的根本保证》和1月6日发表社论《旗帜鲜明地反对资产阶级自由化》之后，《辽宁日报》同全国报纸一样，突出宣传坚持四项基本原则、反对资产阶级自由化。报纸于1月8日发表社论《毫不动摇地坚持四项基本原则》，并在这之后的几个月时间里，连续发表了十篇本报评论员文章：《党的领导是我们事业胜利的根本保证》《严格遵守党的政治纪律》《坚定不移地走社会主义道路》《必须坚持马列主义毛泽东思想》《保护人民保卫“四化”的有力武器》《坚定不移地执行知识分子政策》《全面理解三中全会以来的路线》《搞好企业正面教育》《正确进行两条路线的斗争——再谈全面理解三中全会以来的路线》《坚决　健康　持久——谈正确进行反对资产阶级自由化的斗争》。接着，又连续发表七篇署名李纯的文章，如《“全盘西化”——此路不通》《鼓吹“改造党”是妄图否定党》《评所谓“恐资病”》《坚持四项基本原则符合人民的心愿》等。

1989年4月起，《辽宁日报》集中突出地对维护安定团结、坚持四项基本原则、反对资产阶级自由化等内容进行了重点宣传。6月9日和12日，报纸连续发表两篇社论：《稳定大局——全省人民的共同愿望》《稳定秩序——必须严惩打砸抢分子》。6月25日，报纸发表十三届四中全会公报和邓小平同志关于坚持四项基本原则反对资产阶级自由化的论述，连续以《坚决拥护党的十三届四中全会决定》的大刊题，报道全省拥护和学习情况。除转发《人民日报》发表的《旗帜鲜明地坚持四项基本原则》《坚持立国之本走好强国之路》《只有社会主义才能发展中国》等社论外，突出地刊发了省委书记全树仁在中共辽宁省六届八次全委会上的报告《紧密地团结在党中央周围，为贯彻落实四中全会精神而奋斗》，同时陆续刊发一组批判资产阶级自由化的署名文章。

在突出宣传坚持四项基本原则的同时，《辽宁日报》还特别注重端正党风、廉政建设和精神文明建设的报道。从1983年党的十二届二中全会确定整党之后，报纸就陆续报道了整党的动态、经验和成果。1984年1月10日，报道省委召开整党工作会议，研究边整边改问题，标题是《选准突破口　迅速打开整改局面》，配本报评论员文章《边整边改是整党的重要指导方针》。1月23日，报道省委向各级党组织和党员发出通知，征求对省委常委和省直机关领导干部的意见。报道省委第一书记郭峰复信张振华同志，欢迎他的批评，希望抓住主要矛盾，继续坦率提出意见。为了配合整党，报纸突出报道优秀共产党员张成仁及省委关于学习张成仁事迹的决定，连续发了一系列通讯、社论和评论。

与此同时，报纸陆续报道一批端正党风、廉政建设和精神文明建设的先进单位和典型。1986年1月15日，一版以《克服不正之风一要坚决二要持久》的刊题，发表端正党风的系列报道《鞍山市交通局端正党风敢于治本　坚决纠正领导干部以权谋私问题》《省委制定端正党风新措施　要求省直机关党员和干部做表率》《县官住小屋　百姓进高楼》《省委召开常委会会议研究廉政建设问题提出　主要领导要亲自抓机关廉政建设》《从“两公开、一监督”入手建设廉政制度　省委对廉政建设做出部署　要求各级党委政府都要有一名主要领导同志抓这项工作》。

1989年7月28日中共中央政治局举行全体会议，明确提出，坚决惩治腐败，带头廉洁奉公，近期做七件事。为贯彻这次会议精神，8月8日，《辽宁日报》一版刊发消息《我省惩治腐败雷厉风行　省委省政府部署近期内做九件群众关心的实事》。8月10日，一版发表《省委省政府关于近期惩治腐败保持廉洁要做的九件实事的决定》。在这以后，报纸陆续进行了一些加强廉政建设、惩治腐败的报道。

《辽宁日报》特别注重选择精神文明和廉洁奉公方面的典型进行突出报道。辽阳县委副书记韩云娜，艰苦奋斗，廉洁奉公，关心群众，热心教育，受到群众称赞。1989年11月8日，报纸一版刊发消息《辽阳市委、辽阳县委号召学习党的好干部韩云娜》，配发本报评论员文章《牢记党的宗旨》。11月20日，一版刊发长篇通讯《党的好干部韩云娜》。1990年1月5日，发表《省委关于向党的好干部韩云娜同志学习的决定》。

中共中央十三届六中全会审议通过《中共中央关于加强党同人民群众联系的决定》之后，《辽宁日报》加强了密切党群关系的报道。1990年4月，报纸在一版连续刊发了五篇鞍钢矿山公司密切党群关系的报道。1991 年 6 月 27 日，一版刊发消息《全心全意为人民服务宗旨的生动体现　关于鞍山市公用局加强职业道德建设纠正行业不正之风的事迹与经验的调查》，配本报特约评论员文章《为人民谋利益　为党旗添光彩》。8 月 26 日，一版刊发长篇通讯《虎背雄风——鞍山市公用局纠正行业不正之风纪实》。

《辽宁日报》编辑部在组织报道廉政建设的正面典型的同时，对危害经济建设的不良行为也进行无情抨击。1987 年，一些人在农民迫切需要的化肥上做手脚。农村部记者围绕这个敏感话题，抓住不放，发表了《这地，咱真有点种不起了》《伸向“二铵”的手有多少》《黄泥洼供销社大发“肥”财》《化肥哟，你是一面镜子》等十多篇文章。这组报道由于触及了社会热点，反映了农民群众的呼声，产生很大反响。省纪委发出通知要求各地严肃查处粮食定购“三挂钩”中的徇私舞弊行为，省政府召开化肥生产供应工作电话会议，做出“努力增加产量，加快下摆进度，严格市场管理”的决定，从而平息了“肥潮”。《辽宁日报》的报道受到省委书记全树仁、副省长闻世震的充分肯定。这组报道中的《伸向“二铵”的手有多少》被评为 1987 年辽宁省好新闻一等奖。

| 第七节 |

追捕“二王”报道名震全国

党的十一届三中全会后，《辽宁日报》不仅大刀阔斧报道各条战线改革开放新局面，还推出一批关注社会、关注人文精神的好作品，其中代表作是《辽宁日报》高级记者李宏林采写的《走向新岸》和《追捕“二王”纪实》。

1981 年 5 月 15 日，报纸在三版刊登李宏林撰写的报告文学《走向新岸》。记者用报告文学体裁记叙鞍山失足女青年刘艳华从犯罪到悔过自新、走向新岸的全过程，向人们提出了对失足青年教育的深刻社会问题。这篇报告文学从 1981 年 5 月 15 日至 6 月 26 日共连载 6 期，在社会上引发强烈反响。7 月 16 日，编辑部在三版开辟《你从〈走向新岸〉里得到了什么？》的专题讨论，收到工人、农民、解放军战士、教师、公安干警、学生等各界来稿 200 余篇。7 月 24 日，报纸在一版发表评论员文章《全

放在我面前的是两张死者的照片：丑陋的面貌，仍然隐隐露出几丝凶残；僵直的尸体，还可看出灭亡前进行过一番困兽犹斗的挣扎。两个死者是谁呢？他们就是臭名昭著的持枪杀人潜逃犯王宗玚和王宗玮，被人们简称为"二王"的王氏兄弟！

照片上的形象够丑恶的了。据目击一九八三年九月十八日在广昌山林中击毙"二王"现场的人们介绍说，先后被警犬拖下山林还没断气的王宗玮、王宗玚的形象，也是丑得不堪入目。那体相，同正常的人可说是绝顶的不同：两个人裹着脏得变了颜色的湿衬衣，赤着两只被茅竹戳烂了的脚，脸颊削瘦而污黑，干燥的皮肤紧绷着楞角突出的骨头架子。小个子王宗玚的体重大约摸只剩下七、八十斤。狼狈得真称得上是两条丧家之犬！

然而，曾几何时，就是这兄弟二人，是那般的凶狠，那般的疯狂，那般的狡猾，杀死十名、杀伤十一名我解放军、公安干警和人民群众，欠下累累血债，搅得人们不得安宁。围绕着这一对亡命之徒，在社会上引起多么多的议论、猜想和传说啊！什么王宗玮是部队的校枪员，是百发百中的神枪手呀；什么"二王"是因生活所迫，第一次作案呀；专杀干部不害群众呀；什么他们仗义疏财，杀富济贫呀……等等，离奇古怪，不一而足。头顶庄严国徽的公安战线的同志们，在长达七个多月的日子里，心情不好受，吞咽下许多不被理解的痛苦，在挫折中挺进。他们在这起新中国成立后空前未有的特大暴力性案件中，与残暴、狡猾的敌人，一次次地做着艰苦的殊死搏斗。

记者为较完整地向读者报告追捕"二王"的战斗历程，从座落在北京东长安街公安部大楼里的追捕"二王"指挥部起始，沿着"二王"在几个省的活动路线追踪，最后来到击毙"二王"的山坳现场，进行实地调查和采访。将艰难追捕的真实情景撰写成文，让真实的生活画面展示它的善与恶，美与丑。

本文从"二王"在沈阳发案那一天说起。

一

一九八三年二月十二日是大年三十，在沈阳，中午时候就有耐不住性子的人放起鞭炮。人们伴随这清脆、火爆的喜庆响声，沉浸在节日的气氛中。

座落在沈阳风景区小河沿北岸的解放军某部医院，中午在院内俱乐部里给全院职工放映电影。军医院围墙里的大楼、松林、院落……是一片寂静。就是在这个不同寻常的轻松的时候，乘院内空旷的节骨眼儿，两个青年人，悄悄地走进军医院的大门。推着自行车的小个子走在前面，一身空军打扮、戴个口罩的大个子，相距十几米跟在后面，他们奔军医院的小卖部走去。

这时候，有一个与即将发生的血案有重要关系的人物出现了：他叫吴永春，三十多岁，膀大腰圆，十分魁梧，是军医院的给养助理员。他没有看电影，趁着空闲时间回家去取为战友买的凤凰烟，发现了这两个可疑的人。

一贯以院为家的吴永春，弄不清两个可疑人的来龙去脉，他心里不踏实。恰好，军医院政治部副主任周化民迎面走来。吴永春跨下车，叫声："周主任"，然后便讲述了他刚才遇到的情况。

年已半百的周化民，曾做过保卫工作，他听罢吴永春的汇报，立刻警觉起来，说："找到他们。"

吴永春返回来，望一望俱乐部，看到一个大个子青年在门前站着。大个子刚才穿的是黄军装上衣，现在穿的是蓝上衣。那端着的肩膀和插在裤兜里的手，以及不合身的短小上衣，使吴永春认定还是那个可疑人！他搞的更衣术，使吴永春更加生疑。

周化民决定堵截大个子，进行查问。吴永春找来年轻的汽车司机毕继兵，几个人迎着大个子走去。大个子的眼神一阵慌乱，想躲身避开向他走来的这伙人，但是来不及了。吴永春命令他："走！"他们把他带进门诊大楼的一楼外科诊室。这个诊室大约有三十米，人们把大个子圈起来，盘问他："你在医院溜溜窜窜干什么？"

"我……给我姥姥看病，医生说两点钟给看，我等着。"

周化民仔细地打量一下高个子，他体瘦、扁身板，有点驼背。冬瓜长脸，肤色煞白，细眯眼睛单眼皮，两边眼角往下拉着。说话轻声细语，象是文弱书生。一露稀疏的黑尖牙齿，又给人一种恐怖感。

周化民问他："你是哪个单位的？"

"汽车制造厂的。"

"把工作证拿出来！"

大个子思忖一下，然后将左手从裤兜里抽出来，右手仍在裤兜里纹丝不动。他慢慢掏出一个保密厂的入厂通行证，把它交给周化民。通行证上没有工厂名头，只有姓名、年龄、职务、车间等栏目，上写：王宗玮，二十六岁，工人，六车间。这时房间里陆续进来几个军医院的人，盘问在继续……

吴永春惦记着那个失踪的小个子，他转身走出大楼，钻进停放在俱乐部门前的一辆吉普车里，透过车窗，视线可以扫尽大院的三面。他静静地坐在车座上，睁大警惕的眼睛，象一位等待猎物走入视野的猎人。

不一会儿，迎面来了一个身着空军服的骑车人，红帽徽、红领章。吴永春以为他是内部人，没有引起注意。奇怪的是这人竟在院子里绕起圈子，并且一劲地左探右望。吴永春警惕起来，骤然明白：骑车人是那个换了上衣的小个子！吴永春从车里蹦出，闯上前，一下子将小个子拦腰抱住。这突然的袭击，吓得小个子将自行车摔在地上，挣扎着喊叫："你干什么？你干什么？"

"我抓你！老实说，你是哪儿的？"

小个子象被大钳子夹住，想挣也挣不脱，故作镇静地说："我是医院的。"

医院里的上上下下，老老少少，吴永春了如指掌，哪有这么个东西！吴永春突然看到小个子手拎的黑提兜里露出条装的凤凰烟和一个铂子把，立即联想到这个小子可能到小卖部作案。恰好军医院教导员刘福山走进大门，连同赶来的炊事员老王，一齐将小个子拽到门诊大楼。进了大门，一阵吵吵嚷嚷，惊动了在外科诊室盘问大个子的人们，大家蜂涌而出，都奔小个子来。大个子也乘机溜到门口，目睹小个子被抓的情景，一直看到人们把小个子推进外科诊室隔壁的住院处办公室里去。这时周化民把楞在门口的大个子推回外科诊室。房间里只剩下周化民和大个子两人，面对面地站着，讯问在继续……　①

1984年4月29日，开始连载《追捕"二王"纪实》，共12期。记者李宏林受公安部指派沿着追捕"二王"的路线进行采访，经过一个月的实地调查和采访写出追捕纪实，在全国引起极大反响社会都要伸出温暖的手》，对专题讨论进行总结，认为对失足青年的教育，家庭、学校、社会缺一不可。

之后，根据报告文学《走向新岸》改编的电视剧《新岸》开拍，这是改革开放以来我国第一部反映青少年犯罪问题的电视剧。该剧播出时，大家争相观看。该剧荣获全国首届优秀电视剧一等奖。

1983 年 2 月 12 日，大年三十，坐落在沈阳小河沿北岸的解放军某部医院发生枪案，造成 4 人死亡，3 人受伤，作案人王宗坊、王宗玮持枪在逃。2 月 13 日，公安部发出十三号通缉令，向全国通缉持枪杀人潜逃犯王宗坊和王宗玮。这就是轰动全国的“二王”案件。

“二王”案件是一起罕见的特大暴力刑事案件，为此，公安部十分重视，指派《辽宁日报》高级记者李宏林沿着追捕“二王”的路线进行采访。李宏林克服许多困难和危险，经过一个月的实地调查和采访，亲身感受公安人员不分昼夜、为公忘私的奉献精神，记录下了一桩桩追捕过程中涌现出来的感人事迹，满怀激情地写出了鞭笞恶魔、赞颂人民警察的报告文学《追捕“二王”纪实》。作品里，作家没有把笔墨重点放在描绘和渲染犯罪的具体过程上，也没有对情节的浅薄追逐，而是通过描写生动感人、确切细腻的生活本身，展示正义与邪恶的激烈交锋，美与丑的较量。作品在公安部《啄木鸟》杂志和《辽宁日报》同时发表，《啄木鸟》杂志当期发行量达到 80 万份，《辽宁日报》于 1984 年 4 月 29 日至 5 月 25 日连载 12 期。这一报道，在全国引起很大反响，诸多媒体纷纷转载，也使《辽宁日报》名声大震。

| 第八节 |

不拘一格选头题

一张报纸办得有无生气，是否体现了一个时期的宣传意图，是否能吸引广大读者，在很大程度上取决于头题新闻。改革开放以来，特别是进入 20 世纪 90 年代后，《辽宁日报》以“不拘一格选头题”“敢开第一腔”的勇气和风格，全力经营头题新闻，把抓头题当作报纸工作的重心，在新闻界树起一面旗帜，在全国也产生很大影响。

一、确定选择头题三大标准

党的十一届三中全会后，《辽宁日报》作为辽宁省委机关报，在总编辑赵阜的大力倡导下，自觉运用马克思主义新闻观分析新闻价值，确定三条选择头题标准：一、体现党的路线、方针、政策；二、适合改革开放的需要；三、有利于“两个文明”建设的需要。无论文章长短，报道的主角是谁，报道的单位是谁主管，只要符合这三条标准，都应该理直气壮地选入头题。

20世纪80年代前后，随着三条标准确立，一些暂时还未被人们所理解，却预示着发展方向的新事物萌芽“小典型”频频上头题、唱主角，如农民进城开豆腐坊、养猪专业户、科普村、个体户上街卖果子等处在改革潮头的新闻；一批各条战线上名不见经传，却闪烁着共产主义思想光辉的“小人物”，像捡废品的、残疾青年、掏下水道的，以及各条战线的普通劳动者的事迹；一些有代表性的读者来信或批评报道，一些群众议论纷纷的带有普遍性、倾向性的问题，像《一个女劳模的苦恼》《是经营商品，还是贩卖权力》，等等。由于这类新闻选材独到、力度大、问题深刻、叫得响、有的放矢、可读性强，常常收到振聋发聩的社会效果。

20世纪90年代，历任《辽宁日报》总编辑武春河、朱世良等同志继续发扬抓头题传统，大力倡导“不拘一格抓头题”。1991年，国有大中型企业的改革成为全省工作的重心，《辽宁日报》在头题位置推出“来自大型企业的报道”的刊头，陆续发表40余篇头题。这组头题报道被有的兄弟省报挂墙研究学习。1993年后，为了把一版头题和一版稿件办得更具时代特色，《辽宁日报》编辑部提出一版报道要贴近生活、贴近实际，提倡编辑记者淡化官场意识，培养大批专家型编采人员。这个时期一版头题的转场进轨、三大战略、好书记张鸣岐、为国争光的马家军、抗洪救灾以及新辟的《大周末》《舆论监督》都收到良好的传播效果，得到省委、省政府的肯定。

二、发动全员抓头题

抓头题靠少数人不行，要靠全体办报人员，也要靠人民群众。《辽宁日报》编辑部把编采头题作为考核各部主任和编辑、记者的一项重要内容，为了充分发挥全编辑部同志抓头题的积极性，每隔一个时期，编辑部就召集各部门汇报战线情况，拟订一段时期的报道思想。对一些重大典型，当即组织力量采写，力争用最快速度反映到版面上来；还定期召开驻各市记者站会议，传达中央和省委指示精神，听取汇报，交流信息，互通情报，力争做到头题报道和读者信息相通。编辑部领导不但抓头题，还带头深入基层采写头题，有许多精彩的头题出自总编辑、副总编和编委之手。这就在全体办报人员中逐渐形成一个以抓头题为荣的良好氛围。

通讯员生活在火热基层，动员、鼓励和扶持他们抓头题，是一项非常重要的工作。为此，《辽宁日报》编辑部号召编采人员每人都要联系数名通讯员，建立联系，帮助出点子，定题目。对编辑部日常大量的通讯来稿，编辑沙里淘金，精心编发，常常有意外的收获。例如《一场喜盈门　教育全村人》《责任制治穷又育人》《私营业主作画回敬索要风》等许多头题佳作，都出自通讯员之手。

为把头版头题叫得更响，唤起编采人员和广大通讯员抓头题更大的热情，在总编辑武春河的倡导下，1992 年，《辽宁日报》开展头版头题新闻大赛，全年发表 50 多篇质量较高的头题新闻，其中不乏在社会上产生强烈反响的力作。1993 年，《辽

1991 年，《辽宁日报》邀请全国部分省（市）总编辑在沈阳举行座谈会

宁日报》又发起东北三省党报头版头题新闻大赛，把抓头题的热潮又向前推进一步。这期间，头题的内容取向更注重新闻的深度和力度，着眼于宏观问题，干预生活的头题新闻多了。譬如《养猪大户的转轨阵痛》《太原街的诉说》，就是从更深的层次上干预社会生活问题，从而产生良好的社会效果。

三、运用多种手段强化头题

版面的醒目制作，是强化头题宣传效果的重要手段。为了使头题更“抓人”、更引人入胜，1979年起，《辽宁日报》开始尝试运用漫画形式强化头题宣传效果，这在全国新闻界是一个首创。

这一年，报纸在一版头题刊发沈阳小型风动工具厂《变“等食吃”为“找食吃”》消息时配发漫画《新“守株待兔”》，批评了“等食吃”的作风。在《要会富》的社论中，配发了漫画《倾斜症患者》。画面上一株果实累累的大树，树干上写着“让农民富的政策”。树下，一个往左斜身的人说：“我看这树往右歪。”这幅漫画本身就是一幅杰作，它给社论增添了光彩，起到点睛的作用。

20世纪90年代，运用照片压题的形式强化头题，成为《辽宁日报》强化头题的另一种主要手段。1992年编辑部组织一组规模较大的扩大对外开放系列报道，共发表内容不同的三组13篇通讯，每篇均用大幅照片压题。这组报道发表后，来自各方面比较一致的反映是：气魄大、感染力强、印象深，看到了报纸宣传上的主旋律，也让人充分感到编辑意图。这一成功的编排形式，以之后又移植到会议新闻、大型经济文化活动性新闻、典型报道等头题的发表形式上，都取得良好的效果。

有了好的头题，还要有好的标题。编辑部首先在“老大难”的会议新闻标题上下功夫，努力给人以新鲜感。1979年11月，辽宁省委召开县委书记会议，提出在农村发动尽快致富的讨论。这篇报道主要是摘发省委第一书记任仲夷同志的报告。编辑部在处理这条报道时，没有按通常办法去处理，而是注意突出会议具体内容，把省委提出要讨论的“敢不敢富、能不能富、会不会富”作为大字标题，而把任仲夷同志讲话的题目《全省动员起来，为建设富庶的社会主义新农村而奋斗！》做通栏刊题。结果，醒目的标题随即成了振奋人心的口号。见报后省委满意，口号在农村

辽宁日报
LIAONING RIBAO

1979年11月
5
星期一
第9171号

科西加总理举行宴会欢迎华总理

华国锋总理在宴会上说，维护世界和平、安全和稳定已经成为各国人民共同的迫切任务

土台子大队实行联系产量计酬的常年责任制

今年蹦了五个高

政策稳住社员心，浑身上下都来劲。实行了这种计酬方法，产量高了，社员收入多了，集体家底厚了，对国家贡献大了，土台子大队阔步前进！

今年花胜去年红

认真总结　不断完善

1979年11月5日，《辽宁日报》一版见报的漫画从这一年起，报纸开始尝试运用漫画形式强化头题宣传效果，这在全国新闻界是一个首创

迅速传开，推动了全省农村形势的发展。

为了使优秀头题新闻获得好的宣传效果，编辑部对头题新闻的标题制作煞费苦心。譬如，1992年10月8日头版头题，说的是一位港商到台安县大张乡合资办厂，没看中厂址马上走了。乡领导听说后驱车追赶，答应把乡政府大院腾出作为厂址，终于合作成功。为制作这则新闻的标题，从白班到夜班，从副总编辑、编委到组版的同志，前后修改标题十次，直到付印前才最后敲定以《好一出萧何月下追韩信》为肩题，以《港商拂袖嫌场地欠佳　政府钟情腾大院定址》为主标题，以《投资近百万美元的台安瑞鸣兄弟制衣有限公司在大张乡政府大院成立》为副题见报。三段题互相呼应，妙趣横生，颇具特色，得到同行称道。

遼寧日報

1992年10月8日 星期四
国内统一刊号 CN21—0001
报刊代号 7—1
总第13886号
辽宁日报社出版
LIAONING RIBAO

讲党性 比贡献 重实效

我省各级党组织和广大党员以实际行动迎接十四大召开

好一出萧何月下追韩信

港商拂袖嫌场地欠佳
政府钟情腾大院定址

投资近百万美元的台安瑞鸣兄弟制衣有限公司在大张乡政府大院成立

SAMSUNG 头题新闻大赛

辽纺"编织"市场网络
改写头号亏损纪录

油田钻头空运塔里木

老龙口两系列酒获奖

辽西建一大批发市场

一杀人逃犯在沈落网

庆化把二级厂推向市场

锦县公安干警全力护秋

抚顺石油二厂 做活薄利小买卖 放下"富翁"大架子

清原县面向市场搞活林业

以实际行动迎接党的十四大召开

朝阳市决策走向科学化

企业改革剪影

艾侬沉浮记

辽宁省招生考试办公室通知

1992年10月8日，一版头题以《好一出萧何月下追韩信》为肩题，以《港商拂袖嫌场地欠佳　政府钟情腾大院定址》为主标题，以《投资近百万美元的台安瑞鸣兄弟制衣有限公司在大张乡政府大院成立》为副题。三段题互相呼应，妙趣横生，颇具特色，得到同行称道

第七章

深入报道深化改革的辽宁实践

1992 年 1 月至 2002 年 10 月,《辽宁日报》以党的中心工作为宣传基点和报道主题,积极宣传贯彻践行邓小平理论和“三个代表”重要思想,打好主动仗,充分发挥党和人民的喉舌作用,坚持正确的舆论导向,把人民利益、社会效益放在首位,积极做好深化改革、实施“三大战略”、打赢国企三年改革与脱困攻坚战、促进就业和再就业、完善社会保障体系、为民营企业发展创造良好舆论环境、庆祝香港澳门回归等重点报道工作,报道新任务、新形势、新举措、新成就,指导工作,贴近读者,反映民意,服务百姓,丰富群众精神文化生活。

这一时期,辽宁日报社积极调整布局优化结构,提出“一报为主,多点发展”的战略,即坚持办好主报《辽宁日报》,开发子报《辽沈晚报》《半岛晨报》等多个新的经济增长点,全面推进报业发展。

| 第一节 |

庆祝建党80周年报道

2001 年 7 月 1 日,是中国共产党建党 80 周年。纪念建党 80 周年意义十分重大,《辽宁日报》把纪念建党 80 周年的宣传作为全年报道的重中之重,投入的力量大,发表的稿件数量多且分量重,在读者中引起较大反响。

2001 年 4 月 24 日,编辑部专门成立建党 80 周年宣传报道工作领导小组,总编辑姜凤羽任组长。领导小组成立当天,召开由要闻部、出版部、摄影部、地方新闻部主任参加的会议，确定了首批报道计划。会后，各有关部门的编辑、记者立即行动起来，分头到各地采访。从5月下旬开始，《辽宁日报》先后开辟《党在我心中》征文专栏和《纪念中国共产党建党80周年》《从数字看巨变》《喜迎建党80周年》《为党旗增辉》等栏目。随着时间的推移，宣传力度逐渐加大，6月中旬进入报道高潮。以6月21日为例，一版除转发新华社两条有关纪念建党80周年的消息外，还刊发了辽宁省纪念建党80周年活动的综合消息，以及《喜迎建党80周年》专栏的四篇稿件和《从数字看巨变》专栏的一组数字对比；二版发表四篇文字稿和一张照片；三版"新闻直通车"版《为党旗增辉》专栏里推出《本溪六年间2.5万人入党》等四篇报道；五版"政法科教版"设立《喜迎建党80周年》专栏，刊登两篇稿件和一张照片；九版"记者行动版"《党的光辉照我心》专栏，刊登两篇有关党史的文章；十版"文学作品版"头题是纪念建党80周年的散文；十一版"党建版"打出通栏刊题《庆祝中国共产党建党80周年》，刊题下，以整版篇幅介绍辽宁籍和在辽宁工作过的党的历史人物和党的十四大以来全省涌现出的优秀共产党员。同一天，多版多角度，宣传同一主题形成了强大的宣传声势。

6月25日起，报纸推出两组重点报道，一组是《纪念建党80周年特别报道》，刊登《辽宁农业实现历史性跨越》《老工业基地再写辉煌》《开放，为辽宁注入活力》《20年，辽宁人民迈向小康》四篇反映全省改革开放巨大变化的报道；一组是《纪念建党80周年辉煌成就》报道，连续发表《大连港：奏响改革新乐章》《改革开放20年我省科技成就回顾：新的起点，新的跨越》《我省高速公路即将实现全面网化：四通八达黄金路》《充满活力的信息产业》等重大成就报道。这些报道图文并茂，版面安排新颖大方，气势磅礴，充分反映党的十一届三中全会以来的20年中，辽宁各级党组织领导全省人民在两个文明建设中所取得的辉煌业绩，激励人民群众为辽宁的发展振兴而努力奋斗。7月1日，头题位置的本报编辑部文章《继往开来　再创辉煌》，阐述纪念建党80周年活动的实质：最重要的就是从历史中总结经验，把握规律，统一思想，凝聚力量，继往开来，再创辉煌。

丨第二节丨

助推深化改革报道

1992年春天，邓小平同志的南方谈话，对建设有中国特色社会主义的一系列重大理论与实践问题做出了极其深刻、精辟的论述，特别是强调了“发展才是硬道理”的观点，为中国经济注入了活力，新一轮改革浪潮迅即席卷全国。把“发展才是硬道理”“快步奔小康”的重要思想融入辽宁的改革实践，立刻成为《辽宁日报》新闻宣传的主旋律。

一、转换经营机制报道

建立和发展社会主义市场经济，存在两个重要的前提：一是企业应成为自主经营的市场主体；二是企业内部必须破除“铁交椅”“铁饭碗”。要除掉这些障碍，最可行的办法就是转换经营机制。为了达到宣传的预期目标，报纸围绕这个主旋律大做文章。1992年2月27日，报纸在《改革开放的胆子再大一点　改革开放的步伐再快一点》的刊题下，重点报道沈阳电线厂转换经营机制的经验。这个厂全面转换经营机制，工厂与所属部门一律脱离“母体”，自谋生路，从亏损基础上起步成为沈阳市盈利大户。3月5日至3月14日，报纸在一版连续发表三篇社论:《要进一步解放思想》《紧紧抓住经济建设这个中心》《抓住时机加快发展》；又连续发表《论进一步解放思想》等七篇本报评论员文章，系统阐述转换经营机制，建设市场经济，实现经济再上一个新台阶的可行性和现实性。3月6日，报纸在一版头题刊发省政府与朝阳重型机械厂签订投入产出总承包合同，内部机制设置、管理形式、用工制度、分配制度、中层干部任免等权力全部下放给企业的消息。

之后，报纸用大号字标题在一版显著位置连续刊登省政府的一系列转换经营机制的举措：3月17日，一版报道省政府制定以扭亏为突破口加快企业机制转换，以转换企业机制加速企业扭亏的八条措施；5月20日，一版发表省政府决定将一批政府部门直管的行政公司转变为自主经营的经济实体；9月3日，一版刊登省政府宣布23条放权措施。同时，报纸还用大量篇幅报道沈阳、大连、鞍山等市转变职能还权企业的举措，并发表记者撰写的文章《鞍山市大幅度简政放权转变职能寻踪》和本溪钢铁公司党委的文章《在转换经营机制中充分发挥企业党组织的政治核心作用》。

《全民所有制企业转换经营机制条例》公布前后，报纸把改革宣传推向新阶段。这一时期的一版先后报道抚钢全方位进入市场和省机械委转变职能，剪断政府部门与企业供血纽带的消息；并连续发表评论员文章《该放权的彻底放》《该管的事要管》《莫做恋笼鸟》等。11 月 8 日，开辟《国有大中型企业走向市场系列报道》专栏，连续介绍鞍山自行车总公司、沈阳电线厂、葫芦岛锌厂等转换经营机制，走向市场的经验。

1992 年，报纸以大量篇幅刊登了厂矿企业实行三项制度改革的消息、通讯、经验和评论。本钢实行工资劳动制度配套改革，沈阳 88 名大中型企业领导被免职，沈铁封存 386 把“铁交椅”等大动作都在一版见报。为了配合转换经营机制的大策划，报纸在 3 月 22 日发表一篇“他山之石”:《请看徐州怎样破“三铁”》。4 月 20 日至 5 月 1 日，连续发表五篇记者撰写的关于企业内部机制改革的述评:《扭亏需从破“三铁”入手》《谁是破“三铁”的主力军》《首先要打破“铁交椅”》《破“三铁”呼唤配套改革》《“攀比”中蕴含着期待——企业人事制度改革之后》。

最能反映这一时期企业转换经营机制成果的当数瓦房店轴承厂。报纸一版头题以《夺市场高地　展“长子”雄姿》为题，介绍这个厂挺进市场的经历。10 年间，在我国最大的轴承制造企业瓦房店轴承厂周围，如雨后春笋般冒出 84 家乡镇、私营小轴承厂。面对“小轴”向“大轴”的冲击和挑战，瓦轴没有怨天尤人，而是选择用高技术含量的产品冲出“小轴”包围圈。凭借自己的技术优势使市场畅销的且“小轴”无法生产的轴承从 36 种增加到 88 种，精密级由 26 种增加到 64 种。10 年间瓦轴先后开发出 1400 多种新产品，新产品产值平均每年增长 20%。1994 年这个厂的销售收入和利税分别比上年增长 39.22% 和 40.6%。11 年间，累计向国家上缴利税 5.47 亿元，相当于给国家赚回 4.5 个瓦轴厂。报道将瓦轴厂的搞活经验放在企业普遍抱怨客观不景气的大背景下，强调大企业的技术优势，为全省大企业领导提供改革新思路。

二、农村快步奔小康报道

邓小平同志南方谈话之后，省委、省政府把农村奔小康当作全省工作重心，提出一整套农村致富的可操作性举措。1992 年 4 月 10 日，报纸一版发表题为《迎接农村致富新热潮》社论，介绍营口县致富奔小康的经验。先后以《冲破羁绊奔小康》《第二次奔小康》为题，分别报道海城市南台镇、旅顺口区龙塘镇的先进事迹。

农村致富在很大程度上取决于乡镇企业的发展状态。1992 年 2 月 12 日，报纸在一版报道金州农民生活收入的 2/3 来自乡镇企业的消息，同时配发了《乡镇企业要先上新台阶》的社论。1992 年夏天推出两出重头戏:《大连甘井子区辛寨子镇大力发展乡镇企业实力猛增》和《辽阳县县乡工业迅猛崛起》的经验。7 月 30 日，省委、省政府召开加速发展乡镇企业总结表彰大会，号召全力推进乡镇企业先上新台阶，把乡镇企业作为全省经济登上新台阶最重要的增长点。会上 28 名乡镇企业家向全省乡镇企业发出倡议书，报纸在一版显著位置刊载了这组报道。

反映辽宁农村奔小康最具代表性的典型是 1995 年 4 月 7 日发表在一版头题《赶着黄牛奔小康　西丰县“牛”起来》的消息。记者在西丰采访，农民告诉记者“养牛一两头，花钱不用愁，养牛三四头，一年两层楼，养牛五六头，小康‘上炕头’”。农民的顺口溜儿道出了全县奔小康的招数。西丰山多、树多、草多，全县季节性牧场有 80 多万亩，具有发展养牛业的得天独厚优势。为了鼓励农民养牛，县政府先后出台 30 多条优惠政策，使全县养牛业迅速发展，到 1994 年，全县五头以上的养牛户达 1.5 万户，养 10 头牛以上的养牛户 5100 户，20 头以上 64 户。养牛状元张恒伍每年平均出栏黄牛六七百头，早已成为百万元大户。全县养牛就达 268868 头，按农村人口计算，平均每户 5 头，每人 1.39 头，户均、人均都居全国领先水平。西丰县黄牛生产实现了产、供、销一条龙，全县开辟 17 个黄牛交易市场，年交易量达 1.45 万头。县里还在东北三省建立 64 个牛肉销售点，年销售鲜牛肉 200 吨以上，出口黄牛 5000 多头。

之后，报纸集中版面展示全省农村奔小康的喜人景象。如《凌源大做霜期农业文章》《盘锦大棚与大市场的对接》等。其中，1995 年 12 月 2 日一版刊发消息《葫芦岛市果树带建设带来果业大翻身》。葫芦岛为水果产区，绥中白梨、连山李子蜚声中外。葫芦岛市委、市政府审时度势作出决策，在辽西走廊建设大规模、高标准的果树带。经过几年开发，累计新栽各类果树 79 万亩、3452 万株，1995 年总产量可超过 50 万吨，创历史最高水平。全市已形成了一条绵延 80 公里长、40 公里宽，横贯五个县、区，41 个乡镇的辽西果树带，果树总面积 1238 万亩，总株数 8075 万株。按照辽西果树带建设总体规划，“九五”末期，全市果树面积超过 250 万亩，农村人均 1 亩果树，总株数超过 1 亿株，年产量达到 120 万吨。

为了鼓励农村奔小康，这期间，记者对养猪专业户王新满把自身发展与市场接轨这一典型人物进行解剖，写出《养猪大户的转轨阵痛》,《人民日报》转载之后，影响波及全国，文章也成了获奖名篇。

三、开发辽东半岛报道

1992 年，省委、省政府把对外开放划分三个战略区域：第一个区域为大连；第二个区域为包括营口、丹东、锦州、盘锦和锦西在内的五个港口城市；第三个区域为“三辽”地区。最终形成以大连为龙头，以沿海港口城市为前沿，以沈阳等中部城市群为骨干，以广大“三辽”地区为重要组成部分的前沿与腹地、主体与两翼、沿海与沿边、城市与县乡优势互补，协调推进的开放态势。报纸对这一战略指导思想及全省扩大改革开放的活动做了跟踪报道。

3 月 24 日,《辽宁日报》一版突出报道省委、省政府在大连召开现场办公会消息，报道大连对外开放新思路：扩大范围，提高层次，以兴建保税区为重点，全面加快开放步伐；扩大大连经济技术开发区范围；加速建设高新技术产业园区；沿高速公路建设一批招商小区；办好旅游开发区。3 月 26 日，一版报道省委、省政府在丹东召开现场办公会的消息，提出要把丹东建成现代化多功能外向型商贸旅游工业发达城市。3 月 28 日，一版报道沈阳市建立南湖特区的消息。接着又连续报道省委、省政府在锦州、营口召开现场办公会的消息，会议提出，锦州市要以港兴市、以港兴区，逐步把锦州建成辽西地区多功能外向型经济技术、商贸、金融中心，使之成为东北地区西部、内蒙古东部对外开放的窗口。确定营口市开放战略：决定在市域内建立一批县级小特区，建立一批对外开放的试验区。4 月 4 日，一版报道省委、省政府领导同志在沈阳调查研究的消息，确定立足东北亚、面向全世界，把沈阳建成高科技、大生产、大流通的国际化城市，使之逐步成为东北亚重要的工业基地和开发服务中心。4 月 13 日，一版发表省委七届六次全会的消息，全会提出加快步伐，开创全省改革开放和经济建设新局面。从 4 月 27 日开始，报纸在《扩大开放提高层次》的栏题下，连续发表 11 篇对外开放系列报道，分别介绍大连、沈阳、营口三个开发区，大连、鲅鱼圈、营口、锦州、丹东五个海港，沈大公路沿线经济带，“三辽”地区的对外开放状况，以及丹东、辽阳、锦州设立经济技术开发区、经济特区、经济开发带。

由于省委、省政府改革开放决心大、措施有力，利用外资的成果也十分显著，报纸对这个可喜的成果给予大量报道。报道的内容有：1992 年全省利用外资超过前十年总和，外商投资领域拓展到多种产业，在境外创办的独资、合资、合作企业及贸易办事处、代表处等总数达 150 家，遍及五大洲 29 个国家和地区；向境外投资 4600 多万美元；外商驻辽宁省代表机构近 500 家等。

1992 年，是辽宁省在扩大开放进程中外引内联最为活跃的一年，报纸一版做了如下报道：3 月 18 日到 3 月 24 日，辽宁省对外经济技术合作洽谈暨对外商投资企业产品展销会，在香港成交合同 250 个，总金额达 5.04 亿美元；还签订利用外资项目协议书 102 个，总金额 4.5 亿美元。4 月 23 日，省城与俄罗斯 6 个州建立贸易关系。4 月 24 日，大连红旗镇农民远涉重洋在加拿大办起跨国公司。5 月 3 日，瓦房店市第一轴承厂 80% 产品打入国外市场。5 月 12 日，农民张振鳌把柜台摆到国门外；22 家中外合资企业落户沈阳市东陵区。8 月 12 日，沈阳风动工具厂争雄国际市场，产品在南美“三连冠”。8 月 18 日，佟二堡镇千余农民闯边贸。9 月 7 日，海城 47 家企业到边境地区开展贸易活动。9 月 21 日，有 20 多个国家 600 多位海外侨胞参加的省三胞联谊会，成交和达成协议的总金额 3.2 亿美元。11 月 25 日，省经贸洽谈会在汉城成交 3 亿美元。

1995 年 10 月 4 日，报纸发表重头消息：《大连市增强示范作用　提供优质服务　充分发挥对腹地的牵动作用》，对大连在实施外向牵动战略以来的业绩做了总结性报道，大连通过“窗口”的辐射作用，牵动了整个辽宁以至东北、内蒙古广大腹地的经济发展。通过八届东北四省区交易会，辽宁省同 140 多个国家和地区，上万名海外客商建立起经贸合作关系，推动辽宁省出口成交额每年以 20%的速度递增，1994 年达 97 亿美元，跃居全国第三位。

| 第三节 |

加快进场入轨实施“三大战略”报道

1995 年 1 月 26 日，辽宁省委发出《关于在全省开展加快进入市场经济轨道讨论的意见》。意见指出，从计划经济走向市场经济，是一场深刻的社会变革，不突破陈旧思维方式的束缚，全省的改革发展就很难摆脱被动局面。1996 年年初，省委、省政府为动员全省人民解放思想加快进场入轨的步伐，决定在全省范围内开展“进场入轨”大讨论，推进省委制定的“三大战略”（三大战略包括：结构优化战略，是指用高新技术改造传统产业，发展高新技术产业，搞好资源和原材料的精深加工，发展高产、高效、优质农业，促进经济结构向合理化方向发展；外向牵动战略，是指以招商引资为重点，以存量吸引增量，以市场换技术，高标准、高起点地引进先进技术和管理模式，把国外的资金、技术、管理等方面的优势，同辽宁在资源、产业、市场、劳动力等方面的优势结合起来，实行优势互补；科教兴省战略是指切实把科学技术作为第一生产力，为经济发展提供智力和技术资源，提高科技成果的实用性，努力培养适应经济和社会发展需要的各方面、各层次的人才）实施。

为了贯彻省委、省政府的决定，辽宁日报社党委、编委会决定成立大讨论办公室，与省委大讨论办公室合署办公，统一组织和安排宣传报道事宜。报道组立足省委、省政府的中心工作，充分发挥宣传舆论的导向作用，为全省经济工作加快进入市场经济轨道提供强大的思想动力。

1996 年，《辽宁日报》在一版头题或显著位置先后开辟《讨论效应篇》《理清思路篇》《职工讨论篇》《企业实践篇》《典型启迪》《讨论热线》《天地传真》和《加快进场入轨实施“三大战略”》等专栏。组织采编人员深入到企业、农村乡镇和大中城市、县城以及有关的领导机关和部门，采访厅局长、乡镇长、书记、厂长经理、市县长以及专家、学者，编发了大量的笔谈文章、评论、消息、通讯和经验。这些报道见诸报端后，在全省上下起到了良好的导向作用，有力地推动省内各地加快进入市场经济轨道大讨论的进程，为实施“三大战略”起到鸣锣开道和铺路搭桥的作用。

1996年1月14日，一版头题在《加快进入市场轨道》的栏题下，刊登《不沿边沿海也要扩大开放——抚顺外向型经济快速发展》《产品产销率上升资金占有率下降——本溪工业运行质量越来越好》《鞍山市政法机关转变作风服务基层》三篇报道，引导全省各地把大讨论同具体实践结合起来。1月15日，一版头题发表《科技作舟 人才为桨》《鞍钢开始“减肥” 职工分灶“吃饭”》的报道，宣传通过深化改革达到结构优化的经验。1月17日，一版头题发表《昔日：盲目上项目连下两步死棋；如今：举步看市场盘活亿元资产——看锦州硫酸厂怎样起死回生》《辽宁国际公共关系事业促进会等七家民间机构发出倡议——落实“三大战略”实施“九五”规划》等报道，宣传报道落实“三大战略”的具体行动。1月18日，《辽宁日报》以一个整版的篇幅，介绍省内外著名专家、学者对这场大讨论从理论和实践的结合上进行了探讨。1月20日，一版头题发表《统筹线路站点布局 提高客运效率——沈阳七家客运企业组成客运集团》的报道文章。1月27日，一版头题位置发表《大连开发区抢占新一轮市场竞争制高点——瞄准大财团引进大项目发展高新技术》的消息，宣传优化结构实施集团化管理和外向牵动战略的经验。2月26日，一版倒头题位置发表《实施“三大战略”加快发展社会主义市场经济——大连市开展新一轮大讨论》的报道，文中说，处于辽宁省开放前沿地带的大连市，联系改革开放与发展中的实际问题，开展了以贯彻“实施外向牵动、科教兴市、区域共同发展战略，加快发展社会主义市场经济”为主要内容的大讨论。3月13日，一版头题位置发表《不松劲地进行技术改造、不停顿地提高管理质量、不迟疑地抓住市场机遇》的报道，介绍沈阳市辽沈铝材厂在同行业中后来居上，1995年产品销售量近万吨，创造产值2.1亿元，实现利税820多万元，被誉为“靠思想解放而干出来的企业”。3月27日，一版头题位置在《落实“三大战略”加快进场入轨》的栏题下，发表《全省引进外资工作呈现可喜势头 国际知名公司相继来辽签约合作》的新闻报道。3月31日，一版头题《落实“三大战略”加快进场入轨》专栏里，刊载《营口盘活国有资产——分文未动活三家》《大连市级领导干部学习讨论实施外向牵动战略——用好现有政策面向两个市场》《盘锦搞讨论重在起步——实行解决问题与制定政策措施相结合》《海城市西洋耐火材料公司七年利润增长100倍、跃居我省乡镇企业第一大利税大户——闯国际市场求更大作为》四篇报道，引导各地的大讨论向着解决实际问题的方向发展。此外，又陆续发表题为《科教兴省十二招》的报道文章，提出为使科教兴省开好局起好步的12条措施，以及《为科教兴省战略出谋划策》和《围绕实施科教兴省战略履行政协职能》两篇报道，把实施科教兴省战略提到新的高度。

1996年4月起，宣传报道更加面向基层。4月7日，一版头题在《加快进入市场经济轨道》的栏题下，发表《"大讨论"增强市场意识——桓仁"飞"起一群鸭》的报道，介绍桓仁县540余农户大棚养鸭20余万只，当年可收入600万元。4月8日一版头题在《落实"三大战略"加快进场入轨》的栏题下，发表来自基层厂矿的《大企业的存量资产加区街经济的机制再加引进高新技术——"沈纺器"扩展优势进市场》的新闻报道。文中说，昔日负债累累、濒临倒闭的沈阳纺织器材厂转属沈河区后，利用自己的存量资产、区街企业的机制，加上引进高新技术，在厂区内"萌生"出开放式的"兴河工业科技园"，使这个国有大企业告别了亏损，重现新的生机与活力。4月15日，一版头题在《落实"三大战略"加快进场入轨》的栏题下，发表了《精干主体　分离辅助——鞍钢减肥增效11万人不再吃"钢铁饭"》的报道，介绍历史上曾有近20万职工同吃"一锅饭"的鞍山钢铁公司，如今已有11万多人分离出去另起"炉灶"，形成多个独立的商品经营实体，促使计划经济时期造就的"钢铁巨人"加快进入市场经济的轨道。4月24日，一版头题发表《要做大老板不当"打工妹"——大杨企业集团不甘出大力挣小钱》的专题报道。报道中说，中国大杨企业集团自年初开始实施具有战略意义的结构调整，由单一加工出口服装给外商"打工"，向自主生产经营的结构转变，同时打出自己的"创世"品牌，主动参与国际国内两个市场的竞争。到1995年年底，大杨集团实现销售收入6.8亿元，利税6500万元，创汇8100万美元。1996年年初，大杨集团向国内外宣布，要用最好的面料、最优的做工、最低的价格生产自己独有的品牌服装，先打开国内市场，再进军国际市场，逐渐形成自己的名牌系列。5月3日，发表《本溪抓紧资本改革试点——五企业破产再生组建集团》的新闻。报道中说，堪称本溪市建安企业"国家队"的市一建、二建、三建、安装和房建公司，由于机制死板、包袱沉重等原因而长期亏损，成为五家劣势企业。本溪市利用资本改革试点这个政策机遇，成功地创出五家劣势企业一次性破产，一家优势企业即华夏公司整体接收，按股份制和母子公司体制组建本溪建设工程（集团）有限责任公司。这一系列报道反映进场入轨大讨论向纵深发展的新态势。

《辽宁日报》对加快进入市场经济轨道大讨论的宣传报道，省委宣传部给予了充分的肯定，在 1996 年 9 月宣传部内部刊物《宣传动态》中载文给予表扬。文中说，自 1996 年 1 月至 8 月，《辽宁日报》关于加快进入市场经济轨道大讨论的宣传报道取得了良好成绩，八个月发表稿件 200 余篇，有些稿件还被中央新闻单位转载或转发。报道组在围绕进入市场经济轨道开展报道工作中，十分注意典型宣传。他们认为用先进典型推动经济工作、指导改革开放，是宣传舆论工作为加快进入市场经济轨道服务最直接、最有说服力、最有效的方法之一。因此，他们集中力量，突出宣传报道了沈阳油脂化学厂的《“三威”重显神威》和《振兴企业必由之路——介绍锦州钢厂搞活企业的经验》等十个典型。

这个时期的《辽宁日报》发表的重要典型还有《“大化”困难面前不低头》《丹东，扬起“外向牵动”的翅膀》《我是群众选的厂长——沈阳第一曲轴厂厂长王吉元的自述》《“大讨论”使穷乡僻壤结富果，桓仁脱贫首战告捷——去年全县财政收入实现 4207 万元，比上年增长 63%，农民人均收入达 1390 元，增长 27.3%，均创历史最高水平》《根深才得树常青——营口化学纤维厂职工 1995 年比 1994 年增加收入 1365 元，工厂一次性投资 45 万元为职工安装住宅电话，几年里建职工住宅楼 65 栋，6300 颗心齐心协力干事业》《既筑石化大厦，也筑精神大厦——锦西炼化总厂两个文明建设同步发展》《沈阳市东陵区兴建群体市场带动产业化——全区建大型专业批发市场 17 个，11 万人从事第三产业，三产总收入和增加值列全省各县区之首》《构建环境借商引商——葫芦岛经济技术开发区招商引资渐入佳境》《东北输变电集团公司造大船压风浪——把老优势转化为新优势》《让死资产活起来——北台钢铁总厂的历史性跳跃》《发挥互补效应和规模效应——“沈飞”两翼同展蓄势腾飞》《劣势“重组”变优势、优势“扩张”呈强势——沈阳市机械局让走投无路的企业改换门庭，让占“山”为“王”者扩大地盘，加快存量资产流动》《展“长子”雄风——大连冰山集团实现跨越式发展》《扶持强企业、锻造强产品、培养强厂长——辽阳市集中力量扶强》。这些典型从不同的角度，引导、推动辽宁各行各业的改革，加快了全省进场入轨的步伐。

｜第四节｜

打胜国企三年改革与脱困攻坚战报道

国有大中型企业三年改革与脱困目标，是朱镕基同志于1997年7月18日至24日在辽宁考察国有企业时提出来的。1999年8月10日至15日，江泽民同志在辽宁省考察工作，重点就老工业基地的国有企业改革与发展进行调研。他指出，辽宁等东北老工业基地国有经济布局调整的任务重，面临的困难多，要坚持解放思想，实事求是，一切从实际出发，进一步加大工作力度。同时，要积极培育新的经济增长点，发展多种所有制经济。辽宁省国有大中型企业数量众多，是全省工业经济乃至整个国民经济的脊梁和支柱，也是振兴辽宁经济的关键所在。《辽宁日报》按照党中央、国务院的战略决策，全面贯彻落实省委、省政府关于国企改革与脱困的具体部署和要求，从1998年到2000年，系统全面地开展了打胜国企三年改革与脱困攻坚战的报道。

一、营造攻坚战的舆论强势

打胜国企三年改革与脱困攻坚战，既是全省经济战线的中心任务，也是《辽宁日报》宣传报道工作的中心课题，必须放到突出重要地位。1998年1月3日，《辽宁日报》在一版头题位置以《打好国企改革与脱困的第一仗》为题发表评论员文章，从而揭开全面系统地开展打胜国企三年改革与脱困攻坚战报道的序幕。1月5日，推出第一个专栏《打好国企改革与脱困第一仗》；2月15日，报道辽宁省国企三年改革与脱困实施方案；6月18日，发表《关于我省改革开放与经济发展的系列述评之一》，接着陆续发表了六篇述评；8月到11月，开辟《各地真抓实干代表作》专栏，先后发表九篇各市的报道。这期间亦开辟《继续解放思想　深化国企改革》的专栏；8月25日，全省召开国有大中型骨干企业改革与发展座谈会，提出抓好60个国有大企业。省委书记闻世震在调研时提出要抓好扭亏增盈和国企脱困工作，确保实现经济增长

遼寧日報

LIAONING RIBAO　辽宁日报社出版

国内统一刊号CN21—0001　报刊邮发代号7—1　国外发行代号D495（总第15987号）（今日八版　沈阳地区十二版）

农历戊寅年六月十三　1998年8月4日　星期二

沈阳地区天气预报

白天：多云有雷阵雨　西南风：3—4级

夜间：多云有雷阵雨　西南风：2—3级

最高气温：29℃　最低气温：21℃

政府搭台　企业唱戏

’98成都、重庆辽宁商品展销暨经贸洽谈会即将隆重召开

为组织我省工业企业拓展省外市场，加强与兄弟省市的经济技术合作，省政府定于1998年9月中下旬在四川成都和重庆分别举办两次大型商品展销暨经贸洽谈活动，具体由省经济贸易委员会等部门承办。现将有关事项通告如下：

一、举办方式：一是商品直接展销交易，实行批零结合；二是项目洽谈，与当地企业在闲置设备转移、联合办厂、为重大工程项目配套、签订长期供货合同、扩散名牌等方面开展经济技术合作。

二、参展范围：只要产品好，市场潜力大，各种所有制的工业企业都可报名参加。

三、宣传事宜：参展企业可利用大会编辑的会刊和在展馆场地悬挂气球、条幅，宣传企业和产品，收费优惠。

欢迎企业踊跃报名。参展和宣传事宜请于各市经贸委联系，也可与大会组委会省经贸委市场处联系

联系电话：（024）86892052，联系人：李木

’98成都、重庆辽宁商品展销会暨经贸洽谈会组委会

不玩花拳绣腿　重在解决问题

大连国企改革以硬碰硬攻难关

重点国有大中型企业内部结构发生重大变化，企业活力初现。上半年，全市国有工业经济同比增长12%，地方预算内国有工业盈亏相抵实现利润总额1.67亿元

本报讯　记者张佩霞　刘国华报道　今年以来，大连市委、市政府确立“抓大放小，抓大是关键”的国企三年改革脱困基本思路，本着从根本上转换企业经营机制的原则，针对企业多年累积的深层次矛盾，直接面对涉及企业生存发展的冗员多、债务重、内部机制不活等实质性问题，以硬碰硬，集中力量一个一个解决，已取得突破性进展，重点国企内部组织结构……

编者按　今年是全面贯彻落实党的十五大精神的开局之年，打好开局之战，真抓实干是关键。如今，开局之年过半，情况究竟怎样？为集中展示我省各市开局之年在工作作风上的崭新风貌，报道各市在开局之战中真抓实干的成效，本报从今日起开辟《各市真抓实干代表作》专栏，将陆续向读者介绍各市今年以来在贯彻落实党的十五大精神，实现省委提出的“三个突破”过程中真抓实干的代表性举措及其成果。

各市真抓实干代表作

努力改善经济运行质量

——二论确保我省经济增长百分之八

本报评论员

省新闻界召开热点引导研讨会

这一时期，《辽宁日报》紧扣改革与脱困主题发表了一批典型报道

这是1998年8月4日一版头题位置发表的通讯《大连国企改革以硬碰硬攻难关》

目标的要求。10月起，《辽宁日报》组织关于抓好扭亏增盈工作、确保实现经济增长目标的系列报道，共发表五篇典型报道，集中宣传报道凌钢、抚钢、葫芦岛锌厂等五家典型企业的扭亏经验；11月开辟《大力推进企业技术进步系列报道》专栏。

1998年11月30日，国务院总理朱镕基再一次来辽宁考察。12月5日，《辽宁日报》头版头题发表题为《坚定不移实现国有企业三年改革与脱困目标，贯彻朱镕基总理考察辽宁时讲话精神》的重要报道。12月12日，《辽宁日报》在一版头题位置，发表朱镕基同志视察辽宁纪事——《辽宁实现国有企业改革与脱困目标大有希望》。

1999年4月13日，国务院副总理吴邦国来辽宁考察国有企业，强调要加大力度，真抓实干，务求国有企业改革与脱困取得重大进展。紧接着《辽宁日报》发表《打好国企改革与脱困攻坚战》系列评论员文章，题目分别为《一项重要而紧迫的任务》《坚定必胜信心》和《咬住目标奋力突破》等；1999年4月至8月，《辽宁日报》开辟《打好国企改革与脱困攻坚战》专栏，陆续推出《追踪重点企业》《合资合作》《选人用人》《开拓市场》，以及《观念篇》《典型篇》等系列专栏。

1999年7月，为适应国企改革与脱困报道的需要，编辑部决定将报道由一版延伸到二版。9月，《辽宁日报》改扩版后新推出的《深度报道》版上，开始集中反映全省国企打胜改革与脱困攻坚战的进程、做法和经验。9月24日，开辟《看国企怎样开创新局面》，先后共发表20篇深度报道。11月，《深度报道》版推出《走马看招》等系列国企改革与脱困栏目，这些紧扣改革与脱困主题的典型报道，受到中宣部阅评小组的通报表扬。12月，《辽宁日报》在一版显著位置推出《回眸攻坚这一年》的系列报道，及时对国企改革与脱困的成果和经验进行系统总结和深入宣传。

这个时期的《辽宁日报》发表了一批较有影响的典型报道。报纸分别于1998年9月2日和1999年5月7日在一版头题位置，以《压不弯的脊梁》和《自己的命运自己掌握——从辽河油田三个“27亿元”看国企改革出路》为题，介绍辽河油田的典型经验。《压不弯的脊梁》一文说，油价暴跌，油品滞销，辽河油田遇到资金缺口27亿元的巨大困难，在困难面前石油人迎难而上，他们是压不弯的脊梁。《自己的命运自己掌握——从辽河油田三个“27亿元”看国企改革出路》一文说，有三个“27亿元”为辽河油田职工有目共睹：第一个27亿元，是由于受亚洲金融危机和水灾的影响，油价暴跌，使油田收入比年初预算减少27亿元；第二个27亿元是企业在困境中通过加强管理、深化改革、挖潜降耗减少支出27亿元；第三个27亿元是实现上缴国家利税27亿元。这一成绩的取得得益于他们构建的若干个发展工程。即以市场、效益为目标的转制工程；以控制投资、降低成本为中心的管理工程；以调整结构、转岗分流、抓大放小为重点的配套工程；以寻求对外合作拓宽发展空间为突破口的发展工程。按常规，这一年辽河油田准是个亏损大户，相反，却迎来大发展。这给予辽宁国有企业的发展启示颇多。启示之一转变观念是企业发展之本；启示之二向企业自身挑战是企业发展之源；启示之三抓住机遇就抓住了企业发展的突破口。

《辽宁日报》分别于1998年10月24日、1999年1月8日、1999年3月1日的一版头题或显著位置全面介绍凌钢的改革与脱困经验。1998年10月24日一版头题《贵在有志——凌源钢铁集团扭亏纪实》一文中说，像辽西大地一样朴实的凌钢人在困境面前并没有气馁。他们继续奋战，到9月已经扭亏为盈，实现利润700多万元。尽管这个数字距离他们原定的目标还有一定距离，但是当了解了凌钢人扭亏的前前后后，你就会赞叹，凌钢人有志气！志在市场，志在管理，志在科技进步，这就是凌钢人扭亏增盈的诀窍。1999年1月8日一版显著位置发表《凌钢15年纳税近10个亿》报道，文中说，到1998年12月31日，凌源钢铁集团公司15年已累计向国家缴纳税金9.92亿元，成为朝阳市第一纳税大户，并连续创造了15年“月税月清”从不拖欠的纪录。凌钢集团公司此举已经成为众多国有企业改革与脱困的学习样板。该文在发表时还配发了《打好扭亏增盈攻坚战》的评论。1999年3月1日一版头题以《把市场交给职工》为题，发表凌源钢铁集团有限公司学邯钢、抓管理、转机制、增效益纪实，同时还配发了《瞄准市场抓管理》的评论员文章。报道中说，1998年，凌钢全年消化掉9830万元的减利增支因素，实现利税1.2亿元，比上年增长3.4%。他们的经验是：体味过买方市场的无情，但要热情地“敲门推墙”，邀请市场进厂；凌钢的职工接纳了请来的市场，人人开始“斤斤计较”，这是新旧观念撞击的结果；市场进凌钢，不仅给职工以舞台，而且得到了市场的有情回报，企业也找到了前进的方向。

国企改革与脱困的三年间，《辽宁日报》以大量的版面宣传报道国企改革与脱困的进展态势和典型经验，仅一版头题就达100多个。宣传报道的力度和势头都是空前的，形成了一种强有力的舆论态势，社会反响十分强烈。

二、组织系列报道把攻坚战引向深入

《辽宁日报》在国企三年改革与脱困的报道过程中，自始至终注意策划、组织系列报道。据不完全统计，三年间《辽宁日报》关于国企改革与脱困的专栏共开辟近20个，时间有长有短，最长的半年；篇幅有多有少，最多的20多篇。在打胜三年国企改革与脱困的攻坚战这一重大新闻报道主题的展现上，《辽宁日报》更加注重于有策划有组织地进行系列报道，力求在深度和广度上把国企三年改革与脱困的报道不断推向新的高潮。这些系列报道，比较完整地宣传了辽宁国有企业在改革与脱困攻坚阶段的拼搏态势，烘托了改革与脱困的攻坚气氛，对于实现国企三年改革与脱困的目标和打胜国企三年改革与脱困攻坚战创造了极为有利的舆论氛围，得到了省委宣传部的充分肯定和表扬。

这一时期，在《辽宁日报》有组织、有策划的系列报道中，《鞍钢的改革与脱困》报道是较为成功的范例。鞍钢既是辽宁省60户重点国有大企业中的排头兵，又是国家级的特大型企业，它的成功与否，对全省国企乃至全国整个企业界都具有典型意义。因此，编辑部就把国企三年改革与脱困的系列报道的第一个重点放在了鞍钢。1998年7月19日，一版头题发表《鞍钢告别平炉实现全转炉炼钢》的报道。文中指出，鞍钢共有三个炼钢厂，年产500多万吨平炉钢，占鞍钢钢产量的57.8%，占全国平炉钢产量的40%。其中的第一、第二炼钢厂分别始建于1933年和1941年。平炉炼钢与转炉炼钢相比，不仅工艺落后，产品质量难以提高，严重污染环境难以治理，而且耗能高、成本高、效益低。在改革与脱困的攻坚战中，鞍钢职工集思广益，群策群力，努力探索一条“高起点、低投入、快产出、高效益”的老企业技术改造的新路子。从实际出发，对第一、第二炼钢厂就地进行“平改转”的技术改造。不到两年时间淘汰了平炉，并且使整体装备和工艺技术达到了国内同类型转炉一流水平。这是鞍钢发展史上的一个里程碑，为老企业改造闯出了一条成功之路，也为全省实现国有企业三年改革与脱困目标作出了贡献。1998年11月15日，《辽宁日报》一版头题以《鞍钢探索技改新路子》为题发表了经验通讯。通讯中说，从1996年10月15日开始，鞍钢用了一年零九个月的时间，投资5.2亿元，在不停产的前提下，把第一、第二炼钢厂原有的12座平炉全部淘汰，改扩建成六座现代化的转炉，使鞍钢实现了炼钢转炉化。平改转全部实现后，炼钢系统的生产成本大幅度降低，经济效益明显上升。第一炼钢厂平改转投产的头一年就盈利2000多万元，结束了多年亏损的历史。取得“平改转”成功之后的鞍钢人，又马不停蹄地为实现全连铸而大动干戈。第一炼钢厂全连铸工程于1998年6月18日正式开工；第二炼钢厂已完成两台小方坯连铸的提质增效改造，第三台小方坯连铸改造预计年底前完成；第三炼钢厂二号板坯连铸机已建成投产，它既是半连轧厂新建的1780机组的配套项目，也是第三炼钢厂实现全连铸的关键。这项工程是自筹资金、自行设计、自己配套、自设软件编程、自己调试和管理的“六自工程”，工程提前半年完工，投资节省3.45亿元，达到设计水平。鞍钢在技术改造中，创造出“科学组织、动态平衡、东进东出、西进西出”的一整套原地改造、就地施工的经验，实现“不停产、少减产、快产出、早达产”的目标。1999年2月16日，《辽宁日报》一版头题发表《省委书记闻世震在鞍钢调研时强调——鞍钢要率先走出困境》。文中指出，鞍钢广大职工，努力发扬工人阶级特别能战斗的优良传统，自力更生，艰苦创业，不怕困难，一往无前。在改革与脱困的关键之年，鞍钢一定要率先走出困境，为振兴辽宁老工业基地作出新贡献。

这个时期的《辽宁日报》，调集精兵强将，集中版面，扎扎实实宣传在国企三年改革与脱困中涌现出来的新闻人物。1999年1月28日，《辽宁日报》一版头题发表《选得雄才振雄风——熊岳印染厂再生记》的长篇通讯，系统介绍熊岳印染厂新任厂长刘国庆如何临危受命和怎样带领职工使企业走出困境。文中说，“熊印”起死回生的经历告诉人们：国有企业不改革就没有出路；不选好人就没有希望；企业领导人不为职工群众办实事，就不能团结人、凝聚人，就不能带领职工同心同德把企业搞好。1998年11月，国务院总理朱镕基来辽宁考察时强调，搞好国有企业当前的关键是要有一个好的领导班子，尤其是一把手。“熊印”的实践证明了这一点。在搞好国有企业的进程中，只要我们坚持以人为本，抓住选人用人这个关键问题，最大限度地调动起广大职工办好企业的积极性，国有企业三年改革与脱困的目标就一定能够实现。报道中说，曾经是辽宁省纺织行业的第一亏损大户的熊岳印染厂经过破产兼并的改革后，选出了一个好的带头人，短短的一年时间就起死回生，企业现在红红火火。报道分三个部分介绍了“熊印”起死回生的经历和经验。第一，“熊印”曾经有过辉煌，也有过破败的凄凉，是改革使企业重新焕发生机，尤其是在选人用人上的突破；第二，“熊印”的起死回生，关键是选了一个好的带头人，然而这个好的带头人的产生，却经历了一场如何看人、选人、用人的激烈碰撞与交锋；第三，选准了企业一把手，就会凝聚人心，引起“核聚变”。

《辽宁日报》于1998年9月12日、1999年9月11日和2000年5月18日的一版头题，以《引进三资管理改造国企机制》《凝聚人心的原动力》《壁立千仞　无欲则刚》为题，报道东北制药集团公司总经理陈钢带领职工群众摆脱困境走上振兴之路的事迹。东北制药集团的核心企业东北制药总厂被称为我国制药行业的“航空母舰”，在市场竞争中陷入亏损的困境。经过市场降价大战之后，尽管已成为世界上39家VE企业中仅存活的七家企业之一，但每月要付出亏损1500万元的高额代价。就在这个艰难时刻，曾在“东药”工作过的沈阳经济技术开发区管委会副主任陈钢重返“东药”。在900多个日日夜夜里，陈钢率领1.7万名员工，不仅使“东药”摆脱了困境，而且创造了新的辉煌。1998年年底，企业一举扭亏为盈，不仅结束了连续两年严重亏损的被动局面，而且实现利润1317万元；1999年又实现了新的飞跃，实现利润比上年增长6.6倍，工业增加值连续两年递增40%以上，成为我国企业界的一匹黑马。陈钢本人也被评选为全国劳动模范。陈钢的体会有三条：一是两害相权取其轻；二是激活第一要素；三是一生常耻为身谋。

三、抓住关键性少数务求实效

国企改革与脱困的成败，关键在于重点国有大企业。这部分重点大企业在全省1000多户大中型企业中数量很少，而在全省工业经济中却占据举足轻重的地位。因此，《辽宁日报》在报道上对这些重点企业进行倾斜，实行重点报道、反复报道、跟踪报道。编辑部调集精兵强将，集中力量重点抓好60户重点国有大企业的报道。先后集中报道了凌钢、抚钢、熊印、葫芦岛锌厂、东药和大商集团等具有代表性的重点大企业改革与脱困的经验与做法。随后又延伸报道，发表《追踪重点大企业》等专题报道和有关专栏，对这些重点大企业三年改革与脱困的步伐进行了跟踪式报道。

1998年8月25日，《辽宁日报》一版头题发表《集中力量抓好60户重点国有大企业》的新闻报道。文中指出，60户大企业的资产总额、销售收入、实现工业增加值分别占全省国有工业企业的71%、82%和72%，是辽宁工业经济的精华和国有经济的基础，抓好这60户重点国有大企业对发展全省工业经济至关重要。60户重点国有大企业中的大多数是现代企业制度试点企业，已有41户实行了公司制改革，其中已有23户是上市公司。《辽宁日报》为这篇消息配发了《抓住关键性的少数》的评论员文章，这篇评论在企业界首次明确地提出了集中力量抓好大企业，是辽宁省打胜三年国企改革与脱困攻坚战的突破口，也是国企改革与脱困的关键之所在。按照从个别到一般的思想方法认识问题，当前国企改革与脱困处于整体推进的攻坚阶段，特别需要分清主次、突出重点，以便集中力量，提高改革与脱困工作的效率，减少改革与脱困的成本。在工作部署上，与其贪多求全，不如抓住关键性少数，以点带面，实打实地向前推进。抓住了重点，就等于抓住了整个国企改革与脱困工作的“牛鼻子”，就能带动和影响全省工业经济发展的全局。

1999年，国企的改革与脱困进入攻坚阶段。《辽宁日报》在宣传报道上也倾注更大精力，投入更多版面，调集更多人力，并力图在深度和广度上把国企的改革与脱困报道推向新的高潮。1999年3月22日，《辽宁日报》发表经过编辑部精心策划和创作的评论员文章《大型国企要实施公司制改造》。这篇评论针对当时社会上出现的“把国有企业一卖了之”的歪风，针锋相对地提出“大型国企要实施公司制改造”这一重要命题，在社会上引起了强烈的反响。该文发表的当天，总编辑谢正谦就接到省委、省政府主要领导同志的电话，询问该文的背景材料和有关情况，并由当时主管经济工作的省委领导批示给省经贸委，组织有关人员进行学习和研究，制定“全省大型国企实施公司制改造方案”。该文的作者、《辽宁日报》首席评论员还应国家级刊物《经济研究》之约，将这篇文章补充修改后，在该刊物的5月号上发表。这篇评论荣获1999年度“中国新闻奖”。评论在全国企业界率先提出了五个新论点，并且具有很强的操作性，为企业界所认同。一是实行主辅分离；二是主线要精干；三是辅线要放活；四是实行战略性重组；五是无论是精干后的主体，还是分离后的辅线，都要做好减人增效和再就业工作。

《辽宁日报》又连续发表大型国有企业实施公司制改造的典型。1999年5月19日，《辽宁日报》一版头题刊发《抢占未来——大连大显集团经济跳跃发展启示》，并配发编者按。报道说，谁也没有料到，当市场经济的大潮淘走了全国30多个黑白显像管生产厂家后，唯一幸存下来的竟然是这个行业起步最晚的国有企业——大连大显集团。它从生产电真空器件起家到拥有33家全资、控股、参股、关联企业的技工贸一体化的国有大型电子信息产业集团，一年一个跳跃，一年登上一个新台阶，不仅成为辽宁电子工业第一创税大户、第一出口创汇大户，而且在中国电子百强企业的交椅上一坐就是13年。

《辽宁日报》分别于1998年8月6日和1998年12月2日以《嫁接展雄风——异军突起的金杯客车制造公司》《金杯产品创新四到位》为题，全面介绍金杯公司在改革与脱困进程中的大手笔。一版头题发表的长篇通讯《嫁接展雄风》中说，合资后的沈阳金杯客车制造有限公司，进入了大幅度跃进式的发展时期。1997年全国轻型客车产量高于销量10倍，总销量比上一年下降5.8%，“金客”的海狮系列客车销量却增至2.06万辆，市场销量由全国同行业排名第四跃升为第一；1998年上半年，海狮客车销售量继续攀升，在全国同行业中继续保持领先地位。“金客”公司以其稳健的步伐走出了一条老企业嫁接改造、重振雄风的成功之路，成为正在复苏中的辽宁经济星空中的一颗希望之星。

1999年3月22日，《辽宁日报》一版头题发表《“60大户”奏响合资合作进行曲》的新闻。该文指出，在辽宁经济全局中举足轻重的60户国有大企业，目前正把对外开放招商引资作为今年的重中之重，大步迈向国际资本市场——先进的快马加鞭，后进的奋力追赶，为国企改革与脱困的关键之年奏响了胜利进行曲。60户重点国有大企业作为辽宁老工业基地的支柱和代表，曾为国家作出过巨大贡献，但因机制性、结构性矛盾日益突出，致使这些大户中的不少企业发展迟滞。截至1998年年底，“60大户”中尚有17户在利用外资上是空白；且有重大牵动作用的项目少；合资合作对象中国际知名的大公司少。这与辽宁省的地位和工业经济的巨大存量很不相称。为此，省委、省政府决定，对“60大户”的招商引资工作实行两月一调度，年终考核大企业一把手，主要考核企业的招商引资工作。

《辽宁日报》关于打胜三年国有企业改革与脱困攻坚战的报道，不仅有力地配合了省委、省政府的中心工作，而且在社会各界也引起强烈反响。中央宣传部《新闻阅评》2000年1月4日第七期刊登阅评小组撰写的文章，题为《辽宁日报大力加强对国有企业的报道》，文中指出，《辽宁日报》于1998年11月19日开辟专栏《走马看“招”》。“编者按”称，这个栏目是为了集中展示各地搞好国企的新招、好招、绝招、妙招，旨在进一步推动国有企业的改革和发展。首期介绍了鞍山市国企的厂长、经理全部学习了国家规定企业领导的必修课目，99%的厂长、经理就读工商管理研究生班，有的已获MBA学位。后又陆续报道了本溪市“让能人一马多跨”；营口把本地名牌扩展为全省乃至全国名牌的战略；辽阳学江浙一带“吃辽化产品”发展深加工企业；葫芦岛市把本地国企“嫁”出去，接受外省市企业的兼并；沈阳市国企模拟“三资”管理模式等。《辽宁日报》“贯彻四中全会精神打好国企改革攻坚战”这个常占头条位置的老栏目，经常发表各地企业的新鲜经验，如本钢对22家辅助厂割脐放飞，推之入市场；东药试行让生产要素参与分配；辽化全面完成资产重组；大连利用全面搬迁调整国有经济布局，推进企业重组等。在《深度报道》专版上，发表了一系列重头文章，如只有六岁的北秦集团跻身世界显示器企业二十强；本钢与北钢、抚顺“金凤”与山东青岛“海信”的联合重组等。阅评员认为，近一两个月，《辽宁日报》通过头条新闻、多个栏目、连篇整版，大量地报道国有企业的改造和发展，充分显示了该报对四中全会精神宣传的重视程度，以及宣传的力度和深度，这是一种积极的舆论态势。1998年下半年，《辽宁日报》有六篇报道受到中宣部新闻阅评小组的好评，其中四篇是有关国有企业的报道。这四篇的主要内容是：9月2日，辽河油田在面临全球油价暴跌等困难形势下，转变观念，加强管理，终于扭亏为盈；9月3日，大连钢铁集团在上半年内推行结构大调整，优化产品结构和工艺路线，在生死存亡的关头，冲破风浪成为全省26个盈利大户之一；9月4日，全省医药工业行业实现资产优化组合，扭转连续两年效益严重下滑局面，成为全省经济运行质量最好的产业部门之一；12月4日，北票矿务局1996年一次性减员40%，从24823人减至15064人，万人下岗无震荡，已有80%的下岗职工实现了二次就业。新闻阅评小组指出，这些报道抓住了国有企业改革和群众关心的社会问题，并把这方面的文章做深做实，是新闻传媒应该注重的着力点。

| 第五节 |

促进就业和再就业报道

辽宁是我国的老工业基地，国有企业多，仅大中型骨干企业就有 1000 多家；产业工人队伍庞大，职工总数达千万人之众。国有大中型企业和职工总数均为全国之最。到 1997 年，随着市场经济的兴起和企业改革的不断深化，辽宁省大批富余人员下岗失业，涌向社会，就业与再就业问题，被提到省委、省政府的重要议事日程。作为省委机关报，《辽宁日报》调动一切新闻手段，为这项关系国计民生的大事创造良好的舆论氛围。据不完全统计，从 1997 年至 1999 年三年时间内，《辽宁日报》发稿 350 多篇，平均每年都在百篇以上，许多再就业典型报道刊登在一版头题位置。

一、"评论开路"促就业观念更新

《辽宁日报》编辑部利用评论开路、典型引路的宣传报道方法，促进人们就业、再就业观念的转变、更新。1997 年 4 月 28 日，《辽宁日报》在一版倒头题位置刊发了第一篇再就业方面的评论《让再就业工程火起来》。此后共发表再就业方面的新闻评论 20 余篇，其中较有代表性的有《为扩大再就业鼓与呼》《用发展来解决发展中的问题》《发挥非公经济扩大再就业的主渠道作用》《提倡非正规就业》《走出家门天地宽》《千方百计扩大再就业》等。12 月 11 日，《辽宁日报》在一版头题刊登新闻述评《人往哪里去》，在述评中提出了三个论点，一是再就业的优势论；二是无情调整有情操作；三是建立"蓄水池""充电站""连心桥"。

同时，编辑部刊发大量的消息、通讯，为再就业工程营造良好的舆论氛围。1997 年 1 月 9 日，一版显著位置发表消息《再就业工程促进社会稳定》。2 月 5 日，一版头题刊登《鞍山温暖工程求实效——不让一名下岗职工失去再就业能力》。4 月 1 日，一版发表《黄老太一次接纳 52 名下岗女工》的通讯。4 月 2 日，一版显著位置刊发《沈阳市大东区"再就业工程"大行动——今年将有千名下岗职工再就业》。4 月 29 日，一版显著位置刊登了《阜新为下岗女工开设专门就业市场》。5 月 6 日，一版刊登《一个下岗女工的光彩事业》《下岗以后》等新闻通讯。5 月 29 日，一版发表《抚顺两万下岗职工实现再就业》。7 月 4 日，一版头题刊登《让下岗职工先富起来》的新闻通讯，提出“下岗不可怕，可怕的是观念没有改变；只要辛勤劳动，致富的路子就在脚下”。

1998 年 5 月 5 日,《辽宁日报》一版头题推出《动员全社会力量搞好再就业工程》的专栏，专栏的第一期以《沈阳再就业工作步入规范化轨道》为题，介绍了沈阳市的经验：劳动力市场推荐一批，再就业服务中心托管一批，开发新岗位安置一批，加大投入培训一批。“动员全社会力量搞好再就业工程”这个常占一版头题位置的经常性栏目，经常发表各地在再就业方面的新鲜经验，有力地推动了再就业观念的更新。

1998 年 6 月 3 日，头版头条以《大连市“立等就业”告诉我们什么？》为题，发表了述评文章，向全省推介大连市“立等就业”的做法和经验。文中指出，年初大连市对下岗职工做出“立等就业”的承诺：只要下岗职工不挑不拣，48 小时之内即可重新上岗就业。几个月来，大连市先后已有 1500 多名下岗职工实现了“立等就业”，政府的承诺基本兑现。

1998 年 5 月 1 日，一版头题位置发表长篇通讯《“好瓦匠”张维东》。文中说，今年 51 岁的张维东，原是鞍山市第三建筑工程公司的瓦工班长、技术尖子，曾被授予市特等劳动模范、省劳动模范等光荣称号。当市场经济大潮席卷神州大地之时，张维东所在的鞍山市第三建筑工程公司很快陷入困境，一批又一批的职工下岗失业。面对找上门来的失业工友，心急如焚的张维东毅然决然地向公司提出了下岗申请，并把组织下岗职工成立抹灰工程队自谋职业的想法向领导和盘托出。经过半年多的努力，由张维东等人创建的抹灰工程队已经发展成为远近出了名的装饰装潢公司，年创利税 30 多万元，实现产值 1400 多万元，吸纳长期就业的下岗职工 57 人，临时就业职工每年达千余人次，职工年收入最少的 5000 元，多的超万元。

《辽宁日报》其他各版也把再就业工程作为重要报道内容。1998 年 10 月 14 日，九版头条位置以《开发就业岗位、更新就业观念》为栏题，发表《和平区 81 个居委会没有失业者》的报道。10 月 22 日，九版头条位置发表《5000 弱者各得其所》的消息；12 月 4 日，二版头题发表《万人大下岗之后》的新闻通讯。北票矿务局有 10 万职工和家属，由于煤炭资源严重萎缩，下岗分流，减员增效已是发展必然。1996 年至 1998 年，在近万名下岗职工中，转产上新项目安排就业 2000 人；6000 多人转岗从事一、三产业。全局有80%以上的下岗职工实现了二次就业，每月平均收入比过去增加300元的占31%。该文发表以后，受到中宣部新闻阅评小组的肯定和赞扬，并将该文连同阅评期刊一起发至全国各省、市、自治区党委主要负责同志参阅。

二、拓宽再就业渠道报道

对于拓宽再就业的渠道问题，《辽宁日报》编辑部连续发表几十篇消息、通讯。这些消息和通讯大致可以分为三类内容。一是打破传统的就业观念。如《抚顺九条大路通罗马》《阜新4000人在国外打工》《铁岭万余职工下岗赴乡再辟战场》《新炉灶支起我的生命起点》《6000下岗女工跳农门》等。二是动员全社会关心再就业工程。如在一版设置《动员全社会力量搞好再就业工程》《大连市建立市场就业新机制》《省邮局提供万部公用电话，安排两万下岗职工》《凤城四个月安排3500下岗职工》等。三是积极发展非公有制经济，扩大再就业门路。如《沈阳一项大规模再就业工程启动——私营企业辽宁维华集团投资1.6亿元扩建中国家具城》《为200下岗职工再就业，吴廷华扔掉个人铁饭碗》等。

为了活跃思想，广开再就业门路，《辽宁日报》这一时期宣传了一批搞好再就业工程的先进典型。1998年5月12日，一版头题发表长篇通讯《宏达旗下创业人》，介绍了董庚臣和65名下岗教职工组织起来再就业的故事。董庚臣原是沈阳矿务局本溪职工大学讲师、宣传部部长，他与下岗的60多名教职工从课堂走向社会，不等不靠，自强自立，闯出了一条组织起来再就业、共求生存与发展的希望之路。5月15日，一版头条位置发表了《义县300下岗工人给农民打工》的消息，昭示社会：走出城市视野广，脑筋一换天地宽。消息中说，义县有300多名下岗工人重新寻找就业门路，放下城里人的架子，主动来到红墙子乡蔬菜批发市场给农民打工。6月9日，一版头题位置以《重新组合创新业——鞍钢第三炼钢厂下岗职工创办“三联”公司纪实》为题发表长篇通讯，介绍了下岗职工组织起来自己救自己的故事。文中指出，这是一个特殊的群体，400多人当中，除了十名是由主体厂派出的企业骨干外，其余的全是鞍钢第三炼钢厂剥离出来的下岗职工，他们凭着失业不失志、下岗再就业的拼搏精神，走出一条“组织起来再就业，齐心协力创新业”的成功之路。

三、搞活再就业政策报道

1998年3月27日，《辽宁日报》一版头题发表评论员文章《共解再就业难题》指出，就各级组织和政府而言，当务之急是搞活再就业的政策。无论各级财政怎么紧张，再就业和解困基金必须纳入预算，各地还要从国有资产变现和产权转让中拿出部分资金，有的地方甚至要举债搞再就业。宁可少上项目，也要保证这项资金的投入，这种投入是长远的投入。

1998年12月9日，《辽宁日报》一版头题发表《普兰店为下岗职工建大棚》的消息。消息中说，市政府结合秋冬农田基本建设，推出一项新举措，把发放给下岗职工的一次性就业补助，用于农田基本建设投资，以每亩地240元的价钱，把农民的耕地反包过来，利用冬春季节，在丰荣、皮口、城子坦三个乡镇和郊区新建2000个温室大棚，可安置6000名下岗职工再就业。为方便职工，该市还新购置了五台大客车，专门接送到农村就业的城里下岗职工上下班。

对于违背再就业政策，利用再就业工程牟取私利的人和事，《辽宁日报》充分发挥舆论监督的威力，予以曝光。1997年6月23日，《辽宁日报》第五版头题位置发表了题为《职业介绍所登记费超收19倍》的新闻调查，有关部门检查沈阳市74家职业介绍机构，90%以上存在违价问题。省、市有关部门对报道高度重视，很快对这一事件进行了有力的查处。

对于按照党的再就业政策千方百计为再就业工程添砖加瓦的先进典型，《辽宁日报》以满腔热情予以赞扬和推介。1999年1月至5月，在一版头题位置或显著位置以《下岗职工的贴心人》《“金桥使者”——戚秀玉》《特别的爱给特别的你——职业指导师戚秀玉关心下岗职工的故事》为题发表系列报道，系统介绍了大连市劳动力市场职业指导师戚秀玉的先进事迹。铺路搭桥，向来被看作造福于人的善举，而在劳动力市场上为供求双方架起一座桥梁，更是一项神圣的事业。作为大连市劳动力市场唯一的职业指导师，时年43岁的戚秀玉甘当这样的架桥人。从1995年至1999年，她先后安排1.15万名下岗职工再就业，仅1998年就让4500多名求职者上岗，职业介绍成功率达到80%以上。在大连的劳动力市场上，求职者都愿意找她，用工单位也愿意找她，凡是与她打过交道的人，无论年长年幼，都愿意称她为“戚大姐”。

国家劳动和社会保障部部长张左已在视察大连市劳动力市场时，专门看望她，并把她誉为“劳动战线上的佼佼者”。1999 年 1 月 18 日，大连市委授予戚秀玉“模范共产党员”光荣称号，并在全市广泛开展学习戚秀玉的活动。2 月 13 日，在大连市“十佳名人”揭晓会上，戚秀玉名列榜首。三八妇女节 89 周年纪念日前夕，戚秀玉被全国妇联和省妇联分别授予全国三八红旗手、辽宁省三八红旗手的荣誉称号。

| 第六节 |

加快完善社会保障体系报道

2000 年 4 月，国务院总理朱镕基来辽宁考察社会保障工作时，决定将辽宁列为全国完善社会保障体系的试点省。至此，辽宁省社会保障工作进展加速。《辽宁日报》决定把完善社会保障体系作为一个时期的重点报道内容，进一步加大报道力度，为建立和完善社保体系创造良好的舆论环境。

《辽宁日报》社会保障体系建设的报道，主要围绕“三条保障线”展开，即下岗职工的基本生活保障，离退休人员养老金的及时、足额发放，城镇居民的最低生活保障。2000 年上半年，接连宣传多个典型单位的经验。1 月 21 日，五版头题《统筹款扩面征缴　养老金社会发放　大连市确保退休职工养老金足额到位》；2 月 3 日，二版头题《从“小社会”走进“大社会”——本溪市推进养老金社会化发放透视》；3 月 10 日，五版《大连市金州区率先实行最低生活保障制度“救命钱”下乡　贫困户“保底”　保障金由区财政和乡村共担　保障月标准人均一百元》等。

2000 年 6 月起，报纸对社保工作的实际进展情况的宣传逐渐强化。在五版专门开辟专栏《加快完善社会保障体系》，专栏以连载形式发表长篇报道，全面介绍本溪市溪湖区完善各种社会保障体系方面取得的成绩和经验。同时，就辽宁省的社会保障完善工作，相继发表数篇重要报道或文章。6 月 30 日一版《我省社会保障工作迈入新阶段　“社保一号工程”方案全面实施》，报道辽宁省完善社会保障工作方案的实施细则，并从 7 月 1 日起连续发表各地实施方案的动态消息。7 月 20 日，二版发表长篇经验性报道《独立：源于相互支撑——大连社会保障体系建设管窥》。报道说，大连在社会保障体系建设方面的成绩令人瞩目，养老金社会发放率已达 100%，全市职工参保缴费覆盖率97%，养老金征缴率一直保持在96%，独立于企业之外的社保体系在大连已形成雏形。大连社保体系建设的经验就是，要建立一个涉及诸多社会层面的强力支撑体系，而各级政府是这一支撑体系的核心，企事业单位是其中的骨架。报道通过引用具体数字和实际工作的具体事例，生动说明对于一个地方来说，社保体系的建立和完善，必须下功夫做好各方面的工作，协同作战，步调一致。这种来自实际工作的认识，对全省社保工作有着重要的参考价值和指导意义。

2000年10月24日和10月28日，报纸相继发表两篇带有总结成绩性质的报道，一篇是《社会保障：走近辽宁人》，另一篇是《沈阳强力构建社会保障体系》。前一篇报道回顾一年来辽宁省在完善社保体系工作中采取的重要举措和走过的路程，全省参加基本养老保险的在职职工已达700多万人，年底前养老金的社会发放力争达到100%，省政府制定的“社保一号工程”正在加紧实施，一个独立于企事业单位之外的社会保障体系的雏形已出现在辽宁大地。另一篇介绍沈阳社保成绩的报道，在主标题后边的“提要”中用大号字标明沈阳一年来取得的成就：“初步建立了基本养老保险、下岗职工基本生活保障、失业保险、最低生活保险等基本保障制度，全市57万离退休人员基本养老金社会发放率实现100%。”

| 第七节 |

为发展民营企业创造良好环境

加快发展民营经济，是省委根据辽宁“十五”时期所面临的形势和任务提出的一项重要战略方针，也是辽宁老工业基地在“十五”时期实现经济跨越式发展目标的重要保证。《辽宁日报》调动多种新闻传播手段，准确报道发展民营经济所急需解决的认识问题和政策问题，大力宣传省委关于“放心、放开、放手”发展民营经济的战略部署，充分发挥了党报的舆论先导功能。

一、加强舆论宣传

2000年1月12日，报纸二版以《一位区委书记的“私企观”》为题，发表长篇通讯，介绍本溪市溪湖区委书记郑广良大力推进个体私营经济发展的事迹。报道加框用大字标出郑广良的“私企发展观”:“不论哪种形式，搞活就行；不论归谁所有，缴税就行；不论什么体制，发展就行。”这段提要在通讯标题下方标出，不仅对郑广良的“私企观”起了画龙点睛的作用，而且对于《辽宁日报》即将展开的民营经济起飞的宣传也产生了先声夺人的效果。1月13日，《辽宁日报》在五版头题位置发表普兰店市表奖农村营销大户的消息，黑体大标题:《营销大户贩运有功　市委书记亲自发奖》。2月25日，报纸在三版开设的省政协八届三次会议专刊上推出的关于发展非公有制经济的专版，专版上方黑体通栏大刊题:《创造宽松环境大力发展非公有制经济》。刊题的下方居中加框刊发了摘自《政府工作报告》中关于发展非公有制经济的相关政策的大字提要。这种处理手法使该版中心突出，主题鲜明，“专题”还发表了七位政协委员的访谈录，每位委员都配发了照片。这个专版的文章，对于非公有制经济的发展所急需解决的认识问题和政策问题，都具有重要的参考价值。

为了在促进私企发展中充分发挥报纸的舆论作用，《辽宁日报》从2000年3月16日开始，在二版开辟《非公有制经济要发展》专栏，专栏共发表四期，连续刊登有代表性的文章、消息或答记者问，针对私企发展中存在的诸多问题进行了重点的分析、解释和评论。如第一篇《我们企盼健康的环境》，通过阜新盛源集团总裁赵海娟袒露心声，探讨了非公有制企业在解决了“温饱”之后，应怎样快速发展的问题。第二篇《民企，站在发展的路口上》，通过记者与企业家对话，阐述非公有制经济的发展和起飞已经到了一个重要的历史阶段，民企必须前进。第三篇《残疾人为啥吃香》、第四篇《离了拐杖能走多远》这两篇文章通过解剖典型，相互对比和深入分析，对民企发展有关的条件和历史机遇进行了充分论述。6月5日至7日，先后在一版发表的《看沈阳如何发展民营经济》的三篇系列报道提出的“改善发展环境让民营经济在有序、规范的氛围中成长”“让民企与国企对接”“在体制创新中提高自身素质”等观点和思想，体现了民营经济发展的规律性的要求，为全省民营企业的发展和起飞提供了宝贵的经验。

2000年，《辽宁日报》上刊登了大量报道民营企业取得发展和成就的稿件，有些稿件虽然较散，有的还较短，连贯起来看，却反映出辽宁省民营经济起飞的大好形势和喜人景象。其代表篇目有:3月1日五版的《鸡蛋装上集装箱开进广州大市场　“倒蛋司令”牵起产业龙头》、5月23日五版的《绥中县民营渔港发展迅速 三年间引入民间投资3000多万元建成渔港24座》、5月24日五版的《普兰店一民营企业投资180万元治污染》、6月14日五版的《蒋宝财投资百万建大桥》、6月20日五版的《韩悦敏买飞机创办飞行服务中心》、12月8日五版的《徐恒富投资百万建“野禽园”》等。

二、宣传“三放”方针

2002年1月26日，省委、省政府召开全省民营经济工作会议，对在“十五”时期加快发展辽宁民营经济进行了全面部署，并提出发展民营经济必须坚持“三放”方针，即放心、放开、放手。《辽宁日报》在报道会议消息的同时，在要闻版（二版）头题发表了本报评论员文章《坚持“三放”发展民营经济》。2月8日，以《贯彻全省民营经济工作会议精神》为栏题，刊发了本报特约评论员系列评论文章，即《为了辽宁经济的跨越式发展》《走出具有辽宁特色的发展思路》《关键在创造良好的发展环境》。评论阐述了发展民营经济对于破除计划经济影响的迫切性和加快发展的重要性。

为了全面贯彻落实省民营经济工作会议精神，《辽宁日报》编辑部组织精兵强将，突击采写和报道了一批典型单位的经验。2月27日，报纸财经新闻版以《个体民营经济挑大梁》为题，报道营口开发区坚持“放心、放开、放手”的“三放”方针，大力发展民营经济的经验。2002年营口整个开发区民营企业发展到7000余家，从业人员占开发区总人口的1/4，当年个体民营企业总产值达33.48亿元，利润总额实现5600万元，实缴税金2340万元。3月10日，报纸一版以《支持放心放开经济放手 营造发展环境 大连民营经济实现跨越式发展》为题，报道大连吸收外地发展民营经验，放宽市场准入条件和经营上的限制，为民营经济发展助推加力的经验。除这些典型报道外，报纸还陆续报道丹东市打破思想桎梏，制定优惠政策，为民企开启“绿色通道”；朝阳市取消限制，加强服务，大力扶持个体私营经济；辽阳市采取调整与建设并举，发展与提高结合，确定民营经济发展新目标；大石桥市搭升级平台，谋做强之策，民营经济发展呈强势。

“放心、放开、放手”的“三放”方针是摆脱计划经济模式束缚，发展民营经济的正确途径，大批民营企业正是遵循这一方针创建发展起来。1月25日，《辽宁日报》在一、二版开辟“放心放开放手　加快民营经济发展”专栏，陆续介绍辽宁省十个民营企业的典型经验，并附录“档案”小资料，以了解典型概况。同日，报纸在专栏里以《准确定位强化销售狠抓质量　“大连实德”打造明星品牌》为题，全面地介绍了“大连实德”的经验，并在文章前面设立的“实德档案”小资料里，简明扼要地介绍了“实德”创业、发展、壮大的历程。1月30日，以《发展不止步创新不停息提升不“断条”“盼盼”勇做“中国门王”》为题，报道盼盼安居有限公司（原营口盼盼集团）从12间房、两台冲床及12名工人起家，经过十余年励精图治，实现产值16亿元、销售收入21亿元、利税1.6亿元的经验。接着又报道《富而思进看亿达》《用一流人才引一流技术　沈阳远大跃居全国行业龙头》《华丰家具靠质量打造民族品牌》《罕王集团抓住机遇做大做强》《市场为“轴心”技术为“支柱”资本运营为“血脉”，丹东曙光已经朝霞满天》《高扬产业化龙头　紧盯现代化管理　华农：情系“三农”创新业》《万兴达抢市场抓先机　创辉煌业绩》《规模推进　超越自我　西洋集团打造多元经营的企业航母》《金广集团　依管理兴　靠质量取胜》等民营企业的发展经验。榜样的力量是无穷的，在典型的带动下，辽宁省民营经济呈现出蓬勃发展的大好局面。

2002年3月19日至4月4日，《辽宁日报》一版连续发表记者撰写的《一条重要的发展之路》《重点突破　扶强做大》《营造良好的发展环境》《向思想解放要动力》四篇关于加快发展辽宁民营经济的系列述评文章。10月6日至10月23日，连续发表民营企业文化巡礼系列报道：《温州人在辽经商启示录之一六万温州人现象》《温州人在辽经商启示录之二“穷则变”与条件论》《温州人在辽经商启示录之三做老板还是去上班》《温州人在辽经商启示录之四走到哪里都是团结群体》《温州人在辽经商启示录之五金银不怕碎》《温州人在辽经商启示录之六敏锐的机遇意识》《温州人在辽经商启示录之七实心眼就是讲诚信？》。这些系列报道主题深刻鲜明，分析透辟有力，或准确宣传省委关于“放手、放开、放心”发展民营经济的战略部署，或深入阐述南方发达地区的民营企业如何看待发展机遇以及处理政企关系，都具有很强的针对性；不仅助力民营经济发展，而且对新一轮思想解放具有推动作用，充分发挥了党报的舆论先导功能。

| 第八节 |

推进解放思想　应对“入世”挑战

2001 年 11 月 10 日，在卡塔尔多哈举行的世界贸易组织第四届部长级会议审议并通过中国加入世界贸易组织的法律文件，中国成为世界贸易组织新成员。加入世贸组织是党中央顺应经济全球化趋势作出的重要决策，中国从此进入一个对外开放的新阶段，对世界经济、中国经济发展具有重要意义，也对辽宁经济的发展和社会进步产生深远影响。《辽宁日报》积极响应中国加入世界贸易组织新形势的要求，贯彻落实省委关于开展以“应对入世挑战，抢抓机遇发展”为主题的解放思想学习教育活动的决定，集中力量把应对“入世”挑战报道作为重要战役来打。

一、迎接“入世”报道

2001 年 8 月，《辽宁日报》在第五版头题位置开辟“面对入世的思考”专栏，先后发表体制改革篇《未雨绸缪　迎接挑战》，知识储备篇《“入世”当务之急是什么》，市场对策篇《把握机遇　适者生存》等，这些报道对广大读者了解世贸组织、了解宏观发展环境的变化趋势，有所启迪和帮助。提示全省各界早作准备，迎接挑战。8 月 17 日，第九版以整版篇幅报道全省汽车产业如何迎接“入世”挑战，并介绍我国加入世贸组织与汽车产业相关的协议，引导汽车制造行业做到心中有数，以便积极应对。9 月 7 日，五版开辟“走近 WTO”专栏，引导消费者力戒浮躁，以平静的心态对待加入世贸组织，在渐进的过程中适应。9 月 11 日，发表《迫在眉睫的 WTO 人才培养》，提出了一个非常重要的看法：应对挑战应以人为本，辽宁省急需尽快培养一批精通世贸协议及其工作语言，精通国际贸易、国际法和熟练运用现代信息技术的高级专业人才。稿子抓住了迎接挑战的要害，并提醒有关部门早下手早作准备，不要等烧香时现抱佛脚。9 月 12 日至 10 月 8 日，五版连发八篇 WTO 规则浅析，对人们详细具体了解 WTO 规则有很大帮助。11 月 4 日，一版头题报道《我省举行领导干部 WTO 规则报告会》，中央世贸组织领导小组成员、国务院法制办公室主任杨景宇作《WTO规则与法制建设》专题报告。会上，省委书记闻世震对全省各市、各界提出了积极做好加入世贸组织的各项准备工作的具体要求。

中国加入世贸组织后，《辽宁日报》继续加大宣传力度。11月12日，五版头题位置开辟“结合实际学习规则深化改革迎接‘入世’”专栏，接连发表《放宽眼界看变化》《发挥优势把握机遇》《实现接轨的良好契机》《加速完善经济法律制度》《积极应对倾销与反倾销》《设置与国际接轨的贸易技术壁垒》等七篇系列报道，对我国加入世贸组织的利弊进行了科学的、辩证的分析。报道中表示，我国应努力做到兴利除弊，采取相应的策略和措施，完善社会主义市场经济体制，规范政策法律和行政管理体系，紧密联系实际学习，掌握世贸组织的规则，维护自己的权利和利益。同日，《新闻直通车》版设立“加快改革步伐　迎接‘入世’挑战”专栏。专栏一直持续到年底，共发表各类消息、文章近百篇。这个专栏的主要特点是把迎接挑战落实到具体行动上，一点一滴地应对，一件事一件事地做好，如《盘锦律师集中学习涉外法规》《振兴区举办村干部“入世”培训》《葫芦岛着力拆除“入世”屏障》《辽汽集团制定应对“入世”战略》，等等。还有要闻版、《记者行动》版、理论版、希望版、《焦点新闻》版、《市场与消费》版等也从不同的角度对如何应对“入世”挑战做了相应的报道。这些专栏、专版集中反映辽宁省各行各业制定战略方针，落实具体措施，努力办好自己的事情，不断提高实力和在国际市场上的竞争力，扎扎实实迎接挑战，推动全省经济向前发展。

二、推进解放思想学习教育活动报道

为适应我国加入世界贸易组织新形势的要求，省委决定，从2002年2月末开始，到党的十六大召开之前，在全省城乡普遍开展以“应对入世挑战，抢抓机遇发展”为主题的解放思想学习教育活动，以实现新一轮思想解放，促进全省经济跨越式发展和社会全面进步。

按照省委的部署，时任《辽宁日报》总编辑姜凤羽带领记者部、要闻部的记者深入营口进行调研。在调查采访中，挖掘出一批营口市委带领全市人民解放思想、开拓进取、大胆实践所取得的可喜成果，对于全省进一步解放思想、抢抓发展机遇具有示范意义和典型引导作用。于是，报社决定以“思想解放看营口”为主题，推出一组系列报道。经过深入采访和精心写作，这组系列报道从2月6日开始，连续在一版刊发。标题分别是《又见营口立潮头》《大思路带来大出路》《亲商、安商、富商》《打造城市名片》。这些报道全面展示营口在向市场经济转型过程中，干部群众不甘落后，以思想大解放、观念大转变促进经济大发展的精神风貌；详细介绍这个市坚持以产权制度改革为突破口，全面推进国有企业改革发展，“放心、放手、放开”发展民营经济，实施名牌战略，推动产业、产品结构调整，带动整个工业产业上档次、上水平的做法及经验。这组系列报道，对于人们解放思想、迎接“入世”挑战均有重要启迪作用。

2月28日，《辽宁日报》全文转发省委办公厅和省政府办公厅《关于开展以“应对‘入世’挑战，抢抓机遇发展”为主题的解放思想学习教育活动的安排意见》的通知。通知要求，各地区、各部门、各单位要结合实际，研究制订具体贯彻方案，并认真组织实施，推动全省新一轮思想解放不断取得实效。为了配合全省“应对‘入世’挑战，抢抓机遇发展”的学习教育活动，报纸于2月28日至3月21日，在一版显著位置发表了总题为《搞好“应对‘入世’挑战，抢抓机遇发展”学习教育活动》的系列评论文章:《大力推进新一轮思想解放》(一论)、《注重树立开放意识、机遇意识和环境意识》(二论)、《理清发展思路是重中之重》(三论)、《转变作风至关重要》(四论)、《努力把新一轮思想解放落到实处》(五论)。随即，理论版用五块版的篇幅，分五次刊发了省委宣传部召开的省理论界“应对‘入世’，推动新一轮思想解放”系列理论研讨会发言摘要。这些评论和发言摘要，对推动全省上下进一步解放思想，转变观念，坚定信心，振奋精神，更好地应对“入世”挑战，都有十分重要的指导意义。

3月1日至4日，一版刊出“新一轮思想解放在辽阳”系列报道，题目分别是《辽阳，在反思中确立腾飞支点》《民营经济：生力军还是主力军？》《站在新的起跑线上》。4月4日，一版发表省委书记闻世震的文章:《大力推进新一轮思想解放》。文章进一步阐述新一轮思想解放的重要意义，以及要着力解决思想上工作上存在的一些突出问题。4月11日，报纸在《解放思想　应对“入世”抢抓机遇加快发展》的套红栏题下，刊发“新一轮思想解放在丹东”(上篇)，标题是《江城三月起春潮》；12日一版刊发“新一轮思想解放在丹东”(下篇)，标题是《借得东风正扬帆》。同时，重点推出营口市干部群众畅谈《思想解放看营口》的接续报道，进一步宣传营口在新一轮思想解放进程中的新思路、新做法。这期间，《辽宁日报》在一版以《解放思想应对“入世”，抢抓机遇加快发展》为题，开辟专栏，连续报道各地区、各部门、各单位结合实际开展新一轮思想解放教育活动的情况。专栏从3月7日起到5月15日止，共刊发30期，刊登各类消息、经验、文章、通讯43篇。此后，《解放思想应对“入世”，抢抓机遇加快发展》专栏一直持续到同年10月下旬。

| 第九节 |

《人鬼之战》社会效应突出

邓小平同志在南方谈话中，提出“两手抓、两手都要硬”的重要指示。《辽宁日报》在着重报道全省改革开放的喜人形势外，拿出一定版面和篇幅，报道司法系统贯彻邓小平同志的讲话精神，为辽宁经济建设保驾护航的业绩。

1992年8月17日至8月20日，《辽宁日报》以大幅版面连续刊载记者李宏林撰写的长篇新闻特写《人鬼之战》，对盖县芦屯镇以段氏四兄弟为首的流氓犯罪团伙光天化日之下，为霸一方，以及与他们沆瀣一气的腐败分子的嘴脸进行了淋漓尽致的披露，同时配发本报评论员文章《必须支持两手抓》。《人鬼之战》在中国新闻史上，第一次向社会披露有黑社会性质的犯罪团伙，而且其犯罪特点就是犯罪团伙与公检法少数腐败分子相互勾结。由于这篇新闻作品篇幅长、声势大，揭露问题具有普遍意义，在社会上引起强烈反响。

《人鬼之战》把段氏犯罪团伙由起初的流氓打劫到恣意横行乡里，继而发展成为在一个地区无恶不作的犯罪团伙的演变过程推到人们面前之后，借用营口市委书记郭军的话，向社会发出第一个责问：“我们的党政机关哪去了？政法部门哪去了？党员干部哪去了？正义哪去了？”这一发问，对某些不负责任、平庸无能、无所作为的领导提出尖锐的批评。

《人鬼之战》在社会上引起普遍关注的另一个原因是这一作品提出的第二个责问：这个恶贯满盈的犯罪团伙受到什么人庇护和怂恿？《人鬼之战》通过大量真实画面把笔端指向执法枉法的败类。长期以来，人民群众早就对司法机关“吃完原告

遼寧日報

LIAONING RIBAO

1992年8月17日 星期一
农历壬申年七月十九
总第13834号

国内统一刊号 CN21—0001
报刊代号 7—1
辽宁日报社出版

江泽民总书记在欢迎中国体育代表团胜利归来招待会上的讲话

（见今日第四版）

江泽民在甘肃考察工作时强调

继续解放思想实事求是 开创改革开放新局面

据新华社兰州8月16日电 （记者何懋绩 冯诚）中共中央总书记、中央军委主席江泽民日前在甘肃省考察工作时强调，全党同志要继续深刻领会和全面贯彻邓小平同志年初的重要谈话精神，核心的问题，就是要抓住当前有利时机，加快改革开放步伐，集中精力把经济建设搞上去。为此必须坚持解放思想，实事求是，加强学习，埋头苦干，在建设和改革中不断创造新的成绩。

8月9日至16日，江泽民在中共甘肃省委书记顾金池、省长贾志杰和兰州军区政委曹芃生的陪同下，先后在敦煌、酒泉、嘉峪关、张掖、金昌、武威、天水、白银、兰州等地市的工矿企业、科研单位、农村和牧区考察工作。

考察期间，江泽民充分肯定甘肃省委在改革开放十多年来，坚持贯彻执行党的"一个中心、两个基本点"的基本路线，坚定不移地走小平同志开创的有中国特色的社会主义道路，立足本省实际，创造性地开展工作，使经济和社会发展取得了可喜的成绩，并就西部地区的发展问题讲了重要意见。他说，全国各地的经济发展是不平衡的，因而各地经济发展战略的具体内容、具体办法也应有所不同，但各个地区之间的关系是相互合作、相互支持、相互帮助的关系。一部分经济先发达起来的地区，等发展到一定程度和一定时候，就有责任在技术、财力、物力、人力等方面对尚未发达起来的地区给予积极的帮助和支持，国家要在这方面适时地加以倡导。（下转第四版）

中共中央国务院举行盛大招待会

欢迎中国体育代表团凯旋

据新华社北京8月16日电 （记者王永苏、高殿民）中共中央和国务院今天在人民大会堂宴会厅举行盛大招待会，热烈欢迎参加第二十五届奥运会的中国体育代表团凯旋。

同中国体育健儿欢聚一堂的有中共中央总书记江泽民，国务院总理李鹏，全国人大常委会委员长万里，中共中央政治局常委乔石、宋平、李瑞环。

江泽民代表党中央、国务院向中国体育代表团表示热烈的祝贺和亲切的慰问。

正在外地的国家主席杨尚昆发来祝词，向在巴塞罗那奥运会上创造优异成绩，为国争光的我国全体运动员、教练员表示热烈的祝贺和亲切的慰问。

今天的招待会由中共中央政治局委员、国务委员李铁映主持。中国体育代表团团长伍绍祖和运动员代表、射击双向飞碟金牌得主张山在招待会上讲了话。

出席今天招待会的还有中共中央、国务院、中顾委、全国人大、全国政协、中央军委的领导同志，各民主党派、各人民团体和中央党政军机关负责人，以及体育界的代表。

招待会开始前，中央领导同志听取了中国体育代表团的汇报，亲切接见了在巴塞罗那奥运会上获得金牌、银牌和铜牌的中国运动员以及他们的教练的代表，并同中国体育代表团成员合影。

招待会上演出了精彩的文艺节目。

全国反盗窃斗争座谈会在大连召开

本报讯 由中央社会治安综合治理委员会主持召开的全国反盗窃斗争座谈会于8月15日在大连举行。中共中央政治局常委、中央社会治安综合治理委员会主任乔石，国务委员、中央社会治安综合治理委员会副主任王芳、副主任任建新，委员蔡诚、张思卿、林准、李森茂、于志坚、束怀德、杨朝宽，辽宁省委书记全树仁，省长岳岐峰，省委副书记、大连市委书记曹伯纯，以及各省、自治区、直辖市和中央有关部门负责同志出席了会议。

据了解，目前在各种犯罪活动中，盗窃犯罪占80%，它直接对生产力造成破坏，扰乱社会秩序，败坏社会风气。这次座谈会的中心议题就是对去年9月部署的全国反盗窃斗争进行总结，针对存在问题，研究解决办法，把斗争引向深入。

乔石在讲话中指出，小平同志的谈话像强劲的东风，开创了我国社会主义现代化事业蓬勃发展的新局面，我们要从解放和发展生产力这个基点出发，加强和改革政法工作，解放思想，更新观念，为经济建设提供更好服务，这是我们当前和今后的努力方向。各级党委、政府和政法部门要认真清除一切不适应加快改革开放和经济发展的"左"的影响，认真研究解决政法工作中的新问题，更好地肩负起保卫和促进社会主义现代化建设的历史责任。

在谈到深入开展反盗窃斗争时，乔石强调，这是搞好社会治安综合治理，为加强改革开放和经济发展提供保障、创造条件的一项很重要的工作。开展反盗窃斗争主要应在充分调查研究，做好足够准备的基础上，打击得准确、有力。同时，为社会治安综合治理打好基础。

乔石要求各级党政主要领导，一定要抓社会治安综合治理，一年抓几次，解决一些关键问题，并逐步引向深入。

沈阳基本完成交通走廊改造工程

本报讯 记者张秀军报道 省城人民关注的沈阳交通走廊改造工程目前基本完成。青年大街3座平台式立交桥和新华广场立交桥于8月15日竣工通车；黄河大街、市府大路、和平大街北段等的道路拓宽改造工程也已基本完工。

沈阳市交通走廊改造工程是沈阳市政府为缓解城市交通紧张局面而进行的综合治理工程。整个工程包括拓宽改造6条主要交通干道，建设6座立交桥，建设总投资约7000万元。

萃华金店人均创利全国同行业第一

本报讯 沈阳萃华金店以"质量第一、信誉第一"为经营宗旨，以货真价实精美的首饰吸引消费者。今年1至7月份，这家金店实现利润388万元，人均创利3.4万元，居全国同行业之首。

萃华金店是有百年历史的东北地区最大金店。为了保证产品质量，这个店对每批来料的黄金都进行检测，如发现纯度不够，立即进行加工提纯。去年全国首饰检测中心对萃华金店进行抽查，金首饰含金量合格率为100%。

阜新市南下珠海吸引南凤北飞

本报讯 记者靳洪才报道 8月12日上午9时，阜新市在珠海经济特区举行经济合作政策发布会。市长戴明勋在会上发布了《关于进一步推动对内经济联合的若干政策》和《关于鼓励外商投资的若干政策》，引起与会的港澳客商和珠海、深圳有关人士的极大兴趣，当场就有5家厂商与阜新市一些企业签订经济技术合作协定。中顾委委员任仲夷、广东省政协副主席杨利、辽宁省政协副主席林声出席了会议。

很多客商看到阜新优惠政策和诚恳态度，纷纷表示会后到阜新考察、洽谈，争取合作。

海洋村成为我省最大活贝出口基地

本报讯 记者孟繁德 龚俊纯报道 夏秋之交，记者来到我省最大活贝出口基地——庄河县海洋村。万亩海滩人如潮，踩贝、运贝一片繁忙，村水产加工厂院内，渔民们将各种鲜贝精选、清洗、装袋。川流不息的运输车，满载一袋袋活贝，开往货运码头。村党总支书记邵吉人告诉记者，今年全村活贝出口量可达到一万吨，相当于全省活贝出口总量的百分之五十。

海洋村濒临黄海，全村有滩涂面积一万三千六百亩，盛产文蛤、杂色蛤，每年贝类收入五百多万元。一九八九年他们把视野扩展到国际市场，组织科技人员攻克了活贝出口技术，并与日本一个贸易团体联合，成立「大连海日水产养殖公司」，从而取得了活贝直接出口权。

省汽车工业总公司开拓经营效益全国称雄

本报讯 辽宁省汽车工业总公司以市场为导向，发挥贸易公司的作用，取得可观的经济效益。公司成立11年来，已累计实现销售额11.8亿元，实现利税3380万元，居全国同行业之首。从1989年至今，该公司已连续创总销售额、汽车、配件、摩托车销售4项全国第一。 逯树龙

人鬼之战

本报记者 李宏林

这里所说的鬼，不是指人们几千年来在头脑里所虚构出的那个鬼世界里的鬼，而是指现今与我们姹紫嫣红的改革开放现实共存的一伙人间恶魔。印度大诗人泰戈尔早说过："高尚、挚爱、宁静，是与堕落、仇恨、紧张一样是现实的。"由盖县芦屯镇农民段洪宝、段洪财、段洪喜、段洪友四兄弟以家族、血缘为纽带组成的段氏流氓犯罪集团，就构成了当今泰戈尔式的现实。揭露段氏兄弟的罪恶和透视围绕段氏兄弟的一些人在人生舞台上形形色色的表演，可以说是一份难得的反面教材；而当记者向读者真实地描述我们的公检法干警如何向这伙恶魔进行艰苦斗争，终于使达摩克利斯之剑落在他们头上的时候，你定会从深深的忧思中得到振奋。

提出质疑的三姐妹案件

好，咱们从一起案子说起，犯罪者是今年37岁、身高1.8米的段家老大段洪宝，他一直是无业农民，但却腰缠万贯。

1988年7月，家住盖县某镇、生长在工人家庭的三姐妹中的大姐离婚后，经人介绍与段洪宝相识，她带着5岁的男孩来芦屯段家认门，当晚便被段洪宝留宿，之后便住下。不多日，段老大露出凶相，既打大姐又打孩子，将孩子的耳膜打成穿孔。大姐受不了这种虐待，于10月9日逃走。

段洪宝得知后，坐着车四处追找大姐，几处没找到，他就奔向大姐的三妹家。三妹长得俊俏，性格温柔，刚结婚不久，生有一个女孩，一家老少三辈，日子过得和和睦睦。段洪宝闯进三妹家里，他谎称三妹父母因大姐出走打仗住院，他来接三妹去看望父母。不谙世事的三妹信以为真，便登上汽车。段洪宝将三妹拉到家里，眼睛一瞪，说："你姐姐跑了，由你顶！"当即强行扒下三妹的衣服，三妹被凶悍的段洪宝吓得瑟瑟发抖，惨遭段洪宝强奸。当晚段洪宝把三妹送回家，之后段洪宝又去找大姐，仍然没找到，已是半夜时分，段洪宝想到三妹的懦弱，他狡黠的双眼一转悠，又将车开到三妹家，段洪宝再把三妹拉回芦屯进行蹂躏，白天雇专人看守，不准她外出一步。三妹的丈夫是个工人，他到岳父家去看三妹时知道三妹被骗，便赶到芦屯向段洪宝要人。未等他见到段洪宝和三妹，李二虎等一群打手已经手持棍棒拦在院外，一个个凶神式地向他吼着："你再敢来芦屯，打折你的腿！""滚！"三妹丈夫只好悲愤地离去。

段洪宝夜里枕头旁放着猎枪和匕首，野兽一般地占有三妹，三妹稍有不顺，便劈头盖脸地殴打。他怕她逃跑，把她的长发剪成难以见人的样子。一次三妹趁看守不留神时逃跑了，跑出不远又被段洪宝抓了回来，段洪宝和薛四等打手把三妹扒个精光，用木棍、铁棒、皮带、鞋底子往身上打。时已入冬，段洪宝将脸盂里的水从头顶浇下去，并用尖刀在她的肚子上扎个窟窿，致使三妹瘫倒在地，再用冷水泼醒。几个月过去，三妹的丈夫再次来芦屯找妻子，他在一群打手的监视下见到仇人段洪宝。段洪宝骗他说："她已经同意和我结婚了，你还来干什么？找死？"段洪宝又骗三妹说："你男人告诉我不要你了，你只好跟我了！"在这种情况下，段洪宝安排一次这对夫妻的凄惨会面：在段洪宝的监视下，三妹和丈夫在阴森森的气氛中相见，二人对视无言，眼里流动的不知是火是泪是爱是怨是恨。三妹将怀里6个月的孩子默默地交给丈夫，丈夫默默地接过妻子怀里的孩子，他唯怕顷刻之间生出意外，防备着两侧打手，身都不敢转，一步步退着走出段家门……

三妹在段家被拘禁了半年多，她恳请撤掉看守，以便伺机再逃。段洪宝提出一个条件："你和我办结婚登记手续就不再监视你。"三妹应诺，就同段洪宝去父母家哀求父母："爸，妈，帮我开个结婚证明吧！"

且说三姐妹的父亲，是一位纯朴老工人、老党员，为两个女儿的不幸遭遇，他班都不上了，从当地派出所到县里，到市里，到省里不断地告状，尽管接待人员深表同情，甚至义愤填膺，但办事机制像似患了肠梗阻，始终不见有人认真出头处理。老夫妻俩见告状告不了，女儿要跑还跑不了，心里也明白女儿这用的是一计，便答应了女儿的要求。在三妹没同丈夫离婚的情况下，当地街道办事处稀里糊涂地开出结婚介绍信；离段家咫只之隔的芦屯镇民政部门批准段洪宝与三妹结婚。三妹终于趁段洪宝一时麻痹，于1989年6月19日逃跑。她不敢回家，在营口县和盖县郊区一带流浪，她宁愿分文没有，露宿街头，也不肯在段家受非人之苦。

就在三妹逃走的当天，段洪宝坐着汽车带着打手以找三妹为名，强行将也已结婚的二姐抬上车，拉到段家。段洪宝持刀逼迫二姐脱裤子。段洪宝说："你妹妹跑了拿你顶，我给你脱裤子属强奸，你自己脱！你家就一个弟弟，你要不从，我把你家平了！"二姐坚决不从，段洪宝就乱扭二姐才17个月的孩子的脑袋，并把刀顶在孩子的屁股上，二姐下跪求饶，请不要对孩子下毒手。段洪宝不允，连喊："脱裤子！"二姐坚决不脱。相峙时，有人来找段洪宝，白热气氛才稍减下来。以后两天，段洪宝几经威逼、殴打二姐，用针扎孩子。二姐含着满腔愤怒，宁作玉碎不求瓦全，就是不许段洪宝污辱自身，够上个《红楼梦》里的尤三姐。到第5天头上，某镇公安分局得到三姐妹父亲报案后，派民警来芦屯，要求段洪宝放人。而段洪宝有恃无恐，他提出条件：放走二姐，需付他损失费两万元，以孩子作抵押，不拿钱不给孩子。来人无法，只将二姐只身救出。两天后孩子病重，段洪宝担心孩子死在自己手里，才给送回去。但，事不算完，他带着打手向三姐妹的父母要两万元。父亲愤慨地质问："你祸害了我三个闺女，破坏了几个家庭，今天又无理地向我要钱，你不怕国家法律制裁你？"

段洪宝大言不惭地说："什么叫法？有能耐就是法。我知道你在告我，你去打听打听，你能告倒我吗？我就是法！"

这位不幸的老父亲，从1988年10月起，一直告状告了两年半，老伴像得了精神病；家庭经济损失数千元，也没得解决。他曾看到一次希望，那是段洪宝又因劫持强奸几名妇女于1989年11月被盖县公安局逮捕，起诉他犯有强奸罪、流氓罪、非法拘禁罪。但是这希望很快就破灭了：办案部门认为包括三姐妹案在内的几起强奸案都构不成强奸罪，便以流氓罪和非法拘禁罪判处段洪宝有期徒刑三年零六个月。罪犯不服，进行上诉，经营口市中级人民法院二审，认为流氓罪可定罪不该判刑，又给减去二年徒刑，只剩一年零六个月，够得上仁慈的了！宣判时，段洪宝已被关押了一年零七个月，七减六，段老大多蹲了一个月。

1991年4月里的一天，段老大从盖县看守所放出来，他不但毫无愧色，反而威风凛凛地回到芦屯。这天是段老三、35岁的段洪喜向新宅乔迁，他游手好闲，房子盖得却犹如一座豪富庄园，人有10个房间，10几条狼狗修有3间水泥圈，人行金属门，狗走专用道。为贺乔迁之喜，段老三的职业打手张宝安强逼村民去上礼。老大段洪宝在厅堂也给自己摆上一个礼桌，让大家给他交接风钱。没带足钱的返身去取，拿着两份礼钱再返回来。晚上结帐一算，段洪喜收礼钱4万元，段洪宝收接风钱1.1万元。有趣又可悲的是俯案记帐的是芦屯镇武装部部长，收钱的是芦屯镇某部门的一名负责干部。小小的芦屯镇，这类的鬼人鬼事很是不少。

段洪宝平安地回来，又使芦屯人的心扉蒙上浓重的阴影。这类化险为夷的事，段洪宝已历经不是一次了。1983年他因强奸3名妇女罪曾被盖县人民法院判处死刑。他不服，上诉。在复核时，盖县办案人员连省高级人民法院不让复核的一起强奸案也给推翻了，这个差一点挨枪崩的罪犯，最后只剩个赌博罪，被判刑一年零六个月。这次放虎归山后，段洪宝看破红尘，一面疯狂地聚敛"铺路"的钱财，一面膨胀罪恶细胞，为满足淫欲，人间之恶无所不作。他再次被抓，人们以为这回国法轻饶不了他，哪知，并不是那么回事！这样，有谁不服这个混世魔王的神通和淫威呢？！

然而段氏兄弟谁也没想到，正在他们再次陶醉于已得的胜利时，达摩克利斯之剑正悄悄地在他们头上悬起：1991年5月18日，盖县人民检察院向营口市人民检察院交上有关段洪宝犯罪案件的请示，提请人民检察院对市中级人民法院的判决进行抗诉。因段氏兄弟臭名昭著，近几年又用金钱编织起一个相当坚固的保护网，这起官司便格外引起营口市有关人们的关注。

（未完待续）

必须坚持"两手抓"

本报评论员

本报从今天开始连续登载本报记者李宏林写的特写《人鬼之战》，希望读者把它读下去。它令人愤慨，它启人深思，它激人振奋。我们政法战线的同志们是怎样同一群人间魔鬼进行艰苦斗争的？少数肩负神圣职责的人员又是怎样被金钱所腐蚀而徇私枉法甘当魔鬼的保护伞？《人鬼之战》中都有披露。它是弘扬我们公检法干警们业绩的一支颂歌，也是认识在社会主义阳光下，如何存在一块黑暗小社会的一份极好的反面教材！

由营口市盖县芦屯镇农民段氏四兄弟为首所组成的段氏流氓犯罪集团，他们聚众之多、作恶时间之长、作恶手段之残忍、集团性活动之猖獗，在全国都是少见的。他们的危害性极大。他们的淫威所及，不仅百余人遭毒打，30余名妇女遭蹂躏，数户人家被逼得背井离乡，使本该是个富庶、安定的乡镇天无宁日，还使在农村改革大潮中出现的乡镇社会主义商品经济发展、繁荣的大好局面，遭到严重破坏。邓小平同志在南巡谈话中再次做出坚持"两手抓"，打击各种刑事犯罪活动的指示，像段氏兄弟这样的流氓犯罪集团，应属必须重点打击的对象。

随着改革开放的深入发展，在物质文明、精神文明取得前所未有的进步，商品经济出现空前活跃的同时，一些丑恶现象的泛起和一些新的犯罪活动的滋生，是社会发展中的一种必然现象。但是，并不能因为它是一种必然的现象而放松我们对各种刑事犯罪活动的斗争。在中国共产党的领导下，我们正在从事建设具有中国特色的社会主义的伟大事业，这需要有一个安定团结的社会局面，需要创造一种祥和、向上的生活环境。坚持"一个中心、两个基本点"，把我们的事业干得更快、更好。凡与基本路线相对抗的社会犯罪活动必须坚决打击，这是党的事业的需要，是国家富强的需要，是保障人民安居乐业的需要。在这一点上，我们绝不能心慈手软！

然而面对段氏流氓犯罪集团嚣张活动长达数年这一事实，人们不由得要发出疑问：这伙人间魔鬼坏事作绝，其淫威波及芦屯、鲅鱼圈、熊岳一带，为什么遇不到应有的打击呢？那些被害的老老少少男男女女，屡屡奔走上告，为什么受不到保护呢？这说明我们的法网上还有某些漏洞。这个问题的存在与犯罪集团的存在同样重要，是一个非常值得我们重视的问题。

段氏兄弟从1983年就开始犯罪，几出几进看守所，但是执法部门中的某些人对他们却表现出少有的仁慈：判了放，改了放，每一次放后都犹如放虎归山，段氏兄弟变本加厉地作恶。我们队伍中的腐败分子经不住金钱的诱惑，不顾人民群众的疾苦，无视党纪国法，与犯罪分子狼狈为奸，甘当罪恶之徒的保护伞。这种情况不仅表现在段氏流氓犯罪集团一桩案件上，我们队伍内部少数败类执法枉法，庇护和怂恿犯罪，是当前社会犯罪出现的一个新情况，必须引起我们的重视。我们欣慰地看到，我省政法机关已充分地认识到队伍建设的重要性，因而在组织整顿和制订法纪条例工作中先走一步，并做出引人注目的成绩；各市县的公检法司干警，都以一种崭新的姿态坚守在战斗岗位上。对段氏流氓犯罪集团大案的破获，并围绕本案进行的对徇私枉法犯罪活动的追查，就是有代表性的胜利。但是，就目前形势来看，对这个案件的处理还仅仅是开始，犯罪分子的狡猾、顽抗，还在给这场斗争的最终胜利设置障碍。对此，我们决不可掉以轻心，决不可以再"仁慈"下去。对敌人的仁慈，就是对人民的犯罪。必须发扬"宜将剩勇追穷寇"的精神，彻底摧毁段氏流氓犯罪集团，把同他们一起狼狈为奸的败类一个不漏地查清楚，该绳之以法的坚决绳之以法，对触犯党纪、政纪的一定要严肃处理。在这种时候我们更要认真学习邓小平同志在南巡谈话中关于"两手抓"的重要指示，改革开放越深入，经济建设越发展，就越要决不手软地打击各种刑事犯罪活动。否则，社会上的恶势力就会抬头，腐败因素就要滋长，改革成果就要断送。段氏流氓犯罪集团及它的一个社会关系网的存在，就是令人触目惊心的例证！最近江泽民同志把一手抓改革开放、一手抓打击各种犯罪活动归结为领导现代化建设和改革开放的一个重要指导思想和领导方法、领导艺术。让我们从这场人鬼之战中学会一些东西吧，以便把建设具有中国特色社会主义的伟大事业，干得更辉煌！

左　1992年8月17日，开始连续刊载记者李宏林撰写的长篇新闻特写《人鬼之战》。对盖县芦屯镇以段氏四兄弟为首的流氓犯罪团伙光天化日之下，为霸一方，以及与他们沆瀣一气的腐败分子的嘴脸进行了淋漓尽致的披露。报道篇幅长、声势大，在社会上引起强烈反响

吃被告”的腐败行为深恶痛绝，《人鬼之战》饱含对人民群众的深厚感情，替人民执言；同时也带着对危害国家、社会的腐败分子的仇恨，对腐败现象进行了无情鞭挞。文章发表后，读者每天向报社打来几十个电话，报社每天都收到全省各地读者来信，一致要求严惩罪犯，继续深挖内部犯罪，称赞报社和记者的勇气。

《人鬼之战》在《辽宁日报》刊登后，国内多家报纸转载，出版社出书，长春电影制片厂特邀李宏林撰写电影剧本，并拍摄了电影故事片《人鬼之战》。

为了深入贯彻邓小平同志“两手抓”的指示，这一阶段，除了推出《人鬼之战》这一重头戏之外，《辽宁日报》还把原有的“人与法”专栏扩为半个版，每周三与读者见面。在此期间，省公安厅发动了严打春季攻势，以确保全省范围内治安大局持续稳定。围绕这一斗争中心，报纸陆续对一些地区整顿干警队伍、建立执法守法机制、加强党风廉政建设等方面作了报道。

| 第十节 |
庆祝香港、澳门回归报道

20世纪90年代末期，在国内政治生活中出现了两件大事、喜事，一是1997年7月1日香港回归，二是1999年12月20日澳门回到祖国怀抱。对于这两件大事、喜事，《辽宁日报》编辑部都以超常规的版面，准确、迅速、全面地进行报道。

一、庆祝香港回归报道

1997年7月1日零时，中华人民共和国国旗和香港特别行政区区旗在香港升起，经历了百年沧桑的香港回到祖国怀抱，中国政府开始对香港恢复行使主权。《辽宁日报》以气势恢宏的大手笔、超常规的版面报道了这一历史盛况。

1997 年 6 月 30 日,《辽宁日报》一版头题加框刊发了《中国政府代表团将赴港——党和国家领导人举行送行仪式》的新闻，一版二题刊发《省城举行迎回归音乐焰火盛会》的消息，肩题为《洗雪百年国耻　颂扬伟大祖国》，副题是《沈阳市第九届运动会同时开幕》；三题刊发《省直迎回归活动高潮迭起》的新闻；倒头题转发《人民日报》社论《统一祖国振兴中华的核心力量》。三版以《欢欣鼓舞扬眉吐气——海外华夏子孙喜迎香港回归》为通栏标题，刊登六幅照片：一是《回家了，香港！》；二是《墨西哥城举行庆祝香港即将回归祖国大型纪念会》；三是《我回到祖国怀抱》；四是《炎黄艺术节在伦敦拉开帷幕》；五是《万名华人在华盛顿举行庆香港回归大游行》；六是《东京中国留学生在宿舍入口处挂满庆回归纪念品》。

7 月 1 日,《辽宁日报》一版以通栏彩印的大字标题《7 月 1 日：中国政府开始对香港恢复行使主权》报道了这一令人振奋的喜讯，其肩题为《中华人民共和国国旗和香港特别行政区区旗在香港升起》，副题是《中英香港政权交接仪式在港隆重举行　国家主席江泽民率政府代表团出席并讲话》。同时在一版刊登的新闻还有《人民解放军驻香港部队接管香港防务》《江泽民在香港交接仪式上的讲话》《香港特别行政区成立暨特区政府宣誓就职仪式在港隆重举行》《中国人民解放军驻香港部队进驻香港特别行政区的命令》共五篇，并刊发两幅彩色照片，一是《交接仪式会场》，二是《江泽民与董建华拥抱》。

同天,《辽宁日报》二版在《热烈欢庆中国政府对香港恢复行使主权》的通栏标题下，刊发了国务院总理李鹏《在香港特别行政区成立暨特别行政区政府宣誓就职仪式上的讲话》、中华人民共和国香港特别行政区第一任行政长官董建华《在香港特别行政区成立暨特别行政区政府宣誓就职仪式上的讲话》、《人民日报》社论《中华民族的百年盛事》以及本报社论《创造美好未来——庆贺香港回归祖国》、通讯《香港，上海真诚祝福你》、消息《一定把国家建设得更加富裕强大——省城各界群众代表座谈香港回归》六篇稿件。

三版在《百年梦圆　普天同庆》的通栏大字标题下，刊登《香港顺利交接　中英共话明天》《天安门广场 10 万群众彻夜欢庆香港回归》《香港回归举国欢腾》《激情 10 秒》《钟声激荡庆回归》《舞狮锣鼓震天响　载歌载舞颂中华》等八篇新闻报道。

7 月 2 日,《辽宁日报》从一版到三版继续集中刊登香港回归的新闻报道，共计 30

多篇，其中一版头题为《首都各界庆祝香港回归祖国大会隆重召开》，登载在一版上的新闻还有《香港特别行政区成立庆典在港隆重举行》、江泽民《在首都各界庆祝香港回归大会上的讲话》和《在中华人民共和国香港特别行政区成立庆典上的讲话》等。

二、庆祝澳门回归报道

1999 年 12 月 20 日零时，在雄壮的《义勇军进行曲》乐曲声中，中华人民共和国国旗和澳门特别行政区区旗在澳门上空庄严升起。从此，澳门回到祖国的怀抱，中国人民在完成祖国统一大业中又迈出了重要的一步。

12 月 16 日，《辽宁日报》在一版开辟“澳门写真”专栏，推出《瞩目澳门回归》《澳门涌动回归潮》《我省举行迎澳门回归奔向 21 世纪长跑比赛》《澳门的桥》《澳门明天会更好——港澳人士谈回归》等，为迎接澳门回归作了舆论准备。12 月 17 日，《辽宁日报》第十版以整版篇幅在《澳门回归：“一国两制”构想的又一次成功实践》的通栏标题下，刊登《省委宣传部召开辽宁省理论界喜迎澳门回归座谈会上的发言摘登》。这块版一共发表《澳门回归，意义重大》《中国共产党是爱国主义的伟大实践者》《“一国两制”——实现祖国统一大业的金钥匙》《维护统一反对分裂——爱国主义的试金石》《伟大的世纪性成就》《历史的选择　人民的愿望》六篇文章，从不同的侧面阐明了澳门回归的历史和现实意义及其深远影响。12 月 19 日，《辽宁日报》一版开辟“各界喜迎澳门回归”专栏，一版头题发表《党和国家领导人为赴澳门中国政府代表团送行》《与澳门同胞一道开创祖国美好未来——省隆重举行澳门回归座谈会》，还配发消息《省隆重举行庆祝澳门回归音乐会》《受省政府委派代表辽宁人民——郭廷标赴澳门出席政权交接仪式》《文学界人士诗章一曲颂回归》。

12 月 20 日，《辽宁日报》一版头题以通栏的大字标题发表《澳门今天回到祖国怀抱　祖国统一大业又迈出重要一步——中葡澳门政权交接仪式隆重举行》，国家主席江泽民宣告：中国政府对澳门恢复行使主权。朱镕基总理等中国政府代表团成员、葡萄牙总统桑帕约、总理古特雷斯及国内外来宾约 2500 人出席交接仪式。一版下辟栏为《中华人民共和国澳门特别行政区政府成立》、报耳位置发表《江泽民率中国政府代表团抵达澳门》。整个版面只发这三条新闻和两幅照片，显得大气、醒目。

二版整版也都是与澳门回归相关的新闻，发表了《江泽民在中葡两国政府举行的澳门政权交接仪式上的讲话》《中华人民共和国国务院第275号令》《朱镕基在中华人民共和国澳门特别行政区成立暨特区政府宣誓就职仪式上的致辞》《澳门特别行政区行政长官何厚铧在澳门特别行政区成立暨特区政府宣誓就职仪式上的致辞》《庄严的承诺》《葡萄牙总统和结束使命的澳督离开澳门》。值得一提的是在二版的左下角，刊登了《中华人民共和国澳门特别行政区域图》，把澳门行政区的地理位置、范围标注得一清二楚。这一天的三版，还发表了《人民日报》社论《中华民族的光辉史篇——热烈庆祝澳门回归祖国》《驻澳门部队进驻澳门欢送大会在珠海隆重举行》《永恒的瞬间——中葡澳门政权交接仪式纪实》《北京举行澳门回归联欢晚会》等新闻报道。

12月21日，《辽宁日报》一版头题以通栏的大字标题报道《首都各界隆重庆祝澳门回归祖国——中国人民长期艰苦斗争奋发图强的结果也是正义与进步事业的伟大胜利》；一版还发表《国务院举行庆祝澳门回归祖国招待会》《祖国永远是澳门的坚强后盾》等三条新闻。二版刊登《江泽民在首都各界庆祝澳门回归祖国大会上的讲话》《中央人民政府赠送珍贵礼品——永远盛开的莲花矗立在澳门》《澳门特区立法会通过〈回归法〉》《解放军驻澳门部队全部到达营区》《驻澳门部队司令员政委介绍》等，版面清新、活泼。

| 第十一节 |

庆祝“申奥”成功报道

2001年北京申奥成功，举国欢腾。《辽宁日报》给予重点关注，精心安排组织了一次连续、集中、多视角、大规模的战役报道，在报纸编排上也很有气势，充分体现《辽宁日报》对国内国际重大新闻事件报道的成功运作。

在国际奥委会会议决定2008年奥运会主办城市前一个月，报社领导就安排体育部拿出北京申奥的战役报道方案。距离申奥投票还有一周时间，报社两次召开编委会，探讨报道规模，落实各部门分工，并先期把文字和摄影记者派往北京以及辽宁省各个主要城市，然后安排专人收集《人民日报》和各省级党报资料，研究制订申奥成功报道的口径和规模。

7月13日，《辽宁日报》发表《申奥底牌今夜在莫斯科揭晓》《北京静待7·13》《比利奇为北京申奥加油》《北京奥申委在莫斯科举行新闻发布会》等稿件，为申奥报道预热。

7月13日星期五，当晚出周六报纸，按照惯例为四块版。当晚，北京申奥成功消息一经公布，报社领导迅速决定扩版，出八个版的北京申奥成功特刊。报社领导坐镇靠前指挥，并安排要闻部、摄影部、体育部和各记者站30多名记者，立即深入大专院校、沈阳市府广场以及全省各地的群众当中，把举国欢腾的民族激情写成一篇篇报道，与读者一起度过不眠之夜，让历史的瞬间变成永恒的欢乐；同时增派出版部、体育部和摄影部十多名编辑，精心编排稿件，一直工作到次日上午7时。

7月14日，《辽宁日报》一版刊登《历史瞬间变成永恒的欢乐　首都各界欢庆北京申奥成功　江泽民等党和国家领导人参加群众联欢活动》《江泽民致信国际奥委会主席萨马兰奇》《欢乐省城不夜天》《北京喜获2008年奥运会主办权　得票数比第二名多三十四票》等。二版刊登《李岚清代表中国政府作陈述报告》《小平的愿望实现了》《李岚清出席庆祝北京申奥成功招待会》《北京一定会兑现承诺》《北京奥申委代表团举行新闻发布会》《李岚清出席庆祝北京申奥成功招待会》以及国《人民日报》社社论《谱写奥运史上最壮丽的篇章》。三版刊登《大连欢庆北京申奥成功》《钢城倾情申奥》《抚顺街头鼓乐震天》《本溪一片欢乐海洋》《江城丹东欢呼雀跃》《东北大学：2008年相聚北京》《辽大师生为申奥成功干杯》《今天老百姓真高兴》等稿件，充分反映辽宁和全国人民一道为北京申奥成功而无比自豪、为伟大祖国的强盛而无比骄傲的喜悦心情。四版主要集中报道辽宁各界人民群众的庆祝活动。中国女子田径队原队员、奥运冠军王军霞接受采访表示，北京举办奥运会将会对我国各项事业，尤其是体育事业的发展起到巨大的推动作用。著名柔道教练刘永福接受采访时表示，申奥成功表明中国不仅站了起来，而且真正强大起来了，北京获胜是众望所归。此外，发表记者配发的评论《守候忠诚》，以及《北京今夜狂欢》《沈阳将伴随奥林匹克走向世界》《辽宁声援北京申奥签名条幅缝合对接》《我的奥运梦》《当惊世界殊》《同唱2008奥运曲——我省体育界隆重庆祝北京申奥成功》等稿件。五版为摄影版《举国欢腾　昨夜无眠》。此外，出版部、国际部还精心编辑《中国奥运大事记》《奥运会历届主办城市》《奥运会发源地雅典》《奥林匹克公园的人文特色》《五个分赛场：冲击2008》《奥运十大热点话题》《世界选择北京——写在北京申办2008奥运会获胜之际》《中国，我为你自豪　北京，我为你骄傲》《内地港澳邮政联手　方寸之地尽显北京申奥成功》《北京奥运婴儿诞生记》《巴黎市领导人祝北京好运》等稿件。厚重的《辽宁日报》申奥特刊气势恢宏，视觉冲击力强劲，报道视野丰富全面，8个激情四射的版面，呈现出从中央到地方举国欢庆、今夜无眠的盛大景象，充分反映我国各族人民和海外华侨、华人为北京申奥成功而无比自豪、为伟大祖国的强盛而无比骄傲的喜悦心情。这一期申奥特刊，也随之成为许多读者争相珍藏的报纸。

7月15日，《辽宁日报》在一版头题发表省内各界人士参加庆贺北京申奥成功大型文艺晚会的消息。这一天报纸的其余三个版也全是欢庆北京申奥成功的内容。《新闻直通车》版全面反映全省14个市的各族人民群众以各种方式的庆祝活动。国际版的主题是“全世界为中国叫好”。体育版则突出报道国际奥委会一些委员的看法：北京申奥成功是奥林匹克运动的胜利。在以后的几天里，《辽宁日报》把报道的重点转移到喜迎奥运会的具体行动上，先后编发了《沈阳全力筹办奥运足球赛》《张明德为奥运捐款2008元》《省体育局制定2008年奥运争光计划》等稿件，这些报道同样激励人、鼓舞人。

| 第十二节 |

庆祝国足世界杯出线报道

2001年10月7日，沈阳五里河体育场，中国男足主场对阵阿曼，凭借于根伟的制胜进球，米卢率领的中国队提前两轮从小组出线，历史性地杀入2002年韩日世界杯的决赛圈。全国各地城市的街道、广场、马路，到处都有拿着国旗的球迷在疯狂庆祝，那是发自内心的喜悦。那一夜，所有中国人对足球投入了巨大的热情，已经超出了竞技体育的范畴。虽然电视台已进行了现场转播，但《辽宁日报》发挥报纸的优势，第一时间派出要闻部、体育部、地方新闻部、摄影部记者，以最快的速度采写多个稿件，从横向到纵向详细报道人们急于了解的中国足球队的发展历程、中国足球历次冲击世界杯情况，以及出线的前因后果、今后的打算，等等。

10月8日，《辽宁日报》一版发表消息《历7次艰难冲击　44年梦想成真　中国足球队叩开世界杯大门　省领导观看比赛并亲切看望国足将士祝贺胜利》。文章写到，终场时，整个五里河体育场被五星红旗和欢呼声淹没，伴随着雄伟的《歌唱祖国》的乐曲声，全场气氛在终场哨声响起的那一刻达到了高潮。中国足球用实力告诉世界：世界杯，我们来了！四版发表的《改写历史的瞬间》中这样描写现场：距离比赛结束还有3分钟时，最先坐不住的是伸缩看台上的替补国脚，他们已站起身走向球场，这是一个无言的信号，全场的观众都起立开始倒计时："10、9、8……3、2、1"哨音响起，比赛结束，欢呼声和鞭炮声如炸雷般同时响起，一个狂欢的不眠之夜，就这样陡然降临。中国队主教练米卢这样说："这是我有生以来最快乐的一天。"射入制胜一球的于根伟说："我没觉得这个进球和前五场比赛其他队友的进球有什么区别，只不过我运气好一些，赶上了这个有意义的时刻。"他的下一个梦想是中国队能在世界杯赛场上展现中国足球的风采，个人能再进球。记者配发的评论《让梦开始新的飞腾》认为：几代人的艰辛攀爬，用执着和坚毅留下一路踏脚石，几代人没有收获的付出，用寂寞和忍耐为后人架起了一个个人梯。梦圆时分，中国足球完成冲出亚洲的夙愿，但一个新的梦想随之又要起航——走向世界。

同日，体育版发表《5000高校学子度过不眠夜》，文中写到，中国医科大学近5000名大学生、研究生观看了电视直播，纷纷表示，要借中国足球队冲击亚洲走向世界的强劲东风，发扬拼搏精神，为国争光，为高等教育事业的腾飞贡献力量。《欢乐的球迷》一文这样描述，在沈阳市府广场，"中国队必胜"的口号声震耳欲聋，广场上升起一串串礼花，一对夫妻拿出小国旗赠送给行人。一位球迷指着火炬大厦上"祝中国足球梦圆沈阳"的大型牌匾说，沈阳真是中国足球的福地，五里河场地一流，沈阳球迷一流，他的话赢得了众人的一片掌声。此外，还发表《中国足球叩开世界杯大门》《世界杯，中国人来了》《改写历史的瞬间》《让梦开始新的飞腾》《冲击世界杯的焦点战役》《米卢：我们胜利了》《中国足球六次冲击世界杯回眸》等稿件，让读者了解44年梦想成真的全过程，满足了读者的心理需求。

10月9日，《辽宁日报》发表《见证历史说今朝》，约请中国足球队三任教练曾雪麟、高丰文、戚务生接受记者采访谈出线感受，同时发表《米卢唤醒沉睡的中国龙》《旅欧国脚开辟第二战场》《北国沈城举全市之力打造十强赛金牌主场》《英雄的足球城大连撑起中国足球的一片天》《八年的中国职业联赛成就了世界杯梦想》等，这些稿件同样可看、耐看。

| 第十三节 |

创办子媒，布局发展新态势

20 世纪 90 年代中后期，随着改革开放的不断深入，《辽宁日报》和全国其他省报一样，面临着报业和网络等传媒业的激烈竞争。党报发行困难，广告客户减少，印刷能力不足，新闻纸涨价，增支减收因素大增。通过分析形势，学习外地经验，开展讨论，报社党委统一思想，达成共识：报业竞争形势逼人，要转变经营理念，经营管理要进入市场，培育市场，适应市场经济的要求；要坚持以办报为中心，发挥报纸产业化优势，调整报纸结构，扬长避短，抢抓机遇，开拓创新，加快发展。1997 年 1 月 14 日，辽宁日报社党委书记、社长朱世良主持召开报社党委常委会，研究议定 1997 年工作思路，提出“一报为主，多点发展”的战略。“一报为主”，即坚持办好主报（也称“母报”）《辽宁日报》，按照党报性质和原则，办出一张有权威、有可读性的省委机关报。“多点发展”，即开发子报《辽沈晚报》《市场早报》《球报》等若干个新的经济增长点，全面推进报业的发展。实施“一报为主，多点发展”的战略，对于壮大辽宁日报社经济实力举足轻重。辽宁日报报业集团组建前后一直坚持、充实和发展这八字方针。“一报为主，多点发展”战略方针使辽宁日报进入了“二次创业”时期。

一、抢占区位优势打造《辽沈晚报》

《辽宁日报》创刊不久，即开始创办子报子刊。1954 年创办《辽宁农民报》，1955 年创办刊物《辽宁日报通讯》（1985 年改为《记者摇篮》），1958 年创办《辽宁朝鲜文报》，到 20 世纪 80 年代创办了《美报》、《辽宁日报 · 港澳海外专页》（简称“《辽宁日报》海外版”）等。到 20 世纪 90 年代，辽宁日报社党委深切感受到，省级党报发展的最大难题在于缺少都市报的都市区位优势。党委决定从 1997 年开始，把原面向全省的《辽沈晚报》退回到以沈阳为主，抢占区位优势，重新打造都市报。此前，为加快发展，报社党委加强《辽沈晚报》的领导力量，并赋予其人财物自主权。随着《辽沈晚报》主攻沈阳，增加新闻报道的地域贴近性和读者亲和力，报社又加大对《辽沈晚报》的资金投入，增加新闻采访专用车辆等装备；发行也集中在沈阳地区，建立"红马甲"发行网络，以下岗女工为主体的千名送报大军服务上门，首开辽沈地区送报上楼的先河。

改革使《辽沈晚报》发行量猛增，广告收入连年攀升。1996年广告进款额为340万元，1997年增加到1000万元，1998年就达到2600万元。从此，《辽沈晚报》迅速发展起来。从1993年到2003年经过多次改扩版，《辽沈晚报》由四版传统型的晚报，逐步扩为48版国际流行的"瘦报"，日发行量由5.2万份增加到45万份，广告进款额由148万元增加到1.8亿元。2004年上半年，《辽沈晚报》日发行量已达到65万份。《辽沈晚报》成为东北地区影响力最大、发行量最多、广告收入最高的报纸，跻身全国晚报十强之列。

二、创办《半岛晨报》《北方晨报》

为适应辽宁改革开放的需要，1995年，辽宁日报社将驻大连记者站升格为辽宁日报社大连分社。大连分社的同志团结一致，艰苦创业，自力更生地解决了一座面积为700平方米的办公楼。1996年12月29日，报社党委在大连召开思想政治工作会议。会议宣布《关于开展向大连分社学习活动的决定》，授予大连分社"勇于创业的先进集体"荣誉称号。同时，印刷厂在大连分社安装印刷设备，从1997年元旦开始分印《辽宁日报》，使大连分社具备相当规模的印刷能力。在此基础上，经过党委研究决定，1998年1月1日，《半岛晨报》在大连正式出版发行，成为《辽宁日报》的另一张都市报和主要经济支柱。《半岛晨报》当年发行10万份，广告进款额为1100万元，第二年广告进款额达2600万元。《半岛晨报》发展越来越快，到2003年，发行量已达到40万份左右，广告进款额已达1.2亿元，实现利润2000万元，均居大连市平面媒体的首位，成为大连市强势媒体的"领头羊"。

在大连市创办《半岛晨报》获得成功后，2000年9月19日，《辽宁日报》的第三张都市报《北方晨报》又在鞍山市创刊。经过三年多的拼搏,《北方晨报》到2003年已在辽宁中部城市群发行13万份，广告进款额1600多万元，走上经济良性循环的道路。其中,《北方晨报》进行资本运作，新购一座3654平方米办公楼和一座用作食堂、宿舍的1590平方米的综合楼，两项共增加固定资产1500万元。

2001年,《家庭科学》杂志、《市场与消费》杂志划归辽宁日报社。

辽宁日报社大家庭成员增加，事业繁荣，麾下的《球报》已具有了全国影响力。《球报》是专业性体育大众媒体，1988年9月27日创办，当时叫《美报·球刊》,1993年更名为《球报》。《球报》立足服务辽宁，辐射东北和全国，以新闻快捷、评论辛辣、叙事翔实见长。在2001年“十强赛”和2002年韩日世界杯时,《球报》记者跟随国足南征北战，发回了大量的一线新闻。这期间《球报》日平均发行量达到80余万份，最高曾达到120万至150万份。在报纸的采编队伍、发行数量、发行网络、广告收入、广告经营体系以及品牌影响力等方面，无论单项测量还是综合评估,《球报》在全国体育专业传媒领域均位列前三名。

2001年10月18日，北国网正式开通。这是辽宁日报社历史上第一家网络媒体，标志着辽宁日报社开始向更多媒体形态进军。

三、走出以活动营销为特色的新路子

辽宁日报社广告部面对广告主和广告源向中心城市党报和有影响力的生活类报纸等媒体倾斜的强劲势头，迎难而上，积极探索省级党报在市场经济条件下广告经营理念和工作规律，与时俱进，准确把握市场定位和机遇，将省委机关报的权威性用透用足用活，走出一条以活动营销为鲜明特色的党报广告工作新路子。

在广告资源集中的领域，辽宁日报社广告部按照高端市场和低端市场不同层次的需求，组成各种专业项目组，根据各自市场的不同特点，研究广告项目及操作方式，以组织各种市场活动为中心，多点突破与全线出击相结合。这种设计独特、组织严密、运作有效的活动营销模式，带来了巨大的经济效益，占广告总收入的80%以上，创造了日进款百万元以上的纪录，最高日进款额达166.3万元。

广告部跟踪国家和全省政治、经济、文化等方面的动态，组织有针对性和时效

性的广告。根据国家有关禁止含PPA药品政策的出台，广告部及时开办“辽宁市场不含PPA感冒药品展示”专栏。沈山高速公路开通，广告部及时策划、组织了一批祝贺广告。每逢一些重要活动，如“5·17”电信日、“6·5”世界环境日、“6·25”全国土地日等，广告部都事先做好安排，主动出击，联系客户。

广告部积极设计各类大型广告活动。辽宁日报社广告部与国家统计局辽宁城市经济调查队、辽宁省建设厅等部门合作，成功开展了“辽宁省行业信誉问卷调查”“推介辽宁省优秀住宅小区”等活动，广告总进款达1000万元以上。

对于省直部门的相关年检、抽查、整顿等工作，广告部积极配合，在党报上刊登公告。例如，国家对石油成品油市场进行整顿，广告部主动同省经贸委联系，将全省数千家整顿合格的企业在《辽宁日报》上进行了系列公告。仅此一项，广告额就有300多万元。还与省编办合作，刊发了辽宁省事业单位法人登记公告；与省国土资源厅合作，刊发了土地招商公告；与工商银行等单位合作，刊发了企业债转股公告等。

同时，报社还在北京、上海、广州设立了三个办事处，主要为各报承揽外埠广告、品牌广告，每年平均增加广告进款额7000万元。

在全国省级党报广告经营普遍低迷和下滑的形势下，2000年到2003年，辽宁日报广告工作依然保持着旺盛的上升态势，广告刊登额平均每年6000万元，引起全国同行的关注。连年被中国广告协会和中国报业协会的有关部门评为全国省级党报广告经营先进单位，被誉为“省报广告界的一面旗帜”。广告部主任刘鹏鸣获“2003中国当代杰出广告人”荣誉称号。

四、创建商业化市场化印务中心

辽宁日报印务中心的前身是辽宁日报社印刷厂，经过技术改造和改革创新，印厂从“铅与火”的“大作坊”，跨入激光照排、胶版轮转高速印刷“光与电”及卫星数字传输的新时代；成为在全国省级报社中第一个进口胶印轮转机，第一个应用激光照排系统的单位，又通过创建商业化市场化印务中心，实现了历史性大跨越，跻身全国报业印刷第一梯队。

1986年前，辽宁日报印刷厂有6台铅印轮转机在印报，其中2台已使用了22年，2台已使用12年，设备老旧不堪。1986年春节前夕，省委书记李贵鲜到报社慰问干部职工时全面察看了报社的设备，感到十分吃惊，他形容报社用烧得通红的大火炉铸字，就是个大作坊。1986年，报社从日本进口的3组住友中型高速胶印轮转机先后投产，减轻了工人的劳动强度，改善了工作环境。同年2月，辽宁日报印刷厂用胶印轮转机印出《辽宁日报》有史以来第一张彩版报纸，宣告了胶版印刷报纸的开始。同年3月28日至30日，报社购进日本生产的胶印轮转机试车成功，举办中国沈阳印刷技术交流会，在全国同行中产生很大影响。来自全国各地报社、印刷厂共83个单位、162名代表到会，到印厂考察观摩。印刷厂副厂长赵世民在铅印改胶印的技术改造中，大胆提出创新的设想，通过试验获得成功，该项目获得辽宁省新闻出版科技进步一等奖，并取得了国家专利。赵世民本人获得全国第五届"森泽信夫奖"。辽报印厂在技术改造方面走在了全国省级党报的前列。1989年5月，正式采用激光照排排出《辽宁日报》，从此告别了报纸铅印"铅与火"的历史，跨入"光与电"的新时代。1993年，报社自筹资金197万元，先后购买国产华光四型、五型激光照排设备和软片、晒版、冲版和照相等设备。1994年又以贷款的方式投资2400万元，从日本购置西研印刷机，1995年1月正式投入使用，彻底改变了印厂的生产面貌。辽宁日报印刷厂经过两轮技术改造，发展成为现代化企业，代印的《人民日报》《参考消息》等十余种报纸实现了胶印，印刷能力大幅度提高，每天的印刷量突破百万印刷张。

1998年，报社党委根据各子报快速发展的新形势，审时度势，及时作出创建印务中心的决定，突破现有印刷生产规模，进一步适应报业发展和印刷技术进步的形势。新建印务中心在沈阳市浑南高新技术产业开发区选址，占地75亩。1999年1月上旬，报社党委按照省政府相关领导制订的"总体设计，分步实施；总体规划，分解立项"的建设方案，决定建设总投资1.4亿元、建筑面积为2万平方米的印务中心。1999年6月26日，印务中心工程破土奠基，安装了引进的三条法国产曼·罗兰大型高速轮转胶印生产线及其配套设备，可一次印刷对开16版的双面彩色报纸。其中一条生产线，可加印对开四版双面彩色的轻涂纸或铜版纸。全部工程从土建施工到设备安装，只用了不到一年半时间。2000年11月1日，印务中心正式投入生产。11月11日起，印务中心又把报社内原有的七组、总重350余吨设备搬迁到浑南新厂址，

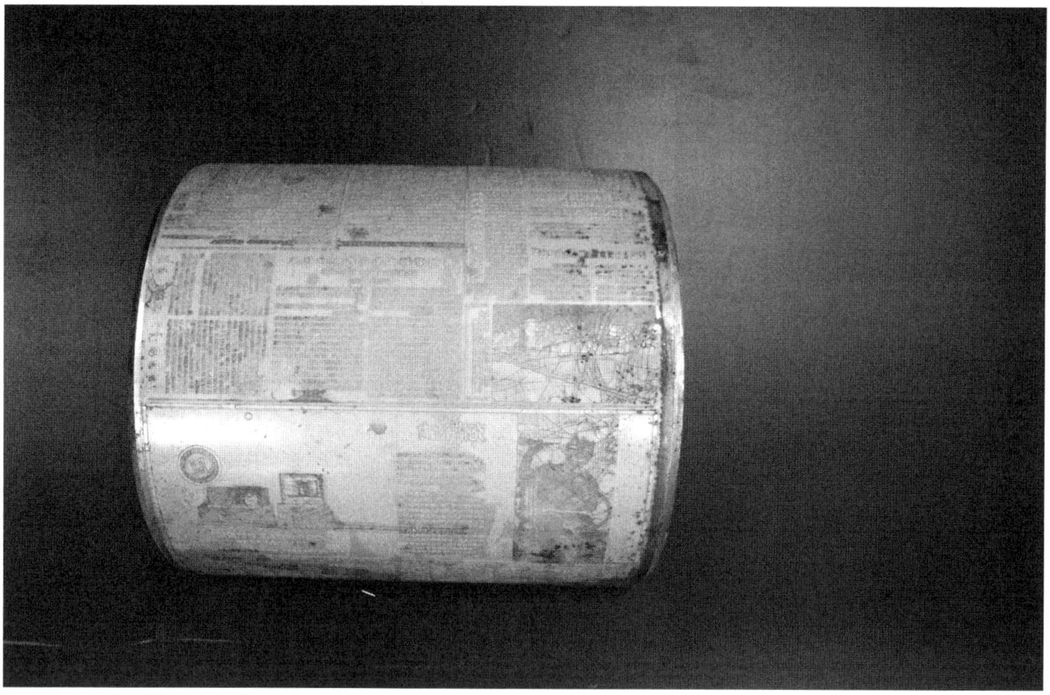

上　1989 年 5 月，《辽宁日报》全部使用胶印机印刷，图为使用过的最后一块印报铅版

下　2000 年 11 月，辽宁日报报业集团印务中心正式投产，图为印务中心外景

并安装调试一次成功。这样，印务中心日印刷量达到560万对开张，成为东北地区最大的报纸印刷基地。为保证读者第一时间看到当天的《辽宁日报》，印务中心还先后在大连、鞍山、锦州建立了分厂。

印务中心运用自主经营的政策，建立健全了全新经营机制和管理制度，坚持以市场为导向，以效益为中心，以优质服务为竞争手段，巩固和抢占印务市场份额，走上市场化、商业化运作的道路。印务中心领导带领市场部业务骨干上京城、下江南，风尘仆仆走访新老客户，用实力宣传扩大印务中心的影响，赢得用户青睐。在保证《辽宁日报》和各子报印刷时间、印刷质量的前提下，承揽代印报纸的“外活”越来越多。2000年“外活”有10种，2001年增至20种，2002年上升为40种，2003年达到60种。“外活”总收入由20%上升到40%，特别是增加白天“外活”上取得了可喜成果。印务中心还多次到社会上进行融资，主动同多家外商、港商洽谈合资经营。2001年8月22日，印务中心与香港高信行签约，成立了辽宁日报报业集团首家合资企业——辽宁报信印刷有限公司，总投资额2500万元，其中印务中心占51%，为控股方。合资企业运转正常，对印务中心进一步转换经营机制，提高管理水平，扩大印务市场等方面都产生了重要影响。

印务中心创建后，经济效益持续攀升，成为辽宁日报报业集团第二盈利大户和经济支柱。印务中心11月份投产后，当年扭亏为盈，2001年实现利润加折旧3000万元，2002年实现利润加折旧3500万元，2003年实现利润加折旧4000万元。三年利润加折旧超亿元，折旧后固定资产净值1.2亿元，减去投入的1.4亿元，等于三年赚回一个印务中心。

五、探索自办发行

1954年至2001年，《辽宁日报》一直单靠邮局系统发行，一条腿走路。在市场经济条件下，省级党报发行难问题日益突出。围绕《辽宁日报》发行，每年报社都下了很大的功夫，但收效不大，关键是没有自己的发行队伍。辽宁日报社党委多次召开会议，研究探讨《辽宁日报》自办发行的路子。报社党委认为，《辽沈晚报》《半岛晨报》《北方晨报》三张都市报送报上楼的发行网络，使《辽宁日报》具备了一定的自办发行条件。另外，驻全省各地记者站（分社）有一定能力承担自办发行任务；印务中心有分印点，《辽宁日报》投递时效能保证。从需要和可能两方面考虑，辽宁日报社党委下定决心，从 2001 年 7 月开始在沈阳、大连、鞍山三个市城区试点自办发行，其他地区仍然保持“邮发”，两条腿走路，报邮合作，优势互补。

报社党委选派精兵强将加强发行工作。发行中心成立了直属客户部，面向社会招聘一些素质高、能力强的发行员，将发行指标分解落实到发行中心每一个人头上，负责省直机关、中直机关、企事业单位的征订和订报大户的开发。直属客户部工作要求量化和细化，从订报单位的门牌号、电话号、部门数到主管负责人、历年订报数，都做到心中有数。发行工作同时要求珍惜党报的政治地位，维护党报的形象和信誉，保护和开发征订资源。辽沈晚报红马甲发行公司负责沈阳市的全面征订。各区站增设一名站长助理专抓《辽宁日报》发行。培训了 140 名征订《辽宁日报》的发行员，上至总经理，下至发行员，人人落实任务和奖罚标准。大连、鞍山地区由辽宁日报社大连分社、鞍山分社分别招聘发行人员，组建发行队伍，负责公费订阅部分。《半岛晨报》《北方晨报》的发行公司，发挥人多优势，负责消灭“空白点”和自费订阅。大连分社发行人员为防止订报资源流失，加强与市委宣传部合作，保证往年的订报量不下降；与邮局合作，通过窗口留住订户；与大连日报社合作，使同时订省、市两张党报的单位一次办理订阅手续。鞍山发行公司开展大规模走访客户活动，摸清了订报的潜力资源，把一些应该订而没有订的单位排列出来，然后有针对性地开展工作。

各路发行大军想千方百计、吃千辛万苦、走千家万户，抓各种契机抢占发行制高点，奋力开拓发行市场，完成了报社党委关于“广告市场不能退让，发行市场不能退让，印务市场不能退让”的要求。

第八章

全力报道东北振兴方略

辽宁工业基地的开发建设肇始于新中国成立后的三年国民经济恢复时期，形成于1953年开始执行的第一个五年计划。从1949年到1957年前后八年时间，辽宁确立了在新中国的工业基地地位，之后经历了曲折的发展历程。

2002年党的十六大决定，加速东北等老工业基地的调整、改造和振兴，中共中央政治局常委、国务院总理温家宝多次来辽宁，对老工业基地振兴问题进行专题调研。在这个历史性机遇面前，经过认真研究和论证，辽宁省委、省政府在2003年9月17日召开的中共辽宁省委九届六次会议上，确定了辽宁老工业基地改造和振兴的总体规划，包括改造振兴的目标、任务和主要措施。2003年10月5日，《中共中央、国务院关于实施东北地区等老工业基地振兴战略的若干意见》出台。

《辽宁日报》充分发挥党报的舆论先导作用和宣传优势，集中全力，运用前所未有的宣传报道力度和规模，对《中共中央、国务院关于实施东北地区等老工业基地振兴战略的若干意见》出台，“五点一线”战略的实施，辽宁沿海经济带发展上升为国家战略，沈阳经济区建设和发展，辽宁省促进区域发展的三大战略取得的成就，进行了及时、大规模的策划报道，为再创辽宁老工业基地辉煌鼓劲呐喊。

第一节 为老工业基地再创辉煌鼓与呼

2003年10月5日，《中共中央、国务院关于实施东北地区等老工业基地振兴战略的若干意见》（以下简称“《意见》”）出台。当时，省领导把振兴老工业基地比喻为中国改革开放的“辽沈战役”。《辽宁日报》编委会迅速反应，在《意见》出台当月推出“新辽沈战役进行时”（开始称“新辽沈战役”）专刊。专刊主题突出、气势磅礴，具有大视野、大策划、大气魄的特点，突出了党报主旋律宣传的权威性和感染力，有力地配合了省委、省政府的中心工作，走出了一条党报宣传报道重大新闻的创新之路，多次受到中宣部《新闻阅评》和省委领导的充分肯定及社会各界的普遍关注。

2003年10月29日，《辽宁日报》强力推出“新辽沈战役——振兴辽宁老工业基地特别报道”大型系列策划第一期。这期大型系列专刊以大字套红“新辽沈战役”为刊头，用八块整版刊发了九篇重型文章和29张照片及图表，文章包括《我们这样迈出振兴步伐》《乘风扬帆辽宁号》《重绘东北亚经济版图》《工业长子挺起共和国经济脊梁》《决战在东北　振兴看辽宁》等。这些文章充分发挥党报新闻翔实、厚重、客观、深刻的报道风格，生动地概述了振兴东北老工业基地国策出台的过程，振兴辽宁老工业基地思路的演变，以及老工业基地的形成过程、历史贡献和振兴老工业基地的重大现实意义。“新辽沈战役”专刊每期八块版，每期突出一个主题，配发一篇社论。

2004年3月24日，当时辽宁振兴老工业基地的行动已经全面展开，因此，《辽宁日报》将“新辽沈战役——振兴辽宁老工业基地特别报道”改为“新辽沈战役进行时——振兴辽宁老工业基地特别报道”，每周一期四块版。在“新辽沈战役进行时”里，报纸的视角从宏观进入微观，在理性思考中进行个案跟踪，更贴近正在发生的新闻事件。在“新辽沈战役进行时”里，报纸带着读者走进辽宁大地的角角落落，可能是一个项目或者一个举措，一个企业或者一个行业，一个群体或者一个地区……触摸的是对辽宁老工业基地振兴大业具有整体牵动作用的经济成就和具有思想辐射作用的典型经验，让读者感受到辽宁儿女投身振兴大业的豪情壮志。

“新辽沈战役进行时”专刊从2003年10月29日至2006年12月28日在《辽宁日报》刊发，历时三年多，总计103期，在读者中引起强烈反响。

“新辽沈战役进行时”专刊是《辽宁日报》首次采用专刊的报道形式。为了做好这次专刊，报社调动所有优势兵员，编辑、记者、美编、制作……大家集中作战。当时，总编辑孙刚不仅数次召开会议研究报道内容，还亲自带队到各厅局、各市采访，并一个个确定选题。专刊出版前，他还期期看大样，向编辑提出修改意见。“新辽沈战役进行时”专刊在形式上与《辽宁日报》以往版面相比有重大突破，专刊综合运用通讯、评论、图片、图表等形式，版面生动，报道有说服力，视觉上有冲击力。可以说，编辑部为“新辽沈战役进行时”专刊投入了前所未有的人力、智慧、版面、时间。此后，围绕省委、省政府中心工作抓策划，成为《辽宁日报》一大传统和优势。

| 第二节 |

“五点一线”报道勾勒沿海开放美好前景

2005 年 7 月，省委、省政府提出了覆盖全省所有沿海地区的“五点一线”对外开放构想。2006 年 2 月，《辽宁省人民政府关于鼓励沿海重点发展区域扩大对外开放的若干政策意见》正式颁布，明确界定了五个沿海重点发展区域，“五点”包括沿渤海一侧的大连长兴岛临港工业区、辽宁（营口）沿海产业基地、辽西锦州湾沿海经济区（包括锦州西海工业区和葫芦岛北港工业区），以及沿黄海一侧的辽宁丹东产业园区、大连庄河花园口工业园区。在开发五个沿海重点发展区域的基础上，辽宁还规划建设一条西起葫芦岛市绥中县、东至丹东东港市，全长 1443 公里的滨海公路，形成了贯穿全省沿海地区、促进扩大开放的“一线”。与此同时，12 条促进沿海重点发展区域扩大对外开放的优惠政策正式出台，为“五点一线”开放战略的顺利推进提供了有力的政策保障。至此，“五点一线”对外开放新格局正式形成。

辽宁省委、省政府提出“五点一线”对外开放战略后，《辽宁日报》集中力量，深入宣传“五点一线”对外开放战略的重大意义、科学内涵和开放成果。刊发的消息、通讯和言论引起了新华社等国内十多家传统媒体和新兴媒体的关注和转载。

《辽宁日报》2006 年 3 月 20 日开始宣传我省“五点一线”对外开放战略布局，到 5 月 22 日已刊发消息、通讯和言论 40 多篇，在社会上引起强烈反响，新华网等十多家国内网站先后转载。

这一时段有关“五点一线”的报道全方位、多角度地宣传振兴辽宁老工业基地的重大举措。有六篇“特别报道”具体介绍省委、省政府对“五点一线”建设的部署、要求和发展规划。《“五点一线”筑就辽宁开放新格局》指出，在“十一五”发展的征程上，辽宁牢牢把握双重机遇，以沿黄海、渤海的五个重点发展区域和一条贯通全省海岸线的滨海公路建设为核心，实施“五点一线”对外开放新战略，构筑起加速老工业基地振兴、全方位扩大辽宁对外开放的崭新格局，勾勒出引领全省经济腾飞的全新途径。这一建设刚一起步，这些地区就日渐成为外商外资竞相涌入、内商外商纷至沓来的开放热土。

这一时段的报道深入阐述“五点一线”的战略意义、科学内涵和巨大作用。陆续在头版发表的四篇评论员文章从不同角度论述了“五点一线”战略。《新时期对外开放重大战略部署》指出，“五点一线”战略是辽宁扩大对外开放思路的自我超越，也是新形势下辽宁对外开放目标的科学定位。《在新的高度构建对外开放平台》指出，“五点一线”战略将拓展辽宁经济发展空间，将加速辽宁结构调整步伐，将促进辽宁区域协调发展，更大范围、更深程度地带动全省经济发展。同时发出五个专版，从不同角度对“五点一线”战略进行深入阐述，指出这一战略的地区辐射作用。

中宣部《新闻阅评》认为，《辽宁日报》抓住“五点一线”对外开放战略这一重大主题，精心策划，推出数量多、质量好的系列报道，全方位、多角度、深入浅出地宣传报道省委、省政府振兴辽宁的重大举措，对帮助全省人民看到优势、明确方向、增强振兴信心有积极意义，对“五点一线”的建设和发展也有很大的推动作用。

2007 年，《辽宁日报》先后推出了“建设中的‘五点一线’再巡礼”“聚焦‘五点一线’沿海经济带”“走‘五点一线’看重大战略实施”等重大系列报道，对“五点一线”战略的落实情况和这些地区的建设情况进行实时报道，带领读者走进“五点一线”建设的火热场景，展现我省对外开放的美好前景。

| 第三节 |

辽宁沿海经济带系列策划描绘大开放格局

2005 年，辽宁省委、省政府提出打造“五点一线”沿海经济带的战略构想。这一构想后来逐渐被归纳为沿海经济带发展战略。辽宁沿海经济带主要由大连、营口、锦州、丹东、盘锦、葫芦岛六城市组成，陆地面积占全省 37.6%，人口占全省 44%，经济总量占全省半壁江山，既是东北对外开放的重要出海口，也是实现振兴发展新突破的重要着力点。

2009 年 7 月 1 日，国务院常务会议讨论并原则通过《辽宁沿海经济带发展规划》，标志着辽宁沿海经济带发展上升为国家战略。2009 年 7 月 6 日至 7 月 8 日，中共中央政治局常委、中央书记处书记、国家副主席习近平在辽宁调研，强调："以沿海经济带发展促进东北老工业基地全面振兴。"在这个重要的历史节点，《辽宁日报》推出六大策划，包括三次特刊、三次系列报道，对辽宁沿海经济带从规划到建设，进行了全景式报道。

一、迅速反应　推出沿海经济带三大主题特刊

在辽宁"五点一线"历经四年起步建设后，在中央实施东北振兴战略的第六个年头，在抵御国际金融危机带来巨大冲击的特殊关口，2009 年 7 月 1 日，国务院讨论并原则通过了《辽宁沿海经济带发展规划》(以下简称"《规划》")。这一《规划》的实施，给辽宁带来重要历史机遇，是全体辽宁儿女的美好愿景。《辽宁日报》反应迅速，准备充分，第二天就对《规划》进行了空前规模的宣传报道，如此迅速地组织起强大的报道攻势，这在《辽宁日报》历史上还是第一次。

7 月 2 日，在一版上辟栏通栏大标题对此消息进行了报道，并配发大幅压题照片。二题是《辽宁沿海激荡发展豪情》，简要介绍我省沿海地区的喜人发展态势。二版头题发表宁新平文章《跨向"第四极"》，对《规划》实施的重大意义进行了深度分析。同时推出经济特刊"辽宁迎来重大历史机遇"，共八块版，运用多种新闻体裁，从八个方面对《规划》进行了权威、深入、生动的解读，特别是报道了这一战略的实施与全省群众切身利益的密切关系，在全省上下引起强烈反响。接着，2009 年 7 月 25 日，推出 32 块版的辽宁沿海经济带主题策划特刊"辽宁转身面向大海"。

2009 年 9 月 25 日，《辽宁日报》推出辽宁沿海经济带主题策划之三——"阔步赶海"特刊。特刊共包括四块版，对自 7 月 1 日以来国务院、辽宁省对有关辽宁沿海经济带出台的文件进行了回顾和梳理，同时从总体和沿海六市的发展建设情况进行报道，还用一个整版请专家对《规划》进行了解读，让读者对辽宁沿海经济带有了更全面、更细致的了解。

二、呼应特刊，推出沿海经济带三大系列报道

7月3日至7月13日，在A02版头题位置刊发“辽宁沿海经济带实地采风”系列报道，此系列报道共包括三篇稿件，分别是《开放热土缔造的“沿海速度”》《创新，开启活力之源》《融合，构建一体化新格局》，描绘了自我省实施“五点一线”沿海开发战略以来，沿海开发地区由当初的“五点”衍化成“二十九点”，连线成片，为我省黄海渤海沿岸镶上一道成色十足的“金边”，空间布局也由“点、线”拓展为“一核、一轴、两翼”的良好发展态势。同时刊发评论员文章，对《规划》进行持续分析。7月6日起，三版财经版开始刊发《辽宁沿海经济带发展规划》系列报道。

2009年7月中下旬，“辽宁沿海千里行”采访团历时11天，东起丹东西至葫芦岛，完成了对辽宁沿海经济带的千里走访。一路上采访团成员入企业、进园区、听思路、观变化，采写的13篇通讯刊发在7月24日至8月15日《辽宁日报》一版倒头题或二版头题位置，写出了沿海六城市各具特色的发展模式，同时将沿海经济带一片片废弃的沿海滩涂变成工地、一批批重大项目正在洽谈或已经落地、新的产业布局蕴含着城市的未来前景的火热建设画面推到读者面前。8月18日，A02版刊载宁新平文章《写好这篇历史大文章——“辽宁沿海千里行”观与思》，对“辽宁沿海千里行”采访活动进行了总结和思考。

2009年7月27日至8月5日，刊发“辽宁转身面向大海”系列报道，系列报道共包括《重绘中国沿海经济新版图》《辽宁沿海也是东北沿海》《大鹏展翅　一飞冲天》等六篇稿件，从辽宁沿海经济带并入中国沿海经济新版图、辽宁沿海经济带带动整个东北地区发展、带动产业布局调整、带动当地人民生活水平提高等方面，对辽宁沿海经济带进行重新定位，给读者带来了一次思想观念的洗礼。之后，《辽宁日报》对辽宁沿海经济带建设进展进行了持续报道。

| 第四节 |

沈阳经济区报道大气有高度

2003年9月，省委九届六次全会正式提出了建设沈阳经济区的设想，当时称为

辽宁中部城市群（沈阳经济区）。2005 年 4 月 7 日，鞍山、抚顺、本溪、营口、辽阳和铁岭六市与沈阳市正式签署《辽宁中部城市群（沈阳经济区）合作协议》，标志着以沈阳为中心、辐射百公里半径的辽宁中部城市群建设全面启动。2006 年 6 月，省委、省政府提出推进沈抚同城化，2008 年 7 月 21 日，省政府召开沈阳经济区第一次工作会议，明确将辽宁中部城市群更名为沈阳经济区，并将阜新市纳入沈阳经济区，至此，沈阳经济区八名成员聚齐了。2010 年国家发展改革委正式批复，将沈阳经济区列为国家新型工业化综合配套改革试验区。

一、为沈阳经济区建设助力

2003 年，沈阳经济区设想甫一提出，《辽宁日报》就开始关注，之后一直持续报道。2005 年 4 月 7 日，鞍山、抚顺、本溪、营口、辽阳和铁岭六市与沈阳市签署《辽宁中部城市群（沈阳经济区）合作协议》时，《辽宁日报》一版头题消息加通讯同时配发大照片进行报道。2005 年 5 月 17 日，一版上辟栏通栏大标题《构筑中部城市群经济隆起带——沈阳经济区建设纪实》的长篇通讯，全面介绍了辽宁中部城市群（沈阳经济区）的建设情况。2007 年 8 月 16 日“关注‘沈阳抚顺同城化战略’实施特别报道”系列、2009 年 8 月“沈抚新时空系列”报道、2009 年 10 月 25 日《八城联手合下“超大地区”这盘棋》、2009 年 12 月“三大战略推进收获新硕果 · 沈阳经济区”系列报道等，都对沈阳经济区不同时期的发展态势进行了实时报道。同时对每年的沈阳经济区市委书记市长联席会议进行重点报道。

二、沈阳经济区上升为国家战略，陆续推出三大策划

2010 年 4 月 6 日，沈阳经济区获批全国唯一国家新型工业化综合配套改革试验区。4 月 7 日，《辽宁日报》一版除刊发这一喜讯外，同时刊发特约评论员文章《迈向全面振兴新步伐——写在沈阳经济区获批国家新型工业化综合配套改革试验区之际》，对沈阳经济区上升为国家战略的历史使命、诸多优势、历史性机遇进行了深入阐述和分析。同时当天报纸在 A09 版至 A12 版推出了沈阳经济区特刊《八市同城》。

特刊以《机遇再次选择辽宁》《经济区升位惠及人口2359万》《沈阳经济区这7年》《新经济增长极就在辽宁》《机遇更是考验》等述评性稿件配以独家图片，再加上前沿的视觉创意，对辽宁再次赢得重大发展机遇这一重大事件进行全方位解读。

4月13日至5月17日，推出“看规划中的沈阳经济区”系列报道《引人注目的“五带十群”》《企业改革“先行先试”有大动作》等五篇稿件，对沈阳经济区的发展变化以及发展前景进行评述。

5月10日《辽宁日报》再次推出了沈阳经济区主题策划《魅力大沈阳》特刊，共四块版，以《强大的磁场效应》《优势就是魅力》等文章，对沈阳经济区升位后的变化进行全景扫描。

三、密切关注沈阳经济区每一步发展

沈阳经济区上升为国家战略后，建设步伐进一步加快。《辽宁日报》给予了更多关注。报纸通过2010年12月25日《璀璨八星耀辽沈》、2011年1月10日二版《沈本（本溪）同城》、2011年7月10日《向世界知名城市群看齐》、2011年8月28日起刊发的“沈、抚、铁公用024”系列报道、2011年9月23日《沈阳经济区担当先行先试尖兵》等，对沈阳经济区的每一步发展建设进行了有影响力的大规模策划和密集报道。

| 第五节 |

区域发展“三大战略”报道现场感强

多年来，我省的辽西北地区工业发展相对缓慢，城乡居民生活水平较低，社会保障和就业压力大。为了解决辽西北多年积累的经济社会发展缓慢问题，实现区域经济社会协调发展，2008年11月，我省利用当时国家扩大内需的有利时机，适时推出突破辽西北战略，提出了三年见成效、五年大变样的目标，明确了在突破辽西北中，重点抓好环境建设，特别是绿化工程；抓好基础设施建设，特别是交通基础设施建设；抓好农业产业化，特别是畜牧养殖业；抓好工业化，特别是工业产业集群的建设。

突破辽西北战略的实施，给辽西北地区注入了新的发展动力，加快发展振兴的热流处处涌动。

突破辽西北战略与辽宁沿海经济带、沈阳经济区合称我省区域发展的三大战略。此后，《辽宁日报》经常将三大战略宣传统一策划、统一报道。

2009年2月9日，一版头题《三大战略推进区域发展更协调》对辽宁沿海经济带战略、沈阳经济区战略实施后取得的成果进行了总结报道，对突破辽西北战略进行了解读，指出三大战略的实施促进了我省区域发展更加协调。

2009年12月10日至12月30日一版，“三大战略推进收获新硕果”系列报道推出，共发稿九篇，三大战略各发稿三篇。辽宁沿海经济带篇和沈阳经济区篇分别写出了这两个区域经济的迅猛发展。突破辽西北篇三篇稿件为《辽西北地区悄然“增重”》《产业集群引发核爆式增长》《跳出4.3万平方公里的发展空间》，分别从辽西北三市（朝阳、阜新、铁岭）占全省地区生产总值份额的增加、产业集群的迅速增加及其对地区经济的拉动作用、对外开放步伐加快等方面，报道突破辽西北战略实施一年来，辽西北三市发生的巨变。

2012年1月5日至1月7日，“走基层特别策划·辽宁三大区域见闻”系列报道推出，共三篇稿，即《“大沈阳”初显大模样》《沿海经济带开发频出“组合拳”》和《喜见辽西北的“绿与白”》，前两篇稿写出了两个区域的不断一体化，《喜见辽西北的“绿与白”》则写出了辽西北三市在生态建设和产业调整方面的新变化：绿是指生态建设，500万亩荒山绿化工程已显生态惠民效应，白是指百万亩设施农业和风电等被称为“蓝天白煤”的新型能源产业；用极富画面感的描写，反映了辽西北三市实施突破辽西北战略后经济社会发展的“急加速”。

2012年6月25日，一版头题刊发“科学发展　成就辉煌　辽宁印记”《三大区域发展战略引领辽宁全面振兴》长篇通讯，记述了随着三大战略的深入推进，辽宁沿海经济带、沈阳经济区和辽西北三大区域竞相发展，区域协调性显著增强，辽宁也因此形成了沿海与腹地良性互动、协调发展的格局，极大地增强了跨越发展的动力，进而带动辽宁全境多点开花、全面发展的大好局面。

| 第六节 |

国企改革宣传指导性强

2002年党的十六大决定，加速东北等老工业基地的调整、改造和振兴。辽宁老工业基地振兴，国企必先行。《辽宁日报》多次精心策划系列报道，用新视角探讨深化国企改革的路径，同时报道国企改革的先进典型，为深化国企改革提供了可资借鉴的改革路径和成功样本。

一、老工业基地振兴（改造）系列报道

从2003年7月1日起，《辽宁日报》在要闻（封底）版推出“老工业基地改造”系列报道（11月4日起改为“老工业基地振兴”系列报道），推出了一批国企改革的先进典型，为国企改革提供了成功案例。

2003年7月1日刊登的系列报道之一《为生产力松绑——大连企业转制创新的启迪》，介绍了大连市加快国有企业改革，加快体制创新和机制创新，积极发展股份制企业，实行投资主体多元化，放开国有中小企业，激活国有大型企业，使全市经济活力倍增的经验。7月3日、4日连续刊发系列报道之二、之三，即《“东方鲁尔”走向振兴》的上篇和下篇。文章写到，老工业基地改造，全国看辽宁，辽宁看沈阳，沈阳看铁西，一场世人瞩目的调整改造工程使铁西工业基地正式成为沈阳发展的最大亮点：近百户企业告别了半个多世纪的老厂房，迁入开发区或异地重建。在搬迁中实现转制厂71户，4.3万名富余职工得到妥善安置。美国GE、瑞典阿特拉斯、法国法码通等国际制造巨头纷至沓来。2003年以来，已有65个工商业合资项目在新区开工建设，协议外资8.4亿美元，内资20亿元。之后还刊登了《锦州构筑发展新干线》《本溪国企改制“递进式”》等国企改革经验，为国企改革提供了可资借鉴的样本。

二、深化国有企业改革系列述评

2006年9月1日起，《辽宁日报》陆续刊发《筹集改革成本推进国企改革》《选

好战略伙伴推进国企改革》《化解企业债务推进国企改革》《维护职工权益推进国企改革》四篇特别报道，就如何深化国有企业改革进行深入分析和舆论引导，受到省内外读者的好评。

中宣部《新闻阅评》对这组报道给予充分肯定。这组报道从筹集改革成本、选好战略伙伴、化解企业债务、维护职工合法权益四个国有企业改革中最关键、最重要的问题入手，阐述和探讨深化国有企业改革问题，有事实、有分析、有议论，引人注目，有力地助推了国有企业深入改革，具有很强的指导性。

三、企改两年看成效特别报道

2005 年 5 月 26 日，在辽宁老工业基地振兴的关键时期，省委、省政府召开了全省深化企业改革工作会议，提出力争用两年左右时间，基本完成国有大企业股份制改造，全面完成国有中小企业产权制度改革。

2007 年 11 月 7 日至 11 月 9 日《辽宁日报》一版“贯彻落实十七大精神　推进辽宁全面振兴”专栏推出“企改两年看成效特别报道”，整个系列共三篇稿件《辽宁企业爆发力集中释放》《辽宁企业靠上央企大船》《辽宁企业在资本运营中壮大》，全面总结了我省深化国企改革两年来取得的成就，辽宁人民以自己的创新精神和不懈努力实现了深化企业改革的既定目标，赢得了这场攻坚战的胜利。

| 第七节 |
新农村建设宣传视角独特

党的十六届五中全会提出推进社会主义新农村建设的历史任务。推进社会主义新农村建设是党中央统揽全局、着眼长远、与时俱进作出的重大决策，是一项惠及亿万农民、关系国家长治久安的战略举措，也是推进现代化过程中必须担负起的重大历史使命。辽宁省委、省政府也把社会主义新农村建设当作全面振兴辽宁老工业基地的一项重要任务进行推进。社会主义新农村建设也成为《辽宁日报》2006 年的一个重要宣传主题。

一、及时传达省委、省政府的声音

2006 年 3 月 24 日，一版头题《全省推进社会主义新农村建设工作会议在沈阳举行（肩题）以发展壮大县域经济为重要载体　全面推进社会主义新农村建设（主标）》，同时配发社论。会议消息中报道，省委书记、省人大常委会主任李克强在会上强调，要坚持以科学发展观统领城乡发展全局，以发展壮大县域经济为重要载体全面推进社会主义新农村建设，努力实现农民增收、农业发展、农村和谐，为实现辽宁全面振兴提供有力支撑。及时地传达了省委、省政府的声音，配发的社论对此次会议精神进行了总结和提炼。

二、推出建设新农村，发展县域经济主题报道

辽宁县域人口占全省的 55%，而 2004 年 44 个县（市）生产总值占全省生产总值的比重为 35%，比全国平均水平低 21 个百分点。显而易见，县域经济在辽宁总体经济格局中是薄弱环节。《辽宁日报》的新农村建设报道正是从这一省情出发，把发展壮大县域经济作为报道重点和突破口。2006 年 3 月 27 日至 3 月 31 日刊发“建设社会主义新农村发展县域经济特别报道”，共三篇稿件，即《“移花接木”发展县域经济》《“就地生财”发展县域经济》和《“无中生有”发展县域经济》特别报道，在社会上产生了广泛反响，全国 30 多家网站予以转载。

2006 年 4 月 19 日，中宣部《新闻阅评》第 208 期刊发《辽报宣传新农村建设视角独特》的阅评文章，对《辽宁日报》深入宣传全省社会主义新农村建设给予充分肯定。

阅评文章中写到，《辽宁日报》宣传全省社会主义新农村建设的这组报道主题重大，视角独特，紧扣建设社会主义新农村这一重大主题，紧密结合辽宁老工业基地的实际，以国内先进地区的发展经验为参照，总结了辽宁社会主义新农村建设的经验，并提出了进一步做好农村工作的意见和建议。这组报道是一组策划精细、感染力强的成功报道。

2006 年 3 月 3 日至 3 月 8 日三版产经新闻版推出《关注“社会主义新农村建设”

之专家访谈系列报道》《让改革开放成果惠及广大农民》《新农村建设需要化解哪些难题》《新农村建设还农民应有尊严》，厘清了一些在新农村建设中易产生歧义的概念。

5月下旬，为配合省委、省政府《关于加快县域经济发展的若干意见》的宣传，推出了《积极发展现代农业》《加快推进工业化》《积极稳妥推进城镇化》《大力发展非公经济》《加大政策扶持力度》五篇系列综述文章。

三、开辟专栏，对新农村建设进行突出报道

2006年6月以后，一版开辟“发展壮大县域经济”专栏，发表了《朝阳农村奔向崛起路》《以百万农民的名义——阜新市实施“百万农民增收致富工程”纪事》《发展县域经济的路径选择与财政政策取向》等一批重点报道。之后又开辟了“走进新农村建设”专栏，对丹东凤城市大梨树村等新农村建设的典型进行现场报道。

|第八节|

自主创新报道有深度

2006年1月9日至11日在北京召开的全国科学技术大会上，中共中央、国务院发布了《关于实施科技规划纲要，增强自主创新能力的决定》，对《国家中长期科学和技术发展规划纲要（2006—2020年）》进行了全面部署，提出全面提升国家竞争力，创新体制机制，走中国特色自主创新道路，为建设创新型国家而奋斗。2006年1月，辽宁省两会的《政府工作报告》中提出，把增强自主创新能力作为调整产业结构、转变经济增长方式的中心环节，释放我省科技教育的巨大潜能，用科技创新支撑辽宁制造。同时，我省于2006年2月23日召开全省科学技术大会，会议强调要把科技创新放在更加突出位置，以科技创新引领老工业基地改造。

《辽宁日报》于2006年2月初开始至3月中旬集中刊发有关我省自主创新的宣传报道，形成报道的强势。

一、一版从 2 月初开始推出自主创新重大典型报道

2 月 12 日一版头题推出长篇通讯《自主创新看鞍钢》，从鞍钢正在崛起的新区依靠自主创新实现资源循环、鞍钢开发的新产品大举进军“国字号工程”、技术输出使鞍钢实现从卖产品到卖技术的跨越三个方面，报道了鞍钢这家老国企依靠自主创新重获新生的历程。2 月 15 日一版刊登了《自主创新铸就百亿冰山》，报道了大连冰山集团凭借强大的自主研发能力和坚持引进技术再创新，取得了速度惊人的发展。还陆续刊发了《沈阳高新区以科技创新引领老工业基地振兴》《丹东小配件科技创新领风骚》《盘锦靠创新实施“大蟹工程”》等报道。这些自主创新的重大典型报道为全省的自主创新提供了很好的成功案例。

二、推出“创新辽宁特别报道”

2006 年 2 月 21 日至 3 月 13 日，《辽宁日报》紧密结合辽宁实际，在一版推出“创新辽宁特别报道”，密集推出我省增强自主创新能力主题报道，引起较大反响，国内 20 多家网站纷纷转载。

“创新辽宁特别报道”以装备制造业为重点，突出宣传了增强创新能力的重要作用。2 月 21 日至 2 月 27 日在头版刊发“创新辽宁特别报道”。第一篇《自主创新辽宁面临十字路口》，把辽宁经济发展现状比喻为“走在自主创新十字路口”，客观地分析了辽宁基础好、优势多、开局好，又指出存在的差距、矛盾、瓶颈，是“科技大省”但不是“科技强省”，是“制造大省”但不是“创新强省”。之后又相继刊发《自主创新　写就传统产业升级版》《自主创新　续写老工业基地新传奇》《自主创新　角色转型更赋使命》三篇稿件。3 月份，“创新辽宁特别报道 · 典型篇”刊发《向世界机床技术的巅峰冲击》（3 月 5 日）、《新思维引领东软自主创新之路》（3 月 9 日）、《沈鼓集团冲刺产业链条最高端》（3 月 13 日）三篇报道，有深度、有气势，使读者明确思路、坚定信心、努力向前。

这组报道连续在头版刊发，形成了强大的冲击力。标题制作上全部以自主创新为核心，结构完整，层层递进，保持了高位运行的报道气势。报道刊出后在社会上

引起较大反响，国内 20 多家网站转载。

三、推出“自主创新之辽宁实践”系列报道

2 月 8 日至 2 月 27 日，三版产经版推出“自主创新之辽宁实践”系列报道，大力报道全面增强自主创新能力取得显著成效的先进典型。辽宁的主导产业是以装备制造业为代表的传统产业，这是与我国经济的素质和效益密切相关的重要行业，产经版上展示的典型主要集中在这个领域。2 月 8 日刊发的《沈重创新图变》介绍沈阳重型机械集团公司以企业为主体、以市场为导向，持续不断地自主创新，实现了脱胎换骨式的三变，连续两年产值超 10 亿元，2005 年突破了 30 亿元。2 月 10 日刊发的《沈变三重突破》，报道沈阳变压器集团有限公司代表国内变压器行业自主创新最高水平的产品，2006 年春在美国中标，打入了发达国家高尖端变压器市场。2 月 24 日刊发的《东软创新跨越》，报道我国尖端医疗设备制造领域的东软医疗系统有限公司坚持自主创新，由一个普通软件公司一跃成为国内名列前茅的著名企业。2 月 27 日刊发的《瓦轴活力探源》，报道瓦房店轴承集团坚持体制机制创新和通过创新提高技术水平，成为当时全国轴承行业排名第一企业。

四、突出宣传科技创新对振兴老工业基地的关键性作用

2 月 24 日，在头版报道的全省科学技术大会开幕及有关消息中，强调要把科技创新放在更加突出位置，以科技创新引领老工业基地改造，充分发挥科技创新对辽宁老工业基地振兴的关键性作用。同时发表社论《高举科技创新旗帜　共创辽宁美好明天》，阐明中央和省委、省政府的精神。此外报道的《省委理论学习中心组举行科技创新专题学习会》指出，要把推进科技创新作为我省经济发展的重要举措和调整结构的关键环节，加快实现辽宁全面振兴。

中宣部《新闻阅评》认为，《辽宁日报》充分发挥了党报的独特优势，下功夫精心策划，抓住自主创新这一具有特殊意义和关键作用的重大主题，结合辽宁经济社会发展情况，进行深入的宣传报道，有理性分析，有典型引路，对激励全省人民以

科技进步和自主创新振兴老工业基地，起到了很好的导向作用。

| 第九节 |

棚户区改造宣传反响强烈

在党中央、国务院亲切关怀和国家有关部门大力支持下，2005 年、2006 年两年辽宁省完成了 5 万平方米以上城市连片棚户区改造，14 个市共拆除棚户房 1212 万平方米，建成 1931 万平方米高标准棚改新区，34.5 万户、120 万棚户区居民喜迁新居。2007 年，全省全面启动 5 万平方米以下城市连片棚户区改造，一、二月份又有 10 万户棚户区居民住上了新楼房。大规模的棚户区改造不但创造了令人振奋的“棚改速度”和“棚改奇迹”，也留下了宝贵的“棚改精神”。

《辽宁日报》把深入宣传棚户区改造作为“科学发展　共建和谐”主题宣传的一个切入点，推出了一系列氛围浓厚、影响广泛的重点报道，声势大、质量高，很好地反映了“棚改速度”“棚改奇迹”和“棚改精神”。

第一次策划：2005 年 6 月
棚改工程实施 1 个月后

2005 年 6 月 28 日至 7 月 1 日，在一版“建设和谐辽宁　实现全面振兴”专栏内，连发四篇关于棚户区改造的新闻。6 月 28 日《“一号民心工程”动作快规模大措施实（肩题）全省近 10 万居民先期告别棚户区（主题）》向全省人民报告了这一好消息。6 月 29 日《来自棚户区改造工程的特别报道之一——从群众最期盼的事情做起》、6 月 30 日《来自棚户区改造工程的特别报道之二——沉重的担子政府挑》、7 月 1 日《来自棚户区改造工程的特别报道之三——老棚户梦圆不再遥远》，分别从省委、省政府实施这项民心工程的重大意义、具体部门以非凡魄力进行操作、棚户居民对这项工作的响应三个方面对棚户区改造工程进行了报道。2005 年 12 月采访组再赴棚改新区，采访喜迁新居的老棚户后，写出的稿件发表在 12 月 8 日一版上，题目为《在心里写了 10 年的家书》，因稿件题材重大、采访深入、写法生动、感情真实感人，荣获第十六届中国新闻奖消息类二等奖。

第二次策划：2006 年 2 月

2005 年棚户区改造工程取得丰硕成果之时

2006 年 2 月上旬刊登的《十万老棚户新厦过大年》《为官卧听潇潇竹　疑是百姓疾苦声》《树起老百姓心中的丰碑》《安居乐业撑起“老棚户”一片蓝天》四篇“来自棚户区改造工程的特别报道”和两篇年终专稿，大力报道省委、省政府的决策、措施，全面地报道了我省 2005 年棚户区改造工程的进展情况和取得的巨大成就。其中《本溪：决战棚户区》等深入报道了全省 11 个市改造棚户区的攻坚历程及措施、成就、经验;《十万老棚户新厦过大年》《安居乐业撑起“老棚户”一片天》等稿件，具体报道了 2005 年全省 10 万户老棚户区居民喜迁新居的欢声笑语。中宣部《新闻阅评》认为，改造好城市棚户区这一老工业基地历史遗留问题是振兴工业基地的重大举措。辽宁省委、省政府下大力气打好这一攻坚战，深得人心。《辽宁日报》大力进行宣传，深入人心，也赢得民心。

第三次策划：2006 年 10 月

2006 年棚户区改造取得巨大成就之时

结合贯彻省第十次党代会精神,《辽宁日报》再次掀起棚户区改造的宣传强势。2006 年 10 月 31 日至 11 月 10 日,《辽宁日报》在头版“落实省党代会精神　推动辽宁全面振兴”专栏陆续刊发“来自棚户区改造一线的特别报道”, 这组报道共包括《棚改责任见证执政为民》《德政工程激活棚改模式》《棚改精神创造棚改速度》《棚改成果诉说和谐民生新话题》等八篇报道，全方位、立体式地展示了 2006 年全省棚户区改造工程取得的巨大成就以及创造的棚改“超速度”, 同时具体报道了棚改新区安乐、和谐、文明的新气象。中宣部《新闻阅评》载文指出，这是一次浓墨重彩地宣传被称为民心工程、德政工程、阳光工程、辽宁一号工程的棚户区改造的强势报道，对构建和谐辽宁、推进辽宁全面振兴，起到了积极作用。

第四次策划：2007 年

5 万平方米以下城市连片棚户区改造展开时

2007 年 7 月 26 日至 7 月 30 日，“来自 5 万平方米以下棚户区改造一线的特别报道”《新棚改　以人为本奠基的公信力工程》《新棚改　伟大精神激发的效率工程》《新棚改　和谐思维谋划的安居乐业工程》三篇稿件，见证了全省广大党员的责任感，领导干部的科学发展观和各级政府的公信力。

宏伟事业产生时代精神，时代精神激励事业前进。2007 年 4 月 9 日，一版刊发署名辽宁省邓小平理论和“三个代表”重要思想研究中心的《论“棚改精神”》。文章认为，“棚改精神”是孟泰精神、劳模精神和雷锋精神在新的时代条件下的传承和发扬，是推动科学发展、促进社会和谐、加快辽宁老工业基地全面振兴的强大精神力量。

| 第十节 |

援助“零就业家庭”特别报道引起全社会共鸣

2005 年初，辽宁省委、省政府提出了“要确保城镇有就业需求的家庭年内至少有一人实现就业”的工作目标，庄严的承诺，彰显了各级政府的负责态度和坚定决心，一场惠及千家万户的“清零”行动在全省拉开了帷幕。为了保证零就业家庭成员及时稳定就业，辽宁省不断探索建立援助零就业家庭就业的长效机制。

建设和谐社会，辽宁瞄准了“零就业家庭”，重槌敲在了响鼓上，引起了全社会的齐振共鸣。《辽宁日报》对此进行了长期关注、多频次报道。

一、2005 年加快解决“零就业家庭”就业问题系列报道

2005 年 7 月 7 日至 7 月 12 日《辽宁日报》一版“建设和谐辽宁　实现全面振兴”专栏刊发加快解决“零就业家庭”就业问题系列报道三篇稿件，分别是《让每个有需求的家庭至少有一人就业》《把惠及千万困难家庭的民心工程做实》《帮他们创业是全社会的共同责任》。三篇稿件从工作目标、具体操作过程、社会责任三个方面对

我省实施零就业家庭就业援助的德政工程进行了系统报道，引起了强烈的社会反响，受到读者的热烈支持。

二、2006年关注“援助零就业家庭就业”特别报道

2006年10月8日至20日，《辽宁日报》在“努力建设和谐社会”专栏陆续刊发《夯实和谐之基的民生战略》《保障民生之本的长效机制》《兑现庄严承诺的切实行动》《点亮万家灯火的民心工程》《着眼长远的政策保障》《倾注心力的率先突破》《以民为本的创新思维》《缘自发展的“清零”行动》八篇关注“援助零就业家庭就业”特别报道。

这组报道层层深入宣传援助就业的重大意义。首篇《夯实和谐之基的民生战略》指出，就业特别是零就业家庭成员就业是“民生之本”“和谐之基”。解决零就业家庭的就业问题，是省委、省政府在振兴辽宁老工业基地的大背景下，坚持立党为公、执政为民，从群众最迫切最期待解决的问题入手，构建和谐辽宁的一项重大民生工程。这组报道具体生动地反映了群众的心声。八篇报道哲理性较强，用十多个人物实例，用朴实的语言表达他们的切身感受。

11月2日，中宣部《新闻阅评》以《对构建和谐社会有推动作用　辽报援助零就业家庭报道得人心有感染力》为题，对这组报道予以充分肯定。中宣部《新闻阅评》认为，《辽宁日报》抓住建设和谐社会这一主旋律，精心策划了八篇关注“援助零就业家庭就业”这一“和谐之基”的特别报道，体现了一家省报对贯彻十六届六中全会精神的认真态度。这组报道鲜明反映出地方特色，报道思想性、时效性和感染力都很强，对构建和谐社会有很好的推动作用。

第九章

及时报道重大新闻事件

面对重大新闻事件，舆论场里会有各种声音，众说纷纭。这时就需要主流媒体及时发声，正确引导舆论，抢占舆论场主阵地。作为省级党报，《辽宁日报》在重大新闻事件发生时，总是及时发声；在大是大非面前，总是立场鲜明。同时发挥党报新闻厚重、深刻、论述透彻的优势，运用群众易于接受的传播方式，阐明道理，主动承担起抢占舆论主战场，正确引导舆论的职责。

| 第一节 |

聚焦众志成城战“非典”

2003 年初，我国广东地区发生传染性非典型肺炎（简称“非典”）疫情，不久，疫情蔓延至全国 20 多个省区市，辽宁也在其中。《辽宁日报》按照中央和省委指示，集全报社之力，加大防治“非典”的宣传报道力度，为战胜“非典”营造了强大舆论氛围，增强了全省人民战胜疫情的信心。

一、迅速反应，及时报道

2003 年 4 月 22 日，《辽宁日报》在一版头题刊发了省委、省政府在沈阳召开进一步做好传染性非典型肺炎防治工作紧急会议，省委书记闻世震在会上讲话的消息。会议要求，认真贯彻中央关于传染性非典型肺炎防治的指示精神，充分认识做好“非典”防治工作的重要性、紧迫性；加强领导，明确责任，齐心协力，严防死守，坚决控制“非典”在辽宁的扩散和蔓延。4月23日，一版头题报道了闻世震在沈阳检查传染性非典型肺炎防治工作的消息。4月25日，一版头题刊发《我省建“非典”防控网络体系》，二题配本报评论员文章《坚决打胜“非典”防治这场硬仗》，提醒全省人民提高认识，加强防范，坚定抗击“非典”必胜的信心。之后，报纸一直在一版头题或二版头题位置上刊发关于抗击“非典”的内容。

当辽宁省发现一例患者后，设置了“疫情通报”和“切实做好‘非典’防治”两个专栏在一版或二版刊出，及时发布和报道国内外防治“非典”的动态、经验。先后派出大批记者深入抗击“非典”第一线，采访报道广大医务工作者抗击“非典”的事迹和经验。这期间，报纸每天抗击“非典”报道稿件数量占一版一半以上，二版超过1/3版面，形成了报道强势。

二、加大力度，全面报道

2003年5月3日、4日，《辽宁日报》分别发表通讯《奋战在非常时期——沈阳万众一心迎战“非典”纪实》《众志成城战“疫魔”——大连市人民防控“非典”纪实》。接着又连续刊发了全省各地、各条战线抗击“非典”的重要新闻，同时加大对防疫知识的宣传力度。

从5月12日开始，《辽宁日报》在一版连续刊发《万万不可松口气》《伟大斗争需要伟大精神》等八篇本报评论员文章，坚定了全省人民战胜疫情的信心。新闻直通车等版面也结合各自版面的特点，加大对抗击“非典”的宣传力度。

三、宣传“一手抓防治非典　一手抓发展经济”典型

6月2日至6月24日，在一版推出“防治‘非典’不放松　发展经济不动摇”专栏，栏题为红色通栏大标题，每天发五篇左右文字报道和一两幅图片，除继续报道全省防治“非典”情况外，更多的是报道工农业等生产战线传来的喜讯，如《大连以开放推进大项目》《沈河区非常时期实现超常发展》《辽阳万余人重上岗》等，其他版面亦均加强了这方面内容的报道。

四、宣传英模事迹　将抗非精神转化为振兴力量

2003年7月14日,《辽宁日报》第九版关注版刊出了《记者与抗非勇士面对面——听他们讲述“非典”时期的真情》,以整版报道了沈阳军区医疗队进驻北京小汤山医院的故事,记录他们在小汤山的日日夜夜和所思所感,使他们的英雄形象跃然纸上。

2003年7月29日,《辽宁日报》一版头题刊发了全国防治“非典”工作会议消息。此次会议全面总结了防治“非典”的工作经验,高度评价了夺取这场斗争胜利的伟大意义,深刻阐明了今后工作中要注意抓好的重大问题并配发评论。8月17日,二版头题刊发《我国内地已无“非典”》,宣告我国抗“非典”斗争的胜利结束。8月20日,一版头题报道辽宁省暨沈阳市抗击“非典”斗争英雄模范事迹报告会在辽宁人民会堂隆重举行的新闻。新闻中写到,报告会上,全国抗击“非典”斗争英雄模范事迹报告团六位英模代表为来自省直机关及沈阳市的1600多名各界代表作了生动具体、真实感人的报告。报告会结束后听众掌声经久不息,不舍离去。同时,一版配发本报评论员文章《弘扬抗非精神　振兴老工业基地》,号召全省人民将抗非精神转化为建设中国特色社会主义伟大事业的强大力量,为加快辽宁的现代化进程,尽快实现全面建设小康社会的宏伟目标,加快实现辽宁老工业基地的调整改造和振兴而努力奋斗!

7月23日,在中宣部和全国记协联合举行的全国新闻界抗击“非典”宣传工作表彰大会上,《辽宁日报》要闻部获“全国新闻界抗击‘非典’新闻宣传先进集体”荣誉称号,系列评论《万万不可松口气》等及消息《老工业基地抗“非典”做出的新贡献》获优秀作品奖,记者朱勤获此项报道的“优秀记者”荣誉称号。

| 第二节 |

为抗震救灾提供强大精神力量

2008 年 5 月 12 日，四川省阿坝藏族羌族自治州汶川县发生 8.0 级地震。

灾情就是命令！地震发生后，省委宣传部对做好抗震救灾报道工作作出了总体部署。2008 年 4 月 14 日，辽报集团总编辑孙刚参加省委宣传部召开的关于做好当前抗震救灾宣传报道专题工作会后，立即主持召开辽报集团贯彻省委宣传部工作部署，做好集团所属媒体抗震救灾宣传报道的编委扩大会议。孙刚要求，集团各媒体的主要领导要高度重视当前抗震救灾的宣传工作，加大正面引导力度，准确把握宣传基调，严格遵守宣传纪律，以高质量的宣传报道为当前抗震救灾的工作大局作出贡献。

总的来看，有关汶川地震的抗震救灾报道分为三个时期，第一个时期是 2008 年 5 月地震发生后的报道，第二个时期是 2009 年 5 月汶川地震一周年祭的报道，第三个时期是 2010 年至 2011 年辽宁对口支援安县、安县重建的报道。

一、地震发生后立即展开抗震救灾报道

（一）地震发生后迅速派记者深入全省各条战线采访，同时派记者到抗震一线进行现场报道

地震发生后，《辽宁日报》和集团所属各媒体的记者深入全省各条战线，采写了一大批高质量的新闻稿件，全面反映了省委、省政府对四川地震灾区的援助工作，及时报道了全省人民自发为灾区做贡献的深情厚谊。

报社先后派出两批记者到汶川地震灾区现场采访。记者唐成选和刘立纲第一批进入灾区，冒着生命危险到灾情最重的川北地区采访。他们采访了一大批我省赴川救援的消防官兵、医疗队员、水利抢修人员和志愿者，每天向报社发回稿件，从早到晚，即使是在车上、饭中，他们也在用笔记录或敲打电脑键盘，有时一天只睡两三个小时。第二批到地震灾区采访的记者孙福义和周里，在四川省德州市采访时还遇到了一次 5.4 级的余震。

（二）36 个专版的报道，发出抗震救灾的最强音

5月13日至5月23日的11天里，不仅报纸每天的一版头题都是抗震救灾新闻，而且一版的内容几乎都是抗震救灾新闻。以《众志成城抗震救灾》《万众一心　众志成城　支援四川抗震救灾》为通栏标题的专版共编发了36块，其他版面也有抗震救灾的相关内容，形成了强劲的宣传声势。

这一阶段《辽宁日报》大力宣传党中央和国务院抗震救灾工作的决策部署，及时传达党中央、国务院对灾区人民的亲切关怀；大力宣传人民解放军指战员、武警部队官兵、公安干警、广大医务工作者、志愿者等在人民群众危难时刻挺身而出、历尽艰险、不怕疲劳、连续作战、抢救生命的可歌可泣的英雄事迹；大力宣传辽宁省委、省政府和全省各地支援灾区的工作部署和实际行动。此外，还有有关防震、抗震、救灾科学知识方面的稿件，帮助读者提高抗震救灾意识。

5月26日，省委宣传部《新闻工作》刊出文章，对《辽宁日报》的抗震救灾报道给予充分肯定，认为《辽宁日报》的抗震救灾报道奏响了万众一心、共克时艰，一方有难、八方支援，顽强拼搏、敢于胜利的主旋律，为全省抗震救灾、支援四川灾区工作提供了强大的精神动力和有力的舆论支持。

二、地震发生一周年祭

2009年5月12日是四川汶川特大地震发生一周年的日子，《辽宁日报》记者刘立纲重返灾区采访，重点报道我省对灾区的对口援建情况，并开设专版纪念在地震中不幸罹难的同胞和在抗震救灾中英勇献身的烈士。

5月9日，一版显著位置刊出本报记者刘立纲重访我省对口帮扶的灾区的稿件《绵阳第一所回迁学校——辽宁建》，写的是辽宁援建安县的援建队在地震发生后第一时间为安县花荄镇初级中学建起了“板房学校”，让孩子们重返课堂。一年后，辽宁援建队为该校建设的5300平方米的新教学楼拔地而起，2009年5月8日，该校2800名师生兴高采烈地搬进了新教学楼。5月10日，刘立纲采写的《援建，快些再快些》在一版发出，写出了辽宁对口支援安县前线指挥部里的繁忙景象，所有人员的工作强度是“周周5＋2，天天白＋黑”，只为尽快让灾区人民过上更好的生活。

5月9日、13日，《辽宁日报》分别在四版国内版整版刊发“汶川地震一周年祭”，对灾区人民重建家园情况进行报道，让读者看到震后灾区人民没有被困难吓倒，以更大的勇气和毅力，建设更美的汶川的壮举以及重建中的汶川的勃勃生机。5月9日四版头题是《汶川地震后出现四大奇迹》，这四大奇迹是灾后没饥荒、没流民、没瘟疫、没有社会动荡，充分体现出社会主义制度的优越性。5月13日四版头题是《纪念四川汶川特大地震一周年活动隆重举行　胡锦涛出席并发表重要讲话（肩题）力争提前一年完成灾区重建（主标）》，同时配发一张大照片，照片中胡锦涛总书记深情俯下身子，将一枝洁白的菊花敬献在四川汶川特大地震记事墙前，深切怀念在地震中不幸罹难的同胞和在抗震救灾中英勇献身的烈士。5月12日，九版社会版刊发《汶川地震周年祭》，整版以第一人称，记录参与援建安县灾区人员和志愿者的艰苦经历和他们的所思所感，表达了他们与灾区人民的深厚情谊，体现辽宁人民对灾区人民的无限牵挂和无私奉献。

5月11日，一版发表《安县向辽宁发来感谢信》，信中回忆了在安县的危急时刻，辽宁各路援建大军千里驰援，让他们温暖过冬的无私奉献精神，表达了51万安县人民对辽宁省委、省政府及辽宁人民深深的谢意。一版同时发出了《辽宁已投5.7亿助安县安居》的稿件，对辽宁的援建工作进行了总结。5月15日，一版右上位置发表《帮地震灾区，咱辽宁人捐了12.74亿》，对辽宁人民的自发捐款情况进行了报道。

三、辽宁对口支援安县、安县重建的报道

作为安县的对口支援省，辽宁人民一直牵挂着安县人民，把安县当成了辽宁省的第45个县。三年援建任务两年完成，助安县震后重建一个更加美好的安县，三年实现辉煌跨越。《辽宁日报》持续跟进报道。

（一）地震发生两周年：汶川新生

2010年5月8日，一版刊登《我省援建安县88个项目全部完工》，报道了我省三年援建安县的任务，提前一年完成的好消息。5月12日，是汶川地震两周年的日子。这一天，推出了纪念汶川灾后重建的策划《汶川新生》，共四块版（B02至B05），分别从汶川灾后重建的启示、汶川的希望、汶川重建、辽宁对口支援安县等方面，对重建后的汶川进行了全面报道。与此同时，《辽宁日报》编辑部再派记者进入安县，

对安县重建情况进行了最新报道。2010 年 10 月 1 日，一版头题刊登了《辽宁省对口援建安县工作基本完成》，报道了我省对口援建安县工作基本完成。2010 年 12 月 20 日，一版刊登通讯《辽宁大爱　安县重生》，综合报道了我省援建安县的事迹。12 月 21 日，一版又刊登了《我省召开对口支援安县表彰大会》，对援建工作进行了总结和表彰。

（二）地震发生三周年再访安县

2011 年 4 月 1 日，二版刊发《安县致辽宁省援建者的感谢信》，再次表达了安县人民对辽宁省援建工作的感激之情。4 月 22 日至 4 月 25 日刊发三篇“再访安县看重建”系列报道，将经过三年重建后的崭新安县介绍给辽宁人民。5 月 12 日，一版转二版刊登通讯《用辽宁力量助安县重生》，5 月 13 日，A03 版发表新华社稿件《三年重建　震区实现辉煌跨越》。

| 第三节 |

激扬文字铺展北京奥运盛况

2008 年是中国奥运年，《辽宁日报》投入了前所未有的报道力量，用前所未有的版面，持续时间长达半年之久，报道北京奥运会盛况。

从 3 月初《辽宁日报》国际版第一个开设“传递激情　点燃梦想”专栏，到体育部大型系列主题策划“2008　心和北京一起跳动”推出，《辽宁日报》的奥运报道帷幕正式拉开。专题部的访谈版、专刊部的专版随后跟进也参与到奥运会的报道中。8 月 8 日奥运会开幕，《辽宁日报》推出重磅特刊“超越梦想”，以每天八块版全彩页的空前规模，把北京奥运会报道推向了高潮。

一、系列主题策划“2008　心和北京一起跳动”展现宏大叙事能力

系列主题策划“2008　心和北京一起跳动”按照北京奥运会预热阶段的节奏，从 8 月 8 日开幕，倒排档期，分四个主题展开：“2008　心和北京一起跳动·环辽宁行”“2008　心和北京一起跳动·奥运召唤”“2008　心和北京一起跳动·直通北

京”“2008　心和北京一起跳动·圣火到辽宁”。一条主线“心向北京　同频共振”贯穿系列策划始终，把辽宁人民企盼奥运、拥抱奥运的热情表达得炽热感人。

“环辽宁行”策划专版共16块版。辽宁是体育大省，更是体育强省，截至北京奥运会前，辽宁参赛运动员、贡献的奥运金牌数居国内各省、区、市之首。奥运会在中国举办，是对体育大省强省体育工作的一次最好检阅。为此，《辽宁日报》体育部联合《辽宁日报》驻14个市的记者站，对各市的体育工作进行一次全面梳理。专版设特色栏目“名人堂”“一方水土”“人杰地灵”“倾情讲述”“北方感动”，从地域风貌讲起，从基层教练讲起，讲述那些为国争光的运动员成长的故事，讲述了辽宁体育事业蓬勃发展的历史。

“奥运召唤”专版共九块版。对中国军团备战奥运会最受瞩目的项目以及看不见的战线进行全面盘点，三大球、两小球、田径、119工程（重竞技），中国军团重点夺金项目和全国人民最为瞩目的大项目尽收其中。看不见的战线聚焦了后勤保障、科研攻关、陪练团队等。

“直通北京”专版共两块版。为去北京观看奥运会比赛的体育迷提供服务，从比赛场馆到交通、再到赛程，提供“贴身”关怀。

“圣火到辽宁”专版共六块版。全程报道北京奥运会圣火在辽宁传递的盛况，“中国奥运第一人”刘长春之子刘鸿图、“东方神鹿”王军霞、七次出征奥运的王义夫，“圣火到辽宁”专版记录了这些中国奥林匹克运动传奇人物传递奥运圣火的永恒瞬间。

二、超越梦想——《辽宁日报》体育报道的巅峰时刻

北京奥运会期间，《辽宁日报》组建了30多人参与的北京奥运会报道组。每日八块版全彩的“奥运专刊”，是《辽宁日报》报道历史上前所未有的规模。8月8日至8月25日，18期的“奥运专刊·超越梦想”，气势磅礴，唱响“同一个世界，同一个梦想”的主旋律，突出“绿色奥运、科技奥运、人文奥运”的鲜明主题。特刊把视野半径扩大到奥运赛场内外，延展到六个奥运承办城市。18期的“奥运专刊·超越梦想”，共出版了152块专版，采用照片1000幅，采写稿件1000多篇计70多万字。

三、三个办刊宗旨，彰显“奥运专刊”突出特色

（一）宣传北京奥运会的一个重要理念——人文奥运

奥林匹克之父顾拜旦称“奥运会的主体是运动员”。“奥运专刊”办刊宗旨之一就是给运动员以人文关怀。所以在稿件采写的选题上、编辑思想在版面的贯彻上，都体现了这一办刊宗旨。8 月 22 日专刊，第一次把获得银牌的选手王楠安排在头题《王楠在辉煌中谢幕》，并在二版和六版对这一主题进行放大。8 月 21 日，以《掌声献给纳塔莉》为题报道了南非独腿运动员参加马拉松游泳比赛的感人故事。8 月 18 日，报道中国选手邱健获得 50 米步枪 3 × 40 金牌的同时，也以《复制雅典悲喜剧》为题，给美国运动员埃蒙斯送去人文关怀。

（二）颂扬奥林匹克精神

“金牌是暂时的，只有奥林匹克精神是永恒的。”在策划奥运专刊时，《辽宁日报》编辑部就把弘扬奥林匹克精神作为一个重要的办刊理念。在一版的设计上，每天在一版显位选登奥林匹克史上最有影响的三位人物顾拜旦、萨马兰奇和罗格关于奥林匹克精神的阐述格言，介绍和传播奥林匹克精神。同时，在一版发表如《完整的解读》《胜负之间的参与者》等文章进行呼应。宣传中国运动员顽强拼搏的精神，如《荡气回肠，33 岁张宁卫冕》《八年磨一剑，杨威终成全能王》，也追踪报道国外运动员挑战人类极限，实现伟大梦想的奇迹，如博尔特（《纪录尘封 12 年　神奇小子一朝破》）等北京奥运会上涌现的体坛英杰。

参与精神也是奥林匹克精神的本质。报纸在“边走边拍”专版中连续推出专题摄影报道《我到北京看奥运》《中德乒乓赛场外的对抗》《奥运掀起收藏热》，通过发生在奥运会赛场外的凡人小事，反映全民参与奥运的一个个动人故事。

（三）礼赞辽宁为奥林匹克事业、为中国的体育事业作出的贡献

辽宁是体育大省和强省，在历届奥运会中，辽宁运动员都为中国体育代表团作出了突出贡献。所以在《奥运专刊》中，特辟“辽宁时刻”和“水晶皇冠”两个专版，报道北京奥运会中的辽宁元素。十个“水晶皇冠”专版，对沈阳奥运足球分赛区在赛事的筹备和比赛的组织方面，都给予了充分的报道，如《沈阳赛区上演奥运重头戏》《沈阳奥足竞赛运行得满分》等。

“辽宁时刻”专版，从开幕式上辽宁艺术家奉献的《今夜，鸟巢劲吹东北风》《鸟巢闻天籁　朗朗中国音》到“辽宁人在北京”专栏（《千名大连舰艇学院学子担任奥运仪式标兵》《奥林匹克青年营中的辽宁孩子》《在开幕式上演绎汉唐之风》），见证了辽宁人对北京奥运的鼎力支持。

“辽宁时刻”见证了辽宁选手夺得六枚金牌、十多枚奖牌的全过程。同时也没有忘记，在赛场拼搏但没有拿到奖牌的运动员——十项全能运动员齐海峰（《齐海峰超越自己》）、马拉松运动员朱晓琳（《朱晓琳：我拼尽了全力》）、铁人三项运动员邢琳（《女铁人的悲苦喜乐》）、赛艇运动员田靓（《与奖牌无缘　田靓、李勤抱头痛哭》）。他们是辽宁的骄傲，他们也是中国奥林匹克的骄傲。

| 第四节 |

引导舆论提振战胜金融危机信心

2008 年六、七月间，美国金融危机初露端倪，9 月，美国雷曼兄弟公司破产。之后，美国金融危机迅速传导至世界很多国家，导致全球经济增长放缓。此次金融危机是最严重的全球金融危机之一，对全球经济产生了深远影响，中国经济也受到了很大冲击。中国及辽宁人民奋发图强，努力保持经济增长，以减少世界金融危机的影响。2009 年春，中共中央总书记、国家主席胡锦涛，国务院总理温家宝分别来辽宁考察企业发展情况。2009 年 6 月，中央政治局常委、全国政协主席贾庆林来辽宁调研。中央领导的关怀，让辽宁人民增强了战胜世界金融危机的信心和勇气。《辽宁日报》紧紧围绕省委、省政府的部署，为全省人民鼓劲打气，凝聚起战胜金融危机的强大力量，营造出坚定信心走出金融危机阴霾的强大舆论氛围。

一、评论竖起信心旗帜，为战胜金融危机提供精神力量

2008 年 10 月 29 日至 12 月 31 日，《辽宁日报》一版下辟栏连发署名“本报特约评论员”的三篇评论，即《发展是解决一切问题的“总钥匙”》《信心比黄金更重要》《紧紧咬住目标不放》。2008 年初，省委、省政府提出了全年确保主要经济指标增幅

不低于振兴以来的平均水平，不低于东部沿海省份的平均水平的目标。三篇评论指出，一定要坚持科学发展观，坚定战胜世界金融危机的信心，紧紧咬住“两个不低于”目标不放，保持辽宁又好又快的发展势头。10月31日，一版同时开设“坚定信心　科学发展　确保目标”专栏，刊登各地区各行业良好的发展态势。

12月1日至12月5日，一版下辟栏再发“本报评论员”系列评论——保持经济平稳快速发展系列谈，也是为经济发展鼓劲的系列评论，重点展望下一年经济，夺取下一年“开门红”。12月2日，一版刊发“本报评论员”文章，题目为《紧紧围绕“保增长”解放思想》，指出全省人民要不断创新工作，确保经济增长。12月5日，一版同时开设“重点企业在行动”专栏，介绍重点企业应对金融危机的经验。12月20日，一版下辟栏刊发署名“本报评论员宁新平”文章《一定要干好这一百天——写在辽宁“保增长”的重要时段》，再次对2009年“开门红”对保增长的重要性进行论述。

二、开设多个专栏　报道应对危机新举措

2009年1月3日，一版头题“应对危机挑战　抢抓机遇发展”专栏刊发《结构优化促沈阳经济实现跨越发展》；一版倒头题“全力保增长　确保开门红”专栏刊发《本溪亮出项目大单保精彩开局》，二版头题刊发评论《应对危机中国有力量》，新年伊始就显示出强大的战胜金融危机的信心和勇气及实际成效。

1月4日，“保增长　展风采”专栏，连续刊发全省各地积极应对金融危机，确保经济增长的典型经验。当天的一版倒头题刊发“本报评论员宁新平”文章《向着“保增长”目标加速前进》，为全省实现保增长目标打气，提振全省人民走出金融危机阴霾的信心。

“保增长”也成为2009年省两会上代表委员热议的第一话题。《辽宁日报》在“两会专刊”中，分别以《保增长之一——扩大农村消费》《保增长之二——扩大投资一马当先》《保增长之三——在扩大开放上狠下功夫》《保增长之四——加快中小企业成长》《化危为机　绘出完美开放峰值》《润物无声　交出漂亮民生答卷》，对代表委员应对金融危机的真知灼见进行了报道。在省两会期间，《辽宁日报》刊发“本报评论员宁新平”文章《用火热情怀穿越寒冬》，再次呼吁全省人民用冬天里我们拥有的这份火热所表现出来的“保增长精神”，在全面振兴的征途上发扬光大，不断书写新的篇章。

2 月，除一版继续保持新闻宣传的强势外，一版发表 2008 年辽宁经济继续保持平稳较快增长系列述评，共发表《地区生产总值实现“两个高于”》《工业经济拉动力强劲》《对外开放跃上新高度》等七篇述评，用经济增长的实例，唤起全省人民战胜金融危机的信心，同时指明下一步经济发展方向。2 月 1 日起，八版开设“看各地如何保增长赢得开门红”专栏，整个版面主要刊发全省各地保增长情况的具体报道，同时报道各地春节期间的消费情况，如 2 月 1 日八版《消费旺，城乡年市喜洋洋》等稿件。理论版开设“打赢 2009 保增长主动仗”系列谈，从理论高度谈战胜金融危机的有利条件，进一步增强全省人民战胜金融危机的信心。

3 月，保增长、战胜金融危机的宣传力度继续加强，一版增加了“重点工程进行时”栏目，对全省重点工程开工、建设情况进行及时报道。3 月 31 日，一版又刊出了“向市场开拓要增长系列报道”，第一篇为《及时调整结构变危为机　好环境帮企业闯市场（肩题）大显泛泰手机出口持续攀升（主标）》。4 月 1 日，该专栏刊发《沈飞赢得国际市场一片天》稿件。

三、保增长成为 2009 年全年的宣传主题之一

4 月下旬，一版应对金融危机的专栏统一整合为“攻坚克难保增长”，继续在头题或倒头题位置刊登各地保增长的新举措新成就。4 月 30 日一版倒头题刊登了特约评论员文章《奋力夺取“双过半”》，为全省人民鼓劲，实现“时间过半、工作任务过半的目标”。2009 年 5 月 11 日，一版头题刊登《看 100 亿元订单如何锁定——关于特变电工沈阳变压器集团有限公司的新闻调查》，探讨沈阳特变电工在全球金融危机的大背景下，订单量猛增背后的企业作为，为其他企业走出金融危机阴霾，提供了一个可供参考的案例。

二版头题位置刊发“保增长看亮点特别报道”系列稿件，从 4 月底至 6 月 11 日，共发稿 20 篇，对瓦轴集团、大杨集团等企业保增长的举措进行报道，启发全省企业找寻保增长的途径。三版财经版也在头题位置刊登了“深度解读保增长系列报道”。

“攻坚克难保增长”专栏一直持续到2009年底，应对金融危机保增长的宣传报道成为《辽宁日报》2009年的宣传主题之一。

2010年初，中国经济率先触底反弹，取得了应对国际金融危机的胜利。1月7日B07版刊登《迎战国际金融危机的“中国答卷”》，对中国有力应对国际金融危机并取得胜利的深层次原因进行了分析。1月11日，一版上辟栏刊发《坚定沉着战狂澜——以胡锦涛同志为总书记的党中央团结带领全党全国各族人民应对国际金融危机冲击纪实》，全面介绍了我国战胜国际金融危机的历程。

| 第五节 |

传播达沃斯论坛年会的新思想新观念

世界经济论坛由施瓦布于1971年创立，总部设在瑞士日内瓦，是非官方国际性机构，每年初在瑞士达沃斯召开年会。2007年夏季达沃斯论坛年会是世界经济论坛首次在达沃斯以外的地方举行的全球性会议，会议中方协办单位是国家发展和改革委员会，大连市为承办城市。此次会议定名为“从达沃斯到大连——新领军者年会”，主题是“变化中的力量平衡”，主要探讨变化中的全球商业环境、竞争的新工具和新模式，新领军企业管理者能力、如何应对全球化机遇和挑战等问题。温家宝总理在致辞中说：“达沃斯论坛在中国举办夏季年会，说明中国经济发展越来越吸引世界的目光，也表明世界经济论坛与中国的合作进一步加强。”夏季达沃斯论坛年会在辽宁举办，给辽宁带来了新思想、新观念。

《辽宁日报》对此次年会高度重视，派出精兵强将深入会场，进行现场报道，同时在A03产经新闻版刊发十篇重要稿件，对大会的经济议题等进行了深入探讨。

一、会议报道

2007年9月7日，一版头题《首届夏季达沃斯论坛年会在大连开幕（主题）温家宝出席开幕式并致辞（副题）》，对开幕式进行了实况报道，A03版头题是聚焦“从达沃斯到大连——新领军者年会”系列稿件之二。9月8日，一版头题刊登温家宝总理在2007年夏季达沃斯论坛上的致辞《发展着的中国前景更加美好》，右侧是新华社稿件《思想的盛宴》，对2007年夏季达沃斯年会进行了分析述评。9月9日，一版刊发消息《夏季达沃斯论坛在大连闭幕》；A02版头题是新华社稿件《达沃斯三大启示》，这是我们中国人在夏季达沃斯年会上的重要收获；A03版头题是聚焦“从达沃斯到大连——新领军者年会”系列稿件之三。

二、聚焦“从达沃斯到大连——新领军者年会”系列报道

为了更好地报道此次夏季达沃斯论坛年会，产经新闻部提前策划报道选题、记者提前开始采访，因此聚焦“从达沃斯到大连——新领军者年会”系列报道从年会召开的当天就在A03版产经新闻版开始发表。9月6日，刊登系列报道的第一篇《我们为什么选择中国——访世界经济论坛主席克劳斯·施瓦布》，9月7日，刊发第二篇稿件《世界经济将如何步入2008》，9月19日起，陆续刊发了《看软实力如何影响世界》《听达沃斯的中国声音》《达沃斯把大连带给世界》《达沃斯这样贴近中国》《达沃斯论坛在中国的精彩演绎》等十篇稿件，详细报道分析了这次夏季达沃斯论坛年会上的议题以及达沃斯与中国的相互影响等。

| 第六节 |

上海世博会策划惊艳辽宁馆

举世瞩目的上海世界博览会，是第一次在发展中国家举办的注册类世界博览会，共有246个国家和国际组织参加，国际参展方数量创造了世博会的历史纪录。这是一次展示中国发展面貌、荟萃世界文明精华的盛会。《辽宁日报》从2010年初即开始关注上海世博会，从1月9日开始进行世博会倒计时（112天），多次策划出版了相关特刊，专门派遣记者进行现场报道，在开幕时更是不吝版面，多版面同时进行报道。特别策划“水墨世博”“行走世博”在上海世博会辽宁馆里展出后，成为辽宁馆里的一道亮丽风景线，受到参观者的热烈欢迎。

一、视觉盛宴:“水墨世博”“行走世博”

4月1日，在上海世博会倒计时30天之际，《辽宁日报》强势推出32块版“水墨世博”大型组合特刊，用“图像新闻”的形式，全角度展现上海世博会的各大场馆，在全国省级党报中表现出强烈的个性和特色。这期特刊强调知识性、趣味性，组合成长方形的水墨山水画长卷。4月28日推出的“行走世博”特刊强调服务性，32块版组合成中国画图轴一样的长卷。两期都是大型组合特刊，都采用了图像新闻的形式。4月16日，上海世博会官网首页刊登《辽宁日报》世博版新闻。5月1日，上海世博会正式拉开帷幕，《辽宁日报》成为辽宁馆备受参观者追捧的一份特别礼品，更成为辽宁馆一道有吸引力的文化风景。中国水墨画般清雅的版面设计，加上对于各场馆尤其是辽宁馆图文并茂的描述，让这份世博特刊一经问世便成为不少人的收藏品。“水墨世博”大型组合长卷受到中宣部《新闻阅评》的充分肯定。2010年9月，“水墨世博”大型特刊在全国省（市）党报总编辑夜班研讨会上展出，受到与会者高度评价，与会者纷纷在展出的特刊前合影留念。

二、隆重热烈的开幕式报道

2010年5月1日，上海世界博览会隆重开幕。《辽宁日报》一版整版只报道这一条消息，背景是经过特别制作的礼花环绕的中国馆，烘托出喜庆、热烈、庄重的气氛。二版全部为世博会内容，三版、六版、七版为世博会专版。5月2日，除一、二版刊发世博会新闻外，三版至六版四个版为世博会专版。5月3日除开设两个世博会专版外，还在一版开设“世博直通车”专栏，刊登黄琳、韩永刚、郑磊三名特派记者在世博会现场发回来的新闻。该专栏一直持续到10月31日。

三、“辽宁时刻”特刊展示辽宁魅力

2010年5月29日，上海世博会辽宁活动周启幕。为配合辽宁活动周活动，《辽宁日报》特别策划了“辽宁活动周特刊——辽宁时刻”。

“辽宁活动周特刊——辽宁时刻”共四块版，即三版至六版，以《这一刻，世界聚焦辽宁》《这一天，我期待已久》《这一周，魅力倾情展现》为题，重点推介三轴大戏——辽宁沿海经济带、沈阳经济区和辽宁旅游资源，借上海世博会之机，对辽宁进行了一次卓有成效的形象宣传。

5月30日，除一版登载了《上海世博会辽宁活动周开幕》消息外，还在二版刊发宁新平文章《当辽宁与世界凝眸对视》，论述了辽宁不断扩大开放的态势，写道："辽宁一路走出去，以对外开放的形象走向世界，世界也正敞开热情的怀抱拥抱辽宁！"

第十章

围绕重大节点精心策划系列报道

在集团党委的正确领导下，辽报集团紧紧围绕老工业基地全面振兴的主题，坚持“跟省委、抓大事、强处理”的办报方针，在重大历史节点推出了一系列重点报道专题报道以及专版专刊，以正面宣传为主，重大事件强化处理，充分报道各个阶段取得的辉煌成就，为辽宁经济社会发展营造了团结奋进、开拓创新、昂扬向上的浓厚氛围，受到中宣部和辽宁省委的充分肯定。

| 第一节 |

声势浩大的十六大报道

党的十六大是在我国政治和经济体制改革转型时期召开的一次重要会议。为做好十六大的宣传报道，《辽宁日报》编委会集中组织编辑部精干力量，统一制订报道计划、统一指挥、统一调度，形成了十六大报道的强大声势。《辽宁日报》的十六大宣传报道有规模、有声势、有深度。

一、辉煌成就迎盛会

辉煌成就迎盛会，是《辽宁日报》迎接党的十六大宣传报道第一阶段的主题。围绕这一主题，报纸的新闻、专刊两大版块，先后开辟“创造新业绩　迎接十六大”“辉煌成就”“喜迎十六大特稿”“‘三个代表’的生动实践”等大型专栏。同时

水墨世博
在"浪花"中领略辽宁脉动
十大镇馆之宝体验远古震撼
首届世博会上获奖的中国人
"宝石"演绎百年世博史诗
魔盒中上演视听盛宴
踏进"云中水滴" 感受自然神奇
两个展厅能装下4架客机
LED光源打造"油立方"
一吨重魔法球应声起舞
6万种子搭建梦幻圣殿
"打井"与中国相连
展示南美四合院
非洲魅力一馆独览
C形城堡挡不住"枫"情
中国馆助力上海申博

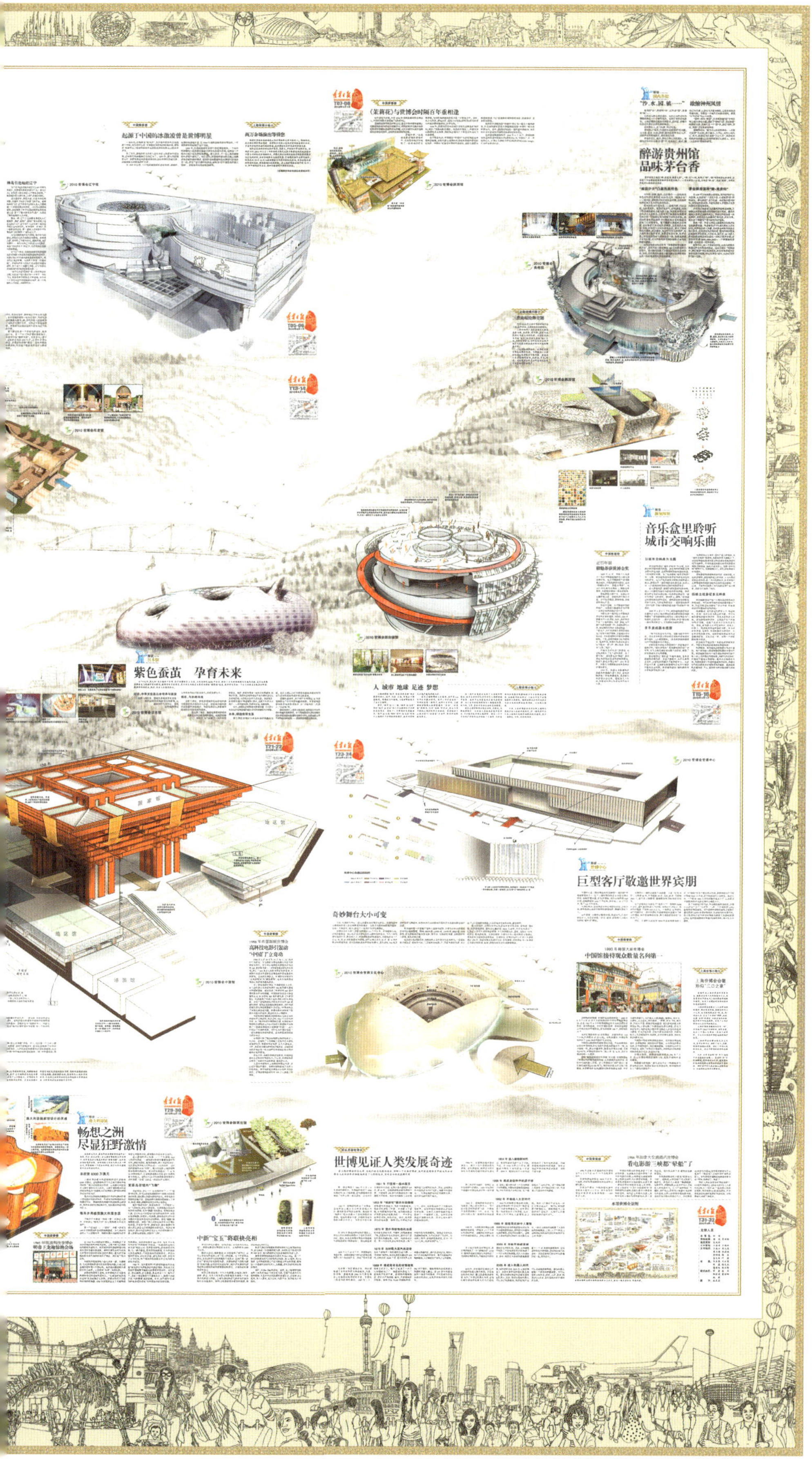

2010年4月1日推出的
《水墨世博》长卷

在五版开设“迎接十六大特刊”。专栏与专刊从不同角度、各个侧面报道党的十三届四中全会和十五大以来，辽宁省在改革开放、经济发展、社会进步等方面取得的辉煌成就，以及各行各业用实际行动、以优异成绩迎接党的十六大召开的消息和经验。

“辉煌成就”专栏是《辽宁日报》宣传报道迎接党的十六大的主打栏目。专栏从2002年9月17日在一版开设，到10月8日止，21天时间共刊发13期25篇稿件，先后推出了企业篇、农村篇、科技篇、社会篇等大型成就系列报道。与此同时，还突出报道了一批重大建设成果和先进典型。

“喜迎十六大特稿”专栏是国庆节之后创办的，这个专栏刊发的成就报道更有力度和深度，所发稿件均在一版头题并配发照片发表。从2002年10月8日至11月7日党的十六大召开前夕，“喜迎十六大特稿”专栏连续刊发了《辽宁工业再铸辉煌》《党的建设谱新篇》《擎起第一生产力大旗》《走进小康新生活》等12篇记者采写的系列报道。同时开设的“从数字看变化”专栏，用图表的形式宣传成就，使报道形式更加直观、生动。

记者行动版、新闻直通车版也分别开设专栏，重点报道各地区、各行业的发展和建设成就，反映人民群众身边变化的生动实事，唱响共产党好、社会主义好、改革开放好。

二、十六大会议报道绚丽多彩

2002年11月8日，党的十六大胜利召开。11月9日，《辽宁日报》一版头题用套红通栏大字标题报道了党的十六大在北京开幕的消息。标题为《建设小康社会，开创中国特色社会主义事业新局面（肩题）中国共产党第十六次全国代表大会在京开幕（主标题）江泽民代表第十五届中央委员会向大会作报告（副题）》。

9日、10日两天，《辽宁日报》开设“十六大特刊”，每天7块版全方位报道十六大开幕后的会议进程，每块版分别用通栏套红标题统领整版内容。各版的标题为《全面建设小康社会，开创中国特色社会主义事业新局面》《十六大报告是我们党在新世纪新阶段的政治宣言》《十六大胜利召开对世界的影响不可估量》等。

15日、16日，《辽宁日报》除原有的栏目外每天增加了一个整版，作为“十六大特刊”。从11月9日至11月16日，是《辽宁日报》十六大战役性报道的高潮阶段。在一版和“十六大特刊”各版先后开设了“代表访谈”“代表笔谈”“代表抒怀”“学习十六大报告访谈”“市委书记谈发展”等专栏，多角度、全方位展示会议情况，揭示会议的里程碑意义。

《辽宁日报》这次大型会议报道，体现在版面上的特点是覆盖面大。大会期间，所有会议消息，与会议有关的国内、国际消息，辽宁代表团在京消息，省领导机关、各市县机关、驻地部队和武警官兵、大型企事业单位、社区、村镇欢庆大会召开、学习大会精神等情况，都在版面上充分体现了出来。二是报道规模大。根据大会进程，适时增加版面，每天都集中推出一批版面，形成了强大的宣传报道气势。三是报道形式别出心裁。充分运用各种报道方式、手段，使版面内容丰富，形式新颖，活泼生动。

三、掀起学习和贯彻十六大精神热潮

2002年11月16日，党的十六大胜利闭幕。《辽宁日报》的宣传报道重点随即转为学习和贯彻党的十六大精神。

11月15日，中共辽宁省委在京召开常委会扩大会议，研究传达贯彻党的十六大精神。11月17日，按照省委的要求，《辽宁日报》在报道省委常委会扩大会议消息的同时，在一版以《深入学习贯彻党的十六大精神》为栏题，开辟大型专栏，并组织采访团分赴全省14个市，采写各地联系实际，贯彻党的十六大精神，进一步调整工作思路和具体奋斗目标的系列专题报道，陆续在专栏里刊发。与此同时，报纸要闻版连续发表《兴起学习贯彻十六大精神的热潮》等四篇本报评论员文章。

11月20日，《辽宁日报》一版头题刊发省委书记闻世震在辽宁传达党的十六大精神大会上的讲话，题目是《认真学习贯彻党的十六大精神　努力开创辽宁工作新局面》。同时，在一版显著位置以《迅速兴起学习贯彻十六大精神热潮》为肩题，报道了全省宣传部长会议在沈阳召开的消息。会议对在全省兴起宣传贯彻十六大精神热潮和宣传思想战线学习贯彻十六大精神做出全面部署。随后在理论版发表了“党的十六大精神学习研讨会”发言摘要。在一版下辟栏，又以《中华民族伟大复兴的里程碑》（11月25日）、《牢牢把握十六大的灵魂》（12月2日）、《开拓创新　加速

建设小康社会》(12 月 10 日)为题，连续发表了三篇“党的十六大精神学习研讨会综述”文章。

四、开展“与时俱进求发展　开拓创新建小康”学习实践活动

以“与时俱进求发展　开拓创新建小康”为主题的学习实践活动，是中共辽宁省委贯彻落实党的十六大精神所采取的重要步骤。对此，《辽宁日报》极为重视，组织精兵强将对“学习实践活动”给予全方位、系统化报道。

2002 年 12 月 19 日至 20 日，中共辽宁省委召开九届五次全体会议。会上，省委书记闻世震作了题为《深入学习贯彻党的十六大精神，为提前实现辽宁全面建设小康社会目标而奋斗》的报告。12 月 21 日，《辽宁日报》一版以醒目标题、在头题位置，刊发了会议消息以及闻世震的报告内容。随后又全文转发了省委办公厅、省政府办公厅《关于开展“与时俱进求发展，开拓创新建小康”为主题的学习实践活动方案》。2003 年 1 月 4 日至 1 月 15 日，报纸一版在《紧密结合辽宁实际深入贯彻十六大精神》的套红栏题下，连续刊发省委政研室撰写的、以辽宁全面建设小康社会为中心内容的 12 篇系列文章，文章从不同角度各个侧面分析和阐述了辽宁全面建设小康社会的形势、目标、任务及机遇和前景，同时指出了思想观念和工作作风等方面存在的差距。

为了推动“学习实践活动”深入开展，从 2003 年 2 月 12 日开始，《辽宁日报》在一版设置套红通栏标题《与时俱进求发展　开拓创新建小康》。在这个栏题下开辟“县(市)区委书记访谈”“企业家访谈”“教科文卫工作者访谈”“新五年新辽宁万众一心奔小康”系列报道栏目，刊发各地区、各部门开展学习实践活动的动态消息。报纸还在显著位置连续发表了《抓住全局的关键》《把握思想解放的高度》等系列评论文章。3 月 4 日，报纸理论版发表了署名“辽立言”的文章《走新型工业化道路》。3 月 11 日开始，理论版又以《与时俱进求发展　开拓创新建小康》为栏题，组织名家发表有理论深度的文章和系列评论文章。摄影部推出了“凝眸小康路”图片专版，生动形象、直观地报道建小康的政策信息、致富路径和典型经验。

| 第二节 |

令省委满意的十七大宣传报道

宣传十七大、贯彻十七大，是2007年贯穿《辽宁日报》新闻报道工作始终的一项重大的政治任务。十七大前后，辽报发稿470多篇，总字数超过60万字。整个编辑部齐心协力、密切配合，保证了十七大报道既隆重又热烈，既翔实又稳妥，既有指导性又有可读性，圆满完成了党报肩负的政治任务和政治责任。省委对《辽宁日报》的十七大宣传报道很满意。

十七大的宣传报道，是《辽宁日报》当时经历时间最长、政治任务最重、要求标准最高的一次重点报道和战役性报道，大体分为营造氛围、会议报道和宣传贯彻三个阶段。

一、为迎接党的十七大胜利召开，营造团结、稳定、和谐的浓厚氛围

《辽宁日报》编委会把扎实、全面、深入做好迎接党的十七大的宣传作为一项极其重大的政治任务，多次召开会议，传达并落实省委宣传部关于深入做好迎接党的十七大胜利召开的宣传报道的一系列部署，之后《辽宁日报》推出了迎接党的十七大的综合报道、典型报道、深度报道、人物事迹报道等，氛围浓厚，效果明显。

从2005年2月1日至2007年10月15日，《辽宁日报》在国内新闻版开设“永远的丰碑·红色记忆”专栏，介绍党的历史上的重大事件和重要人物。从9月1日开始在一版开设“十七大代表风采”栏目，9月4日开始在一版开设“以全面振兴的优异成绩迎接党的十七大”专栏，全面宣传党的十六大以来尤其是中央实施东北老工业基地振兴战略以来，全省经济、政治、文化、社会建设和党的建设所取得的巨大成就。这一阶段推出的综合报道、典型报道、深度报道和人物事迹报道，全方位地实现了“歌颂新时代，展示新成就，赞美新生活”的宣传目的，为党的十七大胜利召开营造了团结、稳定、和谐的浓厚氛围。

在营造氛围阶段，《辽宁日报》宣传报道的最大亮点是关于全省经济形势的系列

报道。这方面的报道深入宣传了辽宁坚持以科学发展观为指导，紧紧把握东北振兴和沿海开放双重机遇，全面推进“五点一线”开放战略，大力促进辽宁全面振兴的伟大实践和宝贵经验。5 月份，推出了“走‘五点一线’看大战略实施”系列报道，6 月份推出了“辽宁沿海经济带开发建设规划系列解读”，7 月份推出了“看看开局这半年”系列报道，8 月份到 10 月份，推出了“发展辽宁装备制造业”的系列报道。总的看，这些重点报道和系列报道不仅有深度、有广度，同时策划视野广阔，宣传效果显著，很多文章被新华社、人民网、振兴东北网等多家网站转载。《辽宁日报》还在理论版推出了“五点一线”专论栏目，先后发表了《“五点一线”的理论依据》《“五点一线”是科学发展的大战略》等十几篇省内外有重要影响的理论文章。这些理论文章与全省经济形势的报道具有主题一致、相互衔接、烘托气氛的明显特点。

二、隆重热烈的会中报道

在党的十七大会议报道阶段，在北京现场采访的记者与出版部密切配合，全面、深入地报道了十七大的盛况和我省代表团的精神风貌，赢得了省委宣传部的高度评价。10 月 15 日党的十七大开幕当天至 10 月 23 日十七大闭幕后两天的 9 天时间里，《辽宁日报》除每天一版全部为十七大内容外，还每天推出 4 个专版、共推出 36 块版的整版报道，浓墨重彩地宣传了十七大的主题、十七大的历史地位和十七大提出的新思想、新观点、新理论，充分展示了党报主流媒体的权威性和指导性。

三、具有很强指导性的贯彻十七大精神报道

为做好党的十七大精神的贯彻落实，2007 年 10 月 27 日，集团召开专门会议学习十七大精神，部署宣传报道计划。11 月 5 日，《辽宁日报》编辑部召开学习党的十七大精神座谈会。通过学习座谈，采编人员提高了认识，加深了理解，为做好宣传报道工作打下了基础。

在党的十七大精神的贯彻落实阶段，《辽宁日报》不仅全面报道省委、省政府贯彻落实党的十七大精神的工作部署，同时报道了全省各地以十七大精神为指导，扎

实推动辽宁全面振兴的新做法、新经验。10月30日至12月30日，在一版开设“学习党的十七大精神访谈”专栏，邀请省内经济政治领域的权威专家学者，就十七大的主题、重大历史意义、贯彻落实科学发展观以及全面建设小康社会奋斗目标的新要求等，结合辽宁实际，进行深入系统解读。10月20日开始在一版开设“深刻领会十七大精神　推进辽宁全面振兴”专栏，10月27日改为“贯彻落实十七大精神　推进辽宁全面振兴”，全面报道全省各地学习贯彻十七大精神的新做法、新经验。理论版推出了系统阐释十七大主题、意义及重大战略部署的理论文章。这些动态的工作报道与理论阐释相互辉映，有力地促进了全省学习贯彻党的十七大精神的深入开展。

| 第三节 |

纪念改革开放30周年报道生动中见深刻

2008年是中国改革开放30周年。2008年4月16日，辽报集团总编辑孙刚主持召开编委会专题会议，专题研究全省改革开放30周年的宣传报道工作。会上孙刚做出四项部署，一是要从讲政治、讲大局的高度，充分认识做好改革开放30周年的宣传报道对全省深入贯彻十七大精神、全面推进辽宁改革开放的重大意义。二是要把握好政策底线。三是要不折不扣地落实好省委关于做好改革开放30周年的宣传要求。四是要充分展示党报主旋律宣传的特点和优势，努力为全省改革开放30周年的纪念活动和大力推进全省改革开放的历史进程营造舆论强势。

一、“改革开放三十年我的·亲历”策划

这是《辽宁日报》为纪念改革开放30周年推出的一个系列策划，以被采访者口述、记者整理的形式发稿，通过普通人生活、工作的变化，反映改革开放30年来辽宁发生的巨大变化，歌颂改革开放政策。

2008年10月8日，推出“改革开放三十年·我的亲历”系列报道的第一篇《谢忠强的“住房三部曲”》，写的是抚顺市望花区工农街道北厚社区居民谢忠强的故事。30年来，他家的居住条件不断改善，经历了从“租煤棚”到单位分房，从“棚户区

平房”到“宽敞明亮楼房”的三部曲。谢忠强感慨地说，他是改革开放的见证者，也是受益者。

2009年1月4日，七版《“第一人”用影像记录时光》作为“改革开放三十年·我的亲历”系列报道的收官之作，写的是鞍山市第一名个体劳动者周铁从自主创业开照相馆，到最后发展成为个人摄影工作室的历程，同时他还热心用照片记录改革开放、记录鞍山发展变化的故事，从个人的发展展示改革开放以来个体劳动者的生活变化和城市发展历程。

从2008年10月8日至2009年1月4日，“改革开放三十年·我的亲历”专栏共发稿13篇，通过个人的命运变迁展示了改革开放30年我省取得的巨大成就。

二、全面展示辉煌30年成就

从2008年10月3日二版头题刊发《在坎坷中奋进　在变革中成长——记国企改革三十年》开始，《辽宁日报》转发新华社纪念改革开放30周年，我国取得的辉煌成就报道，10月11日，这组报道开始加“改革开放辉煌30年”专栏名。12月10日，二版头题位置开始刊发“辽宁辉煌三十年”专栏，该专栏一直持续到12月26日，从民营经济、防护林建设、旅游产业、生态文明建设等方面，对辽宁改革开放30年取得的成就进行了报道。

2009年1月4日至1月6日，重磅推出了三篇“辽宁辉煌三十年特稿”，即《工业奋起跨越再铸辉煌》《第一生产力大旗飘扬振兴路》《超越梦想一起飞》长篇通讯，对我省工业、科技创新、竞技体育及群众体育运动方面取得的辉煌成就进行了总结。

三、“瞬间30年”：以图片报道今昔变化

2008年10月8日至2009年1月1日，《辽宁日报》在二版开设“瞬间30年”图片报道专栏，每次发一组照片，用改革开放前后照片对比的形式，对工业、交通、教育、社保等领域取得的辉煌成就进行报道，让读者直观地看到改革开放前后的变化。

四、纪念改革开放 30 周年宣传进入高潮

2008 年 12 月 7 日，一版下辟栏刊发中共辽宁省委政策研究室写的稿件《顽强奋进中的历史性跨越——改革开放三十年辽宁宏观经济发展综述》，自此，《辽宁日报》纪念改革开放 30 周年宣传进入高潮。12 月 17 日，一版基本是纪念改革开放 30 周年的内容，头题上辟栏为《我省改革开放 30 周年纪念大会在沈阳隆重举行》，同时配发社论《坚定不移走改革开放之路》，报耳位置是《我省纪念改革开放 30 周年大型文艺晚会在沈阳举行》。12 月 18 日，一版刊发省委书记张文岳在改革开放 30 周年纪念大会上的讲话，四版国内版刊发新华社稿件《30 年不变的时代呼声——写在改革开放 30 周年之际（上）》。七版国际国内版刊发《历史的契机等待我们把握——写在改革开放 30 周年之际（下）》，八版刊登中共辽宁省委党史研究室撰写的《在波澜壮阔的改革开放中走向全面振兴——辽宁改革开放 30 周年历程回望与思考》。12 月 19 日，一版头题上辟栏刊登《纪念党的十一届三中全会召开 30 周年大会在京隆重举行》，把中共中央的精神传达给辽宁人民。

系列评论成为纪念改革开放 30 周年的点睛之笔。从 2008 年 12 月 18 日至 12 月 21 日，《辽宁日报》在一版推出三篇署名“本报评论员”的文章，即《深化改革开放　凝聚振兴合力——纪念改革开放三十周年之一》《继续解放思想　释放振兴动力——纪念改革开放三十周年之二》《锐意攻坚克难　激发振兴活力——纪念改革开放三十周年之三》。评论文章中写到，辽宁站在老工业基地振兴的新起点上，挑战与机遇同在，“保增长”任务艰巨，我们要坚决贯彻落实胡锦涛总书记在辽宁考察工作时重要讲话精神，继续深化改革开放，促进经济发展，大力改善民生，加强党的领导，在全省凝聚起一股更加巨大的振兴合力。

| 第四节 |

庆祝新中国成立60周年　展示“中国势中国威”

2009 年是中华人民共和国成立 60 周年。60 年来，中国共产党团结带领全国各族人民以一往无前的进取精神，探索社会主义建设规律，在革命、建设、改革的伟

大实践中，取得了举世瞩目的巨大成就，谱写了中华民族自强不息、顽强奋进的壮丽史诗。这是一个值得中国人民举国庆祝的日子，这是一个注定会受到全世界瞩目的时刻。为做好庆祝中华人民共和国成立60周年的宣传报道，《辽宁日报》不仅认真执行中宣部、省委宣传部的宣传要求，还主动策划了系列报道和庆祝特刊，国庆大典特刊“中国威”版式设计获国际大奖。

一、为迎接新中国成立60周年营造浓厚氛围

（一）英雄模范人物和先进模范人物宣传

从7月初起，《辽宁日报》即在突出位置开设大型人物专栏“人民英雄”，连续配图介绍李大钊、林祥谦、陈延年、张太雷、夏明翰、罗亦农等革命先烈的光辉事迹。7月20日，按照中宣部统一部署，在一版刊发《全国“双百”候选人产生　群众投票全面展开》的消息，在第九版至32版用24个版面集中刊登“双百”候选人事迹和选票。

同时，《辽宁日报》还结合辽宁实际情况，策划、设计、推出几个新专栏，使英模宣传更富有地方特色，进一步增强了宣传的力度和影响力。一是推出了“辽宁英模”专栏，中共奉天支部第一任书记任国桢、辽宁籍首位中共党员陈镜湖、临危受命的满洲省委书记罗登贤等历史上为中国革命英勇奋斗壮烈牺牲的辽宁籍或在辽宁战斗过的革命先烈的事迹，均在该栏目推出。二是开辟了“道德模范风采”专栏，持续刊发省内评出的“辽宁省第三届道德模范”人物事迹，使勇救落水儿童不幸牺牲的好村民于春雨、90岁的“奶奶级”义工张贞慧、玉米地“种”出10亿元的农技员祁佐宽、月薪600元却捡拾20万元寻失主的清洁工郑仁东等发生在百姓身边的先进事迹和先进人物，成为广大群众学习的榜样。三是在持续刊发的“先锋颂”专栏里，对全省各地的先进基层党支部及优秀共产党员的先进事迹进行宣传。中宣部《新闻阅评》认为，《辽宁日报》多层次宣传英模，气氛浓烈，宣传效果倍增，为迎接新中国成立60周年营造了很好的舆论氛围。

（二）开设“辽宁60年回眸”专栏，展示辽宁辉煌历史

7月20日A02版推出“辽宁60年回眸·新中国第一”专栏，第一篇稿件为《中

国第一架喷气式歼击机——歼-5飞机》。7月22日A02版头题刊登“辽宁60年回眸·创业足迹”《沈阳机床跻身世界第七》。从7月31日开始，“辽宁60年回眸”栏目改为专版，不定期刊发到9月底，记录了辽宁自新中国成立以来的辉煌历史。

二、推出“本报特别策划·巨变60年　崛起新辽宁”等策划，全面展示辽宁各方面成就

9月15日至9月30日，《辽宁日报》一版倒头题位置推出“本报特别策划·巨变60年　崛起新辽宁”策划，共发表《从低收入地区步入中上等收入地区》《二三产业联袂主演代替工业独角戏》《从老工业基地到对外开放前沿》等9篇稿件，从居民收入、产业结构调整、对外开放、工业发展、农业和农村经济发展、交通发展、科技创新、商业发展、人口平均期望寿命方面，全面展示了我省60年来的发展成就。

9月28日，推出庆祝新中国成立60周年大型策划“甲子兴辽”特刊共48块版。

（一）国庆大典特刊“中国势”

2009年10月1日，国庆60周年大典在首都北京天安门广场举行。当天，《辽宁日报》推出国庆大典特刊“中国势”，共20块版。一版是封面版，从版式设计上就透出精神与气势，让读者从中感受到今日之中国的力量；之后的版面内容为国庆庆祝活动的动态新闻、本报观点、阅兵式受阅方队和装备、阅兵模拟流程、彩车联欢、开国大典回望、海外华人狂欢、图像新闻等。“中国势”特刊从内容到版式，完美地展现出国庆大典的庄重、大气，恰当地体现出今日中国在走向现代化征程上的锐不可当之势。“中国势”特刊因在版式设计上的独具匠心，获得世界新闻媒体视觉设计协会（SND）颁发的2009年度第31届新闻视觉设计大赛优秀奖。

（二）国庆60周年特刊“中国威”

10月2日，《辽宁日报》在8个报道国庆大典的版面之后，推出国庆60周年特刊“中国威”。“中国威”特刊共16块版，全方位展示国庆阅兵的盛况，介绍了受阅的威武之师和新式装备，并用8块版对从1949年至2009年的历次阅兵进行了回顾。版式设计上延续了《中国威》的风格，展现出走过天安门广场的滚滚铁流和威武雄壮的铁甲战鹰，充分展示了中国军队的磅礴之势。

遼寧日報

LIAONING DAILY

2009年10月1日 星期四 农历己丑年八月十三

辽宁日报社出版 国内统一刊号 CN21-0001 报刊邮发代号 7-1 总第 20040 号 国外发行代号 D495 今日 20版

1949-2009

中国势

家·国·人

今天，新中国 60 华诞的盛大庆典将受到全世界的关注：
威武的坦克、如隼的战机……
今天，沧桑甲子新中国，是何等新生变革后的中国势！
大国强军。一支现代化的有战斗力的军队，是和平保证，是力量象征。
先进武器装备的背后，实则体现国家的精神与气势。
而今，中国势，依然不止于坦克战机，更存乎和平之国、和谐之家、和顺之人。
为祖国欢庆，不是炫耀，是表达内心的喜悦和从容。
中国势，就在这步伐下，就在这笑脸中，就在这歌声里。
中国势，家、国、人。“一玉口中国，一瓦顶成家”。
今天，与北京同步，无数的家与人，也在隆重地“观礼”。
家是最小国，国是千万家。
新中国的斑斓历史，正是由雪泥鸿爪般千千万万家庭与个人的段落串连而成。
国家是每个人的依靠，每个人都是国家的传奇。
歌里唱得真好——
国与家连在一起，创造地球的奇迹！
祖国，您好！

左　2009 年 10 月 1 日《中国势》封面，获得世界新闻媒体视觉设计协会（SND）颁发的 2009 年度第 31 届新闻视觉设计大赛优秀奖

｜第五节｜

出色完成建党90周年宣传　写出“新辉煌新跨越”

经历了艰苦卓绝的革命历程、跌宕起伏的建设岁月和波澜壮阔的改革开放，2011 年迎来了中国共产党的 90 华诞。为做好庆祝中国共产党成立 90 周年宣传，《辽宁日报》不仅出色完成了中宣部和辽宁省委宣传部要求的“规定动作”，同时还创新地完成了“自选动作”，赢得了中宣部、省委宣传部和读者的一致好评。

一、迎接中国共产党成立 90 周年宣传

（一）“规定动作”办出辽宁特色

与中宣部同步，从 2 月 10 日至 6 月 14 日，在国内新闻版刊出“‘双百’人物中的共产党员”专栏，陆续刊发 173 位“双百”人物中的共产党员先进事迹。从 5 月 9 日起，推出“伟大历程”专栏，刊发党史上的重大事件，展示中国共产党团结带领全国各族人民在革命、建设、改革中走过的光辉历程。从 5 月 10 日起，推出“红旗飘飘”专栏，通过刊发基层党组织和共产党员的先进事迹，集中表现基层党组织的战斗堡垒作用和共产党员先锋模范作用。5 月起，《辽宁日报》结合辽宁实际情况，推出“先锋颂”“红旗飘飘辽宁篇”专栏，刊发辽宁省内的先进党组织和优秀共产党员事迹。

（二）庆祝中国共产党成立 90 周年特别报道展示成就

6 月 25 日至 7 月 5 日，一版推出“庆祝中国共产党成立 90 周年特别报道”五篇，分别是基层建设篇《有群众的地方就有党的声音》、干部制度篇《把选人用人“晒”在阳光下》、党员作风篇《党员走到哪里　红旗就飘到哪里》、经济发展篇《辽宁经济总量 60 年增长 135.7 倍》和对外开放篇《辽宁大地深深刻下全球化印记》，从五个方面对我省党建工作进行了总结报道。

二、密集报道庆祝活动

6月23日，一版倒头题刊发宁新平文章《在振兴中不断提高服务能力——写在中国共产党成立90周年之际》，号召全省广大党员“以党的90岁生日为新起点，开启更加奋发有为的征程，激流勇进谋发展，不遗余力惠民生，一以贯之讲奉献，在全省振兴中提高服务能力，在执政为民中永葆党员干部的先进性本色”。6月28日、6月30日两天刊发《人民日报》任仲平文章《选择，凝聚在信仰的旗帜下——写在中国共产党成立90周年（上）》和《选择，奋斗在复兴的征程上——写在中国共产党成立90周年（下）》，以评论为旗帜，拉开集中报道纪念活动的序幕。

7月1日，一版上辟栏、套红标题报道了《我省隆重召开庆祝中国共产党成立90周年暨“一先两优”表彰大会》消息，同时配发社论《在党的旗帜下走向全面振兴——热烈庆祝中国共产党成立90周年》，一版还有《庆祝建党90周年文艺晚会隆重举行》等新闻。八版持续刊发“红旗飘飘”和“伟大历程”两个专栏稿件。

7月2日，一版上辟栏、套红标题报道了《庆祝中国共产党成立90周年大会在京隆重举行》消息，同时配发中共中央总书记胡锦涛讲话照片和其他中央政治局常委在会场的照片。一版还同时刊发《我省干部群众积极收看胡锦涛重要讲话》等稿件。三版、四版国内新闻版全文刊发胡锦涛总书记在庆祝大会上的讲话，同时刊发“红旗飘飘”和“伟大历程”两个专栏稿件。

三、巨献特刊《新辉煌　新跨越》气势恢宏

90岁华诞，90年征程，90载伟业。岁月镌刻了党史，历史中蕴藏着永恒。为牢记历史，并从历史中汲取前行的力量，2011年7月1日，《辽宁日报》在原有16块版正常出版的情况下，隆重推出庆祝中国共产党成立90周年巨献特刊“新辉煌　新跨越”。

整个特刊共72块版，内容分为三个部分。第一个部分是“旗帜领航”，从拯救中国、建设中国、改革开放三个部分反映党领导全国人民拼搏奋斗的90年历程。第二个部分是“辽宁辉煌”，从党的建设、经济发展、社会和谐、民生改善、文化繁荣、

生态文明等方面，全面反映辽宁的成就。第三个部分是“百舸争流”，反映辽宁14个市的辉煌成就。整个特刊版面设计大气、庄重、抢眼，报道充分反映了党领导全国人民取得的辉煌成就和辽宁人民在党的领导下取得的辉煌成就。

四、全省掀起学习“七一”讲话热潮

7月3日，一版刊登了《中共辽宁省委发出〈通知〉要求（肩题） 认真学习贯彻胡锦涛“七一”讲话精神加快推进老工业基地全面振兴》《省直机关收听收看胡锦涛“七一”重要讲话》等稿件。此后的报纸陆续刊登了各地区各部门学习“七一”讲话的稿件，报道了我省掀起了学习“七一”讲话热潮，并把讲话精神落实到辽宁老工业基地振兴的实践中。

7月6日、7日、8日，《辽宁日报》连续三天刊发“学习贯彻胡锦涛同志‘七一’重要讲话精神系列评论”，三篇评论分别为《抓紧学习方能答好“时代命题”》《在“拜师”中汲取全面振兴的力量》《把握重大机遇实现科学发展》，生动阐述了学习“七一”讲话的重要性和在实践中贯彻落实“七一”讲话的途径。

第十一章

用文字映射英模光辉

辽沈大地是英模辈出的沃土。在这片热土上，涌现出孟泰、王崇伦、雷锋、罗阳、毛丰美等一大批英模，他们活着是一面旗帜，走后是一座丰碑，成为托举时代进步最坚实的“脊梁”。他们都有着感人至深的故事，能够唤起人民的真挚情感，传递着不朽的精神。他们的先进事迹是有型的正能量，令人感动，催人奋进；他们的崇高精神，代表人民群众愿望，反映社会进步主流，蕴含着社会主义核心价值观的深刻内涵。

《辽宁日报》一直致力于用文字映射英模光辉，使英模精神不断发扬光大，照亮振兴老工业基地的征程，用英模精神鼓舞人，在全省4000多万辽河儿女中树立社会主义核心价值观，助力道德建设和精神文明建设，成为推动辽宁老工业基地全面振兴的强大内驱力。

| 第一节 |

雷锋精神的当下意义

辽宁是雷锋精神的发祥地，雷锋精神是辽宁的宝贵精神财富。自1960年开始，《辽宁日报》持续对雷锋及全省人民学雷锋的事迹进行报道，深入挖掘雷锋精神的内涵和时代意义。雷锋精神成为《辽宁日报》一个历久弥新的宣传主题。

一、纪念老一辈革命家为雷锋题词40周年

2003年3月5日是毛泽东等老一辈革命家为雷锋同志题词40周年。《辽宁日报》为纪念毛泽东等老一辈革命家为雷锋同志题词40周年，不仅及时报道各方面的纪念活动，同时还策划了两个版的独家报道。

（一）报道我省的系列纪念活动

2月28日，一版刊登了辽宁省在抚顺市雷锋纪念馆召开的纪念毛泽东等老一辈革命家为雷锋同志题词40周年大会。会上，省委书记、省人大常委会主任闻世震发表了重要讲话。闻世震在讲话中说，辽宁是雷锋的第二故乡，是雷锋精神的发祥地。40年来，我省学雷锋活动代代传承，深入人心。我们要认真总结经验，深刻理解雷锋精神的现实意义，把学雷锋活动不断推向深入。要把学雷锋活动同“与时俱进求发展，开拓创新建小康”学习实践活动等紧密结合起来，使雷锋精神成为努力建设辽宁，加快全面建设小康社会的强大精神动力。会上对学雷锋先进集体和先进个人进行了表彰。纪念大会前，与会同志祭扫了雷锋墓，参观了新扩建的雷锋纪念馆。一版报耳刊发社论《雷锋精神永放光芒——纪念学雷锋活动40周年》，充分论述了雷锋精神的当下意义。

3月4日，一版《雷锋在我身边　我做雷锋传人（肩题）学习雷锋好榜样（主题）》，报道了省政府领导与抚顺市领导到抚顺雷锋烈士陵园祭扫雷锋烈士墓，参观雷锋纪念馆，并与抚顺市学雷锋先进集体和先进个人代表座谈。座谈会上，大家谈到，雷锋精神是辽宁人民的光荣，我们要倍加珍惜这份宝贵的精神财富，并号召大家深入持久地学习雷锋精神。

3月5日，一版刊登了辽宁省政府发出的《关于在全省政府系统广泛深入地开展向雷锋同志学习活动的通知》，号召全省政府系统广大公务员，把学雷锋活动作为深入贯彻“三个代表”重要思想和党的十六大精神的实际行动，为实现辽宁老工业基地的全面振兴而不懈奋斗。二版转发《人民日报》社论《发扬光大雷锋精神》，社论最后写到“时代需要雷锋精神，人民呼唤雷锋精神。让我们唱响更加雄壮的雷锋之歌，让雷锋精神之花开遍神州大地。”12版新闻人物版刊发了雷锋生前辅导过的学生陈雅娟的回忆文章《辅导员的精神已贯穿我的一生》，讲述了雷锋的故事和雷锋精神对她

的影响。

（二）《记录雷锋》策划

2003年3月4日，记者行动版（C1版）整版刊发《记录雷锋（上）》。雷锋纪念馆作为重要的爱国主义教育示范基地，从2001年5月开始改扩建，竣工后将于2003年3月5日重新对外开放。《记录雷锋（上）》从这一读者关注的新闻事件入手，从各个角度对即将对外开放的雷锋纪念馆进行了全方位报道。3月5日，记者行动版整版刊发《记录雷锋（下）》。雷锋1958年10月到鞍钢工作，1960年1月去营口参加新兵训练，1960年4月随部队到抚顺，直到1962年8月15日牺牲。在辽宁，雷锋度过了他一生中最闪光的年华，形成了最能体现时代特征的雷锋精神。记者沿着雷锋在辽宁的足迹，感受雷锋精神以及雷锋精神的薪火相传。《记录雷锋（下）》报道了记者一路的所见所闻和感悟，让读者看到雷锋精神在辽沈大地生根发芽，不断壮大。

二、雷锋精神新释义

2012年是雷锋同志牺牲50周年。2012年2月20日，《辽宁日报》二版“每周观点”发表《雷锋精神接轨时代公民精神》，对雷锋精神的当下意义进行了解读。同时在二版开设“我们身边的雷锋”专栏，该专栏编者在开栏语中说，本报今起陆续推出全省学雷锋先进典型，他们爱岗敬业、助人为乐、无私奉献，像暖流温暖着人们的心房，成为映照整个社会的一抹亮色。他们就是我们身边的一群好人，好人很普通，好人真的不简单！第一期刊发的稿件是《祝瑞伍：自办民间救助站》，写的是47岁的大连市慈善总会金州新区义工队队长祝瑞伍自建救助站，救助单亲贫困家庭孩子、空巢老人、贫困农民工等事迹。该专栏一直持续到3月3日，发稿十多篇，让读者看到雷锋精神已经注入我们的灵魂，我们身边处处是雷锋。

三、学习雷锋精神特别报道

2012年3月5日至3月9日，《辽宁日报》在一版开设“学习雷锋精神特别报道”专栏，共发表三篇特别报道，这三篇稿是《给你幸福我快乐——探访“当代雷锋”

郭明义和他的爱心团队》《雷锋精神与他的“第二故乡”——探访雷锋生前在辽宁工作过的地方》《永不磨灭的“雷锋符号”——探访我省冠名“雷锋”的群体》，对雷锋精神在辽宁的薪火相传进行了全面报道。3月25日，一版倒头题转发《人民日报》稿件《辽沈，唱响雷锋之歌》，对辽宁50年来的学雷锋活动进行了总结报道。4月2日，一版报耳转三版刊登了《雷锋，没有走远——雷锋生前所在团先进事迹报告团巡回报告综述》，反映了雷锋生前所在团先进事迹报告团在全国各地巡回报告的热烈反响情况。

| 第二节 |

揽星海抚苍穹的航天英雄

中国首位在太空飞行的航天员杨利伟，是辽宁省葫芦岛市绥中县人。作为杨利伟家乡的党报，《辽宁日报》对杨利伟的英雄事迹作了多方面、多频次的报道，这些报道弘扬了伟大的航天精神，极大地凝聚和鼓舞了辽宁人民将航天精神化作加快振兴辽宁老工业基地的强大动力。

一、家乡人为英雄杨利伟热血沸腾

千年飞天梦，今朝终成真。北京时间2003年10月15日9时9分50秒，我国自行研制的“神舟”五号载人飞船，在酒泉卫星发射中心发射升空后，准确进入预定轨道，中国首位航天员杨利伟被顺利送上太空。作为杨利伟的家乡人，辽宁人沸腾了！这种热血激情从《辽宁日报》的报端扑面而来。

10月16日，《辽宁日报》头版头题刊发《我国首圆航天梦》，酒泉发射场发射卫星的照片占据了整个版面五分之四的位置，照片上是短短的文字消息，报耳位置是杨利伟背靠国旗、身穿航天服招手致意的照片，右侧是竖排的对联：神舟五号挟长风裹雷电引领华夏民族太空闲庭信步　辽河儿女揽星海抚苍穹激励老工业故土今日矢志振兴。下面是省委、省政府慰问杨利伟亲人的消息。版面大气磅礴，文字深邃炽热。

二版刊登了记者在杨利伟家乡——葫芦岛市绥中县采访当地市委领导、县委领导、杨利伟姐姐弟弟的通讯，下面是记者到沈阳两家大企业的采访新闻，让人感受到家乡人的兴奋和自豪。三版是国内新闻版，整版报道的都是有关神舟五号和杨利伟的消息以及全国人民的关注，头题是《中国从太空问候世界》，写杨利伟在太空的表现，尤其是在飞船中挥舞中国国旗和联合国旗帜的瞬间。

10月17日航天英雄杨利伟飞天成功！《辽宁日报》一版头题刊发题目为《飞船成功着陆　航天英雄凯旋》的新华社稿件，写了神舟五号载人飞船返回并成功着陆的消息，倒头题转发了《人民日报》社论《伟大祖国的荣耀——祝贺我国首次载人航天飞行圆满成功》。三版刊登辽宁日报社高级记者李宏林采写的《航天英雄的往事》。

11月11日，《辽宁日报》三版国内新闻版整版刊发新华社长篇通讯《航天英雄杨利伟》，以整版篇幅报道了杨利伟的航天报国之情，同时配发了中央军委主席江泽民与杨利伟的合影。

二、航天功臣回家　家乡万人空巷

2003年11月17日，对辽宁人民来说是个喜庆的日子。这天，黑土地的骄子，中国航天工程总设计师、中国工程院院士王永志，航天英雄杨利伟，航天科技集团公司中国运载火箭技术研究院研究员、长征二号运载火箭副总设计师荆木春作为载人航天工程先进事迹报告团成员，随团荣归故里。

在获悉载人航天工程事迹报告团即将来辽宁的信息后，《辽宁日报》编委会领导敏锐地感到，航天精神和航天功臣的业绩，对辽宁人民及振兴老工业基地大业的激励和牵动的分量。因此，决定把宣传航天工程事迹报告团的活动，作为一次战役性报道，进行了精心准备，迅速选派精兵强将分别深入到王永志的家乡昌图、杨利伟的家乡绥中、荆木春的家乡葫芦岛连山区，以及对中国航天事业作出直接贡献的省内有关企业进行采访。与此同时，对报纸版面进行总体安排与规划。

11月17日，载人航天工程先进事迹报告团抵达沈阳。这一天，《辽宁日报》一版在“盛世华年谱飞天英雄凯旋曲　斗志伟业绘关东豪杰振兴图”套红金字楹联统领下，一幅彩色压题照片，刊发载人航天事迹报告团抵沈阳的消息《英雄风采激励家乡人民振兴豪情》，并配发社论《航天精神回家》，二版至六版隆重推出“航天功臣回家特别报道”专版。

11 月 17 日，“特别报道”第二版的题目是《中国航天与辽宁经济》，独家报道辽宁经济与航天的紧密联系。第三版独家报道“父老乡亲翘首企盼英雄归”的动人情景。这些独家报道集中反映了辽宁各界、各行各业的乡亲翘首企盼、热切迎接航天功臣归来的感人场面。四版、五版、六版是记者对王永志、杨利伟、荆木春三位英雄的独家人物专访。七版以精心安排的多幅彩色照片，把航天英雄回家乡的激情时刻、精彩瞬间永远定格在人们的记忆里。

11 月 18 日、19 日与 17 日相比，报纸版面数量和版式设计大体相同，所不同的是报道的内容更加丰富，场面更为热烈动人。11 月 18 日，报纸一版在“一飞冲天举世瞩目惊看中华强盛九霄龙腾　万人空巷倾城翘首争睹辽宁振兴二度梅开”的横幅套红金字楹联下，以巨幅彩色照片报道省委、省政府领导亲切会见报告团成员及省城 40 万乡亲夹道欢迎报告团的动人场面。同时配发社论《骄傲着我们踏上征程》。接着，特别报道专版以《寒风里，数十万火热的心》《航天功臣家乡叙情》《杨利伟乡亲跟你说》《航天改变辽宁》《中国航天打上沈飞印记》《这里，我事业的起点》《英雄凯旋日　家乡沸腾时》为题，全面刊发本报记者从航天功臣的家乡、学校等地采写的独家新闻。特别是七版《英雄凯旋日　家乡沸腾时》，以整版的大幅彩色照片独家报道航天功臣的家乡人载歌载舞欢迎英雄荣归故里的热烈情景，具有强烈的视觉冲击力和艺术感染力。

19 日的特别报道专版一版，在“发扬光大航天精神　励精图治振兴辽宁”的通栏标题下，详细报道了省委书记闻世震主持载人航天工程先进事迹报告会及座谈会并陪同参观沈阳飞机制造公司、观看专场文艺演出的消息。二版配发社论《我们发扬光大》。三版刊登本报记者独家专访《11 月 18 日　关于神舟五号的十五个答案》；之后，“特别报道”专版分别以《英雄，辽宁人》《为振兴壮行》《偶像——航天英雄》《杨利伟　绥中　1983》《朗朗天外事　悠悠地上情》为题进行报道。针对载人航天工程先进事迹报告团在辽宁不足三天的活动，《辽宁日报》共刊发专版 22 块，发表消息、通讯、特写、言论、照片等各类新闻稿件 154 篇（幅）。

11月20日，一版头题报道了省委书记、省人大常委会主任闻世震到绥中看望杨利伟的父母，并代表省委、省政府向杨利伟父母赠送“航天英雄之家”牌匾。

11月25日，三版整版刊登《利伟回家——写在杨利伟回葫芦岛市绥中县家乡之际》，对家乡人民欢迎杨利伟回家的热情和杨利伟对家乡人的深情进行了报道。

三、开设“发扬航天精神　加快振兴辽宁”专栏

载人航天工程先进事迹报告会之后，《辽宁日报》于11月21日开始在一版倒头题位置开设“发扬航天精神　加快振兴辽宁”专栏，11月23日，一版头题发表了闻世震在载人航天工程先进事迹报告会上的讲话摘要《学习弘扬载人航天精神　加快振兴辽宁老工业基地》。报纸先后在11月23日、24日、27日刊发三篇“学习弘扬载人航天精神　加快振兴老工业基地”系列评论文章，为全省人民如何将航天精神落实到振兴辽宁老工业基地的行动上指明了方向。

| 第三节 |

毛丰美和“干”字碑

毛丰美是新时期辽宁大地上成长起来的先进典型，是优秀基层干部的代表，他用自己奋斗的一生为我们树立了一座精神丰碑，就像耸立在大梨树村万亩果园最高峰的“干”字碑一样，屹立在人民心中。毛丰美精神是一种公仆精神、奋斗精神、求实精神、奉献精神。《辽宁日报》对毛丰美和大梨树村长期跟踪报道，还组织党员到毛丰美党校学习，在集团内开展学习毛丰美的研讨活动，大力弘扬毛丰美精神。

2004年3月23日，一版倒头题刊发长篇通讯《只手托起大梨树的希望——记凤城市大梨树村党委书记毛丰美》，记述了毛丰美“让全村百姓过上和城里人一样的好日子”的坚定信念和责任担当；记述毛丰美发扬“干”字精神，重整山河，带领群众闯出一条“农、工、商、贸、旅”五位一体的共同富裕路；记述了大梨树村在毛丰美带领下发生的沧桑巨变。让读者体会到了毛丰美的责任担当和“干”字精神。

2004年5月14日，4版社会新闻版头题《一个村支书的梦想与农民的幸福生活》

写到，毛丰美的理想是希望农民的生活离城里人更近些，希望所有的农民都能通过自己的辛勤劳作，过上安宁、幸福的生活；写出了毛丰美的理想与信念、责任与担当。

2004 年 11 月 9 日，一版刊发了《为农民办事才有战斗力——看大梨树怎样变成“桃花源”》的长篇通讯，首先写了毛丰美担任大梨树村党支部书记后，带领全体村民实现经济发展的“三级跳”，即 1982 年村领导班子成员北上黑龙江长途贩运土豆、小米，1985 年投资百万元在凤城县城建起了龙凤宾馆，1992 年投资 2000 万元在凤城县城建大市场；接着写发展生态旅游业；最后写出了大梨树村领导的廉洁自律和村民的幸福生活，让读者从中看到毛丰美的敢闯敢干、艰苦奋斗的精神。

2006 年 3 月 5 日，一版《信心十足建设新农村——访全国人大代表毛丰美》，写了作为全国人大代表的毛丰美如何代表农民群体发声和他作为大梨树村党委书记带领农民致富的事迹，让读者看到了一位农民代表的风采。

| 第四节 |

铁血丹心方永刚

大连舰艇学院政治系教授方永刚，以坚定的理想信念、执着的理论热情、扎实的工作作风和丰厚的研究成果，用青春和生命塑造了一个真学、真信、真情传播，真诚践行党的创新理论的光辉典范。方永刚的先进事迹感人至深，催人泪下，给人以向上的力量，激发人们努力工作、积极生活。

一、方永刚事迹感动辽宁人

2007 年 3 月 31 日、4 月 1 日，《辽宁日报》一版头题分别是《铁血丹心——记大连舰艇学院政治系教授方永刚（上）》和《生命之约——记大连舰艇学院政治系教授方永刚（下）》两篇长篇通讯，刊登了方永刚的先进事迹，文章写得十分感人，将方永刚坚定的理想信念、执着的理论热情、扎实的工作作风和丰厚的研究成果，酣畅淋漓地写了出来。

4 月 3 日起，报纸连续多日刊登方永刚事迹在全省各地各个领域的强烈反响。全省人民深受方永刚先进事迹感动，纷纷表示要向方永刚同志学习。4 月 11 日至 4 月 14 日，刊发“论学习方永刚的崇高精神”三篇系列评论，对方永刚精神进行分析解读，指明学习方永刚的方向。

二、胡锦涛总书记看望方永刚并号召向方永刚学习

4 月 6 日，《辽宁日报》一版刊登头题《胡锦涛看望方永刚并号召广大党员和全军官兵向他学习》消息。消息中写到，中共中央总书记、国家主席、中央军委主席胡锦涛，日前来到解放军总医院，亲切看望了正在这里住院治疗的海军大连舰艇学院教授方永刚，高度赞扬方永刚传播和践行党的创新理论的先进事迹，号召广大共产党员、全军官兵向他学习。右上刊发《党的理论工作者的光荣——胡锦涛等领导同志关心大连舰院教授方永刚纪实》，写出了胡锦涛同志大年初三到医院看望方永刚，并批示全力救助方永刚，从中可看到胡锦涛总书记对方永刚的关心和爱护。

胡锦涛总书记发出的向方永刚学习的号召，迅速在全国产生强烈反响，大家纷纷表示要学习方永刚作为共产党员的高度政治觉悟和作为优秀教师的高尚师德师风。

4 月 13 日，一版刊发辽宁省委通知《积极响应胡锦涛总书记的号召　努力向方永刚同志学习》，要求全省广大党员干部向方永刚学习，深入学习贯彻党的创新理论，充分发挥先锋模范作用，为实现辽宁老工业基地全面振兴宏伟目标不懈奋斗。

5 月 11 日，一版报耳刊登了《李克强会见方永刚先进事迹报告团成员》，报道了省委书记、省人大常委会主任李克强在辽宁友谊宾馆会见由海军政治部主任范印华带领的方永刚同志先进事迹报告团成员的消息。

三、怀念方永刚

2008 年 3 月 27 日，《辽宁日报》一版头题刊登《忠诚党的创新理论的模范教员方永刚病逝（主标）胡锦涛李长春等领导同志在方永刚病危抢救期间前往看望（副题）》。3 月 28 日，报纸刊登的《大海般的深情关爱——社会各界关心方永刚教授纪实》，反映出了全国人民对方永刚的关爱爱护之情。

2012年10月11日，一版报耳刊发《方永刚先进事迹展览馆举行开馆仪式》，报道了方永刚先进事迹展览馆在大连舰艇学院举行开馆仪式的现场情况。方永刚先进事迹展览馆为深入学习宣传方永刚先进事迹提供了重要平台。

| 第五节 |

雷锋传人郭明义

一位道德模范的价值，首先在于数十年如一日地持守良善，于平凡中见不平凡，于超出小我中成就大我，其后则在于激起时代的涟漪，诠释浩荡前行的主流价值，激发全社会崇尚先进的精神与和谐向上的力量（见2011年9月18日《辽宁日报》一版《郭明义诠释当今时代几个重大命题》）。郭明义作为全国道德模范、“感动中国”人物，其成长之路正是如此，《辽宁日报》便是记录者和见证者。

一、《辽宁日报》率先讲述郭明义的故事

2010年9月，可谓《辽宁日报》的“郭明义月”，几乎每天的报纸都能看到“郭明义”三个字，有时一天的报纸有数篇郭明义的报道。9月2日，一版头题刊发省委宣传部、省委组织部、省总工会联合调查组的《弘扬雷锋精神的时代先锋——郭明义同志先进事迹调查报告》，对郭明义事迹进行了长篇报道。

2010年9月3日至9月5日，《辽宁日报》一版头题连发三篇郭明义的故事，题目分别为《平凡岗位上伟大的人——郭明义的故事（上）》《矿区里走来和谐使者——郭明义的故事（中）》《一面具有影响力和感召力的旗帜——郭明义的故事（下）》，同时配发评论员文章。三篇报道还原了一个可信、可敬、可爱的先进人物。

报道见报后引起强烈的社会反响，郭明义的感人事迹成为各界人士热议的话题，机关、企事业单位纷纷组织各种形式的学习活动。从9月6日开始，一版、二版不断刊发郭明义先进事迹在各部门、各地区的反响。9月13日，A02版头题发表宁新平文章《学习郭明义的十个切面》。9月18日，一版倒头题发表特约评论员文章《学习郭明义好榜样》，画龙点睛地评析了郭明义精神，号召全省人民学习郭明义。9月

18日，一版报道省委召开省委常委会会议，研究部署开展向郭明义同志学习活动的有关工作。9月22日，一版头题刊发《省委召开郭明义同志“优秀共产党员”命名表彰大会暨先进事迹报告会》，A02版刊发消息《中共辽宁省委关于授予郭明义同志“优秀共产党员”称号并开展向郭明义同志学习活动的决定》。

二、郭明义事迹传遍全国

继《辽宁日报》报道了郭明义的先进事迹后，新华社、《人民日报》等中央媒体纷纷报道郭明义先进事迹。接着，话剧《郭明义》和电影《郭明义》在全国上演，自此，郭明义事迹传遍全国。

9月25日，一版头题刊发消息《中共中央组织部决定授予郭明义同志“全国优秀共产党员”称号》。10月12日，一版头题刊发了《大力宣传和弘扬郭明义同志先进事迹和崇高品德　为构建社会主义和谐社会提供强大精神力量（主标）李长春会见郭明义同志先进事迹报告团成员（副题）》消息。消息开头写道：“中共中央总书记、国家主席、中央军委主席胡锦涛就学习宣传郭明义同志先进事迹作出重要指示。他指出，郭明义同志是助人为乐的道德模范，是新时期学习实践雷锋精神的优秀代表。要大力宣传和弘扬郭明义同志的先进事迹和崇高品德，为构建社会主义和谐社会提供强大精神力量。”

三、学习郭明义好榜样

郭明义的先进事迹感动了全省人民。全省各部门、各地区开展学习郭明义活动。最让人感动的是，在郭明义精神感召下，许多群众纷纷加入郭明义爱心大队，爱的力量在一瞬间变得更加强大，爱的光芒由此变得更加耀眼。10月7日，一版下辟栏刊发《走，我们捐赠去》，写到越来越多的人在郭明义这个好榜样的鼓舞下，加入到扶危济困、助人为乐的行列中。

郭明义的先进事迹感动了全国人民。郭明义先后被授予全国道德模范、入选2010年“感动中国”人物等多项荣誉称号。

郭明义这面旗帜是在辽宁飘扬起来的，他是辽宁人的骄傲。其崇高精神带来的感召力，促使辽宁大地孕育郭明义精神的众多传人，郭明义精神正转化为辽宁大发展快发展的新资源、新优势。

| 第六节 |

航空报国英雄罗阳

2012 年 12 月 24 日，我国第一架舰载机歼 -15 在航母辽宁舰甲板上成功起降，实现了几代航空人的梦想，也实现了中国航空工业从陆地到海洋的跨越。舰载机歼 -15 以完美的姿态从航母平台升降的矫健身影，深深地刻在全国人民的脑海中，令全国人民欢欣鼓舞。可担任舰载机研制现场总指挥的中航工业沈飞集团董事长、总经理罗阳，却在 12 月 25 日随航母平台完成训练返回大连后，突发急性心肌梗死，在工作岗位殉职，享年 51 岁。

罗阳同志所在的沈飞集团是我国重要的歼击机研制生产基地，被誉为“中国歼击机的摇篮”，他本人就是飞机设计的专家，也是歼 -15 飞机研制现场总指挥。罗阳用全部心血托举中国舰载机飞上蓝天，用生命诠释一个航空人的忠诚。在罗阳殉职后，《辽宁日报》及时、多篇幅大篇幅地报道他的先进事迹，弘扬了罗阳的航空报国精神，鼓舞全省人民学习罗阳精神，为加快辽宁老工业基地振兴作出更大贡献。

一、追忆罗阳

2012 年 11 月 27 日，《辽宁日报》一版下辟栏加框刊发《罗阳：用生命托举中国战机完美升空》，报道了罗阳殉职的消息，加框同时配发罗阳生前照片和他的灵车回到沈飞集团的照片。版面处理得庄重大方，看了让人悲而不失志，用媒体语言表达了怀念之情。11 月 28 日，一版头题刊发《习近平作出重要指示（肩题）要求广大党员干部学习罗阳同志优秀品质和可贵精神》，二题是《中共辽宁省委　辽宁省人民政府（肩题）关于追授罗阳同志辽宁省特等劳动模范的决定》，其后是省领导看望慰问罗阳同志家属及沈阳各界群众悼念罗阳同志的消息和评论。A03 要闻版整版都是关于罗阳的新闻，头题是《全总追授罗阳全国五一劳动奖章》，二题是通讯《忠魂永驻海天间——身边人讲述罗阳辞世前后》，右边栏是《中航工业授予罗阳“航空报国英模”称号》，下面是社会各界深切悼念罗阳同志的消息和评论。11 月 29 日，一版刊登了《中共辽宁省委关于追授罗阳同志“优秀共产党员”称号的决定》。

2012 年 11 月 30 日，一版刊发消息《罗阳同志追悼会在沈阳举行》，A03 版是报道罗阳的专版，头题是《英雄远去　精神长存——罗阳同志追悼会侧记》，下面是怀念罗阳的稿件。从 12 月 1 日至 12 月 3 日，一版以上、中、下三篇通讯全面报道了“航空报国英雄罗阳”的事迹。同时 A03 版持续报道罗阳先进事迹和怀念罗阳的文章。

二、学习罗阳

2012 年 12 月 7 日，一版头题报道了《国务院追授罗阳“航空工业英模”授奖仪式举行》，号召全国各族人民向罗阳同志学习。

12 月 14 日，一版头题《罗阳同志先进事迹报告会在沈举行》。

12 月 18 日，一版头题《刘云山在会见罗阳同志先进事迹报告团成员时强调　像罗阳那样做顶天立地的中国人》，报道了罗阳同志先进事迹报告会 12 月 17 日在北京人民大会堂举行的消息。报告会前，中共中央政治局常委刘云山会见了报告团成员，代表习近平总书记、代表党中央向罗阳同志妻子王希利并通过她向罗阳同志母亲表示诚挚的慰问，颁发中央组织部授予罗阳同志的“全国优秀共产党员”证书，对深入学习宣传罗阳同志先进事迹、优秀品质和可贵精神提出要求。A02 版头题《你听，那颗赤诚的报国心依然在跳动——罗阳先进事迹报告会侧记》，与一版消息配合，起到了很好的宣传效果。

英模代表着一种向上的力量。2012 年 6 月 29 日，“科学发展　成就辉煌　辽宁印记②”专栏发表《有一种力量来自榜样——我省加强社会主义核心价值体系建设成果综述》，对成长在辽沈大地上的英模及其影响进行了全面总结。

第十二章

围绕中心工作和社会热点推出重大主题策划

新闻不能策划，新闻传播方式可以策划。通过策划报道，可以使党和政府的中心工作、重点工作的宣传更加系统、更加深入，进一步突出党报新闻报道的主动性。一家报纸的策划水平，是领导能力、队伍素质、技术装备等综合实力的体现，所以新闻传播策划被称为新闻传播的重型武器。

随着新闻改革和新闻报道创新步伐的加快，《辽宁日报》新闻策划功能进一步加强，采编人员策划能力进一步提升，因而《辽宁日报》的影响力也不断扩大，以纯粹新闻专业的角度来评价，《辽宁日报》已经跻身全国省级党报的第一方阵，先后推出了“当今中国主流道德判断”“中华民族精神家园考”“重估中国当代文学价值”“辽宁千年文脉”“发现辽宁——‘三普’成果系列报道”“号脉中医”“经典阅读正在淡出”“互联网特别调查”“把中国功夫请下神坛”等重大主题策划。

这些策划聚焦社会热点和全局性社会问题，将思想性、趣味性、可读性融于一体，体现了党报独有的舆论引导作用。其中，最有代表性的是以“当今中国主流道德判断”为代表的思想道德主题系列策划，在全国产生热烈反响，受到广大读者的欢迎，得到了中央领导同志的批示肯定。

2011 年 11 月 16 日，中共中央政治局常委李长春也对这一策划作出重要批示，各级党报、广播电视台、主流网站，都要办好道德建设专栏（专页），推动全社会的道德建设。

2011 年 11 月，中共中央政治局委员、中央书记处书记、中宣部部长刘云山对“当今中国主流道德判断”作出批示指出，这是一次核心价值体系教育的有益尝试，其经验应该很好总结，对媒体深化思想道德教育有重要启示。启示之一在于针对性，围绕人们关心的话题、有不同看法的话题展开讨论，有利于吸引人们参与；启示之二在于广泛性，动员全社会参与，专家、学者、官员、百姓在一个平台上平等对话，创造了很好的氛围；启示之三在于生动性，有生动活泼的形式，才会有吸引力。当然，重要的是讨论的导向性，从讨论方案的设计、题目的设计都有明确的指导思想，最后到形成的共识、讨论的结果，都有鲜明的主题。

| 第一节 |

直面全国性、全局性热点问题发声

作为一家省级党报，《辽宁日报》勇于站在全国的角度，直面全国性、全局性热点问题发声，很好地履行了主流媒体的责任，在大是大非面前，亮明自己的立场，起到了很好的引领舆论的作用。

一、“当今中国主流道德判断”针对热点话题率先发声引导舆论

（一）策划背景

党的十七届六中全会明确提出，要推进社会主义核心价值体系建设，巩固全党全国各族人民团结奋斗的共同思想道德基础，这充分体现了我们党对所肩负的历史使命的深刻把握、对加强文化建设和思想道德建设的高度自觉。

2011 年，公众对社会道德状况的讨论日益激烈，每一起道德失范事件经媒体特别是网络媒体转载后都引起了大量网民的“围观”，“当代中国人道德滑坡”的论调甚嚣尘上。针对上述社会关注的热点问题，《辽宁日报》编辑部在省委宣传部的部署和指导下，在全国党报中率先推出大型策划“当今中国主流道德判断”，及时发出理性的声音，承担起党报的责任与担当。

右 2011 年 10 月 14 日至 11 月 17 日推出《当今中国主流道德判断》大型系列策划

当今中国

主流道德判断

遼寧日報
特别策划 A09-A12
2011年10月14日 星期五

如果我们藉此审视
辨识主流与支流
区别现象与本质
分清主观与真实
就会形成这样的判断
当今中国社会道德基础是深厚的
是非标准是分明的
主流道德是向上的

中国人从未像今天这样，以一种反躬自省的群体姿态去检视自己的道德水平。

焦虑者有之。大街上老人跌倒无人敢扶的麻木，制假贩劣商人的见利忘义，婚姻游戏中“拜金女”的物质崇拜，虚拟世界里出位炒作的庸媚恶俗，充斥眼球，撞击耳膜。真善美与假恶丑一番厮杀后，标准和边界似乎正在模糊。

抨击者有之。网络论坛里，社会舆论中，对道德失范现象的讨论和批评从未停止，目前已至高潮。“道德爬坡论”、“道德滑坡论”颇有市场。有人慨叹“人心不古”，有人埋怨“世风日下”，产生“不道德”的根源越追究越深、越梳理越乱。

无论个人还是社会，国家还是民族，道德的意义都不言而喻。学术地说，道德是一种社会意识形态，是人们共同生活及其行为的准则和规范，具有认识、调节、教育、评价、平衡等功能。形象地说，道德好比社会这艘航船的掌舵者，也像一条缠绕在民族躯体上的脐带，把握方向，提供滋养。

检视当今中国社会道德现状，围观和争论固然无可厚非，但如果我们没有掌握正确的立场、观点和方法，不会用历史的眼光和时代的标尺去分析判断，就会被纷杂的信息牵着鼻子走，就会在从众的习惯中丢掉思考的钥匙，得出的结论必然是片面的，甚至是错误的。

辽宁日报作为一家有责任、有担当的省级党报，有必要对社会关注的热点现象发出理性的声音。当道德被推至审判席时，我们不主张面红耳赤地争论，而更愿意站得远些，再远些，冷眼打量，独立思考，然后作出自己的判断。

对道德的判断过程，正是一次道德的陶冶和提升。

我们的判断

1 中国当代最主流的价值取向及其表现出的道德形态，是中国特色社会主义。中国特色社会主义理论体系，指导了中国改革开放三十多年的辉煌实践，也蕴涵着丰富的道德建设思想。

2 社会生活领域出现的道德失范现象，是市场经济发展到一定程度的衍生品，是社会转型期的附着物，具有一定的必然性和阶段性。

3 舆论环境的变化，特别是新媒体的迅猛发展，聚焦和放大了道德失范的个案，而如空气一样平常的大量道德行为却被湮灭，造成公众对道德的极端感受。

4 在重大灾难和重大活动中，中华儿女表现出的道德行为感天动地、举世瞩目。植根于深厚的道德土壤，才能在关键时刻激发喷薄的道德力量。

5 党的十六大以来，全社会涌现出来的道德模范，其数量之多、范围之广、影响之大，都是前所未见的。没有整个民族向上生长的道德大树，哪能结出道德模范之累累硕果？

6 社会公众对道德现状的空前关注，对失范行为的热切围观、广泛讨论、猛烈抨击，恰恰说明人们的道德意识在增强、道德标准在提高。每次对道德失范的争议，正是道德的陶冶和提升过程。

（二）潜移默化引导舆论

“当今中国主流道德判断”大型系列策划于2011年10月14日至11月17日推出，策划共计20块整版，刊发稿件15万字，运用各种形式和手段，对当今中国的道德现状进行全面分析，以“不争论、去判断”的态度，旗帜鲜明地提出六个观点：社会主义核心价值体系决定当今中国主流道德取向；正确看待市场经济中的道德失范现象；新媒体对负面新闻的偏好深刻影响公众道德感受；重大关头标定一个民族的道德高度；不断涌现的道德模范植根于中国社会深厚的道德土壤；对道德失范行为的围观恰恰反映公众道德的意识提升。最后得出结论——“当今中国主流道德是向上的”。

整个策划设置了道德调查、道德实验、专家访谈、道德模范说新闻、社会反馈等栏目，从而获得了第一手素材，在判断主流道德时做到了有理有据，在潜移默化中引导舆论，弘扬了社会主义核心价值观。

系列策划用老百姓的语言去表达，利用丰富的编辑手段使版面活泼耐看、可读性强。在《帮助与求助》这篇道德实验中一位从开原农村带儿子来沈阳看病的孩子妈在火车站接受了志愿者的帮助后，挥手告别时自言自语：“大城市真好！”这种活生生的语言，与专家学者的访谈相映成趣，使报道既庄重又时尚，既深刻又生动，既立场鲜明又易于接受。

加强与读者、网民的互动，注重宣传实效。策划在第一期推出后，就开通了热线电话和电子邮箱、网络联系方式，注重与读者的交流，并在第二期开始开设了反馈栏，及时反映读者的意见和建议，据此获取更多的信息，完善后续报道。这些做法，使报道取得了较好的宣传实效。

（三）强烈的社会反响

“当今中国主流道德判断”系列策划推出后，引起强烈的社会反响。主流网站点击率超百万，在百度搜索“辽宁日报　道德判断”页面有41万个，全国20多家主流网站转载，点击率超过100万人次。东北新闻网上人们关于“当今社会道德水准是上升还是下降”的讨论有237页、2365人回帖，20多万人查看了这一讨论。

10月14日的第一期报道推出后仅一周，《辽宁日报》编辑部就接到了60余封邮件、130多个电话。人民网、新华网、搜狐网等20余家国内知名网站对报道进行了转载，有的网站还专门制作了专题网页，开辟讨论专区。在东北新闻网“主流道德判断”专题区，网友们对“当今社会道德水准是上升还是下降”的讨论热火朝天，回帖 90 多页。11 月 1 日，在百度搜索“辽宁日报主流道德判断”关键词，相关网页超过 25.7 万个。

传统媒体也对“辽宁日报道德判断”予以关注。10 月 17 日，《人民日报》在头版重要位置刊发长篇通讯《创新力行——辽宁公民道德建设综观》，文中特别提到针对当前对道德滑坡的质疑，《辽宁日报》展开大讨论，主题为“当今中国主流道德判断”。10 月 20 日，光明日报报业集团主办的《文摘报》在第六版倒头题位置转载了《辽宁日报》编辑部作出的“六大判断”文章《为什么说当今中国主流道德是向上的》，并在头版重要位置作了大标题导读。中央电视台有关领导也对这项系列报道给予关注和高度评价。随后《北京日报》《解放日报》《黑龙江日报》以及省内的多家报纸也对这篇文章进行了转载。一些单位还就道德判断问题展开讨论会、辩论会。

2012 年，《辽宁日报》将此话题引向深入，推出了“当今中国主流道德建设”策划和“中华民族精神家园考”策划，把社会主义核心价值体系与中华民族精神家园联系起来，巩固全社会团结奋斗的共同思想道德基础。

二、“中华民族精神家园考”寻找中国人共同精神家园

2012 年 4 月 11 日至 6 月 25 日，《辽宁日报》推出大型系列策划“中华民族精神家园考”，共出版了 22 期 46 块专版 30 多万字的报道。通过深入广泛的采访、清新质朴的行文以及形式多样的栏目设置，最终达成社会共识：建设社会主义核心价值体系，使之具有强大的道义力量和广泛的社会认同，就是建设中华民族共有的精神家园的奠基工程。“中华民族精神家园考”荣获中国新闻奖通讯二等奖。

该系列策划不回避突出矛盾和热点问题，对制约核心价值体系建设的问题、妨碍百姓精神家园构建的因素及时关注；文风清新，阐述生动通俗，说老百姓的话，用最灵活生动的形式，用老百姓最熟悉的事例来阐述；手段新颖，借鉴 QQ“漂流瓶”，在随机的网络世界中寻找共鸣和反馈，吸引年轻一代；以多种形式走进基层，充分调动起读者的参与热情，在讨论交流中形成社会共识。

中华民族 精神家园考

我们推出《中华民族精神家园考》这组策划，其实是想与广大读者一起思考并试图解答下面三个问题。

第一，一个国家，最核心的竞争力是什么？不是经济规模、版图大小、军事实力，而是文化。靠硬实力固然可以取胜，但只有靠文化才能征服。

第二，一个民族，最强大的凝聚力是什么？不是地域、环境、血统，而是精神。天下之至柔，驰骋天下之至坚。能够于坚硬中奔流的，是精神。

第三，一个人，最持久的原动力是什么？不是物质、利益、荣誉，而是信仰。信仰是伟大的情感，我们若要为信仰奋斗，就要有双重的武装。

从文化，到精神，再到信仰，都属于精神家园的命题。文化是中华民族共有的精神家园。社会主义核心价值体系是社会主义先进文化的精髓，是兴国之魂，决定着中国特色社会主义发展方向。

社会主义核心价值体系包括四个方面主要内容。其中，坚持马克思主义指导地位是灵魂，坚定中国特色社会主义共同理想是主题，弘扬以爱国主义为核心的民族精神和以改革创新为核心的时代精神是精髓，树立和践行社会主义荣辱观是基础。如何建设社会主义核心价值体系，在全党全社会形成统一指导思想、共同理想信念、强大精神力量、基本道德规范，是党的十七届六中全会提出的重要课题。

回应这个课题，也是辽宁日报的责任和使命。自去年十月以来，我们先后推出了《当今中国主流道德判断》和《当今中国主流道德建设》两个大型策划，就道德问题的成因和对策，与广大社会公众一起作出了理性的思考，引起各界强烈反响。比起道德建设，精神家园和社会主义核心价值体系建设格局更高、涉及面更广、内容更丰富。但它们又彼此影响，互有关联。《中华民族精神家园考》，可以算做系列策划的第三阶段，即深化、升华阶段。

所谓“考”，推求、研究也。我们尊重每个人的精神家园，也尊重大家对中华民族精神家园的不同设想和缤纷构筑，所以我们不是为了、也不可能得出“中华民族精神家园”的确切定义。我们本着求得最大公约数的态度，采用严谨理性的学术研究的方法，把社会主义核心价值体系置于中国历史发展中、人类文明进程中去比较，从而梳理出这组报道的四条脉系：一、社会主义核心价值体系是中华民族精神家园信仰的主体。二、社会主义核心价值体系拥有中华民族传统文化的优秀基因。三、社会主义核心价值体系包含人类文明的优秀成果。四、社会主义核心价值体系需要通俗化大众化。

谢谢关注。欢迎参与。

家园考脉系

- 社会主义核心价值体系是中华民族精神家园信仰主体
- 社会主义核心价值体系拥有中华民族传统文化的优秀基因
- 社会主义核心价值体系蕴含人类文明的优秀成果
- 社会主义核心价值体系需要通俗化大众化

左　2012年4月11日至6月25日，辽宁日报推出大型系列策划《中华民族精神家园考》

三、“重估中国当代文学价值”从宏观话题切入追问人文精神

2009年12月16日至2010年6月12日，《辽宁日报》历时半年，发稿25万字，成功地推出了“重估中国当代文学价值”大型系列策划。莫言、王安忆、阎连科、陆天明、沈昌文、丁帆、陈思和、洪子诚、王彬彬、陈晓明、潘凯雄等国内外60余位重要作家、学者、出版家、编辑家，围绕当代文学创作、批评、当代文学生长环境以及更深远的文化背景等话题，以接受专访或独立撰文等方式，参与这次规模浩大的报道活动。

“重估中国当代文学价值”系列策划以全国性、宏观性话题为切入点，在采访对象、报道风格、版面呈现等诸多方面进行了大胆尝试。整个策划始终保持动态性，既有现象分析，也有理性总结；既观点包容，又立场鲜明；既有静态访谈，也有现场直击。

“重估中国当代文学价值”是一个贯穿两年的大型系列报道，这个策划是媒体人对人文精神的再度追问，是《辽宁日报》文化新闻报道的一个里程碑，被全国各大媒体和各大门户网站广泛转载和持续关注，新华社刊发通稿介绍“重估中国当代文学价值”的广泛影响，中国作协主席铁凝致函辽宁省委常委、宣传部部长张江，给予高度评价。“重估中国当代文学价值”不仅成为一个文化事件，而且引领中国学术界在更为专业层面重估中国当代文学价值，引起全社会关注中国文学、反思中国文化。

四、每个部门都有策划　每个版面都有策划

在《辽宁日报》的采编队伍中，“策划”一词可谓深入人心，每个部门都有策划、每个版面都有策划，人人都在考虑策划。因而《辽宁日报》的新闻策划众多。

周末部策划的“号脉中医”于2010年3月6日至9月25日推出，记者在报道过程中采访了数十位国内专家学者。其中，两院院士5人，分别是中国科学院院士

何祚庥，中国工程院院士钟南山、李连达、陈洪铎、王正国。此外，还有中医九种体质学说创始人王琦等十余位专家学者接受了专访。全国著名科学家这样大规模、权威翔实地接受省级党报专访，在国内尚属首次。

社会新闻部策划的“经典阅读正在淡出”于2011年8月11日推出，共16期。提醒读者：缺少经典阅读，很难形成一个理性成熟的民族。“互联网特别调查”（2010年7月2日至10月19日），一经推出就受到了中宣部《新闻阅评》的好评，认为《辽宁日报》的《互联网与少年》（“互联网特别调查”的一部分）系列报道受到读者关注，产生了很好的影响。

2010年5月18日至5月20日，体育新闻部推出的“把中国功夫请下神坛”策划，通过采访国内十多名知名学者，包括研究少林寺功夫、武当派功夫的专业人士，考证大量武林典籍，查阅世界竞技武术资料，提出了关于中国功夫的三个颠覆传统观念的观点：一、中国功夫不是天下第一；二、中国功夫不争天下第一；三、中国功夫不苛求成为奥运会项目。报道去伪存真，让中国功夫走进中国传统文化的精神家园。

| 第二节 |

主动承担起发掘本土文化资源的责任

《辽宁日报》的重大主题策划，在关注全国性、全局性问题的同时，也把挖掘辽宁本土文化资源作为己任，一些弘扬本土文化的重大策划同样在社会上产生了重大影响。

一、“辽宁千年文脉”挖掘辽宁文化渊源

辽宁历史源远流长，千年文脉从未中断。辽宁地域文化是中华文明的有机组成部分。党的十七大提出了“弘扬中华文化，建设中华民族共有精神家园”的战略任务。《辽宁日报》主动承担起传播辽宁地域文化的重大使命。

（一）策划初衷

为了承办好第十二届全国运动会，2011年初，省委、省政府在全省开展了“迎

全运、爱家乡、建辽宁”主题教育实践活动。辽宁优秀文化弘扬工程是主题教育实践活动的主要载体之一，旨在通过大力宣传辽宁地域特色文化和历史文化遗产，不断挖掘辽宁文化渊源，扩大辽宁文化的影响力。弘扬辽宁优秀文化，激发广大读者“迎全运、爱家乡、建辽宁”的热情，便是《辽宁日报》推出“辽宁千年文脉”策划的初衷。

（二）一部宏大的文化简史

一是规模宏大。《辽宁千年文脉》大型系列报道从2011年6月25日至2012年1月7日推出，每期为两块整版，历时半年，共推出26期近30万字，堪称一部辽宁文化简史。这是我省媒体首次对辽宁地域文化发展脉络进行大规模的梳理报道。

二是内容广泛。《辽宁千年文脉》大型系列报道主题涉及自秦以来的每个封建王朝，时间跨度2000多年。读者不仅可从中感受辽宁深厚的历史积淀，而且能了解辽宁地域文化的发展演变进程。每期版面中必有的文物图解、文化符号、历史人物所反映的年代常识、历史大事记等栏目，使版面更加生动、立体、鲜活，同时大大增加了版面的信息量。

三是史料权威。早在2011年下半年，本报就开始组织采访力量，寻觅与辽宁地域有关的历史足音，同时遍访辽宁各地的文物遗迹，采访省内外数十位权威专家学者，总行程上万里，使《辽宁千年文脉》大型系列报道权威厚重、大气磅礴。

四是形式新颖。《辽宁千年文脉》大型系列报道采用了国际最先进的版式设计元素，文图并茂，通俗易懂。每期都推出一个与报道的历史事件相关的场景模拟图，以及一位与辽宁有关的著名历史人物的手绘图像，形象生动地再现了辽宁千年文脉中的精彩瞬间。

（三）社会各界反响

与报纸同步，北国网和海力网建立了《辽宁千年文脉》专题。《辽宁千年文脉》大型系列报道推出后，新华网、中新网、人民网、新浪网、搜狐网等数十家网站纷纷转载有关报道。据统计，点击量达数百万人次，《辽宁千年文脉》大型系列报道也引起了相关文博单位的关注。辽宁省博物馆、辽宁省档案馆已收藏《辽宁千年文脉》大型系列报道。

《辽宁千年文脉》大型系列报道的推出，受到了社会各界的好评。省科协副主席

辽宁日报
LIAONING DAILY
新闻周报 WEEKLY News T01-T12
提·供·有·厚·度·的·新·闻
2011年6月25日 星期六 新闻热线:96006 责任编辑:侯悦林 视觉总监:张庆钧 视觉设计:张 丹

辽宁千年文脉

大·型·系·列·报·道

以迎全运为契机 弘扬辽宁优秀文化
本报今起推出《辽宁千年文脉》

□本报编辑部

《辽宁千年文脉》大型系列报道从今日起与您见面了。《辽宁千年文脉》撷取了最具代表性的50个历史人物故事，时间跨度从秦至清，以编年体形式全景展现辽宁悠久的文化。

长久以来有一种说法，辽宁乃至东北是文化沙漠。事实上，辽宁的历史源远流长，千年文脉从未中断过，并一直延续到今天。当我们打开厚厚的史卷，发现这些文化历经千年传承，有的已湮灭在荒野之中，只有些许痕迹可寻；有的依然在我们身边，成为生活中不可或缺的一部分；有的斯人已去，只留下史籍中的点点墨香；有的需要进一步探寻，和历史对话汲取古人智慧。

求木之长，必固其根。欲流之远，必浚其源。在中华民族的历史长卷中，辽宁地域上发生的事件曾深刻地影响了中国的历史进程，这片热土上的先民创造的文明依然泽被后人，辽河两岸的千年风物至今仍扎根于民间。

几千年来，中华民族一直被称为"龙的传人"。近年来，辽河流域有关龙的考古发现证明，龙最早起源于辽河流域，这里也是中华文明的发祥地之一。龙出辽河源，辽河流域从此升起了第一道文明曙光。

几千年来，辽河流域不仅是古文明的发祥地之一，也是多民族多文化的交汇地带。鲜卑之魏、契丹之辽、女真之金、蒙古之元、满族之清，先后兴起在白山黑水和辽海渤碣之间，在此磨砺干戈，立国称王，进而跃马扬鞭，入主中原，书写了一段段金戈铁马、刀光剑影的历史大戏。

几千年来，辽沈大地从秦皇汉武巡视辽宁，到隋唐盛世的辽海史迹，虽然几度沧海桑田，但是文明的火种始终在这片热土上薪火相传。

党的十七大提出了"弘扬中华文化，建设中华民族共有精神家园"的战略任务。传播先进文化是党报的重大使命，《辽宁日报》作为党报，有责任将一段真实、有趣、生动的辽宁文化发展史奉献给读者。

2013年，辽宁将承办第十二届全国运动会。这一历史性事件，将在辽宁走向全面振兴的伟大历程中，树起一座新丰碑。为了调动全省人民热爱家乡、建设辽宁的积极性，做好全运会的各项准备工作，省委、省政府在全省开展了"迎全运、爱家乡、建辽宁"主题教育实践活动。其中，辽宁优秀文化弘扬工程是主题教育实践活动的主要载体之一，该工程通过开展"知辽宁，爱家乡"文化宣传活动，大力宣传辽宁地域特色文化和历史文化遗产等，不断扩大辽宁文化的影响力。

弘扬辽宁优秀文化，激发广大读者"迎全运、爱家乡、建辽宁"的热情，便是《辽宁日报》推出《辽宁千年文脉》的初衷。为了完成这一宏大的主题，我们的采访足迹遍及全省14个市，总行程上万里。本报记者曾驱车近8个小时来到建平北部群山之上的燕长城遗址，领略"跃马长城外，方知眼界宽"的沧桑与雄浑；本报记者曾在太子河畔桃花岛上徒步数小时，寻访2000多年前燕太子丹殒命之地。

我们追根溯源，一头埋进古书典籍之中，一点点寻找属于辽宁的文化印记，并将其拼合成一幅辽海文化的全景图卷；我们采访100余位历史学者和民俗专家，集各家之长融会贯通，力图真实还原历史。

回望历史，就是向最宝贵的精神财富致敬；重温历史，就是再次感受超越历史变迁之上的生命感悟；解读历史，就是以迎全运为契机，弘扬辽宁优秀文化，把辽沈人民"知辽宁、爱家乡"的激情充分调动起来。

未来是过去的延伸，过去是未来的诠释。千年文脉，根深叶茂。

详见 T06/07

左　从2011年6月25日至2012年1月7日
推出《辽宁千年文脉》大型系列报道

金太元说："从版面的设计和报道的篇幅来看，'辽宁千年文脉'很有冲击力，给人耳目一新的感觉，并且可读性很强。"省政协副秘书长王广林认为，"辽宁千年文脉"能够普及辽宁历史文化知识，让百姓更了解家乡、喜爱家乡，增加百姓文化鉴赏力。省博物馆馆长马宝杰说："这个版面创意很好，对面向大众、吸引大众关注、进而传播辽宁历史文化很有意义，而且拉近了历史与现实的距离。"

2011年11月，《辽宁日报》与第十二届全运会组委会、省博物馆联合推出了"辽宁千年文脉"图片巡展，包括45块展板400余幅图片，作为全省迎全运的重要活动，半年时间里，在沈阳、鞍山、铁岭、丹东、本溪等市巡回展出，受到各地群众的普遍欢迎。

二、"发现辽宁——'三普'成果系列报道"开创考古报道先河

第三次全国文物普查是仅次于人口普查的我国第二大国力调查。在这次普查中，我省共登记了2.4万余处考古发现，其中新发现的1.2万余处。"三普"启动后，《辽宁日报》承担起了独家发布"三普"成果的重任。

大型策划"发现辽宁——'三普'成果系列报道"于2010年12月16日至2011年5月刊发，独家权威发布"三普"成果。这组策划报道分为两大系列，即"城市扫描"系列和"八大历史专题探秘"系列。"城市扫描"系列以点带面地报道了全省14个市的考古发现，每一个市选择一个或两个有重要价值的发现成果，再辅之以全貌勾勒。而8个专题则纵向展现跨地区的考古发现成果。

在历时近半年的时间里，这组系列报道共刊发了59块专版逾25万字，还有300多幅图片及模拟图画。如此大跨度、大规模、成系统地报道文物普查成果，在中国传媒界还是首例。

"三普"成果报道，不仅是一次辽宁历史文化知识的普及，更为重要的，是面向社会发出了深切呼吁：在经济快速发展的背景下，开发建设者们切莫同时充当破坏

小学生参观“辽宁千年文脉”图片展

者。因为，中国的现代化，离不开民族的历史和文化记忆建构，即文化现代化。

大型策划“发现辽宁——‘三普’成果系列报道”是一次影响广泛的新闻报道，得到了广大读者以及全国各大新闻网站普遍、持久的热情关注。《光明日报》给予了高度评价，同时受到了国内文保专家的好评。我省著名考古专家、发现并主持牛河梁红山文化遗址发掘研究的郭大顺先生称赞报道给人以极大的心灵震撼。

| 第三节 |

图像新闻成为重大主题报道的主角之一

《辽宁日报》的重大主题策划，不仅追求主题重大、思想性强，同时也十分注重版面语言和图像新闻的表达作用，以求达到内容与形式的完美统一。图像新闻不再是新闻要素中的配角，而成为重大主题报道不可或缺的主角之一。

2009年，“中国脸谱”贺岁长卷、“中国势”特刊因版面设计的创新表达，获得世界新闻媒体视觉设计协会（SND）颁发的第31届新闻视觉设计大赛优秀奖。

2010年是中国传统的虎年，《辽宁日报》于2月7日推出《东北虎》贺岁长卷。虎年说虎，既有新闻性又有中国特色，同时又是一个世界性话题。整个版面视觉设计有层次感，既有对文字的处理，也有对图像、图表、数字的处理，众多内容有机结合，视觉上没有杂乱之感。色彩的运用十分成熟，整个特刊只有黑、白以及老虎身体自然的微黄色，简单而不单调。版式设计更是突破常规，非常有创意。虎年贺岁长卷《东北虎》获SND2010年度第32届新闻视觉设计大赛金奖。

SND在国际新闻界与“何赛”“普利策”新闻奖齐名。这些奖项的获得，是《辽宁日报》图像新闻成为第六大新闻体系的新闻理念结出的创新成果，表明《辽宁日报》的图像新闻制作水平，已经成为中国党报业界的领跑者。这是中国党报当时在该领域获得的最高荣誉。

绵绵虎文化：
东北人需要这尊保护神
Long History of Tiger Culture
虎头鞋
东北孩子第一双鞋
Tigers in Art and Literature
世界十大濒危动物之一
野生东北虎还剩20只
When Can the Wild Siberian Tigers Once Again Roar in the Mountains and Forests?
野生东北虎还剩20只
最大威胁是人为干扰
给野生东北虎一个家
野化放归为时尚早
记者手记：
生宣上画出多情虎
——专访"画坛虎王"冯大中
Number One Tiger Painter
寻找东北
Seeking the Siberian Ti
珍藏特刊003
2010.2.7 星期日

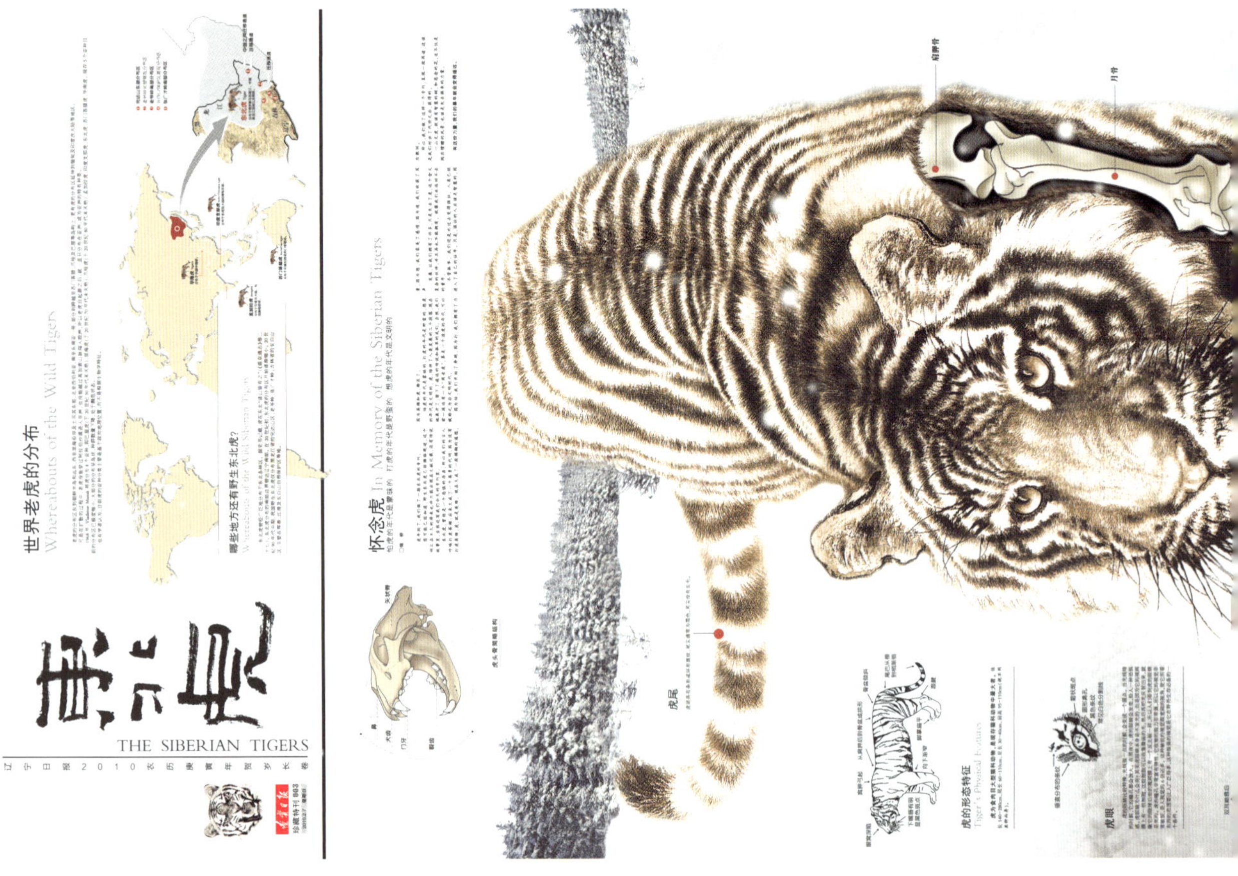

THE SIBERIAN TIGERS
世界老虎的分布
Whereabouts of the Wild Tigers
哪些地方还有野生东北虎?
怀念虎 In Memory of the Siberian Tigers
虎的形态特征
Tiger's Physical Features
虎眼
虎尾
珍藏特刊003

怎样让这个物种绵延？

跨国界拯救东北虎

Operation Save Tiger

我国早已禁止用虎制药

虎骨交易应成为永远的禁区

Utilization vs. Protection of the Tiger

教你几句虎年的吉利话：

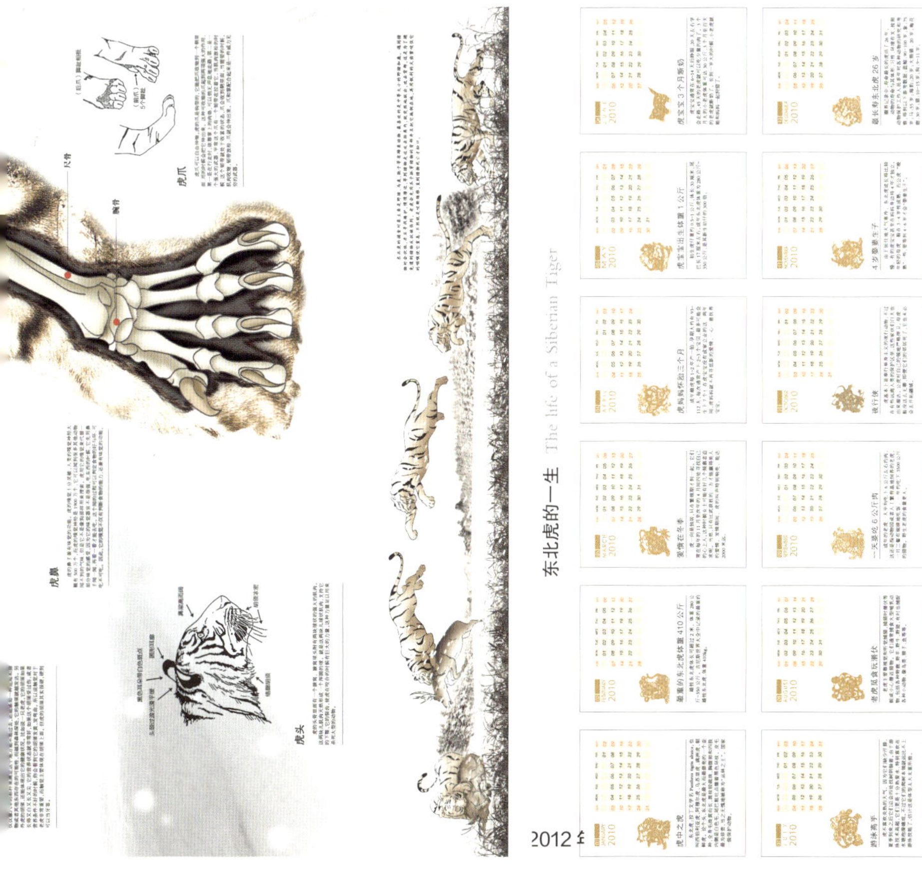

东北虎的一生

The life of a Siberian Tiger

2010年2月7日《东北虎》贺岁长卷获得SND2010年度第32届新闻视觉设计大赛金奖。这是中国党报当时获得的最高奖项

第十三章

改版创新引起全国轰动

2009年改版创新是《辽宁日报》历史上的第四次大规模改版，是《辽宁日报》发展史上具有里程碑意义的重大事件。改版不仅是形式和内容的改变，更是一场党报新闻理念的创新，是辽报集团的一次思想解放运动，带动了整个集团事业的发展。

改版创新在全国产生了重大影响，中宣部专门举办研讨班，研讨《辽宁日报》改版创新成果；中共中央政治局常委李长春，中共中央政治局委员、中央书记处书记、中宣部部长刘云山等领导同志多次对《辽宁日报》改版创新作出重要批示；中宣部、新闻出版署专题调研辽报改版创新情况。

第一节

精心谋划、精准操作的一次改版实战

《辽宁日报》2009年的改版成功，是辽报人在长期新闻实践中不断总结规律并改革创新的成果，是辽报人一次呕心沥血之作，是调研充分、设计精细、反复推敲、长时间演练的结果。

一、《辽宁日报》的前三次大规模改版

1984年，报社筹集资金1200万元用于印刷设备更新改造，报纸由铅字印刷改为激光照排，从而结束了报纸铅排、铅印的历史，让报纸印刷从“铅与火”的时代进

入“光与电”“数与网”的新时代。

第一次改版：由四版改为八版。1993年1月1日，《辽宁日报》在总编辑武春河的主持下，进行第一次改扩版，由延续了40多年的对开四版改为八版，开始自觉地在保持和提升文化品位的前提下增强报纸的贴近性。

第二次改版：由八版改为十六版。为了应对报刊市场日益激烈的竞争态势，《辽宁日报》自1999年9月1日开始进行了第二次历史性的大规模改扩版，由八个版增加到了十六个版，且全部彩印。这次改扩版全面整合了新闻特刊的资源，熔思想性、新闻性、服务性于一炉，使《辽宁日报》成为一张内容丰富且具有广泛影响的省级大报。

第三次改版：大面积改版。2003年，经省委批准，辽宁日报报业集团组建了以姜凤羽为社长、孙刚为总编辑的新一届领导班子。新一届的领导班子将《辽宁日报》定位为在坚持党报党性的前提下，本着“正面、持重、权威、创新”的原则，打造一张集权威性、指导性，影响力、吸引力为一体的崭新的政经大报。主流读者定位为主要面向在社会上具有一定影响力的各级领导干部、企事业中高层管理者、知识分子及商界“白领”等高端读者。依据这“两个定位”，在内容上，将所有版面整合为要闻、新闻、文体专刊三大版块；在版面编排和设计上，版式富有时代气息，蕴含审美意识，体现出政经大报风范，版式风格、图片运用、设计理念和谐统一。

第三次改版让《辽宁日报》面貌一新。其一，报纸的新闻含量与分量明显加重、加大；其二，较好地体现和落实了党中央提出的贴近实际、贴近群众、贴近生活的“三贴近”原则，使读者群从高端读者向普通大众延伸；其三，党报的权威性、指导性与实用性、可读性更加和谐统一，增强了党报在市场的竞争力。改版同时带来了编采手段和管理机制的深刻变化：第一次创建了新闻数据库，集团内各媒体实现了新闻资源共享；第一次实现无纸办公，编采人员告别纸和笔；第一次实行晚间编前会制度，提高了新闻时效性；第一次实行副总编辑总值班制度，对版面和稿件进行总体协调、调度，整个报纸形成“一盘棋”。

前三次改版，为《辽宁日报》2009年的系列改版创新，积累了经验，同时辽报人办报理念在实践中不断发展、完善、升华，逐步形成了新的办报理念。

二、精心谋划、日夜奋战的成果

随着传媒市场的繁荣发展，受众阅读需求不断提升，党报所面对的市场环境发生了重大变化。如何适应传媒市场的新变化，实现党报宣传动机和宣传效果的高度统一，如何满足读者日益丰富的阅读需求，将党报的感染力、影响力有效地传递至目标群体，这些成为《辽宁日报》办报人一直在思考的重要问题，同时也蕴蓄着推动《辽宁日报》不断向前发展的内在力量。

与此同时，省委对《辽宁日报》的宣传工作提出了新的要求。新时期的党报，既要坚定地坚持宣传规律，保持并发扬持重大气的风格和权威厚重的影响力，同时又要遵循新闻规律，从读者需求出发有效增强党报的亲和力和感染力。如何做到二者和谐统一，是党报必须面对的问题。为回答这些问题，《辽宁日报》改版创新的准备工作从2008年就开始了。

2008年11月19日，由副社长刘景来、社委褚少研和谢毅组成的考察组赴《南方日报》《广州日报》考察学习。考察组返回后，集团党委召开党委会对本次改版进行专题研究和论证，明确了第四次改版的指导思想，即贯彻落实胡锦涛总书记在考察《人民日报》工作时的重要讲话精神，着眼于提高舆论引导能力、着力于主动服务省委工作、着眼于体现新闻规律，按照“对象化、分众化”的要求明确报纸定位，依据“跟省委、抓大事”的方针突出引导能力，使《辽宁日报》真正成为具有权威性、影响力、覆盖面广的政经大报。

2008年12月10日，《辽宁日报》编辑部召开改版动员会，提出了坚持正确导向，提高引导能力，服务全省工作的改版目标。

2009年二三月间，社委会连续多次召开专题研讨会，对改版方案进行反复锤炼、提升，不断地解放思想、深化认识、形成共识。

2月初，改版模拟出版工作正式开始。在集团党委的领导下，全体编采人员，以及出版、印刷、发行、后勤等部门的同志，在各个环节，以高度的责任感、饱满的热情、积极的工作状态，团结一致，协调配合，高质量地进行模拟演练。

历经近两个月的模拟出版，是此次改版的一个重要环节，不仅是一个统一思想的过程，而且是一个队伍磨合、锻炼、提高的过程，为4月1日正式改版做好了精神、技术和物质上的充分准备。

2009 年 3 月 31 日夜至 4 月 1 日凌晨，是《辽宁日报》第四次大规模改版的首刊前夜，参与改版的全体人员彻夜无眠，一丝不苟地工作着，省委常委、宣传部部长张江现场指导。

4 月 1 日旭日初升的时候，一份份全新改版的《辽宁日报》送到了读者手中。7 月 1 日，《辽宁日报》再次改版，以更完美的面孔进报亭进家庭。

2009 年 3 月 31 日 21 时许，时任省委常委、宣传部部长张江，时任常务副部长常卫国一起参加《辽宁日报》谈稿会。图为张江、常卫国与时任辽报集团社长姜凤羽、时任总编辑孙刚一起研究版面。左一为姜凤羽、左二为张江、左三为孙刚、左四为常卫国

时任总编辑孙刚在同出版部的同志们仔细斟酌稿件

编辑们在认真编辑稿件

丨第二节丨

一次自上而下的新闻理念创新

经过不断地在实践中探索、思考、完善、升华、提炼，到了2009年改版时，《辽宁日报》的办报宗旨升华为：办一份具有广泛影响力的新闻党报。新闻党报指的是处理宣传规律和新闻规律的问题，党报要有新闻，有新闻就要有新闻规律的意识，即使是中心工作，也要有新闻的作风、角度和文风。广泛影响力是指对党报读者进行重新定位：既包括传统意义上的高端分众，也包括有一定舆论影响力的社会大众。在指导思想上，既要尊重宣传规律，又要尊重新闻规律，两个规律并重，在宣传规律中体现新闻规律。

这是一次自上而下的新闻理念创新。这一办报宗旨是在省委的关心下、在省委宣传部的直接指导下，经过辽报人几十年的新闻实践验证，领导班子成员思考、总结、提炼、升华而形成的。从政治家办报到为政治家办报，再到“跟省委、抓大事、强处理”九字方针，《辽宁日报》在办报实践中逐渐形成并不断完善的一整套党报办报理念，得到中宣部的充分肯定，总编辑孙刚曾多次在中宣部召开的会议上进行经验交流；同时得到省委主要领导、分管领导的充分肯定。这次改版又进一步将党报新闻理念升华为“新闻党报”。

2009年《辽宁日报》的改版创新就是在这一新闻理念的指导下进行的。经过改版创新的洗礼，“新闻党报”的理念成为辽报人共同的新闻理念，记者采访时刻想着寻找新闻点、用读者最喜欢的方式写稿；编辑则在编稿时精心制作标题，提炼新闻点；美编则时刻想着用最好的版面语言，将新闻呈现在读者面前。

丨第三节丨

一次从形式到内容的历史变革

用形式变化带动内容的改革，实现形式和内容的双重变革，《辽宁日报》在此次改版中做了可贵的尝试。

一、版面变“瘦报”，突出图像新闻

从2009年4月1日起，《辽宁日报》改变55年传统模样，报纸幅宽由780毫米变为720毫米，这种“瘦报”报型更现代，更方便阅读；改版前，《辽宁日报》每天12块版（周末4块版）；7月1日二次改版后，每天20块版（周六16块周末版，周日8块版），分为A、B叠；改版后文章变短了，标题变活了，版面变美了，适应读图时代需求，图片数量增加且冲击力强，全彩印刷，报相庄重时尚。

二、内容增加，文章采编精细化、突出新闻点

传统党报主要以工作内容为主，贴近性、时效性不强，与大众读者关系度不高。改版后报纸主推六大新闻体系。六大新闻体系包括：政经新闻、热点新闻、发现新闻、服务新闻、评论新闻、图像新闻。在“围绕中心，服务大局”的中心工作报道中深入践行“三贴近”，打造“新闻党报”；在满足读者需求时坚守党性原则和审美取向，界定“党报新闻”。新闻标题制作、记者采写稿件突出新闻性，抓到新闻点，因而更有可读性、更吸引人。

三、读者群由高端扩大为中高端

报纸进报亭进家庭后，读者群由高端扩大为中高端，即对舆论、经济、潮流等有一定影响力的“宽众”。

7月1日起，《辽宁日报》打破单一靠公款订阅的发行模式，进报亭进家庭，挺进报刊零售市场。在宾馆客房、机场航班、超市货架、公共场所等均有《辽宁日报》零售、展阅。

| 第四节 |

改版改革带动党报创新发行、广告模式

《辽宁日报》改版创新不只带来了新闻报道工作的变革，同时也带动了发行、广告工作的变革。

一、日均零售量突破两万份

发行模式和发行手段的创新主要体现在七个方面：整合集团发行资源，重组辽报零售队伍，进入沈阳近千个报亭和报摊；注册条码，进入超市；制作大幅导读，吸引读者眼球；“套报”销售，体现党报差异性优势；做好报嫂工作，做好终端推介；进入各类公共场所，影响目标读者；对零售终端进行多重监控。

随着读者群的扩大，报纸发行量尤其是零售量增加，到 2010 年 10 月 11 日成功突破两万份，达到 20160 份。在不断深化的改版进程中，权威性和贴近性在这张新闻党报上实现了完美融合，“持重、大气、高端”的品牌形象逐步确立，越来越让省委放心，越来越受读者欢迎。

二、改版带动广告增长

改版带动了广告的增长，2010 年《辽宁日报》广告收入持续 2009 年的势头，广告进款创历史新高，实现扭亏为盈。以此为起点，《辽宁日报》不断创新广告工作，报纸广告收入持续增长。

| 第五节 |

改版创新扩大了《辽宁日报》的影响力

《辽宁日报》改版创新，引起全国轰动，极大地提升了《辽宁日报》在全国的影响力。

一、中央媒体突出宣传《辽宁日报》改版创新经验

2010年初，《人民日报》、新华社、中央人民广播电台、中央电视台、《经济日报》、《光明日报》、《学习时报》等中央主流新闻媒体，先后在突出版面、栏目、时段，报道《辽宁日报》改版创新、进报亭进家庭的经验，开创了中央新闻媒体集中宣传省级党报改革经验的先例。

二、中宣部主持研讨《辽宁日报》改版创新成果经验

2012年2月21日，中宣部在北京举办全国党报总编辑电台电视台台长研讨班，主题是研讨《辽宁日报》改版创新成果。辽宁报业传媒集团党委书记、总编辑孙刚受邀从新闻改革、发行改革和重大策划三部分，作了典型发言。

《辽宁日报》的改革创新经验，在与会者中产生强烈反响。在2月22日的分组讨论中，《辽宁日报》的改版、发行、策划、广告、视觉新闻、人才、机制等成为大家议论的焦点。中宣部领导和全国党报总编辑电台电视台台长对《辽宁日报》改革创新的评价主要集中在三个方面：一是《辽宁日报》的改革是整个办报思路和理念的变革，值得学、应该学；二是《辽宁日报》拥有难得的发展环境，在改革实践中造就了一支优秀的人才队伍；三是《辽宁日报》的经验具有普适性，不只对报业有启示，对全媒体发展都有借鉴意义。他们认为辽宁日报人在书写自己的历史，也在改写中国新闻发展的历史。

三、全国省级党报纷纷前来考察取经

《辽宁日报》改版创新的经验得到中央领导肯定并经中央媒体宣传后，辽宁日报社宾客盈门，先后有《宁夏日报》《解放日报》《贵州日报》《湖北日报》《河南日报》《吉林日报》《新疆日报》《广西日报》《甘肃日报》《河北日报》《浙江日报》《陕西日报》《福建日报》等十余家省级党报的领导率队来辽宁日报社学习取经。与此同时，《辽宁日报》领导多次在全国有关会议上介绍改革经验。

四、孙刚同志荣获韬奋新闻奖

2012年10月24日，由中华全国新闻工作者协会组织评选的第十二届长江韬奋奖评选结果揭晓。辽宁报业传媒集团社长孙刚因着力推进《辽宁日报》改版创新进报亭进家庭而荣获第十二届长江韬奋奖（韬奋系列）。10月26日，孙刚出席了在北京举行的颁奖报告会。报告会前，中共中央政治局常委李长春亲切接见获奖代表。报告会上，孙刚作为韬奋系列获奖代表作了题为《荣誉属于许许多多的人》的发言。

长江韬奋奖是经中共中央批准的常设的全国优秀新闻工作者最高奖。这一奖项是对孙刚社长在新闻工作中改革创新的褒奖，同时也是对辽宁文化体制改革的肯定，是对《辽宁日报》改版创新的肯定。

五、中央领导和省领导的肯定

中宣部对《辽宁日报》改版创新高度关注，一个月内先后两次进行阅评表扬。时任中共中央政治局常委李长春，时任中共中央政治局委员、中央书记处书记、宣传部部长刘云山等领导同志多次对《辽宁日报》改版创新作出重要批示。中宣部、新闻出版总署专题调研辽报改版创新。时任国家新闻出版总署署长柳斌杰到辽报集团考察时，认为辽报改版创新"非常具有典型意义和普遍意义"。时任省委书记、省人大常委会主任张文岳对《辽宁日报》改版创新批示："很有成效，继续努力"。

六、受到广大读者的欢迎

4月1日首次改版后，《辽宁日报》新闻品质有了很大提升，在全省上下引起热烈反响。读者一致认为：辽报变得亲和了，好看了，耐读了。在《辽宁日报》的示范带动下，省内各市党报纷纷改版创新。

7月1日进入零售市场后，《辽宁日报》的零售量不断攀升。与发行量成正比的是报纸的影响力：《辽宁日报》的中心工作报道，在党政机关读者群中深受欢迎，体现了权威性和指导性；通过报纸进报亭进家庭，更多读者关注省委的中心工作，更加理解省委的战略部署，更加关注自己的民生权益。社会民生新闻的策划，引起了公众的共鸣，热线电话不断。

第十四章

全力打造新型报业集团

为应对新媒体不断蚕食报纸广告市场的新态势，为促进集团事业更好更快发展，辽报集团深入进行文化体制改革和人财物管理方式的改革，同时不断创办新的子报子刊，跨地区发展，跨媒体经营，转变出版方式和经营方式，以实现集团战略转型和产业升级，全力打造新型报业集团。

| 第一节 |

深化改革　推动集团高质量发展

2006 年，《全国报纸出版业“十一五”发展纲要行动计划》将沈阳确定为报业发展资源集聚中心之一。同年，省委将辽报集团列入省文化体制改革试点单位。为推进党报集团体制机制创新，辽报集团不断深化改革。中央媒体多次报道辽报集团的文化体制改革经验，同时辽报集团领导多次在全国会议上介绍改革经验。

一、不断深化文化体制改革

（一）抢抓机遇，激发活力，成立辽宁日报报业集团

1994 年 6 月，国家新闻出版总署在杭州召开全国首次报业集团研讨会，辽宁日报社与光明日报社、经济日报社、浙江日报社、南方日报社等 10 家报社共同受邀参加会议。会上首次提出了组建报业集团的设想，初步提出了组建报业集团需要具有

的传媒实力、经济实力、人才实力、技术实力和发行实力等5个基本条件。

此后，国家新闻出版总署对报业集团化的推进秉持“谨慎试点，逐步试点，逐步推广”的原则，仅在1996年批复同意建立广州日报报业集团。1998年，国家新闻出版总署先后批准经济日报社、光明日报社等组建报业集团。

在此背景下，1998年报社抓住机遇，为推进新闻事业发展、加强党报舆论阵地建设，向新闻出版总署申报组建报业集团，并于1999年12月获批准，组建辽宁日报报业集团，成为全国第二家省级党报集团（第一家是南方报业集团，1998年成立）。

2001年12月15日，辽宁日报报业集团正式挂牌。2002年省编办下发《关于组建辽宁日报报业集团（辽宁日报社）的通知》（辽编发〔2002〕4号），同意在辽宁日报社基础上组建辽宁日报报业集团，保留辽宁日报社名义。辽宁日报报业集团（辽宁日报社）为省委直属事业单位，机构规格相当于正厅级，实行企业化管理、集团化运作。集团主要职责任务是，编辑出版中共辽宁省委机关报《辽宁日报》，同时编辑出版《辽宁朝鲜文报》《辽宁日报·港澳海外专页》；另编辑出版《辽沈晚报》《半岛晨报》《北方晨报》《球报》《辽宁农民报》和刊物《记者摇篮》《家庭科学》《市场与消费》。集团内设行政管理机构7个，分别是办公室、人事部、财务中心、发行中心、后勤服务中心、保卫部和老干部工作部，机构规格相当于县处级。内设业务机构及领导职数可根据实际工作需要由集团自行确定，不定行政级别。业务机构负责人在辽委办发〔1995〕6号文件发文时间（1995年2月8日）之前已明确行政职务的，保留原待遇。在此时间之后任职的不再确定行政职级。集团直属机构设置为印务中心、大连分社、鞍山分社，机构规格相当于县处级。

（二）主动改革，发展壮大，组建辽宁日报传媒集团有限公司

2002年11月，党的十六大报告强调“文化建设的重要地位和作用，明确提出要深化文化体制改革”。2003年，国家试行文化体制改革，有6家报业集团列入试点单位，在当地政府支持下，步入文化体制改革行列，享受国务院办公厅国办发〔2003〕105号文件中规定的优惠政策，抢占了市场发展先机，但其中没有东北三省报业集团身影。2003年10月，党的十六届三中全会通过的《完善社会主义市场经济体制若干问题的决定》，把文化体制改革纳入完善社会主义市场经济体制的重要任务。2004年9月，党的十六届四中全会通过《中共中央关于加强党的执政能力建设的决定》，第

一次提出“深化文化体制改革，解放和发展生产力”重要命题，指出“文化体制改革要以体制机制创新为重点，增强我国文化的总体实力”。2005 年 4 月，国务院出台《国务院关于非公有资本进入文化产业的若干决定》（国发〔2005〕10 号）。

在上述背景下，为贯彻落实中央、省委重要部署，实行文化体制改革，2005 年 6 月，集团向省文化体制改革领导小组提出深化体制改革的申请，获得批准和支持，力求通过改革，解决发展过程中业已出现的种种制约集团快速、可持续发展的问题。

集团深化体制改革的基本思路是，按照中央和省委、省政府关于加快文化体制改革的总体要求，在坚持“两分开”即“宣传与经营分开”，“四不变”即“坚持党管媒体不变、坚持党管干部不变、坚持正确的舆论导向不变、坚持新闻媒体作为党和人民喉舌性质不变”的原则下，把辽宁日报报业集团所属经营性资产和经营性业务整体剥离出来，组建辽宁日报传媒集团有限公司，负责全集团经营性资产和业务的运营与管理，以资产为纽带，与各系列报刊、网站组建的媒体公司、辽宁新闻印刷（集团）有限责任公司等形成母子公司体系，集团公司负责全集团经营性资产和业务的运营与管理。

2006 年 7 月 3 日，省编办下发《关于辽宁日报报业集团更名的通知》（辽编办发〔2006〕88 号），同意将辽宁日报报业集团更名为辽宁日报传媒集团，仍暂保留辽宁日报社名义，其他机构编制事项不变。

2006 年 9 月 7 日，省国资委下发《关于辽宁日报传媒集团深化体制改革方案的批复》（辽国资改革〔2006〕209 号），经省国资委批准，同意辽宁日报传媒集团组建辽宁日报传媒集团有限公司。

（三）区域协同，一体发展，更名辽宁报业传媒集团

随着报业体制改革和机制创新持续推进，在巩固宣传文化主阵地的同时，集团经济规模快速增长，经济效益不断提高，产业集群持续壮大，综合实力跻身全国党报集团前列，成为东北地区经济实力最强、经济规模最大、经济效益最佳的传媒集团。自 2008 年 3 月以来，省委宣传部、辽宁日报传媒集团与相关报社共同出资建设辽宁中部城市群报纸新闻资源共享平台，推动区域报业协同发展。2008 年 5 月，辽宁日报传媒集团成功与铁岭日报社合作，将原《铁岭晚报》更名为《辽沈晚报 · 铁岭版》，在全国报业领域开创了省级晚报与地市级晚报资源整合、合作出版经营地方

版的成功范例，得到中共中央政治局委员、中央书记处书记、中宣部部长刘云山同志的高度评价和肯定。2009 年 1 月，辽宁日报传媒集团与铁岭日报社实现全面战略合作，辽报集团成为《铁岭日报》主办单位，在全国引起反响。为推进跨区域、跨所有制、跨媒体、跨行业发展的战略格局，2009 年 3 月，辽宁日报传媒集团向省文化体制改革领导小组办公室申请将“辽宁日报传媒集团”更名为“辽宁报业传媒集团”。2009 年 11 月 25 日，省编办下发《关于辽宁日报传媒集团更名的批复》（辽编办发〔2009〕165 号）的文件，同意将辽宁日报传媒集团更名为辽宁报业传媒集团。其他机构编制事项不变。

（四）深化改革，转企改制，成立辽宁北方报业传媒集团有限公司

2010 年，为进一步增强辽沈晚报发展活力，集团申请作为全国晚报都市报的改革试点，对集团所属的非时政类报纸——辽沈晚报实施整体转企改制。中宣部、国家新闻出版总署对此给予大力支持，先后以中宣办发函〔2010〕393 号和新出审字〔2010〕787 号文件的形式，批准辽沈晚报社先行整体转企改制的请示。这是中宣部、国家新闻出版总署首次批复一家晚报都市类报纸实行整体转企改制。按照批复精神，集团聘请专业机构，按照“坚持正确导向、坚持以人为本、坚持真转真改、坚持改革发展”原则，制定了辽沈晚报社整体转企改制方案。2011 年 5 月 30 日，辽宁报业传媒集团有限公司对辽沈晚报社的编辑业务、广告业务、发行业务及北国网等主业资产完成股份制改造，并联合辽报传媒投资有限公司，以资产、股权及部分现金作为出资，共同发起设立辽宁北方报业传媒股份有限公司。

2011 年 6 月，中央办公厅、国务院办公厅下发《关于深化非时政类报刊出版单位体制改革的意见》（中办发〔2011〕19 号）。2011 年 7 月，集团在认真总结辽沈晚报社转企改制成功经验的基础上，按照中宣部、国家新闻出版总署关于非时政类报刊转企改制的相关精神和省委宣传部与新闻出版局的部署与要求，着手对集团内除《辽宁日报》编辑部、《辽宁朝鲜文报》编辑部外的全部非时政类报刊实施整体转企改制。2011 年 11 月 18 日，省文改办下发《关于对〈辽宁报业传媒集团非时政类报刊整体转企改制方案〉的批复》（辽文改办〔2011〕13 号），同意集团对非时政类报刊整体转企改制，同年 12 月完成对半岛晨报、北方晨报、时代商报、辽宁法制报、时尚生活导报、老同志之友、家庭科学、升学指导报、酒世界、记者摇篮、海力网、

辽宁辽沈音像电子出版社、辽宁新闻印刷集团等媒体或经营单位的改制工作，注入辽宁北方报业传媒股份有限公司，以实现集团主业经营性资产的整体改制。

二、实行人事制度、资产管理等一系列改革，全面加强现代化管理

（一）人事制度改革

2003 年 4 月，辽报集团党委决定在全集团范围内科级以上中层干部全部实行竞聘上岗，建立“公开竞聘、双向选择”的竞争机制，逐步实现从行政任用管理干部向聘用管理干部转变，切实解决员工能进不能出、干部能上不能下、待遇能高不能低的问题，最大限度地实现人力资源的合理利用和最佳配置。经过公布岗位和条件、竞聘演讲、民主测评、组织考核四个阶段，《辽宁日报》编辑部和党政物业部门中层干部在不到一个月的时间全部顺利产生，一大批朝气蓬勃的年轻干部脱颖而出，意气风发地走上领导岗位，朝着建立一支适应现代报业发展需求的高素质干部队伍的目标前进了一大步，之后这一制度逐年完善。

2004 年，集团在职职工参保省直事业单位基本养老保险，离退休人员纳入社保，由社保发放退休待遇。2005 年，辽宁日报报业集团实行了新一轮劳动人事制度改革，建立并完善在集团范围内实行“公开竞聘、双向选择，以岗定薪、岗变薪变”的竞争激励机制，优化人力资源结构，提高报业队伍素质，增强事业发展动力和活力。确立“三定”方案，明晰岗位责任和义务，实行双向选择，竞争上岗；淡化“官本位”意识，变“处”为“部”，取消科长、副科长职务；进行中层干部第二轮竞聘上岗；改革专业技术职务评聘制度，评聘分离等。分配制度随之改革，以岗定薪。改革后解决了人浮于事、分配不尽合理、人员能进不能出、待遇能高不能低的问题。2007 年推出了《辽宁日报传媒集团员工管理办法》，制定了全体员工“三定”实施方案，规范了用工体系，实现了员工由“身份管理”到“岗位管理”的转变。

（二）建立管控体系

2007 年，辽报集团建立了《辽宁日报传媒集团管控体系》，设计了体制机制创新的主要任务、主要措施，包括集团总部职能定位、集团总部与下属单位职能划分、集团组织方案、集团管理流程体系、业绩考核管理目标和方法等，为集团走向新型

党报集团描绘出了基本框架，具有重要的现实意义和长远的战略意义。同时制定了集团“十一五”期间发展战略规划，从宏观上规划了集团之后五年发展的战略目标。

在管理方面，在集团层面逐步实行法人治理结构；对各子报子刊实行公司制管理，建立绩效考核制度，进一步提高预算质量；严格规范行政工作程序和制度；不断提高专项审计工作的水平和制度；全面实行“一把手”问责制。

（三）资产管理规范化

2007年8月，辽报集团出台了《规范公务用车改革管理办法》（以下简称《办法》），《办法》本着“合理保障生产用车，适当保留公务用车，坚决削减超额用车”的原则，对集团各部门用车数量进行规范，之后又多次进行公务用车管理改革，实现公务用车管理规范化。集团不断完善资产管理制度，对资产进行全面清理、统计、编号，由专门部门管理，同时物资采购逐渐走上大件招标采购、小件政府网站采购的精细化管理之路。

（四）财务管理现代化

辽报集团十分注重财务管理信息化建设，经过多次升级改造，财务管控信息化平台系统建设不断得到完善。

为贯彻执行企业会计准则，提高会计核算水平，辽报集团先后下发了《关于在集团内部各经营单位开展清产核资工作的通知》《关于在清产核资和资产评估中损失核销的申请》《辽宁报业传媒集团对外投资管理制度》等文件规定，对集团所属单位实施内部控制制度，优化资源配置。

| 第二节 |

拓展发展　构建报业转型新业态

2005年以后，数字媒体异军突起抢占广告市场份额，纸媒广告收入下滑，全国报业发展遭遇难关。这让辽报集团领导认识到报业经营模式单一化已经带来了增长极限的问题。拓展新业务领域、优化业务结构、避免对报纸广告依存度过高，是辽报集团领导面临的战略议题。经过实地调研、问计专家后，辽报集团选择主动作为，持续进行体制机制创新，在经营方面制定了“做优做强主导产业、着力发展相关产业、积极介入多元产业”的经营策略，逐渐降低经济收入对报纸广告的依存度，推动经营工作从规模和数量型向效益和质量型转变。

一、做强主业

《辽宁日报》通过2009年改版创新，不仅扭亏为盈，之后收入还不断增长。《辽宁日报》和《半岛晨报》实现突破性发展，在办报质量、经营理念、经营成果上实现了新的提升和跨越。

二、拉长产业链

（一）印刷产业

1999年4月，辽宁日报社创建印务中心，选址在沈阳市浑南高技术产业开发区。其后，印务中心还先后在大连、鞍山、锦州建立了分厂。2006年，大连分厂引进了中国国内第一台每小时18万速的超高速印刷机，是当时国内印刷速度最快的报纸印刷设备。代印报的数量、种类越来越多，除《人民日报》《参考消息》等一些老客户以外，《经济日报》《光明日报》《中国青年报》《中国经营报》等一大批中央报落户印厂，共60多种，日印量500多万对开印，来到有史以来的全盛期。

2005年2月，印务中心更名为辽宁新闻印刷集团。2006年10月，辽宁新闻印刷集团经过股份制改造，注册为辽宁新闻印刷集团有限公司，跻身全国同行业前十，并在2009年成为荣获全国文化体制改革先进单位的国内唯一印刷集团。

（二）户外广告

辽宁报业传媒户外广告有限公司成立于2011年5月，是辽宁报业传媒集团的全资子公司。户外广告公司以LED屏幕的建设和经营为核心业务，着眼于包括LED、广告牌、三翻转、多媒体等在内的各类户外媒体的开发建设与经营。

（三）机场媒体

机场媒体因为集中锁定高收入、高消费、高示范力的高端人群，一直是渠道媒体中的稀缺资源，具有极高的渠道价值和广告价值。

2012 年末，辽宁报业传媒集团与辽宁机场管理集团就沈阳桃仙国际机场 T3 航站楼媒体经营权事宜签署合作协议。根据协议，辽报集团子公司——辽宁北方报业传媒股份有限公司取得了沈阳桃仙国际机场 T3 航站楼到达区域范围内各类机场媒体的 5 年广告经营权，包括灯箱、拼屏、LED 屏、电视等各种介质媒体。该项目因具有较强的创新性，符合中国文化产业发展方向，获得了国家文化产业发展专项资金支持。

此外，经营项目还有艺术品投资和新媒体优点赚。

三、进军新领域

（一）房地产开发

2007 年 7 月 19 日，辽宁日报传媒集团与沈阳格林豪森房地产开发有限公司共同组建辽宁报业格林豪森房地产开发有限公司，通过优势互补，实现强强联合、携手共进的经营目标。

（二）楼宇经济

2011 年，辽报集团新的传媒大厦落成，为楼宇经济的发展提供了物质基础。楼宇经营公司经营房产总面积 6 万余平方米，房产种类涉及写字间、大型底商、商业综合体以及小型门市等。辽报集团新的传媒大厦落成后不久，三星电子、万达地产、宝能地产等知名企业纷纷入驻传媒大厦。

楼宇经济这项跨行业多元化经营模式的引入，增强了整个集团的盈利能力，成为集团重要的经济增长点，为传统纸媒产业转型打造了新亮点。

（三）积极介入资本市场

集团对印务中心进行资产重组，引进社会资本，实行股权多元化改制，为其做大做强提供体制保障。集团还积极介入资本市场，为后来集团几家企业上市做好了前期准备工作。

｜第三节｜

辽报集团走向更大更强更优

2002 年至 2012 年 10 年间，辽报集团办报的影响力持续放大，子报子刊数量不断增加，文化体制改革取得显著成效，经济规模持续增大。截至 2007 年底，综合实力跻身全国党报集团第 12 位，成为东北地区经济实力最强、经济规模最大、经济效益最佳的传媒集团。已形成“十一报、五刊、两网站、一出版社、一印刷公司”的架构，初步形成了以《辽宁日报》为旗舰，北有《辽沈晚报》，南有《半岛晨报》，另有农、法、生活等专业类报刊构成的覆盖全省的报群，成为全省新闻宣传的主阵地，之后综合实力进一步增强。

一、喜迁新址大厦

辽报集团办公大楼的变迁，记载着集团的发展历程。

辽宁日报社的最初地址是沈阳市沈河区中山路 339 号，处于中山路与三经街交会处的 3 层弯楼。这是日本人留下的一座小楼。这样一座看似平常的小楼，范敬宜等老一代杰出新闻人曾在这里工作，发出了“莫把开头当过头”的改革呐喊声。

1997 年 5 月 28 日，辽宁日报社举行新闻大厦落成庆典，新闻大厦是在原址落成的。省领导王充闾、沈显惠及各界宾朋 100 多人参加了庆典活动。宽敞的大厅、快捷的电梯、崭新的办公室内电话电脑齐备，职工搬进新楼时都露出了会心的微笑。新闻大厦的建成，不仅扩大了办公场地，同时报社还新上了现代化的采编系统，实现了无纸化办公。

2011 年 9 月 26 日，辽报集团新址大厦红毯铺地，张灯结彩，喜气洋洋。承载着辽报人光荣与梦想的新址大厦落成典礼在这一天举行。2011 年底，全体辽报人带着依依不舍的心情，告别了承载着辽报人时代记忆和新闻情怀的旧址新闻大厦，无比豪迈地迁入了新址传媒大厦。

新址大厦整个工程占地约 1 万平方米，建筑面积约 25 万平方米。建筑总面积 8.7 万平方米，主体建筑地上 43 层，楼高 187 米，是东北传播文化事业的重要标志性建筑之一，也是辽沈地区重要的新闻资讯平台和信息中枢。

入驻新大厦后，辽报集团新上了融媒体平台，实现了新媒体的迅速发展，促进了传统媒体与新媒体的融合发展。同时，集团在大厦内发展起楼宇经济，为集团实现经济发展方式的战略转型和多元化发展提供了更高平台。

二、持续创办新的子媒体

2004 年，《辽宁法制报》《老同志之友》划归辽报集团。

2005 年 10 月，《时尚生活导报》创刊，11 月创办东北第一家手机报《辽宁手机报》，同月《时代商报》转属辽报集团。

2006 年 3 月 10 日，辽报集团与北京《精品购物指南》签署合作协议，共同打造《时尚生活导报》。9 月，辽报集团领导审时度势，对市场态势作出研判后，创办了《升学指导报》。《升学指导报》创刊后，一年内迅速占领了我省的教辅市场，成为集团的一个新增长点。

2007 年 10 月成立辽宁辽沈音像电子出版社，出版范围包括社科、科技、教育等方面的音像制品和电子出版物；2008 年初，经新闻出版总署批准，出版项目增加了互联网出版服务业务。

21 世纪的最初 10 年，是晚报都市报的高光时刻。辽报集团所属《辽沈晚报》《半岛晨报》《北方晨报》等晚报都市报通过锐意创新，实现了社会效益与经济效益的双丰收；《时尚生活导报》《辽宁法制报》《升学指导报》《老同志之友》《家庭科学》《记者摇篮》等行业类报纸和刊物的专业性有了显著增强。2003 年 6 月，《北方晨报》的一篇社会新闻报道受到中央领导的关注，中共中央总书记胡锦涛作了批示。

三、迎接新挑战　进军新媒体

2006 年 11 月 25 日，“中国数字报业战略与实践高层研讨会”暨“中国数字报业实验室第一届理事会”在北京召开，辽报集团成为“中国数字报业实验室计划”单位。辽报集团把发展数字媒体作为实现战略转型、建设新型报业集团的一个重要方向。

到2007年底，辽报集团已拥有《辽宁手机报》、机场媒体、辽沈北国网、半岛晨报海力网、辽宁辽沈音像电子出版社等新媒体。2008年初，集团提出大力推进数字报业的进程，大力推进二维码、新闻视频等成长性新媒体的发展。与此同时，《辽沈晚报》《半岛晨报》的数字媒体也迅速发展起来。

四、跨媒体、跨地区合作

（一）辽报集团首发倡议　建立全国报业集团办公系统通联机制

2008年2月，辽宁日报传媒集团创意、发起了建立全国报业（传媒）集团办公系统通联机制的倡议。两个月后，经过信息反馈、签署倡议书等项程序后，通联机制顺利建成，共有近40家省级党报和部分主要市级党报报业（传媒）集团加入通联系统。全国党报报业（传媒）集团之间架起了一条有效、快捷的沟通“高速路”，促进各媒体之间的交流合作，共同发展。

（二）与中央媒体结成战略合作伙伴

2007年12月8日，主题为“媒体责任与跨媒体合作”的大型媒体活动《封面2007》主题论坛在沈阳举行。在此次论坛上，辽宁日报传媒集团与中央电视台经济频道互将对方列为战略合作伙伴，并签署了《双边战略合作意向书》，辽宁日报传媒集团成为中央电视台经济频道在辽宁独家合作媒体。

2009年3月27日，辽宁日报传媒集团和人民日报集团环球时报社举行战略合作签字仪式，社长姜凤羽与环球时报社总编辑胡锡进代表双方签字。时任总编辑孙刚，副社长刘景来，社委谢毅、王晓敏参加签字仪式，双方在新闻采编及经营业务方面展开合作。

（三）与省级媒体实行战略合作

2007年12月20日，辽宁日报传媒集团与辽宁教育电视台在沈阳正式签署构建战略合作伙伴关系框架协议，双方充分利用各自媒体优势，通过优势互补，在新闻报道、媒体推广、广告经营、多元产业发展等方面互相支持合作，共同构建面向传媒融合时代的战略合作伙伴关系。

（四）实施辽宁中部城市群报业战略合作，优化报业资源自2008年3月开始，为顺应区域经济一体化的发展要求和传媒产业的发展规律，辽报集团历时近两年，先后完成了与《铁岭日报》《辽阳日报》《营口日报》《本溪日报》《阜新日报》《抚顺日报》《鞍山日报》在业务层面的整合。上述七家地市级日报按照“瘦报”、彩版，报头下方署“辽宁报业传媒集团主办”字样进行改版，加入辽报主办序列。铁岭、本溪、阜新、抚顺四市的晚报更名为辽沈晚报铁岭版、本溪版、阜新版和抚顺版。

在成功完成业务层面整合的基础上，为更好地适应辽宁中部城市群报业深化合作、信息共享、提升水平、创造效益、协同发展的需要，省委宣传部、辽报集团与相关报社共同出资建设了辽宁中部城市群报纸新闻资源共享平台。平台自2009年7月立项建设，历时10个月，2010年6月1日正式建成使用。共享平台具有新闻信息采集、信息审核发布、信息浏览检索集成和业务权限控制等四大功能。

依托此平台，辽报和辽宁中部城市群报社可以及时掌握省委宣传部的宣传要领、要求和通知，把握正确舆论导向；辽宁中部城市七家报社可以更好地学习、借鉴与参考辽报对一些重要报道的处理方法，可以直接共享使用、转载辽报的重要时政要闻、独家新闻、特约评论员文章，持续提升宣传报道质量；辽报集团则能够及时了解和使用地市报上传的地方要闻和有地域特色的新闻，进一步增强了集团新闻报道的针对性与影响力。

第三篇

推动深度融合发展
壮大思想舆论阵地

中国特色社会主义新时代的《辽宁日报》

2012 年 10 月至 2024 年 8 月

2012 年 10 月——————————————2024 年 8 月

党的十八大以来，辽宁日报社认真学习贯彻习近平新时代中国特色社会主义思想，讲政治、把导向，促融合、出精品，抓转型、强队伍，巩固和壮大了党的思想舆论阵地，传播力、引导力、影响力、公信力显著提升，东北地区最强大、最权威的新闻信息源地位日益巩固，为辽宁全面振兴、全方位振兴营造了良好思想舆论氛围。

坚持“党媒姓党”，政治家办报办刊办网，严格落实意识形态责任制，不断坚定政治立场、政治方向、政治原则，牢牢把握正确舆论宣传导向；坚持做好习近平新时代中国特色社会主义思想阐释和关于振兴东北老工业基地重要讲话精神的宣传报道；坚持围绕中心、服务大局，弘扬主旋律、传播正能量，为辽宁全面振兴、全方位振兴营造了良好的舆论氛围；坚持新闻生产的“原发性、独家性、原创性”，进一步提升传播力、引导力、影响力、公信力。立足高度深度打磨新闻精品，做大做强“辽报策划”品牌；坚持全面推进媒体融合，拓展传播手段、补强传播渠道、提升传播效果，打造东北地区最强大、最权威的新闻信息源；坚持改革谋发展，辽字号媒体旗舰辽宁报刊传媒集团（辽宁日报社）扬帆起航，巩固和壮大了党的思想舆论阵地；坚持推进报业供给侧结构性改革，实施以发展多元产业推动报业转型升级的战略，进军资本市场，登陆新三板，打造文化产业集群，一举实现扭亏为盈；坚持高质量党建引领高质量发展，提高政治判断力、政治领悟力、政治执行力，把握意识形态主动权和话语权，着力建强新闻出版工作者队伍。

第十五章

做好习近平新时代中国特色社会主义思想阐释

党的十八大以来，《辽宁日报》始终坚持把学习阐释、宣传贯彻习近平新时代中国特色社会主义思想、习近平总书记关于振兴东北老工业基地重要讲话精神作为首要政治任务和最重要的宣传任务。对习近平总书记重要讲话精神“吃得透、把握准”，抓住党员干部群众普遍关心关注的深层次思想理论问题，着力提升思想性、理论性，增强权威性、准确性，注重加强顶层设计，有组织、有计划地推出重点文章、专题评论，持续开展系列策划、重大报道、权威访谈，做好做精专栏、专版、专刊，持续形成了宣传声势，让习近平总书记重要讲话精神在辽宁落地生根、开花结果。《沿着总书记指引的方向奋勇前进》《春风春雨度关东》《春天的答卷　写在辽宁深入贯彻落实习近平总书记“三个推进”重要批示精神一周年之际》等重磅报道，有高度、有深度、有温度，影响广泛热烈，受到中宣部《新闻阅评》表扬。

第一节

宣传阐释习近平新时代中国特色社会主义思想

党的十八大以来，《辽宁日报》坚持正确的政治方向，不断增强“四个意识”、坚定“四个自信”、做到“两个维护”。充分做好习近平新时代中国特色社会主义思想阐释和理论阐释，在一版和理论版常年开设专栏，坚持显著版面、显著位置、显著处理新华社稿件、《人民日报》评论、《求是》杂志文章等权威报道，为辽宁省干部群众学习贯彻习近平新时代中国特色社会主义思想营造良好的思想舆论氛围。

一、宣传马克思主义中国化理论创新重大成果

《辽宁日报》一版二版要闻版面把宣传阐释习近平新时代中国特色社会主义思想作为首要的政治任务，宣传阐释习近平新时代中国特色社会主义思想的新华社稿件、《人民日报》评论、《求是》杂志文章等权威报道在重要版位突出处理，彰显党报的政治站位。

2017年10月18日，《辽宁日报》一版刊发《人民日报》社论《开辟中国特色社会主义新境界》，营造舆论氛围。当天，中国共产党第十九次全国代表大会开幕，习近平代表第十八届中央委员会向大会作报告，首次提出“新时代中国特色社会主义思想”。10月19日，从一版到五版用五个特刊版面聚焦摘登党的十九大报告，宣传中国特色社会主义进入新时代和“八个明确”和“十四条坚持”共同构成新时代中国特色社会主义思想的框架。要闻版集中刊发《万众一心开拓进取　把新时代中国特色社会主义推向前进》《实现中华民族伟大复兴的行动指南——从党的十九大看习近平新时代中国特色社会主义思想》《以习近平新时代中国特色社会主义思想开启新征程——来自基层蹲点现场的报道》等新华社重要报道。

10月24日，党的十九大通过了关于《中国共产党章程（修正案）》的决议，习近平新时代中国特色社会主义思想写入党章。10月25日，《辽宁日报》刊发《人民日报》社论《夺取新时代中国特色社会主义伟大胜利》。之后历时半个月持续刊发《阔步走进中国特色社会主义新时代》《深入领会习近平新时代中国特色社会主义思想》等“十论学习贯彻党的十九大精神”《人民日报》系列评论员文章，《拥抱新时代　创造新辉煌》《掌握新思想　开拓新实践》等7篇新华社系列述评，集中宣传阐释习近平新时代中国特色社会主义思想的理论创新与时代价值。

2018年3月11日，第十三届全国人民代表大会第一次会议通过《中华人民共和国宪法修正案》，习近平新时代中国特色社会主义思想写入《中华人民共和国宪法》。次日，《辽宁日报》一版刊发人民日报社论《为民族复兴提供有力宪法保障》和《中华人民共和国宪法修正案》全文。

2021年11月11日，中国共产党第十九届中央委员会第六次全体会议审议通过了《中共中央关于党的百年奋斗重大成就和历史经验的决议》，在党的十九大报告“八

个明确”的基础上，用“十个明确”对习近平新时代中国特色社会主义思想的核心内容作了进一步概括。

这些战略思想和创新理念，是党对中国特色社会主义建设规律认识深化和理论创新的重大成果，从“八个明确”到“十个明确”丰富和发展了习近平新时代中国特色社会主义思想的核心内容，实现了马克思主义中国化新的飞跃。

《辽宁日报》刊发新华社综述《在重要历史关头召开的一次具有重大历史意义的会议》,《人民日报》评论员文章《深刻领会党百年奋斗的历史经验》《深化对新时代党的创新理论的理解和掌握》，指出“十个明确”是经过长期实践积累的宝贵经验，是党和人民共同创造的精神财富，必须倍加珍惜、长期坚持，并在新时代实践中不断丰富和发展。

《辽宁日报》此后历时近一个月，在一版二版要闻版面刊发新华社电稿《中共中央关于党的百年奋斗重大成就和历史经验的决议》全文、《人民日报》评论员文章《锚定既定奋斗目标　意气风发走向未来》、《求是》杂志发表习近平总书记《关于〈中共中央关于党的百年奋斗重大成就和历史经验的决议〉的说明》等重磅报道。

二、牢固树立“四个意识”、坚定“四个自信”、做到“两个维护”

《辽宁日报》坚持政治家办报，牢固树立“四个意识”、坚定“四个自信”、做到“两个维护”，把学习宣传贯彻习近平新时代中国特色社会主义思想作为“头条工程”。导向鲜明，基调昂扬，全年持续在重要版面推出“习近平新时代中国特色社会主义思想指引下”专栏，并及时转载新华社、《人民日报》、《求是》杂志等中央党媒的重磅报道。

2014 年 10 月,《辽宁日报》要闻版刊发新华社电稿，报道党的十八届四中全会通过《中共中央关于全面推进依法治国若干重大问题的决定》,《决定》明确提出党的领导是中国特色社会主义最本质的特征。

2016 年 7 月 1 日，习近平总书记在庆祝中国共产党成立 95 周年大会上发表重要讲话，深刻阐述中国特色社会主义道路、理论体系、制度建设的重要内涵，提到中国共产党人要坚持“四个自信”即“中国特色社会主义道路自信、理论自信、制度自信、文化自信”。次日，《辽宁日报》用3个版面全文刊发习近平总书记讲话内容，跟进刊发《人民日报》系列评论员文章《永葆奋斗精神 永怀赤子之心》《坚持中国道路 推进改革开放》《坚守人民立场 从严管党治党》等“五论学习贯彻习近平同志‘七一’重要讲话”。

2016年1月29日，习近平总书记主持中共中央政治局会议，提到“中国共产党领导是中国特色社会主义制度的最大优势”，提到增强政治意识、大局意识、核心意识、看齐意识“四个意识”，《辽宁日报》一版头题刊发新华社电稿。

2016年10月24日至27日，党的十八届六中全会通过《关于新形势下党内政治生活的若干准则》，准则中明确“四个意识”“四个自信”，《辽宁日报》连续刊发《人民日报》系列评论员文章《增强“四个意识”维护党中央权威》等予以系统阐释。

2019年11月2日，《辽宁日报》要闻版刊发《求是》杂志发表的习近平总书记重要文章《在中央和国家机关党的建设工作会议上的讲话》，文章中明确提到要带头做到“两个维护”。

2020年7月16日，《辽宁日报》一版头题刊发《求是》杂志发表的习近平总书记重要文章《中国共产党领导是中国特色社会主义最本质的特征》，文章节录了习近平总书记2013年12月至2019年10月期间讲话中有关中国共产党领导是中国特色社会主义最本质特征内容。

2022年2月14日至23日，辽报一版头题报耳等显著位置连续刊发“‘十个明确’彰显马克思主义中国化新飞跃”新华社系列述评，《党政军民学，东西南北中，党是领导一切的》《中国特色社会主义道路越走越宽广》等十篇述评深入阐述“十个明确”的精神实质和丰富内涵，全面展现习近平新时代中国特色社会主义思想蕴含的原创性贡献。

2023年10月16日，《辽宁日报》一版头题刊发《求是》杂志发表的习近平总书记重要文章《开辟马克思主义中国化时代化新境界》。文章指出，新时代中国特色社会主义思想的发展是一个不断丰富拓展并不断体系化、学理化的过程。

三、着力提升思想性、理论性阐释

《辽宁日报》在宣传阐释习近平新时代中国特色社会主义思想中，着力提升思想性、理论性，注重加强顶层设计，有组织、有计划地推出重点文章，持续开展系列策划、权威访谈，做好做精专栏、专版、专刊，持续形成宣传声势，叫响“辽宁声音”。

2017年至2018年，在一版和理论版开设“学习贯彻落实总书记重要讲话精神”“全面贯彻落实党的十九大精神”专栏，刊发报道稿件1000多篇、理论文章150多篇。《辽宁日报》理论版“全面贯彻落实党的十九大精神”专栏贯穿两年，重点约请中央党校、国务院发展研究中心、中国社会科学院的知名专家学者撰文对党的十九大报告进行专题解析，力求作者权威、观点有力、阐述准确。《深刻认识准确把握中国特色社会主义进入新时代》《马克思主义中国化与习近平新时代中国特色社会主义思想》《全面理解和把握坚持以人民为中心发展思想》等理论文章刊发后，社会影响力较大，网络转载度高。为切实统一干部群众思想，使大家真正认识并理解其重大意义和必然性、必要性，增强思想自觉和行动自觉，澄清认识误区，创新开设“学习与答疑”栏目，或由专家执笔，或由本报记者综合采访整理专家观点而成，帮助广大干部群众准确领会习近平新时代中国特色社会主义思想，在学懂弄通做实上下功夫。

理论版开设“深入学习贯彻习近平新时代中国特色社会主义思想”专栏，努力营造学习新思想、推动新实践、激发新作为、催生新气象的浓厚思想舆论氛围。2020年6月23日，策划“坚持人民至上　不断造福人民”专版，围绕习近平总书记在全国两会期间发表的重要讲话强调“必须坚持人民至上”，约请四位专家学者展开对话，深刻辨析“为什么我们党能始终做到坚持人民至上”这一理论热点。北国客户端二次加工制作将报纸标题改为适合网络阅读的标题《专家学者谈：读懂“人民至上”，读懂中国》。2021年7月8日，推出“贯穿百年党史　领航新的征程——以人民为中心”4块版理论特刊，《人民至上：把人民放在心中最高位置》《人民主体：紧紧依靠人民创造历史》《人民力量：以群众路线凝聚磅礴伟力》《人民共享：不断实现人民对美好生活的向往》等，从不同角度对习近平总书记在庆祝中国共产党成立100周年大会上再次强调“以人民为中心”进行系统理论阐释。11月18日起理论版推出“百

年奋斗铸辉煌　以史为鉴谱新篇——我省专家学者笔谈学习贯彻党的十九届六中全会精神”专版，对习近平新时代中国特色社会主义思想“十个确定”进行理论解读。

| 第二节 |

对习近平总书记重要讲话精神“吃得透、把握准”

《辽宁日报》坚持以习近平新时代中国特色社会主义思想为指引，将深入贯彻落实习近平总书记关于振兴东北老工业基地的重要讲话精神作为新闻报道的首要任务。精心策划、精准对焦，通过消息、综述、评论等多种手段，全方位、立体化解读习近平总书记重要讲话精神，全面反映辽宁上下学习贯彻习近平总书记重要讲话精神的生动实践。从 2015 年到 2023 年，习近平总书记先后三次对振兴东北老工业基地发表重要讲话，为辽宁全面振兴、全方位振兴指明了努力方向。“对总书记重要讲话精神，吃得透、把握准”，这是省委主要领导对《辽宁日报》的高度评价。

一、聚焦“四个着力”的思考与实践

2015 年 7 月 17 日，长春，习近平总书记主持召开部分省区振兴东北地区等老工业基地和“十三五”时期经济社会发展座谈会，就推动东北老工业基地振兴提出着力完善体制机制、着力推进结构调整、着力鼓励创新创业、着力保障和改善民生的“四个着力”要求。《辽宁日报》把学习贯彻习近平总书记重要讲话精神的宣传报道作为一项重大政治任务，加强策划，设置专栏，持续聚焦，深度引领。深刻解读总书记重要讲话的丰富内涵和精神实质，反映各地、各部门学习贯彻讲话精神的新思路、新亮点，为实现辽宁新一轮全面振兴营造浓厚的思想基础和舆论氛围。

深解析、广动员。通过系统分析和理性思考，推出一批言论、评论、理论、访谈等报道，深刻解读总书记重要讲话的丰富内涵和精神实质。《辽宁日报》从 8 月 7 日起刊发《从“四个没有变”看辽宁的底气》《滚石上山的气魄与策略》《只要积极行动就能找到振兴出路》《用改革创新培育壮大“两个新”》4 篇评论，结合总书记讲话，以精练的话语阐述辽宁的资源禀赋区位优势、正确看待改革发展中的实际困难、

应保持的精神状态及当前的紧要任务等。《滚石上山的气魄与策略》指出“滚石上山”应有的品质，鼓舞士气，进行最广泛的动员。围绕总书记长春重要讲话中的新观点、新论述，推出《巧做“加减乘除”打造辽宁经济升级版》等4篇“聚焦‘四个着力’的思考与实践”述评，将“四个着力”的理论阐述有针对性地结合辽宁实践，提出全面振兴的办法与思路，传达辽宁省委、省政府贯彻讲话精神的决策部署，体现辽宁思考实践水平。理论版刊发多篇知名专家理论文章，特别是解读“四个着力”的5篇文章，站在“四个全面”战略布局的高度把握“四个着力”，又对每个“着力”分别进行缜密论述，及时展现辽宁学习贯彻“四个着力”的理论成果。

重实践，抓典型。通过报道生动事例、鲜活典型，把总书记长春重要讲话精神形象化、具体化，使干部群众感受到讲话精神与自身紧密相连。《辽宁日报》聚焦鲜活的经济主体，在“聚焦‘四个着力’推动振兴发展典型报道”专栏中推出一批典型，《让高端装备成为开拓海外市场的“利器”》《新锦化手里的订单排到2017年》《从五家民企看辽宁工业如何稳增长》等报道反映经济主体在“四个着力”方面的创新实践，树立辽宁企业“着力于创新”的良好发展形象，让人们看到辽宁振兴的希望。

二、聚焦“三个推进”开创辽宁振兴发展新局面

2017年3月7日，习近平总书记到十二届全国人大五次会议辽宁代表团参加审议并发表重要讲话。《辽宁日报》第一时间推出重要社论《沿着总书记指引的道路奋勇前进》，得到时任省委书记李希的高度评价。3月8日起，在头版显要位置、重要栏目、首页首屏开设“学习贯彻落实总书记重要讲话精神”专栏专题，聚焦“三个推进”（推进供给侧结构性改革、推进国有企业改革发展、推进干部作风转变）相关解读，迅速掀起学习贯彻习近平总书记重要讲话精神的热潮和高潮，使习近平总书记重要讲话精神走进干部群众、广泛深入人心，为开创辽宁振兴发展新局面吹响凝聚人心的号角。

突出解读阐释，为辽宁新一轮全面振兴出谋划策、指明方向。习近平总书记参加辽宁代表团审议时的重要讲话高屋建瓴、高瞻远瞩、思想深刻、内涵丰富，《辽宁日报》在做好消息、通讯报道的同时，充分发挥言论的旗帜和引领作用，综合运用综述、评论、访谈等形式，推出一批解读阐释报道，系统解读习近平总书记重要讲

话的重大意义和深刻内涵。3月9日，《辽宁日报》一版第一时间刊发社论《沿着总书记指引的道路奋勇前进》，深入阐述习近平总书记重要讲话为做好辽宁工作提供根本遵循和强大动力；连续推出《把总书记亲切关怀转化为奋发进取的强大动力》《在学思践悟上下真功夫实功夫》等5篇系列评论，具体解读习近平总书记重要讲话精神对辽宁振兴发展的指导作用；3月14日，理论版整版刊发《擘画振兴大计彰显发展伟略——专家学者谈习近平总书记参加辽宁代表团审议时重要讲话重大意义》，邀请省内专家学者从重要意义、总体要求、"三个推进"等方面对习近平总书记重要讲话进行具体阐释、及时展现辽宁学习贯彻总书记重要讲话精神的理论成果；刊发《豪情万丈扬风帆——写在我省深入贯彻落实习近平总书记"三个推进"重要指示精神之际》等系列综述文章，解读习近平总书记的重要讲话精神对辽宁振兴发展的指导作用。

突出贯彻落实，及时传达辽宁省委旗帜鲜明的政治态度和重要举措。《辽宁日报》陆续刊发《省委常委会召开会议深入学习贯彻习近平总书记参加辽宁代表团审议时的重要讲话精神研究部署任务分解方案和实施意见》《部署开展学习贯彻总书记重要讲话精神集中宣讲》等报道。5月8日，辽宁省委召开十二届二次全会，《辽宁日报》刊发消息，并配发社论《把新发展理念和"四个着力""三个推进"贯彻到振兴发展各领域全过程》；5月24日，刊发《持之以恒落实新发展理念和"四个着力""三个推进"充分发挥沈阳在辽宁振兴发展中的排头兵作用》，报道辽宁省委在沈阳进行专题调研，贯彻落实总书记重要讲话精神。

突出各界反响，掀起辽宁各地各界学习贯彻总书记重要讲话精神的热潮和高潮。《辽宁日报》从3月9日到3月12日推出第一组反响报道共4篇，如《撸起袖子加油干把总书记重要讲话精神落到实处》《用实际行动推进供给侧结构性改革取得新进展》，全面反映广大干部群众学习习近平总书记重要讲话精神的火热氛围；3月14日到3月22日推出第二组，《发力实体经济开创振兴发展新局面》《凝心聚力再创辽宁工业辉煌》等9篇反响报道，具体反映我省各行业各领域学习习近平总书记重要讲话精神的生动实践；推出"追访与总书记面对面代表""回访总书记在辽宁考察过的地方"专栏，报道代表们回到工作岗位上，学习习近平总书记重要讲话精神的新体会新行动。

《辽宁日报》“两微一端”依托《辽宁日报》内容优势，利用新媒体技术设计制作水墨风格的动态H5融媒体产品《沿着总书记指引的道路奋勇前进》，用新媒体技术呈现社论内容，以及与总书记“面对面”话振兴的5位代表的发言情况，广受网友喜爱，有力地在新媒体舆论场中营造学习贯彻落实习近平总书记重要讲话精神的良好舆论氛围。

三、新时代新征程推动东北全面振兴

在东北振兴战略实施20周年之际，2023年9月7日，习近平总书记在哈尔滨主持召开新时代推动东北全面振兴座谈会并发表重要讲话强调，新时代新征程推动东北全面振兴，牢牢把握高质量发展这个首要任务和构建新发展格局这个战略任务，坚持目标导向和问题导向相结合，坚持锻长板、补短板相结合，坚持加大支持力度和激发内生动力相结合，咬定目标不放松，敢闯敢干加实干，努力走出一条高质量发展、可持续振兴的新路子，奋力谱写东北全面振兴新篇章。《辽宁日报》快速反应，刊发新华社解读报道《东北全面振兴，总书记布局一盘大棋》，跟进报道辽宁省委、省政府传达学习习近平总书记重要讲话精神、研究辽宁贯彻落实工作等动态，向全省干部群众发出“咬定目标不放松　敢闯敢干加实干　奋力谱写辽宁全面振兴新篇章”的辽宁声音。

组织采写“6+2+5”系列报道。刊发辽宁省干部群众对习近平总书记讲话的系列反响报道6篇:《努力走出一条高质量发展可持续振兴的新路子》《牢牢扭住自主创新这个“牛鼻子”》《当好国家粮食稳产保供“压舱石”》《在构建新发展格局中发挥更大作用》《以人口高质量发展支撑辽宁全面振兴》《进一步优化政治生态营造良好营商环境》；撰写刊发《辽宁日报》社论两篇:《为强国建设民族复兴贡献辽宁力量》《向着重振雄风再创佳绩的目标勇毅前行》；策划系列评论员文章“五论学习贯彻习近平总书记在新时代推动东北全面振兴座谈会上重要讲话精神”:《加快构建具有辽宁特色优势的现代化产业体系》《牢记“首要担当”　建设农业强省》《增强前沿意识　提升开放水平》《以人口高质量发展支撑辽宁全面振兴》《进一步优化政治生态营造良好营商环境》。

专家学者谈体会。9 月 19 日，理论版开设“深入学习贯彻习近平总书记在新时代推动东北全面振兴座谈会上的重要讲话精神”专栏，特约专家学者撰写刊发《以科技创新推动产业创新　加快构建现代化产业体系》《加快形成新质生产力为辽宁全面振兴提供强大动能》《发展现代化大农业　全力推动农业强省建设》《以人口高质量发展支撑东北全面振兴》《优化政治生态　为推动东北全面振兴提供有力保障》等理论阐释文章。10 月 31 日，推出通版策划“努力走出一条高质量发展、可持续振兴的新路子”，摘编东北三省及内蒙古专家学者学习贯彻习近平总书记在新时代推动东北全面振兴座谈会上的重要讲话精神体会文章。11 月 7 日策划推出“深入学习贯彻习近平总书记在新时代推动东北全面振兴座谈会上的重要讲话精神”两期理论文章专版，深刻领会、准确把握习近平总书记的重要讲话精神，为辽宁全面振兴发展注入强大动力。

| 第三节 |

用心用情报道习近平总书记心系辽宁振兴发展

2013 年至 2023 年，十年间习近平总书记三次到辽宁考察，两次在全国两会期间参加辽宁代表团审议，为辽宁全面振兴指明了奋斗方向。《辽宁日报》精心策划、周密组织，丰富报道形式，创新传播手段，既有动态的新闻报道追踪，又有思考性深度报道呈现；既有来自基层的生动报道展示，又有来自顶层设计的专题策划创新。融媒体产品 H5《春风春雨度关东》，重温总书记心系辽宁振兴发展；连续 5 年推出系列评论和深度报道，书写了贯彻总书记“9・28”讲话精神的“辽宁答卷”；“习近平总书记在辽宁考察”十连版特别报道，沿着习近平总书记的考察足迹跟踪采访；“牢记嘱托辽宁实践”主题策划，下实功、摸实情、看实效。

一、策划 H5《春风春雨度关东》重温总书记心系辽宁振兴发展

2017 年党的十九大期间，《辽宁日报》策划推出原创 H5 产品《春风春雨度关东》，充分展现党的十八大以来习近平总书记对辽宁的亲切关怀，以及在习近平新时代中国特色社会主义思想指导下辽宁经济社会建设取得的成就。《春风春雨度关东》在传

统图片、文字的基础上融入视频、音频、背景音乐等新媒体传播内容，将2013年和2017年习近平总书记两次参加辽宁代表团审议、2013年8月到辽宁考察等重大事件，以时间轴的形式呈现在一个作品中，实现新闻性、互动性、传播性的融合，成为传统媒体增强传播力、引导力、影响力、公信力的新载体，在微信朋友圈形成刷屏之势。《春风春雨度关东》，凭借“一以贯之”的主题表达和“一触到底”的创新表达，荣获第二十八届中国新闻奖二等奖，并成为辽宁媒体中首次获得媒体融合奖项作品。

整个H5产品不足两分钟，高度聚焦习近平总书记心系辽宁这一主题，精心梳理习近平总书记从2013年至2017年间对辽宁的重要讲话、重要指示等，以视频、音频等原音进行平实叙述，简洁完整地展现习近平总书记为辽宁振兴发展倾注心力，与辽宁人民在一起的所思、所言、所行，带着时光的厚重，裹挟着暖心的温度，以跨越时空的方式重温习近平总书记5年间对辽宁的亲切关怀，现场感强、代入感足，让受众在沉浸式体验中深刻感知习近平总书记一心为民的光辉形象。

二、贯彻总书记“9·28”讲话精神的“辽宁答卷”

《辽宁日报》抓住关键时间节点，连续5年精心策划组织报道，推出系列重头评论文章和深度报道。“7+1”系列评论、“1+1+5+6”系列报道、“4+8”系列报道等站位高远，全景式、多维度反映我省落实“9·28”讲话精神的重大举措和显著成效。

2019年，“7+1”系列评论全面深入落实习近平总书记嘱托。“9·28”重要讲话发表一周年之际，2019年9月21日至9月28日，《辽宁日报》在重要版面和新媒体平台连续推出“我省一年来深入贯彻落实习近平总书记在辽宁考察时和在深入推进东北振兴座谈会上重要讲话精神系列述评”及本报评论员宁新平文章，系统梳理一年来辽宁省委、省政府带领全省广大干部群众攻坚克难、锐意进取，推动习近平总书记重要讲话精神在辽宁落地生根的生动实践。《思想再解放树牢新理念》《构建新体制打造新环境》《点燃“双创”火壮大新动能》《下好一盘棋构筑新格局》《开放再升级打造新前沿》《锤炼好作风展现新作为》《弘扬雷锋精神汇聚振兴动力》7篇述评文章，分别从7个不同角度，全面反映辽宁深入贯彻习近平总书记重要讲话精神的重要举措和生动实践。宁新平文章《思想指引实干作答——写在习近平总书记在辽宁考察和主持召开深入推进东北振兴座谈会一周年之际》，着力反映一年来，辽宁往深处学、往实里做，向难中进、向高处攀。

2020年，“1+1+5+6”系列报道吹响牢记嘱托再出发的号角。“9·28”重要讲话发表两周年之际，2020年9月28日起，《辽宁日报》持续推出“1+1+5+6”系列报道，即1篇宁新平文章、1篇社论、5篇系列报道和6篇评论员文章，以高端的站位、恢宏的气势，奏响在新起点上奋力推进辽宁全面振兴、全方位振兴的激越强音，引发强烈反响。9月28日，《辽宁日报》刊发宁新平文章《开创辽宁振兴发展的宏大场景》，站位高、视角新、落点准。文章以“思想是行动的先导，也是行动的动力”作为开篇，落脚点放在习近平总书记提出的“以优化营商环境为基础，全面深化改革”上，回答打响优化营商环境这场主战役辽宁怎么干。9月30日起，围绕贯彻省委常委会（扩大）会议精神，《辽宁日报》持续推出评论员文章《交出一份合格的时代答卷》《把企业需求作为制度创新的动力》《强化为人民服务的实践体验》《没有旁观者不做局外人》《以解决问题为目标永葆斗争精神》《牢固树立重实干实绩的鲜明导向》，统一思想、鼓舞斗志、凝聚力量。10月9日起推出“优化营商环境推动振兴发展”专栏，围绕“办事方便、法治良好、成本竞争力强、生态宜居、人人都是营商环境”五个方面，推出《把方便留给市场主体和群众》《让市场主体安心安身安业》《“一升一降”打造成本洼地》《让更多人喜欢辽宁向往辽宁扎根辽宁》《优化营商环境人人都是参与者》5篇系列报道。

2021年，“4+8”系列报道激发奋进力量。“9·28”重要讲话发表三周年之际，《辽宁日报》推出重大主题策划“启航新征程掀开新一页”，刊发12篇重磅报道。报道聚焦两个“大局”交织、两个“百年”交汇、两个“五年”交接历史节点下的辽宁振兴，站位宏观、透视微观，立足现在、着眼未来，充分反映辽宁立足新发展阶段，贯彻落实习近平总书记重要讲话精神的“谋”与“策”、“行”与“变”，深刻剖析构建新发展格局过程中辽宁的“基”与“机”、“位”与“为”。

2022年，“1+7”系列评论阐述切中解决辽宁振兴发展的根本性问题。“9·28”重要讲话四周年之际，当天，辽宁省委常委会召开扩大会议，会后《辽宁日报》先后推出1篇社论和7篇评论员文章，社论《一以贯之持之以恒落实习近平总书记重要讲话精神》为“总论”，重在号召广大干部群众在新时代东北振兴中展现更大担当和作为;《清醒认识切实解决辽宁振兴发展的根本性问题》《坚定不移推动高质量发展》《更加坚定扛起维护国家“五大安全”政治使命》等7篇评论员文章为“分述”，从清晰认识切实解决辽宁振兴发展的根本性问题、推动高质量发展、维护国家“五大安全”、高水平科技自立自强、打造对外开放新前沿、推进区域协调发展、狠抓落实真抓实干七个方面予以阐述。

2023年，在“9·28”重要讲话发表五周年之际,《辽宁日报》在重要版面重要位置，刊发消息、评论、综述，重温总书记“9·28”重要讲话精神，深入学习习近平总书记在新时代推动东北全面振兴座谈会上的重要讲话精神，为全力实施全面振兴新突破三年行动，打好打赢新时代的“辽沈战役”，进一步凝聚思想共识，积蓄奋进力量。

三、策划全景十连版　记录总书记在辽宁考察珍贵瞬间

2022年8月16日至17日，习近平总书记时隔四年再次到辽宁考察,《辽宁日报》第一时间抽调精锐力量，按照习近平总书记在辽宁的考察点位，沿着习近平总书记的考察足迹，及时跟踪采访与总书记面对面交流的人民群众，全面了解掌握现场情况，推动报道走深走实、共情共鸣。8月19日,《辽宁日报》以前所未有的规模，从一版开始，连续推出10块版面的特别报道，生动展现总书记和基层干部群众在一起的温暖瞬间、丰富细节，充分反映习近平总书记对新时代东北振兴以及赓续传承红色文化、坚持统筹疫情防控和经济社会发展推动高质量发展的深邃思考和战略擘画。

十连版特别报道以红色作为版面主色调，在国内同题材报道中首次采用纵向通题方式，版面设计宏大、主线贯通、逻辑缜密。前四块版主题为“习近平总书记在辽宁考察”，刊发《习近平在辽宁考察时强调　在新时代东北振兴上展现更大担当和作为奋力开创辽宁振兴发展新局面》，主题突出，极具视觉冲击力。后六块版主题为“牢记总书记嘱托　奋力开创辽宁振兴发展新局面”，以习近平总书记金句解读和各界反响以及总书记考察的四个点位回访为主线，精选习近平总书记精彩“金句”，生动呈现总书记深厚的人民情怀，重温字里行间涌现的温情与力量。《把总书记重要讲话精神化为辽宁振兴发展生动实践——习近平总书记“金句”的辽沈回响》《展现更

大担当作为　奋力推进全面振兴——习近平总书记来辽宁考察在全省干部群众中引发热烈反响》《“我们一定把党的故事、革命的故事、英雄的故事讲好”——习近平总书记在辽沈战役纪念馆考察回访记》《“总书记把东北振兴、人民幸福始终放在心里”——习近平总书记在锦州东湖森林公园调研回访记》《“不负嘱托，努力把核心技术牢牢掌握在自己手里”——习近平总书记在新松机器人自动化股份有限公司考察回访记》《“在总书记引领下，我们的生活会一天比一天好”——习近平总书记在沈阳市皇姑区三台子街道牡丹社区考察回访记》等特别报道既突出重点又把握节奏，体现报道的层次感、逻辑性、系统性，同时配发大量新闻现场图片，完整精彩呈现习近平总书记来辽宁考察的感人瞬间。

四、“牢记嘱托辽宁实践”系列报道下实功、摸实情、看实效

2022年习近平总书记在辽宁考察期间，《辽宁日报》连续三天推出年度重大主题报道——“牢记嘱托辽宁实践”，大力宣传党的十八大以来，以习近平同志为核心的党中央对东北老工业基地振兴发展高度重视、深情牵挂和亲切关怀，全力聚焦改革、创新、协调、绿色、开放、共享六大方面，20篇报道生动展现全省上下一步一个脚印努力把习近平总书记擘画的全面振兴蓝图变为现实，充分反映辽宁近年来发生的显著变化、取得的重要成果，进一步树立良好形象、展现美好预期、激发奋进力量。

5月起，《辽宁日报》采访团队走进30余个省级主要职能部门，下沉到14个市及沈抚改革创新示范区的200余个“点位”，深入企业高校、科研院所、服务窗口、田间地头进行调研，与各级干部、专家学者、“双创”主体、农民等面对面深度交流，全面融入振兴实践的生动画面，融入改革发展的宏大场景，下实功、摸实情、看实效，“打捞”出一大批“沾泥土”“带露珠”“冒热气”的好经验、好故事，积累海量的新闻素材。

8月16日起，连续刊发“牢记嘱托辽宁实践”主题报道之“改革篇”三篇报道：《高扬法治精神　保障发展预期——关于辽宁全力打造法治化营商环境的报告》《痛痛快快办事　公公正正服务——关于辽宁持续推动政府职能转变的报告》《激发内生动力　昂起振兴“龙头”——关于辽宁深入推进国有企业改革发展的报告》。

第十六章

做好辽宁全面振兴这篇大文章

党的十八大以来，习近平总书记对深入推进东北振兴发表一系列重要讲话，党中央、国务院对东北、辽宁支持的重大政策频出。在辽宁启航新征程实干绘新图的重要历史节点，《辽宁日报》响亮发声，全方位、多层次展现辽宁上下一心、持之以恒落实习近平总书记重要讲话精神、奋力开创振兴发展新局面的生动实践。在东北老工业基地振兴的第二个十年，《辽宁日报》持续报道展示辽宁人打好高质量发展翻身仗、夺取全面振兴新突破的生动画面和宏大场景，有深度、有广度，增强辽宁吸引力、提振辽宁人精气神。《辽宁日报》正面宣传展示辽宁形象，放大辽宁声音，使社会各界对辽宁“必须振兴、必然振兴”产生思想共鸣、情感认同，统一了思想、鼓舞了斗志、凝聚了力量。

| 第一节 |

践行“四个着力”“三个推进”唱响振兴主题曲

2015 年 7 月，习近平总书记主持召开部分省区振兴东北地区等老工业基地座谈会发表重要讲话，《关于全面振兴东北地区等老工业基地的若干意见》实施，东北老工业基地新一轮全面振兴开启。《辽宁日报》突出主线，既深入解读中央文件精神，以多视角多维度将全面振兴的重大政策具体化、形象化，又突出辽宁实践，表达全省上下坚决打赢全面振兴这场硬仗的坚定意志，起到凝聚共识、增强信心的作用。《号角》《决胜》《山海关不住　再度受青睐》《山海关不住　投资向热土》等报道声势强大，掀起新一轮全面振兴舆论高潮，为全省上下统一思想、统一目标、统一步伐，全面落实“若干意见”精神提供重要的舆论支持。针对“营商环境差”等唱衰辽宁论，《辽宁日报》坚持唱响辽宁经济光明论，唱响辽宁践行“四个着力”“三个推进”谋振兴的主旋律。

一、宣传辽宁贯彻“四个着力”开启新一轮全面振兴

2003 年 10 月，国家提出实施东北地区等老工业基地振兴战略的重大决策，十年过去了，在辽宁老工业基地发展遇到困难和挑战之际，2013 年 10 月，《辽宁日报》及时推出“新一轮东北老工业基地振兴报道”主题矩阵策划。策划报道持续一年、规模空前，包括“观察录”“启示录”“调研录”等七大版块，“跳出辽宁看辽宁”通过与沿海发达地区对比，与世界先进国家相比，寻找辽宁振兴发展的新坐标。

2015 年 7 月，为贯彻习近平总书记主持召开部分省区振兴东北地区等老工业基地座谈会重要讲话精神，辽宁上下立即行动，首先认真领会总书记长春重要讲话的丰富内涵和精神实质，然后是在辽宁新一轮老工业基地全面振兴行动中践行“四个着力”。《辽宁日报》理论版开设栏目“透过数据看东北”，刊发一系列文章，以科学的视角和负责的态度解读东北新一轮全面振兴所面临的问题，驳斥唱衰东北经济的论调，在舆论场中及时发声，提振全省上下振兴的信心。《辽宁日报》一版围绕“四个着力”推出“新起点新征程”特别策划，下基层、找症结，抓亮点、树典型，组成由总编辑、副总编辑带队的采访组，深入基层走访调研，刊发“走进各地市”系列长篇深度调查报道，既沾着泥土、浸着汗渍又带着问题、透着思考。《从“初字号”到“深字号”的距离有多远》是记者在钢铁行业产能过剩、朝阳主要经济支柱铁选冶金业 85% 的企业停工停产的背景下深入朝阳市采访写出来的，报道揭示朝阳市金麟公司成功的奥秘，反映朝阳市正把矿业综合整治作为落实“四个着力”的具体实践，努力推动优势资源向精深加工型的优势企业集中。《辽宁日报》报道各地区各部门贯彻落实“四个着力”中涌现出的经验做法，如完善体制机制的《丹东为常委会班子立下“29 条规矩”》，推进结构调整的《本溪巧用大项目杠杆加速产业结构调整》，推动创新创业的《大连高新区“众创空间”让“创客”落地生根》，保障和改善民生的《锦

州两河治理提升群众幸福指数》等，发挥了先进典型的引领作用，示范效果显著。《让高端装备成为开拓海外市场的“利器”》等报道树立辽宁企业“着力于创新”的良好发展形象，让人们看到辽宁振兴的希望。这些典型报道反映各地各部门学习贯彻总书记重要讲话精神的新思路、新亮点，营造舆论氛围，使广大干部群众深刻认识到“四个着力”对辽宁新一轮全面振兴的关键作用和强大推动力。

二、《号角》《决胜》掀起辽宁新一轮全面振兴舆论高潮

2016年4月26日，《关于全面振兴东北地区等老工业基地的若干意见》(以下简称《若干意见》)实施，《辽宁日报》把握《若干意见》实施和中共辽宁省委召开“全省贯彻落实中央7号文件精神全面振兴辽宁老工业基地推进大会”这两个重要时间节点，在一版开设“滚石上山靠拼搏　爬坡过坎要实干”专栏，并分别于4月28日和5月9日推出《号角》和《决胜》两期特刊，及时呼应党中央、国务院的战略决策，有力配合省委、省政府的中心工作。两个特刊的命名蕴含深意:《若干意见》的正式公布，是首次把东北振兴战略与国家三大发展战略一并提出，对辽宁具有里程碑意义，吹响全面振兴的号角，《号角》即站在全省中心工作的高度对贯彻落实《若干意见》精神进行定位;《决胜》则表明在辽宁全面振兴进入决战时刻，必须有决心、必须决胜及如何实现决胜。

两期特刊以“四个着力”为主线，相辅相成、有序衔接。《号角》深入解读《若干意见》的重大意义、战略决策和辽宁面临的重大机遇等，同时对辽宁落实《若干意见》的总体要求、工作部署及实施步骤等进行阐释，层次清晰，评论、述评、理论、图表和典型事例相结合，具有很强的指导性。《决胜》头版评论员文章《奋斗终将偿所愿同心干》发出“每一个辽宁人，只能奋力向前……让我们投身于这场必须打赢的战役”的号召。两期特刊对《若干意见》的宣传并未停留在字面的单向解读上，而是落实到具体工作生活中、体现到各行各业的实践中。《号角》第6、7版刊发辽宁14市市长的访谈文章，反映各市的振兴思路及重点工作；第8版以《全面振兴我们不是旁观者》为题，描绘基层群众对全面振兴的愿景及生活工作中发生的可喜变化。《决胜》的报道对象不断“下沉”：从省委、省政府，到各个厅委办局，各市党委、

政府，县区乡镇，再到基层群众，“顶层·运筹”版、“厅局·战线”版、“各市·战场”版、“县区·阵地”版、“乡镇·尖兵”版、“海采·众志”版等通过报道贯彻落实《若干意见》精神的生动实践，充分反映出广大干部群众“等不起”的紧迫感、“慢不得”的危机感、“坐不住”的责任感，体现全省上下凝心聚力谋振兴的精神风貌和巧干实干。《辽宁日报》微信公众号巧妙创意，使两期特刊形成藏头诗式的标题图片，分别连成“全”“面”“振”“兴”和“决”“战”“决”“胜”八个字。《号角》和《决胜》特刊的新媒体综合点击量累计近5万次，“今日头条”头条号《辽宁日报》推送数量超过18万次，展现辽宁贯彻落实《若干意见》精神的决心、思路和行动，将辽宁促振兴谋发展的宣传报道引向深入。

《辽宁日报》在一版开设“滚石上山靠拼搏　爬坡过坎要实干”专栏，推出《来自春天的消息》等4篇长篇述评，开设“滚石上山爬坡过坎——我们走过2016”栏目，刊发《清风吹开大地春》《深置基石筑坚城》《厚植沃土万木兴》《千帆竞发向北方》《起势成局开新篇》等8篇大型述评，刊发《在经济新常态下做好“三个把握”》等22篇系列评论员文章，充分发挥言论的旗帜和引领作用。《辽宁日报》微信公众号上推出7期大型系列报道“我的辽宁”，报道25位“草根”创业者和顶着世界名校光环的创业者在辽宁创业的成功经历，充分呈现辽宁新的干劲正在集聚、新的活力不断激发、新的优势正在形成的良好态势。

三、融媒体立体报道突出辽宁践行“三个推进”求发展

2017年，习近平总书记参加辽宁代表团审议时的重要讲话对辽宁老工业基地振兴发展作出新部署新要求，《辽宁日报》主动作为，围绕“三个推进”精心策划，刊发《写在中央7号文件发布一周年之际》《春风化雨润辽沈》《豪情万丈扬风帆——写在我省深入贯彻落实习近平总书记“三个推进”重要指示精神之际》《誓把开局当决战——我省一季度经济形势调查报告》《蹄疾步稳开新局——上半年全省经济发展述评》等系列综述文章，解读习近平总书记的重要讲话精神对辽宁振兴发展的指导作用，展现辽宁学习贯彻落实总书记重要讲话精神的理论成果；推出“践行‘三个推进’新观察”“践行‘三个推进’新举措”“践行‘三个推进’新经验”等专栏，

刊发《沈阳发力高端装备制造业壮大实体经济》等20余篇各地区在“三个推进”方面的典型报道，深入挖掘各行业各领域践行“三个推进”的新经验、新做法，全面展示辽宁层层抓落实的良好局面；开设“振兴发展新观察”专栏，刊发《供给侧改革　辽宁还需从哪些方面发力》《面对第四次工业革命，辽宁企业怎么办》等报道，对辽宁如何与国际经济前沿思想脉搏同频共振进行观察思考，展现出辽宁人的精气神；开设“聚焦2017大连夏季达沃斯”专栏，推出《迎接达沃斯，大连准备好了》《在世界舞台展现辽宁的精气神》等报道，为在国际社会讲好中国故事提供辽宁脚本。《辽宁日报》“两微一端”制作H5融媒体产品，《春风化雨情牵辽宁，习近平总书记心系我省振兴发展纪事》《一图读懂新发展理念、“四个着力”“三个推进”关系图》等广受网友喜爱，有力地在新媒体舆论场中营造辽宁贯彻落实“四个着力”“三个推进”振兴发展的良好舆论氛围。

2018年3月7日，习近平总书记参加辽宁代表团审议时发表关于老工业基地振兴“三个推进”的重要讲话一周年之际，《辽宁日报》以此为契机，在一版显位推出5000字的大型述评《春天的答卷——写在辽宁深入贯彻落实习近平总书记“三个推进”重要指示精神一周年之际》，获中宣部《新闻阅评》表扬；新媒体推出图解《向总书记报告——辽宁贯彻落实“三个推进”这一年》，全面展示辽宁贯彻落实“三个推进”的行动、举措和成绩单。同时开设“在习近平新时代中国特色社会主义思想指引下——新时代新气象新作为”专栏，推出《以思想之光指引振兴之路》《以实干之功成就大业》《强党建之基汇振兴之力》《奋力打赢三年攻坚战》等系列述评，每篇配发整版篇幅的大事记《辽宁深入学习贯彻习近平新时代中国特色社会主义思想大事记》《辽宁加快推动振兴发展大事记》《辽宁推进全面从严治党大事记》等，立体展示辽宁广大党员干部群众学习贯彻习近平新时代中国特色社会主义思想凝心聚力、奋发图强的良好局面。推出图解版《辽宁落实“三个推进”大事记》，以新媒体擅长的“可视化”图解方式，清晰、直观地呈现一年来辽宁深入贯彻落实“三个推进”的生动实践，运用“H5+图解”营造更加逼真的现场感。辽报新媒体推出H5动图解产品《向总书记报告——辽宁贯彻落实“三个推进”这一年》，在常规图解的基础上加入音乐、动图等，全面展示辽宁贯彻落实“三个推进”的具体行动、举措和成绩单，使传统的文字内容得到立体化传播，全网点击量和点赞量在一小时内就突破万次。

2018 年 8 月，中国民营企业 500 强峰会在辽宁召开，《辽宁日报》超前策划、周密部署，聚焦“投资已过山海关，辽宁再度受青睐”主题设置议题。8 月 26 日，特别推出超“燃”视频《山海关不住　投资向热土》，视频全景展现“一带五基地”“五大区域发展战略”的建设热潮，生动记录各地“重实干、强执行、抓落实”的火热场景，收录辽宁上下全力践行新时代辽宁精神的铿锵回响。8 月 27 日，刊发宁新平文章《山海关不住　再度受青睐》，阐述贯彻习近平总书记重要讲话精神，辽宁干部群众以“长子情怀、忠诚担当、创新实干、奋斗自强”书写新时代辽宁精神，在辽宁大地描绘全面振兴的壮美图画。《辽宁日报》关于“三个推进”的报道持续时间长，点、线、面结合，每个阶段各有重点，为辽宁振兴发展提振信心，鼓舞士气。

| 第二节 |

为辽宁全面振兴新突破三年行动擂响战鼓

为深入贯彻习近平总书记关于“新时代东北全面振兴‘十四五’时期要有突破”重要指示，认真落实党的二十大作出的“推动东北全面振兴取得新突破”决策部署，辽宁省委、省政府决定，抢抓“十四五”后三年重要窗口期，全力实施全面振兴新突破三年行动。聚焦辽宁振兴发展的时代考题，《辽宁日报》主题策划年年谱新曲，释放发展良好预期，擂响辽宁全面振兴新突破三年行动战鼓。

一、围绕中心工作全方位多角度宣传新进展新成绩

习近平总书记在深入推进东北振兴座谈会上明确指出，制约东北地区发展的“四个短板”，即思想观念短板、体制机制短板、经济结构短板、开放合作短板。2019 年，《辽宁日报》围绕辽宁省委着力补齐“四个短板”等全省中心工作，推出“壮丽 70 年　奋斗新时代——牢记总书记嘱托 · 回访”专题策划，《当好让总书记放心的“种子队”》等报道全景式、多维度策划报道一年来辽宁在各个领域、各项工作中取得的优异成绩，全面提升和重塑辽宁形象，为推进辽宁全面振兴、全方位振兴营造出浓厚的舆论氛围。宁新平文章《久违的“6”以上》、评论《解放思想，首先得有思想》

以及《辽宁经济持续向好透视》《一季度经济观察》等系列报道充分展示辽宁经济涌动的新动能、呈现的新亮点、取得的新成就，获得极好的社会反响，受到中宣部阅评表扬。

《辽宁日报》7月在一版推出“厂矿车间看转型”专栏，用厂矿车间微观事例推进转型升级，以微视角、从多侧面关注调整，反映全省工业战线转型升级、实现高质量发展的生动实践。选取典型企业的典型事例，体现新时代新特点，突出现场感和故事性，《火红铸造“绿”意浓》报道沈阳航天三菱汽车发动机制造有限公司建立现代化电力需求侧管理平台，一年节省664万元;《一粒“满药”的变与不变》反映丹东药业集团有限公司从粗放型向集约型经济模式转变，产能比过去提高十多倍;《攻克“不可能”的0.1毫米》突出报道本钢不锈钢冷轧丹东有限责任公司成功挑战极限薄产品。记者工作重心下移，主动服务经济发展，以鲜活事例讲好辽宁工业故事，让读者增信心、提干劲。

2019大连夏季达沃斯年会期间，推出宁新平文章《风吹黄渤海　辽沈涌大潮》等50余篇原创报道，充分展示辽宁开放合作新成果、新成就，优化辽宁营商环境，营造良好的舆论氛围。有创意、高水平完成《新风》特刊报道，采用巡礼式、大数据的表达方式，首次全面系统梳理辽宁在新时代文明实践中心建设上的积极进展及取得的显著成就。

二、落实省委常委会精神“优化营商环境”做文章

2020年，习近平总书记在深入推进东北振兴座谈会上的重要讲话发表两周年之际，9月28日，中共辽宁省委常委会（扩大）会议明确提出“以优化营商环境为突破口，开创辽宁振兴发展新局面”。9月29日，《辽宁日报》刊发社论《把优化营商环境摆在事关全局发展的战略位置》。9月30日起，围绕贯彻省委常委会（扩大）会议精神，《辽宁日报》持续推出评论员文章《交出一份合格的时代答卷》等6篇，引导全省广大干部群众客观、全面、辩证把握辽宁发展实际，正视矛盾、抓住关键、找准重点、给出答案。开设“优化营商环境推动振兴发展”专栏，《把方便留给市场主体和群众》等报道聚焦优化营商环境工作重点、社会反映热点，抓取相关典型，

反映共性问题，深度剖析解读，提供对策办法；“以更高标准优化营商环境”系列报道直面营商环境建设存在的行政审批“等要”“推拖绕”及人才“带土移植”等痛点难点，讲问题、出主意、提对策，有很强的针对性。

三、由外看内释放发展良好预期

2021 年，在中央对东北、辽宁支持力度不断加大，在辽宁新蓝图已经绘就、新征程拔锚启航的重要历史关头，省内外怎么看辽宁？辽宁的发展路径如何？《辽宁日报》5 月 19 日起一版开辟“启航新征程　掀开新一页”专栏，历时 3 个月推出系列策划报道:《东风满征帆　振兴启新航》等 4 篇大型综述和“打好高质量发展翻身仗系列解读”《解放思想闯新路》《用好用活“两只手”》等 8 篇解读报道，从专家学者到党政干部，从企业高管到普通群众，触摸振兴的“脉动”，体会预期的价值。由外看内，组织记者走出辽宁，请权威人士谈辽宁，采访国家发展改革委、国务院发展研究中心十余位关注东北振兴的著名经济学家，用经济理论分析判断国家构建新发展格局过程中，辽宁在区位、产业、资源、人才等方面不可替代的独特优势、突出作用，以及面临的重大历史机遇；让市场主体讲辽宁，采访 30 余家企业负责人，听心声、问冷暖，听他们生动讲述辽宁是投资兴业热土，通过他们使更多人了解到今天不一样的辽宁、充满希望的辽宁。

《辽宁日报》微信公众号同步对每篇稿件进行二次包装整合，历时 3 个月相继推出《“信号”密集→→→指向辽宁！》《大势已成→→→请看辽宁！》《手中 1“票”→→→投给辽宁！》《自剜病根→→→辽宁变了！》以及《辽宁怎么打好翻身仗①—⑧》共 12 篇图文产品，配合相应主题在新媒体平台推出四期重磅专访《大咖赞辽》、六集系列动画《辽宁为什么好》和主题海报《辽宁变了》。全媒体平台的阅读量累计达 5000 余万。

2021 年,《辽宁日报》锚定辽宁省人民政府举办的两个大型会议——第二届辽宁国际投资贸易洽谈会和 2021 全球工业互联网大会，9 月、10 月分别推出专版“深化引进来　服务双循环——聚焦辽宁国际投资贸易洽谈会”“赋能高质量　打造新动能——聚焦辽宁国际投资贸易洽谈会”,《深耕辽宁实现共赢》《布局辽宁大有可为》

《综合优势吸引了我们》等报道对话数十位到会企业家，发出“走进辽宁、投资辽宁，恰逢其时，商机无限”的心声。

四、以“数”说“绩”具体生动呈现辽宁崭新气象

2022年，习近平总书记在深入推进东北振兴座谈会上发表重要讲话四周年，10月《辽宁日报》聚焦辽宁省委十二届十四次全会提出的“营商环境好、创新能力强、区域格局优、生态环境美、开放活力足、幸福指数高”发展目标，深入剖析全省经济社会发展中的积极因素，抓取有代表性的领域、有典型的数据，连续推出6篇《“数”说·辽宁答卷》稿件。这组稿件把数据作为展示各方面成就成果的生动注脚、有力说明，采取“数说”的形式，配合图解、视频，对近年来辽宁推进“六项重点工作”情况进行全面梳理总结，呈现效果直观生动、鲜活明了。《营商环境越来越好》中引用反映招商引资、简政放权、惠企利民、减税降费、诚信政府建设、融资规模、生态环境等领域成果成效的15组34个数据，生动反映辽宁优化营商环境取得的可喜变化，充分展现经济社会稳中向好的发展态势。

《辽宁日报》一版开设贯穿全年的“奋进新征程　建功新时代”专栏，《“冬夏”两手抓　“双奥”作贡献》等百余篇报道，多角度、全方位聚焦从党的十八大到党的二十大辽宁这十年各地区各行业振兴发展取得的成就、经验和典型。2022年11月2日，《辽宁日报》采写刊发《“双喜”回家》通讯，报道曾全国家喻户晓的压力锅品牌从迫不得已“南飞”珠海，到20多年后的今天决定“回家”并投资辽宁建设“两总部一基地”。正值辽宁谋求振兴新突破的关键时刻，“双喜”回家一时成为现象级话题，展现辽宁振兴发展迈出坚实步伐、呈现良好发展态势，具备展现更大担当和作为的坚实基础。该通讯获得第三十三届中国新闻奖二等奖。

五、为辽宁全面振兴新突破三年行动造势助威

2023年2月，中国共产党辽宁省第十三届委员会第五次全体会议审议通过《辽宁全面振兴新突破三年行动方案（2023—2025年）》。为深入贯彻习近平总书记关于

“新时代东北全面振兴‘十四五’时期要有突破”重要指示，认真落实党的二十大作出的“推动东北全面振兴取得新突破”决策部署，辽宁省委、省政府决定，抢抓“十四五”后三年重要窗口期，全力实施全面振兴新突破三年行动，以强烈的责任感、使命感、紧迫感，大干三年、奋斗三年，一手抓高质量发展、一手抓全面从严治党，以超常规举措打好打赢新时代东北振兴、辽宁振兴的“辽沈战役”，如期实现“十四五”规划目标任务，奋力推进中国式现代化辽宁实践，在新时代东北振兴上展现更大担当和作为。

《辽宁日报》紧跟辽宁省委中心工作，刊发社论《全面实施三年行动　坚决打好打赢新时代“辽沈战役”》、廖轩理（中共辽宁省委宣传部理论处）署名文章《打赢新时代“辽沈战役”需要有血性的干部》；策划系列评论员文章“四论实施全面振兴新突破三年行动方案”《用三年行动的实际成效回答政治大考诠释绝对忠诚》《抓住关键环节　实现重点突破》《沉下心来抓落实　风雨无阻向前行》《加强党的全面领导　凝聚振兴磅礴力量》；一版开设“三年行动首战之年　奋力夺取开门红”专栏刊发近百篇报道。全年持续策划推出“三年行动首战之年·现场”《“小巨人”迸发大能量》等 21 篇特写报道、“三年行动首战之年·‘数’说开门红”《工业“重头戏”唱出新精彩》等 7 篇深度文章、“三年行动首战之年·辽宁‘企’飞”《德尔股份——插上数字之翼从制造到“智”造》等 16 篇报道、“三年行动首战之年·年中经济深观察”《创新活力迸发“第一动力”更强》等 11 篇综述及“三年行动首战进行时”系列通版，为全省上下干部群众进一步统一思想、激发斗志擂响催征的战鼓。6 月 27 日，《辽宁日报》一版开设“学思想　强党性　重实践　建新功”专栏，刊发《省营商局（大数据局）聚焦主题教育目标要求推进具体工作〈办事不找关系指南〉实现五级全覆盖》《全员“动”，全域“清”，全面“净”，我省基本实现农村垃圾收运处置体系全覆盖》等文章 98 篇。

《辽宁日报》北国客户端推出系列视频策划《向上的力量》，走一线、下基层，聚焦企业、关注项目、展现成果，用新媒体表达方式生动呈现辽沈大地高质量发展的澎湃之势。《鞍钢冷轧为新能源车打造世界“硬”度》《“亚洲第一大露天煤矿”抚顺西露天矿启动复绿工程》《连建成全国首座三面环海专业足球场》……凸显辽宁人勤春早功不负的奋斗精神，为奋力实现辽宁振兴发展新突破鼓与呼。

第十七章

树立“辽报新闻策划”品牌

以第五次改版为契机，《辽宁日报》持续实施精品战略，把新闻产品质量作为党报人的立身之本和安身之基，立足高度深度不断强化策划思维，提升策划能力和水平，并以其为牵动，锻炼编采队伍、激发新闻生产力。《辽宁日报》凭借原发性、独家性、原创性的新闻生产，挖掘传承中华优秀传统文化，深耕辽宁地域文化，成就众多实至名归的大手笔。重大主题新闻策划《铁纪·铁流》，实现中国新闻奖设立27年来《辽宁日报》主创新闻作品一等奖零的突破。十年间，出精品出人才，以《向世界叫响辽宁文化》《两地书》《雷锋地图》为代表，蕴含深刻思想性和文化内涵的高质量精品力作纷呈；《辽宁日报》评论策划宁新平文章，因其思想高度、策划深度、文本精度成为精品评论的标签；参加“好记者讲好故事”活动在全国赛场屡创佳绩，展现编采队伍践行“四力”，做大做强“辽报新闻策划”品牌的综合实力。

| 第一节 |

做大做强《辽宁日报》新闻策划品牌

新闻策划能力是辽报人在长期新闻实践中形成的看家本领。《辽宁日报》新闻策划蕴含深刻思想性和文化内涵，在国内媒体独树一帜。报纸秉承原发性、独家性、原创性的编采理念，成为国内舆论场中的引领者。

《辽宁日报》新闻策划由大起来到强起来，得益于几代总编辑持续实施新闻精品战略。在重大的时间节点上做好新闻策划，在重大主题上做好策划，成为《辽宁日报》

新闻工作遵循的重要原则。2013 年以来以一支新闻战队为引领，《辽宁日报》新闻策划不断推出精品力作，每年的中国新闻奖目录里都有《辽宁日报》新闻策划的身影，全国首创、填补学术空白、开辟报道领域，《辽宁日报》在国内业界赢得广泛赞誉。

一、介入热点　文化视角　创新表达

如何及时有效地介入焦点、热点话题，在众声喧哗中发挥主流媒体的舆论引导作用？如何以文化的视角去审视和分析新闻事件，对一个问题进行理性而系统的探寻？如何创新新闻表达，让严肃的主题报道吸引人、感染人，使党的声音得到更有效的传播？时任总编辑丁宗皓提出从新闻策划入手打造《辽宁日报》新闻品牌。

2014 年 8 月，《辽宁日报》编辑部建立一个特别报道小组，由时任总编辑丁宗皓直接带队拟定主题设计报道方案，经过为期一个月的紧张工作，9 月 18 日，九一八事变纪念日当天，《辽宁日报》推出 4 个版 3 万字的特别专刊《辽宁与抗战》。该策划从浩瀚的史料和深入实地的采访中得出四个判断，即辽宁是中国人民抗日战争的起点，辽宁是三次日本侵华战争的焦点，辽宁是中国大陆受日本侵略时间最长的地点，辽宁是抗日战争终点后的终点，由此总结出辽宁在抗日战争中所处的特殊位置。这一具有理论新意和历史价值的观点，得到包括中宣部在内的社会各界的高度评价。2015 年，中央举行纪念抗战胜利 70 周年纪念大会，首次提出中国人民抗日战争是从 1931 年九一八事变开始的。2016 年，十四年抗战史观正式写入中小学教科书。从八年抗战到十四年抗战，这一表述的重大变化，正是《辽宁与抗战》所要表达的核心观点。

研究抗日战争历史是学术界的热点，报道纪念抗战胜利是媒体的热点，《辽宁与抗战》以独家的新闻视角，参与到学术和媒体两大热点中，并以大量新闻事实和扎实的采访得出兼具学术价值的新闻判断，这一具有理论新意和历史价值的观点，鲜明体现了《辽宁日报》新闻策划的高度。

二、创建一支新闻策划战队为引领

2014 年末，《辽宁日报》正式组建热点新闻策划部，将推出重大主题策划确定为办报的一项重要工作。以《铁纪·铁流》为代表的精品力作推出，引领着编辑部各部门在各条报道战线上不断有重磅新闻策划推出：评论专刊中心的宁新平文章，经济新闻中心的“厂矿车间看转型”系列、综合新闻中心的“新春走基层”系列、文化新闻中心的“两个重回”、新媒体中心的《春风春雨度关东》，等等。时任总编辑丁宗皓给“辽报新闻策划”定位：用全局的视野去判断，用文化的视角去裁量，用学术的态度去操作。

热点新闻策划部在编辑部中，承担着《辽宁日报》带有全局性高站位的重大主题策划，2014 年推出《大学课堂上的中国》，2015 年推出《1895—1945 中国东北角之文化抗战》，2016 年推出《铁纪·铁流》，2017 年推出《两地书》，2018 年推出《忘年》，2019 年推出《向世界叫响辽宁文化》，2020 年推出《江两岸》，2021 年推出《人民至上》，2022 年推出《正青春》，2023 年推出《独家记忆——〈东北日报〉和辽宁 71 本地方志中记录的抗美援朝》。在重大的时间节点上做好新闻策划，在重大主题上做好策划，成为《辽宁日报》新闻工作的重要武器。《辽宁日报》通过实践验证，在社会舆论日趋复杂多变的大背景下，主流媒体只有主动介入社会热点问题的讨论，才能真正引导主流舆论，重大主题新闻策划是办一张具有广泛影响力的新闻党报的成功路径。

中央媒体对《辽宁日报》重大主题策划给予肯定，《人民日报》、《光明日报》、新华社、中央电视台等主流媒体在显著位置和重要时段报道《辽宁日报》策划的做法和经验。

中宣部在全国党报总编辑电台电视台台长研讨会上专题推介《辽宁日报》重大策划经验。中宣部《宣传工作》以《辽宁日报思想道德主题系列策划探索主流媒体舆论引导新路子》为题作专题推介，并配发《主流媒体要扎实做好道德宣传》评论。

三、向聚合性融媒体产品生产平台发展

面对全新的传播格局，“辽报新闻策划”紧跟时代步伐，大胆运用新技术、新机

大学课堂上的中国

特别策划第 1 期

编者的话

从今天开始，本报推出大型策划《大学课堂上的中国》。策划的缘起，是我们的官方微信公众号里一些大学生微友发来的话，他们反映：部分高校教师，尤其是经济、法律、社会学、行政管理等与哲学文史等社科领域的老师，在授课过程中，每当结合现实问题，常常会表达出一些消极负面的情绪，谈到好的，都是外国的，不好的，都是中国的，中国成了负面典型的案例库。还有的老师，把个人生活的不如意和牢骚也带到了课堂上，这些都让同学们感觉到心情很灰暗。

大学教师是一个特殊的职业，除了知识的传递之外，还承载着为中国的未来和现代化发展培养优秀人才的重要使命。我们都是从学生时代过来的人，回忆起那些在我们的成长中起到关键性作用的老师，总是心生敬意和温暖。虽然同学们反映的情况可能只在少数老师中存在，哪怕他们所能影响到的学生数量并不可观，但只要这个问题存在，就应该引起我们足够的重视。

同时，从更广泛的社会意义上来看，高校课堂上的这个现象，是整个社会大环境的一个投影，反映了当今比较普遍的社会心理——以消极的眼光看问题、到处寻找阴谋论、随时随地发牢骚，这种负能量的传递在一些人当中已经成了人生态度和生活习惯。人，应该以怎样的方式去生活、去认识自己和认识世界？又该以怎样的眼光去看待社会问题、看待今天的中国？消极悲观永远不应该是一个成熟社会的主旋律，在践行中国梦的伟大进程中，我们更应该以一种积极阳光和建设性的姿态面对今天的社会、建设这个国家。这是我们对自己、对读者、对老师们的希望，也是我们推出这个策划的更深一层目的。

在策划推出之前，我们在省内外几大高校中进行了为期两个多月的调查，在各个学科老师和学生中间召开了 7 场座谈会；并用了半个月的时间，在沈阳、北京、上海、武汉、广州 5 个高校比较集中的城市听了将近 100 堂大学专业课。这样做的目的，就是为了掌握全面准确的第一手素材，把策划做得更扎实、更客观，给读者更多的思考，并让全社会关注这个问题，以此为突破口，促进和培育一个良好的社会心态。

老师，请不要这样讲中国

——致高校哲学社会科学老师的一封公开信

□本报编辑部

亲爱的老师们，我们是满怀敬畏地在写这封信。

大学老师这个岗位太光荣、太特殊了。大学是教化人的地方，我们的情感底色、思维方式，乃至人生观价值观的形成，都因为大学的涵养。小平同志曾经说过，教育要面向现代化、面向世界、面向未来。大学的教育，正是要研究和探索中国实现现代化的方法路径，正是要构建符合世界先进潮流的文化体系，正是要通过知识的传承去承载中华民族的未来。因为特殊的职业身份，老师不再普通，也不能普通。你们不是在公园的人群中随意褒贬时事的那个人，更不是在虚拟的互联网上灌水拍砖的那个人。课堂上两个小时讲授的内容，比不得酒桌上面红耳热的谈资，也比不得信手转发的一条微信。大学课堂是答疑释惑的地方，你们是传播知识的人，我们要的是教书育人。

一想到将要提出的问题，我们笔端滞重、内心复杂。

这个策划，缘起网友的一则留言。今年 10 月，中央下发《关于进一步加强和改进新形势下高校宣传思想工作的意见》，提出要大力提高高校教师队伍思想政治素质。10 月 21 日，辽宁日报官方微信以《大学课堂上的中国应该是什么样的》为题开展征集，后台共收到 300 多个微故事。一位叫 Kiko 的大学生的留言引起了我们的注意，他说："不知从何时起，说中国坏话、骂这个社会成为了时尚，我们一个老师，逢课必讲'瞧瞧人家国外'。案例教学时，负面的例子全是中国。如果中国真像老师们讲得这么灰暗，我们毕业之后将以怎样的姿态去面对这个社会？谁来给予我们建设这个国家的信心和力量？"

多么重大而现实的提问！

中国成为大学课堂负面典型的案例库，这是个别，还是普遍？我们用新媒体手段做了调查，结果 80%以上的大学生表示碰到过课堂上"爱发牢骚"的老师，对国家和社会的"描黑"让学生们都看不过去。法律、行政管理、经济学等哲学社会科学类课程，尤为突出。

我们忍不住要写这封公开信，是想与老师们探讨这样几个问题：应该怎样在大学课堂上客观准确地讲授中国？如何把光明的心态跟专业的知识一起传授给学生？怎样在回答重大社会问题的同时提出解决问题的有效办法？

马修老师来到一个被称为"死亡池塘"的学校，那是一个汇集了所有"不安分学生"的学校，组建起了一个合唱团。学校发生意外，马修被迫离职，并且要求不许和孩子们告别。马修老师离开时，一片片纸飞机从孩子们被禁锢的高墙窗口飞出来，看不见孩子们的脸，却看见许多只手在挥。
——法国影片《放牛班的春天》

绘图：张威

研究老师的问题，我们选择再老老实实地当一回学生。辽宁日报的记者奔赴东西南北中，深入北京、上海、广州、武汉、沈阳 5 座城市的 20 多所高校，用了半个月的时间，听了近百堂专业课。大家被老师们渊博的专业知识、严谨的治学态度、自觉的责任意识所感动。但同时，"呲必中国"的现象也一定程度存在，有的还很过分，必须引起教育界的警觉和重视。

整理近 13 万字的听课笔记，大致概括出"大学课堂上的中国"三类问题。

第一是缺乏理论认同。有的老师用戏谑的方式讲思想理论课，揭秘所谓马克思恩格斯的"隐私"；将毛泽东与古代帝王进行不恰当比较，解构历史，肆意评价；对党的创新理论不屑一顾，动辄把实践中的具体问题归结为理论的失败。

第二是缺乏政治认同。有的老师传递肤浅的"留学感"，追捧西方"三权分立"，认为中国应该走西方道路；公开质疑中央出台的重大政策，甚至唱反调；片面夸大贪污腐败、社会公平、社会管理等问题，把发展中的问题视为政治基因缺陷。

第三是缺乏情感认同。有的老师把自己生活中的不如意变成课堂上的牢骚，让学生做无聊的"仲裁"；把"我就是不入党"视为个性，显示自己"有骨气"；把社会上的顺口溜和网络上的灰色段子当做论据，吓唬学生"社会险恶"，劝导学生"厚黑保身"。

> 教育是民族最伟大的生活原则，是一切社会里把恶的数量减少，把善的数量增加的唯一手段。

当我们把这些问题求教于老师时，不管是博导、教授，还是讲师、助教，主流的回答都是旗帜鲜明的：不能这样！但也有老师如此质问：

"课堂怎么讲老师说了算，你能干涉我的学术自由吗？"

"对社会现实问题避而不谈，这课还怎么讲？怕发牢骚，这个社会也太脆弱了吧？"

"党和政府要善于听群众发牢骚、讲怪话，否则社会压力怎么排解？"

……

一个普通的张三李四是可以这么质问的。但亲爱的老师们，因为你们职业的高尚，因为大学课堂的庄严和特殊，请不要这样讲中国！

大学课堂上的中国，应该有清晰的来路。历史的发展是延续的，每一个时期都不是孤立的片段。当今的中国，其政治形态、社会结构、观念习性，都受到几千年文化传统的影响，因此必然烙下鲜明的"中国特色"。我们评说中国，不能只看地理的横坐标，更要看历史的纵坐标。中国所走的路，由来长矣，可能与别人平行，也可能与别人交叉，但绝不会重合。中国的路，肯定不会笔直，势必遇到沟坎，但借别人的尺子来规划、用西方的刻度来丈量，是行不通的。大学的老师，当然懂得这个道理，应该把这个道理传授给学生。

大学课堂上的中国，应该有整体的模样。中国社会存在诸多问题，客观真实，无法回避，也不能回避。问题导向、问题意识是值得提倡的，这是解决问题的始点。除了问题，中国也有成功的案例，也有需要总结的做法和经验。"问诊"中国，需要给出全面准确的报告单。大学生尚未走入社会，对国情的了解还不深刻，老师有责任讲述中国整体的模样。完整的中国，绝不是灰暗的，而是色彩斑斓的；绝不是消极的，而是坚韧昂扬的；绝不是迷茫的，而是目光四射的。

大学课堂上的中国，应该有光明的未来。文学家说，教育是一个民族最伟大的生活原则，是一切社会里把恶的数量减少，把善的数量增加的唯一手段。老师传授给学生的，不只是知识，更有情绪、情感和情怀。学生们都是"向日葵族"，习惯朝着老师转。站在讲台上是一个心态光明的老师，教出的就是一群积极光明的学生。社会上都是光明的建设者，这个国家必定有光明的未来。

老师们，在大学课堂上如何讲中国，我们冒昧提出这样的建言：

在你们编写案例的时候，请善待身处其中的中国。可以端出中国的问题，但端出来要讲清楚、讲明白，讲过了要作客观理性的评价，评价之后要回到原点，探讨解决问题的办法。别把中国当做靶子，随便拍打，随意责骂，谁都不是置身事外的旁观者，都能感受到其中的痛。

在你们发表看法的时候，请注意语气和分寸。敢讲不是个性，会讲才是本事。说一些激愤的话可能会让学生一时兴奋，但真正能让学生一生记取的，能够赢得尊重的，还是深刻的洞察和独到的见解，是经岁月检验后沉淀下来的思想和智慧。

在你们比较中外的时候，请多一份历史的眼光。短短几年的留学，所见所闻可能是浅层次的，常挂嘴头的未必是"真经"。即便是西方制度的优越之处，也不能简单复制。我们从根本上都是文化层面上的中国人，了解自己的传统，了解自己的历史，才能找到最无悔的道路。

大学课堂上的中国随意被抹黑，一些老师在讲台上牢骚失控，这不是偶然的现象。在我们身边，在整个社会，都潜藏着类似的情绪。调查显示，九成以上的职场人天天发牢骚，生活越来越好，牢骚却越来越多。大学课堂，是当代中国社会宏观景象的一个投影；身份特殊的大学老师，也有着作为社会一员的普通身份。只不过，那么多牢骚和消极，在最不该反映的地方反映了。

心理学家说，抱怨是人的本能。抱怨带来的轻松和快感，犹如乘舟顺流而下，那是因为我们在顺应自己负面思考的习性。而停止抱怨，改用进取的态度去思考光明，却需要意志力。

社会是不完美的，实现中华民族伟大复兴的中国梦还要克服很多困难，不顺心、不如意在所难免。人，要以建设性的姿态去生活、去工作，要有去改变、去改革的激情和热情。不抱怨、不牢骚，是一种生活态度，更是一种文化精神，看似简单却很有讲究。我们要有勇气去改变能改变的事情，也要有韧性去适应暂时不能改变的事情，并有智慧地区分两者的不同。小到个人和单位，大到社会和国家，都需要这种精神，也匮缺这种智慧。

亲爱的老师们，你们是特殊的。你们在讲授知识，也在传播思想；你们在研究当下的中国，也在影响未来的中国；你们在讲台上散发着学识和修养的魅力，也在潜移默化中匡正整个社会的公序良俗。相信你们乐于接受这份特殊，能够对学生负责，能够对事业负责，能够对国家负责。那么从今天起，在课堂上讲好我们的中国吧！

多么希望我们的担心是多余的。为了社会健康地前行，为了中国光彩的明天，拜托老师们，谢谢老师们！

大家一起来思考这些问题

□中国是负面典型的案例库吗？

案例教学是目前高校非常重视的一种教学方式，但教学过程中，从案例的编写到选择和使用都还不够科学完善。除了案例，教师在课堂上会大量举例，反面的例证往往来自中国。特别是像法学、社会学、行政管理等一些领域，我国目前的制度建设还有待完善，这些问题和不足因此都成为了高校课堂上的靶子。

□敢讲的老师，会讲的老师，你喜欢哪个？

有的老师把敢说敢讲作为证明自己个性和学术水平的标志，但提出问题并不是最重要的，对问题作出准确科学的分析，同时选择一种更能为学生接受、给学生以正确引导的教学方式才是真正代表教学水平和能力的标志。

□你喜欢海归老师的"留学感"吗？

目前高校中已经有大量有海外留学背景的教师，他们往往习惯于在课堂上结合自己的亲身经历进行中外对比，有人称之为"留学感"，这样的内容很受学生欢迎。但有时候亲身经历的并不一定就是全面、准确的，海归教师是不是真懂西方、真懂中国，值得关注。

□你喜欢老师在讲台上讲自己吗？

很多乐于"批判现实"的老师往往都带有强烈的情绪性，把自己生活中和工作中的不如意带到了课堂上。在教师身份、公民个人和社会角色之间，必须有个明晰的界定。站上讲台，就要有传道授业的责任感和为人师的使命感。

□老师该怎样引导学生谈论现实问题？

对社会热点问题和学生普遍关注的现象，老师在课堂上不能回避。但如何直面这些问题是个学问，不能点到为止，不能把问题一抛了之，更不能简单地做非黑即白的判断。

□你心中理想的老师是什么样的？

很多大学生说，有的老师愿意在课堂上批判现实，听一两节觉得很过瘾，但时间长了就会觉得这样的老师太消极，让人感觉社会一片灰暗。他们更愿意接受更多的正能量，做一个积极光明的向日葵族。

□国外高校怎样讲述自己的国家？

虽然倡导学术自由、讲求个性，国外的高校在宣传本国的主流价值观、维护国家形象上同样是理直气壮的。如果你有国外留学的经历，请你回忆一下在那些课堂上你的老师是在怎样讲述他们的国家。

□我们应该以怎样的姿态去生活？

发牢骚是一种很多人身上都存在的情绪，甚至可以说是一种社会情绪。高校教师的表现实际上是作为社会人的表现，只不过他们混淆了教师的职业身份与社会身份之间的界限。社会永远是不完美的，发牢骚、抱怨、悲观的情绪以及虚无主义的想法，对国家、社会和公民个人的发展无益，特别是承担传道授业之重任的教师，更有责任着眼于未来，以一种建设性的姿态去生活、去教书，去讲述我们的国家，讲述中国道路，传递中国自信。

欢迎大家参与我们的讨论。关于大学课堂上的中国，关于大学课堂，关于老师，您有什么话想说，我们在微博、微信和邮箱里等着您。

本报邮箱：15991669133@163.com

本报热线电话：024-22699182

主创团队

总 策 划：丁宗皓
监　　制：褚少研　赵辉
执　　行：张小龙
主　　笔：张小龙　薛百成　高爽　方亮　张昕　关艳玲
责任编辑：高爽　薛百成
视觉设计：张威　董昌秋
新 媒 体：周立德　王德坤　邢宇　胡宜男　刘涤　刘爽
检　　校：孙广　韩咏芝

制、新模式，加快融合发展，追求宣传效果的最大化和最优化。2018 年起，“辽报新闻策划”不断突破既有格局，将提升重大主体策划能力与加强传播手段建设和创新相结合，在采访形式、版面设计、产品类型、技术应用、传播渠道、合作机制等方面进行自我革命。

主创团队以终端思维思考选题，从被动地采集信息和发布信息，转向主动地创意表达和创新传播。报道重大主题，做到举重若轻；处理主旋律题材，选择文化立意；转变单向思维，增强互动体验。每一个策划项目都在厂矿、社区、高校及各种公众场所举办现场活动，充分发动全社会广泛参与“辽报新闻策划”。

强大的原创内容生产力是“辽报新闻策划”的重要优势，也是与时俱进最坚实的依靠和底气。主创团队在融合实践中摸索创新路径：

内容专题化。《辽宁日报》重大主体策划以追求“原发性、独家性、原创性”为原则，始终坚持用全局的视野去判断，用文化的视角去裁量，用学术的态度去操作。在这一理念的驱动下，“辽报新闻策划”的每部作品都具有鲜明的专题性，如《1895—1945 中国东北角之文化抗战》《铁纪·铁流》《两地书》《逢时》《雷锋地图》等。

设计杂志化。用做杂志的方式来做报纸，是《辽宁日报》以重大主题策划为抓手探索融合发展路径的重要一环。每个“辽报新闻策划”项目的重要产品之一是新闻特刊，特刊每期 16 版至 48 版不等，在内容呈现和视觉设计方面都以杂志化为标准，包括设置封面、大量留白、连版印刷等。

产品视听化。“辽报新闻策划”项目时间跨度长、内容体量大，具有开发多样态产品的潜力和空间。主创团队着力打造“1+N”产品集群，“1”即新闻特刊，“N”即音频、H5、VR 等新媒体产品，推动“辽报新闻策划”向聚合性融媒体产品生产平台发展。

《辽宁日报》重大主体策划的编采模式正在从“相加”阶段向“相融”阶段进化，从自身实际情况出发，建立联动机制推进融媒体生产，多部门联动的工作模式成为常态。重大主题策划中心承担策划项目主体工作，建立主创团队，出版中心承担系列产品的视觉设计工作，新媒体运营中心负责生产系列线上产品。一条融媒体生产线，分工明确，责任清晰，确保整个生产流程科学有序地进行，确保产品的质量和丰富性。同时，强化重大主题策划的融媒体生产能力，积极打造“四全”团队，即全程、全息、全员、全效，每名记者都身兼多职，全媒体“武装”。

“辽报新闻策划”主创团队抓住“窗口期”，主动拥抱媒体融合转型，迎接挑战推进多维传播。《时间的风景》全影像报道、《雷锋地图》大数据可视化产品集群等一系列融媒体项目，经报、刊、网、端四维联动、立体传播，在网上网下两个舆论场均获得广泛反响。

｜第二节｜

深耕地域文化　弘扬社会主义核心价值观

《辽宁日报》切实增强传播社会主义核心价值观的责任意识和能力，挖掘传承中华优秀传统文化，深耕地域文化，拓宽主题宣传路径，推出创新表达新时代雷锋精神的《雷锋地图》，礼赞奋斗精神、讴歌青春力量的《正青春》。10年间，持续推出具有深厚文化底蕴的报道。《两地书》《忘年》《家的味道》系列主题策划和专版，成为融合传播家文化的精品，弘扬社会主义核心价值观的力作。

一、挖掘传承优秀文化，弘扬社会主义核心价值观

党的十八大以来，习近平总书记多次发表与家文化建设有关的重要讲话，指出推进全面从严治党必须“践行社会主义核心价值观”，“注重家庭、家教、家风”。

“两地书”弘扬好家风。2016年12月9日，《辽宁日报》重大主题策划“两地书”启动仪式在营口市辽河老街举行，其立意高远，将家书作为呈现家文化的载体，全面收集整理家书资源，努力在全社会营造弘扬好家风、释放正能量、全力促振兴的浓郁氛围。这一策划历时10个月，共6期111个专版，发稿近300篇，是地方党报首次以家书为主题和线索重新梳理地域文化发展脉络的积极尝试，具有填补空白的重要意义。“两地书”策划贯穿全年，每期特刊均选择具有特殊意义的时间节点出版：在春节前夕推出《望年》特刊16个专版，三八妇女节《致她》特刊，五一国际劳动节《咱们工人》特刊，六一儿童节前夕《写给孩子》特刊，八一建军节《军人》特刊，国庆节《家国》特刊……以不同的视角和维度，循着家书串联起的线索去探寻那些

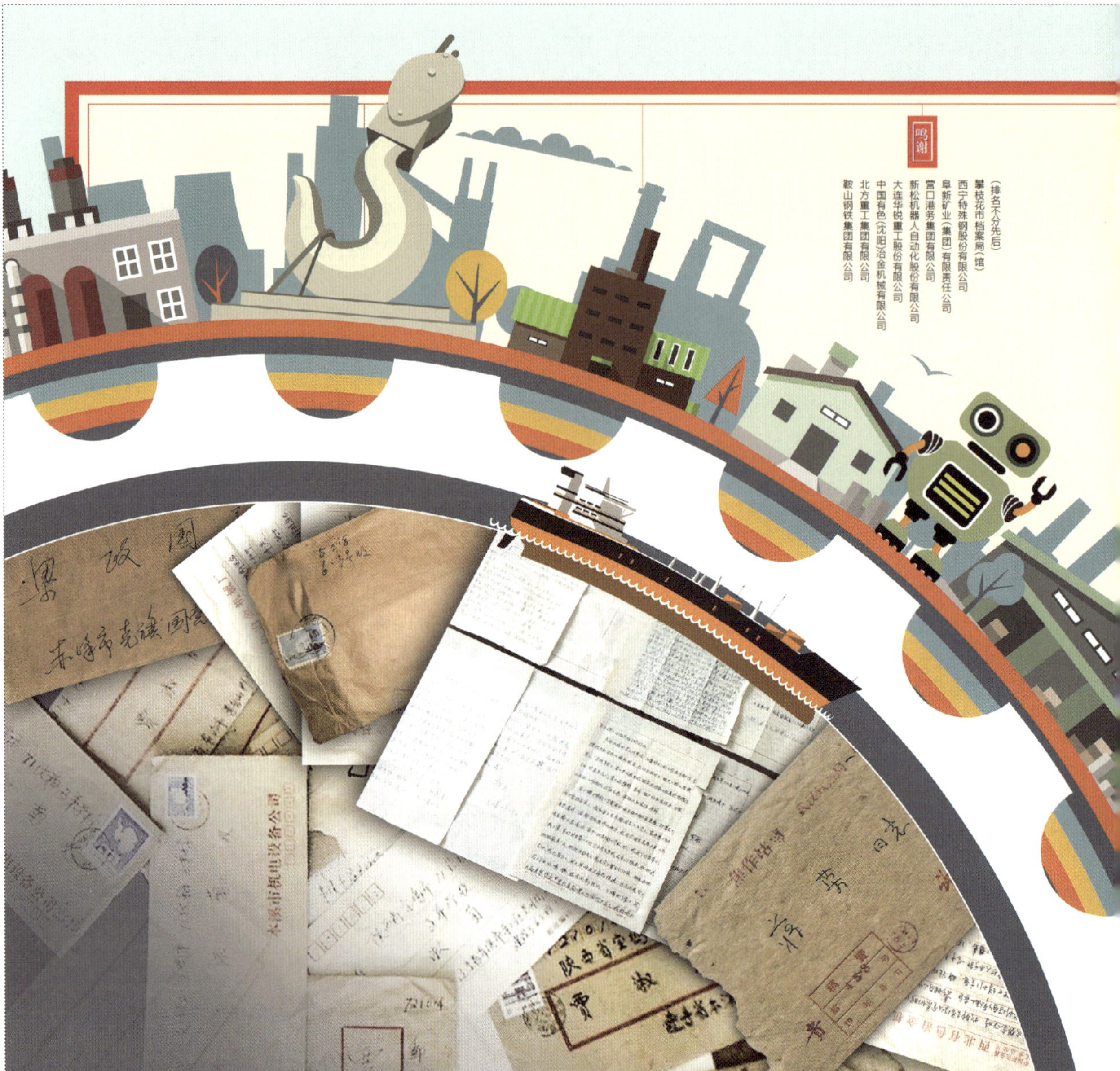

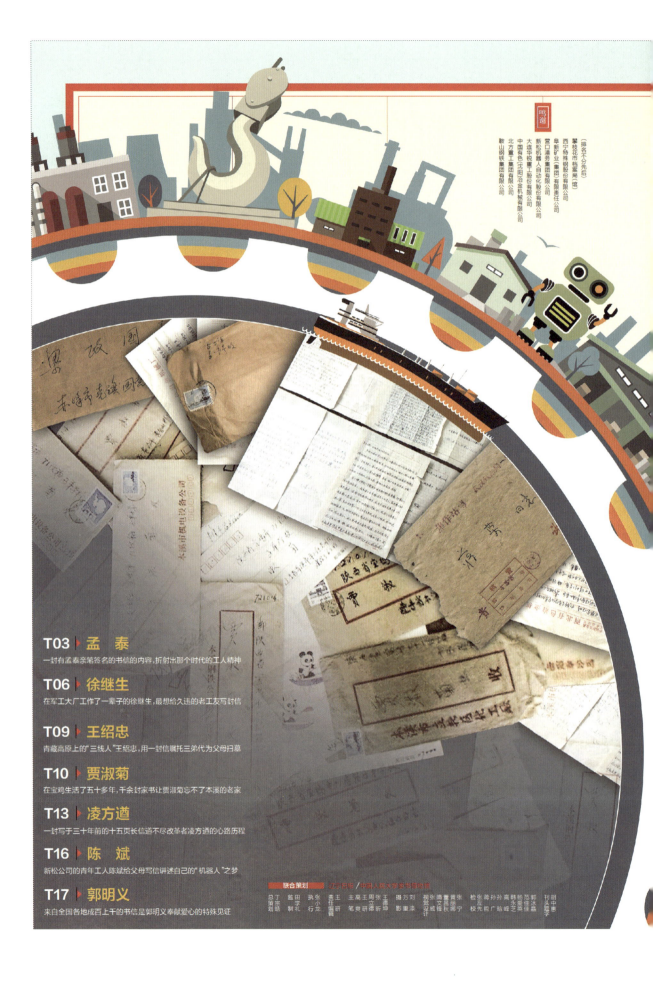

鸣谢
（排名不分先后）
攀枝花市档案局（馆）
西宁特殊钢股份有限公司
阜新矿业（集团）有限责任公司
营口港务集团有限公司
新松机器人自动化股份有限公司
大连华锐重工股份有限公司
中国有色（沈阳）冶金机械有限公司
北方重工集团有限公司
鞍山钢铁集团有限公司

联合策划　辽宁日报／中国人民大学家书博物馆
总策划　丁宗皓　监制　田学礼　执行　张小龙　责任编辑　王研　主笔　高爽　王研　周立德　张昕　王德坤　摄影　万重　刘涤　视觉设计　张威　隋文锋　董昌秋　黄丽娜　张宁　检校　张左先　蒋哲　孙广　孙晗　高峰　韩永芝　杨爱英　范佳佳　郭冰晶　刊头题字　胡中惠

辽宁日报

2017年4月27日　星期四

辽宁日报传承家书文化大型新闻策划——

两地書

LIANG DI SHU

LIAONING DAILY

咱们工人

GONGREN

咱们工人有力量

□本报特别报道组

刚刚过去的4月26日是《中共中央 国务院关于全面振兴东北地区等老工业基地的若干意见》(简称中央7号文件)正式对外发布一周年的日子。一年来,辽宁经济筑底趋稳,迎来了走出困境的曙光。

暖春时节,繁花吐蕊,此刻的辽沈大地正涌动着勃勃生机。

辽宁实现全面振兴,关键在工业,而撑起辽宁工业之脊的是工人。

提起工人,许多人会想起这样一些形容:不畏艰苦,奋发向上;默默付出,无私奉献;牺牲小我,顾全大局;拼搏进取,开拓创新……

回溯历史,工人,曾是最为社会文化所推崇的一群人,也曾是在改革潮涌中遭遇颠簸命运的一群人,同时,更是在时代新页上谱下强音的一群人。他们讷于用言辞来表达自己,不擅以华丽的文字来修饰自己,惟有凭借埋头苦干、负重致远的行动,在历史的回响中彰显价值。

毫无疑问,这样的价值需要获得更深入、更细致的解读。

在辽宁,工业文化是地域文化根脉中十分重要的一支,而源自庞大的产业工人群的精神力量也凸显着这片土地与众不同的个性。因此,解读工人,当由辽宁发声,并须以新的视角、新的方式,在辽宁工业栉风沐雨的沧桑流年中定格若干剪影、标记若干节点,这便是我们策划推出本期特刊的初衷。

新的视角,即以书信为载体,透过一封封两地飞鸿,讲述一个个真实的工人故事,并通过他们不同的人生际遇捕捉不同时代背景下值得记忆的片段。

新的方式,即以不同年代的书信串联起一条观察辽宁工业发展历程的全新脉络,并沿着这条脉络重新感受社会的巨大变迁。

为此,报道组从已征集的书信中精心挑选,同时,也通过各地档案馆、博物馆挖掘线索。我们以沈阳为原点,到大连、鞍山、本溪、阜新等省内城市深入采访,更远赴北京、四川、甘肃、青海等地寻找辽宁籍老工人。

在此过程中,有上世纪50年代入厂的劳模找到我们,也有将近半世纪前远行千里的"三线人"联络我们,还有改革开放初期敢为时代之先的厂长、陪伴工厂艰难求存的技术人员、为企业开拓转型之路贡献智慧的青工、始终不改工人底色的道德楷模,更有为老工业基地全面振兴喊出嘹亮之声的大国工匠,等等,都成为本期特刊记录的人物。

著名作家蒋子龙在接受报道组专访时这样称赞好工人:"他们都格外漂亮,一表人才。就像奥运会的领奖台上没有丑的,个个神采焕发。神情专注再加上一技之长达到一定的境界,会让人变得很美。"

是的,咱们工人朴实而美丽,值得尊崇,值得歌颂。

再过几天就是"五一"国际劳动节了,希望这期以工人为记述对象的特别专刊会是一份特殊的礼物。谨以它向新中国成立以来各个历史时期为辽宁工业发展作出贡献的"咱们工人"致以崇高的敬意。

第一版·第八版

沉潜在历史深处的辽宁地域文化的发展轨迹，解读和阐释中华民族传统家文化的深刻内涵与现实意义。通过内容迥异的家书看家庭、讲家事、说亲情，进一步推进党风、政风和社会风气建设，有力地宣传社会主义核心价值观，展现历史文化兼具现实意义，中宣部《新闻阅评》对这一策划给予表扬。策划凭借丰富的内容、创新的表达、融合性的传播，荣获第二十八届中国新闻奖三等奖。新媒体团队打造的“两地书”视频节目《声・情》，主创团队化身主持人和嘉宾，参与视频产品的解说和演出，是《辽宁日报》首次采用影、音、视、听全方位形式对纸媒报道进行再度创作。2017 年 12 月，《辽宁日报》大型新闻策划的同名丛书《两地书》由辽宁人民出版社出版发行。

《望年》传播家文化。《辽宁日报》将春节这一中华民族传统节日作为抓手，从 2015 年起每年推出的《望年》贺岁特刊成为一个新闻品牌。2015 年春节《望年》说年俗谈乡愁；2016 年《望年》深入基层，关注百姓；2017 年《望年》嵌入大型主题策划“两地书”，咂摸一封封家书里的浓浓年味；2018 年《望年》，将春节置于改革开放 40 年的时空背景下细致解读，从百姓日常生活的衣、食、住、行、用、玩等方面生动呈现社会变迁，新媒体吾纸镜视频还特别策划一组体验报道，邀请辽宁大学的学生拍摄 6 期纪实短视频，穿越到过去体验当年的衣、食、住、行、用、玩……2021 年《望年》策划牛年说“牛”，提出“没有等出来的精彩，只有干出来的辉煌”，继续发扬为民服务孺子牛、创新发展拓荒牛、艰苦奋斗老黄牛的精神，实现辽宁振兴发展新突破。2022 年虎年《望年》，城市表情和小村故事两期主题特刊版面设计精致，别具巧思，充满辞旧迎新、喜庆新春的浓浓年味，既有趣又充满文化含量。《辽宁日报》以《望年》为代表的精品策划，弘扬了社会主义核心价值观，激发起全省人民为家乡新一轮振兴拼搏奋斗的豪情和动力。

二、深耕地域文化，为辽宁全面振兴提供精神力量

深耕地域文化，为辽宁全面振兴提供精神力量。这是《辽宁日报》编委会一直在思考的重大题目——如何从更高层面重塑辽宁文化基因？

体现文化杠杆效应的《向世界叫响辽宁文化》策划。2018 年 7 月起，《辽宁日报》推出大型新闻策划《向世界叫响辽宁文化》，刊发 6 期特刊，主题分别为《女神　你

北魏冯太后把塔建在『三燕』宫殿上

——考古揭开朝阳北塔身世之谜

本报记者 郭平

提要

上个世纪末，考古工作者历时十年，对受到严重破坏的朝阳北塔进行了科学的发掘、研究和维修保护。这项工程不仅按照修旧如旧的原则，使得后世能够继续欣赏屹立千年的古塔风姿，还通过发掘研究，确认了东晋时期『三燕』政权中心和龙宫宫殿的位置，进一步认定，北塔是北魏冯太后赐建的『思燕佛图』遗迹，而且就建在和龙宫宫殿上。

朝阳北塔

北魏时期，身为北燕后人的冯太后为表达思念之情，修建"思燕佛图"，即现在朝阳北塔的前身。图为北塔在修复后（左）和维修前（右）的状态。考古工作者在塔基四周发现4个硕大的柱础石和夯土层，从而发现北塔是建在"三燕"皇宫"和龙宫"的宫殿之上

千年古刹地基竟然是皇宫宫殿

"你一定得采访董高研究员，朝阳北塔的考古和修复，包括相关研究和后期的报告编写，他全程参与。"原省文物考古研究所所长王晶辰身在外地，听说记者采访有关朝阳北塔考古的事情，他很激动，向记者推荐了能够深入解析这座千年古刹的考古专家董高。

朝阳北塔，以身世离奇闻名，在北塔维修报告中，甚至使用了"扑朔迷离"一词。采访中，朝阳市突出贡献专家、朝阳市北塔博物馆原馆长、研究员董高向记者解释，关于北塔身世，清朝以前的确切文字记载为零。考古和古建专家最先注意到，北塔塔基曾露出形制特殊的硕大的柱础石和夯土层，这些构件不可能是塔身上的。同时，在破损严重的塔门有几道裂缝，由外到内带有辽代、唐代、隋代几个年代的特征……太多的"扑朔迷离"需要考古发掘来解答。

从1986年开始的考古发掘，工作者发现在北塔基础部分的生土层以上共有6个文化层。从上往下分别为：现代地层、近代至金代地层、辽代堆积层、隋唐地层、北魏地层，最底是东晋十六国时代的"三燕"地层。这一地层又分两层，分属于北燕后燕地层和前燕地层。

"关于朝阳是'三燕'时期的龙城古都，人们口口相传早就知道，但科学的确定'三燕'宫殿准确位置则是在北塔考古发掘之后。"董高说，前面提到的柱础石，目前共发现4件，础石四周雕有龙纹，说明此地原是大型宫殿建筑，为当年考古研究提供了方向。

除了柱础石外，考古人员在这里又发现了边长达90米的方形三层夯土台基，最终确认这里是"三燕"时期龙城的宫城"和龙宫殿"遗址。

也就是说，北塔建在了被废弃的和龙宫的宫殿上。

"三燕"政权渴望一统天下

东晋十六国的提法源自北魏史学家崔鸿所撰的《十六国春秋》，从公元304年巴氏族李雄建立成汉，到公元439年北魏统一北方，这100多年里，北方各民族相互争战，先后建立了前赵、前燕、后燕等16个政权，总称十六国。其中，前燕、后燕、北燕基本前后相继，曾以龙城（今朝阳市）为都城，称为"三燕"。

"三燕"时期，建立龙城并且修筑龙城宫殿的是前燕（337年－370年）燕王慕容皝。《晋书》记载，东晋永和元年（345年）四月，慕容皝建新宫，曰"和龙"。为不断增强实力，慕容皝除了对辽东割据部族，鲜卑段部继续用兵外，"皝躬巡郡县，劝课农桑……立东庠于旧宫，以行乡射之礼。皝雅好文籍，勤于讲授，学徒甚盛，至千余人。"（《晋书·慕容皝传》）。这些稳定农业，发展教育的举措进一步增强了实力。到其子慕容儁称帝时，疆域一度扩展到黄河以北。

后燕（384年－407年）创立者为慕容垂。《晋书》载，慕容垂骁勇善战，勇猛过人。13岁起便随父征战，屡立战功，是军事家。他东征西讨，兵锋所及，敌手"肉袒谢罪"。

北燕（407年－436年）的创立者是冯跋，他非常勤勉。《晋书》载："励意农桑，勤心政事，乃下书省徭薄赋……"因此为属下所拥戴。

文物与史料结合，考古专家最终断定，北塔地基就是"三燕"时期的和龙宫宫殿。

发掘出来的硕大柱础石是和龙宫殿支撑柱子用的。董高说："当时，北方政权不被正史认可，所以这些皇帝在史官眼里都是冒牌，因此，'和龙宫'超越了礼制，不被认可。但我们可以换一个角度来理解，那就是它们表达了当时的'三燕'政权渴望一统天下的远大抱负。'三燕'政权曾以龙城为原点，不断地向中原进军，试图结束分裂，建立大一统的政权。"

虽然愿望很美好，但和龙宫在其投入使用不足百年时间里，曾两次毁于战火。

考古人员在北塔第二层夯土台基上，清理出明显的烧灰痕迹。在史料中，研究人员也找到了相关记载。

《资治通鉴》中有东晋"太元十年（公元385年）二月，（前秦）王永使宋敞烧和龙及蓟城宫室"的记载。当时前燕被前秦所灭，和龙宫殿被烧，此时距其建成仅仅过去40年。《十六国春秋》载，北魏太延二年（公元436年）"五月乙卯，弘（冯弘）率龙城见户东徙，焚烧宫殿，火一旬不绝。"说的是，在位仅6年的北燕皇帝冯弘，在北魏攻击下狼狈东逃，纵火烧毁和龙宫，大火烧了整整10天还没熄灭。

考古发现和历史记载为我们还原了东晋十六国时期的分裂、动荡与融合，而北塔出土的柱础石见证了这段民族大融合历史。

北塔出土的三燕时期陶罐

四神纹覆斗式础石

富贵万岁瓦当

北魏冯太后的思念

那么，北魏时期的佛塔为何会建在"三燕"时期的皇宫宫殿上呢？这要提到一个人——北魏冯太后。

在北塔考古发掘前，我省已故考古学家孙守道就提出，朝阳北塔可能与北魏时期的思燕佛图有关，《魏书》中也有"又立思燕佛图于龙城，皆刊石立碑"的记载。

通过发掘和勘察，研究人员发现北塔塔基与北魏所建的洛阳永宁寺风格相近，还出土了基本为北魏时期所独有的皇家所用"富贵万岁"瓦当。研究人员进一步测算出朝阳北塔在北魏时期为木塔，高度约80米，与位于山西大同的北魏皇家所建平城永宁寺塔高度相近，塔身高度反映出这一塔体的北魏皇家身份。

北魏文成文明皇后冯氏原是前朝北燕皇帝冯弘的孙女，北魏秦雍二州刺史、西城郡公冯朗的女儿。冯朗被杀后，冯氏被纳入北魏宫中。在复杂多变的北魏宫廷，无依无靠的冯氏身份特殊，毕竟是北燕皇帝的后人，她是如何一步步进入北魏的权力中心，并被封为皇后的，史料中并没有详细的记载，但是《魏书》载，北魏文成帝拓跋濬死后，冯氏被尊为皇太后，"丞相乙浑谋逆……太后密定大策，诛浑，遂临朝听政。"这位居于深宫的女子，能够在献文帝年幼、孤立无援的情况下居中谋划，平定丞相乙浑的叛乱，并且临朝听政，已经反映出她不同寻常的胆识。

在北魏献文帝拓跋弘死后，冯氏"复临朝听政"，当时在位的便是其孙、以"改革"载入史册的北魏孝文帝拓跋宏。

北魏孝文帝改革，是拓跋宏在位时推进的鲜卑族深入汉化的改革，其主要措施包括：推行均田制和户调制，变革官制和律令，迁都洛阳，分明姓族，改易汉俗等。通过改革，促进了民族交流与融合。

北魏时期盛行为先祖"兴建福业，造立图寺"之风。冯太后先后在长安和龙城为其父冯朗、祖父冯弘立庙建寺，以祈福禳灾，寄托哀思。她为了表达思念之情，把思燕佛图直接建在了北燕皇宫上。研究人员正是通过考古发掘和文献研究，找到了思燕佛图与"三燕"龙城和龙宫的内在联系。《朝阳北塔——考古发掘与维修工程报告》中这样写道："试想，在当时的形势下，除了冯太后，谁还敢在亡国不久的北燕宫殿上建塔立寺呢？"

专家推测，思燕佛图建于北魏孝文帝太和九年（公元485年）至十四年（公元490年）间。

思燕佛图是朝阳北塔的前身，在隋、唐、辽等朝代都进行过修缮。随着时间的推移，王朝的更替，如今朝阳北塔成了1600多年前龙城存在过的唯一地面见证。

（本文图片由朝阳市北塔博物馆提供）

手记

地宫下面传来咚咚声

本报记者 郭平

朝阳北塔经过10年的考古发掘和维修，发生了太多的故事。

1986年11月，考古人员在清理塔基南面的积土时，意外发现了一个可容一人爬行出入的小洞。小洞指向北塔中心，里面黑洞洞的，深不可测，初步判断为民国时期盗洞。他们紧急开会研究，决定派人钻进去探测。

回想当年，董高说："那时候还年轻，说干就干。"他同考古队的张洪波一前一后钻进了小洞。在漆黑的洞里，手电光照射范围之外啥也看不到，后面的人只能看得见前面人的脚。

他们沿着小洞爬行了20多米，前面突然开阔起来，他们发现了修于辽代的北塔地宫。可惜，被盗过了。

辽宁省文物保护专家组组长、省文物考古研究院名誉院长郭大顺、已故原辽宁省文物考古所所长、研究员辛占山听到这个消息后立即赶来，也沿着小洞爬进北塔地宫实地查看。

随后，朝阳北塔考古队在地宫的东西两壁，间隔1.7米，运用探铲继续向下探查，大约在地下6米左右，他们遇到了含水层，董高说："这便是古人通常所说的黄泉。"

考古队决定继续向下探查，当探测深度超过9米的时候，两个探铲下面传来了敲击石板的咚咚声。董高说："分析研究认为，下面可能是北魏时期的思燕佛图地宫。"

由于考古技术有限，难以实现既不影响北塔，又能保障安全的实施考古作业，专家们决定放弃。"这一谜团的破解只能留给未来。"董高说。

策划 戴春光 责任编辑 周仲全 视觉设计 隋文锋 检校 冯赤 史凤斌
学术支持 中国社会科学院考古研究所 辽宁省文物考古研究院 辽宁省博物馆 辽宁大学 朝阳市北塔博物馆

更多精彩 扫码观看

重回辽宁文艺现场

文脉 3

策划 戴春光 责任编辑 许维萍
视觉设计 隋文锋
检校 高 峰 吴 迪

艺文志 YI WEN ZHI

把延安革命文艺的火种带回东北

本报记者 朱忠鹤 王臻青 杨竞 高爽

提要 TIYAO

本期我们重回从1945年到中华人民共和国成立之初的辽宁文艺现场。

1945年，随着抗战胜利和东北解放区的建立，一大批革命文艺家从延安到达东北，分散到东北各地，延安革命文艺的火种也被他们带到了东北各地，东北解放区文艺得到快速发展，辽宁文艺也自此生根发芽，一批优秀作品相继出现，一批文艺阵地相继建立。

辽宁文艺，从此开启了崭新的篇章。

经历了14年抗战重返家园的东北流亡作家们，尽情拥抱家乡的土地，如获新生；非辽宁籍的作家们也同样用新鲜的眼光打量着这块经历过炮火洗礼的土地，记录着它崭新的变化。周立波的《暴风骤雨》、马加的《江山村十日》、草明的《原动力》、刘白羽的《政治委员》等，就是这个时期的优秀代表作。

中华人民共和国成立后，承继"文艺为人民服务"的延安革命文艺传统，延续东北作家群的创作风格，作家们坚持社会主义文艺方向，高举现实主义大旗，以豪迈的革命热情和革命浪漫主义文风，百花齐放，推陈出新，创作出了很多经典之作。

重回文艺现场，我们一直在追问的是这样的问题：百年辽宁文学，留下的是什么样的创作传统？给今天的文学创作以什么样的启示？这一时期的作家和作品告诉我们，答案就是深入生活、扎根人民，用心用情用功抒写伟大时代，讴歌党、讴歌祖国、讴歌人民、讴歌英雄，书写时代史诗。

在延安大熔炉中淬火新生后重回东北

"他也想到了过去小时候。在草地上放过马，割过草。捉过蝈蝈，打过蚂蚱，他想蹦下车去，在草地上打个滚，他是多么酷爱着东北啊！"

这是东北作家马加发表于1950年的中篇小说《开不败的花朵》中的一段。作品讲述了抗战胜利后，一批久经战火考验的党的干部，历尽艰难困苦，胜利穿越危机重重的东科尔沁草原到达东北的故事。小说主人公王耀东就是东北人，九一八事变后，他参加了抗日义勇军，后来加入八路军。这段描写，表达的是他经历14年抗战后回到家乡的喜悦心情，同时也是作者马加和抗战胜利后重回东北的作家们共同的心情。

1945年，抗战胜利。党中央提出了"向北发展，向南防御"的战略方针。中共中央从延安总部，以及晋冀鲁豫、晋察冀、晋绥、山东、华中等军区派出2万多名干部和11万余人的部队迅速开往东北，一大批作家也随着部队陆续到达东北。

在延安文艺纪念馆的展板上，我们看到了1945年11月毛泽东在鲁艺校部人员离开延安奔赴东北时的讲话：你们这次去，冰天雪地，可能有害病的，还可能有牺牲的。遇到问题要学会分析，一半是困难，一半是光明，东北是必争之地，事不迟疑，说走就走，你们的"飞机"就是两条腿。

这段讲话同样出现在延安文艺纪念馆展板上的抗战胜利后随着部队一起进入东北的众多文艺工作者的合影上。

从延安到东北的作家有：周立波、草明、萧军、罗烽、舒群、白朗、马加、方冰、师田手、蔡天心、江帆、井岩盾、胡零、蓝澄、袁阿夫、韶华、罗丹、文菲、安波、胥树人、崔璇、申蔚、思基、安危、金肇野、石光等。

随着东北解放区的建立，东北解放区文学得到快速发展，一大批文学阵地相继出现，这其中，1946年12月1日创办的《东北文艺》影响最为深远。《东北文艺》创刊号发行之时，便是东北文协筹备之日，由萧军、舒群、罗烽、金人、白朗、草明6人发起，共38人。

东北文协成立前后，一大批优秀作品相继涌现，如周立波的《暴风骤雨》、马加的《江山村十日》、草明的《原动力》、刘白羽的《政治委员》等。

东北作家群的作家们，经历了"九一八"的流亡之苦，在延安革命文艺的大熔炉中淬火新生，重回东北，可以想见他们是怀着什么样的心情进行文学的书写！

这一时期代表作家从左往右：马加、韶华、萧军、李云德、雷加、草明。

一头扎进民众的生活当中

金永生心里想："逼我出官车，扣我江沿地的时候，这老头子的眼睛该怎么凶呢！吹胡子瞪眼睛的，翻脸不认得人，那鼓肚的眼睛烤得象火镜一般，我连看都不敢看。怎么现在也鼠匿了。"他想来觉得窝一肚子火，那股火在他的心腔里憋得快要出头了。现在，该着他出来申冤的时候，瞅了瞅高福彬的老窗窿眼，不知不觉地打了个迟。

这段活灵活现的描述是作家马加创作于1947年的中篇小说《江山村十日》中的一段，反映的是东北解放区的土地改革运动。作品中的金永生是土改前被压迫的贫农，高福彬是村里的恶霸。故事的结局也很有寓意，土改成功后，村民们将村名"高家村"更改为"江山村"，表明土改以后是"老百姓坐江山"。

东北解放区刚刚建立，就开始进行轰轰烈烈的土改运动。重新回到东北的马加一头扎到了基层，在佳木斯农村担任土改工作队队长，工作了两年多，回来后创作出《江山村十日》。研究者普遍认为，中国现当代文学史上，反映东北地区土改生活的两部最重要的小说，一部是周立波的《暴风骤雨》，另一部就是马加的《江山村十日》。

即使不了解这段历史的人，也会被作品中浓郁的乡土气息和东北味道所感染，与马加在延安时期创作的《滹沱河流域》等反映西北生活的作品有明显不同。

研究者认为，马加以及所有这一时期辽宁作家作品中浓郁的东北风情，都是基于作家们长时间深入生活的深刻体察。马加之子白长青说："新中国成立后，父亲兼任新民县委书记处书记，他的工作很忙，经常下乡，好像是搞实验田什么的。大家都亲切地叫他'马书记'。他跟大伙一起劳动，身上揣个小本子，在与农民群众日常的唠嗑中，发现一些生动形象的语言，甚至身上的穿着打扮、生活民俗等，他都作为文学素材，随时记在本子上。"

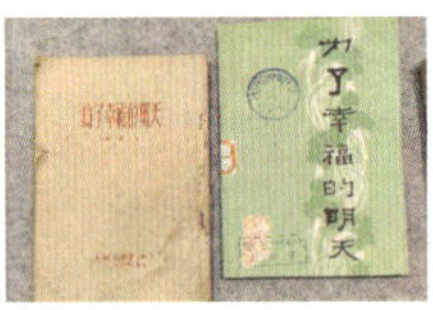

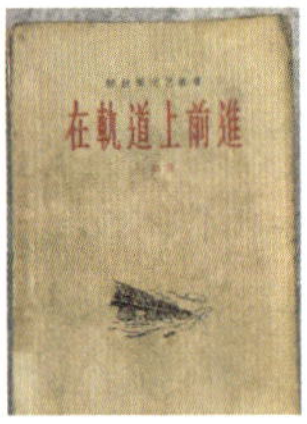

这一时期部分作家代表作品书封。

记录那个激情燃烧的岁月

"祖国的勤劳儿女，就在这朝气蓬勃的日子里，正以忘我的劳动，活跃在每一条生产战线上，用以答谢前方的胜利，为和平奠定着巩固的业基。并准备欢迎随着春天而来的红色的'五一'，全世界劳动人民自己的节日。生产竞赛的消息，仿佛怒涨的春潮，从祖国的每一个角落里汹涌地传来，每一座工厂和矿山，每一片建设的工地，每一片肥美的良田，都呈现着崭新的气象。爱国主义竞赛的挑战、应战书，有如千万只勇敢的白鸽飞翔在和平的晴空里。"

这段文字出自辽宁作家白朗1950年出版的散文集《月夜到黎明》中的《春天的消息》。

中华人民共和国成立后，各行各业时时刻刻都在发生着新的变化。作家们身处其中，激情澎湃，带着热情歌颂新生的共和国。

承继"文艺为人民服务"的延安革命文艺传统，延续东北作家群的创作风格，文艺工作者坚持社会主义文艺方向，高举现实主义大旗，以豪迈的革命热情和革命浪漫主义文风，百花齐放，推陈出新，创作出了很多经典之作。反映抗美援朝战争的韶华的《燃烧的土地》，开创工业题材文学先河的草明的《火车头》《乘风破浪》以及上世纪六七十年代李云德的《沸腾的群山》，还有战士作家高玉宝的《高玉宝》等，都成为留在中国现当代文学史中的经典作品，拨动了无数读者的心弦。

阅读这一时期的作品，更能够感受到作家们投身火热现实生活的创作自觉。就像写出《创业史》的柳青一住皇甫村14年，每一位辽宁作家都有自己的"根据地"：韶华在抚顺大伙房水库，方冰在熊岳纺织厂，作家谢挺宇在阜新新邱煤矿，草明在鞍钢，罗烽和白朗在本溪，他们的身份已经不单纯是作家、生活的观察者，更是那个激情燃烧的岁月里国家的建设者、主人公，是人民群众中的一分子。

中华人民共和国成立后，比较有影响力的辽宁文学作品主要表现了以下方面的内容：

一是反映战争题材的作品，尤其是抗美援朝内容的作品较多，如韶华的长篇小说《燃烧的土地》，白朗的长篇小说《爱的召唤》，马加的长篇小说《在祖国的东方》。

二是反映共和国成立初期如火如荼的建设场景。蔡天心的小说《苇青河上》，师田手的小说《初春的早晨》等，表现了农业合作化过程中人们新旧思想观念的碰撞与矛盾。草明的《火车头》《乘风破浪》，雷加的《潜力三部曲》是较有影响的工业题材的长篇小说。

高玉宝在1955年出版的长篇自传体小说《高玉宝》也是这一时期的一部重要作品。小说中的"半夜鸡叫""我要读书"等章节编入中小学课本，教育了几代人。

这一时期的辽宁文学，反映了东北社会历史的巨大变迁，热情讴歌和赞美了工人农民的伟大创举和平凡而又热烈的生活，表现了辽宁各族人民对美好生活的向往与追求，对丰富和充实中国当代文学起到了不可或缺的作用。既延续了东北作家群的创作风格和延安革命文艺的现实主义创作方向，又充满理想主义的气质。从题材上看，革命历史、战争题材、工业题材大量涌现。作家们将文学创作与时代、社会、人民群众结合起来，情感更加丰沛，思考越来越深入，作品题材和体裁更加多样。

从黄土地到黑土地，延安文艺座谈会的火种在辽宁的沃土里生根、抽枝、散叶、开花、结果。从此，辽宁文学一路繁荣发展，百花齐放。

从延安到东北的作家代表及作品

马加 （1910年—2004年），辽宁新民人。1928年考入东北大学，九一八事变后流亡北平，1938年到延安，抗战胜利后返回东北，参加土改运动，后创作中篇小说《江山村十日》《开不败的花朵》。这两部中篇小说在全国第一、二、四次文代会上得到极高评价。中华人民共和国成立后，曾任东北作家协会主席、辽宁省文学艺术界联合会主席。这一时期重要作品有长篇小说《在祖国的东方》《红色的果实》《北国风云录》《血映关山》等。

雷加 （1915年—2009年），辽宁丹东人。1929年在冯庸大学中学部读书，九一八事变后随学校流亡关内，曾参加赴南京请愿和淞沪抗战。1938年到延安。东北解放后回到丹东，任安东造纸厂厂长。主要作品有长篇小说《潜力三部曲》，短篇小说集《水塔》《男英雄和女英雄》《青春的召唤》等，散文集《匈捷访问记》《五月的鲜花》等，报告文学集《这里没有夏天》。

草明 （1913年—2002年），广东顺德人。1931年开始文学创作，1933年加入左联。1941年到延安。1948年完成中篇小说《原动力》，被译成十多种外国文字。曾主持东北作协工作，曾任《东北文艺》文学月刊主编。1954年落户鞍山，在鞍钢炼钢厂党委工作。长篇小说《火车头》《乘风破浪》，在同时期中国工业文学创作中占有重要地位。

韶华 生于1925年，河南滑县人。曾任冀鲁豫边区第四专属宣传队队员、警卫队文化教员，《白山》杂志编辑，历任《东北文艺》副主编，辽宁大伙房水库党委宣传部部长，辽宁省委宣传部文艺处处长，东北输油管道局党委副书记，中国作家协会辽宁分会副主席。重要作品有长篇小说《燃烧的土地》《浪涛滚滚》《沧海横流》《过渡年代》等。

的微笑》《辽金　你的蹄音》《河海　你的相遇》《清前　你的金戈》《英模　你的力量》《民间　你的温度》，总计150个专版，发稿量80万字。主创团队足迹遍布全国，设计三路记者“重走东北亚丝绸之路”特别行动，用广阔视野来观察和判断辽宁地域文化的价值。《向世界叫响辽宁文化》第二篇《辽金　你的蹄音》特刊，采用长卷设计，用四连版、八连版印刷，整体展示辽宁地区58座辽金古塔；用时一个月航拍辽宁境内的47处58座辽金古塔，精心剪辑后制成两款视频产品，全网总阅读量逾百万次。特刊被沈阳故宫等多处大型展陈场所公开展示，报道内容被搬上大学课堂。《向世界叫响辽宁文化》全面呈现、宣传和推广辽宁历史文化资源中具有世界性价值的精华部分，策划的切入点是对地域文化符号的提炼和宣传，对认识和了解辽宁地域文化具有积极的意义，对辽宁地区整体发展起到拉动作用，真正体现文化杠杆效应。

升级展陈策划呈现辽宁深厚历史文化底蕴。2019年，《辽宁日报》将书画展览报道升级为历时3个月的大型主题宣传策划“又见大唐”，全媒体推送文字、摄影、视频报道150多篇，其中《长安十二宝物》13期专题和爆款短视频《唐彩绘女立俑》累计播放量千万余次，对优秀历史文化进行创造性转化、创新性发展。2020年，主题策划“唐宋八大家”“又见红山”展现辽宁丰富文化资源，在解读与鉴赏中彰显盛世气象、提升辽宁文化形象。2021年9月，策划“重回辽宁考古现场”大型系列报道，致敬百年辽宁考古，梳理重大历史事件，回望辽宁悠久厚重的历史文化。报道前后历时10个月，共推出61块整版、近120分钟短视频，内容厚重，制作精良，全面展示辽宁考古领域成果成就，生动讲述发生在辽河流域的中国故事，精彩呈现辽宁深厚的历史文化底蕴。2022年起，策划推出“数珍　辽宁古籍新闻”专题报道，讲述辽宁珍藏的优秀古籍承载的历史故事，展示中华优秀传统文化的精神标识和具有当代价值、世界意义的文化精髓，凸显辽宁文化自觉与文化自信。2023年，推出大型全媒体策划“国宝在辽宁”，以辽宁珍藏的30件国宝级文物为主线，通过专业化制作、通俗化解读、科技化手段、国际化传播，使尘封已久的文物国宝可观、可感、可知，充分展现辽宁大地蕴藏的丰富遗存、灿烂的历史文化、厚重的文化底蕴，全媒体作品国内各传播平台总展现量近亿次，系列视频在全球60个国家和地区总展现量逾3000万次，提升辽宁厚重的文化形象。

这些精品策划高站位、深立意，践行习近平总书记重要讲话精神，让文物说话、

辽宁日报
2023年1月5日
星期四

责任编辑 周仲全 视觉设计 隋文锋 检校 冯赤 张勇

“满天星斗”下我们看到了祖先的模样

本报记者 吴 限

本期导读

作为闻名海内外的重大考古发现，牛河梁红山文化遗址最重要的出土文物便是女神像。她使亿万炎黄子孙第一次看到了中华民族“母亲”的模样。她以无可争辩的事实告诉世界：生活在辽河流域的先祖，在蒙昧中开拓，在自然中抗争，经过漫长的历史岁月，开启了中华文明的曙光。

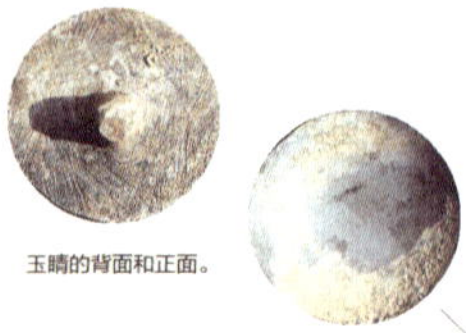

玉睛的背面和正面。

这是震惊世界的重大发现

1983年12月6日子夜，北京大学朗润园里万籁俱寂。考古学家苏秉琦躺在床上翻来覆去，因为太过激动，久久无法入眠。他披衣起身，推开窗户。浩瀚的夜空，深邃的天宇遍布满天星斗。他突然顿悟，想到刚刚从辽宁牛河梁红山文化遗址传来的有可能改写中华文明进程的重大发现，内心涌出不吐不快的冲动。于是，他摊开纸笔，给他的爱徒——此时正在牛河梁主持考古发掘工作的郭大顺写了一封长信：“自红山文化‘女神庙’发现以来，国内外震惊，尤其是出土了女神像，栩栩如生，凡是看过的人都会想象，日后复原起来，那将是多么令人神往的所在啊……”写完这封信，他的心情似乎平静了一些。此时，东方的天际已经露出朦胧的曙光。一个距今5500年，活跃在燕山南北、长城以外的文明古国，在他脑海中变得越发清晰。

苏秉琦为何会如此激动？这还得从牛河梁红山文化遗址出土的“女神像”说起。

1983年11月2日，天还未亮。由孙守道和郭大顺担任领队，方殿春、张星德等人组成的考古队，在位于凌源县与建平县交界处的牛河梁红山文化遗址区第二地点进行考古试掘，在发掘现场的西侧土层下，考古人员突然发现一个呈圆状的陶件，大家马上意识到这件文物不一般。伴随着手铲剥离泥土的细密声音，渐渐地，额头、眼睛、耳朵、嘴逐渐清晰，在场的所有人都惊呆了。

在满天星斗下，一尊泥塑的女神像破土而出。

牛河梁 璀璨明珠 微笑女神
塑像 满天星斗 5000年

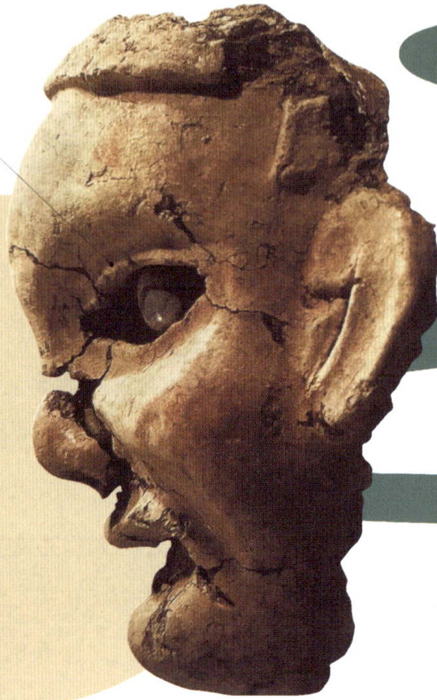

文物档案 WEN WU DANGAN

女神像

为黄土质，掺草禾一类植物搅拌塑成，其大小同真人脸，眼球用淡青色圆饼状玉石镶嵌。从女神像背部断面及高高耸起的额头分析，女神像当时应该是贴附于女神庙的墙壁上方，以俯视状态示人。（辽宁省文物考古研究院收藏）

高度写实的女人头像

采访中，辽宁省文物保护专家组组长郭大顺这样评价：“如果说秦始皇兵马俑是我国封建社会的第一个艺术高峰，那么，牛河梁红山文化遗址出土的女神像可以看作是中华文明黎明时期的艺术高峰。”

这尊女神像采用了真人大小比例的高浮雕形式雕塑，面部呈鲜红色，唇部涂朱。最令人惊叹的是她的艺术表现力，既高度写实，又含有相当丰富而微妙的表情——嘴角微微上翘，好像微笑欲语，充满神秘。尤其是眼眶内嵌入圆形玉片当作眼睛，炯炯有神。

郭大顺回忆，女神像发现后，他们曾邀请鲁迅美术学院雕塑系一位很有名气的教师来现场为女神像做复制品。尽管这位教师来之前做了充分的准备，但当他看到实物后，还是大为震惊——女神表情极富动感，将似有似无的微笑凝固于一瞬间。复制这件作品远比给活生生的真人塑像更难，差一丝一毫都不会像。最终，这位老师花了很长时间才把女神像复制出来。

中央美术学院原教授、美术考古专家靳之林认为：“牛河梁女神头像是在写实基础上的高度概括，这说明当时的艺术工匠在雕塑技术和造型上已经完全摆脱了原始性，并已熟练地掌握泥塑人体艺术的基本工序和技法。她不仅应在中国雕塑史上占有重要地位，而且可与同时期其他文明古国的著名作品相媲美。”

郭大顺告诉记者，在原始社会，女神象征着生育、大地和收获，是一个群体和民族生命力、延续力的体现，受到先民的广泛崇拜。在世界艺术史上，女性雕像一直占有突出的地位，从旧石器时代晚期到青铜器时代早期，在欧非大陆以及中南美洲的古遗址和古墓葬中都有女性雕像的出现。相比之下，在我国，关于祖先崇拜的女性雕像，一直以来缺少典型而明确的标本。于是人们普遍认为，中国古代的人物雕像艺术不发达，是以树立祖先名字牌位的方式作为崇拜对象的。而牛河梁女神像的出土，以不可辩驳的事实证明在我国原始宗教意识形态中，对女性祖先的崇拜同样占有主导地位。

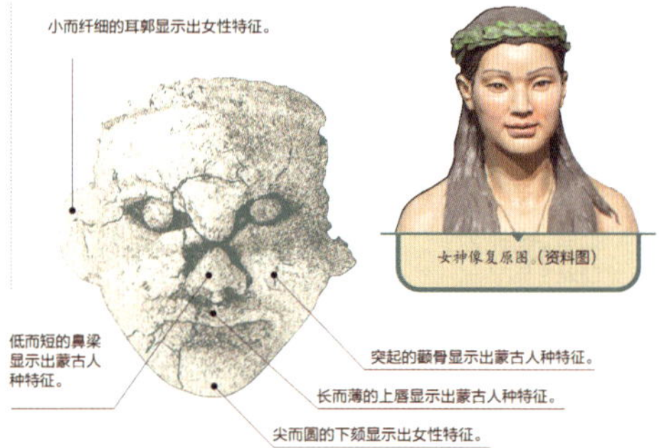
小而纤细的耳郭显示出女性特征。
低而短的鼻梁显示出蒙古人种特征。
突起的颧骨显示出蒙古人种特征。
长而薄的上唇显示出蒙古人种特征。
尖而圆的下颏显示出女性特征。
女神像复原图（资料图）

制图 隋文锋

（本版图片除署名外，由辽宁省博物馆提供）

文明曙光 辽河流域 母系民族 红山女神 典型标本 红山文化 原生文明

她是中华民族的“共祖”

“红山女神”的发现，就像一把金钥匙，为破解红山文化打开了一扇门。

当年参加发掘的辽宁大学历史学院教授、博士生导师张星德回忆，30多年前一个风雨交加的夜晚，她手捧装着女神像的木盒，前往兴城拜见考古界泰斗苏秉琦。

苏秉琦非常仔细地观摩了女神像后，说了一句对后世影响深远的话：“女神像是由距今5500年前的红山人模拟真人塑造的神像，而不是由后人想象创造的‘神’。她是红山人的女祖，也就是中华民族的‘共祖’。”当时的张星德听得真切，却似懂非懂。经过近40年的考古和研究，如今的张星德已是红山文化研究的资深专家。

根据考古专家和相关研究人员的研究成果，记者捋出了红山女神与女神庙的来龙去脉。大约在距今七八千年前，中国北方形成了3个不同文化特征的族群，为了方便理解，记者简称他们为“之字纹陶”族群、“素面陶”族群、“绳纹陶”族群。在距今6500年到5500年间，由于人口的扩张、迁徙，这几大族群之间不断发生碰撞和交流。大约距今6500年左右，生活在太行山以东、燕山以南的“素面陶”族群中的一支进入辽西，与辽西地区的“之字纹陶”族群发生碰撞和融合，促成了红山文化的形成。又经过了1000年左右，黄河中游的“绳纹陶”族群，战胜了“素面陶”族群，继而和红山文化碰撞、融合，从而打破了红山文化区域内原有族群的平衡。在重新组合的过程中，女神庙和女神像应运而生。因此，张星德认为，女神像的产生绝不是偶然的，说明红山先民为了避免冲突，寻找共存、秩序及和平，创造出了一个具有血亲关系的共祖形象——女神像。

郭大顺进一步指出，从世界范围看，在距今5000多年的各个文明古国中，像牛河梁红山文化遗址这样出土大规模的泥塑神像群并无先例，红山文化女神像称得上是“海内孤本”。由于牛河梁遗址是红山文化最高层次的中心，女神庙又被认为是红山文化这一文化共同体共同崇拜的先祖神庙，所以，这个女神像即可认为是红山文化的“共祖”，亦是中华民族的“共祖”。

本期专家支持 郭大顺 张星德

手记

镶嵌在红山文化版图上的明珠

吴 限

我们是谁？从何而来？将往何去？

红山女神像的出土，使我们第一次看到了5500年前祖先的模样。

考古专家从牛河梁发现的带有肢骨的女神塑件分析，牛河梁红山文化女神像是有真实原型的，她是生活在族群中受万人崇拜、供养的母亲，而古代传说中最高统治者的祭祀活动也在这个女神庙举行，所以考古学家郭大顺高度评价女神像：“她绝不仅仅是一件黄土塑造的艺术品，她与中华民族、中华文化的起源息息相关，是研究古代中华人种学和民族史的典型标本，她是中华民族之神。”

如今，红山文化研究已走过百年时光，持续的考古发现不断改变着学界已有的认知。由红山女神像引发的文明起源的探寻越发清晰起来，越来越多的研究者认同这样的事实：在中华五千年文明起源的形成过程中，红山文化具有举足轻重、不可替代的重要地位。

历史的最大魅力就是它永远葆有秘不示人的密码等待我们破解。苏秉琦在他最后的著作《中国文明起源新探》中直言不讳地指出：“辽西红山文化是原生文明。”更多的学者认识到，至少古华夏的一部分来自遥远的北方，尤其是红山文化中许多独创的文化元素，例如女神崇拜、坛庙冢、玉龙、玉凤等，都被后来的中原地区文明广泛吸收，成为中华民族传统文化的主要内容，并且延绵不绝。

对中华文明的起源，苏秉琦提出：“新石器时代的中华大地存在着发展水平相近的众多文明，如同天上的满天星斗，共同开创了中华文明的源头。而在这其中，红山文化最具代表性。”如此说来，牛河梁女神像则是镶嵌在红山文化版图上的一颗最璀璨的明珠。

由她，我们看到了中华文明的曙光。

让历史说话、让文化说话，以深沉的家国情怀，站在文化视角关注地域发展，站在全国视角观察地域文化，饱含对地域历史文化的深刻省思，充分彰显主流媒体的文化使命感。

三、拓宽主题宣传路径，创新表达新时代雷锋精神

习近平总书记多次就学习传承雷锋精神发表重要讲话，其中对辽宁学雷锋有关情况作过5次重要批示指示。

2013年10月17日至10月28日，《辽宁日报》推出“中国志愿者力量评估”主题策划报道，以8个专版的规模刊发《如何评估中国志愿者力量》《与郭明义同行的6个人》《一支敢于担当的青春力量》等稿件40多篇，对全国志愿者队伍的现状和发展趋势进行系统梳理、分析、归纳，为走出符合中国国情的志愿者发展道路提出比较好的意见建议。策划对中国志愿者力量进行定位，将志愿者行动归于正确健康的轨道，提出志愿者精神是“服务人民、奉献社会”，与雷锋精神在本质上是一致的。10月29日，中宣部《新闻阅评》第234期以《辽宁日报深入分析我国志愿者现状为中国特色志愿者发展提供借鉴》为题对策划予以肯定。

2018年9月28日，习近平总书记考察辽宁期间参观抚顺雷锋纪念馆时再次强调，雷锋是一个时代的楷模，雷锋精神是永恒的，要见贤思齐，把雷锋精神代代传承下去。2019年3月5日至8月8日，《辽宁日报》紧扣重大主题，精心策划、主动作为，适时推出融媒体主题策划项目《雷锋地图》。项目以挖掘、梳理、提炼、推广雷锋文化资源，创新表达和传播雷锋精神为主旨，是认真贯彻落实总书记重要讲话精神的生动实践；陆续推出“开篇”“足迹”“遗存”“人物”“种子”“影响”六辑长卷特刊40块专版，开发移动地图、短视频、H5、长图解、文创设计、主题活动等近20款融媒体产品。

《辽宁日报》将《雷锋地图》策划项目打造为聚合型融媒体产品集群，满足线上线下多类型用户终端需求，运用新技术自主设计制作掌上移动版《雷锋地图》，地图中集纳习近平总书记对学习传承雷锋精神的历次重要讲话、雷锋文化资源、学雷锋活动创新案例等丰富的信息。《雷锋地图》通过开展“辽宁学雷锋大数据普查”活动，

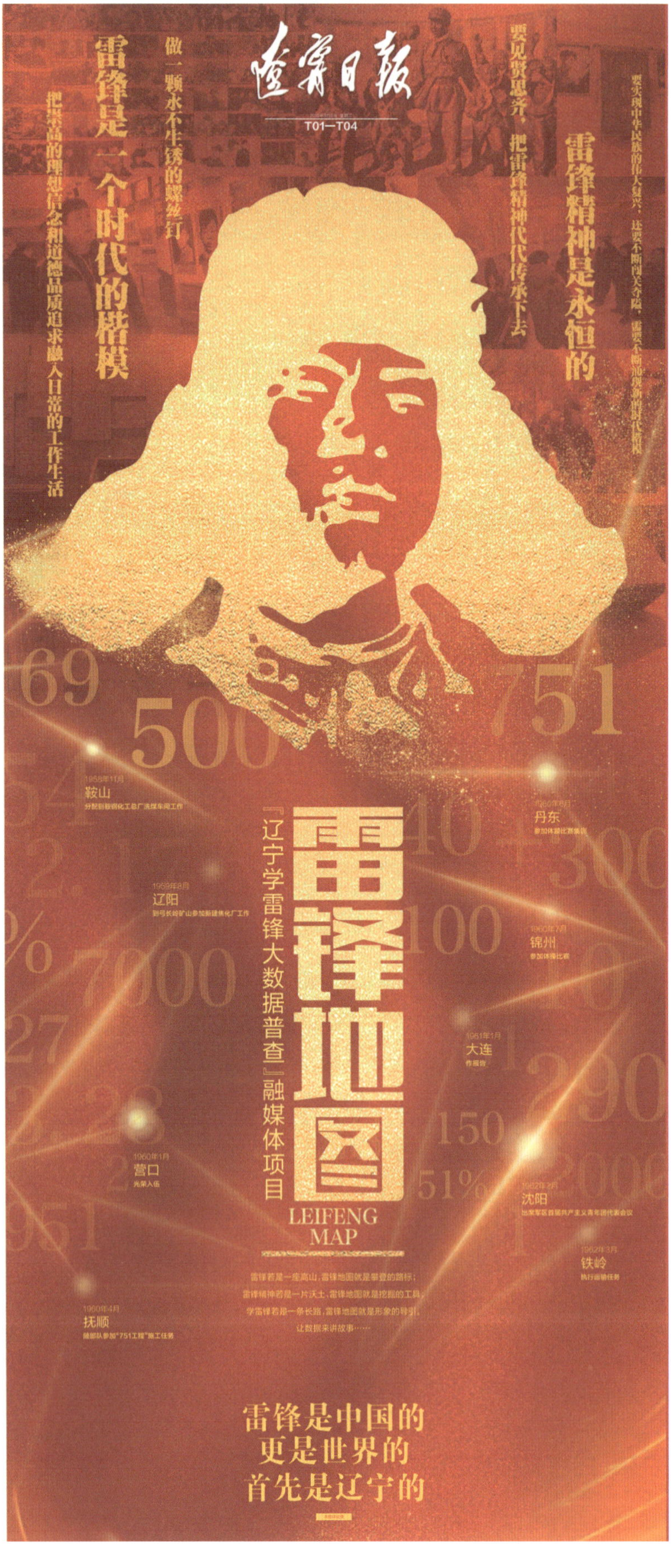
辽宁日報
T01—T04
雷锋是一个时代的楷模
把崇高的理想信念和道德品质追求融入日常的工作生活
做一颗永不生锈的螺丝钉
要见贤思齐，把雷锋精神代代传承下去
雷锋精神是永恒的
要实现中华民族的伟大复兴，还要不断闯关夺隘，需要不断涌现新的时代楷模
1958年11月
鞍山
分配到鞍钢化工总厂洗煤车间工作
辽阳
1960年7月
锦州
参加体操比赛
1961年1月
大连
作报告
营口
光荣入伍
沈阳
铁岭
1960年4月
抚顺
随部队参加“751工程”施工任务
雷锋地图
『辽宁学雷锋大数据普查』融媒体项目
LEIFENG
MAP
雷锋若是一座高山，雷锋地图就是攀登的路标；
雷锋精神若是一片沃土，雷锋地图就是挖掘的工具；
学雷锋若是一条长路，雷锋地图就是形象的导引。
让数据来讲故事……
雷锋是中国的
更是世界的
首先是辽宁的

全面、系统挖掘雷锋文化资源，为全国首次利用互联网大数据手段对一个地区的雷锋文化资源进行整体扫描；同时打破传统的报纸呈现形式，绘制丰富的图表图示，让可视化数据开口讲雷锋故事，将学雷锋活动不断引向深入，为新时代宣传弘扬雷锋精神作出创新探索，中宣部表扬《雷锋地图》是“新时代雷锋精神的创新表达”。

2018 年，《辽宁日报》开设社会特别版“家的味道”，发掘平凡中的真善美，宣传身边的“活雷锋”，先后推出《两代人办家庭报　用文化滋养家风》等一批有温度有温情有味道的报道。《辽宁日报》尝试用丰富的新闻产品宣传雷锋精神、弘扬英模文化。

四、礼赞奋斗讴歌青春，传递昂扬向上的时代主旋律

以《创业人生・80 后》《正青春》为代表的主题策划，礼赞奋斗讴歌青春，传递昂扬向上的时代主旋律，抓住重要节点和热点，年轻化表达，多元化传播，生动阐释习近平总书记关于青年工作的重要思想，全景展现党的青年运动光辉历程和辽宁青年奋斗精神。

《创业人生・80 后》策划对新时期创业精神进行文化思考和总结。2014 年，在改革开放年代出生和成长起来的 80 后，正在成为新时期创业潮的主力军，是实现中华民族伟大复兴的主要力量。12 月 18 日，《辽宁日报》从观察一代人的就业观、人生观以及他们对于创业的思考入手，推出新闻策划《创业人生・80 后》，跨年之作共 12 期。整个策划，既有典型报道，包括辽宁人在辽宁创业者、辽宁人在外地创业者，还有外地人在辽宁创业者，“榛子博士”“农民工老板”“莆商二代”等等呈现出 80 后创业的酸甜苦辣；又有高端访谈，在每一期的报道中加入专家、读者、外国 80 后等的反馈与观点争锋，对 80 后群体的精神气质、新时期创业精神进行文化思考和总结，体现高度和思辨性。聚焦 80 后大学生创业群体，用故事、细节和个案展现他们的精神气质、价值追求，展现他们正以自己的努力改变着社会对 80 后的标签化认识。首期报道《这就是榛子女博士想要的生活》引发大学生关于就业还是创业的大讨论，《辽报君致 80 后的半封信》在网络上引起热烈响应，50 后、60 后、70 后都在续写给 80 后的半封信。

辽宁日报
2022.5.11　星期三

向阳而生　追光而行

本报评论员

今年，是中国共产主义青年团成立100周年。

5月10日，习近平总书记在庆祝中国共产主义青年团成立100周年大会上的重要讲话中深情寄语青年：实现中国梦是一场历史接力赛，当代青年要在实现民族复兴的赛道上奋勇争先。时代总是把历史责任赋予青年。新时代的中国青年，生逢其时、重任在肩，施展才干的舞台无比广阔，实现梦想的前景无比光明。

时代各有不同，青春一脉相承。

103年前，那是一个受尽屈辱、任人宰割的时代。当年的一群“90后”“00后”年轻人，背黑暗而向光明，怀揣炙热的爱国之心，于茫茫的黑暗中为贫病之中国、为可爱之中国求索光明。最终，五四的火炬，将近百年来的屈辱和几千年来的封建旧礼教、旧道德、旧思想、旧文化一并焚烧。

101年前，于灰烬处见新生，汇聚星火成星河。在嘉兴南湖的游船上，中国共产党成立。以水载舟，以人民为中心，初心使命担当在肩，筚路蓝缕开启征程。历史长河，由此转弯。

100年前，中国共产党举起马列主义旗帜，先进青年蜂拥聚集，共青团成立。从此他们不再于黑暗中彷徨挣扎，开始了向阳而生、追光而行的奋斗征程。

方向指明道路，道路决定命运。

中国青年的命运从此改变，他们的理想有了依托，目标已经锚定，奋斗成为所需。党的领导成为共青团始终不能变、永远不能丢的政治灵魂，中国共产主义青年团成为中国共产党的忠实助手和可靠后备军。

从壮怀激烈的救国图存到不畏牺牲的抗日救亡，从艰苦卓绝的万里长征到热血奔涌的“到延安去”，从摧枯拉朽的解放战争到保家卫国的抗美援朝，从热火朝天的社会主义建设到春潮奔涌的改革开放，从全面建成小康社会到绘制伟大复兴宏伟蓝图，以人民为方向，党旗所指，团旗所向。

一代又一代的青年，在中国共产党的领导下，始终站在时代的前列，自觉奔赴党和人民最需要的地方。他们行远自迩，踔厉奋发。他们不断从胜利走向胜利，不断用奋斗的青春谱写一曲又一曲壮丽的青春之歌。

回望百年，每一次的出发都不忘初心使命；青春向党，每一个行动都在赓续精神血脉。

无数的现实堆积成历史，无数的历史证明了现实。青年人只有听党话、跟党走，从历史中汲取前行的力量，用历史的光芒照亮未来，才能为家国谋幸福、为个人写芳华。

“世界是你们的，也是我们的，但是归根结底是你们的。”

这是美好寄语，更是千钧重担。

一个人的青春决定一个人的未来，千百万个青春决定一个国家、一个民族的未来。时光荏苒，多少个“你们”变成了“我们”，多少个梦想变成了现实。牢记使命，接力担当，国家的前途，民族的命运，人民的幸福，是当代中国青年必须和必将承担的重任。

青年是“早晨八九点钟的太阳”，是全社会最积极、最活跃、最富朝气的一支力量。

天戴其苍，地履其黄；纵有千古，横有八荒；前途似海，来日方长。

青年的前途即国家的前途。青年一代有理想、有担当，国家就有前途、民族就有希望。青年理想远大、信念坚定，是一个国家、一个民族无坚不摧的前进动力。

青春是人生最美的年华，因为青春孕育无限希望，所以青年才被寄予了无限的希望。

青年是国家的未来，理想是青年的未来。梦想熠熠，使命灼灼。心中有阳光，脚下有力量，一个民族需要有更多仰望星空的年轻人，他们心中的诗和远方与祖国的未来同在一处、与人民的向往融为一体的时候，青春才能散发出最绚烂的光芒。

党旗指方向，团旗聚力量。

中国之未来任重而道远，青年之未来千钧唯担当。广大中国青年只有以亮丽的青春同人民一起奋斗，以激昂的青春同人民一起前进，以无悔的青春同人民一起梦想，才能承接好历史的使命，才能肩负起时代的重托。

“一代人有一代人的长征，一代人有一代人的担当。”

沐浴着新时代的朝阳，又一群90后、00后年轻人站在了另一个100年的起点上。

草木蔓发，春山可望。今天的中国，比以往任何时候都更接近中华民族伟大复兴的梦想，也比以往任何时候都更有能力和信心去实现这个伟大梦想。为实现中华民族伟大复兴的中国梦而奋斗，是中国青年运动的时代主题，是当代青年千载难逢的历史荣光和重若千钧的历史使命。

新时代，新征程。无奋斗，不青春。

从青年突击队到青年志愿者，从青年创业大赛到青年文明号……

党有号召，团有行动。

“中国青年始终是实现中华民族伟大复兴的先锋力量”，这是对中国青年践行初心使命、矢志艰苦奋斗、融入人民事业的生动诠释。

新时代是奋斗者的时代，新时代是追梦人的时代。伟大的梦想引领青年奋勇向前，伟大的实践呼唤青年奋发有为。青春正当时，奋斗正当时。脚下虽有千山万水，但行者必至。中华民族伟大复兴的中国梦终将在一代代青年的接力奋斗中变为现实。

回望历史，可见未来。

中国共青团的百年，是上下求索的百年，是风雨兼程的百年，是凯歌前行的百年，是奋斗不息的百年。一百年的锤炼，铸就不朽的青春。一百年的磨砺，锻造了永恒的初心。

百年接力，百年传承。

不负时代，不负韶华。

一切伟大成就都是在接续奋斗中产生的，一切伟大事业都是在继往开来中推进的。中国青年必将以始终保持艰苦奋斗的前进姿态，在波澜壮阔的时代画卷中，用青春之我绘就美好的青春之中国、青春之民族。

伟大的中国共产党万岁！不懈奋斗、永远奋斗的青春万岁！

谨以本特刊致敬百年来所有向阳而生、追光而行的中国青年。

正青春

ZHENGQINGCHUN

庆祝中国共产主义青年团成立100周年特别策划

T01

总策划　丁宗皓　总监制　刘玉玮　监制　胡欣　李明曙

责任编辑　高爽　柏岩英　编辑　王钢　主笔　王钢　张晓丽　赵雪　张颖　陈博雅　视觉设计　隋文锋　许科　新媒体　张春红

检校　冯赤　孙广　吴丹宁　高峰　郭冰晶　史凤斌　赵琢　马松波

《正青春》特刊完整再现中国青年把青春奋斗融入党和人民事业的历程。2022 年 5 月 10 日，庆祝中国共产主义青年团成立 100 周年大会上，习近平总书记发表重要讲话。5 月 11 日，《辽宁日报》推出《正青春》特刊，共计 24 个专版 10 万字篇幅，分为“追光”“浪潮”“奋斗”三大版块。“追光”版块完整再现中国青年把青春奋斗融入党和人民事业的历程，“浪潮”版块重点讲述新中国成立 70 多年间共青团发起组织的品牌活动，“奋斗”版块聚焦青年群体和个人先进典型。

《正青春》特刊“百年”的历史纵深感体现在运用史料的严谨性上，“青春”的气息体现在版面语言和视觉设计的创新上。每版配发文章介绍一首在百年历史中曾广为传唱的“青春之歌”，唤起读者的青春记忆，激发强烈共鸣。《辽宁日报》“两微一端”和网站首页同步开设专题，刊发报道 150 余篇，浏览量超过百万人次。

| 第三节 |

《铁纪 · 铁流》荣获中国新闻奖一等奖

重大主题新闻策划《铁纪 · 铁流》回顾党史讴歌党业，梳理“党纪”寻访初心，主动发声观照现实，填补“党纪”大型报道空白，传播正确的历史观和党史观。中国新闻奖设立 27 年，《铁纪 · 铁流》实现《辽宁日报》主创新闻作品一等奖零的突破，体现了立足高度深度打磨新闻精品，做大做强“辽报策划”品牌的战略实施成果。

一、视角独特，在全国媒体中率先以“纪律”为主题

2016 年是建党 95 周年和红军长征胜利 80 周年的重要时间节点。《辽宁日报》用新视角，在全国媒体中率先以“纪律”为主题，对中国共产党 28 年艰苦卓绝的斗争历程中纪律建设的重大举措与重要事件进行全景式呈现。《铁纪 · 铁流》对党规党纪的发展脉络进行系统梳理和报道，这在中国新闻界尚属首次。2017 年 11 月，《铁纪 · 铁流》荣获第二十七届中国新闻奖一等奖。

6 月 27 日至 7 月 29 日，《辽宁日报》推出纪念中国共产党成立 95 周年暨长征胜利 80 周年重大主题新闻策划《铁纪 · 铁流》，策划分为五个主题：铸信仰、建制度、

获得中国新闻奖一等奖的《铁纪·铁流》主创团队

炼忠诚、讲原则与立规矩，每个主题 16 个版面共 80 块专版 60 余万字。

《铁纪·铁流》视角独特，从历史到现实，以“纪律”为轴，以 1921 年到 1949 年这 28 年的历史作为时间节点。报道第一期《卷首语》开宗明义：“我们将特刊命名为《铁纪·铁流》，就是要以‘纪律’为主轴，探寻中国共产党如何从星星之火壮大为钢铁洪流……梳理党的纪律建设发展脉络，能够使我们更透彻地理解党是如何凭借铁纪锻造成一支强大的队伍并最终赢得中国革命的伟大胜利的。”

报道将这段历史划分为建党至大革命时期、土地革命时期、长征时期、抗日时期和解放战争时期五个时期，结合每个时期发生的重要历史事件和重大举措，总结出纪律建设在不同发展阶段的特点。以纪律为脉络梳理一段较长时期的党史，不仅在媒体是首次，在学术研究领域也没有先例，更加凸显出这一策划的独特性、创造性和必要性，既有厚重的历史感，又有强烈的现实针对性。

2017 年 11 月，《铁纪 · 铁流》高票荣获第二十七届中国新闻奖一等奖，辽宁日报社社委张小龙代表报道组赴京领奖。《铁纪 · 铁流》此次获奖，是中国新闻奖设立 27 年来，《辽宁日报》主创新闻作品首次获得一等奖。《铁纪 · 铁流》主创团队成员：丁宗皓、张小龙、王研、高爽、张昕、张晓丽。

重庆记协专职副主席、本届中国新闻奖评委丁道谊对《辽宁日报》获得中国新闻奖一等奖的大型新闻策划《铁纪 · 铁流》印象深刻，他说：“想要把重大历史题材宣传报道任务完成好，非常考验报社的智慧，而《铁纪 · 铁流》在角度、体裁、谋篇布局方面的安排都很出色，值得其他媒体学习。”

二、实地调查，“辽报策划”铁军实至名归

2015 年，时任总编辑丁宗皓提出，《辽宁日报》通过练好内功，深挖办报潜力，以新闻策划执行能力保障“内容为王”的办报主张。《铁纪 · 铁流》获得中国新闻奖一等奖是《辽宁日报》致力打造一支高水平的新闻队伍、对新闻业务始终高标准严要求的结果。主创团队丁宗皓、张小龙、王研、高爽、张昕、张晓丽是“辽报策划”新闻铁军的缩影。

在《铁纪 · 铁流》的筹备阶段，《辽宁日报》编委会高度重视，丁宗皓多次主持召开策划会，亲自确定选题并提出具体要求。在策划的执行阶段，编委会多次听取报道组工作汇报，不断修改报道方案，完善和充实报道内容。在编辑出版阶段，编辑部各部门通力配合、无间合作；美编部封面设计独具匠心，水墨风格的画面庄重恢宏大气，五期封面连在一起，组成独树一帜的钢铁巨龙、纪律长城，令人惊叹。

从 2016 年 3 月起，报道团队开始实地现场海采，以贴近性提升新闻价值，从旁观到发声。3 个月的时间，他们赴上海、广州、北京、湖北、四川、贵州等全国 19 个省市实地采访，对重要遗址遗迹、纪念场馆进行细致踏勘，力求以在场者的视角再现历史。在每一个红色圣地、每一处遗址遗迹和纪念馆周边，报道团队都要做海量的现场采访，与来自全国各地甚至美国、韩国、加拿大等国外的游客交流，累计采访达 300 多人次。

大部分时间，报道团队要租车前往偏僻的乡村，用脚步细致踏勘每一处遗址遗迹。综合计算，《铁纪·铁流》报道团队的总行程超过6万公里。采访期间，报道团队不仅进行传统的文字和图片记录，还录制大量的音视频。据统计，共拍摄照片2万余张，录制音频119段、视频73条，音视频时长超过100小时。

论证、调研和采访，报道团队历时半年，以贴近性、互动性提升新闻价值。结集出版的《铁纪·铁流》一书封底写着这样一段话："四个女记者，完成了这项工作。"她们是王研、高爽、张昕、张晓丽。报道成果在辽宁省档案馆公开展出，成为"学党章党规、学系列讲话，做合格党员"学习教育的生动教材。因报道团队铁一样的新闻策划执行能力，《铁纪·铁流》成就"辽报策划"叫响全国实至名归的大手笔。

三、观照现实，兼具新闻性与学术性作出有益探索

《铁纪·铁流》报道团队实地调查结合学术研究，以纪律为脉络梳理一段时间跨度较长的党史，进行有益的探索，这在学术研究领域也属首次。

报道团队用扎实的案头工作打好知识基础，购买包括《中国共产党党史（第一卷）》在内的数十本图书，查阅200余篇论文，并多次邀请本地的党史办、大学、社科院等研究机构的学者召开座谈会，从基本史实入手，对党史先有一个全面清晰的了解，打好底色。

遍访专家为报道提供理论支撑和权威解答。记者采访的地点从中央及地方党史研究机构、中国井冈山干部学院、延安干部学院、浦东干部学院到各地的社科院、党校、党史办、高等院校，采访的专家既有国内党史研究领域的顶级权威专家，也有各地在所擅长领域有独到学术成就的著名学者，还有在红色文化传播方面有特长的知名人物，计60余位，其中包括《中国共产党党史（第一卷）》编写者李蓉，著名军旅作家王树增，"井冈山研究第一人"、井冈山革命博物馆原馆长毛秉华，遵义会议研究顶级专家费侃如，黄埔军校研究顶级专家曾庆榴等。

实地探访让历史变得鲜活，打通历史与现实。报道团队踏勘一大至五大会议纪念馆及旧址，古田会议会址、瑞金中华苏维埃临时中央政府旧址群、井冈山革命旧址群、延安、西柏坡革命旧址群及纪念馆等，力求以在场者的视角再现历史，使党

史不再是书本上的人名、地名。多方寻找仍在世的老红军、老战士或革命后代。在第二期的报道中，独家专访井冈山早期领导人袁文才之孙袁建芳，请他谈对爷爷的研究；找到古田会议会址廖家祠堂的廖姓后人，请他们谈红军在古田留下的故事，从个人视角重现历史，让历史因为细节与故事而更加生动起来。

四、立体传播，加强互动突破传统单一的媒体生产方式

《铁纪·铁流》以全媒体互动的方式推开，突破传统单一的媒体生产方式，报道的节奏和内容摆布更加贴近受众的接受习惯，产品形态更加丰富立体。这部兼具新闻性与学术性的作品，从平面到立体提升报道的传播力，系统勾勒出从 1921 年至 1949 年间中国共产党的党规党纪形成史。

在互动阶段从历史中寻找解决当下问题的钥匙。报道设置的“走进”系列，先后走进社区、走进高校课堂、走进警营、走进乡村，与老党员、基层党务工作者、年轻的大学生群体互动，谈党员的使命担当、谈对党的纪律建设的理解，同时结合热点问题谈如何学习和借鉴历史的经验教训。设置的“专家支招”系列，召集各地纪念馆馆长、红色文化的宣讲者和业余爱好者，共同探讨如何利用红色资源为今天的文化建设和社会经济发展服务。

预热阶段网微端齐发力。在平面媒体正式推出报道前，在辽报集团所属各媒体的网站和两微一端预热，为报道造势，吸引更大范围人群的关注。《辽宁日报》微信公众号提前四天先后以《辽宁日报独家披露：创建中纪委前身的历史真相》《辽报独家揭秘：中国三大干部学院是怎么上课的？》《辽报探秘黄埔军校：军纪军魂是共产党人打的底儿》《13 人一起开天辟地，最后为啥是他俩登上了天安门？》等为题发布预告性消息。《铁纪·铁流》首次报道的前期预热阶段，微信点击量累计超过 50 万次；《辽宁日报》头条号累计推送近 50 万次，点击量近 10 万次。此举打破平面媒体反应迟钝、单向传播的劣势，打开收集反馈的渠道，为调整和完善后续报道提供来自各个方面的海量建议。

媒体联动提高传播力。报纸上的新闻报道同时配有二维码，扫码即可直接看视频、听音频。两微一端推出幕后采访花絮、采访记者创作谈等多种不同的版本。对

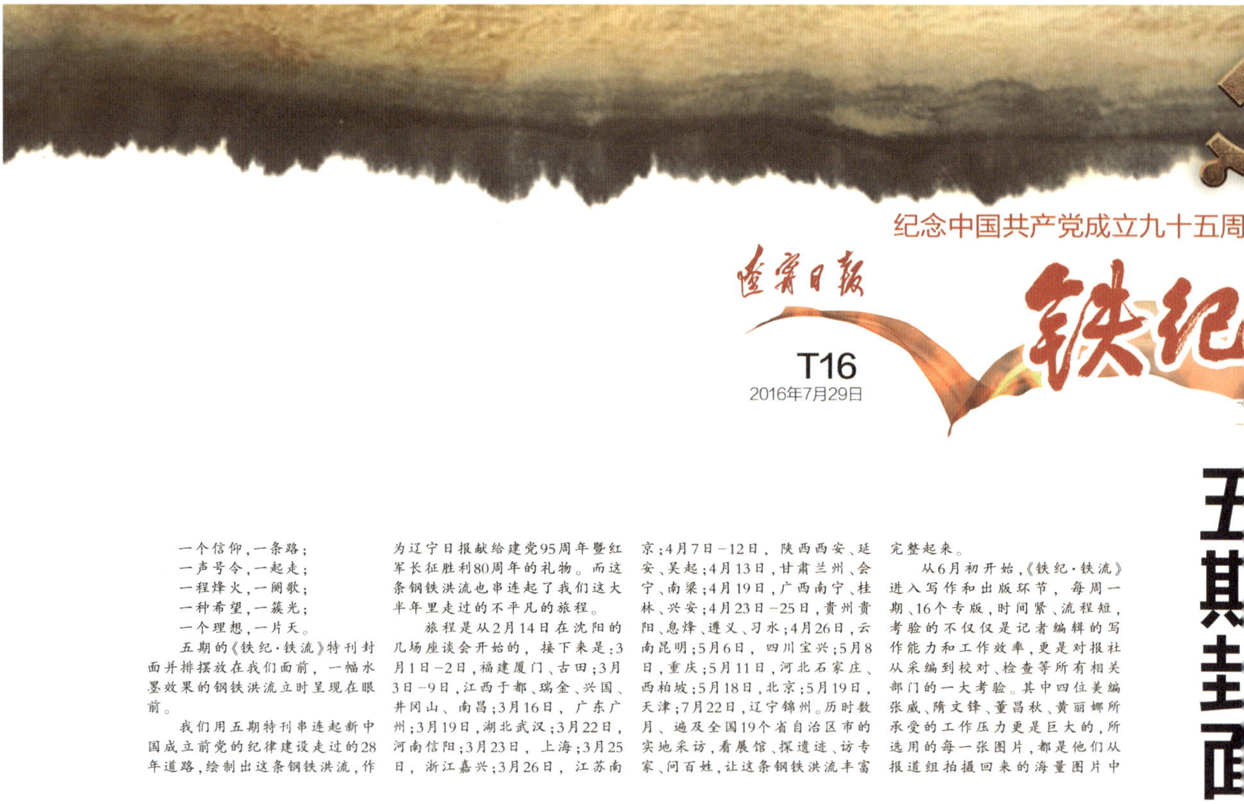

一个信仰，一条路；
一声号令，一起走；
一程烽火，一阕歌；
一种希望，一簇光；
一个理想，一片天。

五期的《铁纪·铁流》特刊封面并排摆放在我们面前，一幅水墨效果的钢铁洪流立时呈现在眼前。

我们用五期特刊串连起新中国成立前党的纪律建设走过的28年道路，绘制出这条钢铁洪流，作为辽宁日报献给建党95周年暨红军长征胜利80周年的礼物。而这条钢铁洪流也串连起了我们这大半年里走过的不平凡的旅程。

旅程是从2月14日在沈阳的几场座谈会开始的，接下来是：3月1日－2日，福建厦门、古田；3月3日－9日，江西于都、瑞金、兴国、井冈山、南昌；3月16日，广东广州；3月19日，湖北武汉；3月22日，河南信阳；3月23日，上海；3月25日，浙江嘉兴；3月26日，江苏南京；4月7日－12日，陕西西安、延安、吴起；4月13日，甘肃兰州、会宁、南梁；4月19日，广西南宁、桂林、兴安；4月23日－25日，贵州贵阳、息烽、遵义、习水；4月26日，云南昆明；5月6日，四川宝兴；5月8日，重庆；5月11日，河北石家庄、西柏坡；5月18日，北京；5月19日，天津；7月22日，辽宁锦州。历时数月、遍及全国19个省自治区市的实地采访，看展馆、探遗迹、访专家、问百姓，让这条钢铁洪流丰富完整起来。

从6月初开始，《铁纪·铁流》进入写作和出版环节，每周一期、16个专版，时间紧、流程短，考验的不仅仅是记者编辑的写作能力和工作效率，更是对报社从采编到校对、检查等所有相关部门的一大考验。其中四位美编张威、隋文锋、董昌秋、黄丽娜所承受的工作压力更是巨大的，所选用的每一张图片，都是他们从报道组拍摄回来的海量图片中

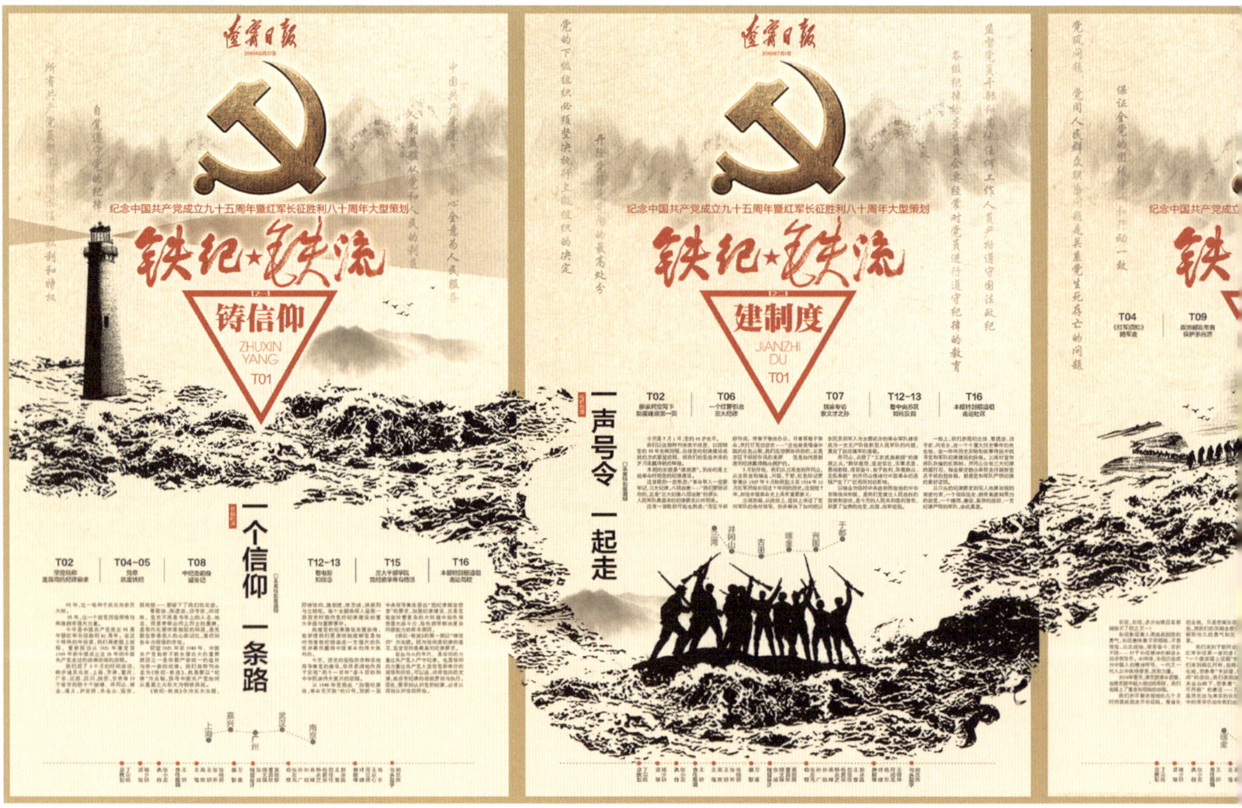

全景

QUANJING

□本报记者 高 爽

精心挑选出来的；每一个版面的创意图，都要花费他们大量的心血去设计、去勾勒细节。精益求精既是他们一贯的工作态度，很大程度上也是被稿件所传达出的昂扬向上的力量所感染。他们是《铁纪·铁流》的最早一批读者，也是最早一批受到感动与触动的人。正如美编黄丽娜所说：以前对党史没有系统的了解，没想到其中有那么多生动感人的故事，一下子就对党的历史有了深入研究的兴趣，有了更多的亲近感，也产生了更多的崇敬。感动与触动之下，才有了这个独树一帜的水墨长城的创意。是辽宁日报的所有采编制作人员，共同让这条钢铁洪流立体生动起来。

从在辽宁日报微信、微博和客户端第一次亮相开始，《铁纪·铁流》的每一篇报道都得到了读者和网友的热烈回应，对党的纪律建设这个全国性和全局性的热点话题大家深感兴趣，有人谈感受，有人提供线索，也有人提建议、指出其中的不足。所有这些反馈都成为我们后续报道的助益。是广大读者和网友，让这条钢铁洪流鲜活灵动起来。

每一期《铁纪·铁流》付梓之际，都是本报夜班编辑部的一大“盛事”。16个专版铺展在所有编辑制作人员面前，大家共同品评，反复斟酌其中的每一个细节。但当这最后一期特刊摆在面前时，大家似乎并没有预计中那种如释重负的感觉，反而陷入了沉思当中——

《铁纪·铁流》的实践，让我们增强了在新媒体时代更好地发挥党报影响力的信心，也更加清楚地意识到了作为新闻人的使命与责任。在加强党的建设这项伟大工程中，在实现“两个一百年”的奋斗目标和中华民族伟大复兴的征程中，我们能做的、也必须做的事情还有很多……

一些重点稿件的转发也用符合新媒体受众阅读习惯的方式进行重新编辑和图文包装，鲜活的内容和灵活的呈现方式吸引广大年轻读者，最大限度地提升报道的影响力和传播力。

时任辽宁省委常委、宣传部部长范卫平两次对这一策划报道作出批示，高度肯定。2016 年 10 月，辽宁人民出版社结集出版《铁纪·铁流：1921—1949》，该书被井冈山、延安、上海浦东中国三大干部培训学院收藏。

| 第四节 |

《辽宁日报》出了个“宁新平”

宁新平，是“《辽宁日报》新闻评论”谐音缩写。宁新平文章这一政经评论品牌，十多年来围绕辽宁振兴发展，推出大量有高度、有深度、有分量、有影响的精品评论，发挥“党报旗帜”引领舆论的独特作用，中宣部《新闻阅评》多次给予表扬。作为《辽宁日报》评论序列中的新品类，宁新平文章立足高度、打磨精品，因其有思想高度、有策划深度、有文本精度，赋予党报声音足够的吸引力，实现舆论引导的最佳效应，彰显党报评论创新的影响力。

一、宁新平文章是“采”出来的

作为中共辽宁省委机关报，《辽宁日报》非常重视评论工作。2008 年 11 月起，《辽宁日报》组建评论部，学习《人民日报》“任仲平”的成功经验，打造宁新平文章这一政经评论品牌。作为《辽宁日报》评论员文章，宁新平文章属于区别社论的新品类，是结合新闻事件的重头评论。其选题范围比社论广泛而具体，体现《辽宁日报》编辑部集体的观点和倾向，新闻性和时效性更强。宁新平文章由《辽宁日报》评论员撰写，以“宁新平”名义发表，团队成员不是固定的，所发表的每篇文章的主笔不同。“宁新平”围绕辽宁老工业基地全面振兴，撰写大量有分量、有影响的评论，受到辽宁省主要领导多次批示肯定，中宣部《新闻阅评》多次给予表扬。

宁新平文章靠采访、靠策划、靠创新。参与组建评论部并担任主任的张小龙反对“坐在办公室写评论”，提出“评论新闻化”。在信息高度发达的融媒体时代，宁新平文章践行靠采访、靠策划、靠创新的出品路径，打好思想引领的主动仗。宁新平文章不是“想”出来的，而是“采”出来的，策划团队和主笔没有坐在家里，而是一直走在路上。从 2008 年 11 月至 2010 年 11 月两年时间走遍辽宁 44 个县和 56 个区，张小龙率领评论部同志深入珠三角、长三角、京津冀作调研式采访，倾听政府负责人、企业家、学者对东北尤其是辽宁全面振兴的看法和意见。2009 年 6 月，宁新平文章《大学生就业：也是一场攻坚战》《跨向“第四极”》受到辽宁省主要领导的表扬，在社会上引起很大反响。

宁新平文章紧跟重大新闻第一落点。2010 年 5 月 29 日，上海世博会辽宁周启动，世博会进入“辽宁时间”。5 月 30 日，《辽宁日报》宁新平文章《当辽宁与世界凝眸对视》，分析“从辽宁到香港、长三角、东北亚，辽宁一路走出去，以对外开放的形象走向世界，世界也正敞开热情的怀抱拥抱辽宁”，擂响抓住辽宁大发展机遇的战鼓。6 月 3 日，第十二届全国运动会组委会成立暨动员大会在沈阳召开，6 月 4 日报纸发表宁新平文章《撬动跨越发展的新支点》，分析主办全运会对正处于全面振兴新阶段的辽宁意义多重，全运会将成就一个实现跨越发展、全面振兴的新辽宁。张小龙主笔期间的宁新平文章，文风清新，说理透彻，引导有力，在主题选择、文字表达、思想观点上独具特色，受到读者的广泛好评，省政府主要领导派人到辽宁日报社学习，要求政府工作报告借鉴“宁新平”文风。

宁新平文章服务中心工作。取意“辽宁重要新闻评论”的“宁新平”，传达辽宁省委声音，服务中心工作，增强引导舆论的实效性。每逢重大事件和关键时间节点，“宁新平”都会适时“现身”，发出主流声音、宣传核心价值。2009 年，面对国际金融危机的冲击，保持经济平稳较快发展成为党中央和辽宁经济工作的首要任务，立足扩大内需保增长成为当务之急。6 月 23 日，《辽宁日报》宁新平文章《疾行在保增长的曙光里》，分析“有问题，就直面问题；有矛盾，就走进矛盾。特殊时期搞经济工作，就要做到‘哪壶不开提哪壶’，用科学的战略和高效的战术，翻越金融危机这座令人生畏的‘冰山’”，提振信心、磨砺勇气。

二、抓大事发弘声创新表达方式

宁新平文章注重思想创新，注重新颖的表达，特别强调“感动别人先要感动自己”。“宁新平”在政治、经济、文化、科技、体育等领域都有论述，但一个不变的特征就是政治的视角。“宁新平”抓大事，发弘声，关注改革发展稳定，关注干部思想和群众切身利益，选题和立意的方向毫无例外的是社会思潮、改革进程、发展战略等时代课题。网友“不问西东”留言：每逢大事必有《辽宁日报》“宁新平”，每逢大事必看《辽宁日报》“宁新平”。

“宁新平”积极尝试让党报评论做得更好看。以其“秀外慧中”在读者心中贴上“好看”的标签，成为舆论场上一道独特而亮丽的风景线。宁新平文章以政治家的眼光、新闻记者的敏感，紧紧围绕重大时代命题，围绕辽宁老工业基地振兴，瞄准热点难点，以权威的高度、宽广的视野、前瞻的眼光，把脉辽宁振兴发展。2010 年，《学习郭明义的十个切面》诠释当代雷锋精神；“十二五”开局，《“十二五”应该属于辽宁》激起辽宁人的豪气；2013 年全运会即将在辽宁开幕，《我的名字叫辽宁》唤起辽宁人的集体荣誉感；2014 年《辽宁文艺的价值取向从未有丝毫的动摇》指出千锤百炼把爱国主义主旋律做成精品，体现了辽宁文艺人的审美情趣……解读政策精神、传送振兴力量、激荡社会正气，集中体现《辽宁日报》政论优势。

遇大事逢重要节点，“宁新平”皆发声。2021 年 12 月 31 日，《辽宁日报》宁新平文章《你的力量，就是振兴的力量——致敬 2021，写给 2022》，站位高远、立意深刻，论点鲜明、论据充分，既有较高的理论指导价值，也有较高的文学性，气势磅礴。作为主流媒体在辞旧迎新的重要时刻发出明确而响亮的“辽宁声音”，告诉人们过去一年“辽宁在变，辽宁人在变”，“变”的背后经验和启示是格局、信心、勇气和实干；新的一年“你的状态，就是辽宁的状态；你的力量，就是振兴的力量”。

宁新平文章选题重大。少则 2000 字多则 5000 字，言之有物，适时发声，正确发声。把选题的高大上与写作的接地气融为一体，论述有深度，说理透彻，注重写作形式，行文借鉴散文式笔法，具有一定文学色彩。创新话语体系，一改过去大段落的陋习，追求较短的自然段，有时一句话就是一个自然段。避免说教、倡导贴近，表达自然，几乎没有让人难懂的官话套话，在与受众的交流中将党报评论演绎到“美”

的新高度。

宁新平文章在新媒体舆论场有“存在感”。在媒体融合的大潮中，宁新平文章坚持不断创新求索，创新评论格局，始终保持评论与时代对话的能力，以更丰富的表达、更鲜活的语言吸引更多受众。宁新平文章敢于发声、善于引导，经常火爆朋友圈，在新的媒体格局和舆论生态中找到党报评论的“存在感”，充分展示其强大的生命力和“圈粉力”。

三、集体策划打造思想引领新高度

宁新平文章每一篇都是集体策划的产物，代表着《辽宁日报》评论水平，其策划团队的“内存”与大局大势“同步更新”。宁新平文章把“学好”作为“写好”的前提和基础，将党的理论和路线方针政策作为提升能力的“必修课”和“教科书”。特别是对党的十八大、十九大、二十大精神，以及习近平新时代中国特色社会主义思想、习近平总书记关于东北振兴的重要讲话和指示批示精神，主创团队坚持读原文，坚持对相关解读、评论学深悟透。

2018 年 1 月 25 日，在辽宁省两会即将召开之际，《辽宁日报》一版下辟栏刊发宁新平文章《奋斗　我们走过 2017》，以近 4000 字的篇幅回顾共同奋斗过的极不平凡的 2017 年，体味辽宁经济“筑底企稳、回升向好”的千钧之重；2 月 7 日，在辽宁省上下贯彻落实省两会精神之际，《辽宁日报》一版下辟栏刊发宁新平文章《2018 改革开放再出发》，重新认识新时代辽宁的改革、辽宁的开放，发出“改革开放再出发，只为振兴，重铸辉煌”的时代呐喊。两个关键节点两篇重磅宁新平文章，站在辽宁省委、省政府的高度准确发出高端之声、权威之声、引领之声。紧扣辽宁振兴发展脉搏，两篇评论营造舆论、酝酿思想，提出方案、推动发展，让全省广大干部群众了解过去一年辽宁振兴发展取得的成绩，明确新的一年推动辽宁振兴发展的工作思路和重点，做到政治性、大局性、人民性兼顾，以高站位获得大影响。通过新媒体平台发布后，短短几个小时全媒体转发量便超万人次，在新媒体舆论场和社会各界产生巨大反响，转发量、点赞量持续攀升，“两微一端”后台留言频频刷新。“宁新平”创新话语表达体系，避免说教、倡导贴近，语言平实铿锵有力，具有很强的贴近性和渗透力，对于增强干部群众信心、统一思想、共克时艰产生积极作用。

分析形势精准到位，鼓舞士气激扬文字。2019 年是新中国成立 70 周年。2 月 21 日，《辽宁日报》刊发宁新平文章《思想领航　乘风破浪——在习近平总书记关于辽宁振兴发展重要指示精神指引下》，站在辽宁振兴发展全局的战略高度，以 5500 字的宏大篇幅，分析形势精准到位、指引方向高瞻远瞩。“目前的辽宁，‘稳’已是主基调，‘进’已是关键词，‘好’已是总态势。有人民领袖的掌舵领航、有真理之光的照耀指引，便没有什么不可战胜。”在辽宁处于滚石上山、爬坡过坎的关键时期，“宁新平”对辽宁未来振兴发展作出符合实际的正确判断，激励广大干部群众“擎起前行的灯、高扬思想的帆、齐舞击水的桨”，坚定 4300 万辽宁人全面振兴的信心和决心，树起主流价值评判的标杆。

| 第五节 |

“好记者讲好故事”创佳绩

从 2014 年首届“好记者讲好故事”演讲活动举办以来，辽宁日报社每届都选派优秀记者参加，共有 15 人进入全省十强、7 人进京参加总决赛、5 人入选全国巡讲团、2 人进入全国十强，所取得的成绩在省级党报集团中处于前列。辽宁日报社记者在“好记者讲好故事”演讲活动中屡创佳绩，展现出《辽宁日报》新闻精品力作的传播力、影响力，展现出《辽宁日报》60 后、70 后、80 后、90 后四代党报人的综合素质。

一、辽宁日报社记者屡创佳绩

“好记者讲好故事”演讲活动是由中共中央宣传部、国家互联网信息办公室、国家新闻出版广电总局、中华全国新闻工作者协会主办的全国性活动。新闻工作者通过他们亲历、亲见、亲闻、亲为的好故事，讲述他们以导向为灵魂、以真实为生命、以人民为中心的责任担当，是展现记者好作风、好形象的舞台，同时也是展现媒体新闻传播力、影响力的窗口。

2015 年，记者兰晓玉演讲《价值引导　温暖前行》；2016 年，记者高爽演讲《我们的长征路》、记者杨忠厚演讲《倾听你的实干》；2017 年，记者张昕演讲《咱们工人有力量》、记者李万东演讲《我的新闻爷爷范敬宜》；2018 年，记者杨东演讲《发现丁慧》、记者陈琳琳演讲《向世界叫响辽宁文化》；2019 年，记者谭硕演讲《一幢楼和一个县》；2021 年，记者孙明慧演讲《请回答 1921—2021》、记者朱忠鹤演讲《大地情书》、记者孙大卫演讲《辽宁的样子》；2022 年，记者黄岩演讲《起跳》、记者张晓丽演讲《正青春》；2023 年，记者李翔演讲《那道光，那座灯塔》、丁思文演讲《独家记忆》……

这些演讲题目与《辽宁日报》精品力作的生产密切相关，是《铁纪・铁流》《向世界叫响辽宁文化》《一幢楼和一个县》《两地书》《请回答 1921—2021》《正青春》《独家记忆》《跨越巅峰》等重大主题策划报道的延伸传播。这 15 位晋级辽宁省十强的记者中，第二届“好记者讲好故事”演讲比赛兰晓玉获全国优秀选手荣誉，第三届“好记者讲好故事”演讲比赛高爽获全国最佳选手荣誉，第四届“好记者讲好故事”演讲比赛张昕获全国优胜选手荣誉、李万东获全国优秀选手荣誉，第八届“好记者讲好故事”演讲比赛孙明慧获全国最佳选手荣誉、孙大卫获全国优秀选手荣誉，第九届“好记者讲好故事”演讲比赛黄岩获全国优秀选手荣誉。2016 年记者高爽晋级全国十强，2021 年记者孙明慧晋级全国十强，两位记者都在当年央视记者节特别节目中压轴出场。

辽宁日报社记者在“好记者讲好故事”演讲比赛取得的优异成绩，展现新闻工作者践行“四力”要求，持续深化“走、转、改”的良好精神风貌，展现新闻工作者在推动辽宁振兴发展中的积极作为和责任担当，引导和激励广大新闻工作者更加用心用情讲好辽宁故事。

二、练脚力走出来的好故事

高爽是《辽宁日报》重大主题新闻策划《铁纪・铁流》主创人员之一。高爽的演讲《我们的长征路》极有感染力：在四川宝兴，当年红军长征翻越的第一座大雪山夹金山脚下，藏族老阿妈分辨出“红军”这两个字，她的眼睛一下子亮了；江西于都河畔，34 万于都老百姓共同为红军主力打掩护，完成扩军、征粮、架桥等一系列复杂的准备悄然渡河；武汉大学的樱花树下，听到年龄最大为26岁的五位女共产党员被捕后拒绝在悔过书上按手印被杀害；一走出延安火车站，看到到处都是带着延安字样的牌匾，心和当年来到这里的有志青年一样的冲动……这些引人入胜的精彩故事，来自4位女记者3个月的采访经历，她们的脚步遍及北京、上海、天津、重庆、广东、江西、四川、陕西、甘肃等19个省市的数十个城镇，用双脚重走长征路，重现那条用热血和信念铺就的铁纪铁流，谱写《辽宁日报》主创团队打造的经典力作。

孙明慧记者生涯的第四年，成为中国共产党建党百年主题策划报道团队的成员。打造系列vlog《请回答1921—2021》，十位90后记者历时近百天时间，逾十万公里，马不停蹄在全国17个省市，带着思考和一连串的问号探寻党史中的光和热。孙明慧的提问来自于1998年的黑龙江省泰来县：遭遇百年一遇特大洪水如何创造安全转移20万群众的奇迹？她采访经历过当年洪水的村民，走进泰来县抗洪纪念馆，看到馆里复原的帐篷以及无数救灾战士合力叠坝子、打桩子的照片，身临其境的感受给出答案：跟着党！孙明慧在演讲《请回答1921—2021》中讲述，记者金珂含的提问来自1927年的江西兴国县：为什么会跟着共产党走？记者陈博雅用1934年的湖南沙洲村半条被子的故事回答了这个问题，问和答都是走出来的。

记者黄岩在演讲《起跳》中真情讲述了冬奥会自由式滑雪空中技巧项目国家队多年前在沈阳体育学院训练的故事：买不起高质量的下滑材料，每天训练开始前运动员要把肥皂打在跳台上；转训日本，水面结了一层薄冰，每一跳砸在水里冰碴儿像针扎在身上；沈阳体院向全校教职员工发出捐建33米高跳台倡议，沈体第一任教务长捐出退休金……自由式滑雪空中技巧项目奋斗历程堪称一部雪上传奇。

这些好故事是记者20多年深入基层一线扎实采访的写照。脚力为“四力”之首，生产《辽宁日报》精品力作的记者队伍在行走中成长成熟，用双脚踩在一线丈量现场的记者队伍成就《辽宁日报》精品力作。勤奋、吃苦、勇敢、忠诚的好记者，一定不缺好故事好作品。李万东在演讲《我的新闻爷爷范敬宜》中讲述：“‘离基层越近，离真理越近。’这是范爷爷的名言。”

三、好故事里的真功夫

执笔长篇通讯《实干铸就的丰碑》的记者杨忠厚，2015 年 12 月第一次走进大梨树时很忐忑，辽宁省凤城市大梨树村原党委书记这个被媒体追逐了 20 多年的老典型，还能有写头吗？杨忠厚在演讲《倾听你的实干》中讲述，毛丰美去世一年，他的实干无法眼见，挖掘毛丰美这座精神“富”矿考验记者脑力笔力。报道选取毛丰美儿子日记里父亲最后一次站着看大梨树安路灯等细节，塑造出毛丰美至死心里装的还是大梨树的生动形象。

2021 年，《辽宁日报》推出“启航新征程　掀开新一页”系列报道，用 4 篇述评和 8 篇解读，向外界展示当下的辽宁、当下的东北，获得中宣部《新闻阅评》表扬。面对着并不乐观的经济指标，并不理想的全国排名，辽宁的底气在哪？预期在哪？孙大卫是报道团队一员，她在演讲《辽宁的样子》中讲述，拼脑力练眼力，先后采访 30 多位国内外的经济学专家，40 多位企业家，全省绝大部分厅局，部分国家部委，众多科技工作者、产业工人、基层干部，让大家畅谈自己眼中的辽宁，从中发现突破口。抚顺石化百年老厂“小瓶盖在扭亏为赢”的新出路，“我不会离开辽宁，也离不开辽宁，这里是一个有事干，也能干成事的地方”的企业家心声，中国工业博物馆解说员张睿每次讲完都有很多人由衷地为辽宁骄傲的感悟……报道通过这些细节呐喊：请相信辽宁、支持辽宁，长子的志气从未熄灭，工业重镇的地位无从动摇。

记者杨东在演讲《发现丁慧》中讲述，一条简短的热点新闻策划掀起弘扬辽宁好人精神的高潮取决于眼力，报道将目光放眼到全辽宁，在辽宁丁慧并不孤单，人人都可以成为丁慧，很多人正在准备成为丁慧。“我们发现了丁慧，也发现了‘丁慧们’，更发现了产生‘丁慧们’的道德土壤和时代风潮。”

作为《中国东北角之文化抗战》《铁纪 · 铁流》《两地书》等重大新闻策划的主创一员，张昕在演讲《咱们工人有力量》中讲述，《两地书》用书信打开辽宁工人的心灵史，用朴素真挚的语言讲述最打动人的故事，通过来自不同年代的信读懂辽宁工人特有的信念与情怀。用脑力立意高远，练笔力载体独特，“好记者讲好故事”从一个侧面展示辽报精品策划团队的功力和实力。

记者兰晓玉在演讲《价值引导　温暖前行》中说：“每一次采访，让我们对工作、对人生有些许感悟，比如，尊重生命、热爱生活、追求梦想、懂得感恩……而这些价值观带来的养分，不断注入到报道中，反哺读者。”

寓意丰收的玉米黄，缤纷绚烂的菊花紫，充满希望的松树绿，宁静祥和的芦苇棕，激情似火的“干”字红，2020年《辽宁日报》大型新闻策划《大地情书》用这五种颜色，记录下脱贫攻坚和全面小康路上辽宁乡村的奋进模样。记者朱忠鹤在演讲中讲述：“这是我20年记者生涯中用时最长、最特别的一次采访……我们用了三个多月的时间，光是与老乡同吃、同住、同劳动就超过了一个月……我们走进田间地头、钻进大棚牛圈……整个采访过程，不仅仅让我们的脸晒黑了，皮肤粗糙了，结识了一帮淳朴的农民兄弟，更锤炼了我们的脚力、眼力、脑力和笔力。”

好记者才有好故事，好故事透视爱岗敬业的好记者形象。《辽宁日报》注重锤炼编采队伍的脚力、脑力、眼力、笔力，不断加强和提高记者的政治素养和思想境界，身体力行走进新闻现场，精准把握新闻信息的本质，提高新闻写作的能力。有温度、有深度、接地气的精品力作纷呈背后，是《辽宁日报》系统的人才培养机制，是60后、70后、80后、90后四代党报人的传承和努力，是一支讲政治、有本领、敢创新、能打仗的新闻铁军。

第十八章

战役性报道产生重大影响

2012年至2024年，在这波澜壮阔的12年里，镌刻着重大历史节点：步入新时代三次重要的党代会、中华人民共和国成立70周年、中国共产党建党100周年、改革开放40周年、脱贫攻坚全面建成小康社会、中国人民抗日战争胜利70周年、中国人民志愿军抗美援朝出国作战70周年、世界上第一个双奥之城北京成功举办冬奥会等。

在重大历史节点上，《辽宁日报》坚持围绕中心、服务大局，全方位、多角度推出一大批政治站位高、文化底蕴深、题材内容新、节庆气氛浓的高质量新闻策划产品。《人民至上》《中国东北角之文化抗战》《大地情书》《堡垒》《决胜》《江两岸》这些在业界和社会产生广泛影响的新闻精品力作，再次体现了《辽宁日报》观点生产能力、议题设置能力、言语创新能力、集成报道能力的稳步提升。

| 第一节 |
三届全国党代会报道出新出彩

2012年至2023年间，中国共产党第十八次、十九次、二十次全国代表大会胜利召开，《辽宁日报》高扬党的旗帜，把学习宣传贯彻党代会精神作为新闻宣传第一主题。在及时深入做好会议动态报道、精准传递党代会精神的同时，深入基层，创新表达，用来自基层的生动细节构建党代会的宏大话题，让重大话题传播更鲜活生动。探索重大时政报道新路径，从基层的小切口呈现党代会的大主题，用群众看得见摸得着的小故事反映新时代的大变化，兼具思想性可读性，充分体现党报把握“时度效”。

一、精心策划党的十八大报道

2012年，《辽宁日报》精心谋划党的十八大报道。按照计划宣传报道分三个阶段：预热阶段、会议阶段和学习贯彻落实阶段。重要版面开设一批专题、专栏，及时刊发《人民日报》、新华社重点稿件，集中推出一批有深度有分量的理论文章、新闻报道，多层次、多角度宣传党的十八大精神。

“喜迎十八”。从2012年6月份起，《辽宁日报》的宣传报道进入到“十八大时间”，在一版和二版开设“科学发展成就辉煌·辽宁印记”专栏，“反腐倡廉走基层”和“干部为民走基层”系列报道刊发《1174项廉政新制度让权力更透明》等报道。7月13日，重磅推出“科学发展成就辉煌·特别策划——《好日子》”特刊，每周用两个整版报道，共推出12个特刊。与以往反映中心工作的成就报道不同，《好日子》特刊清风扑面，不是简单化的成就报道，不是板起面孔的陈述，记者深入基层、深入群众、深入生活一线，透过众多生活细节和民众视角，设身处地与田间地头、街头巷尾的张哥李姐一起感受生活，“口述实录”让老百姓自己开口讲故事。在普通百姓的生活里，在人们的亲身感受中，充分反映党的十六大尤其十七大以来辽宁省经济社会发展的成就，以及城乡发生的翻天覆地的变化，见证着群众安居乐业、幸福感的日益提升。第一篇《森林进城》说的是生态福利，核心稿件《推开窗就能闻到森林的味道》，不是罗列数字，而是让主人公讲述“森林进城”带给他们的“生态福利”；第二篇《踏实生活》说的是老有所依，头题稿件《我们过上了有保障的生活》，则详细记录开原市中固镇农民李淑范的一天。报道皆从小切口切入，以小见大，以微观反映宏观，体现出宣传报道方式的改革创新，以超强的感染力拉近党报与读者的距离，获得中宣部《新闻阅评》表扬。

党的十八大胜利召开。11月8日，党的十八大在北京召开。《辽宁日报》采访党的十八大代表发出报道《郭明义的“变”与“不变”》，受到中宣部领导表扬。报道中写道：“桌上一张《光明日报》特别显眼，一篇《理想信念：为发展提供精神动力》

的报道被郭明义用笔勾勾画画了许多。郭明义告诉记者，这篇文章中有很多都是他想说的话……发生在郭明义身上的变化很多，但不变的是他的本色。”

学习贯彻落实党的十八大精神。11月14日，党的十八大闭幕后，《辽宁日报》策划“用党的十八大精神指导实践系列谈”报道，推出党的十八大精神特别报道专栏“中国特色社会主义新畅想”，宣传党的十八大提出的新思想、新观点、新论断，生动反映社会各界学习贯彻落实党的十八大精神的措施和做法。12月10日，刊发《切实把十八大精神落实到实践中》评论员文章。12月11日，《辽宁日报》“学习贯彻十八大”大型主题采访活动“深入基层写新风”启动，记者以饱满的热情分赴各地，继续发扬“走基层、转作风、改文风”的精神，用鲜活的新闻采访实践成果反映人民群众的学习场景，用朴素而生动的事例展示各地区、各部门的落实成效，引导广大干部群众把思想统一到党的十八大精神上来，把力量凝聚到实现党的十八大确定的各项任务上来。

二、党的十九大报道规模空前声势巨大

2017年党的十九大是在全面建成小康社会决胜阶段、中国特色社会主义进入新时代的关键时期召开的一次十分重要的大会。《辽宁日报》精心策划，围绕“三个推进”主题，做好预热报道。会中报道规模空前，数量之多、质量之高远超以往，高密度全方位传播党的十九大声音，形成强大声势。闭幕后，《辽宁日报》推出系列评论和两大主题专栏，再掀学习宣传贯彻十九大精神热潮。

预热报道围绕“三个推进”进行策划。党的十九大的预热报道紧紧围绕总书记“三个推进”要求，策划推出“‘践行’三个推进”总栏目及8个子栏目，发稿百余篇20万字；策划推出“学习贯彻落实总书记重要讲话精神·访谈”“追访与总书记面对面代表”“回访总书记在辽宁考察过的地方”“不忘总书记的嘱托”四个系列报道，总计发稿144篇22万字；以“砥砺奋进的五年”为总栏目，陆续开设“砥砺奋进的五年·脱贫攻坚”“砥砺奋进的五年·振兴给我获得感”“砥砺奋进的五年·振兴发展答卷”等8个专栏，全面展示党的十八大以来，以习近平同志为核心的党中央治国理政的卓越能力和非凡成就。

传播党的十九大声音形成强大声势。10月19日起，《辽宁日报》一版全力报道会议内容，二版到八版整个会议期间日均推出7块专版，全覆盖式宣传报道，全景展示大会的盛况，展示党的十九大报告提出的一系列新思想、新论断、新提法、新举措，引导广大干部群众把思想和行动统一到党的十九大报告精神上来。“党的十九大”特刊共计54块专版，历时最长、涉及部门和派出记者最多。10月23日，“党的十九大”特刊“视点”版刊发的现场图片新闻报道《分红啦！我们离小康生活越来越近了》，及时呼应党的十九大报告中提出的精准脱贫的时间表和路线图，讲出脱贫攻坚全国战场上的“辽宁故事”。10月12日到25日，《辽宁日报》“十九大时光”专栏聚焦基层鲜活呈现，《我们赶上了科技创新的最好时代》《是棚改让我住上了新房》《这回我们可要放手大干一场了》等30余篇报道，切实做到把党的十九大宣传报道做实做活做新。记者深入基层，捕捉到锦州老兵义务电影放映队到大许村直播开幕会、营口金城股份在十九大开幕当日在上交所鸣锣上市、新松机器人在十九大开幕当天搬迁新址这些生动的新闻事例，落点实接地气，没有套话和口号。每一篇报道都是一个人乃至一群人的故事，反映出在辽宁的城乡街道社区、厂房田间，广大基层干部群众正用具体的行动，对党的十九大进行热烈的回应。“砥砺奋进的五年”“喜迎十九大”“十九大时光”三大专栏，刊发稿件200余篇23万字。

再掀学习宣传热潮。党的十九大闭幕之后，《辽宁日报》推出“学习宣传贯彻党的十九大精神”系列评论，刊发《迅速兴起学习宣传贯彻党的十九大精神热潮》等7篇系列评论，准确把握十九大精神内涵，起到引领方向、凝聚力量的重要作用；开设“全面贯彻落实党的十九大精神”和“新时代　新征程”两大专栏，重点报道辽宁省贯彻落实活动和重大战略部署以及来自基层的反响和热潮；推出“来自基层的声音”“再访党代表”“学报告话落实”“高端访谈”系列报道，重点报道辽宁省干部群众在实际工作中落实十九大精神的最新实践。充分利用网站、微博、微信、客户端等各类终端平台和传播渠道，积极运用H5、图解、动漫、微视频等形式，开展全媒体、立体式传播，推出一批融合传播产品：音频节目《正午微播》“十九大要闻速递”特别节目、图解新闻《将“三个推进”进行到底》《辽宁脱贫攻坚，小康路上一个都不能掉队》等，大大提高传播的影响力。

三、多维度、深层次做好党的二十大报道

2022年，《辽宁日报》全力做好迎接、宣传、贯彻党的二十大报道。第一阶段报道以“奋进新征程　建功新时代”系列开篇，接续做好“牢记嘱托　辽宁实践”重大主题报道；第二阶段报道以报、网、端、微联动方式，推出“党的二十大特别报道”“二十大时光”“代表连线”“辽沈大地的回响”等重点专题专栏专版；第三阶段推出“学习宣传贯彻党的二十大精神”专栏。

为党的二十大召开营造良好舆论氛围。2月18日起，在一版显位推出“奋进新征程　建功新时代”专栏系列报道18篇，展示辽宁省上下奋力开创全面振兴、全方位振兴新局面的生动实践。4月，“奋进新征程　建功新时代”栏目下开设“伟大变革”子栏目，回顾梳理辽宁省推进各领域中心工作的战略考量、决策过程、落实成效，展现辽宁巨变，激发奋进力量；开设子栏目“我们的新时代”，以第一人称的角度，讲述一个个普通人的奋斗历程。5月24日起推出“沿着总书记的足迹”专栏36篇报道，记者沿着党的十八大以来习近平总书记在辽宁考察调研的足迹，再现鲜活场景，重温暖心话语。8月16日至10月12日，重磅推出“牢记嘱托　辽宁实践”重大主题报道，记者深入采访调研，从工厂车间到科研院所，从田间地头到村庄社区，从各级干部到各界专家，从企业家到新农人，且听且看，且行且思，谛听时代的足音，感受振兴的脉动，记录火热的实践。《激发内生动力昂起振兴“龙头”——关于辽宁深入推进国有企业改革发展的报告》《插上“数字翅膀”激活“老”的优势——关于辽宁推进结构调整之改造升级“老字号”的报告》等20篇报道，生动展现全省上下一步一个脚印，努力把习近平总书记为辽宁擘画的全面振兴蓝图变为现实，用辽宁的深刻变化和丰硕成果，为二十大奉上一份沉甸甸的辽宁答卷。专题预热报道，凝心聚力、振奋精神、鼓舞干劲，为党的二十大召开和辽宁全面振兴、全方位振兴营造良好舆论氛围。

报、网、端、微齐发力。党的十八大会议期间，《辽宁日报》组建精干报道团队，前后方相互配合，以全媒体传播方式，在报、网、端、微联动推出“党的二十大”特别报道，“二十大时光”“代表连线”“辽沈大地的回响”等重点专题专栏专版，扎实做好党的二十大报告解读阐释，深层次、多角度宣传大会精神。10月17日至24

日，“党的二十大”特别报道以平均每天6到8个专版报道二十大盛况，共62个版面，推出《撸起袖子加油干　风雨无阻向前行——党的二十大报告在我省广大干部群众中引起热烈反响》等反响类稿件12篇。10月18日至23日，策划推出“党的二十大报告的辽沈回响”系列报道，《加快构建新发展格局　着力推动高质量发展》等6块专版，聚焦二十大热点话题，采访扎实，版面精彩，获得良好的宣传效果。10月16日到22日，推出“二十大时光”蹲点报道，记者奔赴辽宁省各地，走进田间地头、街道社区、工矿企业、科研院所，与基层党员干部群众共度党的二十大美好时光，发出《创新发展，制造强国，有我沈鼓！》《为国家能源安全攒足“辽宁底气”》《担起国企“种子队”的责任和使命》等近50篇报道。

宣传二十大精神走进基层、走进群众。党的二十大闭幕之后，在“学习宣传贯彻党的二十大精神”专栏下推出相关报道110多条。11月21日起，为深入推动党的二十大精神走进基层、走进群众，鼓舞奋进力量，开设“新时代新征程新伟业”专栏，记者深入基层一线，生动呈现党的二十大精神进机关、进企事业单位、进城乡社区、进校园、进各类新经济组织和新社会组织、进网站的典型事迹和做法，展现全省广大干部群众立足本职岗位认真履职尽责的火热实践，激励全省上下把智慧和力量凝聚到落实党的二十大确立的发展目标和战略任务上来。

| 第二节 |

媒体融合打造新中国成立70周年主题报道

为做好新中国成立70周年主题宣传工作，《辽宁日报》把握重要时间节点，推出重点策划、专版和新闻特刊，传统媒体与新媒体交相辉映，全面回顾与展现新中国成立70周年取得的非凡成就，形成强有力的国庆报道矩阵和宣传声势。《辽宁日报》坚持“导向为魂、移动为先、内容为王、创新为要”，用心记录辽宁在推动全面振兴、全方位振兴的征程中勠力实现乡村振兴的伟大实践，为推动辽宁振兴发展营造良好舆论氛围。

一、主题报道全方位多角度礼赞新中国

2019 年是新中国成立 70 周年，《辽宁日报》迎国庆报道贯穿全年，持续发力，营造氛围。第一阶段预热，从 3 月下旬起，开设“壮丽 70 年　奋斗新时代”“爱国情 · 奋斗者”“数说高质量”重点专栏；第二阶段高潮，从 10 月 2 日起，推出《盛世盛典》特刊，16 个彩版全面展示国庆盛会。

为国庆主题宣传报道预热。《辽宁日报》从 3 月下旬起开始为国庆主题宣传报道预热，开设“壮丽 70 年　奋斗新时代”专栏低视角、高站位、接地气，刊发采自基层一线的“田间地头看春耕”“厂矿车间看转型”等报道，充分展示辽宁经济发展、社会进步、人民幸福的生动画面。6 月起精心组织“不忘初心、牢记使命”主题教育宣传，在要闻、理论等版面开设活动专栏，平均每天刊发 2 篇以上重点报道。

7 月，“厂矿车间看转型”行进式主题采访活动，微观视角、多侧面反映全省工业战线转型升级、实现高质量发展的生动实践，30 余名记者奔赴全省各地生产生活一线 30 个点位蹲点调研采访，刊发稿件 41 篇，以鲜活事例讲好辽宁工业故事，获得中宣部《新闻阅评》表扬。紧盯转型关注调整，紧密围绕国家发展战略，抓住企业转型升级、调整产业结构和扎实推进老工业基地振兴的素材，记者工作重心下移，主动服务经济发展。记者前往沈阳、大连、铁岭、丹东、抚顺等地，深入厂矿，走进车间，一头扎进火热的生产实践。《火红铸造“绿”意浓》《一粒“满药”的变与不变》《攻克“不可能”的 0.1 毫米》《飘来一片“云”，下起智能“雨”》等报道集中反映矿山、锻造、制药、钢铁等行业企业去过剩产能、加强生态环保、产品升级换代，以及创新管理等方面的成绩，精彩讲述基层转型故事。

接续开设“爱国情 · 奋斗者”“数说高质量”重点专栏，推出反映 70 年巨变的《蝶变》系列报道 15 篇，“进村入户看脱贫”等走基层报道 11 篇，以小切口充分展现 70 年来特别是党的十八大以来，辽宁经济社会发展的深刻变化。

《辽宁日报》全媒体发力掀起国庆宣传报道高潮。10 月 2 日，《辽宁日报》推出《盛世盛典》特刊，16 个彩版全面展示庆祝大会、阅兵、群众游行联欢的盛况；浓墨重彩推出“辽宁彩车特别呈现”《展翅腾飞》特刊，绘制辽宁彩车全景图、结构图，深度专访有关创作人员，揭秘彩车创作全过程，权威解读彩车的雄浑气势和深刻意蕴，

由《辽宁日报》策划团队参与企划的辽宁国庆彩车闪亮登场

打造出一份“辽宁彩车完全手册”。辽宁彩车在北京奥林匹克公园展出后，《辽宁日报》北京特派记者及时跟进，发回《辽宁彩车出彩“首都秀”成为新“网红”》等后续报道，全面阐释“辽宁彩车”的深刻内涵和丰富意蕴，使之成为深受群众追捧的“网红”。

国庆假期，时政要闻版连续七天刊发省内党员群众对庆祝大会上习近平总书记重要讲话的反响，开设“礼赞祖国欢度国庆”“盛世盛典与国同庆”“走基层庆丰收”等栏目，对各地重要庆祝活动进行报道，共发稿件50余篇、图片30余幅。在文化新闻版开设专栏、专版，集中推出傅庚辰、谷建芬等15位老中青三代艺术家系列访谈，从不同角度呈现辽宁籍、在辽工作过和扎根本土的文艺名家的文艺情、家乡情、爱国情，做好“我和我的祖国”辽宁省庆祝中华人民共和国成立70周年特别节目的报道，突出辽宁文化资源丰厚，增强文化自信。

《辽宁日报》充分发挥理论评论的传统优势，利用宁新平文章、理论版等品牌栏目和版面，推出系列文章《思想领航乘风破浪》《久违的“6”以上》《风吹黄渤海辽沈涌大潮》《思想引领实干做答》。理论版提前策划准备，精选专家作者，精心设计选题，推出“‘理赞’新中国奋进新时代”专栏，围绕中国共产党为什么“能”、马克思主义为什么“行”、中国特色社会主义为什么“好”等重大问题组织稿件，共刊发23篇重点理论、评论文章，受到理论界重视和好评。

二、新闻策划《界·献》讴歌祖国巨变咏唱辽宁发展成就

2019年辽宁振兴发展正处于重要阶段，《辽宁日报》围绕中心、服务大局，发挥思想舆论主阵地作用，传递社会正能量，为党和国家的事业奋力鼓与呼。在习近平总书记考察辽宁一周年之际，9月9日推出12个专版的新闻策划《界·献》，讴歌新中国成立70年来特别是党的十八大以来乡村巨变，报道的视角与振兴对焦，传递的精神与发展同调。

《辽宁日报》“庆祝新中国成立70周年”系列策划将《界·献》作为开篇，创新报道视角，从省界线起笔，以点带面反映发展成就。省界线是一个地区的重要窗口，能够突出反映地区发展面貌，记者行走省界线，看变化，写民生，展现辽宁全面振兴、全方位振兴成果。《路修好了，游客每年多三成》通过葫芦岛市建昌县龙潭大峡谷游

客数量的增长，书写当地加强交通设施建设为地区发展带来新变化;《用几十年光阴筑起一道边界林》讲述阜新市彰武县北甸子村广大农民与风沙作战，30 多年来植树造林再现青山绿水的故事;《稻香蟹肥，草市人喜事特别多》则呈现出抚顺市清原县草市镇大力积极实施农业和农村经济结构调整，老百姓的日子越过越富的喜人成果。

报道组详细调研、精心设计，耗时一个月、行程数千公里，重点踏访全省西北东南共十处具有代表性的乡镇村庄，还邀请农艺专家、文化学者、党建专家等一同走村进户、深入田间地头，不仅“访”到民众的心里话，还把党的政策、农业知识、历史文化“送”到基层，向广大农民广泛宣传。

《辽宁日报》将《界·献》打造成融媒体项目，以“移动优先”为原则，采取“先网后报”的出版模式，实现全媒体联动、全介质传播。首先，立体式采访。报道组集写、摄、录为一体，记者身兼数职，手段多样，从不同角度全面呈现。其次，针对性生产。根据传统媒体读者和新媒体用户不同的阅读需求，针对不同平台撰写多版本稿件，制作多版本产品。第三，多样态产品。为丰富产品形态，实现递进式传播，先后制作推出展现自然人文生态的系列航拍短视频，讲述村庄故事的系列长图文，反映新时代乡村生活的摄影报道，还有详尽介绍辽宁省界线上浩荡巨变的新闻特刊。《界·献》的丰富产品和多端传播，极大提升《辽宁日报》重大主题策划的影响力、覆盖面，增强党报的权威性和引领作用。

9 月 30 日，《辽宁日报》又推出“七十年辽宁致敬之逐梦辽宁人”大型融媒体策划，共 16 个专版、33 篇报道、33 个与辽宁人事物息息相关的故事：参加新中国第一枚金属国徽铸造工作的老工人吴嘉祜，说起国徽依然目光炯炯；助力郑济铁路横贯黄河的鞍钢高性能桥梁研发团队，谈到研发“振兴钢”的艰辛禁不住红了眼眶；大学毕业后从北京返回西宁工作的吉庆祥，决心用自己的人生续写爷爷的“三线故事”……河北雄安，一群辽宁人为建设新区最大生态工程日夜奋战；上海静安，郑春颖打造行业龙头，树起长三角辽商新形象……策划彰显辽宁人在共和国 70 年壮丽华章的重要贡献，刻录新时代新征程中辽宁人砥砺奋进的印记。

三、新媒体协同作战多维度抒发爱国情

在新中国成立70周年报道中，《辽宁日报》融媒体编辑部大胆创新，探索新路径、尝试新方法、运用新手段，新媒体协同作战，多维度、高质量展示发展新成就。《辽宁日报》官方新闻客户端、微信、微博共发布1320多篇相关报道，配合纸媒设立包括“壮丽70年　奋斗新时代”“爱国情·奋斗者”“辽报记者在现场”“厂矿车间看转型”“700字说70年”等专题栏目。

推出网民喜闻乐见的互动H5产品，线上线下点多面广，互动体验双向导流。H5《我和我的祖国之琴瑟篇——指尖上的爱国音》、H5《我和我的祖国之书法篇——指尖上的爱国情》、H5《“我和我的祖国”之棋弈篇——指尖上的爱国志》等，邀请用户通过中国传统文化元素，表达对祖国的深情祝福。首次推出交互、沉浸式H5产品《辽宁跨越·数描》《辽宁跨越·巨变》等，在用数字呈现辽宁70年各领域发生的化蝶之变的同时，更加注重读者的互动、参与性，运用多种可视化手段让数据与文字“跳”出来、“动”起来，画面惊艳、文字灵动、数字跳跃、风格大气，以媒体融合的创新表达充分展现辽宁70年跨越的历史巨变。产品形式新颖，吸引大量用户参与，在互联网上营造出欢乐、喜庆、祥和的节日气氛。

创新网络主题活动。国庆前夕，《辽宁日报》新媒体发起“我的名字我的国”主题寻访活动，广泛征集“建国”“国庆”“爱国”“建华”等具有特殊寓意的名字，讲述他们名字背后的故事。征集令发出后，全国各地数百位叫“建国”“国庆”“建华”的读者纷纷畅述名字背后的时代印记和家国情怀。新媒体以图文形式展现，推出《我的名字我的国　叫“国庆”的好日子在后头》《我的名字我的国　取名“建华”是家风的传承》等报道，以普通人的家国故事呈现新中国成立70年来的“伟大的叙事”，角度新、接地气、入人心，引发了读者的情感共鸣。

10月1日辽宁彩车正式亮相后，《辽宁日报》融媒体第一时间推出三维短视频《辽宁彩车立体呈现》和微纪录片《辽宁彩车深度解读》，生动展现辽宁彩车的主要元素，全网总播放量超过5000万；第一时间推出彩车经过北京天安门的短视频，以及彩车在北京静态展示的现场短视频，同时制作抖音、快手短视频，总阅读量12万，其中快手平台短视频《辽宁网红彩车回家》点击量达6.5万。

| 第三节 |

聚焦改革开放40年辽宁跨越式发展

《辽宁日报》改革开放 40 周年主题报道贯穿 2018 年全年，从新年伊始的策划《望年·新图景》，到年终岁尾的接续策划《逢时》和《时间的风景》，将个体置于宏大的社会、时代背景下展开叙述，最普通的百姓，最基层的画面，最真实的对话，生动而热烈地描绘改革开放 40 年辽宁的发展和巨变。百余版大型策划特刊，立意精巧，气势恢宏，融合传播，独具匠心，串联起改革开放的辽宁路径，充满历史厚重感与强烈时代感。长篇通讯《一幢楼和一个县》把改革开放 40 年的宏大主题，融入一个典型故事，堪称《辽宁日报》改革开放 40 周年主题报道点睛之作。

一、创造性融合“贺岁”与“改革开放”两大主题

2018 年是改革开放 40 周年。在 2 月 8 日农历小年这一天，《辽宁日报》推出特别策划《望年·新图景》，将中华民族传统节日春节置于改革开放 40 年的时空背景下细致品读、回味，从百姓生活的诸多方面生动呈现辽沈大地的社会变迁。

《望年·新图景》推陈出新，创造性融合“贺岁”与“改革开放”两大主题。特刊的六大版块，分别从衣、食、住、行、用、玩这些最平凡的日常生活入手，全景式扫描 1978 年至 2018 年间春节习俗的流变，以此展现辽宁人日益提高的物质生活与精神生活水平，凸显改革开放 40 年来的伟大成就。《“穿”越 40 年，咱辽宁人啥时髦穿啥》透过几位西柳服装市场商户的视角道出百姓需求的变化与营销模式的革新；《“菜篮子”早无春节平日之分》以大连商场为缩影，讲述从凭票采购到供应充足的时代转折；《房子敞亮了，心里更敞亮》借由 87 岁老人史桂珍的讲述，呈现出百姓住房由蜗居到广厦的巨变；《回家过年再也不打怵了》则采访几位外地务工人员，从他们的故事看春运；《一位八旬老人的“编年史”》由一份家庭档案看“过去咬牙攒钱买彩电，如今手机天天换”的生活蜕变；《咱老百姓呀，玩得真高兴》则用时空交错的方式讲述了不同代际对春节娱乐的选择。特刊通过小切口表达大主题，由小见大，贴近生活。

《望年·新图景》特刊推出前,《辽宁日报》微信公众号上就开始面向广大网民开展调查。这种互动式采访，不仅增补报道素材，使新闻报道有的放矢、贴近群众，更为特刊的推出起到预热作用。版式设计方面用“杂志化”的制作手法，采用八连刊和通版的设计形式，以省内剪纸艺术家创作的近百幅原创剪纸为元素，并搭配省内多位书法家题写的春联，烘托出浓浓的年味。

《望年·新图景》特刊推出的当天,《辽宁日报》两微一端同步集中报道。《辽宁日报》微信公众号刊发头条、官方微博刊发头条并置顶，客户端刊发头条并置顶，形成了报纸和两微一端“四位一体”的矩阵式报道，实现了新闻信息传播的全覆盖，整个报道从线上到线下，在读者和网友中引发反响，营造出浓郁的节日氛围，更为全省上下在新一年继续开拓进取、实现跨越式发展凝聚起蓬勃的正能量。

二、《一幢楼和一个县》典型故事表现宏大主题

2018 年,《辽宁日报》一版开设纪念改革开放 40 年专栏“壮阔东方潮　奋进新时代”，12 月 17 日，在庆祝改革开放 40 周年大会前一天这个重要节点，专栏发表长篇通讯《一幢楼和一个县——追寻 40 年间桓仁主政者的工作轨迹》，用 3000 字的篇幅从一幢“73 岁”的老旧县政府办公楼说起，反映辽宁省本溪市桓仁满族自治县改革开放 40 年间十余任县委班子勤政务实、励精图治的奋斗历程。

报道从一幢 73 年的老旧办公楼入手，透视桓仁县改革开放 40 年的发展历程：40 年间，桓仁从国家级贫困县、经济实力全省“垫底”，到今天的“中国最美县域”“中国最美休闲小城”，历经沧桑巨变。经历 13 任县委书记、14 任县长的 73 岁“高龄”的县政府办公楼和 50 多岁的县委办公楼，作为办公场所却没有改变。报道关注细节：既有发霉、裂缝、墙皮脱落的破旧景象，也有“平房里房门高度都不一样，最矮的不到 1.8 米”，还有面积不大的会议室里的两摞塑料凳子，大家拎塑料凳开会。报道强化“我在现场”：“县政府办会计柳维凤把记者让进她的办公室，‘别脱棉衣了，楼里冷，四处漏风’。”……这些细腻的表达拉近文章与读者的距离，既写出领导干部的形象，又体现记者深入基层、弘扬正气的扎实作风，最易引起共鸣。

报道同时配发短评《四十年“官不修衙”的启示》，总结说：“这‘变’与‘不

变'之间所沉淀的，是40年间桓仁13任县委书记、14任县长'为官一任，造福一方'的责任与使命，是一张蓝图绘到底、一茬接着一茬干的韧劲与坚定，是保持艰苦奋斗的作风、'一桌一椅就能为民办事'的精神传承。""心里时刻装着百姓的政府才是最得民心的政府，能够代表政府形象的不是漂亮的办公楼，而是为百姓办的一件又一件实事。因此，73岁的老旧政府办公楼，才成为桓仁百姓口中的'廉政楼'，成为党心与民心的连心桥。""老旧的办公楼，折射出一个县干部队伍的思想境界和精神状态，让我们看到了——什么叫'不忘初心'。"

报道发表后，立即引起读者的强烈反响。稿件和相关视频经《辽宁日报》客户端、微信公众号、微博等新媒体平台转发后，更是引起连锁反应。稿件被人民网、中国共产党新闻网、凤凰网、中国网、中国新闻网、新浪、搜狐等门户网站以及今日头条、快资讯、一点资讯等手机客户端以及微博、微信和自媒体转载，共计65家，总计阅读量10万+。各个转发平台上的留言区都非常活跃，获得广大读者的一致赞扬，既赞桓仁历届领导班子身上体现出的党的领导干部的良好形象与工作业绩，又赞记者深入基层、弘扬正气、传播感动的扎实作风。

这篇纪念改革开放40周年的主题报道选题精妙、视角独到，通过一幢73年始终未变的县政府办公楼这个"抓手"，将桓仁县改革开放40年的成就与历任县委班子艰苦务实、一心为民，一张蓝图绘到底、一任接着一任干的精神联系起来，获得中国新闻奖二等奖。

三、《逢时》《时间的风景》致敬改革开放的辽宁力量

2018年的岁尾，《辽宁日报》推出《逢时》《时间的风景》两个大策划致敬改革开放的辽宁力量，也为纪念改革开放40周年的全年报道完美收官。

2018年12月13日，《辽宁日报》推出纪念改革开放40周年策划《时间的风景》，特刊32个版，从《辽宁日报》和《共产党员》杂志中去梳理辽宁改革开放重大事件的报道，回到历史的现场，寻找当初的主角；还抢在草木未枯的秋末，阅遍辽沈大地的城市乡村，把这片土地最美的景象奉送给读者。策划层次丰富：从行业看，既体现辽宁工业的变革图强，又反映农业领域的结构调整，以及服务业的电商产业集

群；从地域看，全省14个市的发展变化，都有不同侧面的呈现；从群体看，工人师傅的精细专业，青年学子的朝气活力，普通市民的和乐美满，皆有专题聚焦。

策划呈现笔法多样：对比看变化，同一个视角同一个行业，新旧两张照片形成强烈反差，传递时间的力量；换位看全景，无人机航拍的场面恢宏，近距离聚焦的细节生动，不同的角度形成立体的图画。一幅幅照片没有对震撼的刻意追求，没有对现场的丝毫摆拍，聚焦行进中的辽宁，真实、亲切，普通、律动。一张张面孔、一个个表情，无论是普通岗位的劳动者，还是不断涌现的英雄模范，共同写就"辽宁人"的精神底色，积淀出值得骄傲的地域文化。"脊梁"定格钢铁冶金的象征辽宁鞍钢，"琳琅"定格全国最大的国营商业零售企业诞生在辽宁，"智能"定格辽宁新兴产业发展的强劲龙头机器人，"时空"定格十四市高铁全联通，"品牌"定格中国第一家放开股比限制的合资车企华晨宝马，"模式"定格抚顺莫地沟叫响全国的辽宁棚改……

辽宁日报融媒体同步推出H5产品系列报道《时间的风景》，重温历史、汲取力量，迈出改革开放再出发的坚实步伐。《全省前11个月外贸总值超去年全年》《沈阳构建新一代人工智能创新体系》《"土味"直播助贫困村特产走出大山》等系列报道，用104张新旧照片对比，展现辽宁改革开放40年的沧桑巨变；用26个英文字母所代表的时代符号，致敬伟大进程中的辽宁脚步、辽宁力量。

12月18日庆祝改革开放40周年大会召开，《辽宁日报》推出纪念改革开放40周年特刊《逢时》，用48块版面向读者昭示——今天的成果是长久累积而成，靠千万双手共同营造；新的时代，有更多的美好等在前方，与我们相逢。策划创意富有挑战，把人和事结合起来，把过去和今天联系起来，严谨选定辽宁改革开放每一年值得记住的一件大事，耐心联系与之有密切关系的当事人，反复寻找在那年出生且与当事人从事相同职业的改革开放时期出生的一代人，让两代人坐在一起对话。报道组最大的困难就是"找人"，促成珍贵的相逢、难得的对话。《我向总书记介绍新型焊接技术》《世界有多大船　大连就有多大码头》《观众不再举着望远镜看芭蕾了》《每个家庭都想拥有"新四大件"》《一条小街创造不可复制的商业奇迹》《金杯发行股票震动全国》《靠双脚徒步勘测出"神州第一路"》《大商所创造了"一豆独大"的格局》《中国铁路大提速自辽东半岛号始》等鲜活的报道生动反映改革开放40年的波澜壮阔，记录改革开放40年辽宁的旧貌新颜。

| 第四节 |

讲好建党百年的红色故事

2021年是中国共产党成立100周年，建党百年主题宣传报道，节点重大、题材重大、任务重大。《辽宁日报》提前一年开始谋划、精心部署，高站位、高标准、大手笔地策划制作系列特刊，营造共庆中国共产党百年华诞的浓厚舆论氛围。充分发挥主流媒体的舆论引领作用，不断创新形式，丰富报道载体，推动辽宁党史学习教育不断深入，凝聚力量、传播强音。《人民至上》《请回答1921—2021》《堡垒》《红色百年》《画说百年》等鲜活的主题策划，讲述建党百年的故事，奋力唱响共产党好的主旋律。

一、百年系列主题策划角度新

《辽宁日报》聚焦建党百年这一重大主题，逐一分解题目，调整报道视角，打造出具有辽宁地域特色的百年系列精品策划——《红色百年》《堡垒》《画说百年》。

《红色百年》巡礼辽宁红色地标。2021年3月26日起，《辽宁日报》启动全媒体策划《红色百年》，对全省45个党史教育基地进行体验式、调研式采访，探寻党史教育基地丰富的教育实践，巡礼辽宁红色地标，讲述百年党史，深入挖掘党史教育基地的学习教育成果。中国共产党辽宁重要组织及机构旧址、重要人物活动地、重大事件遗址、烈士陵园、东北抗联遗址、抗美援朝遗址、雷锋足迹、工业遗存……辽宁地区第一个党支部旧址、第一位辽宁籍共产党员的纪念馆、中国共产党在东北建立的第一个最高统一领导机构所在地、中国第一个“布尔什维克”的出生地……不同时期的党史故事串联起辽宁党史发展脉络。近4个月的时间里，刊发《小院党课开讲》《这里成为党员群众的“红色加油站”》《抗美援朝精神在这里直击心灵》《中共沟帮子铁路支部在这里诞生》《用历史场景讲述革命斗争故事》《共和国工业脊梁曾在此挺起》等31个整版报道，既有历史的厚重感，又有现实的贴近感。新媒体平台同步播发策划报道，短短时间仅北国新闻客户端阅读数达 10 万 +，实现全媒体传播效果。党史教育基地系列海报、馆长“晒晒我们馆”系列小视频等新媒体产品，清晰勾勒出辽宁党史教育基地的红色线路图，收到很好的社会反响。

《堡垒》讲述辽宁党组织建设的故事。建党伊始，党中央就高度重视党支部建设。习近平总书记多次强调，要使党支部更好发挥战斗堡垒作用。在这 100 年里，党支部从无到有，到不断壮大，一直发挥着坚强的战斗堡垒作用。2021 年 4 月，《辽宁日报》推出《堡垒》特刊，以中国共产党基层组织——党支部为主线，按照时间顺序串联起中国共产党在辽宁广袤大地上的红色足迹。报道组在辽宁第一个党支部纪念馆里，重温第一任党支部书记从广东来到辽宁点燃星星之火的全过程；伫立在中共满洲省委旧址图片与文字、实物与影像面前，读到风云激荡的年代党支部在艰难困苦中发展壮大；驻足在一座座纪念碑前，祭拜党支部里走出来的永垂不朽的英雄；遍访雷锋纪念馆、孟泰奋战过的高炉、千字碑下的大梨树……收集时代楷模曾经战斗过的党支部留下的故事。从大量文献、档案、史料中挖掘党史故事，以每周两块整版频率，历时半年发出《大连特支成功领导福纺工人大罢工》《三泰油坊党支部团结工人继续斗争》《瓦房店党支部走出多位优秀共产党员》《陈镜湖被战友们称为革命的引路人》《大连国际情报组火烧日军仓库》等数十篇报道，挖掘历史细节，图文并茂地报道党支部这座战斗堡垒在辽宁的生根发芽、发展壮大，以及革命先辈在这一历程中前赴后继、可歌可泣的壮举。特刊突破传统纸媒单一方式，采用“文字 + 图片 + 视频 +H5”等，根据网站、客户端不同特点，设计内容呈现形式，全媒体讲好辽宁党组织建设故事。

《画说百年》专题策划围绕建党百年这一主题，用恢宏的长卷画作、遒劲的书法作品、记录珍贵瞬间的摄影照片诠释爱党爱国心，达到思想性、新闻性、艺术性的统一。油画《决胜淮海》表现淮海战役中群众顶风冒雪支援前线，油画《致敬——最美逆行者》反映各行各业众志成城抗击疫情，等等。以角度之新、呈现之新、表达之新，有效提升报道的吸引力和感染力。

"百年"频道
融媒体活动
"我爱中国共产党"
T02 — 矿井下来了共产党人
T03 — 半条被，一辈子
T04 — 豆豆真顶事哩
T05 — 不褪色的纪念碑
T06 — 龙须沟不见了
T07 — 三明的美透着浓浓的幸福感
T09 — 一切为了乡亲们
T10 — 『红医』又出发了
T11 — 说不尽的故事
T12 — 『我志愿加入中国共产党』
T08

庆祝中国共产党成立100周年
The 100th Anniversary of the Founding of The Communist Party of China

辽宁日报
2021年6月29日
星期二

庆祝中国共产党成立100周年
辽宁日报大型融媒体策划

人民至上

100
1921—2021

血脉

写在前面

血浓于水

本报特别报道组

衙斋卧听萧萧竹，疑是民间疾苦声。些小吾曹州县吏，一枝一叶总关情。

2014年5月9日，习近平总书记在参加河南省兰考县委常委班子专题民主生活会时，引用了清代文人郑板桥的一首题画诗。这首诗以竹声作引、托物取喻，表达了深沉的爱民、为民情怀。

总书记多次强调，“群众利益无小事”“一定要把群众的安危冷暖挂在心上”。细微民情、点滴民意，时刻牵动着总书记的心。这份牵挂生动映照出党与人民有福同享、有难同当，有盐同咸、无盐同淡的密切联系。

今天，主题策划《人民至上》推出第二篇章——“血脉”。我们以百年党史为脉络，选取若干具有代表性的党群故事发生地，寻访亲历者、见证人，用更多的细节再现那份浓浓的血肉之情。

从江西到湖南，从陕西到福建，从北京到辽宁，采访路上，我们遇见不同的人、不同的事，看到、听到和感受到的却是相同的温暖。

在萍乡，安源路矿工人运动纪念馆的讲解员每天讲述着毛泽东下矿井与工人拉家常，被工人亲切唤作“毛先生”的故事；

在兴国，苏区干部好作风纪念园里散步休闲的当地老百姓，几乎都能说上几句“兴国干部十带头”的歌谣；

在沙州，朱分永忘不了奶奶徐解秀在世时总是站在山下桥边张望的样子，她把红军留下的半条被子珍藏了一辈子；

在延安，党史研究专家刘煜一边翻看老照片，一边声情并茂地解读：陕北老百姓多么珍视“一颗小豆豆”赋予的权利；

在佳县，作家刘亚莲说起佳县人民倾尽所有支援革命、支援共产党的往事，禁不住热泪盈眶；

在北京，亲身经历了龙须沟三次大改造的徐亚兰，面对镜头一遍遍地感慨：“我们普通老百姓能住上这么好的小区楼房，真的要感谢共产党”；

在三明，有许多像陆小均和陈惠青一样的党员志愿者，他们用自己朴素的执着和无私的奉献，不断提升城市的文明厚度和精神力量；

在朝阳、阜新和盘锦，作家们扎根乡村，用独有的视角观察，用细腻的笔触抒写，记录脱贫攻坚战中驻村“第一书记”与乡亲们的深情厚谊；

……

鱼水情深，肝胆相照。

100年来，我们的党“心中常思百姓疾苦，脑中常谋富民之策”，我们的人民“与党风雨同舟、血脉相通、生死与共”。

正是这样一种“一块过、一块干”，密不可分的血肉联系，让中华民族拧成一股绳，汇成一股劲，不可逆转地走向伟大复兴。

辽报出品 CHU PIN

总策划 丁宗皓
总监制 刘玉玮
责任编辑 王研
视觉设计 隋文锋 许科
主笔 高爽 王研 张昕 刘爽 白昊 刘璐 赵婷婷 金珂含 陈博雅 任梓溪
可视化 郑新煜 刘明昊 韩卓航 黄瀚博 刘芋彤 孙明慧 辛垚 邓婷婷 王歆瑶
活动 陈琳琳 杨新军 连静 申睿
检校 冯赤 孙广 高峰 冰晶 赵琢 史凤斌 马松波 李世同 张勇 吴迪
刊头题字 胡崇炜

二、《人民至上》表现人民至上的价值追求

2021年6月28日至7月1日，《辽宁日报》推出大型主题策划《人民至上》，以宏大篇幅、厚重内容、创新视角，生动展现一百年来中国共产党始终践行为人民服务宗旨，始终坚持人民至上的价值追求。《人民至上》特刊荣获中国新闻奖二等奖。

《人民至上》大型策划推出4期特刊，共52个专版近25万字。特刊既有走进历史深处挖掘党史记忆的深度报道，也有立足当下记录新时代新故事的现场速写，展现出百年大党的梦想与追求、情怀与担当，展示了党的十八大以来以习近平同志为核心的党中央坚持以人民为中心，不断实现人民对美好生活的向往的伟大实践。此次《辽宁日报》编辑部派出以90后记者为主体的报道组，报道组历时数月，行程超过十万公里，在全国18个省区市实地采访近百处遗址遗迹、展陈场馆，面对面采访专家学者、普通群众近200人，不仅采到珍贵的一手资料，也访到鲜活的时代心声。

《人民至上》4期特刊分别为《根基》《血脉》《力量》《深情》。《根基》以党的章程、决议等重要文献为依据，通过挖掘史料、踏访遗迹、专访学者，概要呈现人民立场是党在不同历史时期的根本政治立场；《血脉》以感人的党群故事为样本，探寻亲历者，对话见证人，细腻刻画党和人民群众血脉相依的紧密联系；《力量》从百年时间刻度中选择几个重要节点、重大事件，重访历史现场，生动展现党与人民群众携手共创奇迹的磅礴力量；《深情》视角新颖，以习近平总书记新年贺词为依据，以习近平总书记考察足迹为线索，采访曾与习近平总书记面对面交流的老百姓，以第一视角看变化、说幸福，集中描画党的十八大以来党团结带领人民群众共同创造美好生活的宏伟画卷。

策划包括新闻特刊、短视频、长图等多样态产品，通过全媒体平台广泛传播，在互联网舆论场获得强烈反响。多兵种联合作战：报道组聚合文字、摄影、摄像、设计、运营、技术等多兵种，记者身兼数职，文字、视听产品两手抓、两手硬，同步采集各类素材。多样态创新生产：《人民至上》打通传统媒体与新媒体界线，每块专版均设置二维码扫描区，每篇文字报道均配发视听产品，包括微纪录片、vlog、云参观等，让广大读者不仅可以读报，还可以“看”报、“听”报，极大地丰富报道内容，拓展报道维度，增强现场感与真实感。多渠道联动传播：《辽宁日报》利用客户端、

公众号、微博、抖音、快手等平台，构建产品传播平台矩阵，分时段、差异化推送，提高传播效果，提升传播质量。短短十天，《人民至上》系列产品全网累计阅读量逾百万人次。

三、90后记者创意打造《请回答1921—2021》

七一前夕，《辽宁日报》10名90后记者创意打造系列vlog《请回答1921—2021》，以90后视角探访红色印迹、钩沉百年党史，把最真实的感受写出来。

每集vlog开头围绕探访的红色遗迹提出一个问题，通过探索解答问题，在这一过程中回顾百年党史。2021年2月起，10名90后记者历时数月，行程超过10万公里，在上海、江西、湖南、陕西、云南、安徽、浙江、北京、黑龙江、河北、辽宁、湖北等17个省区市实地踏访近百处遗址遗迹、展陈场馆，面对面对话专家学者等近百人，传递鲜活的时代心声，让历史鲜活起来，让思想澎湃起来。一路上，他们用青年的视角去感悟百年党史，用青春的目光去注视新时代的中国，在行进中接受精神洗礼，在踏访中感知初心使命。13集微视频每一集都有一段动人的故事，从百年时间刻度中选择重要节点和重大事件，重访历史现场，以青春化的视角、全新的话语体系和表达方式，生动讲述老故事，深入挖掘新故事，展现百年大党的梦想与追求、情怀与担当，特别是突出展示党的十八大以来以习近平同志为核心的党中央坚持以人民为中心，不断实现人民对美好生活向往的伟大实践。《辽宁日报》微视频《请回答1921—2021》线上线下均产生强烈反响，被评为全国优秀理论宣讲微视频。

| 第五节 |

全景展示我省决战决胜脱贫攻坚的生动实践

《辽宁日报》聚焦全省决战决胜脱贫攻坚、全面建成小康社会、推进乡村振兴的生动实践，打出漂亮的“组合拳”——连续推出《大地情书》策划、《决胜》特刊、驻村书记帮扶专栏。作为首次提出“小康文明”概念的媒体，《辽宁日报》采用驻村蹲点式采访，扎根基层，带着田间的泥土芬芳的报道，用通俗易懂、群众喜闻乐见

蹲点村庄

凤城市
凤山街道大梨树村

蹲点时间

2020年10月7日—14日
10月27日—30日
11月2日—7日

关键词

集体经济　二次创业　旅游　乡村治理

村情档案

面积和人口

总面积48平方公里，山地5.4万亩，耕地0.74万亩。1707户，5131人，其中满族人口占81%。

主要产业

特色种植业　乡村旅游业

收入情况

2019年，全村社会总产值实现16亿元，村集体固定资产达6亿元，村民年人均可支配收入2.2万元。

大地情书

DA DI QING SHU

发展转型篇

梨树正新

本报记者　董翰博

我第一次见到毛正新，是在他和别人的激烈交锋中。

一位媒体同行从湖北专程过来采访毛正新，在他的办公室里，遭遇了强烈抵触。

一张约1.8米长的宽大红木办公桌前，一位身高约1.7米、身材瘦削、相貌与毛丰美相似的43岁男子，整个人都透着一股低气压。他的背后是一套组合书柜，书柜正中间的一排，摆放着两张照片，一张是几年前的毛正新笑着挥手，一张是上世纪80年代的毛丰美面带笑意地坐在海岸边。

办公桌像一道难以逾越的鸿沟，横亘在毛正新与媒体同行之间。一场短时雷雨大风在这股低气压里酝酿着。

"我不够优秀！其实我一直不想让你们来！"

"我不是谦虚，这儿没你们想得那么完美！"

当对方一再强调这次的新闻选题是采访"全国优秀村书记"时，毛正新的回复明显提高了音量，语速急促，试图尽快结束这轮访谈。照片中那个笑得开心的毛正新，此刻脸色阴沉、眉头紧锁。

可以理解，作为凤城市凤山街道大梨树村党委书记、村委会主任，繁重的工作压力让毛正新的情绪不太稳定。

走到发展"十……
梨树村的5131口……
新时代的变……
全省乡村振兴进程……
设的"样板间"，比……
的烦恼"，"速度焦……
击，考验着大梨树人……
后毛丰美时期……
难抉择的毛正新怎……
新路子？
头戴着诸多荣……
梨树，如何实现"二……
"大梨树之问"……

新探索

多年来，大梨树所获的荣誉牌匾，一面墙也挂不下，其中一多半是关于旅游的。大梨树依靠旅游业生存，就像我们依赖食物。

旅游业陷入瓶颈的一些迹象是悄悄发生的。

2016年之前，大梨树村党委副书记、旅游公司总经理温红娟每次出去学习考察其他旅游景区，都会增加一分危机感。

乡村游产品同质化严重，到处都是采摘；经营业态单一，游客停留时间短……逛了大半个中国后，再反观大梨树，"问题清单"越来越长，温红娟的"焦虑指数"随之攀升。

经营报表上的数字再度加重了温红娟的担忧。2014年至2016年，各项基础设施已经较为完备的大梨树旅游区，游客数量的同比增幅却总是低于预期。

在全省乡村旅游这条赛道上一直处于领先地位的大梨树，"黄灯警示"已在前方若隐若现。

"大梨树还能走多远？"村里甚至有人发出了旅游产业还能不能持续下去的疑问。

如何把旅游产品做出差异性、排他性、唯一性，毛正新及领导班子将目光锁定在这片土地的精神图腾上——"干"字文化。

"其实，这些年，很多游客并不只是看这里的风景，还追求'干'字文化的体验式感受。"毛正新认为，接受精神洗礼是游客来大梨树更深层次的需求。

随后，一个里程碑式的重要事件，为大梨树"二次创业"彻底指明方向。2016年，省委作出关于开展向毛丰美同志学习活动的决定。

回过头看，这个决定，确实对大梨树发展起到了决定性作用。毛正新强化挖掘"干"字文化的思路有了最有力支撑。

就在这一年，为了探讨旅游产业的未来发展方向，村"两委"成员大大小小的会开了上百场，也终于开出了结果。

在一致的声音中，"走红色旅游之路，举'干'字文化之旗"的发展思路最终确立。

与省委发起的学习活动相适应，以学习毛丰美事迹、弘扬"干"字精神为重点的大梨树干部教育培训基地迅速组建起来。

编写宣传毛丰美事迹和"干"字精神的书籍、讲解词，成立数十人的讲解员队伍，制定体现大梨树人创业历程的参观考察线路，配套建设可容纳100多名观众的红色电影院，建成并投入运行毛丰美纪念馆……为乡村旅游注入红色内涵的过程，一切仿佛都在倍速播放。

与上世纪八九十年代的父辈们一样，"鸡鸣上山干，头顶烈日干，披星戴月干"的精神力量又一次体现在大梨树人的日常行为中，融入这些"创二代"的血脉基因里。

效果是显而易见的。2016年，超过50万人涌入大梨树，创最高纪录。近4年来，大梨树旅游区年均游客数量突破40万人次，旅游综合收入达到4000万元以上。其中，教育培训贡献的收入已占到旅游综合收入的75%。

目光扫视着涌动的人潮，与村庄同步成长起来的大梨树"创一代"们在新探索中也再一次看到了新机遇。

今年49岁的李萍，身高1.6米左右，不胖不瘦，瓜子脸，说话时总是笑眯眯的，露出两个酒窝。作为大梨树景区内第一家快捷宾馆的经营者，从2006年开始，宾馆距离村委会不到100米的她一直密切关注着大梨树旅游业发展的最新动向。这14年里，她的宾馆也从2个房间、5张床位拓展到16个房间、47张床位。

在李萍的切身体会中，毛正新接手后，除了教育培训之外，节庆活动成为当地旅游的新引擎。

"大梨树徒步节""农民丰收节"……这些主题节庆活动引来的大量游客，让李萍的宾馆入住率一直保持在70%以上。

2019年9月22日上午9时，2019辽宁·凤城半程马拉松在大梨树鸣枪开赛，来自北京、上海等地的3000余名跑友齐聚于此，纵情奔跑。比赛的起点，离李萍的宾馆只有20米。

宾馆的收入也要跑起来了！李萍开赛当天听到的那声枪响，仿佛微信、支付宝到账的提示音。那两天，47张床位全部住满，从早到晚，李萍脚打后脑勺地穿梭在她的三层宾馆内，进行了一场"室内马拉松"，提前开启了她的"十一黄金周节奏"。

"不光是村集体在'二次创业'，我们每个人也在经历'二次创业'。"李萍说，随着大梨树的点滴改变，她的思路也逐步拓宽。

眼下，由中组部和农业农村部设立的"国家农村实用人才培训"连续第五年在大梨树开班。来自吉林、黑龙江的农村实用人才带头人在这里开展创业富民、乡村发展与治理的学习培训和经验交流。

看着络绎不绝的培训队伍，李萍家的"五年规划"已经悄然开启：在商务旅行需求引导下，她的宾馆即将改造升级成商务型酒店，在目前经济型宾馆的基础上提高一个档次。目前，她在凤城市从事室内装修设计的儿子已经开始着手画图。

在李萍的宾馆对面，有一幢四层楼的建筑物，使用面积超过1000平方米，业主是旁边的丹东良玉种业有限公司。李萍指着那幢楼给我看，眼神中透着光，"我一直'虎视眈眈'地盯着这儿，期待着把它买下来，变成一个大酒店"。这是她的终极梦想。

我与李萍谈话间，不断有人找到她办理入住，她热情地招呼着。2020年，经过一个沉寂的春天，大梨树的生机在这个冬天慢慢复苏。

新的转机和闪闪星斗，正在缀满没有遮拦的天空。

新挑战

采访大梨树，绕不开毛丰美。

推开毛丰美纪念馆的大门，"干"字精神扑面而来。

看着那些图文，听着那些讲解，缓缓走进那段历史，你会切身感受到"石头缝里求生存"的艰难和抗争，感受到毛丰美带领群众闯出一条出路的坚持和壮烈。

我经常能看到，来馆里参观的人站在毛丰美的照片前，默默拭泪，躬身致敬。

丰碑一样的毛丰美，也给了儿子毛正新极大压力。

"他突然走了，就像大树倒了。"毛正新对我感慨，他感到人生最艰难的时刻，是父亲刚离世的时候。

从那以后，一直隐身在父亲身后的毛正新被推到了大梨树发展的舞台中央，追光灯从毛丰美转向了他，台下是长久以来关注大梨树的无数双眼睛。

前所未有的考验迎面撞来。

产业发展方向、经营管理难题、资金筹措来源、外界对于父子间的比较……每天都能听到各种观点、声音的毛正新，好似漂泊在信息海洋中没有方向的扁舟。

毛正新开始失眠，漫漫长夜一分一秒地过去，白发也由此渐多。在此之前，听到别人谈论失眠，"沾枕头就着"的他还曾经纳闷儿：怎么还能有人睡不着？

毛正新也不再踢足球、打篮球，一切平常喜好的体育运动都被长久封存。不止一个村民和我说过，毛正新原来是大梨树有名的体育健将，他们眼中的追风少年。

当初的追风少年，如今却遭遇风雨扑面，百事缠身。

毛正新和我说，他最怕听到的一句话就是：下一步，大梨树怎么做？

我理解毛正新的苦恼。大梨树的转型很难一蹴而就，往往是摸着石头过河。越是领航探路，越无成熟经验可循。这个"下一步"，很难作出预判。

人间万事出艰辛。奋力向上的精神是度过艰难时期的秘密武器。当大梨树人把"干"字精神用来应对经济转型年代的各种痛楚，他们同样可以肩负起生命中的疼痛与困惑。

扛起责任，接着干！

记朝夕相处的大梨树。
落，火山汤海，风急浪
接下来的工作总基
素，经济大起大落，不
和效益，也会影响村

中求进"展开，"巧干"
一产上求新，二产上做
以旅游为核心，三次
模式，推动新一轮富

清楚了再动手。"毛正
大梨树村"两委"成员
是他给我留下的深刻

头正猛的大樱桃项
有以往管理果树的经
认为能投得起，更能
植。为了敲定品种、
2017年，果树农场场
、大连30余次，随后3
辆小型SUV跑了近15

万公里。

目前，村里已建成樱桃高标准温室大棚80个，盛果期后，每年可增收近千万元。

这反映了毛正新的经营理念：转型困局中，意外随时随地都可能发生，有时其破坏力堪比飓风。但能力圈内，会始终吹着温和的微风，虽然海面也不完全风平浪静，但激起的海浪至少还能允许你正确航行。

再次与我聊起毛丰美时，毛正新提到了一个在他记忆影像中挥之不去的画面：

2014年9月26日凌晨4时许，毛丰美的生命即将走到尽头。在妻子、女儿和他告别后，他微弱而又期盼的目光落到了儿子身上。

这眼神毛正新读懂了：父亲在等待着他的表态。

"爸，你放心吧，我会一直在大梨树好好干的。"

毛丰美合上眼，与世长辞。

这无声的嘱托，始终激励着毛正新。

新舞台

今年，刚过完"十一"长假，贾悦悦来到大梨树，开始了为期3个月的实习生涯。

作为沈阳化工大学人文与艺术学院社会工作专业的在读硕士研究生，贾悦悦将运用专业的理论、方法和技巧，帮助当地青少年解决问题，克服困难。

她调研了一圈，发现村里的幼儿园、小学和养老院里，几乎没有"留守儿童"和"空巢老人"。

对比自己的江苏老家，贾悦悦明显感觉到大梨树的年轻人更多。她所在办公室座位的一左一右，都是85后、90后。

乡村振兴，人才是关键。近年来，大梨树可观可感的人气提升，也让大批年轻人才走进这片机遇沃土。

哪个产业项目需要用人就随时招聘，让人才进得来，是大梨树招徕青年才俊的重要一步。

2016年，跟随50余万访客一起涌入大梨树的，还有十几名求职的大学生。于弘阳就是其中之一。

出生于1993年、毕业于辽宁师范大学工商管理专业的于弘阳，应聘的是当时旅游区急需的讲解员。"其实初衷是为了唱歌好听，觉得当讲解员能练练发声。"心宽体胖、声如洪钟的于弘阳没想到，一个有些无厘头的理由，竟为自己找到了一个充分施展才能的新舞台。

探索建立人尽其才的新机制，让人才用得上，是大梨树吸引年轻群体的关键一环。

因为在沟通协调能力方面表现出众，一个月后，于弘阳从讲解员的岗位上被调到旅游区办公室工作；一年后，升任综合管理办主任。

"旅游本身就是一项创新产业，需要不断追求创意。近年来，这些年轻人贡献了很多'金点子'。"在毛正新看来，年轻血液的注入，正在点燃旅游区的创业激情。

激情是在激烈的碰撞中迸发的。

大梨树有种可随意游览旅游区的年卡，每张80元，一年只卖了380张，收入才3万多块钱。

疫情冲击之下，看着这点门票收入上火，于弘阳和小伙伴们提议：年卡降为20块钱一张，也许会有大量游客办理。

"那不可能，最多半价！"办公室里，70后率先发难。

"咱们平常说东西便宜，是不是总爱说'这东西便宜，也就10块、20块的'？这就说明，只有降到这个价，那才真叫便宜。"90后反驳。

几轮辩论过后，90后战胜了70后。

数据证明了胜者的价值。据统计，现在办年卡的人数已经超过两万人，这部分收入已经攀升至40余万元。

在年轻人一次次追求创新、创意的过程中，大梨树景区的核心竞争力也在不断提升。

其实，起用年轻人，是大梨树的传统。毛正新就是大梨树第一批回来工作的大学生。

2002年年初，毛丰美对在凤城市地毯矿产品上班的毛正新严肃地说：村里发展需要年轻人，你回来吧，城里不缺你一个公务员。

"试试看吧。"当初只是打算帮父亲搭把手的毛正新没想到，这一试，就试到了今天。

历经近20天的采访，经常在我脑海中浮现的，是毛丰美纪念馆前的一块石碑。石碑上，刻的是毛丰美写给毛正新的一封信。

在表达了对于大梨树发展的一系列思考后，信的最后一句写道："正新，你怪没怪我让你回来？"

我想，大梨树之"新"，是儿子最好的回答。

图·话 TU HUA

辽宁日报
2020年12月21日 星期一
04-05

扫码观看本期微纪录片

2020年11月3日，大梨树村村民史淑云向本报记者讲述她眼中的毛正新。

“ 再出发的漫漫前路，火山汤海，风急浪高。如果盲目转型探索，经济大起大落，不仅会影响发展的质量和效益，也会影响村民的信心与决心。

坚守能力圈，想清楚了再动手。毛正新的专注与谨慎，是大梨树村"两委"成员和村民对他的普遍评价。

2020年11月来大梨树进行干部培训的学员。

“ 为了探讨旅游产业的未来发展方向，村"两委"成员大大小小的会开了上百场，也终于开出了结果。在一致的声音中，"走红色旅游之路，举'干'字文化之旗"的发展思路最终确立。

很多游客并不只是看这里的风景，还追求"干"字文化的体验式感受。接受精神洗礼是游客来大梨树更深层次的需求。

2020年农民丰收节期间，大梨树村村民在"干"字广场晾晒五味子。

“ 与上世纪八九十年代的父辈们一样，"鸡鸣上山干、头顶烈日干、披星戴月干"的精神力量又一次体现在大梨树人的日常行为中，融入这些"创二代"的血脉基因里。

"葡萄文化节""大梨树徒步节""农民丰收节"……节庆活动成为当地旅游的新引擎。

主创团队 ZHU CHUANG TUAN DUI

总策划 丁宗皓
总监制 刘王玮
监制 李增福 张小龙
统筹 王研 刘立纲
责任编辑 高爽
主笔 董翰博 李波 高爽 朱忠鹤 李越
视觉设计 隋文锋 许科
手绘 隋文锋
影像制作 窦芳平 黄翰博 刘明昊 许凯 郑新煜 杨靖岫
检校 王宏伟 张勇

本版主色调取自大梨树村"干"字牌的"干字红"
刊头题字 李仲元

的方式讲故事、讲道理。成就报道把小切口和宏大叙事有机结合，让正面宣传报道跟上时代步伐和群众需求，真正做到入脑入心，为辽宁留下一份全景式的战“贫”回忆录。

一、《辽宁日报》首次提出“小康文明”概念

2012 年 11 月，中国共产党第十八次全国代表大会首次提出全面建成小康社会，这是中国实现全面建成小康社会目标的一次总动员。《辽宁日报》围绕重大时间节点推出大型策划《为全面建成小康社会而奋斗》。2013 年 1 月 5 日《小康社会与小康文明——论全面建成小康社会》这篇报道，首次提出“小康文明”概念。这篇评论文章分析：到 2020 年全面建成小康社会只剩下 8 年，“在这个波澜壮阔的历史进程中，中国社会的方方面面都将继续深刻变革，进而影响到我们每个人的心态、观念、价值取向、精神面貌等，凡此种种，这些关于人的变化的总和，完全应该也可以拥有一个深刻、全面、准确的概念描述，我们称其为‘小康文明’。”

《辽宁日报》策划报道定义“小康文明”，是特指与小康物质文明建设并行的小康精神文明建设的过程和状态，全面建成小康社会“不仅要以富裕代替贫穷，而且要以文明取代愚昧，经济、政治、文化、社会、生态的协调发展，这是中国特色社会主义文明的本质要求和必然趋势”。《辽宁日报》评论文章以其精辟论述，在辽宁老工业基地振兴的关键时期，引导广大干部群众正确领会党的十八大“为全面建成小康社会而奋斗”中的“全面”内涵和“奋斗”精神，克服“催成果、抄近道”的思维方式和“错把起点当终点”的不实作风，扎扎实实、真真正正“为全面建成小康社会而奋斗”。《辽宁日报》紧紧围绕辽宁脱贫攻坚展开工作，推出大量来自一线的脱贫攻坚报道，注重正面引导，加强扶智和扶志的舆论引导，通过调查报道破解扶贫工作中的热点、难点问题，为重点县域的脱贫攻坚鼓劲加油。

二、《大地情书》蹲点式采访诗意礼赞乡村振兴

2020 年是决战决胜脱贫攻坚、全面建成小康社会之年。《辽宁日报》立足本土，创新表达，年终岁尾之际推出大型新闻策划《大地情书》。12 月 21 日至 25 日，每天

一期，每期一个通版，《梨树正新》《一棒玉米》《就叫新村》《第三个梦》《花海重生》“五部曲”，通过五个村级样本的生动呈现，反映在全面建成小康社会的过程中辽宁乡村的深刻变迁，在改革转型、产业发展、乡村治理、乡风文明、美丽乡村建设中的生动实践，既充满地域风情和文化气息，又体现出对时代和社会发展的深度思考。

《大地情书》新闻策划采用蹲点式采访的方式，选择在我省决战脱贫攻坚、决胜全面小康、推进乡村振兴进程中具有代表性的五个村庄，组织五组记者深入展开体验式报道。在为期一个月的时间内，记者住在村庄里、吃在老乡家、访在田间地头，与乡村干部、产业带头人、致富能手以及众多普通村民唠家常、聊生产，走进人民群众的日常生活，采集大量真实鲜活的新闻素材，以小切口展现决胜全面小康大主题。“五部曲”紧跟改革脚步，观察产业发展，记录乡村变化，感受美好生活，每期围绕一个主题，通过梳理村庄的历史和现状，讲述乡村居民的日常劳作生活和拼搏奋斗故事，引领读者感受田间地头的火热生活。

《梨树正新》中，大梨树村党委书记、村委会主任毛正新深情回忆自己对父亲毛丰美临终时的承诺，生动诠释共产党员薪火相传的无私奉献和责任担当；《一棒玉米》中，东兴村村民给联合社送粮、现场脱粒作业的场景，让读者领略到农业规模化经营、现代化加工的高效协作。刊头“大地情书”四字为著名书法家李仲元先生题写；五个通版的版面设计充满技巧，既有文字区块、图片摄影等常用元素，又有绘画书法、图表数据等新颖元素；每一期报道版面的主色调均取自所报道村庄的真实风物色彩，版面主图设计采用“白描手绘＋具象着色”形式，具有浓厚的艺术气息。新闻策划《大地情书》报道生动鲜活，接地气、动真情，把版面留给普通人、把镜头对准普通人，用老百姓喜闻乐见的方式讲述老百姓的故事，运用诗意语言和艺术化表达手段精心雕琢每一篇报道，堪称“沾泥土”“带露珠”“冒热气”的精品力作，荣获中国新闻奖二等奖。

《大地情书》“五部曲”全媒体传播，多平台分发，持续引发热评热议。《辽宁日报》“两微一端”的相关稿件及视频浏览量超过百万人次，总评论数达到上千条。腾讯、今日头条、“学习强国”等移动端平台纷纷转载或开设专栏进行转发。稿件及视频在被报道村庄及所在县、市产生强烈反响，稿件呈现出的新农村新面貌引发不同身份、不同职业读者的共鸣。

三、绘制脱贫攻坚长卷汇聚全面振兴力量

聚焦习近平总书记关于脱贫攻坚的重要论述，结合辽宁牢记重托的生动实践，《辽宁日报》从2020年5月至2021年3月推出跨年度重大主题策划《决胜》，分为《总攻》《突围》《下乡》《携手》《望年》《硕果》六章，既有8年攻坚的时间线，又有重大事件的逻辑线。《辽宁日报》编辑部组织记者深入我省贫困地区和对口帮扶省、市，走进基层、融入群众，扎实开展调研采访，综合运用文字、数据、图表、照片等元素，聚焦贫困地区变迁、贫困群众变化，全景展示我省决战脱贫攻坚的生动实践和壮阔画卷。

《决胜》精准策划，在关键时间点集中发力。2020年全国两会期间推出首篇，到2021年全国两会圆满收官，报道对象涵盖社会各领域，边采边发、以小见大、由点及面、层层递进，形成连环画、交响曲。精准把握宣传节奏，面对新冠疫情的影响，及时推出主题策划《决胜·突围》，通过争分夺秒、播种希望、全力以赴、山货进城、端稳饭碗、自强自立等版块，反映我省脱贫攻坚战场“暂停键”不断变成“快进键”，展现辽宁人民面对疫情冲击不畏险阻，坚决打赢脱贫攻坚战的信心和决心。在2021年全国两会召开之际推出《决胜·硕果》，深入6位在辽全国人大代表所在村，刊发《带着大伙儿过上更好的日子》《撸起袖子再创业》《让村子“颜值”更好“气质”更佳》等报道，跟随他们的脚步，感受乡村的变化、振兴的脉动。

《决胜》策划的鲜明特征是深度记录。报道组践行“四力”要求，“吃透”扶贫政策，聚焦个人、家庭、乡村、县域等微观主体，深入基层、融入群众，扎实开展调研采访，用敏锐的视角捕捉生动细节，记录下一个个血肉饱满的脱贫故事，反映出广大干部群众奉献担当、善作善成的精神面貌。在以帮扶工作队和驻村“第一书记”为报道对象的《下乡》篇章中，报道组走遍辽宁15个省级贫困县，分别从强党建、扶志智、兴产业、村容村貌等角度着笔，使驻村工作队和“第一书记”脱贫攻坚的饱满工作状态跃然纸上。《决胜》报道组远赴贵州、新疆、西藏、重庆等地，以辽宁开展东西部扶贫协作和对口支援为主题，将辽宁支援对口省份情况在《携手》篇章中予以呈现。

2021年7月11日，《辽宁日报》推出“奋斗百年路　启航新征程·小康圆梦”

专栏，聚焦党的十八大以来辽宁全面建成小康社会的伟大实践，生动讲述这片沃土上发生的历史性变化，展现广大干部群众不懈奋斗的精神面貌。首篇报道《为了4259万辽宁人的笑脸》发出后，陆续采编发《长海军民同守“红色前哨”共建生态海岛》《“我们陪您一起看祖国繁荣昌盛”》《“幸福敲门”将邻里变家人》《暖心苹果甜到学生心窝里》等真实感人的报道，全媒传播提升扶贫宣传报道质量。

四、从记者到扶贫“第一书记”驻村帮扶

2014年8月，为推动实施乡村振兴战略，深入贯彻中共辽宁省委开展大规模选派干部到乡村工作的部署要求，按照辽宁省委组织部、辽宁省扶贫办要求，辽报集团组建驻村工作队，选派9名干部到建昌县、抚顺县乡镇村担任驻村干部并开展工作。辽宁日报社驻葫芦岛记者站记者李万东，作为辽报集团定点帮扶建昌县素珠营子村工作队成员，常驻省级贫困村——素珠营子村任扶贫“第一书记”。2016年底整村实现脱贫摘帽，所有建档立卡户全部脱贫。辽报集团选派抚顺县海浪乡松树嘴村“第一书记”李江天，新冠疫情期间帮助村民挽回经济损失十余万元。辽报集团和驻村干部连续4年获得全省扶贫工作年度双先进。

辽宁日报社党委对扶贫工作高度重视，报社主要领导亲自到贫困户家中走访慰问，为帮扶村确定脱贫思路，为贫困户谋划增收办法。辽报集团党员干部与141户贫困家庭“结对帮扶”，报社还组织医疗救助、捐赠衣物、资助贫困生等活动。辽报集团倾力投入，积极协调社会帮扶，素珠营子村获得的直接投入与帮扶物资总额超过340万元，每户至少有两个以上的增收路径。2019年8月，集团班子成员、处级以上党员领导干部共52人，分两批到建昌县素珠营子村和王宝营子乡安子沟村走访慰问200多户贫困户，送去价值1.4万元慰问品。

辽报集团记者驻村扶贫期间，先后发表《带领乡亲们过上好日子——来自建昌县脱贫一线的蹲点报告》等调研类稿件，《最后一公里和最后一步》《公益之举人人可为》《小事不起眼却与百姓联系最密切》《扶贫贵在因地制宜》《农民需要专业的帮助和支持》等思考类文章，从脱贫最基层向外架起一道强劲声波。《辽宁日报》刊发驻村“第一书记”李万东采写的《一份源自微信的感动》，帮助车祸后丧失劳动能力

辽宁报刊传媒集团驻村第一书记李江天（左）深入田间地头体察民情

的王建民和一位素不相识的好心人建立帮扶关系，资助这个家庭供出大学生。300 余位志愿者赶赴建昌举办帮扶活动。扶贫干部通过新闻报道的独特“发声”，助力扶贫攻坚。

| 第六节 |

逆行战“疫”融合传播共克时艰

2020 年，面对重大突发公共卫生事件新型冠状病毒肺炎疫情，《辽宁日报》提高政治站位，迅速反应，全媒传播、创新表达，正面发声坚定信心，牢牢把握舆论话语权，凸显关键时刻主流媒体的权威性和引导力。抗击疫情特派湖北前方报道组传递战“疫”强音，展示战“疫”前线的“辽宁形象”；自主开发“抗击疫情　辽宁进行时”实时动态发布平台，借助网络聚合平台广泛传播，宣传应对疫情的“辽宁作为”，汇聚网上网下共克时艰的强大力量。受到中共中央宣传部和国务院新闻办表扬。

一、坚持移动优先　筑牢抗疫宣传主阵地

2020 年 1 月，面对突如其来的新冠疫情，中国打响一场疫情防控的人民战争。《辽宁日报》强化正面宣传引导，大力宣传党中央、国务院的决策部署和省委、省政府的工作安排，宣传各地各部门贯彻落实战疫情的有力措施。

《辽宁日报》坚持移动优先，发挥主流媒体主力军主阵地作用。1 月 25 日，微信公众号第一时间连续发布权威信息，其中《辽宁决定启动重大突发公共卫生事件 I 级响应》《致湖北武汉返辽来辽人员的一封信》等消息，迅速引导舆论制高点，引发普遍关注。面对疫情突然蔓延的严峻形势，人民群众普遍对疫情严重性和防控重要性认识不足，突出服务强化科普，直面关切曝光揭露各类不实传闻和网络谣言，解疑释惑，消除恐慌。《辽宁日报》客户端推出的图文产品《转发 + 扩散！记住这些新冠肺炎防控硬知识》等文章和报道，科学指导公众正确认识和预防疫病，提高公众防护意识和能力。1 月 28 日起，《辽宁日报》及所属新媒体平台开设“抗击疫情　辽宁在行动”专栏，集中报道各级党委、政府工作举措，及时发布权威信息，广泛宣传

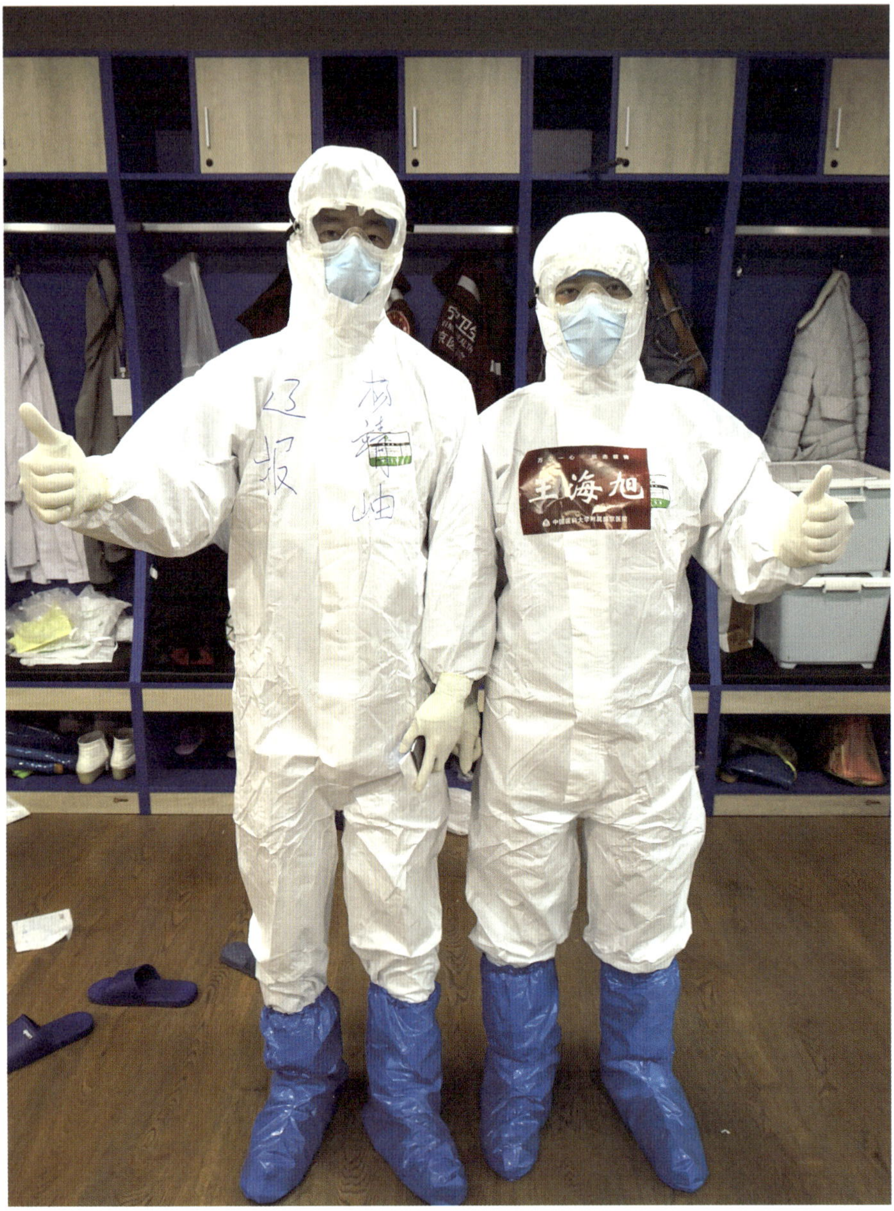

《辽宁日报》赴湖北抗疫前线记者深入一线采访

防控知识，迅速形成强大声势，及时有效回应社会关切。策划推出“战‘疫’快评”“非常时评”等系列评论，《宁可十防九控，不可失防万一》《人人尽责也是有效“疫苗”》等文章发声响亮引导有力，以鲜明的观点和诚恳的态度号召全省上下全力以赴打赢疫情防控阻击战。

深挖典型创新表达。《辽宁日报》客户端发掘报道医务人员救死扶伤的感人事迹，推送的《逆行，最美的背影——我省首批驰援湖北医疗队出发侧记》《两位女护士现场写下入党申请书》《17 年后再次请战》等报道提振信心，鼓舞士气。持续在抖音、快手等平台推送原创短视频，推出多个爆款新媒体产品。据统计，1 月 24 日至 31 日，双平台总计推送短视频 136 条，累计播放量 2.5 亿次，点赞量和评论数超百万。其中话题“这里是辽宁”浏览量达 1.3 亿次；关于营口、本溪疫情的短视频，播放量均达到 1000 万。2022 年疫情防控宣传突出依法科学有序，《辽宁日报》刊发《违反疫情防控规定要承担相应法律责任》《遵守规定是对抗疫最有力的支持》等评论，《辽宁日报》北国客户端推送《疫情当前，这份“法律宝典”请收好》系列报道，对相应新闻进行二次转化，制作融媒体产品引导广大群众认识到依法科学有序防控。

二、4 名记者白衣执甲逆行出征武汉襄阳

2 月 11 日，中共辽宁省委宣传部牵头组建我省抗击疫情湖北前方报道组。当日 13 时，辽报集团接到选派 4 名记者赴武汉和襄阳采访的任务。“我报名”“让我去”……消息一发出，集团 45 名记者立即请战。经过报社党委慎重讨论，最后挑选姜义双、杨靖岫、董翰博、田勇 4 名特派记者赴湖北疫情一线采访，集团迅速为其出征做好后勤保障，包括从防护服、口罩、消毒液等防护用品，到雨鞋、睡袋、毛巾牙刷等生活用品。2 月 13 日，辽宁驰援湖北重症患者救治医疗队和辽宁对口支援湖北襄阳医疗队乘专机分赴武汉市和襄阳市，《辽宁日报》4 名特派记者一同出征深入疫情阻击战的最前沿。

来自战“疫”前沿阵地的报道。《辽宁日报》特派报道组第一时间用手机记录下飞机乘务员的哽咽播报，起飞前传回编辑部。《刚刚！南航空乘人员与辽宁援襄医护哽咽约定，令人瞬间泪崩》的视频作品，迅速在社交媒体引爆泪点。刚下飞机，《辽

宁日报》报道组《赴襄包机内，医疗队员与空乘人员的特殊接力！》融媒体产品制成发出，快手平台点击量瞬间达到 42.7 万。《探访武汉雷神山医院的辽宁医护人员驻地》等报道，向海内外传递关于辽宁医疗队的权威信息，用笔头和镜头记录辽宁支援湖北医疗队的工作情况和感人事迹，反映辽宁在打赢这场疫情防控阻击战中的积极贡献，营造强信心、暖人心、聚民心的良好舆论氛围。

冲锋在抗疫采访第一线。《辽宁日报》4 名特派记者用责任与担当冲锋在抗疫采访第一线，深入武汉雷神山医院等辽宁医疗队在武汉驻扎的“战场”，与 1600 多名医疗队员并肩战斗，走遍辽宁对口支援襄阳的 7 个医院、8 家院区、2 个中心。他们在医院、方舱、重症病房等地记录下这场惊心动魄的“战疫”，生动讲述辽鄂两省团结同心抗击疫情的动人故事，做强做亮做优正面宣传，成为抗疫战场上一支既有速度又有锐度，既有深度又有温度的媒体“轻骑兵”。《辽宁日报》这支特派报道组拍摄图片 1.6 万多张、录制视频 2000 多条，多次进行新媒体直播，累计在各平台发稿 600 余篇（条），总点击量超过 1.5 亿次。

前方与后方密切配合。特派报道组第一时间播发来自武汉、襄阳的现场报道，《辽宁日报》开设“最前线”“抗疫群英谱”等版块，推出众多鼓舞斗志、温暖人心的新闻报道。在重要时间节点上提前策划、深入采访、精心打磨，推出《点亮生命之舱——辽宁国家紧急医学救援队援助武昌方舱医院侧记》《守护“雷神山”——辽宁支援湖北医疗队接管雷神山医院 13 个病区侧记》《35 天的坚守托起生命方舟——辽宁国家紧急医学救援队奋战武汉市武昌方舱医院纪实》《55 天，英雄归来——辽宁第一批支援湖北医疗队队员凯旋侧记》等重点报道。

记者的眼力成就暖心佳作。前方报道组在几天的密集实地踏访中，敏锐发现辽宁国家紧急医学救援队用新媒体手段与患者沟通这一有价值的新闻素材，采写报道《方舱医院里的“网络红人”》刊发后，有多支外省医疗队推广其好做法，减轻医护人员体力消耗，降低被感染风险。围绕大连医科大学附属第一医院捐赠的智能化视频系统，报道组采写《雷神山医院架起智能化沟通的桥梁》，智能化视频系统被迅速推广到火神山医院、金银潭医院。先后报道 20 多位先进个人及 5 个先进集体事迹，《与死神较量的勇士》《辽宁人给了我第二次生命》《双胞胎姐妹的共同战场》等暖心佳作，被中央主要媒体及知名网络媒体转发或引用，激励奋战在抗疫最前线的广大医护人员。

抗疫战场也是融合传播的考场。报道组根据自身特点，积极创新形式、手段、方法，一批批爆款产品频频刷屏。传统媒体与新兴媒体联动全媒传播，报道组采写的反映辽宁医疗队队员在患者转运途中紧急为其做心肺复苏术的《血氧0！心跳0！》在网络上引起强烈反响；拍摄的百辆负压救护车视频，快手平台一天点击量过1000万；拍摄的盘锦护士于东月被手腕水疱疼醒的视频在快手平台点击量近2000万，有力展现辽宁支援湖北医疗队勇担重任、冲锋在前、救死扶伤的精神风貌，彰显辽宁在关键时刻的长子情怀和忠诚担当，向国内外树立辽宁良好形象。

三、自主开发“抗击疫情辽宁进行时”实时动态发布平台

在中共辽宁省委宣传部指导下,《辽宁日报》自主开发“抗击疫情　辽宁进行时”实时动态应用程序，搭建信息聚合平台，打造“24小时的新闻发布会”。此举在全国开先河，受到中共中央宣传部和国务院新闻办表扬。

2020年2月1日平台正式上线，广大用户通过关注《辽宁日报》微信公众号、下载《辽宁日报》客户端、浏览北国网等方式登录“抗击疫情　辽宁进行时”实时动态应用程序。该应用程序是辽宁省疫情信息发布的主要平台，及时、集中发布最新疫情动态、权威公告、疫情防控科普知识、全省各地抗击疫情的工作举措和显著成效。短短一个月发布各类信息近1.3万条，访问量达3200余万人次，全网阅读量超2.5亿次，为全方位宣传中央及省委决策部署，全天候满足公众对疫情信息的需求，不断增强全省上下战胜疫情的决心与信心，发挥强有力的舆论支撑作用。

全天候、全方位发布。平台设置疫情分布、重要公告、实时播报、市县快讯、全球疫情五大版块。其中，“疫情分布”嵌入“辽宁疫情分布图”和“全国疫情分布表”，全天候实时发布疫情数据；“重要公告”汇集习近平总书记重要指示、中央重大决策部署以及省委、省政府最新公告；“实时播报”精选精编国内、省内抗击疫情重要信息，便于全省党员干部群众及时掌握疫情动态；“市县快讯”及时发布全省14市强力推进疫情防控的有效行动。随着全球疫情形势变化，3月7日又增设“全球疫情”版块，关注世界各国疫情发展。

全媒体、全覆盖传播。与传统新闻发布会相比，平台产品形态更丰富，包括短视频、直播、H5、海报、照片、文字等，涵盖医疗、科研、教育、公安、消防、新闻、社区、志愿者等抗疫一线各类群体；宣传方式更立体，通过集中发布、窗口置顶等技术手段重点呈现，使信息发布最大限度实现全覆盖。同时，信息发布采用超链接形式，用户可在平台和各大权威信息源之间自由切换跳转。

全流程、全要素保障。中共辽宁省委宣传部制定周密的工作机制，组建“信息线索发布小组”“新闻作品共享小组”等平台，指导疫情宣传及发布工作，确保平台安全顺畅运行，使“24 小时‘不落幕’的新闻发布会”不跑偏、不走样。《辽宁日报》成立由 30 多名资深编辑记者组成的专门运营团队，不断优化完善页面设计和栏目设置，为用户提供更好的阅读体验。新闻信息实时动态发布平台“抗击疫情　辽宁进行时”直播最新疫情动态，发布权威指令公告，播报实时抗疫信息，提供全面防疫指南，使用人数超过 4800 万。平台严格严密做好热点引导和管控，共同吹响战“疫”集结号，构筑战“疫”“心”防线。

| 第七节 |

从文化角度开拓抗战报道新领域

《辽宁日报》纪念抗战胜利 70 周年宣传报道紧紧围绕“铭记历史、缅怀先烈、珍爱和平、开创未来”的宣传主题，深入采访，开拓创新，通过持续的、系统性的报道，展现出辽宁在中国抗日战争中的历史贡献和地位，弘扬伟大的抗战精神。《辽宁日报》创造性地用地域视角独辟蹊径，透过历史的天窗全景式呈现别样视域下的中华民族抗战史。尤其是《辽宁日报》60 年新闻史上稿件文字量和版面体量最大的一次新闻策划《1895—1945 中国东北角》“文化抗战”，拂去历史尘埃，还原历史本真，厘清模糊认识，批驳错误观点，开拓我国抗日战争报道新领域。

一、《辽宁日报》首次提出“文化抗战”概念

作为历史题材报道，《辽宁日报》独辟蹊径旧闻出新，2015 年 4 月起推出大型

策划《1895—1945中国东北角》，“文化抗战”和“经济抗战”两个系列，刊发110块专版、500多篇稿件、40余万字，从文化和经济的视角揭露日本帝国主义在中国东北长期野蛮的文化侵略和经济掠夺，许多抢救性的口述历史留下珍贵的历史资料。其中“文化抗战”开创性地填补我国媒体抗战宣传的空白，巧妙地向读者展示别样视域下的民族抗战史。通过文献调查纪实性大型综合报道，聚焦中国东北角这一独特地域的民众艰苦卓绝的文化抗战，通过对抗战精神遗产的爬梳和提炼，使人们开始关注东北抗战的文化实践，体现《辽宁日报》重大节点主题报道别开生面的新闻立意，创造性填补并开拓对文化抗战的研究，使读者在昨今交织的解读中，铭记历史，珍视和平与未来。

这组策划由丁宗皓点题并亲自指挥，“文化抗战”这一概念也是由《辽宁日报》首次提出，兼具新闻价值与学术价值。“文化抗战”系统记载东北各阶层人民以文化抵抗侵略者的社会行动，以细节刻写历史，具有鲜明的文献性、纪实性和鲜活性。深入挖掘和解读历史遗迹，重建历史现场，拉近历史与现实的距离，拉近史料与读者的距离。通过众多个人口述和文献考释，重新打捞民众集体的家国记忆，从文化抗战叙事起步，进入抗战文化层面，构造真实鲜活的抗战文化。报道不断刷新报纸专刊出版数量的纪录，工程之浩大，言说之深广，文体之别致，堪称独树一帜。

从海量史料中整理归纳有价值的信息和内容，采用实地考察、田野调查式的采访方式，对“活”的历史进行抢救性打捞。报道组成员行程长达1.5万余公里，先后采访70余位专家学者。走访众多研究机构和学术专家，采访为数众多的亲历者，亲身体验当年的文化侵略在东北大地和普通民众身上留下的印迹，用今天的视角去观察和记述尘封的历史，让历史与现实呼应，使报道更具感染力。

身在东北谈东北，站在东北看全局。报道共分五个主题：首期主题是“满铁”；第二期主题是“奴化教育”；第三期主题是“媒体”，关注日本殖民者和伪满洲国利用新闻媒体来美化战争、欺骗东北民众的做法，关注东北爱国知识分子和媒体人所进行的文化抗战；第四期的主题是“文化设施”，重点关注日本殖民者和伪满洲国在东北所建的图书馆、博物馆和文物调查机构，对珍贵文物、图书的掠夺；第五期主题是“文学艺术”，关注日本殖民者在文学艺术上进行的文化侵略以及东北爱国文艺工作者的反抗。报道推出后反响热烈，各大门户网站文章点击量达数百万人次。

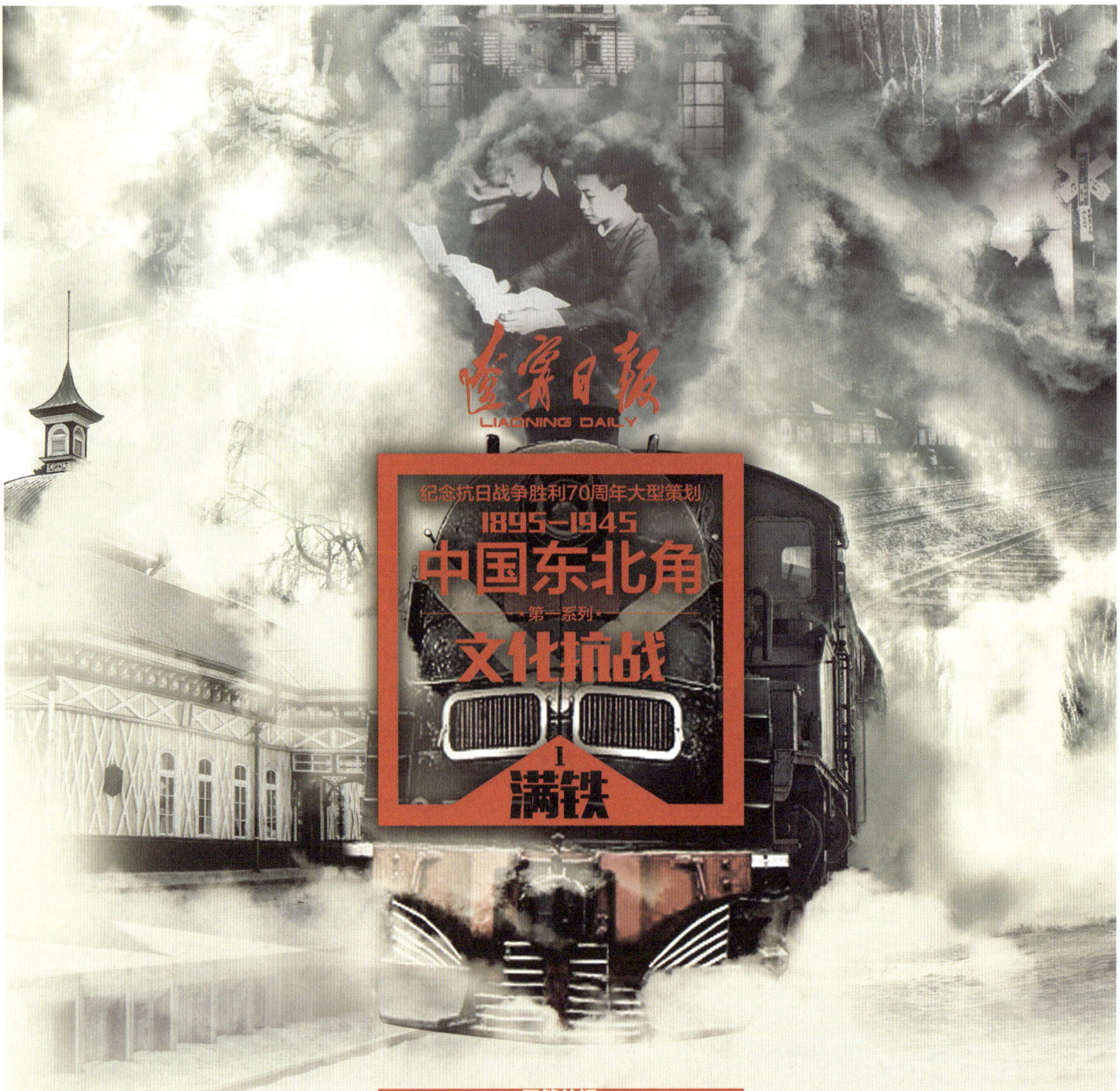

开篇的话

怎能忘 那连根续脉的文化抗战

□本报特别策划组

今年是世界反法西斯战争胜利70周年，也是中国人民抗日战争胜利70周年。以何种形式纪念这一重要的历史节点，以什么样的态度面对当年的历史？我们选取了一个特别的角度来进行回顾——

从1895年到1945年，整整半个世纪的中国东北角，关注日本殖民者在东北地区所进行的文化侵略，关注东北人民所进行的艰难而又极其可贵的文化抗战，关注当年那场战争对今天造成的影响。

选择这个角度是因为，目前对于抗日战争的研究和新闻报道，大多集中在日本的军事侵略和中国人民的奋勇抵抗上，而对于日本对中国特别是东北地区的文化侵略，媒体关注得极少，学术界也缺乏系统研究。

比起军事侵略，文化侵略具有更强的计划性、全面性、隐蔽性、欺骗性。特别是东北，是中国内地受日本侵略和殖民统治时间最久、程度最深的地区，日本对东北的文化侵略，具有极其罕见的残酷性和野蛮性，其目的就是要从根本上断绝东北人民的文化血脉，将东北人民的价值观彻底“格式化”。很多人只认识到战争的残酷性，却忽视了文化战争同样残酷，危害更加深远。因此，有必要通过新闻策划，通过确凿的史料和实地调查采访，厘清模糊和错误认识，旗帜鲜明地揭露日本文化侵略的本质。

报道东北的文化抗战，具有双重涵义。

首先是面对历史的态度。作为抗战的胜利者，我们有充分的理由为先辈们的浴血奋战和不屈抵抗感到自豪，为我们所拥有的强大的民族精神所鼓舞，同时，我们更希望从历史中吸取经验和教训，在阳光照耀不到的背面看到整个民族曾经遭受的苦难，揭开历史的疮疤去寻找直面屈辱的勇气和力量。

其次是当下的现实意义。国家、地区之间的竞争，从根本上还是文化的竞争。一个国家、民族文化的强大，是自身积累的过程，也是从其他国家和民族文化中吸取有益成分的过程，还是从历史的挫折中不断反思的过程。在当前意识形态斗争更加复杂敏感的情况下，怎样去分辨和包容多元文化，警惕和抵御未知的文化侵略，增强我们的文化自觉，我们用实地采访和时代的眼光去连接过去与现在，从历史中为今天找到答案。

T02

满铁就是钻进中国肚皮的强贼

总策划 丁宗皓　监制 褚少研 赵辉　执行 张小龙　主笔 高爽 王研 张昕 张晓丽　责任编辑 王研　视觉设计 张威 隋文锋 董昌秋 黄丽娜　摄影 万重　检校 张左先 冯赤 蒋哲 孙广 高峰 韩永芝 杨爱英 范佳佳 郭冰晶

中宣部《内部通信》以《辽宁日报从文化角度开拓抗战报道新领域》对《1895—1945 中国东北角》“文化抗战”予以肯定。光明日报内参《情况反映》以《日本对我东北 50 年的文化侵略不容忽视——辽宁日报“文化抗战”系列报道声势大反响好》为题向中央领导作专题汇报。

二、多角度策划打一场综合性“战役”

2015 年是抗战胜利 70 周年。辽宁省举行一系列大型纪念活动。《辽宁日报》对“八一五”“九三”“九一八”等重大纪念活动浓墨重彩进行全方位的报道，突出辽宁人民铭记历史、奋发图强，将抗战精神转化为辽宁新一轮全面振兴的行动和决心。“八一五”期间，《辽宁日报》连续 3 天刊播发辽宁阜新“万人坑”死难矿工纪念馆开馆暨日本侵华时期死难矿工公祭仪式的相关报道，配发评论员文章《在振兴发展中弘扬伟大的抗战精神》，点明公祭的意义。“九三”期间，用通版全面宣传习近平总书记在纪念大会上的讲话精神，将纪念抗战胜利的报道主题升华到一个新的高度。9 月 4 日，刊发习近平总书记讲话全文，并连续转发新华社对讲话解读和《人民日报》4 篇评论员文章，加深对讲话的深刻领会。9 月 8 日，全文刊发省委书记、省人大常委会主任李希在辽宁省纪念中国人民抗日战争暨世界反法西斯战争胜利 70 周年座谈会上的讲话。纪念大会期间从多个角度真实记录和传达辽宁人民观看大会时的感受和牢记历史、奋发向上的心声。

6 月起，《辽宁日报》在历史发现版又推出“东大岁月”“寻找英雄”“抗联故事”“重访遗迹”等 6 个系列策划报道，通过有特点的细节故事来反映辽宁的抗战大局。8 月 19 日 13 版“寻找英雄”《日本人曾预想用 30 年将鞍山建成伪满四大都市之一》《东北中学千余学生赴抗日战场》，8 月 26 日 12 版“抗联故事”《东北抗联与共产国际是如何联系的》《邻家长者是位抗战老兵》，9 月 16 日 12 版“重访遗迹”《“九一八”事变前日本在辽宁勘探出 60 余个矿种》等，揭露日本侵略者的狼子野心，弘扬抗战精神。

8 月 14 日，《辽宁日报》推出 8 块版的《审判》特刊，选择在这个特殊日子清算日本侵略者的罪恶，不是为了煽动仇恨，而是为了不让战争和苦难重现，为了种下和平的种子。特刊有四个部分:“全面清算”日本侵略中国东北犯下累累罪行,“实地考察”沈阳太原战犯审判现场,“独家专访”审判工作亲历者,“最新研究”获罪战犯的赎罪之旅与命运沉浮。8月25日理论版刊发《从国际视角审视“九一八”事变》,以国内和国际视角全面审视历史。

9月2日,《辽宁日报》推出8块版《14年,14人口述史》,精心挑选14名抗日战争的亲历者及他们的后人,以口述史的方式,重新串联东北14年抗战的全过程,向14年间不屈抗争的东北人致敬。抗联老战士、新中国第一批具有伞降能力的女兵李敏老人,见证西安事变的蒋润元,义勇军将领郭景珊之子,红色银行家巩天民之孙,大连放火团成员邹立升之子,赵尚志联络员之子王汉斌,去不了前线在校园里抗战的杨增志老人,少年时切身感受到亡国的耻辱和悲哀的郎享伯和洪天贺老人等,最年长者已近百岁,最年轻的讲述父辈和祖辈经历的人也年近花甲,他们的口述历史凸显辽宁抗战的光辉事迹和伟大精神。

三、融媒体平台联动进行可视化创作

《辽宁日报》以时政要闻、社会新闻、文化新闻等版面关注纪念活动追踪报道,动态报道和深度报道结合,述评、评论员文章并举,增强报道的可读性与感染力;融媒体平台联动,立体报道,有效提升传播效果。

精心设计多种多样的互动活动,带领读者走进历史现场。报道设计一个虚拟人物,以文学化的手法推出报道《一个伪满洲国小学生的一天》,揭露日本奴化教育集中彰显奴化教育对东北青少年一代的毒害。2016年9月1日,《1895—1945中国东北角之文化抗战》由辽宁人民出版社结集出版。“1895—1945中国东北角”全部采访报道素材资料,包括文字、图片和影音资料及图书,捐献给沈阳“九·一八”历史博物馆永久收藏。

时隔5年的2020年,中国人民抗日战争暨世界反法西斯战争胜利75周年,《辽宁日报》利用新媒体技术,对《1895—1945中国东北角之文化抗战》进行可视化创作。从8月15日至9月18日,《辽宁日报》推出系列融媒体产品《1895—1945中国东北角之文化抗战》,5个篇章34集,包括微纪录片及大型直播,在北国新闻客户端,“学

习强国”辽宁学习平台,《辽宁日报》微信公众号、微博、抖音、快手等平台同步推出，累计播放量逾 500 万人次。完结篇以直播形式制作，推出当天恰是九一八事变 89 周年，节目以沈阳“九·一八”历史博物馆为起点，三路记者分别踏访北大营、三洞桥、中共满洲省委旧址、“满铁奉天图书馆”（今张学良旧居）等 9 处抗战相关遗迹。

2022 年九一八事变 91 周年,《辽宁日报》北国客户端推出融媒体策划《雪冷血热》，通过踏访数十处重要的抗联遗址遗迹、展陈场馆，聚合数据地图、短视频、开发上线全景互动平台等丰富形态的可视化产品，弘扬东北抗联精神，全网阅读量超千万。陆续发布“文物篇”“遗迹篇”“影响篇”和“云参观”等专题，刊发新媒体图文报道 40 余篇，云参观 8 期。全景互动平台具有鲜明的互动性、沉浸性，实现“电脑端 + 移动端”双呈现，将成为弘扬宣传东北抗联精神的“云上基地”。《辽宁日报》弘扬伟大的抗战精神脚步不会停止。

| 第八节 |

创新呈现抗美援朝历史中的辽宁贡献

在中国人民志愿军抗美援朝出国作战 70 周年、伟大的抗美援朝战争胜利 70 周年两个重要节点,《辽宁日报》大型主题策划《江两岸》和典藏特刊《独家记忆》讲述一部抗美援朝简史，报道规模之大、系统性之强、报道形式之新，在国内各大媒体此前报道中并不多见。《辽宁日报》新媒体产品以一种独特方式打开这段历史，以创新、创意、创造打造“纪念中国人民志愿军抗美援朝出国作战 70 周年大型全景新闻互动平台”，解锁重大主题报道新模式，承继伟大的抗美援朝精神，传递辽宁人民热血奉献的力量。

一、《江两岸》特刊生动展现抗美援朝中的辽宁贡献

2020 年，为纪念中国人民志愿军抗美援朝出国作战 70 周年,《辽宁日报》推出大型主题策划《江两岸》特刊，以 80 个版面，生动展现抗美援朝战争光辉历程和宝贵经验，充分彰显伟大的抗美援朝精神。《江两岸》特刊，突破以往零散化、片段化

1951年初 辽东省2.1万青年参军
1950年11月 辽西省2.3万青年报名
1950年12月 沈阳3872名青年参军
旅大57135人参军
1951年 本溪10036人参军
抚顺1185人参军
鞍山1660人参军
桓仁2100名担架队员支前
名农民组成担架队

辽宁日报
LIAONING DAILY
2020年9月27日 星期日

纪念中国人民志愿军抗美援朝出国作战70周年

一切为了前线

本报特别报道组

行行醒目的数字映入眼……辽宁地区246.2万人次参……人数占当时全省人口总……至1953年7月，辽宁共……工随军出国作战，同行的……铁路员工、翻译人员、船……

……勇的辽宁儿女满腔热血，掀起了轰轰烈烈的抗美援朝运动。

在战火纷飞的前线，在为战场提供支援的后方，辽宁儿女挺身而出，全力以赴。挥别“父送子，妻送郎，兄弟争相上战场”的依依不舍，挨过饥寒交迫、深夜行军的艰难困苦，理想在枪林弹雨、生死边缘的考验中日益坚定，信仰在无数江中抢险、舍身救人的英勇无畏中升华，空袭下的抢修、轰炸中的驰骋、夜幕里的突进……种种画面交织，一江两岸，生命如歌。

辽宁儿女用青春和热情、鲜血和生命，谱写了一曲曲震撼人心的英雄赞歌。

运输线上，本溪民工队创造了“平均2分钟装一汽车，每30分钟卸一火车”的奇迹；手术台上，医生徐福绵整夜为伤病员做手术，挽救了一条条生命；前线阵地，测绘员郭忠保深夜勘测，常常绘图到天亮……

这些辽宁儿女，有着一个共同的目标：一切为了前线，一切为了胜利。

“志之所趋，无远弗届，穷山距海，不能限也。”无数平凡而伟大的辽宁儿女，在战争岁月中经受磨炼、经历洗礼，迸发出惊人的力量。他们用牺牲与奉献，创造了永恒的功绩。

伟大出自平凡，英雄来自人民。辽宁儿女，用行动书写出最精彩的历史篇章，用奋斗奏响了时代最强音。

总监制 刘玉玮 ◆ 监制 李增福 张小龙 ◆ 责任编辑 徐晓敬 ◆ 主笔 徐晓敬 贾知梅 张晓丽 赵雪 ◆ 编辑 张春红 ◆ 视觉统筹 张威 ◆ 首席设计 隋文锋 ◆ 视觉设计 许科 ◆ 摄影 郑磊 ◆ 手绘 张威 王晨同 ◆ 检校 冯赤 孙广 高峰 冰晶 赵琢 史凤斌 吴迪 张勇 李世同 马松波 ◆ 刊头题字 胡崇炜

的报道方式，紧紧围绕抗美援朝的辽宁元素，充分发挥党报的整体策划、系统设计、集中刊发优势，形成规模化的传播效应。

五大主题展现辽宁人民的忠诚担当。策划把握重要时间节点，陆续推出五期通版报道。2020 年 9 月 15 日，推出首期特刊《序・全景》，以 16 版长卷，展现抗美援朝的辽宁贡献。9 月 17 日，第二期特刊《英雄》以近距离采访立体展现一位位战斗英雄的传奇事迹。9 月 27 日，第三期特刊《人民》以细腻笔触描述辽宁支前人员舍身奋勇奉献的行动。10 月 15 日，第四期特刊《后盾》以翔实的资料讲述辽宁在物资保障方面的贡献。10 月 23 日，第五期特刊《大爱》深情讲述辽宁人民无私奉献保家卫国的大爱情怀。每期特刊选取独特角度，设定一个主题，从一个侧面展现抗美援朝战争光辉历程和中国人民志愿军的英雄事迹。如第五期特刊《大爱》，通过实地踏访博物馆、烈士陵园及遗址遗迹，采访志愿军老战士、专家学者，设置了慰问团、医疗救护、影像志、战地演出、战歌、接收孤儿等 16 个版面，综合运用文字、图表、词条、照片、手绘等形式，讲述了“一封封慰问信写满关爱”“轰炸声中救治转运伤病员三十四万”“战地记者一手拿枪一手拿相机定格历史”“一段出征誓词成了响亮号角”“辽宁曲艺唱到前线”等系列动人的故事，充分展现抗美援朝时期辽宁人民的忠诚担当，让读者深切感受到辽宁的“长子情怀”。

聚焦三个典型深挖历史细节故事化表达。针对这一抗美援朝宏大叙事主题，《江两岸》特刊聚焦典型地点、典型人物、典型事迹，深挖历史细节故事化表达，充分展示志愿军将士愈战愈勇的旺盛斗志、高昂士气，有力展现全国各族人民同仇敌忾、万众一心的家国情怀。第五期《大爱》通过讲述“铁岭挑选五处 150 间房子做校舍”“把朝鲜孤儿接到中国抚养”“铁岭龙首山 8000 多棵友谊之树”“北镇腾出 334 间房屋安置战争孤儿”等一段段荡气回肠的故事，深情讲述跨越国界、跨越民族的大爱。通过一段段故事，还原当年的历史场景，充分展现战火淬炼的民族大爱和鲜血凝成的中朝友谊。第四期《后盾》从“制罐头做炒面丰富战地伙食——辽宁成为副食加工主战场”切入，描写辽宁男女老少齐上阵、家家户户做炒面支援志愿军战士的动人场景，特别介绍战士们吃炒面的“讲究”：“战士们有的一把炒面、一把雪同时吃；有的干脆把积雪攥成一个拳头大小的雪球，吃炒面时，先吃一口雪团，口腔湿润了，炒面自然也就不难咽了。”这段情节，以小见大地表现中国人民志愿军将士的革命乐观主义精神。

《江两岸》特刊可视化呈现。在特刊版式设计上，采用通版长卷形式，大量使用图表数据和手绘画面，用图像化呈现方式弥补纸质媒体可视化的不足，排版精美、布局清晰、重点突出，让报纸“立”起来，让版面“活”起来。特刊以中国红为基础色调，饱含着炽烈的情怀和火热的激情，烘托出浓厚的胜利氛围，其分量之重、设计之巧、“颜值”之高，彰显辽宁省党报重大主题报道的格局与内涵。

《江两岸》特刊抓住重要时间节点，以辽宁在抗美援朝战争中的贡献为主线，宏大主题见高度、多维发力挖深度、百姓视角有温度、融合传播聚热度。新媒体平台同步播发，提升用户的互动感和参与感，一幕幕抗美援朝的辽宁故事迎面而来，如同一部抗美援朝简史。

二、全景数据库入选中国报业深度融合发展创新案例

2020 年 9 月 28 日，为了纪念这段不能忘却的历史，为了唱响那支不老的英雄赞歌，为了传承赓续伟大的抗美援朝精神，《辽宁日报》新媒体历经数月打造“纪念中国人民志愿军抗美援朝出国作战 70 周年大型全景新闻互动平台”上线。

《东北日报》是《辽宁日报》前身，在当时国内派记者到朝鲜战场去采访的媒体中，除《人民日报》和新华社外，地方党报中唯有《东北日报》。“纪念中国人民志愿军抗美援朝出国作战 70 周年大型全景新闻互动平台”呈现最独家的内容，平台主打版块“东北日报”，以交互式 H5 的形式首次发布“记者在前线——《东北日报》抗美援朝报道大数据报告”，用海量数据和多类型图表让一张张泛黄的报纸“开口”说话。海量的报道内容、独家的现场报道、深远的时代影响融汇在一个融媒体产品中，以一股沉郁的力量展现党报人在重大历史现场的坚守与担当，带大家回望 70 年前那段遥远而又清晰的英雄记忆。

在平台页面设计上，用色彩赋予页面丰富的政治寓意，视觉设计以国旗的红、黄两色为主基调，既烘托出浓重热烈的胜利气氛，又具有鲜明的时代象征意义；渐变色处理和动图过渡产生一种视觉效果极佳的流动感，营造出大气、律动、有张力的视觉效果。

让技术驱动内容，以创新、创意、创造塑造《辽宁日报》新媒体产品的整体气质和品牌调性。平台整体设计虽采用传统的下拉浏览模式，但“辽宁贡献”“独家影像”“东北日报”“时间轴线”“英雄”“见证”“遗迹”等多样态模块有机组合，打造出递进式的主题报道内容；大量运用H5、短视频、图解等多媒体交互手段以及词云智能推荐、云图库大数据呈现等最新技术，紧跟传播新形态变化，促进可视场景化表达，让用户的体验感和参与感提升到一个新高度。

“纪念”版块滚动播放抗美援朝牺牲烈士名单，突出“浸入式”体验、“代入感”互动，用户点击鲜花便会有片片花瓣飘落，参与互动将成为第N个为197653名烈士献花的人，表达对“最可爱的人”的敬仰和怀念。

“纪念中国人民志愿军抗美援朝出国作战70周年大型全景新闻互动平台”以最具冲击力的视觉、最富创新力的设计、最独家的内容呈现、最走心的深沉互动从众多同类报道中脱颖而出，成为刷屏爆款，在全社会产生广泛影响。丹东抗美援朝纪念馆将该平台作为其改扩建后举行开馆仪式的直播平台，并在宣传活动中进行推介；在韩中国人民志愿军烈士遗骸归国及安葬仪式，通过这一平台进行全网直播；省内多家高校也将这一平台作为宣传抗美援朝精神的重要载体，依托平台内各版块内容召开主题互动活动。“新闻产品+活动推广”模式使平台线上线下良性互动、交互融合，解锁重大主题报道新模式，全网阅读量超百万人次。2021年12月22日，国家新闻出版署公布2021年中国报业深度融合发展创新案例，《辽宁日报》北国客户端开发搭建的“纪念中国人民志愿军抗美援朝出国作战全景数据库”成功入选60个优秀案例。

三、讲述《东北日报》和辽宁71本地方志中的抗美援朝

2023年是抗美援朝战争胜利70周年，7月27日，《辽宁日报》倾心打造24版典藏特刊《独家记忆——〈东北日报〉和辽宁71本地方志中的抗美援朝》，从独特视角讲述抗美援朝的感人故事，向“最可爱的人”致敬，感怀无数为抗美援朝奉献青春热血的辽宁人，传承和弘扬伟大的抗美援朝精神。

辽宁人脚下的这片土地距离火线最近，距离战场最近，距离记忆最近。报道组用3个多月的时间，翻阅从1950年6月至1953年底的《东北日报》，抄录、整理

辽宁日报

独家记忆

《东北日报》和辽宁71本地方志中的抗美援朝

DUJIAJIYI

致敬伟大抗美援朝精神

1953年7月27日，随着朝鲜停战协定在板门店正式签字，中国人民志愿军同朝鲜人民和军队一道，历经两年九个月艰苦卓绝的浴血奋战，赢得了抗美援朝战争伟大胜利。

习近平总书记指出："抗美援朝战争伟大胜利，是中国人民站起来后屹立于世界东方的宣言书，是中华民族走向伟大复兴的重要里程碑。"

抗美援朝战争胜利来之不易。这是我军第一次出国作战，第一次与外军联合作战，第一次与号称"不可战胜"的美军作战，饮雪卧冰、殊死搏斗、浴血奋战……中国人民志愿军战士与朝鲜军队一起打败了武装到牙齿的对手。有人说，"抗美援朝"是新中国诞生后的第一声呐喊。我们以"小米加步枪"战胜了"飞机加大炮"，那胜利的呼喊声像春雷，穿过三千里江山，响彻中华大地，不仅震惊了世界，更鼓舞了中国人民。

这一战，是立国之战。它用铁一般的事实告诉侵略者，中国人民不畏强暴、万众一心、维护正义，决不会在任何困难和风险面前低头，中华民族是吓不倒、压不垮的！这一战宣告：中国人啊，终于挺直了脊梁！

70年光阴流转，和平驱散了天空的阴霾。值此特殊年份，为了纪念抗美援朝战争的伟大胜利，本报报道组决定走进辽宁地方志，去寻找辽宁大地上有关抗美援朝的记载；走进《东北日报》，去了解辽宁人民最真实的抗美援朝"日记"；走进各类抗美援朝遗址遗迹，去体味时光深处的热血与豪迈。经过2个多月的时间，报道组翻阅了71本地方志、1000多期的《东北日报》，走访了十几个抗美援朝遗址遗迹，总有无数个瞬间，或热泪盈眶，或思绪万千，或心生呼啸。我们脚下的这片土地距离火线最近，距离战场最近，距离记忆最近。无数思绪涌上心头，有太多的话语想要倾诉……

我们想对70多年前的中国人说：落后就要挨打，退缩必然任人宰割！"弱国无外交"是近代中国的屈辱历史留给我们最深切的警示。对于1950年的中国来说，"弱国"的帽子仍然戴在头上。县志里、报纸上，只要是有关于美军轰炸丹东、入侵台湾海峡的记载，都紧跟着中国政府抗议、声讨的声音。美军不但毫无收敛，反而更加肆无忌惮。也就是从那时候开始，中国人民坚定了"打得一拳开，免得百拳来"的信念，以"钢少气多"力克"钢多气少"，最终为新中国的发展赢得了喘息的时间。

我们想对70多年前牺牲的志愿军战士说：青山埋忠魂，不忘来时路！鸭绿江畔的松柏，是否记得那一张张英勇渡江时的年轻脸庞？辽沈大地的山河，还会迎回多少英魂忠骨？"用胸膛堵枪眼、以身躯作人梯"，在这场战争中，像黄继光那样舍生忘死、与敌人同归于尽者成批涌现，是他们用血肉筑起了中华民族新的脊梁。

我们想对70多年前的辽宁人民说：人心齐，泰山移！留存至今的文字总能令人感受到时代的温度。不论是"父送子、妻送夫、兄弟二人争先上战场"的参军热情，还是田野间、工厂里火热的生产竞赛，抑或是妇女捐献陪嫁首饰、大夫捐献治病良方、工人捐献工时的满腔热忱，无不昭示着这样一个事实：辽宁人民真正做到"要人给人，要物给物，要血给血，要什么给什么，要多少就给多少"，成为志愿军"敢打必胜"的坚实后盾。

我们还想对今天的自己说：一切的岁月静好，都因为有人负重前行！当我们寻访抗美援朝老战士、民工、支援者、亲历者时，从那激情澎湃的战歌"雄赳赳，气昂昂，跨过鸭绿江"中，从那或悲壮或感人的抗美援朝故事中，我们明白，是无数的英雄烈士用生命换来了今天的和平。

一代人有一代人的使命，一代人有一代人的担当。"抗美援朝"曾是辽宁人民心中的头等大事，伟大的抗美援朝精神也铭刻在他们的基因当中，成为他们在日后攻克发展道路上一个个"娄山关""腊子口"的制胜法宝。鉴往事，知来者。70年来，鸭绿江依旧静静流淌，江水不息，那些烽火连天的记忆渐渐褪去，而伟大的抗美援朝精神跨越时空、历久弥新，激励着一代代辽宁人不断前行。在今天，我们唯有奋进，唯有敢打必胜，才是纪念抗美援朝战争胜利70周年的最好方式。

共行大道，有歌有雨。习近平总书记说："前进道路不会一帆风顺。我们要铭记抗美援朝战争的艰辛历程和伟大胜利，敢于斗争、善于斗争，知难而进、坚韧向前，把新时代中国特色社会主义伟大事业不断推向前进。"抗美援朝战争的伟大胜利，标志着新中国真正"站起来"了。而今，在中华民族伟大复兴的这场接力赛上，我们迎来了从站起来、富起来到强起来的伟大飞跃。当下，辽宁站在实现"第二个百年"奋斗目标的历史交汇点上，要想打好打赢新时代东北振兴、辽宁振兴的"辽沈战役"，必须从抗美援朝战争中汲取敢打必胜的精气神，做到逢山开路、遇水架桥，锐意开拓进取，才能"杀出一条血路"，用嘹亮的号角吹响奋进新时代的凯歌。

丰碑永恒，光照千秋。

谨以此特刊纪念伟大的抗美援朝战争胜利70周年，致敬不朽的英雄，致敬伟大的祖国，致敬伟大的中国人民！

总策划 丁宗皓　总监制 田学礼　监制 胡欣 李明曙　执行 高爽 柏岩英 张昕　责任编辑 王钢　数据编辑 田金川 王歆瑶　采写 张晓丽 赵雪 张颖 丁思文 任梓溪　视觉统筹 张威　视觉设计 隋文锋 许科 董昌秋　检校 冯赤 孙广 高峰 吴丹宁 冰晶 赵琢 张勇 史凤斌 马松波

71 本辽宁各地县志中有关抗美援朝的历史记载。走进辽宁地方志，去寻找辽宁大地上有关抗美援朝的记载；走进《东北日报》，去了解辽宁人民最真实的抗美援朝“日记”；走进各类抗美援朝遗址遗迹，去体味时光深处的热血与豪迈。用大量经过重新梳理整合的数据、图表和《东北日报》老照片来重现历史原貌，回顾这场伟大的胜利。根据泛黄纸页提供的信息，去寻找当事人、重访历史现场，感受伟大的抗美援朝精神在辽宁这片热土的精神传承。

《辽宁日报》纪念伟大的抗美援朝战争胜利 70 周年特刊典藏的独家记忆分别是：

专访《辽宁抗美援朝运动史》的作者卢骅，阐述辽宁人民的贡献值得永远铭记；

《东北日报》记者白天明现场写下的通讯《二十七日上午在板门店》；

13374 名辽宁籍志愿军指战员为国捐躯的大数据；

《东北日报》9 名记者先后赴朝采访，留下铅与火里的战争记忆；

《东北日报》刊登那些赫赫有名的战役，掀起宣传抗美援朝的高潮；

70 多年前《东北日报》老照片承载炽热滚烫的爱国之心；

印刻在泛黄纸张里的轰轰烈烈 71 本地方志记录的抗美援朝运动；

要人给人，要物给物，要血给血，抗美援朝战场上的辽宁力量；

上山扛弹药、下山背伤员的担架队；

抢修一条地图上没有的铁路线，寻访“秘密运输通道”凤上线；

第一趟载满军火的列车从沈阳苏家屯军供站出发；

大孤山上两个月用钢板建起一座野战机场，中国人民志愿军空军从这里起飞；

与志愿军并肩作战的海上先锋旅大支前船队开辟海上运输线；

“爱国卫生运动”源自抗美援朝战争；

揭秘抗美援朝时期的细菌战；

辽宁为 6812 名朝鲜战灾孤儿建爱育园，初等、中等学院；

英华山上树立起英雄的丰碑，用 2 万件文物讲述一个伟大的故事；

沈阳抗美援朝烈士陵园不断加长的英名墙；

杭州三兄妹带一壶西湖水、一捧家乡土，从丹东赴朝为父扫墓；

辽东学院学子万里寻访 289 位志愿军老战士，忠实记录下他们的口述历史；

用光影旋律诗行为“最可爱的人”作传，创作和抗美援朝战争有关的电影、电视剧、小说、音乐、诗歌、戏剧、报告文学等文艺作品。

| 第九节 |

重大体育赛事报道创新求深出奇兵

2013 年至 2023 年的十年间，面对重大国内外体育赛事，《辽宁日报》大胆创新体育报道模式，高站位视角独特，深度挖掘出奇制胜。在辽宁首次举办的全运会、在北京我国首次举办的冬奥会、辽篮蝉联 CBA 总冠军等重要节点，通过专刊特刊、报网互动等多种传播形式，宣传辽宁、展示辽宁。围绕赛事活动量身打造冬奥副刊，将激烈紧张的赛事报道和深沉厚重的文化报道有机结合，拓展体育报道的地域文化切口，将报道视野延伸到人文风貌、文旅资源、城市形象等领域，展现辽宁的文化底蕴，将顶级赛事带来的“大流量”转化为推动辽宁经济社会高质量发展的“强动力”。

一、《全盛志》深度挖掘独家内容出奇制胜

《辽宁日报》十二运报道另辟蹊径，不去最热闹的地方凑热闹，而是善于选取深挖独家，在新闻竞争中凭借“不一样的内容”笑到最后。《全盛志》报道组收到中共辽宁省委宣传部、十二运组委会、辽宁省体育局、沈阳市体育局的表扬信，沈阳体院把《全盛志》列入体育新闻系教学案例。

第十二届全运会 2013 年 8 月 31 日至 9 月 12 日在辽宁省沈阳市举行，历时 13 天，主赛区设在沈阳市，辽宁省其他 13 个地市均设有分赛区，共有 9000 多名运动员参加。继北京、上海、广东、江苏与山东后，辽宁是第 6 个主办全运会的省市。《辽宁日报》推出《全运专刊 · 全盛志》每天 8 版共 14 期，以 112 块版面 700 多篇稿件 500 多幅图片组成十二运盛会的华彩拼图，展示辽宁全面振兴进程中的“盛情”“盛景”“盛意”（三个专版名称），集中报道国内体坛骄子“盛举”“盛气”“盛迹”（三个专版名称）的英雄豪迈。

第十二届全运会是微博、微信等新媒体传播方式崛起之后的第一次全运会，体育部报道组用以“空间”换“时间”的战略，积极策划主动选取，挖掘更有深度的

内容出奇制胜。9月1日是万众瞩目的全运会开幕式，对开幕式本身当天的特刊只是用了一个通版，却用了三个版面的篇幅对第二天的赛前动态进行深入报道和分析，把报道力度放在第二天比赛的赛前资讯。对第二天比赛的赛前资讯进行报道、分析和整合，是《辽宁日报》面对网络媒体扬长避短的一个积极尝试，为读者在观看比赛直播时提供服务，让读者在接收社交媒体零零碎碎的新闻时已经做到心中有数。在全运会最后一个比赛日有的放矢，果断舍弃男篮决赛和公路自行车两场拖到最后的比赛，而是集中力量策划出“光荣”“英雄”“突破”和“感动”四个主题版面，这样为全运会收官，形式更新，力度更大。

体育部的前线记者深入采访，透过比赛本身挖掘需要重新解读的内容。《神秘消失的“消极”送佟文进决赛》和《辽宁枪手瞄不准新规则的靶心》两篇报道，从专业视角解释复杂规则的变化带来的争议和不解；《家乡人打败家乡人是常事》和《奥运剑客为啥玩不转全运》两篇报道，写出电视镜头无法涉猎和表达的内容。田径男子十项全能结束时，新科冠军祝衡军成为现场焦点，但《辽宁日报》记者在现场将视线投向全运三冠王、这次只获得铜牌的齐海峰，用十几年的采访积累写出独家报道《铁人已老，终到退时》，充满对中国第一铁人老兵的敬意。在U18男足夺冠后，媒体记者们都被东道主的冠军球队所吸引，《辽宁日报》报道组通过赛前采访，了解到浙江U18男足倾注了绿城的心血，尤其老板宋卫平对这支青年队比中超还上心，在他们输了决赛时采写了《输了决赛，赢了未来》这篇稿件，第二天各大网站争相转载。

二、首次围绕赛事活动量身打造冬奥副刊

2022年2月4日，第二十四届冬季奥林匹克运动会在北京隆重开幕，《辽宁日报》聚焦宣传报道主题，在要闻版报道国家主席习近平出席开幕式并宣布本届冬奥会开幕。体育版推出《冰雪之巅》冬奥特刊，历时半个月跟进报道各项赛程。《冰雪之巅》冬奥特刊巧妙选择文化视角的小切口推出系列副刊，紧紧围绕冬奥文化、冰雪文化、辽宁文化等主题，从2月10日起陆续推出5期冬奥副刊专版“读冰雪”“品冰雪”“赏冰雪”“颂冰雪”“享冰雪”，普及冬奥会知识，阐释冰雪文化。

冬奥副刊是《辽宁日报》首次围绕赛事活动量身打造系列副刊专版的尝试，是

文体中心全情投入冬奥会的一次“大合唱”。分别从不同文化门类视角阐释解读冬奥文化和冰雪文化。第一期“读冰雪”有读书版加入，着眼开卷有益，推介冰雪运动主题图书，刊发书评文章；第二期“品冰雪”有历史发现版加入，带领读者深入历史长廊，阐释冰雪对东北、辽宁文化的塑造和影响；第三期“赏冰雪”有艺术周刊版加入，展示笔墨丹青下的冬奥情怀和辽宁书画艺术家创作的冬奥会主题作品；第四期“颂冰雪”有文化副刊版加入，刊发围绕冬奥会主题创作的诗歌、散文、随笔等文学作品；第五期“享冰雪”有体育版加入，立足百姓视角，刊发记者采访手记，报道冰雪运动参与者的个人体验感受。冬奥副刊系列专版内容丰富，文史荟萃，具有融会贯通、点面结合、古今关照的特点，立体呈现冰雪文化之美、辽宁文化底蕴之深。

冬奥副刊充分发掘辽宁作为冰雪运动强省、文旅大省的区位优势、运动优势、文化优势，统筹副刊版面资源，“品冰雪”专版刊发《古代辽地：与冰同在，向雪而行》《辽西走廊是“冰雪丝绸之路”重要组成部分》《冰嬉是训练八旗士兵的重要科目》等报道文章，通过历史视角，结合冰雪运动元素，介绍东北古代民族“骑木而行”的习俗、“冰雪丝绸之路”的辽宁身影、清代八旗冰嬉的训练科目等历史文化知识，将古代辽地与冰同在、向雪而生的宏大历史叙事巧妙融入娓娓道来的说历史、讲故事之中。其中，《辽西走廊是“冰雪丝绸之路”重要组成部分》介绍了“冰雪丝绸之路”有关学术研究和文物考古情况，深入浅出地阐释了“冰雪丝绸之路”既是一条商贸通道，也是一条文化交流通道，并证实辽西走廊是“冰雪丝绸之路”的重要组成部分，这为辽宁省挖掘历史文化资源、打造地方文化特色提供了一条重要启示，具有深刻的现实意义。

冬奥副刊系列专版设计制作精良，底图边框与《冰雪之巅》冬奥特刊保持一致，整体风格浑然一体；各个专版的版式设计结合自身内容定位，具有各自鲜明特点。“读冰雪”版清秀、“品冰雪”版古雅、“赏冰雪”版洒脱、“颂冰雪”版俊秀、“享冰雪”版活泼。

《辽宁日报》冬奥副刊系列专版以其强烈的创新意识和独特视角，在紧张赛事中融入地方文化，有力弘扬冬奥文化，展示辽宁深厚的文化底蕴，树立辽宁冰雪运动强省、文化大省的形象，为北京冬奥会营造浓厚氛围，受到中共中央宣传部和辽宁省委宣传部《新闻阅评》表扬。

三、辽篮的深度报道带来的深刻影响

《辽宁日报》的体育报道，一直把辽宁男篮的崛起、成长和夺冠作为重大新闻线索常年追踪报道。2014 年 11 月 25 日、26 日，在二版显位推出长篇通讯《辽篮崛起启示录（上、下）》，这篇报道属于“快抢前”的新闻调查。“快”：是指稿件从总编辑点题到记者采访写稿，从修改补充采访再到稿件见报，周期只有短短的 72 小时，就完成 6000 多字的上下篇。“抢”：辽篮十连胜，各家媒体还在用“梦幻般”开局的报道思路来阐述辽篮的十连胜，而本报抢先进入十连胜幕后，发掘辽篮异军突起的秘密。“前”：启示录没有停留在仅仅对辽篮崛起的追问，而是更向前一步，追问辽篮的崛起对辽宁三大球的振兴带来的启示。

职业化是一个复杂的系统，而《辽篮崛起启示录》用一条简明的线索生动地阐述了辽篮从人情化管理到职业化管理的蜕变——辽篮聘请职业经理人严晓明，职业经理人运作来超级外援哈德森。从球员签约到奖金制定，再到医疗保障，都在职业经理人的打理下，“惹不起”的辽篮不仅仅在赛场上。报道发表后，给三大球的足管中心、排管中心带来很大震动，它们对照报道中提到的那些具有可操作性的建议着手整改。省体育局局长宋凯表示，要开专题会议，针对三大球申请体彩提留部分，支持三大球，尤其是市场程度最低的排球项目。

2023 年 5 月 15 日，辽宁本钢男篮以总比分 4:0 战胜浙江稠州队，荣获 2022—2023 赛季 CBA 总冠军，捧起队史上第三座冠军奖杯，再一次创造历史、书写辉煌。辽宁男篮夺冠之旅，《辽宁日报》体育版紧跟总决赛每场比赛，精心策划选题，精准设置议题，推出快讯、评论、短视频、直播、海报等一系列精彩报道，展现运动员在赛场上激烈角逐的精彩瞬间，反映辽篮球迷团结热情的精神风貌，展示辽宁沈阳文明开放、热情好客的良好形象。

顽强拼搏是竞技体育的核心精神，团结协作是篮球运动的制胜法宝。辽宁男篮从半决赛淘汰边缘的绝地反击到总决赛一鼓作气的成功登顶，正如今天的辽宁，走出多年来最困难时期，振兴在望、蓄势待发。辽篮夺冠后，一版要闻刊发中共辽宁省委、辽宁省人民政府向辽宁男篮夺冠所致贺电，体育版策划通版《辽篮第三次夺冠我们又赢了》报道，借辽篮精神的“强力量”呈现辽沈大地顽强拼搏、昂扬向上的奋斗群像。一版评论员文章《没有等来的冠军　只有拼来的胜利——写在辽宁男篮成功卫冕中国男子篮球职业联赛总冠军之际》，观点鲜明、掷地有声、文采飞扬、催人奋进，深入阐释了团结协作、顽强拼搏、永不言弃、砥砺前行的“辽篮精神”，引导全省广大干部群众从中汲取力量，汇聚起奋力推进辽宁全面振兴新突破的强大精神动力。评论员文章号召广大干部群众在“辽篮一定赢”的圆梦过程中坚定“辽宁一定行”的信心决心，进一步增强全省人民的自信心、凝聚力，为谱写中国式现代化辽宁新篇章贡献智慧和力量。

第十九章

打造东北地区最强大最权威新闻信息源

推动媒体融合发展，是以习近平同志为核心的党中央作出的重大战略部署。辽宁报刊传媒集团（辽宁日报社）党委通过认真学习习近平总书记系列重要讲话，充分认识到，在媒体融合盈利模式仍不清晰的情况下，党报党刊必须下定决心、坚定信心，明确方向、理清思路，坚决推进媒体融合发展，把工作重心放到互联网、新媒体，尤其是移动端上。

占领当前舆论的最大场域、重心地带，在全媒体舆论场把党的声音传得更开、传得更广、传得更深入，是贯彻落实习近平总书记关于宣传思想工作新要求，是完成总书记提出的“举旗帜、聚民心、育新人、兴文化、展形象”新形势下使命任务的根本保障和重要路径。

推动媒体融合发展，辽宁报刊传媒集团（辽宁日报社）制定了“三步走”战略：以内容建设为根本，追求新闻的原发性、独家性和原创性，推动《辽宁日报》第五次改版，报、网、端、微齐发力，以融合为着力点，全面整合《辽宁日报》编采资源，讲好辽宁故事，塑造辽宁形象；坚定不移创新体制机制，推动媒体融合发展。先后推出《〈辽宁日报〉融媒体编采首席制》《〈辽宁日报〉融媒体编辑部考评体系》《〈辽宁日报〉采编出版流程大纲》等制度文件，实现新闻生产效率和质量的明显提高，新闻队伍精神面貌和战斗力的显著提升；坚持以先进技术为支撑，以平台建设为牵引，加快打造现代传播渠道。跑步进场，一年时间，完成《辽宁日报》“两微一端”的新媒体平台建设。四年时间，完成《辽宁日报》融媒体编采管理系统（中央厨房）两期工程。十年期间完成两次升级迭代，《辽宁日报》客户端目前下载用户1000万+。

其影响力一直稳居国内省级党报第一方阵。

媒体融合发展十年，精品频出，爆款迭现。围绕习近平总书记关心牵挂辽宁振兴发展这一重大主题创作的H5产品《春风春雨度关东》，摘得中国新闻奖首设的媒体融合奖。“最美大学生丁慧”由《辽宁日报》客户端首发，在全国产生强烈反响，总点击量超过1亿次。

| 第一节 |

《辽宁日报》第五次改版，助推媒体融合

2012年开始，国内媒体格局、舆论生态、受众对象、传播技术已经发生深刻变化，互联网、移动端在媒体领域催生一场前所未有的变革。进入2014年，传统媒体遭遇巨大冲击，形势严峻，面对新媒体的迅速崛起、移动端平台的众声喧哗，以加快推进媒体融合发展的步伐，进一步提高主流媒体舆论引导能力，坚守巩固党的宣传思想文化主阵地为宗旨的《辽宁日报》第五次改版启动。与《辽宁日报》历次改版不同，本次改版是报、网、端、微齐发力，全面整合《辽宁日报》编采资源，以融合为着力点，全面提升报、网、端、微对读者的黏性。为此，总编辑丁宗皓提出党媒新闻生产的三性原则:《辽宁日报》要按照新闻规律和媒体融合发展的内在要求，在改版中强化“内容为王”理念，追求新闻的原发性、独家性和原创性，这也是对整合后新媒体的要求。

《辽宁新闻阅评》评论员指出:《辽宁日报》以“逆水行舟、逆风飞扬”的勇气，着力在提升报纸品质上下功夫，通过持续的创新改版，努力办一张党委政府满意、群众喜闻乐见、文化品位高雅的党报，提升媒体对读者的黏性，取得了积极效果，作出了良好示范。

在2021年，《辽宁日报》两任总编辑赵阜、丁宗皓因在发展党的新闻事业方面作出突出贡献，荣获由中央宣传部指导、中国报业协会举办建党百年“百位优秀报人”殊荣。

一、重新配置编采资源，增加新闻写作力量，充实新媒体编辑队伍

《辽宁日报》第五次改版，是一次编辑部资源的重新配置。其核心是向编采一线倾斜、向新媒体倾斜，增强独家新闻写作力量，补强新媒体编辑队伍。

充实要闻中心的力量。要闻中心下设时政新闻部、经济部、综合编辑部和特稿部。时政新闻部（改版前的政教部）和经济部都得到了增强。这两个部门是报纸服务省委、省政府的中心工作的主要力量。党报指导性的实现，取决于要闻中心的工作质量。特稿部参与要闻中心围绕中心工作的重大策划，撰写深度报道，宏观上辐射要闻中心的各条战线。

组建了专刊采访部和热点新闻策划部。设置专刊部负责辽宁地域有价值的独家新闻，在新媒体中心组建热点新闻策划部，这些举措都是为了充实独家新闻的写作队伍，增强报纸的原创性、独家性和原发性。

媒体融合最主要的出口就是新媒体，新媒体的最重要特点是它的传输方式不同、话语表达不同，所以新媒体中心所承担的工作非常重，因而增加了独家新闻策划和传统媒体内容向新媒体发布的编辑支持。

二、版面重构，办一张党委政府满意、群众喜闻乐见、文化品位高雅的党报

这次改版，《辽宁日报》从报道内容到外在形式，都进行了“大刀阔斧”式的改革，实现了一次全方位的提档升级。

从报道理念看。着眼于“工作”“民生”“文化”三大视角，重点做好中心工作宣传、民生报道和文化报道，进一步强化党报属性和使命。

从版面设置看。取消A、B叠划分，将常态化版面整合为12个版，停办经济视点、国际博览等版面，新增“本报调查”“发现”“阅读”“网来”等新版面，进一步优化了报道结构。提高一、二版的用稿标准，一、二版是党报的舆论主阵地，要把最好、最重要的新闻发到一、二版上去，“本报调查”版寄托着对《辽宁日报》报道深度的希望，《辽宁日报》要代表深度，这是广泛征求编采人员意见过程中大家提得最多、最集中的问题，这个栏目要成为时政新闻中最重要的品牌。这个版围绕着中心

工作，从目标读者关注的角度切入，就经济社会发展进行深度报道，办版宗旨是“调查事实　追问答案”。“社会”版站在民生视角刊发新闻，这块版涵盖广泛，包括法制、教育、交通、卫生、金融、工商和环保等要闻中心各条战线上与民生相关的新闻。“健康”版是服务民生、服务大众的版面。“北方”副刊版代表着一个地区全面的文化素养。“阅读”版是本报新开辟的一个读书版面，办版宗旨是“守望精神　打开思想”，为建设书香社会、引导健康的阅读风尚而努力。“发现”版的办版宗旨是“凝视本土　重构记忆”。“网来”版涵盖两个方面的内容：一是把我们在新媒体的策划转化到版面上；二是关注互联网上的舆论，进行梳理分析，提出我们的观点，这个版主要目的是实现新媒体和传统媒体之间的互通互动。

从文风看。更加注重用百姓语言写文章，更加尊重年轻读者的语言习惯和阅读习惯，避免报道公文化，使语言更加朴实自然、清新活泼。

从版式看。进一步加强视觉设计和包装力度，从整体设计、栏目设置，乃至标题、字体、留白等细节，体现出鲜明的“辽报个性”和“辽报风格”。

从制度设计看。涵盖新闻生产、评价体系、编采培训全流程的选题会和谈稿会、评报机制、新闻大讲堂、月度最佳和年度最佳评选机制的建立 。

2014 年，《辽宁日报》创办新闻大讲堂

三、赵阜、丁宗皓荣获建党百年“百位优秀报人”奖

2021年，由中央宣传部指导、中国报业协会举办的“新时代党报成就展”评选出建党百年来，尤其是进入新时代后党报系统涌现出的“百位优秀报人”，并在“党报人风采展区”进行展示，《辽宁日报》两任总编辑赵阜、丁宗皓荣获此殊荣。

赵阜，1928年出生于上海，1941年加入中国共产党，系我国著名报人和新闻学家。新中国成立后，历任中共沈阳市委宣传部副部长兼《沈阳日报》总编辑、《辽宁日报》总编辑、辽宁省新闻工作者协会主席、中华全国新闻工作者协会理事。几十年来，赵阜为党的新闻事业作出了应有的贡献，培养出一批优秀的新闻人才，特别是改革开放以来，在担任《辽宁日报》总编辑期间，他总结新闻实践经验，力图从常规旧套中解放出来，提出要不拘一格选头题，领创新之先。

丁宗皓，1964年出生于辽宁本溪，1986年毕业于吉林大学中文系，同年进入辽宁日报社工作，先后任记者、编辑、主任、编委、社委。他于2011年9月调任辽宁省互联网宣传管理局局长，2011年12月任中共辽宁省委宣传部副部长。2014年7月任《辽宁日报》总编辑、副社长、党委副书记，2018年1月任党委书记、社长。35年来，他深耕党报新闻宣传阵地，硕果累累。他善于以敏锐的目光发现问题、捕捉题材，以高站位和大视野设置全国性议题；善于以自身文化底蕴提升报道的思想温度和文化品质，带队主创的《铁纪·铁流》等一系列重大策划屡获业内好评，接连获得中国新闻奖，使“辽报策划”近年来异军突起，成为国内极具影响力的省级党报办报品牌。作为总编辑、社长，他主动推动改革，以创新思维推进媒体深度融合、媒体集团转型发展，实现突破并收获扎实成效。

| 第二节 |
跑步进场，《辽宁日报》“两微一端”创立

从2014年7月到2015年6月，短短一年的时间，《辽宁日报》的“两微一端”新媒体平台完成了搭建。从平台、渠道到内容拓展，再到创新技术、运行机制的完善，也在这短短的一年时间内，实现了高效运转。

10 年期间，《辽宁日报》新媒体建设不断拓展传播渠道和平台终端，不断增强信息内容的核心竞争力和传播力，让党报声音在新媒体舆论场清晰有力。

《辽宁日报》融媒体产品生产，始终聚焦党中央决策部署和省委、省政府中心工作，运用新技术、新机制、新模式，生产互动式、服务式、体验式新闻信息，先后构建起六大融媒体产品体系——“吾纸镜”视频产品、“正午微播”“夜读”音频产品、“振兴图话”可视化产品、H5 互动展示产品、无人机航拍产品和直播产品，讲好辽宁故事，传播辽宁好声音。

一、一年完成“两微一端”平台搭建，十年完成快速迭代

2014 年 7 月 1 日，《辽宁日报》官方微博团队组建。7 月 4 日，由“早安辽宁”这条微博开始，以“见证时代，传播辽宁”为宗旨的《辽宁日报》官方微博正式起航。《辽宁日报》官方微博影响力和传播力不断扩大，截至 2024 年 2 月 23 日粉丝数 220.5 万，发布 64458 条。

2014 年 8 月 1 日，《辽宁日报》官方微信面市。当年，官方微信吸附粉丝数 55 万人，位居全国党报第一位，比第二位的《解放日报》官方微信粉丝多 37 万人。

在完成《辽宁日报》官方微博和官方微信建设后，新媒体团队立刻投入到《辽宁日报》客户端筹备工作中。2014 年 8 月开始，从技术研发、运营、内容生产三个方面展开调研，先后走访东软、北大方正、人民网等国内顶尖的技术研发单位，实地考察上海观察、澎湃、浙江新闻等 10 多家客户端运营情况。10 月 15 日，集团党委会议决定，《辽宁日报》客户端的名称为“辽宁日报”，对客户端的定位为“移动党报”，它是《辽宁日报》在移动端新的传播媒介。10 月 18 日，在上海优刻得信息科技有限公司注册顶级国际域名 lnrbxmt.com。

2015 年 10 月，中共辽宁省委办公厅、辽宁省人民政府办公厅印发《关于推动传统媒体和新兴媒体融合发展的实施意见》，将《辽宁日报》新闻客户端项目列为省直主要新闻媒体融合发展重点项目。

2016 年底，客户端用户由最初的 5.5 万增长至 22.5 万。在人民网研究院发布的《2016 年中国媒体融合传播指数报告》中，《辽宁日报》以 69.74 分列全国报纸融合百强榜第 38 位，全国省级党报第 5 位。

2020 年 5 月 18 日，《辽宁日报》客户端更名“北国”正式上线。新的传播生态于此蝶变，新的辽宁故事、新的时代声音于此唱响。配套的资源整合同步进行，客户端编辑部正式组建，下设四个业务部门，包括新媒体平台运营部、外部平台运营部、可视化内容生产部和品牌推广部。在平台技术升级上，秉承守正创新，追赶“数与网”、升级“智与云”，搭建起“新闻 + 政务 + 服务 + 社交”的聚合平台，带动集团所属 8 报 15 刊 2 网全媒体资源的整合、融合、聚合。

2023 年 8 月 14 日，辽宁报刊传媒集团（辽宁日报社）倾力打造的北国客户端更名“辽望”。全新频道设置，更有多语种专区实时更新。目前有时政、经济、先锋、市县、文化、思想、人事等共计 40 个频道。

10 年期间，完成两次升级迭代，从平台、渠道到内容、机制方面的架构不断完善。截至 2024 年 9 月，《辽宁日报》客户端下载用户达 1044 万。其影响力一直稳居国内省级党报第一方阵。

二、让党报声音在新媒体舆论场清晰有力

《辽宁日报》融媒体产品生产，始终聚焦党中央决策部署和省委、省政府中心工作，运用新技术、新机制、新模式，生产互动式、服务式、体验式新闻信息，构建了六大融媒体产品体系，分别是“吾纸镜”视频产品，“正午微播”“夜读”音频产品，“振兴图话”可视化产品，H5 互动展示产品，无人机航拍产品和直播产品，用以讲好辽宁故事，传播辽宁好声音。

（一）聚焦重大主题

2015 年 11 月 6 日，在中共中央总书记、国家主席习近平会见德国总理默克尔时表示“欢迎德方参与东北老工业基地改造”之后不久，《辽宁日报》微信公众号策划创作了图解新闻《当辽宁遇上“德国工业 4.0”，化学反应杠杠滴》，生动阐明了辽宁与德国工业 4.0 为什么要结合、怎样结合等关键问题，使新媒体受众在愉悦的阅读体验中，更加坚定了振兴辽宁老工业基地的信心、明晰了振兴路径。

2016 年，围绕习近平总书记关心牵挂辽宁发展振兴这一重大主题创作的 H5 产

品《春风春雨度关东》，摘得2015年中国新闻奖首设的融媒体奖。辽宁日报社成为东北媒体唯一获奖单位。

2020年两会期间，“北国·看两会”实时动态应用程序，专设“习近平总书记两会时间”“两会学习”频道，聚焦总书记重要讲话重要指示，及时准确传递新时代最强音。

（二）围绕中心工作

新媒体平台持续聚焦省委、省政府中心工作，先后推出多个有创意、有深度、有影响的系列报道，运用图像新闻、大数据新闻等多种手段使党报主流声音在新媒体舆论场上快速传播。

2015年，一个以图像新闻报道为主的原创新闻栏目——“振兴图话”推出。该栏目一改传统文字说明加上单一图片的报道方式，利用翔实的数据、凝练的文字、活泼的语言和大量易懂生动的图像元素，将新闻立体化，让新闻报道更加鲜活，让受众更加直观、生动地了解省委、省政府的中心工作。党的十八届五中全会于10月29日在京闭幕后，《辽宁日报》从11月2日起便陆续推出新媒体作品《辽报说·五中全会精神解读》《一图看懂辽宁如何开启“振兴之门”》等一系列报道，契合了新媒体受众的阅读需求和阅读习惯，弘扬了辽宁精神，着力宣传了辽宁人积极向上的精神面貌。2015年底，辽报新闻客户端、微信公众号首次以大数据分析的方式推出系列原创新闻《省委书记、省长这一年》，通过准确翔实的数据，全景式展现了省委、省政府在2015年的重大政务活动。一组组鲜活的数据更易于新媒体受众加深对辽宁当下经济形势的正确理解，增强全面振兴的决心和信心，为新一轮辽宁老工业基地全面振兴贡献更多智慧和力量。

2020年两会期间，策划制作了一系列影响力强、传播范围广的融媒体产品，互动H5《20211名驻村干部向总书记报告》、AI播报“两会·晚九点”、创意短视频《“白”话两会》、移动直播“北国·一个”以及线上日志《辽宁时刻》等。这些产品原创性强、互动性大、参与度高，鲜活生动、深入浅出，推出后广受好评，全网累计阅读量逾千万人次。

（三）讲好辽宁故事，传播辽宁好声音

2018年，《辽宁日报》融媒体生产精品频出，爆款产品迭现。其中，“最美大学生丁慧”由辽报客户端首发，在全国产生强烈反响，总点击量超1亿次；独家报道“最美司机张善哲”，仅集团内部新媒体平台点击量就超过3000万次，全国近百家媒体跟进报道，感动了无数网友，重塑了辽宁人的良好形象。

2019年,《辽宁日报》推出了《雷锋地图》融媒体报道,并通过移动地图、短视频、H5、长图解、文创设计、表情包等表达形式，将《雷锋地图》融媒体项目打造成为聚合型融媒体产品项目，被国内33家雷锋主题展陈场所收藏展示，阅读量逾百万次。

2022年，“最闪亮的坐标·生命回响”系列融媒体报道，被中央网信办采用，全网推送。“英雄回家”系列图文报道，被中央网信办全网首页首屏推送，全国重点新闻网站在首页重点推荐。同年，“山高水长——唐宋八大家主题文物展”在辽宁省博物馆开幕。《辽宁日报》编辑部推出系列融媒体策划，其中创意产品《神级聊天》一经发布便迅速刷屏，成为10万+爆款产品。《神级聊天》以“唐宋八大家”作品首聚辽宁为切入点，虚拟8人穿越到现代使用微信群聊天交流的方式，设计的对话智慧而不失幽默，创新而不失史实，深受读者欢迎，全网阅读量逾百万，成为主题文物展宣传报道的一大亮点。《神级聊天》从“融”字上破题，从“专”字上着力，从“活”字上突破，做足亮点，精彩纷呈，是传统媒体加快深度融合、不断做强做优内容、持续丰富报道手段、深化拓展主流媒体影响力的一次生动实践。

| 第三节 |

辽宁日报社全员融媒体改革启动

党的十八大以来，习近平总书记对宣传舆论工作多次发表重要讲话、作出重要指示，对加快推进媒体融合转型、更好履行党媒职责任务提出明确要求。

2018年5月3日，辽报人站在了一个新时代和一段新历史的入口处。在全国媒体进入实质性融合转型阶段，辽宁日报人顺应历史发展，推进全员融媒体改革，是着眼当前、立足长远作出的重大选择。这次改革，关系到辽报集团事业的未来发展走向。

此次改革呈现四个特征。一是“全”。改革的主体包括全员、涉及绝大部分部门、涵盖工作全流程。二是“融”。全媒体报道指挥中心建设项目完成，新的全媒体报道管理平台就绪。三是“新”。在追求新闻传统和品质的前提下，应正视和更加重视技术驱动的力量，努力学习全媒体化报道手段，让新闻更加鲜活生动、传播得更快更广。四是“稳”。改革过程中，报社党委坚持公开公平公正，严格、准确落实《辽宁日报全员融媒体改革实施方案》中涉及的部门重组、干部调整、首席制落实、考核制执行等各项改革实施方案，勇于面对问题，敢于动真碰硬、坚守原则，积极稳妥推进改革。

一、机构重组，实现新闻生产扁平化管理。

2018年5月3日，全员融媒体改革动员大会召开。全员融媒体改革拉开帷幕，它是新时期党中央赋予党的媒体的一项政治任务。而辽宁日报的全员融媒体改革工作具有革故鼎新意义，是根本上的转型，全员转型、全员参与。

根据《辽宁日报全员融媒体改革实施方案》，《辽宁日报》编辑部对原来四大中心——要闻中心、新闻中心、出版中心、专刊中心的36个部门，进行机构重组。将原来的36个部门职能下沉到11个中心，实行扁平化的一岗双责管理。将原来的68名中层干部减少到27人，41名原中层干部充实到编采一线，淡化行政身份，强化业务属性。建立新的人力资源管理机制，实现“干部能上能下、人员能进能出、薪酬能增能减”。

（一）机构重置

《辽宁日报》编辑部改称为《辽宁日报》融媒体编辑部，含十大业务板块、14个记者站及广告部。十大业务板块为：时政新闻中心、经济新闻中心、综合新闻中心、理论评论中心、文化体育新闻中心、重大主题策划中心、出版中心、新媒体运营中心、北国网和总编办。中心实行主编（主任）负责制，即9个业务板块各设主编1名，总编办设主任1名，各业务板块不设副主编岗位，充分授权主编（主任）在业务和行政方面的管理权限。14个记者站各设站长1名，不设副站长岗位。广告部设主任1名，不设副主任岗位。

（二）一岗双责

2018年5月底，融媒体编辑部11个支部完成改选，编辑部党总支届中改选也顺利完成。各中心主编（主任）、记者站站长同时担任所在党支部的书记，首席编辑（记者）担任党支部副书记，使编辑部基层党组织完善强大起来，各中心主编（主任）、记者站站长一岗双责，融媒体改革与党建相融，新闻生产与党建同步强化。

（三）激励机制

在《辽宁日报全员融媒体改革实施方案》《〈辽宁日报〉融媒体编辑部“首席制”岗位升降级及考核管理办法》中规定，11 个中心的主编（主任）与 14 个记者站的站长竞聘上岗，首席编辑（记者）实行月度年度考核和升降级管理，员工与部门双向选择上岗。

两份文件重点突出“干部能上能下、人员能进能出、薪酬能增能减”机制，将培养青年才俊作为制度设计的重点；内容包括工作思维、组织架构、业务流程、方式手段、薪酬绩效、考勤管理等。

全员融媒体改革，让每一位同志拿起全媒体新闻的武器，转型为符合新时代要求的新闻人，具有同时面对报纸、网站、“两微一端”等全媒体进行新闻制作和即时发布的生产能力。通过全员融媒体改革，实现把《辽宁日报》建成辽沈地区最强大、最权威的新闻信息源的奋斗目标，切实提升主流媒体的引导力、传播力、影响力和公信力。

二、采编发流程再造，“辽报原创”持续引爆新闻舆论场

2018 年 10 月 10 日，建筑面积近 1400 平方米、集成引入大量新技术构建的全新采编管理体系“中央厨房”——辽宁报刊传媒集团融媒体采编管理系统正式投入使用。这是辽宁报刊传媒集团媒体转型升级、深度融合发展的龙头工程，旨在确立移动媒体优先这个发展战略，突破采编发流程再造这个关键环节，全面实现报、刊、网、端等全媒体的深度融合传播发展；持续推出文字、音频、视频等融媒体新闻产品，实现多元、立体、及时、智能呈现。同时，还可以保证全面统筹调度报社全部新闻资源，实现新闻资源的有效整合与最大化利用，完成新闻产品面向报、刊、网、端的立体快速发布，全面提高融媒体新闻报道能力。

在辽宁日报社全员融媒体改革元年，新闻生产力的解放释放出巨大能量，“辽报

原创”持续引爆新媒体舆论场。

首获中国新闻奖媒体融合奖项。2018 年，《辽宁日报》原创 H5 产品《春风春雨度关东》荣获第二十八届中国新闻奖二等奖，并成为辽宁媒体中首次获得媒体融合奖项作品。党的十九大期间，新媒体中心推出 H5 产品《春风春雨度关东》，在传统图片、文字的基础上融入视频、音频、背景音乐等新媒体形式，将习近平总书记参加辽宁代表团审议、到辽宁考察两大重要事件，以时间轴的形式呈现在一个作品中，实现了新闻性、互动性、传播性的融合，成为传统媒体增强传播力、引导力、影响力、公信力的新载体，一时间在朋友圈形成刷屏之势。

中宣部阅评。《辽宁日报》在中国民营企业 500 强峰会期间所做的系列报道，获得了省委领导的充分肯定，中宣部阅评以《辽宁抓住 500 强峰会契机，宣传东北营商环境》为题给予肯定，省委宣传部专门给辽宁日报社党委发来表扬信。这一报道的成功之处在于媒体融合场景的充分拓展，调动起了辽宁报刊传媒集团所属各媒体资源和多种媒体传播手段。

点击量超 1 亿次。2018 年 7 月 21 日，《辽宁日报》新闻客户端以《辽宁再现“最美大学生”！锦医大二学生跪地施救八旬老人》为题，第一时间报道了锦州医科大学医疗学院 2016 级护理学专业学生丁慧在火车站跪地施救八旬老人的感人事迹，并通过《辽宁日报》新闻客户端首发，全网累计点击量超 1 亿次，在引发中央级媒体及省内外近百家媒体跟进报道的同时，影响力甚至扩至海外，成为海外华人关注的焦点。

传播效果最大化。《一幢楼和一个县》从一幢 73 年的老旧办公楼入手，透视桓仁满族自治县改革开放的历程。“心里时刻装着百姓的政府才是最得民心的政府，能够代表政府形象的不是漂亮的办公楼，而是为百姓办的一件又一件实事。”报道发表后，立即引起了读者的强烈反响。稿件和相关视频经《辽宁日报》客户端、微信公众号、微博等新媒体平台转发后，更是引起了连锁反应。稿件被人民网、中国共产党新闻网、凤凰网、中国网、中国新闻网、新浪、搜狐等门户网站以及今日头条、快资讯、一点资讯等手机客户端以及微博、微信和自媒体转载，共计 65 家，总计阅读量超过 10 万次。这篇报道的成功充分体现了深入基层、用心思考、发现新闻的报人传统与融媒体思维的有机融合，实现传播效果的最大化。

全覆盖的矩阵式报道。《向世界叫响辽宁文化》作为辽宁日报社融媒体改革重点实践项目之一，该策划从筹备之初就制定了详细的融媒体传播计划，构建全覆盖的矩阵式报道模式，推广效果明显。在实地采访、访谈专家、互动海采的过程中，报道组拍摄了大量音视频，总时长已超过30小时，这为开发多类型新媒体产品，如微纪录片、H5、VR等储备了丰富资源，令报道内容具有了多元化呈现的可能。

新媒体舆论场党报强音。2018年12月3日，《辽宁日报》新闻客户端以《生命中的最后十几秒！“最美司机”张善哲启动的大爱“双闪”》为题，全省首家报道了辽河油田沈阳采油厂机动采油大队罐车司机张善哲在生命最后一刻保护集体财产的壮举。随后，《辽宁日报》、集团各新媒体平台、网站联动，连续5天，每天一个主题集中报道张善哲的先进事迹，共发布融媒体产品、消息、评论、述评等稿件十余篇。报道在全社会引起强烈反响，全网转发量超千万、网友评论数以万计。用张善哲忠诚担当、恪尽职守的感人形象，传递出凡人善举的道德力量，引发全社会对于职业道德、职业操守、职业素养的共鸣，在新媒体舆论场发出了党报强有力的声音。

| 第四节 |

推进党媒深度融合向纵深发展
集团现代传播形态渐成规模

推动媒体融合发展，是以习近平同志为核心的党中央作出的重大战略部署。2019年2月13日，省委理论学习中心组在集团新闻大厦召开专题学习会议，就坚定不移推进我省媒体融合向纵深发展提出六项工作要求，其核心要义：大力推动移动媒体建设，着力打造移动新闻精品，加快推动移动技术革新，全面提高舆论引导能力，推动主流媒体占据传播制高点。

辽宁报刊传媒集团（辽宁日报社）以《辽宁日报》融媒体编采平台二期工程完工和客户端再升级为契机，整合集团资源，推动平台建设升级；实现主力军全面挺进主战场，在全媒体舆论场把党的声音传得更开、传得更广、传得更深入；不断扩大主流价值影响的版图，让正能量产生大流量，让好声音成为强声音；完成习近平总书记提出的“举旗帜、聚民心、育新人、兴文化、展形象”新形势下使命任务。

一、省委理论学习中心组将“课堂”设在新闻第一线

2019年2月13日，省委理论学习中心组在辽宁报刊传媒集团（辽宁日报社）新闻大厦召开专题学习会议，就坚定不移推进我省媒体融合向纵深发展提出六项工作要求。

坚持正确的政治方向、舆论导向、价值取向，始终坚持团结稳定鼓劲、正面宣传为主方针，把正确导向要求贯穿到媒体融合发展各环节、全过程，牢牢掌握舆论场主动权、主导权，确保文化安全和意识形态安全。

坚持一体化发展方向，把推进媒体融合与媒体内部改革紧密结合起来，一同规划，一同部署，一同推进，充分发挥传统媒体和新兴媒体各自优势，遵循新闻传播规律和新媒体发展规律，努力打造新型主流媒体，推动媒体集约化、差异化、高效率发展。

坚持移动优先策略，大力推动移动媒体建设，着力打造移动新闻精品，加快推动移动技术革新，全面提高舆论引导能力，推动主流媒体占据传播制高点。

坚持“内容为王”，以思想领先、精品主导，围绕加快推进辽宁全面振兴、全方位振兴，扩大优质内容产能，发挥内容引领优势，创新内容传播手段，推出更多媒体融合精品力作。

加强人才队伍建设，完善人才培养激励机制，加强学习培训，加快培养后备力量，着力造就一支政治强、业务精、纪律严、作风正的高素质全媒体人才队伍。

加强组织领导，严格落实责任，各级党委要把媒体融合发展摆在突出重要位置，主要负责同志要主动担起第一责任，亲自部署、亲自研究、亲自推动，为加快推进媒体深度融合发展提供有力保障。

辽宁报刊传媒集团（辽宁日报社）党委书记、社长丁宗皓在会上就集团媒体融合发展情况做了题为《以深化改革推进深度融合　不断巩固壮大党的思想舆论阵地》的汇报，在汇报中旗帜鲜明地提出，党报党刊必须下定决心、坚定信心，明确方向、理清思路，坚决推进媒体融合发展，把工作重心放到互联网、新媒体，尤其是移动端上。占领当前舆论的最大场域、重心地带，在全媒体舆论场把党的声音传得更开、传得更广、传得更深入，是贯彻落实习近平总书记关于宣传思想工作新要求，是完

成总书记提出的“举旗帜、聚民心、育新人、兴文化、展形象”新形势下使命任务的根本保障和重要路径。汇报明确了进一步推进媒体融合的奋斗方向：通过不断努力，将实现打造辽沈地区最强大、最权威的新闻信息源的目标，让集团融媒体中心具备成为全省最大的新闻信息服务、党务信息服务和政务信息服务中心的基础。

二、融媒体二期工程竣工、客户端再升级，推动媒体融合向纵深发展

从 2021 年开始，集团全面整合资源，加快平台升级步伐，推动媒体融合向纵深发展。

2021 年，《辽宁日报》融媒体二期工程全面竣工，全新的融媒体生产区、直播间和媒体实验室，进一步提升融媒体生产能级，确保融媒体产品质量不断提升。

2022 年组建《辽宁日报》北国融媒体中心，加快推进新闻产品、技术应用、平台终端、人才队伍等方面深度融合。

2023 年 8 月 14 日，辽宁报刊传媒集团（辽宁日报社）倾力打造的北国客户端更名为辽望客户端。定位更精准——聚焦辽宁振兴发展，记录时代恢宏篇章。以追求“原发性、独家性、原创性”为目标，视野更宽广——全新频道设置，知辽宁、观全国、看世界，有多语种专区实时更新，与千万用户同频、共创。

以辽宁报刊传媒集团（辽宁日报社）融媒体二期工程全面竣工为契机，党的思想舆论阵地不断巩固壮大，优秀的融媒体产品不断涌现，社会影响力和传播力越来越强。

2021 年，在省委党史学习教育领导小组办公室指导下，北国客户端围绕党史学习教育开展在线系列答题、互动征文以及“我爱中国共产党”融媒体活动，获中宣部阅评表扬，累计 5000 万人次参与。“纪念中国人民志愿军抗美援朝出国作战全景数据库”项目入选国家新闻出版署“2021 年中国报业深度融合发展创新案例”。短视频《请回答 1921—2021》，获评“2021 年全国优秀理论宣讲微视频”。

2022 年，围绕重大节点策划、制作融媒体项目。北国客户端开设省两会“北国·看两会”专区，打造“24 小时不落幕的两会新闻发布厅”。“冬奥”频道上线，开设“北国在冬奥”互动专区，直通北京、连线张家口，客户端阅读量超百万。围

绕“中国—中亚合作论坛”，策划制作系列短视频《携手》，受到省委宣传部、省政府外办高度肯定。《起点》入选“中宣部党史学习教育优秀新媒体作品选”。《人间》入选“中国记协党的二十大报道融创精品案例”。《快乐冰雪》等被中宣部遴选为优秀外宣产品广泛推送。《锋语新读》获全省基层理论烹讲优秀短视频等。“最闪亮的坐标·生命回响”系列融媒报道，被中央网信办采用，全网推送，省委网信办给予充分肯定。“英雄回家”系列图文报道，被中央网信办全网首页首屏推送，全国重点新闻网站在首页重点推荐。“山高水长——唐宋八大家主题文物展”在辽宁省博物馆开幕。《辽宁日报》推出系列融媒体策划，其中创意产品《神级聊天》一经发布便迅速刷屏，成为 10 万 + 爆款产品，全网阅读量逾百万，成为主题文物展宣传报道的一大亮点。

2023 年，大型系列短视频专题策划《国宝在辽宁》充分展现了辽宁大地蕴藏的丰富遗存、灿烂的历史文化、厚重的文化底蕴，视频覆盖全球超过 60 个国家和地区，全网总展现量超 2 亿人次。

三、集团现代传播形态渐成规模

截至 2024 年初，辽宁报刊传媒集团（辽宁日报社）旗下聚集 6 张报纸、14 本杂志及新媒体矩阵。其中以《辽宁日报》为核心的报纸集群（《辽宁日报》《辽沈晚报》《半岛晨报》《辽宁法治报》《辽宁朝鲜文报》《辽宁老年报》)，以《共产党员》杂志为旗舰的期刊集群（《共产党员》《党建文汇》《党支部书记》《刊授党校》《兰台世界》《今日辽宁》《侨园》《新少年》《好孩子画报》《妇女》《理论界》《记者摇篮》《家庭科学》《党史纵横》）与以辽望客户端、“学习强国”辽宁学习平台为代表的新媒体集群（辽望客户端、海月新闻客户端、“学习强国”辽宁学习平台、北国网、中华先锋网等），形成了全省最强大的新闻舆论宣传矩阵和辽宁新的文化高地，真正成为东北地区最强大、最权威的新闻信息源。

集团全媒体传播矩阵用户总量已达 6000 万。平均每天生产各类新闻产品 4000 条以上，在辽宁国际传播中心平台用五大语种，向海内外传播。

充分利用全媒体平台，打造党务政务信息聚合平台，吸纳党政部门和重点企事业单位官网、“两微一端”等新媒体入驻。全省300余家企事业单位、大中小学及社会团体入驻“北国号”。同时，继续做大做强微信公众号、微博、（今日）头条号、抖音、快手等外部平台，融媒体产品质量不断提升。

第二十章

辽宁报刊传媒集团（辽宁日报社）成立

这是一支壮大了的文化新军。辽宁报刊传媒集团（辽宁日报社）2018 年 7 月 19 日成立。党媒党刊形成辽字号媒体旗舰：6 家报纸、14 本杂志、3 网及所属新媒体平台，组成全新党报党刊大家庭。

新集团编辑出版中共辽宁省委机关报《辽宁日报》，同时编辑出版《辽沈晚报》《半岛晨报》《辽宁法治报》《辽宁老年报》《辽宁朝鲜文报》，共 6 张报纸；编辑出版中共辽宁省委机关刊物《共产党员》，同时编辑出版《党建文汇》《党支部书记》《刊授党校》《兰台世界》《党史纵横》《今日辽宁》《侨园》《新少年》《好孩子画报》《妇女》《理论界》《家庭科学》《记者摇篮》，共 14 本杂志；建设、管理和运行北国网、中华先锋网、海力网和《辽宁日报》新闻客户端等新媒体。

以打造一个具有生命力和竞争力的传媒航母为宗旨，“三定”方案做好了新集团“生命基因”排列，9 个内设机构、26 个分支机构架构起辽宁报刊传媒集团（辽宁日报社）“四梁八柱”；薪酬制度的统一优化调整，在坚持“一个‘体现’、两个‘对待’、三个‘尊重’、四个‘倾斜’”四项原则保驾护航下得以顺利推进，基本解决了长期困扰集团发展的事业编和编制外聘用两种身份人员“同工不同酬”问题，为集团全局性改革和高质量发展奠定了基础；为提高行政效能和管理水平提供制度保障，集团制定和修订出台 73 项管理制度。

| 第一节 |

辽宁报刊传媒集团（辽宁日报社）挂牌

2018 年 7 月 19 日，是辽宁日报社发展史上具有里程碑意义的一天，也是辽宁新闻史的一个标志性时刻，党报党刊两大集团携手，辽宁报刊传媒集团（辽宁日报社）挂牌成立。

5 月 21 日，中共辽宁省委办公厅印发《省直公益性事业单位优化整合方案》组建辽宁报刊传媒集团（辽宁日报社）的号令发出，经过一个多月紧张高效的筹备工作，辽宁媒体界的两大集团 17 家单位完成集结。

从 1954 年接续《东北日报》使命《辽宁日报》创刊到 1999 年辽宁日报报业集团成立，再到 2010 年更名为辽宁报业传媒集团，走过 64 年的辽宁日报社迎来了这一重要时刻。

从 1948 年创刊，历经《新农村》《翻身乐》赓续，直到《共产党员》，再到 2000 年组建辽宁党刊集团，走过 70 年的辽宁党刊迎来了这一重要时刻。

7 月 19 日，8 张报纸、15 本杂志，运营的五大新媒体，共 28 个优秀媒体品牌组成的全新“新闻辽军”启程。

一、筹备工作跑步推进

为贯彻党中央加快事业单位改革的要求，2018 年 5 月 4 日，中共辽宁省委印发《关于加快推进全省事业单位改革的决定》（辽委发〔2018〕21 号），启动了全省新一轮的事业单位改革。5 月 21 日，省委办公厅印发《省直公益性事业单位优化整合方案》，组建辽宁报刊传媒集团（辽宁日报社），为省委直属事业单位，机构规格相当于正厅级，承担党报党刊和其他报纸杂志的编辑出版等职能，实行企业化管理。

6 月 1 日，省委组织部下发《关于新组建省属事业单位和企业集团筹备组的情况通报》（辽组明字〔2018〕23 号），确定辽宁报刊传媒集团（辽宁日报社）筹备组成员。6 月 6 日，筹备组组长丁宗皓主持召开筹备组第一次会议，研究制定《筹备组议事规则》，建立工作简报报送制度，建立筹备办及其下设综合统筹、人事、财务资产、

2018 年 7 月 19 日，辽宁报刊传媒集团（辽宁日报社）成立，员工们兴奋地在新集团牌匾前合影留念

法务审计四个工作组，全面推进筹建工作。至此，辽宁报刊传媒集团（辽宁日报社）筹备工作拉开序幕。

筹备办研究梳理组建实施方案，将组建筹备工作划分为方案制定、资产清查划转等 5 个阶段，明确时间表路线图。43 天的“急行军”，新集团筹备工作紧锣密鼓。

6 月 13 日，时任省委常委、宣传部部长张福海到辽宁日报社调研考察，对改革组建新集团工作提出明确要求，辽报面临着重大改革任务，任务艰巨，使命光荣，希望辽报准确把握此次省直事业单位改革工作的要求和部署，政治当头、原则当家、进度当先，尽最大努力解决好报社发展与改革问题，让辽报再次焕发活力，重塑辉煌。

6 月 19 日，省委召开专题会议（省委深化机构改革文件起草组第 8 次会议），时任省委书记、省人大常委会主任陈求发听取辽宁报刊传媒集团（辽宁日报社）筹建工作进展情况汇报，对筹建工作给予肯定。

6 月 20 日，筹备组向省委深化机构改革工作领导小组办公室（省编委办）报送辽宁报刊传媒集团（辽宁日报社）组建实施方案。

7 月 9 日，按中共辽宁省委〔2018〕61 号文，撤销中共辽宁日报社委会、中共辽宁党刊集团委员会，成立辽宁报刊传媒集团（辽宁日报社）委员会和中共辽宁报刊传媒集团（辽宁日报社）纪律检查委员会。

7 月 15 日，筹备组组长丁宗皓主持召开筹备组会议，听取“三定”规定（征求意见稿）修改过程情况汇报；确定综合部门整合到位涉及人员；听取新集团开办资金、设立方式的情况汇报，研究揭牌仪式方案。

7 月 16 日，取得辽宁报刊传媒集团（辽宁日报社）事业法人登记证。

二、辽宁报刊传媒集团（辽宁日报社）举行隆重挂牌仪式

2018 年 7 月 19 日，经过紧张有序的 43 天的筹备，辽宁报刊传媒集团（辽宁日报社）正式挂牌成立。

青年大街 356 号，7 月 19 日上午，新闻大厦门前气氛庄重而热烈，辽宁报刊传媒集团（辽宁日报社）的员工代表早早赶到新闻大厦门前，精神饱满、群情振奋，喜悦之情溢于言表。

10 时 30 分，时任集团党委副书记、总编辑刘玉玮宣布辽宁报刊传媒集团（辽宁日报社）正式挂牌仪式开始。时任省委常委、宣传部部长张福海和集团党委书记、社长丁宗皓为“辽宁报刊传媒集团”“辽宁日报社”两块崭新的牌匾揭牌。

丁宗皓在致辞中指出，响应省委的号令，17 家新闻战线兄弟单位，跑步集合到这里，完成新集团组建。之所以要跑步前进，第一是因为我们充分认识到，这次改革是省委赋予的重大政治任务，加快推进事业单位改革，具有重大的现实意义和深远的历史意义；第二是因为省委领导不但在改革之初就提出要求，而且在改革攻坚阶段，还亲自到辽宁日报社视察、指导，并指出要礼敬辽报的辉煌历史，抓住改革机遇，做好未来新集团的“生命基因”排列，组建起一个有生命力和竞争力的辽宁报刊传媒集团（辽宁日报社）；第三是因为我们身处改革的滔滔洪流中，感受到了力量，明确了方向，深知必须乘势而上、顺势而为，方能闯出党媒事业发展的新天地。

至此，由全省多家报刊出版单位组建而成的崭新“新闻辽军”，肩负新的使命向着新的目标，集结出征。

三、“新闻辽军”的大家庭

这是一支壮大了的“新闻辽军”。

辽宁报刊传媒集团（辽宁日报社）编辑出版中共辽宁省委机关报《辽宁日报》，同时编辑出版《辽沈晚报》《半岛晨报》《北方晨报》《辽宁法治报》《辽宁老年报》《友报》《辽宁朝鲜文报》，共 8 张报纸；编辑出版中共辽宁省委机关刊物《共产党员》，同时编辑出版《党建文汇》《党支部书记》《刊授党校》《兰台世界》《党史纵横》《今日辽宁》《辽宁人大》《侨园》《新少年》《好孩子画报》《妇女》《理论界》《家庭科学》《记者摇篮》，共 15 本杂志；建设、管理和运行北国网、中华先锋网、海力网和《辽宁日报》新闻客户端等新媒体。

《共产党员》创刊于 1948 年 3 月 1 日，是中共辽宁省委机关刊物。1948 年 3 月 1 日，《共产党员》杂志的前身——《翻身乐》杂志诞生在中共中央东北局所在地哈尔滨。1949 年 7 月，《翻身乐》改名为《新农村》。1958 年 9 月，《新农村》更名为《好党员》。1956 年 9 月，中共辽宁省委宣传部又创办了《共产党员》，以全省城市工作工矿企业党员为读者对象。1961 年 3 月，中共辽宁省委决定把《好党员》与《共产党员》合并，改成新的《共产党员》。

《共产党员》先后获得首届国家期刊奖，蝉联“全国百种重点社科期刊”称号，进入中国期刊方阵最高层次——“双高”期刊行列。杂志月发行量一度达到 180 余万份，被世界期刊联盟评定为全世界期刊行业发行量最大的前 50 名刊物之一，长时间保持全国地方党刊发行量第一的位置。《共产党员》杂志始终坚持“党刊姓党”的办刊宗旨，围绕辽宁振兴发展大局，发扬传统特色和优势，不失时机地开展全国性的党建宣传活动，一批重点报道在全国产生了影响力。

坚持“党刊姓党”，高扬党的旗帜，宣传党的理论。《共产党员》杂志坚持围绕中心、服务大局，在宣传党的理论、路线、方针、政策上不断加大力量、增加容量、提高质量。

坚持服务辽宁发展振兴实践，唱响主旋律，凝聚正能量。《共产党员》杂志持续推出专栏、专版和重头策划，开展征文等活动，为辽宁振兴发展提供精神动力和智力支持。

坚持发扬传统特色和优势，大力宣传先进典型。典型人物报道是《共产党员》杂志的传统特色和优势，杂志在改革开放之初对“党的好女儿”张志新的报道闻名全国。《共产党员》杂志坚持发扬这一传统特色和优势，以生动鲜活的典型人物报道教育党员、鼓舞士气、凝聚干劲。

坚持开展党建活动，不断提高公信力和影响力。多年来，《共产党员》杂志得到中央领导、省委领导的亲切关怀，得到各级党组织的有力支持。《共产党员》杂志抢抓机遇、乘势而上，多次开展党建活动，打造党建宣传品牌，公信力和影响力不断提高。

《辽沈晚报》创刊于 1993 年 1 月 1 日，是辽宁日报报业集团主办的以综合新闻为基础的省级晚报。创刊 10 年后，《辽沈晚报》成为东北地区发行量最大、广告收入最高、影响最为深远的东北第一都市报。

2005 年，《辽沈晚报》跻身全国晚报读书报二十强。2006 年，入选中国品牌媒体百强。2008 年成为全国晚报十强。2008 年、2010 年、2011 年，《辽沈晚报》三次登上全球日报发行量百强榜，最高排名为全球第 64 位。2012 年，《辽沈晚报》荣获“中国十大晚报”称号。

《辽沈晚报》深入推进媒体融合。截至2023年9月，各类新媒体平台总粉丝量2013万，建成东北地区粉丝量最大的都市报融媒体矩阵，影响力在东北稳居第一梯队。

《半岛晨报》创刊于1998年1月1日，是辽宁日报报业集团主办的一份生活类报纸，是一份立足于大连辐射辽东半岛在全国有广泛影响的报业精品。作为大连市第一家走向市场的报纸，《半岛晨报》在大连市内建有23个发行站，发行员密度和发行力度位居全国前列。

《北方晨报》创刊于2000年，于2007年更名为《辽沈晚报鞍山版（北方晨报）》，是由辽宁日报传媒集团主办的省级都市报，是辽宁中部地区内容最丰富、最具权威性，又能保证最优质服务的强势媒体。

《辽宁法治报》创刊于1984年10月1日，原名《辽宁法制报》。2004年，隶属关系由辽宁省委政法委划转到辽宁日报报业集团，为省内唯一专业法治媒体。2021年11月经国家新闻出版署批准，更名为《辽宁法治报》，是辽宁省委政法委的机关报，为省级法治专业权威媒体。

《辽宁老年报》创刊于1987年1月1日，是辽宁省唯一的省级老年类行业报纸，是党的老龄工作和老干部工作的重要喉舌和舆论阵地。《辽宁老年报》自创刊以来，先后隶属辽宁省委老干部局、辽宁省老龄问题委员会、辽宁党刊集团、辽宁省老龄工作委员会。

《友报》创刊于1989年10月，前身是《辽宁政协报》，为政协辽宁省委员会机关报，是辽宁省唯一在国内外公开发行的统战政协报纸。2022年2月起不再由辽报集团主办。

《辽宁朝鲜文报》创刊于1958年8月15日，由辽宁日报社主办，是辽宁省唯一官方朝鲜文报纸。

《党建文汇》创刊于1984年6月，前身是《整党文摘》，由中共辽宁省委整党办公室与省委共产党员杂志合办。1986年1月，《整党文摘》更名为《整党与党建》，1986年10月，经中共辽宁省委宣传部和省出版总社批准，从1988年第1期起更名为《党建文汇》。2000年5月，辽宁党刊集团成立，《党建文汇》隶属辽宁党刊集团。

《党支部书记》创刊于2006年1月，由共产党员杂志社主办，是全国唯一一种专门面向全国基层党组织书记群体而创办的党刊。

《刊授党校》创刊于1983年1月，由中共辽宁省委组织部主办，是全国唯一一所用党刊形式教育培训党员干部的特殊党校。

《兰台世界》创刊于1986年，前身为《辽宁档案》，由辽宁省档案局（馆）主办。办刊宗旨：传播档案业务知识，交流档案工作经验，启迪档案人员思维，推动全省档案事业发展。

《党史纵横》创刊于1988年1月1日，由中共辽宁省委党史资料征编委员会主办，月刊，内部刊物。1989年8月25日，《党史纵横》正式出版。创刊以来，一直秉承“存史、资政、育人”的办刊宗旨，以丰富多彩的党史党建内容，向广大党员、干部、群众宣传党史、军史、新中国史。

《今日辽宁》创刊于1988年6月，由中共辽宁省委宣传部主办，前身为《中国·辽东半岛　国际交流》。为贯彻实施中央关于沿海地区经济发展战略，加强对外宣传，在与国际社会的交往中“让世界了解辽宁，让辽宁认识世界”，促进海内外经济、文化交流，以适应辽东半岛对外开放的需要，由辽宁省对外文化交流协会名义主办、由中共辽宁省委宣传部主管。2000年，更名为《今日辽宁》。

《辽宁人大》创刊于1993年，原名《辽宁人大建设》，初为内部资料，1994年更为《辽宁人大》，由辽宁省人民代表大会常务委员会主管、主办。办刊宗旨：宣传人民代表大会制度和人大工作，宣传社会主义民主和法治建设，通过刊物功能把党的路线方针政策和国家法律变成人民的自觉行动。2022年2月起不再由辽报集团主办。

《侨园》创刊于1991年5月，由辽宁省侨办主办。办刊宗旨：宣传党的政策，广泛团结华侨、外籍华人、港澳同胞、归侨侨眷，增进情谊，保护侨胞权益，宣传辽宁，振兴辽宁，促进祖国繁荣和统一。

《新少年》创刊于1950年4月，由团省委主办，读者对象为8—12岁的少年儿童。从《红孩子》《红小兵》到《新少年》，一直作为辽宁省少先队队刊，杂志始终坚持“反映少年儿童生活，为少年儿童提供精神食粮，培养少年儿童德、智、体、美、劳全面发展，做有理想、有道德、有文化、有纪律的合格接班人”的办刊宗旨。

《好孩子画报》创刊于1982年，由团省委主办。作为辽宁省少先队队刊，画报始终以优美灵动的文字浸润小读者的心灵，以积极向上的内容引导少年儿童的成长，以温和理性的态度传递时代的声音。

《妇女》创刊于1980年5月，由辽宁省妇女联合会主办。2001年进入中国期刊方阵，是国家“双效”期刊，获得“中国新时期最受喜爱的女性和家庭代表性期刊”称号。

《理论界》创刊于1985年，由辽宁省社会科学界联合会主办。2009年，该刊成为“中国知网”会员单位。

《家庭科学》创刊于1993年3月，是以宣传家庭健康知识和传播健康理念为内容的科普期刊，前身是《独生子女健康》杂志。2000年10月，《新家庭报》划归辽宁日报报业集团，同时主管单位变更为辽宁日报社。2001年第12期杂志由原来的《独生子女健康》变更为《家庭科学》。

《记者摇篮》创刊于1960年，由辽宁日报社主办，前身为《辽宁日报通讯》。1985年9月，由《辽宁日报通讯》变更为《记者摇篮》，系全国新闻传播类论文发表平台。2017年4月，申请ISSN资格获得国际标准连续出版物编码系统中国国家中心批准。

| 第二节 |

“三定”方案完成新集团架构搭建

“定职责”“定机构”“定编制”的“三定”方案，依据对17家事业单位的人事、财务、资产等重要信息进行系统的收集和整理，然后科学缜密地对新集团未来架构做出顶层设计。这是一项做好新集团“生命基因”排列的首要工作，也是为新集团未来事业发展奠基的重要工作。

辽宁报刊传媒集团（辽宁日报社）党委书记、社长丁宗皓强调，我们要借这次改革良机，做好新集团“生命基因”排列工作，打造一个有生命力和竞争力的集团。

2018年8月24日，中共辽宁省委办公厅通过辽宁报刊传媒集团（辽宁日报社）“三定”方案，并下发厅秘发〔2018〕68号《中共辽宁省委办公厅关于印发〈辽宁报刊传媒集团（辽宁日报社）主要职责、内设机构和人员编制规定〉的通知》。

按照省委下发文件的要求，新集团集中开展定岗定责定流程专项工作，共梳理了集团3项主要职责，以及9个内设机构和26个分支机构的183项部门职责，完善岗位设置、明确岗位职责，捋清工作流程，制作了200多个工作流程图，推进各机构有效运转。

一、辽宁报刊传媒集团（辽宁日报社）主要职责

（一）宣传党的理论和路线方针政策，弘扬社会主义核心价值观；围绕省委、省政府中心工作，组织开展新闻宣传，为辽宁振兴发展营造良好舆论氛围。

（二）编辑出版中共辽宁省委机关报《辽宁日报》、中共辽宁省委机关刊物《共产党员》等报刊。

（三）开展融媒体建设和运行相关工作，推进数字出版和媒体深度融合，推动相关文化产业发展。

二、辽宁报刊传媒集团（辽宁日报社）机构设置

（一）设9个内设机构

1. 党政群工作部：负责党群和纪检工作；负责文电、信息、档案、保密、信访、文字综合等工作。

2. 人力资源部：负责制定并执行人力资源规划，建立人才培养机制；负责机构编制、人事管理、职称评聘、离退休干部服务等工作。

3. 编务管理部：负责日常编务工作，执行总编辑和编委会的决策部署；负责与上级部门或其他单位在新闻宣传工作方面的沟通、协调等。

4. 融媒体发展研究中心：制定集团媒体融合发展规划，整合集团媒体资源，运营管理融媒体平台，创新产品形态；承担对外重大项目的策划、推广及合作等；开展传媒舆情分析和研究工作。

5.《共产党员》编辑中心：负责《共产党员》杂志的编辑出版工作。

6. 文化产业发展部：制定集团传媒产业发展规划，开展文化产业经营和投资，

发展文创产业，构建集团文化投融资支撑体系；负责品牌推介、大型活动策划组织等工作。

7. 发行与推广部：负责报刊的发行和市场推广工作，开展传媒业务培训等。

8. 服务保障部：负责安全保卫、安全生产、应急管理等服务保障工作。

9. 财务审计部：负责财务管理、资产管理、政府采购、财务审计等工作；负责党刊大厦、先锋大厦等产业日常管理和运营工作。

（二）设 26 个分支机构

1. 时政新闻编辑部：负责省委主要领导活动报道；承担相关战线时政新闻采编工作；对集团所属媒体的时政新闻采编进行业务指导。

2. 经济新闻编辑部：负责省政府主要领导活动报道；承担相关战线经济新闻采编工作；对集团所属媒体的经济新闻采编进行业务指导。

3. 综合新闻编辑部：负责《辽宁日报》等媒体综合新闻策划、采编工作，开展跨战线、全领域选题和调查类深度报道；承担社会、民生、健康等领域宣传报道工作。

4. 理论评论新闻编辑部：负责《辽宁日报》等媒体理论评论及新闻采编工作，组织及撰写相关评论等。

5. 融媒体出版编辑部：负责融媒体出版工作，制定和落实编采大纲，审核版面和稿件导向。

6. 文化体育新闻编辑部：负责《辽宁日报》等媒体文化、体育领域新闻采编工作。

7. 重大主题策划编辑部：负责《辽宁日报》等媒体重大主题新闻策划、采编工作。

8. 沈阳新闻编辑部：负责《辽宁日报》等媒体在沈阳市及其县（市、区）的新闻报道。

9. 大连新闻编辑部：负责《辽宁日报》等媒体在大连市及其县（市、区）的新闻报道。

10.《党建文汇》编辑部：负责《党建文汇》杂志编辑出版工作。

11.《党支部书记》编辑部：负责《党支部书记》杂志编辑出版工作。

12、《刊授党校》编辑部：负责《刊授党校》杂志编辑出版工作。

13. 中华先锋网编辑部：负责中华先锋网采编播宣传工作。

14. 党建读物编辑部：适应基层党员干部理论学习及教育需要，编辑发行各类党建和时政读物。

15. 内参编辑部：负责编辑出版内部刊物，做好对业务工作新情况、新动态、新观点的研究和反映等。

16.《兰台世界》编辑部：负责《兰台世界》杂志编辑出版工作。

17.《今日辽宁》编辑部：负责《今日辽宁》杂志编辑出版工作。

18.《辽宁人大》编辑部：负责《辽宁人大》杂志编辑出版工作。

19.《辽宁老年报》编辑部：负责《辽宁老年报》杂志编辑出版工作。

20.《侨园》编辑部：负责《侨园》杂志编辑出版工作。

21.《友报》编辑部：负责《友报》杂志编辑出版工作。

22.《新少年》编辑部：负责《新少年》杂志编辑出版工作。

23、《好孩子画报》编辑部：负责《好孩子画报》杂志编辑出版工作。

24.《妇女》编辑部：负责《妇女》杂志编辑出版工作。

25.《理论界》编辑部：负责《理论界》杂志编辑出版工作。

26.《党史纵横》编辑部：负责《党史纵横》杂志编辑出版工作。

三、辽宁报刊传媒集团（辽宁日报社）人员编制和领导职数

辽宁报刊传媒集团（辽宁日报社）人员编制 433 名，经费渠道为财政全部补助；人员编制结构为：管理人员编制 128 名，专业技术人员编制 202 名，工勤人员编制 103 名。

辽宁报刊传媒集团（辽宁日报社）单位领导职数 8 名，其中，社长职数 1 名（正厅级），总编辑职数 1 名（正厅级），副社长（副总编辑）职数 6 名（副厅级）；内设机构领导职数 18 名，其中，正职 9 名（县处级），副职 9 名（副县处级）；机关党委专职副书记职数 1 名（县处级），机关纪委专职副书记职数 1 名（县处级），工会专职副主席职数 1 名（县处级）；分支机构领导职数 49 名，其中，正职 26 名（县处级），副职 23 名（副县处级）。

| 第三节 |

薪酬制度统一优化调整　解决集团职工急难愁盼

面对辽宁报刊传媒集团（辽宁日报社）成立后，集团内部薪酬体系的多元结构，尤其是在编员工和聘任制员工在薪酬结构上的“剪刀差”，党委经过反复研究和论证，按照“先事业，后企业”规划，集团从2020年4月起，分两步实施绩效薪酬优化调整的工作。本次绩效薪酬优化调整，基本解决了长期困扰集团发展的事业编和编制外聘用两种身份人员“同工不同酬”问题，为集团全局性改革和高质量发展奠定了基础。

一、薪酬制度改革迫在眉睫

辽宁报刊传媒集团（辽宁日报社）成立后，17家事业单位管理体制的差异，带来了新集团内部薪酬体系的多元结构，这给集团的统一管理造成阻碍，更不利于干部的交流任用。

在新集团成立前，辽宁日报是自收自支单位。在编员工和聘任制员工在薪酬结构上存在“剪刀差”。新集团成立后，集团事业编制人员费用转变为财政拨款方式，“剪刀差”进一步加剧。

为了促进集团在新的体制下深度融合，薪酬制度的统一优化调整势在必行。

辽宁报刊传媒集团（辽宁日报社）党委经过反复研究和论证，按照“先事业，后企业”规划，新集团分两步实施绩效薪酬优化调整的工作部署。在2019年完成调研和方案设计的基础上，2020年4月启动试运行，6月又组织启动对集团下属企业绩效薪酬优化调整工作，7月开始试运行。本次绩效薪酬优化调整，基本解决了长期困扰集团发展的事业编和编制外聘用两种身份人员“同工不同酬”问题，为集团全局性改革和高质量发展奠定了基础。

二、绩效薪酬优化调整坚持四个原则

18家新闻单位，8张报纸、15本杂志、5个新媒体平台，薪酬体系涉及范围广、

岗位多、情况复杂，而且涉及集团每名员工的切身利益。集团党委提出，薪酬体系优化调整方案必须遵循四项原则，确保这项员工急难愁盼工作顺利推进。

一个“体现”，即体现公平。打破两种人员的身份差异，全面实现“同工同酬”；提倡效率优先、贡献导向原则；尊重历史贡献，合理定义绩效；不同机构间保持均衡；不同业务领域间保持均衡。

两个“对待”。合理对待两种身份人员的受益程度；区别对待两类表现员工群体。

三个“尊重”。尊重历史贡献；尊重原有体系和现状；尊重专业发展途径。

四个“倾斜”。向编采主业倾斜；向承担重要责任、在各部门发挥关键作用的重要管理人员倾斜；向任劳任怨、踏实肯干、尽心尽力为单位作贡献的业务骨干倾斜；向核心岗位一线倾斜。

集团党委经过缜密论证，决定聘请国内最具影响力的人力资源公司——华夏外包服务对集团薪酬结构进行现代化的、科学性的总体设计。

华夏外包服务在设计中采用了“Forecasting”数据设计模型，集数据收集分析整理、方向预测、方案框架设计、详细深度设计、统计核算为一体，同时采用现场初步设计和本部设计部门深度设计互动一体的联动模式，确保了方案的科学性、实用性和可调整性。

| 第四节 |

全面提升集团管理体系和管理能力建设

从 2019 年开始，针对辽宁报刊传媒集团（辽宁日报社）新组建后“合并部门多、人员层次多、工作领域多、遗留问题多”等实际情况，集团党委选准工作切入点，大力加强制度建设。在部署集团制度建设专题会议上，明确提出“建章立制、狠抓落实，全面提升集团管理体系和管理能力建设”这一目标。

到 2020 年，集团制定和修订出台 73 项管理制度，为提高行政效能和管理水平提供制度保障；进入 2021 年，集团全年制定和修订制度 26 项，涵盖编采、经营、管理、队伍建设等各个方面。

下大力气制定和完善管理制度，强化制度执行力度，集团内部管理水平和工作效率明显提升。

一、建章立制提高行政效能

2018 年 7 月底，辽宁报刊传媒集团（辽宁日报社）组建完毕后，面临着“合并部门多、工作领域多、遗留问题多”等实际情况，加之各单位规章制度多轨并行，严重制约了集团各项工作整齐划一的运转效率。

集团党委在部署集团制度建设专题会议上，明确提出“建章立制、狠抓落实，全面提升集团管理体系和管理能力建设”这一目标。首先对关涉重大经营决策、干部管理等方面建章立制，提高集团行政管理效能。

新集团成立后，为有效防范决策风险，增强决策科学性，避免决策失误，集团重新修订《中共辽宁报刊传媒集团（辽宁日报社）“三重一大”决策制度》和《辽宁报刊传媒集团（辽宁日报社〉项目论证办法》两份重要文件。对集团重大事项决策、重要干部任免、重大项目投资决策、大额资金使用，坚持民主决策，按照“集体领导、民主集中、个别酝酿、会议决定”的要求进行决策，保证权力正确行使。

二、完善制度建设提升管理水平

2019 年，新集团各项工作逐步走向正轨，为全面提升集团管理体系和管理能力建设，集团纪委对 8 个内设机构、27 个分支部门及经营单位的 411 项工作制度规范进行检查，对制定年代久远的文件，进行了修订；对辽宁报刊传媒集团（辽宁日报社）成立前出台的文件，对标新集团的统一要求进行了调整，共完善制度规范 96 项，占比达 23.4%，实现了制度建设在单位层面的全覆盖；出台集团层面 18 个指导性文件，为实施科学规范管理提供了有力保障。

针对编采工作出台了《辽宁报刊传媒集团（辽宁日报社）网络媒体导向管理办法》《辽宁报刊传媒集团（辽宁日报社）部门新媒体管理办法》《辽宁报刊传媒集团（辽宁日报社）聘任专业技术职称管理办法》《辽宁报刊传媒集团（辽宁日报社）网络安全管理规定》等 10 份管理文件。文件涉及新媒体管理、网络安全、职称、劳资、工作纪律五大方面，尤其是对新媒体意识形态管理的文件就占到三成以上。

人事管理方面出台了《辽宁报刊传媒集团（辽宁日报社）员工招聘管理办法》《辽宁报刊传媒集团（辽宁日报社）员工考勤及休假管理细则》《辽宁报刊传媒集团（辽宁日报社）加班管理实施细则》《关于规范集团员工借调管理工作的通知》等12项规章制度。2019年，先后启动了对集团内设机构定岗定责定编专项工作，实施室主任竞聘上岗和员工双向选择。并组织实施集团组建后第一次对外公开招聘工作，12月进行了新媒体编采17个岗位的对外公开招聘，同时发布了集团党政后勤和编采共计27个岗位的招聘公告。2020年，推进集团薪酬优化调整工作。高密度、高强度的竞聘、招聘、薪酬制度改革工作，在制度的保障下平稳推进。17名新入职编采岗位人员已经成为媒体融合的新生力量，他们先后多人获得辽宁新闻奖一等奖和中国新闻奖二、三等奖，在“好记者讲好故事”的评选中，获得辽宁赛区一等奖。

为贯彻党委提出的深化改革、深度转型战略决策实施，集团先后出台《辽宁报刊传媒集团（辽宁日报社）进一步完善公司法人治理结构的管理办法》《辽宁报刊传媒集团（辽宁日报社）投资监督管理办法》《辽宁报刊传媒集团（辽宁日报社）经济责任审计管理办法》《辽宁报刊传媒集团（辽宁日报社）财务监督管理办法》《辽宁报刊传媒集团（辽宁日报社）审计管理办法》等18份文件，覆盖集团招投标、物资采购、法人管理、固定资产管理、法务、财务监督管理、审计管理七大项经营工作。

进入2021年，集团全面落实“立足新发展阶段、贯彻新发展理念、构建新发展格局”要求，进一步完善制度体系，提升管理水平和效率。集团全年制定和修订制度26项，涵盖编采、经营、管理、队伍建设等各个方面，特别是制定完善了集团《经济工作会议制度》《全面预算管理办法》《财务监督管理办法》等一系列加强财务管理方面的内控制度，提高管理水平，降低运营风险。

2021年，集团建立起文化企业档案库，实行动态管理，全面动态掌握企业资产、收入、利润等经济运行情况，切实提升集团监管质量和水平。

第二十一章

积极推进报业供给侧结构性改革

“报业严冬”来了。2012 年，国内纸媒市场开始出现负增长。国内严峻的经济形势几乎覆盖了辽报集团全部的产业链。

破局，从 2013 年开启。集团组成庞大的调研组，对国内 6 省市 8 家报业产业转型考察调研后，绘制出集团转型的路线图，迈出了推进集团供给侧结构性改革第一步。集团制定了以发展多元产业推动报业转型升级的战略部署，进军资本市场。在文化投资领域开疆拓土，历经十年，打造布局合理、协同高效的文化产业基金群。从 2016 年开始，先后休刊报纸、关停公司、大幅度裁减冗员。

从 2019 年开始，集团摆脱了自 2014 年以来的连续亏损状态，持续 5 年实现赢利。同年，集团在供给端发力，先后建立两大平台——“学习强国”辽宁学习平台、辽宁国际传播中心，壮大了党的舆论宣传阵地。

| 第一节 |

面对报业“严冬”　集团转型破局

被誉为“报业严冬”的 2012 年，根据央视市场 CTR 调查数据显示，国内纸媒市场开始出现 7.5% 的负增长。国内严峻的经济形势几乎覆盖了辽宁日报传媒集团全部的产业链，从报纸的发行量到印刷厂订单，从报纸的广告到集团的非报产业，均呈现下滑态势。

应对挑战，果断转型，突破困局。2013 年初，辽报集团组成庞大的调研组，对国内 6 省市 8 家报业产业转型考察调研后，绘制出集团转型的路线图，积极推进报业供给侧结构性改革。从 2016 年开始先后休刊 3 家报纸，关停超过 10 家公司，集团由 2012 年全口径 6000 名员工，到 2018 年裁减到 1600 名。辽宁报刊传媒集团（辽宁日报社）成立后，连续 5 年实现赢利。

一、辽宁报业集团经营出现超预期的滑坡

根据央视市场 CTR 数据显示，随着互联网广告渠道的日渐成熟，2012 年，中国传统媒体广告出现向下的拐点，这个年度传统媒体刊例花费增幅仅为 4.5%，远低于 2008—2011 年 13.5% 的平均增速。其中，报纸 2012 年开始出现 7.5% 的负增长，是传统广告渠道受到冲击最大的媒体渠道。从 2013 年起，国内纸媒的广告收入出现断崖式下跌。

辽报集团处于全国性的下滑旋涡之中，当初预期下滑速度是 20%，而且这是预留出一部分空间的。但到了 2015 年，下滑速度达到了 50%。当年集团的广告存量仅相当于 2012 年的 25%。也就是说，3 年间，下滑了 75%，这直接导致集团在 2015 年首次出现了亏损。

报纸发行量的下滑导致印刷厂印量的下滑，房地产的萎靡导致地产公司利润的降低。报纸、印刷、地产、楼宇经营，集团的四大支柱全部陷入低迷。

尤其是报业在传媒产业的份额显著降低，使报业集团在经济工作中所面临的困难进一步加剧。

二、考察 6 省市报业产业转型，谋划产业转型路径

2013 年 2 月 25 日至 3 月 5 日，由辽宁报业传媒集团社长孙刚带队，考察了国内 6 省市 8 家新闻单位，分别是四川日报报业集团、成都商报传媒集团、重庆日报报业集团、南方日报报业集团、湖南日报报业集团、湖北日报报业集团、湖北广电集团、河南日报报业集团。特别对非报经营的四大领域进行了重点考察：地产方面、股权方面、新媒体方面、文化产业方面。经过考察和研讨，党委对集团转型方向和路径

做出了初步判断——

（一）集团党委对报业形势的判断即传统产业处于全国性的衰退是准确的。根据这样的预判而采取的对策，即守住传统产业，发展多元产业，在5年甚至更短时间内使多元产业的收入和利润达到甚至超过传统产业也是正确的，至少是和全国优秀的报业集团的发展理念是相同的。

（二）辽报集团的经济规模和利润水平在这8家报业集团中处于中等水平，我们面临的经济环境更加严峻。

（三）报业集团正处于转型的关键时期，如何利用好国家的产业政策，如何在传统报业还站在公信力的制高点的时候大力发展非报产业，是对领导团队的严峻考验，做得及时不及时，质量高不高，收益大不大，前景好不好，都关乎集团的未来。

（四）虽然考察对象非传统产业做得多，有的做得大，但是有的集团缺少有效的风险防控，有的在投资方向上出了问题，发展非传统产业也不能搞运动，不能“一阵风”；越是需要，越要预防风险。

三、休刊止血，整合机构、人员与资产

主动出击，休刊止血，整合机构、人员与资产，报业供给侧结构性改革实现预期目标。

继2016年休刊《时代商报》和《时尚生活导报》之后，集团党委按照社会效益和经济效益相统一原则，根据产业布局、媒体转型和集团发展方向的需要，2018年做出了裁撤股权投资公司，关停辽报传媒文化艺术有限公司，将其部分职能融入《辽宁日报》的决定。2019年做出了《北方晨报》休刊的决定。

辽沈晚报社启动了人员优化和发行结构调整等改革举措，取得了改革预期目标。辽沈晚报社自2017年11月起，启动人员优化工作，并依法制定工作方案，采取协商补偿的方式与优化人员解除劳动合同。截至2019年底，协商解除人员共计99人。辽沈晚报社还将对各部门进行整合、改革，进一步对人员进行优化，提高工作效率。

半岛晨报社持续推进人事改革，采取末位淘汰与人才引进相结合的办法，优化部门架构，分流安置人员。自2018年以来，经优化调整，内部机构由五大中心24

个部门调整为三大中心 14 个部门加 2 个项目组；中层以上干部由 48 人调整为 25 人；员工由 221 人分流调整为 159 人。目前已初步打造适应媒体融合转型发展的体制机制与架构规模。

2016 年，集团由 2012 年全口径 6000 名员工，减少到 3100 名。

2018 年，集团在册的 3100 员工裁减到 1600 人。

从 2019 年开始，集团摆脱自 2014 年以来连续亏损状态，连续 5 年实现赢利。

| 第二节 |

登陆新三板，创造国内两个“第一”

登陆资本市场，《辽宁日报》新媒体集团两年迈出两大步。

2015 年 6 月，北国传媒（证券代码：832647）新三板挂牌，它成为全国首家经中宣部同意在新三板挂牌上市、登陆资本市场的省级党报新媒体公司。

2017 年 6 月，辽宁金印文化传媒股份有限公司在新三板上市了。金印传媒（证券代码：871470）成为全国报业印刷独立挂牌第一股。

登陆新三板，创造国内两个第一。它标志着辽宁报业传媒集团在深化文化体制改革、推动传统媒体和新兴媒体融合发展、报业转型升级上迈出坚实一步。

一、登陆资本市场的第一家省级党报新媒体公司

2015 年 6 月 16 日 15 时 30 分，北京市金融大街，随着全国中小企业股份转让系统（新三板）钟声响起，《辽宁日报》新媒体集团成功登陆资本市场。同步进行，辽宁日报新闻客户端正式上线。时任省委常委、宣传部部长范卫平在挂牌上市暨上线仪式上敲响开市宝钟、按下客户端上线启动手印。

时任集团党委书记、社长孙刚，国家新闻出版广电总局规划发展司（改革办公室）司长朱伟峰，省委宣传部副部长、省网信办专职副主任徐少达分别致辞。集团总编辑、副社长、党委副书记丁宗皓主持仪式。

6 月 12 日，时任省委书记、省人大常委会主任李希对《辽宁日报》新媒体集团

新三板挂牌上市及新闻客户端正式上线情况作出批示:《辽宁日报》新媒体集团在新三板挂牌上市,《辽宁日报》新闻客户端正式上线，标志着辽宁报业传媒集团在深化文化体制改革、推动传统媒体和新兴媒体融合发展上迈出坚实一步，具有十分重要的意义。推动传统媒体和新兴媒体融合发展，是党中央着眼巩固宣传思想文化阵地、壮大主流思想舆论作出的重大战略部署，希望你们以此为契机，进一步深入贯彻中央、省委关于媒体融合发展的重大战略部署，坚持传统媒体和新兴媒体优势互补、一体化发展，坚持先进技术为支撑、内容建设为根本，推动传统媒体和新兴媒体在内容、渠道、平台、经营、管理等方面深度融合。

《辽宁日报》新媒体集团属于辽宁报业传媒集团，是全国首家经中宣部同意在新三板挂牌上市、登陆资本市场的省级党报新媒体公司，简称“北国传媒”，证券代码为 832647。这项工作也是省委文化体制改革专项小组制定的 2015 年文化体制改革和发展工作重点内容之一。按照推动文化企业建立有文化特色的现代企业制度要求，新媒体集团将利用这一持续融资机制，布局“互联网 +”，完善传媒运营体系，在内容、形式、手段、机制上进行全方位创新。

作为媒体融合发展战略布局重要切入点,《辽宁日报》新闻客户端定位为“移动党报”，是《辽宁日报》在移动终端新的延伸拓展，共设置八大精品栏目，涵盖时政、经济、文化等重要领域。凭借《辽宁日报》的政治优势及集团所属媒体强大采编力量支撑的内容优势，通过这一“入口”，能够更快速、立体、有效传达省委决策部署、反映群众呼声，为用户提供更优质的新闻信息服务。

《辽宁日报》新媒体集团成功登陆资本市场和《辽宁日报》新闻客户端正式上线，引起全国媒体的高度关注。《人民日报》、新华社、中央电视台、中央人民广播电台、《经济日报》、《光明日报》、《中国日报》、《中国记者》等十余家中央、省市媒体对此事进行了采访报道。

二、金印传媒——全国报业印刷独立挂牌第一股

2017 年 6 月 29 日，辽宁金印文化传媒股份有限公司在新三板上市。这是全国报业印刷独立挂牌第一股，也是目前资本市场仅有的一家全国报业印刷独立入市交易

企业。

6月29日，辽宁金印文化传媒股份有限公司在北京全国中小企业股份转让系统中心举行了新三板挂牌敲钟仪式。

作为一家专门提供印刷服务的印刷产品制造商，金印传媒与《人民日报》《光明日报》等中央级媒体以及辽宁党刊集团、北方联合出版传媒集团等国内数百家客户建立了长期稳定的合作关系，为东北地区规模最大的综合性印刷企业，其生产规模和企业综合实力位居黄河以北同行业之首，处在全国同行前列。

借助金印传媒登陆资本市场的良好契机，新闻印刷集团正在逐步推动“印刷+”全业布局，以“互联网+”为驱动，促进文化产业与印刷产业深度融合，构建“印刷生产加工、印刷物资交易、印刷金融产业”和“报纸传媒产业”的3+1发展模式。

印刷生产加工。引入智能化发展理念，向着智慧工厂及数字印刷一体化解决方案的方向发展，全面实现绿色印刷。逐步完善覆盖全省的印刷产业布局，力争实现辽宁报业印刷市场的全面整合。

印刷物资交易。通过打造“大道金印”电子商务平台，拓宽贸易范围，积极开展纸张、油墨等印刷物资交易，努力增加新的业务来源，推进传统印刷业务外延化，积极布局传统印刷上下游产业链。

印刷金融产业。积极探讨通过合作的方式，共同建立专业服务于印刷及相关行业的商业保理公司，为印刷市场提供灵活、快捷的金融综合服务。

第三节

文化投资扎实推进

2013年，传统媒体式微、新兴媒体崛起，报业传统广告、发行收入大幅下降。为此，集团党委作出以发展多元产业推动报业转型升级的战略部署，经赴北京等地与专业机构、行业专家进行7轮调研后，开启进军资本市场的脚步，在文化投资领域开疆拓土。

从2013年参与投资腾讯·大辽网到2014年以入股专业基金分散风险的方式，入股龙渊云腾，开启了集团文化产业基金群建设；从2016年参投辽宁当代文交所到

2020 年参投电影《我的父亲焦裕禄》。历经 10 年，集团文化产业基金群不断壮大。至 2023 年底，北国文投发起设立、投资入股的 6 只基金总计投资项目 85 个，总体投资回报率 1.23 倍；涉及文化科技、智能数据、文化消费、文化传媒、高新技术等领域，其中 IPO 上市项目 1 个，启动上市项目 5 个，完成再融资项目 20 个。半岛晨报投资入股的航天半岛基金已投资 12 个项目，退出项目 1 个，在持项目均有较理想的增值幅度。同时集团已达成合作意向，拟出资 1000 万元参与投资辽宁集成电路产业股权投资基金。2023 年 1 月 17 日，大连航天半岛创业投资基金投资的机械九院上市申请，获深交所审核通过。

一、打造布局合理、协同高效的文化产业基金群

入股龙渊云腾、追远创投。2013 年，集团党委作出以发展多元产业推动报业转型升级的战略部署，经赴北京等地与专业机构、行业专家进行 7 轮调研，分别在 2014 年和 2015 年，集团通过入股专业基金分散风险的方式，入股龙渊云腾、追远创投两只基金，间接介入游戏项目。两只基金主要投资方向为泛娱乐、人工智能、大数据等新兴文化消费领域。截至 2023 年 6 月，辽宁北国文投参与投资 800 万元，已收回资金 872.68 万元。

发起设立辽宁新兴文化产业投资基金。2015 年 12 月，省委宣传部下发《关于原则同意辽宁报业传媒集团发起设立辽宁新兴文化创业投资基金的批复》（辽宣函〔2015〕367 号），同意集团以旗下国有文化投资运营平台——辽宁北国传媒网络科技股份有限公司（后更名为“辽宁北国文化投资股份有限公司”）作为主发起人，发起设立辽宁新兴文化产业创业投资基金（以下简称“辽宁文创基金”）。基金规模 1.9 亿元，辽宁文投参与投资 2800 万元，获得中央 2017 年度市场化配置文化产业发展专项资金 8000 万元支持，获得省产业（创业）投资引导基金 5000 万元支持，引进省外社会资本 1.06 亿元，中国证券投资基金业协会备案编码为 SR8492。基金投资方向为文化数字产业。2019 年，辽宁文创基金获国家“首批新闻出版改革发展项目库合作基金”荣誉，基金管理公司北国华盖（辽宁）投资管理有限公司获得中国文娱领域“最具发展潜力投资机构”荣誉。

辽宁文创基金成立以来，始终秉承价值投资理念，坚持资金使用效益最大化、效率最优化，形成有文化特色的投资价值观、方法论，确保投资项目看得懂、帮得上、长得快、退得赢，建立完善全面风控体系，完善全面风控流程，坚持动态研判项目风险点、平衡点，坚决守牢投资警戒线、安全线，充分发挥“政府监管、行业监管、专业监管、机构监管、流程监管”五位一体的监管作用，确保程序合规、资金安全。

参与投资华盖安鹭基金。2018 年 2 月基金成立，总规模 5.48 亿元，辽宁文投参与投资 1500 万元。基金投资方向为文化及消费相关产业。

发起设立辽宁文创二期基金。2021 年 1 月，发起设立辽宁文创二期基金，基金认缴规模 1.15 亿元，实缴 1 亿元，辽宁文投参与投资 5700 万元。基金投资方向为文化科技、文化消费和文化教育等领域。

参与投资浙丰宏胜基金。2021 年，辽宁北国文投出资 2000 万元与浙报集团（出资 4000 万）共同作为基石投资人，发起设立浙丰宏胜基金。基金重点投资数字产业、智能制造等领域。

二、大胆尝试投资传媒、艺术品、影视等领域

参与投资腾讯·大辽网。2013 年，集团与腾讯公司签署战略合作协议，研究联手打造辽宁城市生活门户网站，同年 6 月 18 日，全国第 11 个区域门户网站腾讯·大辽网正式上线。

参投辽宁当代文交所。辽宁当代文化艺术品产权交易中心是省政府批准设立的文化艺术品交易平台，2011 年成立，专注文化艺术品产权交易、文化创意成果转化等业务，是全国领先开创文娱影视衍生品交易模式的金融要素市场。2016 年，辽宁文投积极布局文化金融要素市场，出资 1000 万元入股辽宁当代文交所。

参投电影《我的父亲焦裕禄》。2020 年，为进一步拓展业务发展布局，提升品牌影响力，经集团党委常委会研究，同意辽宁文投出资 50 万元作为联合出品人投资由河南、山东、湖北三省电影局联合制片，明德万国影业（湖北）有限公司和北京松茂影视文化有限公司共同出品的建党 100 周年献礼影片《我的父亲焦裕禄》。此举获省委常委、宣传部部长刘慧晏批示表扬。2023 年，该影片获中宣部 2022 年度“五个

一工程”奖。

| 第四节 |

“学习强国”辽宁学习平台建立

2019 年 2 月 2 日，辽宁学习平台手机端、PC 端正式上线，这是东北三省首家上线运营的“学习强国”地方学习平台。

辽宁学习平台上线以来，认真贯彻中央决策部署，按照省委要求，在省委宣传部的正确领导下，坚持守正创新，聚焦平台定位，发扬“比学赶超、奋勇争先”的精气神，着力打造科学理论学习阵地、思想文化聚合平台、科学知识传播高地、人民群众精神家园，科学构建内容建设、数据应用、队伍管理“三大闭环”，以习近平新时代中国特色社会主义思想为主要内容，突出学习主线、推动重点工作、体现地方特色，全方位立体化展现辽宁省贯彻落实习近平新时代中国特色社会主义思想的生动实践和浓郁地方特色、深厚文化底蕴。

一、“学习强国”辽宁学习平台建设跑出加速度

2019 年，习近平总书记在党的十九大报告中指出，要增强学习本领，在全党营造善于学习、勇于实践的浓厚氛围，建设马克思主义学习型政党，推动建设学习大国。2019 年 1 月 1 日“学习强国”学习平台正式上线。它是中宣部为落实总书记这一重要指示精神着力打造的互联网学习平台，也是一个多媒体呈现、多资源聚合、多技术应用的融媒体平台。

按照中宣部的工作部署，“学习强国”学习平台在各省市区建立地方站，按照省委的指示，“学习强国”辽宁学习平台由省委宣传部与集团合作共建。2019 年 2 月 2 日，辽宁学习平台手机端、PC 端正式上线，这是东北三省首家上线运营的“学习强国”地方学习平台，时任省委常委、宣传部部长张福海出席上线仪式。

到 2019 年底，在 32 个省级地方平台中，辽宁学习平台活跃用户排名第 9，日活跃用户量排名第 11，全年浏览量排名第 9，全年总发稿量排名第 10，全年主平台选

用稿件排名第13，各项重要指标跻身全国省级地方平台第一方阵。

截至2020年底，“学习强国”辽宁学习平台工作取得积极成效。多项核心指标排在全国前列。2020年，辽宁学习平台浏览量68.6亿次，日均1880万次，位列全国第一名；辽宁平台发稿量13.9万篇，位列全国第一名；全国平台选用量1.25万篇，位列全国第二名；创造单日发稿1938篇、全国平台单日选用319篇的纪录；全年实现新增用户210万人，增量排名居全国前列，受到中宣部领导的肯定。

到2023年，“学习强国”辽宁学习平台共建有频道21个，分别为：特别推荐、新思想在辽宁、主题教育、全面振兴新突破三年行动、东北振兴新突破、县级融媒、理论在线、文化繁荣、剧本秀场、广播剧场、曲艺馆、红色辽宁、强国青少年、美丽辽宁、征集活动、@雷锋、百灵视频、文明实践、专题、慕课讲堂、中小学在线。

二、精心设置议题，加强资源整合，不断打造精品内容

内容建设成效显著。2021年“学习强国”辽宁学习平台内容建设成效显著，聚焦打造党史学习教育“辽宁品牌”，策划推出“党史学习教育资料库”，开设“红色书场”打造“党史微党课”，联合全省各地开展“红动辽宁”党史学习教育，建立版权“1+1”共享机制，高质量建成并启用终审签发室。先后获得1次中宣部《宣传工作》表扬，4次中宣部宣传舆情研究中心《“学习强国”学习平台建设情况》表扬，6次省委宣传部主要领导批示表扬，1次省委宣传部《辽宁新闻阅评》表扬。成为全面展示辽宁践行习近平新时代中国特色社会主义思想创新实践和丰硕成果的重要宣传平台。

影响力显著提升。辽宁学习平台聚焦主责主业，彰显辽宁特色，开设专题106个；上线全国首个“广播剧场”频道，打造“耳阅读”特色品牌，充分展示辽宁广播剧的“高原”和“高峰”；创办“曲艺馆”频道，集中推出独具辽宁特色的曲艺作品500余个；开展“美丽辽宁”短视频、摄影作品等大型主题征集活动，超20万人次参与。

发起平台共建。为落实辽宁党政代表团到吉林、黑龙江、内蒙古考察时的有关要求，推动主题教育走深走实，辽宁学习平台围绕高质量推动辽宁全面振兴新突破三年行动进一步解放思想、创新工作，发起“学习强国”东北三省一区学习平台共同创建“东北振兴新突破”频道，有效覆盖东北三省一区1500万学习平台用户。2023年6月25日，在辽报集团成功举办以“大东北　新未来”为主题的频道上线仪式，东北三省一区宣传部、学习平台相关负责同志出席，签署合作备忘录，确定轮值主席单位。共建“长三角”频道的“学习强国”上海、江苏、浙江、安徽学习平台发来祝贺视频。上线首日，“东北振兴新突破”频道首批发布稿件94篇，三省一区学习平台互推共享稿件40篇。频道上线，引发人民网、新华网等96家中央和省市级媒体广泛关注，全网浏览量达1800万次，获“学习强国”总台首肯，获专家学者、读者用户广泛好评。召开首届“学习强国”东北三省一区学习平台“东北振兴新突破”频道建设工作座谈会，进一步加强交流互访，学习创新举措和先进做法，推动平台内容建设高质量发展。

剧本秀正名策划。依托辽宁优秀地域文化资源，尤其是“六地”红色文化资源，辽宁学习平台探索剧本娱乐行业的转换生成机制，将剧本杀正名为剧本秀，开辟文化旅游新赛道，讲好红色故事，传递正能量。2月22日，上线全国首个“剧本秀场”频道，利用全媒体手段构建优秀剧本推介、展示、分享平台，剧本娱乐行业政策法规宣传平台。开设“政策法规”“秀场连线”等六大栏目、“红色剧本校园行”等四大主题，聚焦青少年群体推广传播正能量剧本，集纳发布行业管理信息、正能量剧本秀资源等相关信息。大力开展为剧本秀正名策划，重磅推出正名文章《将剧本杀提升为剧本秀》。频道上线，受到人民网、央视网、“学习强国”总台等央媒网端，上海、浙江、安徽等省市级学习平台的广泛关注和跟踪报道，引发行业主管部门、剧本娱乐业从业者、教育工作者强烈共鸣。

| 第四节 |

辽宁国际传播中心成立

为贯彻习近平总书记在中共中央政治局集体学习时强调加强和改进国际传播工作的重要讲话精神和全省对外宣传工作联席会议部署，有效服务国家外宣工作全局和辽宁振兴发展大局，更好地向海外用户展示真实、立体、全面的辽宁，经集团党委研究决定，并报请省委宣传部审批同意，集团于2022年4月建立辽宁国际传播中心，作为辽宁省媒体国际传播的综合性大型平台，全方位开展辽宁省国际报道、国际合作传播、媒体对外交流、媒体智库、媒体国际人脉建设等有关工作，精心打造地方旗舰外宣品牌“iLiaoning”。

一、两刊一报整合组建辽宁国际传播中心

辽宁国际传播中心是由辽宁报刊传媒集团（辽宁日报社）旗下的今日辽宁杂志社、侨园杂志社、辽宁朝鲜文报社整合组建而成。

下设内设机构4个和分支机构3个。内设机构为外文采编部、对外联络部、综合服务部、媒体运营部；分支机构为今日辽宁杂志社、侨园杂志社、辽宁朝鲜文报社。

主要工作职责：

（一）坚持国际视野、国家站位、地方特色，创新传播载体，“造船出海”，打造地方旗舰外宣品牌，建设以面向东北亚为主要传播地的、具有辽宁特色、带有标志性影响的全媒体海外传播平台。

（二）坚持主动发声，精心设置议题，项目化打造外宣精品，着力打造融通中外的新概念新范式新表述，运用海外读者乐于接受的方式、易于理解的语言，做好辽宁声音的国际化表达，向海外用户讲好辽宁故事，向世界介绍辽宁的美丽山水、厚重人文、经济发展、开放环境、建设成就、财富机会、宜居宜业，推广辽宁国际形象，扩大辽宁在海外的影响力，服务辽宁经济社会发展和对外开放事业。

二、打造地方旗舰外宣品牌“iLiaoning”

2022年8月，经过紧锣密鼓的筹备，辽宁国际传播中心“Liaoning China”“iLiaoning”两个官方账号在Twitter、Facebook等海外平台正式上线。截至2023年第三季度，共发布稿件4000余篇。

2023年2月8日，辽宁国际传播中心iLiaoning多语种外宣平台（英语、韩语）及北国客户端英语、韩语频道也正式上线，iLiaoning多语种外宣平台提供PC、手机

等多终端访问入口，页面采用国际主流的扁平化和流线型设计风格，突出视频、图片等可视化产品呈现，样式简约大气、生动流畅。频道设置了要闻、文化、经济、人物、专题、大美辽宁等栏目，以及图片、视频专区，实现了多功能、融媒体、多元化、系统性传播，让辽宁故事更加可读、可看、可听、可感。

截至 2023 年 7 月末，iLiaoning 多语种外宣平台英语、韩语频道每日更新原创视频、图文等稿件近 10 篇，总计发布稿件 1700 余篇，其中视频 600 余条，并以系列策划连续发布拉动粉丝关注，以不断丰富表现形式提升用户黏性，粉丝量稳步增长，目前多语种外宣平台已成为辽宁国际传播和对外话语体系建设的重要阵地。

除了建设官方外宣阵地外，辽宁国际传播中心还在集团的支持下组建了个人海外账号外宣队伍，结合自身实际打造多种人设，目前已在 5 个海外社交媒体平台创建 76 个账号。截至 2023 年底，各平台账号月均发布稿件 4000 余篇，月均互动量超 1 万人次，平台总粉丝量近 11 万。2022 年 8 月，辽宁国际传播中心及个人海外账号外宣团队因成绩突出受到省委宣传部表彰。

截至 2023 年底，辽宁国际传播中心拥有一支多语种的国际传播团队，一个包括网站和客户端在内的以英语、韩语等为主的多语种外宣平台，在 Twitter、Facebook、Youtube、Instagram 等海外主流社交媒体注册了“中国辽宁”（Liaoning China）、“爱辽宁”（iLiaoning）两个官方账号。一支由 24 人组成的个人海外账号外宣团队，以及《今日辽宁》和《侨园》杂志、《辽宁朝鲜文报》“两刊一报”平面传媒，初步建立起了以多语种外宣平台为核心，官方和个人海外社交账号集群为重点，外宣杂志、报纸为两翼，海内外多种传播渠道为补充的多品类、多层次的全媒体海外传播平台矩阵。

第二十二章

高质量党建引领高质量发展

辽宁报刊传媒集团（辽宁日报社）成立后，集团党委始终将党的政治建设工作摆在首位，深入学习宣传贯彻习近平新时代中国特色社会主义思想、重要讲话和指示批示精神，在政治判断力、政治领悟力、政治执行力上均有巨大收获。从2015年践行“三严三实”专题教育到2023年学习贯彻习近平新时代中国特色社会主义思想主题教育的开展，9年间，集团党委认真履行主体责任，紧密结合本单位主责主业编采实践制定实施方案；把学习教育、调查研究、检视问题、整改落实四项重点措施贯穿主题教育全过程；用实招硬招推进“靶向治疗”，严把“入口关”“导向关”“意识形态关”，着力建强新闻出版工作者队伍。

2020年召开的第一次党员代表大会，是新集团组建后完成的一项重大政治任务。会上选举产生首届党委会委员、纪委委员会委员，确定集团未来五年的奋斗目标。

党的十八大以来，党委高度重视集团党风廉政建设。集团党委书记丁宗皓提出：“不落实好党委的党建工作主体责任，我们的一切工作都无从谈起。”高质量的党建工作引领，全面带动了辽宁报刊传媒集团（辽宁日报社）现代报业治理体系的建立和治理能力的提升。从2017年开始，集团先后出台涵盖意识形态、党风廉政建设、干部管理等方面的40多项管理办法和规定，为现代报业治理体系初步建立奠定了坚实基础，为培养一支政治强、有能力、敢担当的中层干部队伍提供了制度保障。全面落实意识形态工作制，把握意识形态主动权和话语权，传播力、引导力、影响力和公信力全面提升，一批现象级的好作品、好音视频在国内舆论场广泛传播。

2020 年 12 月 26 日，辽宁报刊传媒集团（辽宁日报社）首届党代会召开

| 第一节 |

辽宁报刊传媒集团（辽宁日报社）首届党代会召开

2020 年 12 月 26 日，中国共产党辽宁报刊传媒集团（辽宁日报社）第一次代表大会隆重召开。这是集团历史上具有里程碑意义的一次代表大会。

本次大会的主题是：高举中国特色社会主义伟大旗帜，坚持以习近平新时代中国特色社会主义思想为指导，深入学习贯彻党的十九大和十九届二中、三中、四中、五中全会精神，深入学习贯彻习近平总书记关于新闻舆论工作的重要论述，坚持正确政治方向、舆论导向、价值取向，履行党媒职责使命，建设具有强大传播力、引导力、影响力、公信力的一流新型媒体集团，为加快推进辽宁全面振兴、全方位振兴作出新的贡献。

本次大会选出第一届中共辽宁报刊传媒集团（辽宁日报社）委员会和纪律检查委员会；选举产生了中国共产党辽宁报刊传媒集团（辽宁日报社）第一届委员会常

委；选举产生了中国共产党辽宁报刊传媒集团（辽宁日报社）第一届委员会书记、副书记；选举产生了中国共产党辽宁报刊传媒集团（辽宁日报社）第一届纪律检查委员会书记、副书记；通过关于党委工作报告的决议和关于纪委工作报告的决议。

一、首届党代会五项重要的选举

2020 年 12 月 26 日上午，集团大厦 5 楼多功能厅气氛隆重热烈，经选举产生的党代会代表，肩负着集团 1259 名共产党员和 2647 名干部员工的信任与重托，精神饱满地步入会场。会场内，主席台上方电子屏幕显示着“中共辽宁报刊传媒集团（辽宁日报社）第一次代表大会”会标，后幕正中是镰刀和锤头组成的党徽，十面鲜艳的红旗分列两侧。

大会主席团成员丁宗皓、刘玉玮（女，满族）、田学礼（满族）、李增福、杨喜祥、白立辉、郭文波、张小龙、纪松东、孙长玉、李新敏（女）、王润福（满族）、彭宁、蒲若梅（女）、曲波、程威、高文生、王研（女）、胡欣（满族）在主席台就座。

省直机关工委分管日常工作的副书记郭辉、省纪委监委第一纪检监察室主任闫东、省纪委监委驻省委宣传部纪检监察组组长林森及省委组织部、省委宣传部、省直机关工委相关负责同志出席大会。

大会由刘玉玮主持。上午 9 时整，中国共产党辽宁报刊传媒集团（辽宁日报社）第一次代表大会隆重开幕。全场起立，高唱中华人民共和国国歌。

中国共产党辽宁报刊传媒集团（辽宁日报社）第一次代表大会应到代表 210 名，实到 182 名，符合规定人数。

丁宗皓在热烈的掌声中向大会作题为《继往开来　守正创新　为建设一流的新型媒体集团而努力奋斗》的报告。报告全面回顾了集团党委五年来的工作，明确了今后五年的努力方向。

中国共产党辽宁报刊传媒集团（辽宁日报社）纪律检查委员会工作报告和党费收缴、使用和管理情况的报告以书面形式提请大会审议。

在总监票人、副总监票人和监票人的监督下，到会代表以无记名投票方式，选举出第一届中国共产党辽宁报刊传媒集团（辽宁日报社）委员会委员 21 名、纪律检查委员会委员 7 名。

中国共产党辽宁报刊传媒集团（辽宁日报社）

第一届委员会委员名单（21 名）

（按姓氏笔画排序）

丁宗皓　王研（女）　王润福（满族）　田学礼（满族）　白立辉　曲波　刘玉玮（女，满族）　刘立纲　孙长玉　纪松东　李新敏（女）　李增福　杨喜祥　张小龙　胡欣（满族）　高文生　郭文波　彭宁　程威　程海　蒲若梅（女）

中国共产党辽宁报刊传媒集团（辽宁日报社）

第一届纪律检查委员会委员名单（7 名）

（按姓氏笔画排序）

吕宝生　李守波　李峥嵘（女）　范东雷　孟华（女）　柏岩瑛（女）　郭文波

12 月 26 日，中国共产党辽宁报刊传媒集团（辽宁日报社）第一届委员会举行第一次全体会议。丁宗皓主持会议。新当选的党委委员出席会议。新当选的纪委委员列席会议。

全会应到党委委员 21 名，实到 20 名。全会通过了《中国共产党辽宁报刊传媒集团（辽宁日报社）第一届委员会第一次全体会议选举办法》，通过了总监票人、监票人名单。会议以无记名投票的方式，选举产生了 8 名中国共产党辽宁报刊传媒集团（辽宁日报社）第一届委员会常委。他们是：丁宗皓、刘玉玮、田学礼、李增福、杨喜祥、白立辉、郭文波、张小龙。

丁宗皓当选为中国共产党辽宁报刊传媒集团（辽宁日报社）第一届委员会书记，刘玉玮、田学礼、李增福当选为副书记。

会议通过了关于中国共产党辽宁报刊传媒集团（辽宁日报社）第一届纪律检查委员会第一次全体会议选举结果的报告。郭文波当选中国共产党辽宁报刊传媒集团（辽宁日报社）第一届纪律检查委员会书记，李峥嵘当选为副书记。

选举结果公布时，全场响起热烈掌声。

随后，大会通过了关于党委工作报告的决议和关于纪委工作报告的决议。大会在雄壮的《国际歌》歌声中闭幕。

二、新一届党委提出集团未来五年的奋斗目标

2020 年 12 月 26 日，丁宗皓代表集团党委做的题为《继往开来　守正创新　为建设一流的新型媒体集团而努力奋斗》的报告，全面回顾了集团党委五年来的工作，明确了今后五年的努力方向和奋斗目标。

过去五年，集团党委在省委的坚强领导下，在省委宣传部的直接指挥下，带领集团全体干部员工深入学习贯彻落实习近平总书记关于媒体融合发展的一系列重要讲话精神，抓住机遇、主动应变、迎接挑战，坚持稳中求进，不断破解发展难题。坚持用更新的方法手段有效开展新闻舆论工作，用更大的改革力度推进媒体融合和报刊转型发展，用更高的标准加强党的建设和从严治党工作，用更科学的制度体系有效提升管理水平，顺利完成了省委交办的各项任务。

今后五年，身处国家改革发展的新时代，辽宁加快推进全面振兴、全方位振兴的关键时期，集团更要坚守和传续党报党刊的光荣传统，把历史责任扛在肩上，继往开来，守正创新，让党报党刊在新的时代发挥更大的作用。集团党委要勇挑重担，要体现出责任意识和使命担当，带领党员干部在集团改革发展进程中、在攻坚克难的任务中冲在最前面。集团党委将高举中国特色社会主义伟大旗帜，坚持以习近平新时代中国特色社会主义思想为指导，深入学习贯彻党的十九大和十九届二中、三中、四中、五中全会精神，增强“四个意识”、坚定“四个自信”、做到“两个维护”，将集团的发展融入中央和省委改革发展大局之中，落实“十四五”规划的各项要求，适应新发展阶段、贯彻新发展理念、构建新发展格局，不断增强围绕中心、服务大局的工作能力，持续传播好辽宁声音、讲好辽宁故事、展示辽宁形象；持续推进媒体深度融合，提升全媒体传播能力；推进文化领域供给侧结构性改革，解放和发展文化生产力，推动集团各项事业高质量发展，增进民生福祉；加强党的干部队伍建设和人才梯队建设，增强发展后劲；坚定不移推进全面从严治党，抓实党建和党风廉政建设；建设全国一流新型媒体集团，为辽宁全面振兴、全方位振兴鼓劲加油、贡献力量。

在新时代伟大征程上，集团要满怀信心地去肩负历史责任，在新的起点上开创更加美好的明天。为加快媒体深度融合，打造形态多样、手段先进、具有竞争力的新型主流媒体而努力奋斗！为创新体制机制，全面推进管理体系和管理能力现代化而努力奋斗！为建设拥有强大实力和传播力、引导力影响力、公信力的一流新型媒体集团而努力奋斗。

| 第二节 |

现代报业治理体系的建立和治理能力的提升

党的十八大以来，辽报集团党委高度重视集团党风廉政建设。集团党委书记丁宗皓提出："不落实好党委的党建工作主体责任，我们的一切工作都无从谈起。" 高质量的党建工作引领，全面带动了辽宁报刊传媒集团（辽宁日报社）现代报业治理体系的建立和治理能力的提升。

2017 年，集团先后修订和出台涵盖意识形态、党风廉政建设、干部管理等方面的 40 多项管理办法和规定。为现代报业治理体系建立奠定了坚实基础，为培养一支政治强、有能力、敢担当的中层干部队伍提供了制度保障。

全面落实意识形态工作制，把握意识形态主动权和话语权，以《辽宁日报》为代表的集团各媒体传播力、引导力、影响力和公信力全面提升，一批现象级的好作品、好音视频在国内舆论场引起轰动并得到广泛传播。

一、党建引领　建立起现代报业治理体系

党的十八大以来，集团党委深刻认识到严格落实意识形态工作责任制，是抓好党媒主责主业、主流舆论阵地建设的头等大事，也是建立现代报业治理体系的核心工程。为此，集团先后出台《中共辽宁报刊传媒集团（辽宁日报社）委员会关于意识形态工作责任制的实施细则》《辽宁报刊传媒集团（辽宁日报社）网络媒体导向管理办法》《辽宁报刊传媒集团（辽宁日报社）落实意识形态责任制强化把关责任的规定》等重要文件。从建立组织领导体系到建立责任追究机制，从采编出版流程严格

实行三审制到编采工作例会制，集团始终把“党媒姓党”“政治家办报办刊办网”要求贯穿新闻宣传全过程，不断坚定政治立场、政治导向、政治原则，牢牢把握正确的舆论宣传导向。

2018 年，辽宁报刊传媒集团（辽宁日报社）成立后，针对新集团面临的“合并部门多、人员层次多、工作领域多、遗留问题多”等实际情况，集团党委加大党风廉政建设力度，先后出台《中共辽宁报刊传媒集团（辽宁日报社）委员会贯彻民主集中制原则的规定》《中共辽宁报刊传媒集团（辽宁日报社）委员会党风廉政建设责任制》《中共辽宁报刊传媒集团（辽宁日报社）委员会党委理论学习中心组学习规定》《中共辽宁报刊传媒集团（辽宁日报社）委员会严格党的组织生活制度的规定》等 13 份重要规章制度文件，监督集团各项行政制度执行、推动作风转变。同时配套出台了《关于开展集团中层干部任职前廉政谈话的通知》《辽宁报刊传媒集团（辽宁日报社）中层干部任期考核实施办法》《辽宁报刊传媒集团（辽宁日报社）关于领导干部选拔任用工作的实施办法》《辽宁报刊传媒集团（辽宁日报社）领导干部交流轮岗的暂行办法》等 8 项干部管理的规章制度和《中共辽宁报刊传媒集团（辽宁日报社）重大事项请示报告工作制度》《中共辽宁报刊传媒集团（辽宁日报社）关于实行首问制的实施方案》等 5 项工作纪律规章制度。

集团近 10 年来，培养出一支政治强、有能力、敢担当的中层干部队伍。在编采岗位上，以专业技术为导向，为专家型人才成长营造氛围。在经营岗位上，培养识大局、能奉献、守纪律、懂市场的职业经营干部。在报社综合部门，以服务报社发展、服务员工为导向，全面提高政策理解和把握能力，提高服务效率。

二、全面落实工作责任制，把握意识形态的主动权、话语权

2018 年，辽宁报刊传媒集团（辽宁日报社）成立以来，健全了全面落实意识形态的工作制度，聚焦主责主业，在舆论场上牢牢把握住意识形态的主动权、话语权。

（一）健全全面落实意识形态的工作制度

集团党委坚定自觉地承担起对意识形态工作的政治责任、领导责任，坚持每半年专题研究意识形态工作，向省委报送意识形态工作报告，全年每季度召开意识形

态工作领导小组会议两次，每个季度开展意识形态工作专题研讨研判会议。加强意识形态工作制度建设，制定了《辽宁报刊传媒集团（辽宁日报社）贯彻落实〈中国共产党宣传工作条例〉实施方案》《辽宁报刊传媒集团（辽宁日报社）关于落实〈关于进一步落实中央八项规定精神规范省部级以上领导干部出席会议活动新闻报道的意见〉的具体实施意见》《关于指令、重要报道要求传达的操作规范（试行）》等重要工作条例，从而进一步加强了采编全流程的规范管理。完善了《意识形态工作责任制实施细则》《网络安全工作责任制实施办法》《网络媒体导向管理办法》等8项制度，筑牢网络安全防火墙。

（二）把握意识形态的主动权、话语权

坚持正确的政治方向，强化“四个意识”，坚决传递好党中央声音。《辽宁日报》在办报工作中坚持党性原则，坚持政治家办报，确保导向正确，坚持把传递党中央声音、维护党中央权威放在首位，宣传好党和国家事业所取得的历史性成就。为强化“四个意识”，突出处理好党中央重要新闻、传达好党中央声音，《辽宁日报》制定相关工作原则和机制，将讲政治的要求贯彻落实到办报全过程。

充分做好习近平总书记系列重要讲话精神的宣传报道和理论研究阐释。《辽宁日报》丰富报道形式，创新传播手段，既有动态的新闻报道，又有思考性深度报道；既有来自基层的生动报道，又有来自顶层设计的宏观描述；既有鲜活的新闻报道，又有深刻的理论阐释。在一版和理论版常年开设专栏，准确解读、深入阐释党和国家的新思想、新理念、新政策，力求权威性和准确性。

在2017年全国两会期间，习近平总书记参加辽宁代表团讨论并发表重要讲话之后，《辽宁日报》第一时间推出重要社论《沿着总书记指引的道路奋勇前进》。为贯彻总书记2018年“9·28”讲话精神，每年推出贯彻习近平总书记“9·28”讲话精神系列报道。一周年之际，推出《春天的答卷——写在辽宁深入贯彻落实习近平总书记“三个推进”重要批示一周年之际》策划，《壮丽70年　奋斗新时代——牢记总书记嘱托·回访》专题报道及“5+7+1”系列文章；在两周年之际，辽报推出“1+1+5+6”系列报道，即：1篇宁新平文章，1篇社论，5篇系列报道，6篇评论员文章，充分反映辽宁省牢记习近平总书记嘱托，以优化营商环境为基础全面深化改革，奋力开创辽宁振兴发展新局面的思路举措和进展成效。2022年，推出贯彻总书记“9·28”讲话精神系列报道，用评、数、图三种方式，用报、网、端多个载体，推出“1+7”系列评论，6篇《“数”说·辽宁答卷》等融媒体产品。省委书记张国清批示：“辽报对‘9·28’讲话精神报道得好，是吃透了党中央精神开展工作的，评论用党报的语言，说出大家想说而没有说出的话。”2022年习近平总书记到辽宁考察，《辽宁日报》第一时间推出十连版策划——习近平总书记到辽宁考察的特别报道。

突出宣传省委、省政府贯彻落实习近平总书记系列重要讲话精神的生动实践、收效成果，为辽宁振兴发展营造了良好的舆论氛围。《辽宁日报》以做好全面振兴这篇大文章为主旨，在2016年先后策划了大型报道《号角》《决胜》，“滚石上山靠拼搏　爬坡过坎要实干”专栏，微信公众号上推出7期大型系列报道《我的辽宁》，系统回顾了以习近平同志为核心的党中央对辽宁振兴发展的关怀；2017年中央7号文件发布一周年之际的长篇综述《春风化雨润辽沈》《豪情万丈扬风帆》等，系统回顾了以习近平同志为核心的党中央对辽宁振兴发展的关怀；2018年推出系列评论、解读文章、反响报道等，全面深入阐释了辽宁精神的内涵，为辽宁全面振兴、全方位振兴提供了强大的精神力量。民营经济500强峰会报道：宁新平文章《山海关不住再度受青睐》《透过数据看辽宁》；《辽宁日报》新闻客户端宣传片《山海关不住　投资向热土》；2019年“厂矿车间看转型”系列报道；2021年推出辽宁国际投资贸易洽谈会、全球工业互联网大会报道；2022年推出“奋进新征程　建功新时代”系列；2023年推出“三年行动首战之年·现场”21篇、“三年行动首战之年·‘数’说开门红”深度文章7篇、“三年行动首战之年·辽宁‘企’飞”16篇、“三年行动首战之年·年中经济深观察”11篇及“三年行动首战进行时”系列通版。

| 第三节 |

主题教育与编采实践相融合

从2015年践行“三严三实”专题教育到2023年学习贯彻习近平新时代中国特色社会主义思想主题教育的开展，9年间，集团党委认真履行主体责任，紧密结合集团主责主业编采实践制定实施方案，把学习教育、调查研究、检视问题、整改落实四项重点措施贯穿主题教育全过程；用实招硬招推进“靶向治疗”，严把“入口关”“导向关”、“意识形态关”，着力建设一支强有力的新闻出版工作者队伍。

一、践行“三严三实”精神的新闻实践，写出有感情有温度的报道

这是一组特别策划，也是《辽宁日报》编委会践行“三严三实”精神的新闻实践代表力作。

从2015年8月27日起，在《辽宁日报》一版的显要位置，特别策划“新起点新征程”报道与读者见面。《走进沈阳·靠实干在新一轮振兴中打头阵》《走进大连·驶上优化升级新跑道》《走进鞍山·强力转型积蓄释放新动能》《走进朝阳·哪里有问题哪里就是着力点》《走进铁岭·用实老办法积聚新动能》……一篇篇“有思想、有深度”的文章，广受各界好评。

2015年8月4日，《辽宁日报》编委会扩大会议召开，时任总编辑丁宗皓做“三严三实”专题教育辅导。他强调，新闻工作具有特殊性，它对“实”有着更高的要求，我们要把新闻工作真正做实。这次为了贯彻落实好“三严三实”专题教育和省委部署的“大学习大讨论”精神，为了做好习近平总书记在部分省区党委主要负责同志座谈会上重要讲话的宣传落实工作，我们更要从严从实要求新闻工作，所有领导都要带头下基层采访，从我做起，从班子成员做起。

会议决定：《辽宁日报》编委会立即组成多支采访小组，由总编辑、副总编辑和各分管办报的社委委员分别带队，根据宣传工作的需要，下到基层做扎实采访。《辽宁日报》的每一名记者都要深入基层做好采访工作。

持守报人的职业精神，是为立德；感知社会、发现美好，写出带着感情和血肉的文字，即为立言；贴近生活，踏访社会与人生，不辞辛劳，虽为职业惯例，但也是立行；唯有“三立”，才有原创。这是摘自总编辑嘉奖令的一段话，也是对践行“三严三实”系列报道最为生动的总结。

二、牢记使命，推动集团媒体融合加快向纵深发展

2019年，“不忘初心、牢记使命”主题教育开展以来，集团党委领导班子深入开展调研，沉下去了解民情、掌握实情，搞清楚集团发展存在的问题是什么、症结在哪里；带着使命、带着感情，听真话、查实情，切实掌握第一手材料；把主题教育与集团工作结合起来，聚焦主责主业，用坚决的态度、配套的制度刷新管理措施，用实招硬招推进“靶向治疗”，严把“入口关”“导向关”“意识形态关”，着力建强新闻出版工作者队伍。

经过深入调研，集团领导班子在新形势下党的报刊集团如何综合施策推动媒体融合加快向纵深发展、《辽宁日报》融媒体编辑部工作进一步规范、集团薪酬和绩效考核存在的问题及对策、集团法务工作现状、问题与对策”调研成果转化、党刊发行工作现状、问题与对策、“学习强国”辽宁学习平台建设现状与对策与加强党风廉政建设，提高集团党员干部日常监督质量的研究 7 个方面，取得了 21 项调研成果，进一步明确集团解决问题的思路和举措。

在推动集团媒体融合加快向纵深发展方面，明确提出集团将建立全新的融媒体生态系统，突出强调加快实现移动优先战略，突出强调将打造东北第一新闻源及东北第一客户端作为发展目标。并践行立行立改，大力推动有利于媒体融合发展的人力资源制度改革，《辽宁日报》编辑部完成了新一年度首席制评聘工作；大力推动完善现有的稿件评价体系，对新媒体产品给予倾斜；进一步完善了《辽宁日报》新闻客户端项目设计方案；推进与省直近 30 家单位签订合作协议，加紧吸纳党政部门和重点企业入驻集团融媒体平台。以改革和创新的思路和办法，加快打造新型传播平台，营造适合融媒体发展的新的生态系统，切实推动媒体融合工作加快向纵深发展。

三、落实全面振兴新突破，聚焦“三年行动”首战之年

2023 年，学习贯彻习近平新时代中国特色社会主义思想主题教育开展以来，集团党委紧紧围绕高质量发展这个首要任务，以强化理论学习指导编采实践，把学习和调研落实到集团认真学习宣传贯彻党的二十大精神各项工作部署及贯彻落实辽宁全面振兴新突破三年行动各项目标任务中。

为全面振兴新突破三年行动首战告捷营造浓厚舆论氛围。围绕“三年行动首战之年”做好各阶段报道，《辽宁日报》推出“三年行动首战之年・现场”21 篇、“三

年行动首战之年·‘数’说开门红”深度文章7篇、“三年行动首战之年·辽宁‘企’飞”16篇、“三年行动首战之年·年中经济深观察”11篇及“三年行动首战进行时”系列通版。《辽宁日报》开设“学思想　强党性　重实践　建新功”专栏，刊发《省营商局（大数据局）聚焦主题教育目标要求推进具体工作〈办事不找关系指南〉实现五级全覆盖》《全员“动”，全域“清”，全面“净”，我省基本实现农村垃圾收运处置体系全覆盖》等文章98篇。共产党员杂志社各媒体充分发挥党刊党网理论阐释、联系党员干部、展示基层经验的优势，刊发关于主题教育宣传引导文章2200余篇，其中包括专家学者撰写的理论阐释、言论评论、党课辅导、心得体会等文章，在主题教育舆论引导方面取得了实实在在的成效。

用心用情做好民生宣传报道。《辽宁日报》做好“新春走基层”相关报道，发挥14个市驻地记者站优势，记录百姓对美好生活的期待和脚踏实地的奋斗。围绕“三年行动首战之年”推出系列强信心、暖民心的民生报道，开设“正月看就业”“聚集消费市场回暖”等专栏。做好社会版“民生调查”栏目，对社会热点进行跟踪，“聚焦高考”“城市出圈”等策划，体现了温度与深度。《辽沈晚报》联合公安机关推出“全民反诈”系列报道，通过以案说法形式揭穿诈骗套路，起到警示作用。推出《人社部门权威解答：城镇职工和城乡居民基本养老保险能否互转》《沈阳公安交警发布五一出行提示》等报道，宣传解读各项民生政策和便民服务举措。《辽沈晚报》健康学院强化读者粉丝服务功能，制作10余个健康科普特刊，邀请10余家三甲公立医院数十位名医，开展30余场在线健康科普直播课；成长学院开展线上科教、招生咨询直播；开展线下民生活动，提高群众生活品质。

第二十三章

报刊航母行稳致远

历经70年拼搏发展，辽报集团的子报子刊矩阵不断延长，2018年辽宁报刊传媒集团（辽宁日报社）挂牌成立，子报子刊队伍进一步发展壮大，成为辽宁报刊业的航空母舰。截至2024年初，除《辽宁日报》外，集团内还有《辽沈晚报》《半岛晨报》《辽宁法治报》《辽宁老年报》《辽宁朝鲜文报》5报和《共产党员》《党建文汇》《党支部书记》《刊授党校》《兰台世界》《党史纵横》《今日辽宁》《侨园》《新少年》《好孩子画报》《妇女》《理论界》《家庭科学》《记者摇篮》14刊。这些报刊同《辽宁日报》一道，坚持正确的舆论导向和三贴近原则，从各自的读者需求出发，不断加强新闻性、可读性和服务性。各报刊的独家新闻、特色文章、重点报道层出不穷，社会影响力和公信力与日俱增。

| 第一节 |

《辽沈晚报》：东北地区最具影响力的都市报

一、概述

《辽沈晚报》是辽宁报刊传媒集团（辽宁日报社）主办的一张立足沈阳、覆盖辽宁、面向全国发行的综合性都市生活类报纸，创刊于1993年1月1日，逐渐发展壮大成为东北地区发行量最大、广告收入最高、社会影响力最强的“东北第一都市报”。

2005年，《辽沈晚报》跻身全国晚报都市报二十强。2006年入选中国品牌媒体

1993 年 1 月 1 日，辽宁日报社举办《辽沈晚报》创刊会

百强。2008 年成为全国晚报十强。2008 年、2010 年、2011 年,《辽沈晚报》三次登上全球日报发行量百强榜，最高排名为全球第 64 位。2012 年,《辽沈晚报》荣获“中国十大晚报”称号。《辽沈晚报》深入推进媒体融合。截至 2023 年 9 月，各类新媒体平台总粉丝量 2013 万，成为东北地区粉丝量最大的都市报融媒矩阵，影响力在东北稳居第一梯队。

二、办报宗旨

“办一份让党、政府和市民都喜欢的报纸”是《辽沈晚报》创刊之初就提出的办报宗旨;“责任媒体　服务民生”是《辽沈晚报》一贯追求的目标。关注民生、排忧解难、推动城市建设等主题，一直是报纸的主旋律。

2010 年 9 月 15 日，《辽沈晚报》记者拍摄的辽展饭店爆破

三、重点报道

（一）《午夜，你和我一起诞生》。1993 年 1 月 1 日见报。通过报道与《辽沈晚报》创刊日同时出生的第一人，瞬间拉近与读者的心理距离，成为“家里人”。

（二）六少女出走事件。1993 年 5 月 4 日见报。这是《辽沈晚报》创刊后第一个引起全国轰动的重大报道，中央电视台、新华社、《人民日报》等全国百余家媒体刊发相关报道或转载报道。

（三）王海打假事件。这是 2000 年《辽沈晚报》的又一重大系列报道，引发全国百余家主流媒体跟进采访，成为当时各方热议的焦点。

（四）《儿童购票线该不该长高》。2002 年 6 月，《辽沈晚报》发表策划报道，最终促成辽宁省儿童购票线打破 50 年常规，增高 20 厘米。各地媒体也相继推出报道，推动全国多地调整儿童购票线。

（五）小兰事件系列报道。2002 年，《辽沈晚报》为抚顺市一名受到歹徒残害的少女小兰发起了爱心大行动，最终为其募款120万元，创国内向个人捐款数额之最。

（六）《本报记者冒死暗访假币帮》。2004年，《辽沈晚报》明星记者栾俊学和年轻记者温俊勇深入虎穴，出生入死暗访假币帮，在安徽省公安厅的大力配合下，一举抓获利用假币诈骗的特大团伙，公安部为此发来慰问电，对记者维护社会平安、忘我牺牲的精神给予了高度评价。

（七）《包工头妻子替夫还债170万元》。2006年，此报道被各大网站转载，在全国范围内掀起了对“诚信”探讨的热潮，央视等20多家媒体接力采访，替夫还债的武秀君被评为全国道德模范。

（八）《球就是这么赌的》。2006年，《辽沈晚报》根据刘建生涉毒事件，强力推出足坛打假扫黑报道。报道面世后，国内数十家媒体迅速跟进，《辽沈晚报》与15家主流媒体联手成立“打黑同盟”。《辽沈晚报》的系列报道引起中国足协以及公安部的高度重视。

（九）庞晓达见义勇为系列报道。2007年，30岁的庞晓达救落水儿童时不幸身亡。《辽沈晚报》发表系列报道，并与沈阳市儿童活动中心、辽宁省慈善总会联合创办辽沈英雄会暨晓达勇者慈善基金，这是辽宁省首个以英雄的名字命名的基金。

（十）奥运专题。该报道版式设计获2009年“全球最佳报纸设计大赛”银奖。

（十一）《建昌惊现战国大墓》。2011年发表。此系列独家报道引起国内外考古学界的高度关注。

（十二）《老教师摆渡42年接送300多名学生》。该系列报道跨越2011和2012两年，经过《辽沈晚报》等多方努力，2012年7月，一座凝聚着各方心血的爱心桥破土动工，终于为当地学生解决了渡河上学的问题。

（十三）《阜新状元村345户出313名大学生》。2013年5月31日见报。牛心村的学子们靠的是牛一样坚韧不拔的勤奋，更受益于村里醇厚的学习风气，村民比的不是谁家房子大，而是谁家的孩子读书刻苦，成绩好。该报道引发社会方方面面关于教育的大讨论。

（十四）《小货摊无人售货13年不差一分钱》。截至2014年，汽车租赁行门口的一家货摊，13年卖出了1万瓶玻璃水，从来没有对不上账的时候。

（十五）《夫妻坚守大山深处小学30年》。2017年，两位坚守大山教书育人30年的教师退休了。坚守30年，桃李满天下。听到一句“老师好”，他们就认为值了。

（十六）《国宝辽宁》。2018年，《辽沈晚报》与辽宁省博物馆合作，从12万件辽博馆藏文物中挑选出100件能够完整勾勒辽宁历史序列的文物，用半年的时间进行了系列报道。通过对这些文物的解读，重新审视了辽宁的历史。

（十七）《发现最美辽宁暨全省精神文明建设工作巡礼》大型策划。2022年5月10日，《辽沈晚报》与省文明办合作推出该策划。其主题鲜明，通过五大版块、十大单元、五大线下活动的设计，成为《辽沈晚报》年度级拳头产品。

（十八）《外卖小哥高考，你奋斗的样子真帅》。2022年6月8日以新媒体方式发布，在社会上引起强烈反响和大量转发。

四、采编业务

（一）放眼全国　现场有我

《辽沈晚报》创刊以来，国内国际大事从不缺席。采编人员走遍大江南北，足迹遍布各大新闻现场。一篇篇鲜活的现场报道，一个个紧跟大事件出版的特刊连缀成一段真实的历史，极大提升了《辽沈晚报》的传播力与公信力。

2001年7月，《辽沈晚报》推出《我们赢了！》奥运特刊，被辽宁省档案馆作为第一件申奥文物收藏。2005年，推出《中华魂——纪念抗日战争胜利60周年特刊》，以7首抗日战争时期的歌曲为经线，以波澜壮阔的历史画面为纬线，制作多达60块版的纪念特刊。2008年，推出《地震月记特刊》《奥运预热十大特刊》《神七升天特刊》《改革开放30年特刊》等50余个特刊。2009年，新中国成立60周年，相继推出《辽沈解放档案》《建国大业》《开国大典》《你的样子》《中国时刻》五大主题168个版面的特刊，让读者从多侧面、多角度重温历史发展的脉络，感受大国崛起的骄傲和自豪。此外，相继推出了《铭记九一八》《纪念抗美援朝七十周年》《建党百年特刊》等特刊。

（二）立足辽沈　不负热爱

《辽宁地标》《发现最美沈阳》《发现最美辽宁》《辽河行》《浑河——母亲河》等报道引发各方关注与好评。为了更好地宣传家乡，《辽沈晚报》策划一系列体现本土文化、地域特色和关注本地人文风貌的稿件，如《摆渡辽河》《童画沈阳》《最美城

2006 年，《辽沈晚报》开通供暖热线

市公园》《舌尖上的辽宁》等策划报道。

（三）服务民生　贯彻始终

关注百姓，关注民生。《辽沈晚报》的民生新闻一直是连接党和群众的纽带，沟通政府与百姓的桥梁。

倾情打造“小黄帽”策划。《辽沈晚报》关注民生疾苦，关爱孩子出行安全，投入巨资打造“小黄帽”工程，赢得了百姓的广泛支持与赞誉。打造“爱心候车室”策划。沈城 25 条公交线路全线成立辽沈晚报爱心室，1200 多家商家参与，经国家建设部确认，215 路公交车成为“国内首条爱心公交线路”。“《辽沈晚报》送真情”活动，在辽沈地区掀起资助贫困学子的爱心热潮，1800 多名贫困学子得到资助。“辽宁省百万志愿者圆百万微心愿”活动发动全省 14 个城市近 100 万志愿者为需要帮助的群体提供“微心愿”服务，通过征集“微心愿”、圆梦“微心愿”等实打实的活动形式，利用《辽沈晚报》专题专版报道，全媒体展示全省志愿者服务基层的场面，相关报道全网阅读量达到数百万次。

（四）媒体融合　深入发展

2004 年，东北地区第一家现代化呼叫中心——《辽沈晚报》热线咨询中心成立。2005 年，《辽沈晚报》采编平台正式全面投入使用。

随着门户网站的崛起，抢占新闻受众，传统媒体遭遇前所未有的挑战。报纸在数字化转型道路上开始了新的探索。2007 年 6 月，全面改版升级官方网站“辽沈北国网”，将其打造成了一个集新闻、论坛、服务等多功能为一体的综合门户网站。7

月，《辽沈晚报》数字部成立，随即在辽沈北国网推出了长达 15 个小时的不间断数字直播。直播专区点击数超过 2 万次。这为《辽沈晚报》的数字化进程打造了一个良好开端。2008 年，“辽沈北国网”“辽宁手机报”“《辽沈晚报》都市新闻视屏联播网”“辽沈二维码”四箭齐发，标志《辽沈晚报》数字报业化取得重要突破。2010 年，《辽沈晚报》移动采编信息系统正式投入使用，标志《辽沈晚报》迈向全媒体阅读时代。此后，记者全员开通微博，微博成为《辽沈晚报》在网络世界开疆扩土的先锋。辽沈视频也开始发力，多样化的制作手段，新颖的表现形式，使得辽沈视频成为媒体融合的重要手段和力量。2023 年底，海月新闻客户端完成上线前测试工作。

经过 20 余年深耕细作，《辽沈晚报》融合发展逐步深入，融合体系日渐完善。2014 年，首个移动客户端平台上线；2015 年，成立全媒体中心。自 2016 年起，陆续推出直播节目，经过数年耕耘，直播已发展成多渠道、多平台、多样式的“泛直播”。2022 年，构建版部合一的全新采编架构，深度推进媒体融合；组建融媒体编辑部，纸媒编辑和客户端编辑均转变为融媒体编辑，实现内容生产一次生成、多平台分发。

截至 2023 年 9 月，《辽沈晚报》官方微信粉丝 166 万，常态化阅读数量约 1.5 亿次 / 年；《辽沈晚报》官方微博粉丝 583 万，单日阅读过百万；《辽沈晚报》抖音平台粉丝 662 万，累计点赞 3.3 亿，播放量总计近 300 亿，自开办以来单条播放量超亿次作品有 10 条，播放量 5000 万 + 作品超过 40 条，抖音号粉丝量位居东北平面媒体粉丝量第一；《辽沈晚报》快手平台粉丝 350.7 万，已获总点赞量 1.7 亿；《辽沈晚报》腾讯微视号粉丝 112 万。

五、广告发行等经营活动

广告方面。1997 年，《辽沈晚报》广告收入首次突破 1000 万元。此后，《辽沈晚报》广告收入继续快速增长。2003 年 4 月 23 日，《辽沈晚报》广告刊登额达到 221.7 万元，这是《辽沈晚报》自创刊起，在没有特别策划的前提下，单日刊登额首次突破 200 万元，也是辽沈地区首家实现日广告刊登额突破 200 万元大关的平面媒体。4 月 28 日、29 日、30 日，《辽沈晚报》广告刊登接连三次突破 200 万元大关，在辽沈平面媒体中绝无仅有。2005 年，《辽沈晚报》广告收入近 3 亿元，占沈阳地区平面媒体广告总收的50%，在沈阳市平面媒体中处于绝对领先地位。2011年3月23日，《辽沈晚报》24版《幸福大沈阳　中国共分享》典藏特刊，创世界上单日推广城市版面最多的报纸世界纪录，当日广告刊登额达1041万元，创晚报广告史新纪录。

发行方面。1998年，《辽沈晚报》借鉴外地自办发行、送报上楼的先进经验，重新构建发行渠道，“红马甲扫楼”成为沈城一道独特风景。当年订阅数大幅增长。截至2006年4月30日，《辽沈晚报》发行量已上升至82.6万份，是东北地区发行量最大、覆盖人群最多的报纸。2012年，《辽沈晚报》日发行936126份，援引北京新生代监测机构的调查证实:《辽沈晚报》系辽沈地区发行量最大的报纸。据世界报业与新闻出版者协会统计，《辽沈晚报》进入全球纸媒发行量64强，全国纸媒发行量19强，中国报刊广告投放价值第6名。

2013年以来，辽沈晚报社经营重心向新媒体转移，跨部门合作制作融媒体产品。官微、官博、抖音、今日头条及各行业公众号持续发力、多点开花，直播方式成为新创收模式。搭建首个电商直播间，开启商品线上直播销售。同时，持续开拓经营收入新渠道，以成长学院、健康学院为代表的优秀融合发展项目实现社会效益与经济效益的双丰收；以“辽旺的店”为代表的电商渠道，以晚报会员中心为代表的社群渠道等，均为《辽沈晚报》在移动互联时代抢占未来发展制高点。红马甲发行公司加快发行与物流业务的融合步伐，在全力做好报纸征订和投递工作的基础上，不断提高美团外卖、京东快递等其他多种经营收入，2016年至2022年底，已累计为晚报贡献净利润2778万元。2023年上半年，红马甲发行公司积极参与美团多个区域的投标，成功竞得鞍山立山区域和沈阳长青区域的美团配送资质，全年增加营业收入千万。

| 第二节 |

《半岛晨报》：辽东半岛的报业明珠

一、概述

《半岛晨报》由辽宁报刊传媒集团（辽宁日报社）主管、主办，前身为沈阳出版的《市场早报》，是我国第一张异地创办的报纸。1997年9月7日试刊，1998年1

1
—
2

1 1997年9月7日，《半岛晨报》试刊号发行，记者走上街头卖报

2 21世纪初，《半岛晨报》推出“半岛看车”大型系列车展，掀起大连市民购车热潮

3 2001年8月，著名主持人鞠萍（右）到访《半岛晨报》，为小读者送祝福

3

月 1 日正式创刊，刊号 CN 21-0021，出版地址：辽宁省大连市西岗区长春路 360 号。

二、办报宗旨

创刊初期,《半岛晨报》坚持正确导向，坚持“受众本位”，以新闻价值为出发点，聚焦民生，关注热点，增强新闻性，贴近百姓，落脚大连，放眼全国，走出一条不同于传统报业的办报思路。

1999 年，报纸提出“办一张读者欢迎，政府满意，立足大连，辐射辽东半岛，在全国有广泛影响的报业精品”。21 世纪初，报纸先后提出“一力三性”（冲击力、贴近性、实用性和思辨性）、“真实就是力量”等办报理念。报纸风格由市民报向主流报纸、区域性报纸、深度报纸不断演进升级。2007 年，报纸定位为市场报、市民报、地域报，提出了“离事实最近，离百姓最近”的办报宗旨，以贴近市场、满足市场为前提，走全新的市场之路。2010 年，提出解放思想、放大热点，办一张读者爱不释手的报纸。办报在贴近市场、贴近读者阅读兴趣和阅读需求上着力，同时推进新媒体建设，报道逐步走向全媒体化。

2015 年，提出以“原发性、独家性、原创性”为准绳，以成为区域最权威的内容生产机构为目标，建设原创优先、服务优先、特色优先、移动优先、全网优先的新型主流媒体，追求以主流影响力为内涵的全网影响力。

三、重点报道

（一）1997 年至 1999 年

自试刊起的两年多，发表了一批具有重大影响力和百姓关注的重要报道：试刊期间，独家报道大连彩电塔发生火灾，引起全市轰动；独家深度报道《花季女生惨坠供热井身亡》引发广泛影响。1998 年，松花江发生洪灾，特派记者赶赴现场，《死保哈尔滨》获得《半岛晨报》首个“辽宁新闻一等奖”。1999 年，直面麻风病人、引导社会各界关注这一特殊群体命运的《探访“麻风村”》特别报道，晨报记者发起郑州、烟台、大连三城联动的《珂珂，你在哪儿》寻人系列报道，是创刊初期提升社会影响力的有益尝试。

（二）2000 年至 2009 年

在一系列重要新闻事件中，《半岛晨报》充分显示出主流媒体应有的新闻素养和快速反应能力。2002 年，“大连 5 · 7 空难”，记者全程直击营救现场；2003 年，当时被称为“全国最受争议官员”吕日周升职，《半岛晨报》在国内率先派记者赴山西蹲点，推出具有一定影响力的《吕日周长别长治》深度调查；“辽海轮”失事，“神五”“神六”发射，“5 · 12 汶川地震”等重大事件现场，《半岛晨报》均第一时间派出采访团队，做出翔实、权威报道。

与此同时，秉承新闻媒体的“瞭望”作用，彰显社会责任，以舆论监督为抓手，密切关注民生话题、反映百姓呼声。先后推出《千吨陈化粮流进民工饭碗》《记者暗访“统帅”疯狂宰客》《新同舟集资大厦倒塌》等一系列影响深远，乃至轰动全国的调查报道。其中，2003 年揭批“陈化粮产业”的《千吨陈化粮流进民工饭碗》《追踪毒大米》等系列报道影响巨大。记者历经半个月卧底调查，与农民工吃住在一起，与商贩斗智斗勇，最终摸清销售陈化粮的不法产业链。报道推出后，国内隐匿多年的粮食流通领域“黑洞”大白天下，中央电视台《焦点访谈》对此进行了报道，大连市因此启动放心粮油工程，陈化粮不法销售从此在大连绝迹。报道记者因此入围“CCTV2003 年度中国记者风云榜”，为东北唯一入选。时隔一年之后，《新京报》等国内有影响的报纸以相同角度对此事进行了报道。

（三）2010 年至 2023 年

2010 年的“发现最美大连”策划，历时 4 个月，直接参与读者 20 余万人，创造了报史上单体策划报道规模之最、政府部门全力配合之最、社会各界积极参与之最和良好的社会效果之最。大连市委书记夏德仁亲笔批示：“《半岛晨报》这一策划很好，这次活动非常成功，成果丰硕、意义重大。”2011 年的“足坛扫赌打黑”策划报道，一直遥遥领跑全国媒体。足协高层谢亚龙、南勇、杨一民等人陆续被抓，均为国内独家报道。2017 年的“对标之约——从大连到上海”专题策划，在大连和上海两地同步采访，以 10 期 18 个整版的篇幅对“对标上海”进行深度观察和思考，在社会各界引起强烈反响。市委书记谭作钧批示：《半岛晨报》负责任，讲真话。

2017 年以后，《半岛晨报》不断制作出现象级的全媒体传播案例。“广州寻女记”

系列报道在《半岛晨报》及微信、微博等全媒体平台连续刊发，总阅读量超过 120 万，评论超 7000 条，被各类客户端转载量过千万。《半岛晨报》多媒体采编中心因此被市委宣传部选送参评新华网“中国网事感动 2017”网络评选，为本地唯一媒体。

2019 年在新中国成立 70 周年重大主题宣传契机之下，以“1+2”方式分别推出主策划《城与家国》、两个融媒体策划《黄渤海之光》和《声动大连》。以“见证影响中国的华章序曲，发现全面振兴的基因坐标”为报道理念，推出 4 期共 32 个整版的新闻特刊《城与家国》，该新闻特刊入选大连博物馆特展。同时以短视频、手绘长卷、微纪录片、H5、线下漂流等全媒体形式，向全网推出宣传报道，总阅读量过千万。

2020 年面对新冠疫情，《半岛晨报》依托全媒体报道矩阵，靶向发力，H5 作品“共抗疫情我在大连”，线上转发不到 20 个小时内参与量 43 万；独家报道《“板凳排队法”催生全面检测“加速度”》，成为新闻舆论宣传参与社会治理经典案例，得到大连市疫情防控指挥部高度关注。

四、采编业务

《半岛晨报》一经面世，道真相、述真情、讲真理的报道风格很快就在大连掀起“半岛旋风”，引起新闻业界的高度关注。1998 年 10 月，《新闻出版报》头版头条发表名为《从七千到十万》的文章，分析研究《半岛晨报》创造出的不到一年时间发行量从 7000 到 10 万的业界奇迹。1999 年 1 月 8 日，新华社记者在《新闻业务》上刊发了《“半岛新闻现象”与新闻启示》，专门就《半岛晨报》创刊所展现出的巨大影响进行分析。文章说：“1998 年，在辽东半岛大连出现的最为引人注目的新闻、文化现象，就是《半岛晨报》的火爆上市及其对新闻市场产生的一系列轰动性影响。有人把这种现象称为‘半岛新闻现象’。”并认为，这种现象给人们的启示是多角度、全方位的，值得新闻媒介及其媒介管理机构关注和研究。

在具体采编业务的探索上，《半岛晨报》提出按照新闻规律选择新闻，以读者眼光采编新闻，提高对新闻的认知能力，确立“受众本位”即“读者本位”的思想；同时，积极倡导“经济新闻社会化”“时政新闻市民化”“社会新闻清洁化”“体育新闻适度感情化”等办报思路，受到业界的广泛肯定。

2010年以来，随着数字媒体的发展，《半岛晨报》率先在同城媒体中推出数字报，独家制作发布手机报。2011年4月，开始运营官方微博、滚动直播新闻频道、手机移动客户端。报道渠道逐步实现复式化，腾讯微博粉丝数量当年超过16万，新浪微博的粉丝数量接近3万，遥遥领先同城媒体，全面占据了大连地区新闻报道的制高点。2012年，开通了东北第一家平面媒体官方微信，当年就位列全国媒体官方微信10强。同时，报纸对采编系统组织架构、运行机制、绩效管理进行了改革，建立了互联网思维下新的内容生产、运行和推广机制——建立了“中央厨房式”多媒体采编平台，基本实现信息共享、按需采集、多级加工、立体发布、全面互动，催生了一批高质量高影响力的报道和新闻策划。

近年来，新媒体建设步伐持续加大：以官方微博、微信、抖音为主渠道，以头条号、企鹅号、大鱼号、百家号、人民号、网易、一点资讯等近10家内容分发平台，快手、西瓜、腾讯等视频平台为辅助，在纸媒式微的背景下，不断发掘传播路径，全面放大资讯传播效应。2018年，“39度视频”正式上线，以鲜明的产品标识、特色和质量，引领原创新闻进入融媒体时代。2018年，人民网研究院发布的“中国媒体融合传播指数报告报纸微信公众号传播力”中，《半岛晨报》与《人民日报》《环球时报》《参考消息》等国家级媒体一起位列全国前10。2023年，新媒体建设向提升视频生产能力发力，聚焦原发性、原创性新闻视频，立足大连、涵盖辽宁、放眼东北，抓热点、做增量，每月已能稳定生产优质视频300条以上，大量作品在网上成为爆款。同时，拓宽信息传播渠道，尝试开展常态化直播，吸纳粉丝的同时增强粉丝黏性。大连普兰店发生地震的2个多小时现场直播，吸引了22万观看人次；大连市举办城市盛会时装周，记者采访、直播两不误，2个多小时的海边时装展演直播，吸引了20万观看人次。截至2023年，《半岛晨报》官方微信粉丝数超百万，综合影响力稳居全国纸媒前列；官方微博粉丝数量超过千万，位居全国都市类媒体前列，是东北地区唯一千万级媒体粉丝大号；官方抖音号为大连同城第一大号，头条号、百家号、企鹅号、人民号等内容分发平台成为延伸《半岛晨报》影响力的重要渠道。新媒体保持区域绝对领先优势，全网影响力持续提高，新时代全媒体融合传播体系正在构建。

五、广告发行等经营活动

（一）广告

《半岛晨报》创刊后，有效激活了大连当地的广告市场。1998 年，广告进款 1102 万元，利润 552 万元；1999 年，广告进款达 2619 万元，利润 968 万元。创新广告经营模式，改坐等客户上门为主动服务客户。1999 年，推出给当地房地产广告经营带来重大影响的策划——“半岛看楼车”，无缝对接购房者的刚性需求和开发商的营销预期，强势拉动报社广告经营工作稳步向前。

2009 年，广告总收入实现 1.985 亿元，刊登额实现 1.966 亿元，利润 3063 万元，为创刊 11 年来新高。2006 年，房地产广告中心、商业信息广告中心、汽车广告中心、代理广告中心，内勤管理中心五大业务中心成立，使部门结构设置更加贴近市场，实现了对各广告行业的充分覆盖。2007 年，实行以交纳风险抵押金为形式的内部承包制，激发了员工积极性和活力。广告中心创造了诸多历史纪录：广告刊登额、进款额 10 年历史第一；单日刊登额 422 万，为报社单日刊登最高纪录。2009 年，整合资源，与东北三省主要媒体联手建立东三省主流都市报联盟，推出“百万大赢家”“东北三省媒体联盟 2009 汽车奥斯卡评选”等营销活动。2010 年，总收入首次突破两亿元大关，达 2.08 亿元；广告刊登额增长到 2.15 亿元。2011 年，总收入再创新高，达 2.13 亿元，利润 1505 万元。

随着新媒体的崛起，传媒生态发生重大变化，传统媒体经营进入断崖式下滑通道。为摆脱困境，《半岛晨报》主动求变，积极推进媒体融合，通过机制创新，积极发展非报产业，构建多元收入新格局，逐渐找准定位，站稳脚跟，重新焕发出生机和活力。2015 年，以融合发展为目标，确立社委会领导下的五大中心，即多媒体采编中心、多媒体广告中心、发行与会员中心、多元发展中心、行政与管理中心。定岗定编，人员分流，报社本部员工总数由 406 人减至 321 人。2016 年，涉足资本运作，与央企航天科工集团、民企北京楚祥明德投资有限公司共同组建大连航天半岛高新创业投资管理有限公司（公司注册资金 1000 万元，《半岛晨报》占股 30%），于 2018 年发起设立大连航天半岛创业投资基金合伙企业（有限合伙）。基金总规模 2.51 亿元，其中《半岛晨报》出资 5100 万元。2016 年，大连半岛看车传媒有限公司成立；通过实施员工投资持股、引入外部战略投资者等方式，完成混合所有制公司化改造；当年 12 月，以 7 倍估值吸引 1450 万外来投资。2017 年，报社控股的大连半岛文教传媒有限公司成立。自成立以来，公司连年盈利。同时，转型广告经营模式，新媒体经营收入实现从 2015 年的百万元到 2020 年千万元的突破，成为报社支柱性收入来源。2018、2019 年，广告经营实现正增长。2022 年，总收入 6229 万元，利润 2737 万元（其中部分得益于动迁补偿），为 2014 年以来首次转亏为赢。

（二）发行

1998 年，《半岛晨报》率先推出自办发行模式：创建独立的发行队伍、车队、发行站，推出“送报到报摊、无偿退报”零售策略，打造覆盖市区和部分县区的发行站征订投递网络。不到一年时间，完成全区域 20 多个征投发行站、6 个零售发行站布局，组建 500 多人的发行队伍。1998 年，日均发行量 8 万份，单日最高发行量 15 万份；1999 年，日均发行量 13 万份，单日最高发行量 25 万份。

2004 年 8 月，印刷能力严重不足，导致报纸投递时间大幅滞后，报纸发行量及市场形象均遭重创。在辽报集团的强力支持下，仅用 20 天时间就新建了一个印刷厂，印刷能力得以提升。2005 年前后，日均增订户 1000 多个，发行量突破 35 万份，为大连发行量最大的报纸。在此期间，尝试开展多种经营，如房产置业、物资配送、设立 24 小时便民服务店等业务带动发行工作。

因媒体融合转型发展等原因，2017 年，《半岛晨报》停止自办发行，分流发行队伍 700 多人，报纸转交邮局代发。

第三节
专业报系列

一、《辽宁法治报》：民主与法治建设的助推者

（一）概述

《辽宁法治报》创刊于 1984 年 10 月 1 日，原名《辽宁法制报》。2004 年，隶属关系由辽宁省委政法委划转到辽宁报刊传媒集团（辽宁日报社），为省内唯一专业法

上　1984 年 9 月 24 日，《辽宁法制报》创刊会议在凤凰饭店二楼召开
有关部门领导和新闻界代表欢聚一堂，讨论怎样把报纸办好
下　1984 年 10 月 1 日，《辽宁法制报》正式创刊

辽宁法制报

《辽宁法制报》今日创刊

治媒体。2021 年 11 月经国家新闻出版署批准，更名为《辽宁法治报》。刊号：CN21-0105；出版地址：沈阳市和平区北三经街 38 号。

（二）办报宗旨

坚持与时代同步、与人民同心、与政法工作同拍、与政法队伍同行，宣传平安辽宁、法治辽宁建设，讲好辽宁法治新故事，传播辽宁法治好声音，激发辽宁法治正能量，弘扬辽宁法治主旋律。

（三）重点报道

1. 关注民主与法制建设“第一案”。1988 年 3 月 1 日，以《“小弟弟”告倒“老大哥”》为题，报道全国第一起专利侵权案——沈阳市中级人民法院审理沈阳市皮鞋九厂诉沈阳市皮鞋一厂专利侵权纠纷诉讼案。1989 年 3 月 4 日，以《不信东风唤不回——农家母子告公安局》为题，报道辽宁第一起“民告官”案件。1994 年 4 月 9 日，以《小东东，法律能帮助你！》为题，报道全省首例法律援助案件，案件以原告胜诉告终，小东东获得赔偿金 10.1 万元。

2. 1992 年，《辽宁法制报》对盖县（现盖州市）芦屯镇“段氏流氓集团”的报道贯穿全年，其中 8 月 19 日、8 月 22 日刊登的《阳光下的罪恶》在读者中影响最大。1996 年，第二次“严打”斗争在全国全面开展，《辽宁法制报》在 3 个月时间内集中刊发 300 篇稿件，呼应这场“严打”斗争。在 5 月 31 日推出的《毒贩姐妹的覆灭》长篇通讯，报道了沈阳警方破获贩毒大案的全过程。1996 年发生的“3·8”大案震惊沈阳，轰动辽宁。1999 年 11 月 5 日发表《“3·8”串案告破》，报道了警方历时 3 年多将犯罪嫌疑人抓捕归案的全过程。

3. 2000 年 7 月 14 日，《辽宁法制报》刊登《刘涌揭秘》，揭秘“涉黑企业家”刘涌大案内幕。

4. 2007 年 6 月 21 日，《辽宁法制报》发起并承办“平安辽宁千里行”大型采访活动，采访团赴全省 14 个市和沈阳铁路局、辽河油田公司等单位，共采访了 70 多个省级“平安县（市）区”和数十家“平安基层单位”“平安企业”，累计刊发“平安辽宁千里行”专版 200 余块，稿件累计近百万字。

5. 2011 年 6 月 24 日，《辽宁法制报》出品《闪闪的红星——全省政法干警英模事迹报告会特刊》，作为《辽宁法制报》献礼建党 90 周年的特刊，创下了《辽宁法

2019.8
19
星期一
辽宁报刊传媒集团主办
报头题字 彭真
辽宁法制报
扫描二维码关注本报微信
http://www.lnfz.cn
LIAONING LEGAL NEWS
致力法制宣传 共建法治辽宁

初心不改70载 砥砺奋进再出发

庆祝新中国成立70周年大型系列主题报道开篇辞

本报编辑部

（一）

（二）

从1949年到2019年，70年风雨兼程，辽宁的平安建设、法治建设结出累累硕果。全省政法系统在省委、省政府的坚强领导下，战胜了一个个挑战，打赢了一场场硬仗，创造了安全的政治环境、稳定的社会环境、公正的法治环境和优质的服务环境，有力维护了全省改革发展稳定大局。

2019年，《辽宁法制报》推出“庆祝新中国成立70周年大型系列主题报道”，全景展现70年来辽宁平安建设、法治建设结出的累累硕果

制报》历史上的诸多第一：第一份全彩印刷的报纸，第一份围绕会议推出的特刊，第一次作为会议报刊上会发放。

6．2012年，《辽宁法制报》开展“走读辽宁公安——辽宁公安基层行”大型采访活动，从4月到12月，走遍辽宁大地上的14个市、100多个县（市、区），行程近5000公里，采访120多家公安局，300多个基层所、科、队。

7．2018年10月，《辽宁法制报》开展“辽阔新时代　宁聚改革情——致敬改革开放40周年辽宁平安法治建设经典录”专题宣传报道活动，记录辽宁政法系统用实际行动书写改革开放40年的精彩华章。

8．2019年8月19日，《辽宁法制报》推出“庆祝新中国成立70周年大型系列主题报道”，全景展现70年来辽宁平安建设、法治建设结出的累累硕果。

9．2021年，更名后的《辽宁法治报》策划推出“深化教育整顿　淬炼过硬铁军”系列专题报道，共采写167个英模人物，刊发稿件累计25万字。此系列报道得到中央政法委、省委宣传部、省委政法委、省教育整顿办的表扬和批示肯定，后梳理印制成的《辽宁政法英模先进事迹选编》成为全省政法干警的学习读本。

10．2023年4月，《辽宁法治报》紧紧围绕中心工作，开设“学习贯彻习近平新时代中国特色社会主义思想主题教育学思想　强党性　重实践　建新功”专题系列报道。

11．2023年8月3日，《辽宁法治报》为省高级人民法院推进“强基工程”策划

一期8块版全彩特刊，及时生动全景回顾了“强基工程”的重要时间节点和事件，深度挖掘宣传具有典型示范意义的举措和做法，切实提升了传播力、引导力和影响力。

12. 2023年8月22日，《辽宁法治报》策划推出第三届“辽沈法治论坛”特刊，设置现场直击、专家访谈、侧记回顾、经验展示、反响留言等版块，聚焦坚持和发展新时代“枫桥经验”“浦江经验”，推进基层社会治理现代化，服务保障辽宁全面振兴新突破三年行动开展专题报道，引发思想共鸣，汇聚精神力量。

（四）采编业务

1. 普法与时俱进。辽宁是全国普法发源地，《辽宁法制报》创刊之初，担负着向全省公民普及法律知识的任务。1986年年初响应“普法一五”，在一版开设了“普及法律常识”专栏，宣法、讲法。此外，还用大量的篇幅向读者普及法律常识。此后，设立“法律教育版”和“法律知识版”。2018年，大力开展“公益普法团”活动，通过进社区、进企业、进村屯、进学校、进军营等，在辽宁打造公益惠民普法品牌，树立了媒体良好社会形象。

2. 典型选树权威。对于辽宁政法领域涌现出的典型人物，《辽宁法治报》或在全省范围内率先关注，或给予大篇幅的重点报道，树立权威形象：全国义务帮教劳改罪犯的第一人冷淑梅、“无私无畏的调解主任”薛广生、用鲜血谱写正义的女英雄白雪洁、人民的好法官谭彦、基层“燃灯者”滕启刚……对这些典型人物事迹的报道，在读者间引发强烈反响。

3. 打造全媒体矩阵。2001年，制作上线“《辽宁法治报》电子版”（后更名为辽宁法治网）。2018年1月，“辽宁长安网”全新改版上线，同时启用新域名 http://www.lnfz.cn。目前，《辽宁法治报》已取得互联网新闻信息服务许可，开通微博号、微信公众号、今日头条号、抖音号、快手号、微信视频号等账号，实现了新媒体平台全覆盖。

4. 代运营风生水起。2018年，代运营辽宁省委政法委新媒体账号，开启政法新媒体代运营业务；2019年，驻省委政法委全媒体工作站成立；2020年，在全省政法系统推广新媒体代运营业务工作，已为全省近百家政法单位提供新媒体代运营服务，其中“辽宁政法”微信公众号长期排名全国前10名，“辽宁政法”今日头条号长期排名全省政务头条号前3名。现有新媒体从业人员40余人，业务从最初单纯的文字内容制作，向视频、动漫、H5 等全领域延伸。

（五）广告发行

1. 广告业务方面：20 世纪 90 年代，广告收入从无到有，由每年 20 万逐步增长到近百万；21 世纪初，通过活动营销等模式拓宽市场，经济效益上升，收入额度逐步上升到每年 200 余万元，并在 2009 年度获得辽宁报业传媒集团广告突出贡献奖。此后，广告业务仍保持上升态势，在 2012 年广告经营额度首次突破千万。

2. 发行业务方面：20 世纪 90 年代，伴随着“法制报，故事报，新出版的电视报”这一流行于街巷的“宣传语”，发行量超过 10 万份；21 世纪初，逐步调整发行策略，集中于全省政法系统各政法单位和社区、乡村，实行精准对位发行。此后，发行经营额度不断提升，从 2012 年发行经营首次突破 1000 万元，到 2022 年发行经营额度已经突破 2000 万元。

二、《辽宁老年报》：老龄工作和老干部工作的重要喉舌

（一）概述

《辽宁老年报》创刊于 1987 年 1 月 1 日，是辽宁省唯一的省级老年类行业报纸，是党的老龄工作和老干部工作的重要喉舌和舆论阵地。《辽宁老年报》自创刊以来，先后隶属辽宁省委老干部局、辽宁省老龄问题委员会、辽宁党刊集团、辽宁省老龄工作委员会，现由辽宁报刊传媒集团（辽宁日报社）主管主办，辽宁老年报社出版。全国公开发行，国内统一刊号 CN21-0023，邮发代号 7-115，每周二、四出版，每期四开 8 版。出版地址：沈阳市沈河区北三经街 51 号。

（二）办报宗旨

《辽宁老年报》以涉老政策发布窗口、涉老工作交流阵地、老年风采展示舞台、老年权益保障助手、老年生活贴心顾问为办报宗旨，秉承“快乐华龄　有我更好”的办报理念，成为全省老年人生活中不可或缺的良朋益友。老年报人开拓创新，不仅仅出版一份陪伴老年人的报纸，更是搭建一个尊老、敬老、爱老、助老的平台。一是为老年读者配备强大的生活服务团队，法律专家、医疗专家、健康营养师、公益志愿者；二是为老年读者提供展示自我风采的舞台，使其老有所为、老有所乐、老有所学、银龄生辉。

（三）重点报道

1．1990 年 12 月 13 日，为宣传表彰重视老年工作、开发老年事业、尊老敬贤、老有所为的先进典型，辽宁老年报社开展了评选“1990 年度《辽宁老年报》十大新闻人物”“1990 年度《辽宁老年报》好新闻”的活动。该活动持续了 10 年，其间同时评选尊老敬贤领导干部。

2．1994 年 3 月 17 日至 9 月 29 日，《辽宁老年报》和辽宁中山科工贸总公司联合举办“御赐枕杯”《父母与我》征文大奖赛。10 月 13 日，在沈阳中华剧场举办颁奖大会。引起业界关注，中央电视台《东方时空》栏目予以采访和报道。

3．1998 年 7 月 3 日，《辽宁老年报》刊登《救救北票“万人坑”》的报道。报道得到省领导的高度关注，有关部门很快就拿出加强和充实“万人坑”纪念馆的改造修复方案。

4．2000 年 5 月至 10 月，《辽宁老年报》与丹东抗美援朝纪念馆、辽宁老年旅行社联办“寻找最可爱的人”活动。活动共收到征文 400 余篇。10 月 23 日，征文表彰会在丹东召开，10 位志愿军老战士被命名为“新时期最可爱的人”。9 月下旬，人民

2012 年，省领导对《辽宁老年报》关于鞍山铁东区为老服务经验系列报道作出批示

●解读老年人政策法规的权威报纸●

辽宁老年报

每周二、四出版
今日 8 版　总第 2618 期
辽宁省老龄工作委员会主办

2012 年 6 月 26 日 星期二
（农历壬辰年五月初八）

●国内统一刊号：CN-0023
●全国发行　邮发代号：7-115
新闻热线：024-22834573

“全国银龄健康一二一工程”第二阶段工作启动

“健康中国·全国银龄健康一二一工程”第二阶段工作近日在京启动。该工程是全民健康生活方式行动的重要组成部分，卫生部部长陈竺任领导小组名誉组长。工程坚持以人为本，健康第一的原则，以科学发展观为指导，主要面向全国中老年人群倡导健康生活方式。通过开展系列健康科普活动，推广简单易行的行动技术方案和支持性工具，提高老年人整体健康素养，成为慢病防治的一项重要工作。

据了解，“全国银龄健康一二一工程”开展 4 年来，在全国 21 个省组织了 1000 人以上的大型科普报告会 135 场，各种中小型科普会数百场，累计发放科普读物 60 余万份，免费发放合理膳食指导工具近 20 万套，免费发放计步器 30 多万个，使数百万中老年人群受益。通过对全国民众进行健康意识的知晓率调研结果的统计分析及健康行为能力的跟踪研究，为卫生部全面推广“全民健康生活方式行动”提供了科学数据。　李思萱

鞍山市铁东区为老服务经验得到我省领导和相关部门重视

常务副省长许卫国要求在全省推广

从 6 月初开始，本报分四期连续在一版头题报道了鞍山市铁东区为老服务经验。该连续报道在读者中引起强烈反响，许多中老年读者打来电话表示，过去，对社会养老与为老服务存疑，通过铁东区为老服务经验的介绍，这让我们感到社会养老和为老服务大有希望。

6 月 12 日，辽宁省常务副省长、省老龄委主任许卫国对鞍山市铁东区为老服务经验作出批示：“鞍山市铁东区构建全方位为老服务体系的经验可贵，应全省推广。”

6 月 18 日，副省长陈超英也作出批示：“很好，值得推广。”

省民政厅厅长徐铁南批示：“这个典型很好，请民政厅有关部门对铁东区经验进一步调研、总结，适时在全省宣传和推广。”

省老龄办领导马艳竞表示：许卫国常务副省长和陈超英副省长的批示不仅是对鞍山铁东区工作的肯定，也是对我省老龄工作的充分肯定和激励。我们要下大力气，进一步做好老龄工作，全面推广我省老龄工作的经验和做法，以此推动为老服务工作再上新台阶。

本报记者　宋　兵

许卫国常务副省长批示：

[手写批示]

陈超英副省长批示：

[手写批示]

日报社人民网加入活动，刊发征文。之后,《辽宁老年报》将征文编辑出版成书——《寻找最可爱的人》。

5. 2001 年 3 月 1 日至 9 月 18 日,《辽宁老年报》举办“我所知道的‘九·一八’”征文活动，共收到 300 余篇征文。人民日报社、人民网为这次征文开设了专题网页。

6. 2012 年 6 月 5 日至 14 日,《辽宁老年报》连续 4 期在一版头题对鞍山市铁东区打造“没有围墙的养老院”为老服务经验举措进行系列报道。

7. 2021 年 7 月 1 日,《辽宁老年报》出版“建党百年特刊”, 8 版彩色印刷，热烈庆祝中国共产党成立 100 周年，回顾百年历史，讲述辽宁省老党员对党的无限忠诚和矢志不渝跟党走的信念。

8. 2023 年 2 月 7 日,《辽宁老年报》大型系列报道《续写韶华　银龄生辉——老有所为风采录》开栏，每期以整版篇幅报道一位老年人老有所为、余热生辉的鲜活事迹。

9. 2023 年 3 月 2 日,《辽宁老年报》出版“学雷锋特刊”，忆往昔，话传承，弘扬雷锋精神。其中对辽宁省军区沈阳第四干休所作为著名“雷锋院”走出来的以不同形式宣传雷锋的“第一人”进行通版报道。

10. 2023 年 8 月 1 日，中国人民解放军建军 96 周年,《辽宁老年报》出版“铭记特刊”，致敬人民子弟兵和为新中国的建立和发展立下不朽功勋的老军人。特刊在军地反响强烈，尤其是在军休系统引起热议，辽宁省军区干休所等单位向报社赠送锦旗。

（四）采编业务

1993 年 11 月 11 日，“辽宁省十佳报纸”评选揭晓,《辽宁老年报》榜上有名。1998 年 6 月 5 日,《辽宁老年报》编辑部被评为第二届全省新闻工作先进集体。2001 年底，为庆祝《辽宁老年报》创刊 15 周年，辽宁老年报社编辑出版了《难忘的十五年——新闻创意策划选编》一书（上、下卷）。该书选录《辽宁老年报》15 年来所组织的新闻创意、新闻策划以及各类征文 61 项，共 100 余万字。2002 年 5 月,《辽宁老年报》在全国第四届大型收藏精品展销会暨全国集报研讨会上，被评为体育、生活系列“辽宁省群众最喜欢的报纸”。2005 年 1 月 17 日,《辽宁老年报》被省老龄委授予“辽宁省老龄工作先进单位”。2012 年 2 月，中共中央《关于建立老干部退休制度的决定》颁布 30 周年之际,《辽宁老年报》举办“我与老干部工作 30 年”主题宣传活动，回顾我省老干部工作 30 年的发展历程，并在全省开展有奖征文活动，获奖征文结集成书——《足迹》。2015 年，以“辽宁老年报”为通用名，创办微信公众号、网站及微博。新媒体平台始终坚持“以报纸内容为依据，多种形式拓宽阅读体验，发布涉老权威政策信息、展现为老服务部门风采、开展读者互动交流、提供线上线下多渠道沟通”理念。2019 年 6 月 18 日，《辽宁老年报》创新开展的“流动谈稿会”品牌行动，在全国老年报业年会上做经验交流，经验被其他多个省份老年报借鉴。2022 年 8 月 18 日，《辽宁老年报》进行改版，新版报纸定位语——“快乐华龄　有我更好”出炉，同时建立“法律维权服务团”“健康科普顾问团”和“快乐华龄助老志愿服务队”（“两团一队”），让为老服务更生动、鲜活，贴近读者；深入社区，签约合作，开启“党建 + 助老”共建新模式。2022 年，《辽宁老年报》微信公众号粉丝量突破 1.5 万，日均阅读量达到 2000 次。在此基础上，报社开拓融媒体全平台，进驻头条号、腾讯视频号、抖音三个平台，增加新闻短视频、现场报道、公益大讲堂等形式。

三、《辽宁朝鲜文报》：促进民族团结进步的纽带

（一）概述

《辽宁朝鲜文报》创刊于 1958 年 1 月 13 日，是由辽宁日报社主办、省内唯一的朝鲜文报纸；刊号：CN21–0001；出版地址：沈阳市沈河区青年大街 356 号。

（二）办报宗旨

《辽宁朝鲜文报》作为党和政府联系少数民族群众的桥梁，用朝鲜文对内宣传党的民族政策，对外宣传辽宁省及中国的对外开放政策和投资环境。一直以来，《辽宁朝鲜文报》作为党在我省 24 万朝鲜族群众中的有力宣传阵地，面向朝鲜族干部群众宣传党的方针政策，特别是对党的民族政策进行及时权威的报道，引领正确舆论导向，引导朝鲜族群众铸牢中华民族共同体意识，为党的民族事业发展作出了突出贡献。

（三）发展历程

1958 年 1 月 13 日，辽宁省委决定创办《辽宁朝鲜文报》，由辽宁省民族事务委员会负责。初创时名为《辽宁农民报（朝鲜文农村版）》，4 开 4 版，每周 2 刊（周三、周六出版），主要服务对象为朝鲜族农民，兼顾朝鲜族民族教育。1958 年 8 月 15 日，

1991 年 10 月 5 日，朝鲜《平壤新闻》社访问团参观《辽宁朝鲜文报》电脑排版车间，陪同的有《辽宁日报》总编辑武春河（后排右一）、《辽宁朝鲜文报》总编辑郑基（左二）

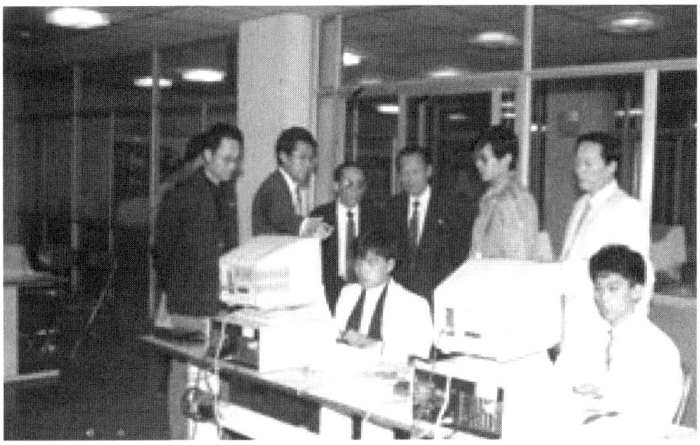

朝鲜文报纸首发试验号，以《辽宁农民报（朝鲜文农村版）》为刊头，暂时不定期出版，此后定为每周 2 刊（周二和周五）。报纸在沈阳市第三印刷厂（民族印刷厂）印刷，印数为 3000 份，通过辽宁省民委发行至辽宁省内各朝鲜族村。1961 年初，由于国民经济困难，《辽宁农民报（朝鲜文农村版）》第一次停刊。其间历时 2 年零 5 个月，出版 250 期，每期发行 2000 份至 5000 份。

1965 年，辽宁省委决定由辽宁日报社恢复朝鲜文报纸出版，辽宁日报社正式建立朝文版部，报纸名称改为《辽宁日报（朝鲜文农村版）》。1966 年 1 月 1 日，《辽宁日报（朝鲜文农村版）》正式出版。同时创办了“鸭绿江”文学副刊。报纸出版后受到广大朝鲜族干部群众的喜爱，每期发行份数为 5000 份，按当时辽宁省朝鲜族人口计算，平均每 6 户订阅 1 份报纸。1968 年 1 月，《辽宁日报（朝鲜文农村版）》第二次停刊。

1977 年 11 月 8 日，辽宁省委决定报纸复刊，辽宁日报社召回了原有朝鲜族员工，并招聘多名中央民族大学和延边大学毕业生。1979 年 1 月 1 日，报纸以《辽宁日报（朝鲜文版）》为刊头再次恢复出版，1983 年经批准改名为《辽宁朝鲜文报》。

1986 年起，《辽宁朝鲜文报》迎来高速发展期。随着沿海城市的开放以及中韩建交，朝鲜族群众从农村走向城市、走出国门，促成了“进城热”“经商热”“出国热”。《辽宁朝鲜文报》聚焦这一历史趋势，敏锐捕捉时代发展脉搏，客观真实地报道朝鲜族群众精神面貌和生活场景，同呼吸、共命运，收获了大量忠实读者，实现快速稳定发展。1987 年，《辽宁朝鲜文报》发行量达到 1 万余份，省内朝鲜族家庭平均每 4 户订阅一份报纸（当时辽宁省朝鲜族人口为 24 万余人）。

21世纪，随着影响力不断扩大，《辽宁朝鲜文报》开辟的版面内容也越来越丰富多样，设有“要闻”“国际”“社会”“经济”“教育”“文化”“家庭”“老年世界”“综合”“农村”“文摘”“蒲公英”“中韩信息”“产业信息”“体育”“鸭绿江”“子女教育”“世界经济”等版面。

2006年1月，《辽宁朝鲜文报》提出“新闻本土化、本民族化，栏目精品化，版面品牌化”发展思路。同年5月30日，《辽宁朝鲜文报》网站正式上线。2015年，《辽宁朝鲜文报》微信公众号和官方微博相继上线。2021年5月，北国客户端朝鲜语频道正式上线。自此，《辽宁朝鲜文报》从过去的单一纸媒蜕变为集报纸、网站、微信公众号、微博、客户端频道等于一身的媒介融合体。

2022年4月，《辽宁朝鲜文报》作为分支机构并入辽宁国际传播中心。同年，经辽宁报刊传媒集团（辽宁日报社）党委批准，《辽宁朝鲜文报》由对开8版改为对开4版，每周2刊（周二、周五）出版，报纸设有要闻、文化、教育、生活、老年、同胞新闻、鸭绿江文学等版面。

（四）重点工作

1987年2月10日，《辽宁朝鲜文报》设立“鸭绿江文学奖基金会”，并发布1987年度“鸭绿江文学奖”作品征集公告，这是报纸开设“鸭绿江”文学副刊后首次举行的有奖征文活动。同年5月21日，《辽宁朝鲜文报》发布辽宁省朝鲜族中小学生首届“蒲公英”作文比赛通知，自此“学生作文副刊”正式被命名为“蒲公英”。“蒲公英”作文比赛和“鸭绿江”文学奖成为提高广大朝鲜族中小学生作文水平和文学爱好者创作水平的文学摇篮。

1996年11月23日，《辽宁朝鲜文报》在国内首次披露“佩斯卡玛号船上杀人案”内幕新闻，刊登嫌疑人在拘留所写的上诉书，对案件初审到终审全过程进行了连续报道，揭露了在外劳务环境恶劣、待遇不公等问题，并为嫌疑人辩护律师提供我方一手资料，最终扭转了审判结果。

1998年10月16日，举行《辽宁朝鲜文报》创刊纪念40周年暨“朝鲜民族荣誉奖”颁奖大会。

2000年9月23日，主办沈阳选美（朝鲜族）大赛。

2002年11月27日，组织召开“辽宁省朝鲜族中心村主任（党支部书记）座谈会”。

2009 年 10 月，《辽宁朝鲜文报》牵头，与中国民族史学会、辽宁省朝鲜族经济文化交流协会共同举办“第三次辽宁朝鲜族的现状与未来发展论坛”暨“第十四次中国朝鲜族发展学术研讨会”，引起热烈反响。

2010 年，在省委宣传部领导和各市市委宣传部的大力支持下推出“辽宁沿海经济带系列报道”，十余名记者走遍我省沿海地区进行实地采访，历时一年半，发稿 33 万余字。

| 第四节 |

党刊系列

一、《共产党员》：全国党刊的排头兵

《共产党员》杂志自创刊以来，始终坚持“党刊姓党”的办刊宗旨，围绕辽宁振兴发展大局，发扬传统特色和优势，常态化开展全国性的党建宣传活动，一批重点报道在全国产生了影响力。杂志先后获得首届国家期刊奖，蝉联“全国百种重点社科期刊”称号，进入中国期刊方阵最高层次——“双高”期刊行列。杂志月发行量一度达到 180 余万份，被世界期刊联盟评定为全世界期刊行业发行量最大的前 50 名刊物之一，长时间保持全国地方党刊发行量第一。

1948 年 3 月，《共产党员》杂志诞生于解放东北的隆隆炮火声中，至今已走过了 70 多年的奋斗历程。目前的共产党员杂志社是在 2018 年省直事业单位改革中，以原辽宁党刊集团为主重新组建的，是辽宁报刊传媒集团（辽宁日报社）分支机构。杂志社性质为全额拨款事业单位，实行企业化管理。重新组建的共产党员杂志社继承和发扬原辽宁党刊的优良传统，承接了原党刊集团的主要职能，以承办省委机关刊和其他党刊党网为主业。

《共产党员》杂志从破土萌芽到茁壮成长；从一本“口袋书”“小册子”成长为发行量名列全国前茅的地方党刊；从一本刊物成长为包括《共产党员》《党建文汇》《党支部书记》《刊授党校》《党史纵横》及中华先锋网等“五刊一网”的辽宁党刊群……

可以说，《共产党员》走过的历程，也是党百年历程、70 多年执政历程、40 多年改革开放历程的一个历史缩影。

（一）坚持“党刊姓党”，高扬党的旗帜，宣传党的理论

《共产党员》始终坚持“党刊姓党”，围绕中心、服务大局，高扬党的旗帜，在宣传党的理论、路线、方针、政策上不断加大力量、增加容量、提高质量。

1948 年 3 月 1 日，《共产党员》杂志的前身——《翻身乐》杂志诞生在中共中央东北局所在地哈尔滨。在其发刊词《见面话》中，以朴实的语言讲述了要“办一个什么样的刊物”——“为的帮咱们开脑筋，学文化、明白道理的问题”。杂志先后刊登《中国共产党的历史》《全国拥护共产党主张》《为啥没有无产阶级领导就不能胜利？》等文章，以通俗易懂的语言宣传党的理论政策路线方针，加强了党在东北基层地区的影响力，受到区村广大干部群众的欢迎，被亲切地称为“挎兜先生”。

1949 年 7 月，《翻身乐》更名为《新农村》。改刊的《公开信》讲道：“《新农村》是在东北局宣传部直接领导下，专给农村中区村干部办的刊物；根据每个时期的任务和各地情况，谈政策、谈工作经验、谈革命基本知识，以便帮助区村干部同志，在政治觉悟上，工作能力上，政策水平上，文化程度上，逐步提高。”1958 年 9 月，《新农村》更名为《好党员》。1956 年 9 月，辽宁省委宣传部又创办了《共产党员》，以全省城市工作工矿企业党员为读者对象。1961 年 3 月，辽宁省委决定把《好党员》与《共产党员》合并，改出新的《共产党员》。在 20 世纪五六十年代，杂志自觉地向下扎根、向上生长，紧跟党的步伐，以文件转发、文件解答、来信讨论等丰富多彩的形式积极宣传党的理论、路线、方针、政策，成为广大党员干部进行理论学习的好教材。改革开放后，《共产党员》杂志坚持围绕中心、服务大局，在宣传党的理论、路线、方针、政策上不断加大力量、增加容量、提高质量。历次党的全国代表大会、党的重要主题教育，《共产党员》杂志都以出版专刊、增刊，开展知识竞赛活动等形式，长篇幅、大声势宣传报道会议精神。党的十八大以来，《共产党员》杂志以习近平新时代中国特色社会主义思想为指导，切实增强“四个意识”、坚定“四个自信”、做到“两个维护”，坚持正确的政治方向和办刊方向，严格落实党的新闻舆论工作方针和意识形态工作责任制，办刊工作产生了良好的社会反响，取得了良好的社会效益。

1992 年，杂志第 11 期、12 期合并出版党的十四大专刊。1997 年，杂志第 10 期、

11 期合并出版党的十五大专刊。2002 年，杂志将第 12 期作为党的十六大专刊。2007 年，杂志编辑出版了宣传党的十七大精神的增刊《学习党的十七大文件参考材料》和《学习十七大党章问答》。2012 年，杂志将第 12 期作为党的十八大专刊。2017 年，杂志将第 11 期作为党的十九大专刊。2022 年，杂志将第 11 期作为党的二十大专刊。

在深入学习邓小平理论、三讲教育、学习“三个代表”重要思想、保持共产党员先进性教育、深入学习实践科学发展观、党的群众路线教育实践、“三严三实”专题教育、“两学一做”学习教育、“不忘初心、牢记使命”主题教育、党史学习教育等重大活动中，《共产党员》均开辟专栏，以刊登原文、专家访谈、权威解读等形式开展宣传报道。

1997 年，邓小平同志逝世后，《共产党员》杂志于第 3 期刊登了省委书记顾金池文章《继承小平同志遗志　推进辽宁改革开放》，刊登了党中央、全国人大常委会、国务院、政协全国委员会、中国共产党和中华人民共和国中央军事委员会《告全党全军全国各族人民书》，追悼大会悼词，介绍了邓小平同志生平，以此表达哀悼与怀念。同时，在社内举行悼念活动；面向读者举办了“邓小平与 20 世纪的中国”知识竞赛，分多期连载了大型电视文献纪录片《邓小平》解说词。2004 年，在邓小平同志百岁诞辰纪念日来临之际，《共产党员》杂志于第 8 期推出特别策划“怀念”。

2021 年，为庆祝中国共产党成立 100 周年，杂志推出七一专刊——上半月“百年辉煌”、下半月“时代风采”。专刊全文刊登了习近平总书记《在庆祝中国共产党成立 100 周年大会上的讲话》以及《中共中央关于授予“七一勋章”的决定》《中共中央关于表彰全国优秀共产党员、全国优秀党务工作者和全国先进基层党组织的决定》等内容，邀请权威专家撰文全面回顾了中国共产党激荡的百年奋斗路；编辑部还与辽宁省委组织部合作，在专刊上报道了 21 位分别荣获“全国优秀共产党员”“全国优秀党务工作者”“辽宁省优秀共产党员”“辽宁省优秀党务工作者”称号的先进典型的感人事迹和 15 个荣获“全国先进基层党组织”称号的基层党组织的经验做法，体现出浓浓的时代气息和甘之如饴的信仰味道。

经过多年持续努力，《共产党员》收获了一支既有“天线”又接地气的高水平作者队伍。中宣部原常务副部长徐惟诚同志常年为《共产党员》杂志提供专栏文章，中央组织部原部长张全景同志、中央政策研究室原副主任郑科扬同志，都曾接受《共产党员》杂志专访，并参加杂志社组织的重大活动。2005 年 1 月 15 日，《共产党员》编辑部在北京召开作者座谈会，来自中纪委、中组部、中宣部、中央政策研究室、中央文献研究室、新华社、中国美术家协会等部门的同志畅谈了为《共产党员》撰稿的体会，并对刊物提出了中肯的意见和建议。2020 年 5 月，杂志与中央组织部党员教育中心合作开设“党员教育”专栏，围绕贯彻落实《中国共产党党员教育管理工作条例》和《2019—2023 年全国党员教育培训工作规划》、加强党员教育工作体系化建设、提高新时代党员教育工作质量，以“党教文”的名义刊发一系列理论文章，在提升党员教育工作者队伍能力素质、加强党员教育理论研究、助力基层党组织抓好党员教育工作等方面发挥了积极作用。

（二）坚持服务辽宁发展振兴实践，唱响主旋律，凝聚正能量

《共产党员》杂志持续推出专栏、专版和重头策划，开展征文等活动，为辽宁振兴发展提供精神动力和智力支持。

新中国成立初期，《新农村》杂志围绕土地改革、抗美援朝、农业合作化运动等战略决策，持续开展宣传报道。1953 年，杂志社派记者奔赴朝鲜，访问了朝鲜人民、中朝军队官兵和战斗英雄。改革开放初期，《共产党员》杂志发起的历时半年的“共产党员可不可以带头先富起来”大讨论，成为辽沈大地思想解放的先声，受到辽宁省委第一书记任仲夷和中宣部宣传局副局长富文同志的肯定与赞扬。党的十八大以来，《共产党员》杂志聚焦宣传决胜全面小康和决战脱贫攻坚、中国共产党成立 100 周年，聚焦宣传习近平总书记关于东北、辽宁振兴发展的重要讲话和指示批示精神，聚焦坚持党要管党、全面从严治党，聚焦推进辽宁振兴发展新突破三年行动等重大主题，开展了高密度、大容量集中宣传。

1992 年，邓小平同志南方谈话发表后，《共产党员》杂志于第 5 期刊登了对辽宁省委书记全树仁同志的专访《辽宁开放的大思路》，向读者全面展示了辽宁对外开放的战略构想和蓝图。1999 年，《共产党员》杂志于第 9 期刊登对省委书记闻世震同志的专访《长风破浪会有时》，闻世震同志就辽宁国有企业改革与发展问题发表了谈话。2003 年，温家宝总理视察辽宁后，《共产党员》杂志于第 7 期刊登对省委书记闻世震的专访《实施调整、改造和振兴战略　重塑辽宁老工业基地辉煌》，闻世震同志就贯彻落实温家宝总理讲话精神、加快振兴辽宁老工业基地问题发表了谈话。2009 年，

为庆祝中华人民共和国成立 60 周年，《共产党员》杂志在第 9 期分别以《建国以来辽宁建设发展十件大事》和《建国以来辽宁十大英模事迹》为题做了 20 个版面的专题策划，从多角度反映辽宁 60 年来的建设成就和发展。在上半月刊首页，特约辽宁省委书记张文岳同志撰写了《共续祖国昌盛　再创辽宁辉煌——新中国成立 60 周年感言与展望》的署名文章。2017 年，在中国共产党辽宁省第十二次代表大会胜利结束之际，《共产党员》杂志于第 1 期刊登了对辽宁省委书记、省人大常委会主任李希同志的专访《扎实推进振兴发展　全面建成小康社会》，李希同志就如何更好地学习宣传和贯彻落实党代会精神、掀开辽宁振兴发展的新篇章发表了谈话。

1996 年，围绕扶贫工作，共产党员杂志社同辽宁省扶贫开发领导小组、辽宁省扶贫开发促进会在全省联合开展评选“扶贫状元”活动。11 月 6 日，在辽宁省纪念国际消除贫困年暨扶贫工作表彰大会上，“十大扶贫状元”与 17 名省扶贫先进工作者同时受到表彰。省委副书记王怀远，省委常委、副省长徐文才到会并讲话。2020 年 12 月，辽宁省委组织部发函，对 2020 年《共产党员》杂志围绕中心、服务大局，在宣传抓党建促脱贫攻坚工作方面所做工作予以肯定。《共产党员》杂志从当年 4 月份至年底，围绕“决胜全面小康、决战脱贫攻坚”主题，推出 7 个大型策划，全方位宣传报道辽宁省脱贫攻坚、乡村振兴工作取得的喜人成就和经验，得到了全省各级党组织和广大党员群众的高度认可。

2005 年，《共产党员》杂志于第 8 期推出特别关注“白山黑水作证”，以纪念抗日战争胜利 60 周年；于第 11 期推出特别关注“解读‘十一五’展望‘十一五’”；于第 12 期推出特别关注“别了，棚户区”，对辽宁大规模棚户区改造工作进行了重点报道。年底，《共产党员》杂志发起的先进性教育学习测试活动圆满结束，十几万名读者参加了这次活动。活动评选出个人一等奖 10 名、二等奖 20 名、三等奖 100 名，50 个单位获得先进集体奖。

1991 年，《共产党员》杂志与《人民日报》国内政治部、天津《支部生活》、江西《江西党建》、广东《支部生活》、陕西《共产党人》、重庆《当代党员》共同举办了《在党支部书记的岗位上》征文活动；1994 年 6 月至 1995 年 6 月，《共产党员》杂志用一年时间开展了“在新时期党务工作岗位上”征文活动；1995 年至 1997 年，《共产党员》杂志在全国基层组织建设联席会议办公室和辽宁省委组织部的指导和支持下举办了“村党支部工作‘进步奖’征文”活动。2006年4月至12月,《共产党员》杂志举办“党章在我心中征文”活动。该活动得到省内外广大读者的广泛关注，读者通过电子邮件、信函及传真等多种方式向杂志社投稿，产生了很大反响。这次征文活动共收到电子稿件数百篇，文字稿件近千篇。2011年6月，由省委创先争优活动领导小组办公室主办，辽宁党刊集团及《共产党员》杂志承办，在全省基层党组织和党员中开展“纪念建党90周年，深入开展创先争优活动‘三项教育（党史教育、党性教育、形势任务教育）’知识学习问答活动”。活动历时两个月，圆满结束。经过活动组委会认真评选，评出优秀组织奖215个，优秀学习体会文章奖111个。2012年5月，为落实基层组织建设年重要部署提供理论支持和经验借鉴，积极营造学习先进、崇尚先进、争当先进的良好舆论氛围,《共产党员》杂志与中央组织部党建研究所、党建研究杂志社、中国期刊协会党刊分会联合举办“红船杯”以基层党组织建设的优异成绩迎接党的十八大征文活动。为深入学习贯彻党的十七届六中全会精神，加强党的建设，推动社会主义文化大发展大繁荣，以优异成绩迎接党的十八大胜利召开，2012年1月1日至12月31日,《共产党员》杂志与全国各党刊社联合举办“全国党刊喜迎党的十八大·促进文化大发展大繁荣”联合征文活动。2022年，为深入学习宣传贯彻党的二十大精神，把思想统一到党的二十大精神上来，把力量凝聚到党的二十大确定的各项任务上来,《共产党员》杂志以高度的政治责任感，响应中国期刊协会党刊分会倡议，开辟《深入学习宣传贯彻党的二十大精神》专栏，开展党刊全（融）媒体重大主题联合报道，充分运用党刊全（融）媒体平台将党的二十大精神落地生根,形成重大主题宣传党刊全(融)媒体主流舆论合力。主题宣传活动得到读者积极响应，杂志推出的理论评论、通讯及调研报告等深度报道有多篇被中国期刊协会党刊分会评选为“学习宣传贯彻党的二十大精神，全国地方党刊全媒体联合报道”优秀作品。

（三）坚持发扬传统特色和优势，大力宣传先进典型

典型人物报道是《共产党员》杂志的传统特色和优势，杂志在改革开放之初对“党的好女儿”张志新的报道闻名全国。《共产党员》杂志坚持发扬这一传统特色和优势，宣传先进典型，弘扬社会正气，以生动鲜活的典型人物报道教育党员、鼓舞士气、凝聚干劲。

解放初期为人称颂和敬仰的东北著名劳动模范赵国有、韩恩、孟泰、王崇伦等都从《共产党员》杂志上传入千家万户，激动过亿万人的心扉。20 世纪 60 年代一大批颇有影响的典型，诸如丰福生、王进喜、王杰等，也都通过《共产党员》杂志蜚声国内，教育了亿万党员群众。特别值得一提的是，雷锋同志生前就被《共产党员》杂志宣传报道过。在雷锋同志牺牲后，《共产党员》掌握主动，连续报道，在整个宣传过程中形成了特色、搞出了声势，为后来的全国学雷锋活动发挥了重要作用。从 1978 年起，《共产党员》杂志先后组织了对刘丽英、老山前线英雄、大兴安岭扑火英雄等英模的宣传，相关报道多次被中央媒体及全国各省、自治区、直辖市报纸全文转载。21 世纪以来，《共产党员》杂志先后组织了对“当代雷锋”郭明义、“党的优秀领导干部”张鸣岐、全国“时代楷模”毛丰美等重大典型人物的深度宣传，在全国产生了广泛影响。

自 1979 年始，《共产党员》杂志动员全部编采力量，对“党的好女儿”张志新的英雄事迹进行宣传，共刊发文章及照片 350 余篇（幅），其中多篇文章被《人民日报》《光明日报》等报刊全文转载，在全国引发巨大反响。

1986 年 4 月，《共产党员》杂志派记者赶赴云南，深入边防前沿阵地进行采访。5 月，杂志社在云南前线举行表彰受到中央军委主席邓小平通令嘉奖的老山前线十名优秀共产党员会议。《共产党员》1986 年第 6 期用 4 封、46 页内文浓墨重彩地报道了保卫祖国南疆的 10 名英雄党员。云南前线总指挥、成都军区副司令员廖锡龙同志接见记者，并亲自为这次宣传、表彰活动撰写了文章。1987 年 7 月，《共产党员》杂志又与甘肃《党的建设》杂志联合举行宣传老山前线战功卓著的 11 名共产党员座谈会，并于 1987 年第 8 期对此次座谈会和 11 位共产党员的英雄事迹进行了大篇幅报道。

1987 年 6 月 14 日，《共产党员》杂志在沈阳召开大兴安岭扑火救灾中立功的 10 名共产党员座谈会。省人大常委会主任张正德，沈阳军区党委常委、副司令员石宝源，辽宁省委常委、宣传部部长沈显惠等领导同志来到会场看望 10 位灭火英雄和与会的同志，向英雄表示崇高的敬意和衷心的感谢。

1989 年，《共产党员》于第 12 期对党的好干部、辽阳县委原副书记韩云娜的先进事迹进行了重点报道。此后，省委作出向韩云娜学习的决定，省委、省顾委部分领导同志作了批示和题词。1991 年，《共产党员》于第 11 期对昌图县宝力镇党委书记薄刃石同志的先进事迹进行了重点报道。此后，省委作出向薄刃石同志学习的决定。

2015 年，《共产党员》于第 7 期下半月刊推出特别策划“以张鸣岐为镜践行‘三严三实’”，对“党的优秀领导干部”张鸣岐同志的先进事迹作了重点报道。2016 年，《共产党员》第 2 期下半月刊推出特别策划“当代共产党人先进和优秀的光辉旗帜”，对“全国优秀共产党员”毛丰美同志的先进事迹作了重点报道，并举办主题征文活动。这些典型报道均在社会上引起强烈反响。

（四）坚持开展党建活动，不断提高公信力和影响力

多年来，《共产党员》杂志得到中央领导、省委领导的亲切关怀，得到各级党组织的有力支持。《共产党员》杂志抢抓机遇、乘势而上，多次开展党建活动，打造党建宣传品牌，扩大刊物影响，拓展党刊功能，公信力和影响力不断提高。

1986 年，《共产党员》杂志相继举办评选百名党风端正的优秀党员领导干部活动和评选百名优秀思想政治工作者活动；1987 年，举办了评选百名优秀党支部书记和百名优秀共产党员活动。1990 年、1991 年，共产党员杂志社与中央电视台联合举办了两届全国“我爱中国共产党”党的知识竞赛。1998 年 3 月 20 日，“新时期党建研讨暨《共产党员》杂志创刊五十周年座谈会”在北京人民大会堂辽宁厅举行。2003 年 10 月 25 日至 26 日，《共产党员》杂志在杭州举办第二届《共产党员》论坛，来自全国各地的 150 多名代表参会。2014 年 6 月 29 日，《共产党员》杂志在辽宁友谊宾馆举行深入学习贯彻习近平同志党的建设重要论述座谈会。部分全国和省内的党建理论工作者和实际工作者参加了会议。9 月 2 日，省委党的群众路线教育实践活动领导小组办公室、辽宁党建研究所、《共产党员》杂志共同举办党的群众路线教育实践活动专题民主生活会研究会。

二、《党建文汇》：汇集党建精华

《党建文汇创刊于 1984 年 6 月，原名为《整党文摘》，由辽宁省委整党办公室与省委《共产党员》杂志合办。1986 年 1 月，更名为《整党与党建》。1986 年 10 月，更名为《党建文汇》，改为月刊，16 开本，48 页。1987 年 1 月，由中央宣传部宣传局、辽宁省委共产党员杂志社合办的《党建文汇》创刊号出版。1988 年第 1 期开始，《党

建文汇》与中央宣传部宣传局停止合办关系，改为独立出版。

2000 年 5 月，辽宁党刊集团成立，《党建文汇》隶属辽宁党刊集团。2002 年起改为半月刊。2018 年 7 月 19 日，辽宁报刊传媒集团（辽宁日报社）挂牌成立。《党建文汇》随党刊集团并入辽宁报刊传媒集团。

《党建文汇》坚持“党刊姓党”的办刊原则，服务中心、围绕大局，紧密结合党的重要会议、重大教育活动、重大历史事件时间节点、当前中心工作等，及时宣传党的新思想、新理论、新政策，广泛介绍各地各部门以党建引领各项工作的新做法、新经验、新成绩，不断提升期刊传播力、引导力、影响力、公信力。

在党的理论宣传上突出权威性。创刊之初，《党建文汇》1987 年 11 期、12 期合刊，全文转登了党的十三大会议文件并编写学习材料。此后，党的历次重要会议、重大历史事件时间节点，《党建文汇》均投入重兵、不惜版面，采取合刊、专刊、大策划等形式，以新闻报道、体会文章、文件辅导、学习问答等文体，浓墨重彩地对重要会议精神、党的最新理论成果进行宣传。同时，聘请多位省部级领导、党建研究专家担任顾问、作者，持续提升刊物的权威性和指导性。1992 年，《党建文汇》开辟“顾问的话”栏目，刊登中组部部长吕枫，中组部副部长张全景，江苏省委常委、南京市委书记顾浩，山东省委常委、组织部部长李文全等人的署名文章。1994 年第 6 期刊登中宣部常务副部长徐惟诚撰写的文章《中国的改革与建设要进一步加强党的建设》。近年来，中组部党建研究专家、著名政论散文家徐文秀及多位中央有关部门的同志常年为《党建文汇》撰写稿件。

在党建工作宣传上突出创新性。《党建文汇》贯彻办刊宗旨，聚焦党建主题，每期均以大量版面反映各地区各部门以党建统领各项工作的新做法、新经验、新成绩。此外，围绕不同主题，《党建文汇》组织了内容丰富的征文活动，将优秀征文刊登在杂志上，广大读者热烈响应、踊跃投稿。如 1988 年，举办了“我当县委书记的思索”征文活动，得到众多县委（包括市辖区委、县级市委）书记的支持，最终评出优秀征文 60 篇。此后，相继举办了“组织部长甘苦录”“心中的遗憾——在我做党务工作的日子里”“党员教育管理和监督工作经验”“如何保持共产党员先进性”等征文活动。

《党建文汇》多次举办党建活动。1989 年 3 月，《党建文汇》编辑部倡导发起第一届全国党建读物评选活动。直至 2016 年 3 月，全国优秀党建读物评选活动共举办了 13 届，为促进发展繁荣党建理论起到了积极作用。1989 年 4 月 26 日至 29 日，《党建文汇》信息研究中心会同多家新闻单位，在辽宁省大连市举办了在新体制下大中型企业党委工作“到位”焦点、难点研讨活动。1995 年，中共中央组织部组织局、党建读物出版社、党建文汇杂志社联合举办了学习建设有中国特色社会主义理论和党章知识竞赛活动。据统计，全国有 200 多万名党员参加了这次竞赛活动。此后，相继举办了以学习党的十五大文件、庆祝建党 80 周年、学习党的十六大文件、庆祝建党 90 周年等为主题的知识竞赛活动。

《党建文汇》创刊以来，在全国党建时政类期刊中独树一帜，先后荣获“中国共产党类核心期刊”“全国十佳文摘期刊”“读者最喜爱的文摘期刊”“北方优秀期刊”等荣誉称号。并从 1994 年开始，连续多年被辽宁省新闻出版局评定为省一级期刊。读者来信总结《党建文汇》是“党员看完群众看，一人订阅全家看”。

三、《党支部书记》：基层党组织书记的良师益友

《党支部书记》杂志创刊于 2006 年 1 月，是全国唯一一种面向全国基层党组织书记这个群体而创办的党刊。杂志的办刊宗旨是：为新时代党支部书记全面提升素质能力、做好支部工作提供精准优质的服务，读者对象定位为全国各行业各领域基层党支部书记，聚焦怎样当好党支部书记、怎样做好支部工作两大问题，追求实用、可读、耐看三种功效。

《党支部书记》围绕提升基层党支部书记的政治理论素养、实践工作能力、党务业务知识和思想文化素养等需求，杂志内容设置为关注、专题、境界、交流、观察、党课、党务、方法、党史、庭园十大版块，包含导读、学习、要闻、解读、人物、感悟、记事、经验、故事、亮点、时评、漫笔等数十个栏目。

2009 年 6 月，《党支部书记》杂志与人民网·中国共产党新闻网联合举办了“怎样当好大学生村官”征文活动。2010 年 4 月，联合全国 29 家党刊及人民网共同举办“推进学习型党组织建设、提高党建科学化水平”征文活动。

2011 年 7 月，《党支部书记》杂志为庆祝建党 90 周年，特约党史专家编著《中国共产党支部建设 90 年》专辑。2012 年 3 月，党支部书记杂志社发起并联合人民网

等十家单位主办的“党支部书记论坛”。9月，“党支部书记论坛”首届年会在辽宁沈阳举办。

2013年3月，《党支部书记》杂志推出纪念毛泽东等老一辈革命家为雷锋题词发表50周年专题“伟大时代需要伟大精神”。2014年4月，《党支部书记》杂志推出百期纪念专题“100期，我们的足迹”。2015年10月，《党支部书记》杂志推出报道辽宁农村基层党建工作的专题“铸牢党在农村的执政根基”。

2017年4月，杂志社受辽宁省委组织部委托，编辑出版了全省国有企业党支部书记培训教材《国有企业党支部书记工作手册》。2017年6月，杂志社受辽宁省直机关工委委托，编辑出版了省直机关“两学一做”学习教育知识竞答活动的学习材料《省直机关“两学一做”学习教育知识竞答1000题》。

2019年9月，《党支部书记》杂志推出“‘不忘初心、牢记使命’主题教育”专辑。2020年3月，《党支部书记》杂志推出“战‘疫’”专辑。2021年7月，《党支部书记》杂志推出“中国共产党支部建设100年”专辑。

多年来，《党支部书记》受到社会各界的广泛好评，社会影响持续扩大，被称为全国基层党组织书记的良师益友，“党务工作的指南”。2007年7月，在国家新闻出版总署报刊司和解放军总政宣传部新闻出版局举办的“百种优秀期刊进连队”的评选活动中，《党支部书记》杂志成功入选，成为捐赠边海防连队的100种优秀期刊之一。从2008年7月起，《党支部书记》杂志一直被评定为“辽宁省一级期刊”，并连续15年入选新闻出版总署制定的《农家书屋重点出版物推荐目录》。

四、《刊授党校》：一所“没有围墙的党校”

1984年1月，《刊授党校》杂志正式出版。读者对象主要是有接受刊授能力的党员和非党积极分子。

1986年初，《刊授党校》杂志已发行到在全国30个省区市分设的44个学区。1989年第1期由中共中央组织部主办的《组工通讯》，以《一所“没有围墙的党校”》为题介绍了刊授党校的办学简况：截至1989年，辽宁省委以《共产党员》杂志为依托，创办刊授党校，对广大党员干部和要求入党的积极分子进行系统的党的基本理论和基本知识的教育，5 年来共举办三届，培训学员 53 万人。

1993 年 3 月 11 日，辽宁省委副书记、刊授党校校长尚文在纪念刊授党校创办十周年座谈会上发表讲话。他强调，刊授党校形成了一支从中央到地方的 600 多名素质较高的专、兼职教师队伍，锻炼了一批热心于党的干部教育事业的专职和兼职办学人员，编写了被誉为“一流水平”的各学科教材，适应基层广大党员和干部的迫切需求。

2001 年 10 月 12 日，刊授党校与北京师范大学联办的首届北京师范大学研究生课程进修班在昌图县委举行开学典礼仪式。2002 年 2 月，刊授党校经过充分准备，在所属各学区举办北京师范大学研究生课程进修班。

2008 年，《刊授党校》杂志改刊。改版后的刊物，突出党的建设主线，内容侧重提高领导干部、管理人员的执政能力、领导科学发展能力和经营管理能力。2008 年第 7 期至 2009 年第 12 期，刊物内容调整后已经编发了 18 期，内容的主题、结构的框架、版块栏目的设置和装帧版式的风格等方面已经大体上成型。

2011 年 6 月 10 日，省委组织部、党刊集团联合召开了全省《刊授党校》杂志订学用工作座谈会。此前，省委组织部已经把《刊授党校》杂志纳入全省干部教育培训体系。至此，改版后的《刊授党校》杂志的编辑和发行工作全方位启动，刊授党校经过转型，由办学时期进入办刊时期。

2018 年，《刊授党校》杂志重点宣传习近平新时代中国特色社会主义思想和党的十九大精神。在党的十九大召开之后，编辑策划了“红船领航”“新思想引领新时代”“全面从严治党再出发”“从马克思出发”“共筑中国梦”“红色基因　红色传承”等专题，深入学习宣传习近平总书记在辽宁考察时和在深入推进东北振兴座谈会上重要讲话精神，宣传报道“辽宁精神”，以及辽宁省干部教育培训工作的经验做法，为全面学习宣传贯彻习近平新时代中国特色社会主义思想和党的十九大精神，发挥了一定的作用。

2019 年，《刊授党校》杂志完成《筑牢信仰之基　练就担当本领》《新时代　新规划　新篇章》《赶考路·中国梦》《增强政治本领》《把党的政治建设摆在首位》《坚定制度自信》等策划选题。同期，刊登《做好编制实施第一个五年计划》《新中国第一部宪法诞生》《第一颗氢弹原子弹发射成功》等系列报道。

2021年，《刊授党校》杂志完成《学深悟透　把握精髓》《年轻干部要提高七种能力》《开天辟地的红船精神》《学习党的十九届五中全会精神》《扎实开展党史学习教育》《跨越时空的井冈山精神》《庆祝中国共产党成立100周年》《学习贯彻习近平总书记“七一”重要讲话精神》《延安精神永放光芒》《彰显百年大党自信自强》等重点宣传的策划选题。

2022年1月，新增设“新思想”栏目，搭建起每期学习宣传阐释习近平新时代中国特色社会主义思想的理论平台。同年，《刊授党校》杂志完成《打响东北振兴的“辽沈战役”》《党勇于自我革命的经验启示》《学习调查研究新思想》《传承弘扬东北抗联精神》《走出中国式现代化道路》《回望党的历次全国代表大会》《学习宣传贯彻党的二十大精神》等重点宣传的策划选题。

五、《党史纵横》：学习党史开展党建的好教材

1988年1月1日，《党史纵横》创刊。由中共辽宁省委党史资料征编委员会主办，月刊，内部刊物。1989年8月25日，《党史纵横》正式出版。2018年，党史纵横杂志社正式并入辽宁报刊传媒集团。

《党史纵横》自创刊起，一直秉承“存史、资政、育人”的办刊宗旨，以丰富多彩的党史党建内容，向广大党员、干部、群众宣传党史、军史、新中国史，成为深受读者欢迎的一本学习党史开展党建工作的教材。

该刊设有20多个经典栏目：台前幕后、内幕写真、人物述林、档案解密、关东英烈、史海钩沉、将帅传奇、历史时空、伟人风采、红色记忆等，史论兼备、史料翔实、史观严谨，既展示中国革命的艰苦历程、老一辈无产阶级革命家及无数革命先烈的奋斗足迹，又反映新时代优秀共产党员改革和社会主义建设工作的风采，书写我们党在领导改革开放和现代化建设中的艰苦探索，再现中国革命的历史风云，展示中国共产党领导全国各族人民前赴后继、不屈不挠，从曲折走向胜利的历史画卷，宣传介绍中国共产党成立以来各个历史时期的重大事件和重要人物，披露红墙内外鲜为人知的党和国家重大方针政策的实施过程，歌颂党在各个领域、各条战线、各个行业领导全国人民在社会主义革命和建设中特别是改革开放以来所取得的辉煌成就、

先进经验以及涌现出的先进集体和典型人物；是全社会以史为鉴、以史育人、承前启后、继往开来的生动党史教材，适应不同层次、不同职业读者的需要。

《党史纵横》主要读者群为各级党政机关干部、群团组织领导、大专院校师生、离退休老同志、广大中青年党员，国内外党史研究专家、学者以及从事党史、党建工作者等。

作为辽宁省唯一一份公开发行的权威党史刊物，《党史纵横》积极发挥宣传辽宁党史工作平台的作用，全力支持省内各市党史部门的研究工作，及时刊发反映基层党史研究成果和党建工作成绩的文章。

《党史纵横》自创刊起，深受广大读者的欢迎和好评，连续多年被评为全国优秀党史期刊。编辑水平、刊物质量不断提高，杂志发行量逐年增加，创刊之初为2000份，到2005年已达2万份，年均增加1000余份。

| 第五节 |

对外宣传平台

一、《今日辽宁》：辽宁最早出版的中英文期刊

《今日辽宁》杂志创刊于1988年6月，原名为《中国·辽东半岛　国际交流》。为贯彻实施中央关于沿海地区经济发展战略，加强对外宣传，在与国际社会的交往中“让世界了解辽宁，让辽宁认识世界”，促进海内外经济、文化交流，以适应辽东半岛对外开放的需要，经省委、省政府同意，由辽宁省对外文化交流协会主办，辽宁省委宣传部主管，创建了辽宁省最早的以中英两种文字出版的时政类对外传播期刊——《中国·辽东半岛　国际交流》杂志（季刊），大16开本，64页。2000年，更名为《今日辽宁》。办刊宗旨：服务改革开放，致力国际交流，让世界了解辽宁，让辽宁走向世界；主要任务是围绕全省工作大局，传递辽宁开放的资讯，报道改革的重大举措与成就，让海内外读者不断了解辽宁在进一步扩大开放中经济建设与发展的进程；读者对象以外国读者为主兼顾国内读者，刊物发行于140多个国家和地区。

主要栏目有省内要闻、市长访谈、县乡掠影、企业天地、半岛论坛、投资环境、

北国文化、人物专访、访问归来、旅游天地、国际飞鸿、域外文苑、海峡两岸、外国人在辽宁、友谊·合作·交流、回音壁、食在辽宁、非遗、辽宁地名故事等。

发行范围：国内外发行。国内部分：国家相关领导机构、曾在辽工作到中央任职的领导、各省市自治区宣传部、中国名牌大学图书馆、外驻京记者、外驻华知名企事业、外驻华使领馆文化处、世界五百强驻华机构，以及辽宁省委省政府省人大省政协领导、辽宁知名企事业、辽宁知名大专院校、辽宁各市并县乡领导及宣传部、辽宁各大机场贵宾室、辽宁所有三星级以上宾馆酒店、辽宁各市图书馆、辽宁省外国专家、辽宁各高校留学生处等。国外部分：免费邮寄到国外著名大学、图书馆、世界五百强企业、中国驻外使领馆、对华友好团体、辽宁友好城市、知名国际报刊、国际友人，以及港澳台知名人士、著名机构、知名报刊等。

1990 年 9 月在全国首届期刊评比中荣获整体设计一等奖；1997 年被省新闻出版局评为一级期刊。

二、《侨园》：侨之家　情满园

1991 年 5 月 31 日，辽宁省机构编制委员会同意设立侨园杂志社，杂志社是辽宁省侨办领导的县级事业单位。办刊宗旨：宣传党的政策，广泛团结华侨、外籍华人、港澳同胞、归侨侨眷，增进情谊，保护侨胞权益，宣传辽宁，振兴辽宁，促进祖国繁荣和统一。

1991 年 9 月，侨园杂志社正式出版创刊号，主管部门为辽宁省侨务办公室。1996 年，由于辽宁省外事办公室与辽宁省侨务办公室合署办公，侨园杂志社主办单位变更为辽宁省外事（侨务）办公室。2018 年，辽宁报刊传媒集团（辽宁日报社）成立，侨园杂志社并入集团。

2000 年，《侨园》杂志组织策划“海外沈阳人”征文活动，发表十多篇作品，直接推动了“首届世界沈阳人联谊大会”的召开，获得辽宁省新闻出版局、省期刊办授予的选题策划一等奖。同年，侨园杂志社在沈阳成功举办第二届全国外事报刊理论研讨会。来自外交部有关部门领导及北京、上海等省区市外事部门的代表和各地外事报刊社负责人出席会议。会议着重探索了外事报刊肩负的历史使命和发展问题，就外事报刊传达中央对外方针政策、宣传改革开放路线，指导各地外事工作，促进对外交流与合作等问题进行了广泛交流与探讨。

2017 年，泰国春武里府政府代表团访问辽宁，由辽宁省外事办公室牵头，侨园杂志社同泰国春武里府新闻媒体协会签订新闻合作意向协议。同年，葡萄牙世界中心商业联合会主席，拥有世界发行量最大的葡语周刊、葡萄牙权威报纸《葡萄牙世界报》的卡洛斯先生来辽宁省访问，侨园杂志社与卡洛斯先生签署合作意向，在葡萄牙成立侨园杂志社葡语国家分社，共同推动中国与葡语国家的社会、经济、文化交流与合作。同年 7 月，侨园杂志社同辽宁省外事办公室联合主办首届“侨园杯辽宁首届国际学生汉语作文大赛”。辽宁大学、沈阳师范大学、沈阳航空航天大学等十多所高等院校的国际教育学院参与。

2019 年，在澳门回归祖国 20 周年之际，由辽宁省人民政府港澳事务办公室主办，侨园杂志社承办的《辽澳同行——庆祝澳门回归祖国 20 周年专刊》正式出版发行。这是当时全国各省市唯一出版的庆祝澳门回归祖国 20 周年的宣传刊物。专刊设置聚焦辽澳、非常人物、高端访问、经贸交流、文化两地书等栏目，宣传两地改革发展经验，展现互访交流成果，讲好辽宁、澳门故事，推介优秀企业，分享发展机遇。

2020 年，由辽宁省人民政府港澳办公室、香港特别行政区政府驻辽宁联络处和沈阳“九·一八”历史博物馆共同主办，侨园杂志社承办的“勿忘历史　珍爱和平——抗战十四年从这里开始”的沈阳“九·一八”历史博物馆线上直播活动，在 9 月 28 日上午 10 时面向全球华人进行直播。

| 第六节 |

行业期刊

一、《兰台世界》：国内档案管理权威期刊

《兰台世界》原名《辽宁档案》，1986 年创刊，原主管单位是辽宁省档案局（馆），2018 年辽宁省事业单位改革后，主管单位改为辽宁报刊传媒集团（辽宁日报社）。办刊宗旨：遵循党的路线、方针、政策，传播档案业务知识，交流档案工作经验，启

迪档案人员思维，推动全省档案事业发展，为国家经济建设和社会发展服务。

《辽宁档案》初创时为季刊，1986 年出版两期，每期 48 页。创刊号设有各市领导谈档案、改革之声、档案室、城建档案、科技档案、专业档案、乡镇档案、档案著录、主题标引、阅览室、全宗介绍、档案抢救、档案作用、兰台漫步等栏目。1987 年，改为双月刊，每期 32 页。1991 年 9 月，经辽宁省机构编制委员会批准，《辽宁档案》编辑部更名为《辽宁档案》杂志社，为辽宁省档案局领导的县处级事业单位。1991 年，经辽宁省新闻出版局批准，《辽宁档案》改为月刊于 1992 年 1 月正式出版。

1994 年，经国家新闻出版署批复，同意《辽宁档案》更名为《兰台世界》，新编国内统一刊号为 CN21-1354/G2，国际刊号变更为 ISSN1006-7744。自 1995 年第 1 期起，《辽宁档案》正式更名为《兰台世界》。

2005 年 7 月，经辽宁省新闻出版局批准，《兰台世界》改为半月刊，每期 72 页，同年 10 月正式出刊。改版后的《兰台世界》杂志，上半月为工作版，主要栏目有要文要闻、工作研究、业务指导、现代化管理、开发利用、兰台纵横、名人春秋、历史一页；下半月为理论版，主要栏目有兰台论坛、数字兰台、研究探索、科学管理、现代技术、史料研究、图书情报。

2011 年，《兰台世界》改为旬刊，每期 80 页，同年 6 月正式出版。改版后的《兰台世界》杂志，上旬栏目为档案要闻、名人档案、档案春秋、档案揭秘、国际档案、兰台纵横、档案与社会、档案信息、巡珍归宝、利用服务、档案博览、档案溯源；中旬栏目为兰台论坛、外国档案、数字兰台、研究探索、科学管理、安全保障、资源共享、图书情报；下旬栏目为档案公布、史料研究、以史为鉴、史学争鸣、档案解读、历史考证、文史探源、文博考古。

2016 年，《兰台世界》改为半月刊，每期 160 页，栏目为兰台论坛、研究探索、科学管理、图书情报、名人档案、档案春秋、文史探源、史料研究、兰台纵横。

2017 年，经兰台世界杂志社申请，辽宁省新闻出版局同意，《兰台世界》页码由 160 页调整为 128 页，栏目为兰台论坛、数字兰台、科学管理、业务研究、图书情报、档案春秋、文史探源、史料研究。

2018 年，经兰台世界杂志社申请，辽宁省新闻出版局同意，《兰台世界》改为月刊，每期 144 页，栏目为兰台论坛、研究探索、科学管理、图书情报、名人档案、档案春秋、文史探源、史料研究。当年7月，经兰台世界杂志社申请，辽宁省新闻出版局同意，《兰台世界》页码由144页增加到160页。

2019年7月，《兰台世界》编辑部更名为兰台世界杂志社。

2021年3月，经辽宁报刊传媒集团（辽宁日报社）申请，辽宁省新闻出版局同意，报国家新闻出版署同意，《兰台世界》主管、主办单位由原辽宁省档案局（馆）变更为辽宁报刊传媒集团（辽宁日报社）。

截至2023年6月，《兰台世界》共出版608期。连续入选2000年版、2004年版、2008年版、2011年版北京大学《中文核心期刊要目总览》；《中国人文社会科学期刊AMI综合评价报告》2022版A刊入库期刊。

二、《新少年》：小学生第二课堂的好伙伴

《新少年》杂志1950年创刊，原名《好孩子》，又先后更名为《红孩子》《红小兵》，1978年更名为《新少年》。2018年，新少年杂志社并入辽宁报刊传媒集团（辽宁日报社）。

《新少年》杂志作为辽宁省少先队队刊，读者对象为8—12岁的少年儿童。办刊宗旨为反映少年儿童生活，为少年儿童提供健康向上、丰富精美的精神食粮，培养少年儿童德、智、体、美、劳全面发展，做有理想、有道德、有文化、有纪律的合格接班人。

1978年，更名后的《新少年》为24开本，页码16页，黑白印刷，设有光荣的红领巾、队章讲话、我们的家乡、望远镜等一系列新的栏目。1988年，《新少年》改为自办发行，当年平均发行量65万册，创利59万元。20世纪90年代，为了办好青苹果五色园圃等文学性栏目，杂志社多次举办笔会，邀请省内外知名儿童文学作家撰稿，产生大量精品，同时又培养出一批新的作者。1999年，《新少年》获国家新闻出版署"首届中国期刊奖提名奖"，被评为"第二届全国百种重点社科期刊"。2003年，《新少年》杂志设立新栏目，"当国旗升起的时候"刊发供学校升旗仪式所用的朗诵词；"队旗飘飘"介绍少先队组织的各项活动；"淘淘与法"通过发生在儿童身边的故事或案例，向少年儿童普及法律知识；"五洲小伙伴"介绍各国小朋友的生活习俗和学习状况；还有体坛掠影、艺术开门、精品书屋、小舞台、西部好地方、远古寻迷等栏目。《新少年》在第一届北方期刊评选中，被评为“优秀期刊”，在第一届、第二届全国少儿报刊评比中，均获金奖。

2018年以来，《新少年》始终发挥队刊的引领作用，坚持以帮助少年儿童培育和践行社会主义核心价值观、弘扬爱国情怀为己任，充分发挥队刊对少年儿童的教育引导功能。先后报道团省委组织开展的“情暖童心　快乐童伴”活动、全省小学开展党史学习教育活动、少先队员居家线上抗疫活动、全省少先队组织开展劳动教育情况以及“喜迎二十大　争做好队员”主题系列活动。2021年，杂志再次改版，页码由原来的40页改为48页，增加少先队活动和展示小读者作品的版面，增加科普内容。近年来，《新少年》杂志先后获得“国家新闻出版署向全国少年儿童推荐的百种优秀报刊”“中国优秀少儿期刊金奖”等荣誉；在2021、2022年期刊编校质量检查中，分别以差错率万分之0.36和万分之0.34的成绩，在全省刊物中名列前茅，全省少儿类期刊位列第一；2020、2021、2022年连续三年入选“中国精品期刊展”；在由多家期刊协会联合举办的“我是期刊领读者”遴选活动中，于2021年和2022年分获“优秀期刊TOP40”“优秀期刊TOP60”。

三、《好孩子画报》：国内首家能“开口说话”的低幼期刊

《好孩子画报》创刊于1982年，国际标准大16开，44页，彩色印刷，月刊，以5—8岁儿童为读者对象。始终坚持“丰富儿童生活，开发儿童智力，培养儿童美好品德，提高儿童审美情趣”的办刊宗旨，注重知识性、趣味性，以童话、连环画、儿童生活故事等多种体裁，把充满童真童趣的、鼓舞儿童向上的作品展示给小读者。

刊物栏目分为五大类：一、童话故事类，设童话甜点、小巴掌剧场、小奇和小贝等栏目，作者多为国内一线的儿童文学作家。二、科普故事类，设好奇小问号、探秘地球村、科学妙想国等栏目，邀请国内动物学、植物学专家撰写充满故事性的科普小故事。三、生活避险类，如开设已有十余年的“红绿灯”栏目，通过十格左右的连环画形式，教会小读者在家庭生活、校园生活中躲避风险应对各种突发情况。栏目多次获得国家级、省级奖项。四、国学经典类，设有“小故事大智慧”栏目，

弘扬优秀传统文化的连环画栏目，由小学生豆豆和樱桃在生活中发生的有趣小事，引出智慧爷爷讲述一个传统典故，将家风教育、国学教育和社会主义核心价值观教育融入其中。栏目多次获得国家级、省级评选的一等奖。五、编读互动类，设我的地盘、小小艺术家栏目，专门刊登小读者的作文、诗歌和美术作品以及在征文比赛、绘画比赛中的获奖作品等。

2014 年，《好孩子画报》引进 MPR 技术，全刊实现有声阅读，成为国内首部能够“开口说话”的低幼期刊。2016—2019 年，连续 3 年制作 6 本双语（汉哈、汉藏）有声增刊，填补了国内少数民族双语有声阅读的空白。2022 年，“辽宁红色印记”栏目在北国网等新媒体平台累计阅读量超 21 万；庆祝创刊 40 周年动画视频《一起共成长》荣登小视频平台同城推荐榜，点击量超 10 万。2022—2023 年，微信公众号转发集团“国宝在辽宁”系列专题报道 30 余篇，受到小读者和家长的一致好评，在全省少先队员中掀起了“走近国宝，了解国宝”的学习热潮。2023 年，刊物再次改版升级，增加页码的同时，实现部分栏目扫码有声阅读，既丰富了版面内容，又提升了小读者的阅读体验，有利于开展编读互动，更好地为小读者服务。

《好孩子画报》曾经先后荣获首届辽宁省出版政府奖期刊奖、国家新闻出版总署向全国少年儿童推荐的百种优秀报刊、中国最美期刊、中国少儿报刊金奖等荣誉。同时，在国家新闻出版署编校质量检查中曾连续两年实现编校零差错。在全省期刊编校质量检查中排名靠前，差错率低于万分之一。

四、《妇女》：向社会宣传妇女，向妇女宣传社会

1980 年 5 月，《妇女》杂志创刊。国内邮发代号是 8-55，国外邮发代号是 M597，定价是 0.25 元，每月 10 日出版。栏目有生活顾问、社论、走在时间前面、思想论坛、婚姻家庭、科学卫生、电影故事、诗、祖国名胜、小说连载等。第二期栏目调整为向老一辈革命家学习、勤劳致富、恋爱婚姻家庭、生活顾问、妇婴健康、祖国风光、世界见闻、趣味点滴。当时，杂志的重大报道大致分为四个方向：对妇女权益的关注，对革命女性的报道，对女性优秀代表的宣传，对女性致富事迹的讲述。

1983 年，栏目调整为婚姻家庭、笔会、勤劳致富、社会大学、家庭教育、生活

顾问、妇婴健康、知识小品、百花园、祖国名胜、世界妇女一瞥、俱乐部、趣味点滴以及其他重要报道。到了当年第十一期，杂志又增加“国外用品窗口”和“儿童故事会”栏目，杂志的知识性、实用性、服务性得到了进一步加强。

1986 年 1 月,《妇女》杂志首次大规模改版。新增杂志宣传语“向社会宣传妇女，向妇女宣传社会”；将目录调整到内文第二页，在第一页由责任编辑撰文向读者介绍每期杂志的编辑意图，并推荐最值得一读的部分文章，给读者更有效率的阅读体验。另外新增“少女之夜”栏目，刊登少女呼声，发表解决少女切身问题的文章。不仅如此，杂志还在每期举办“知识百科测验竞赛”，提高妇女素质，普及妇女知识，增强与读者的互动。

1988 年,《妇女》杂志迎来创刊 100 期。同年，单期发行量一度超过 100 万份。

1997 年 1 月刊，新增栏目“本期主题”，第一期的“本期主题”刊登了《呼唤公民责任意识——学习六中全会决议座谈纪要》，标志着《妇女》杂志的内容编辑进入选题策划时代。

2001 年，杂志进入中国期刊方阵，成为国家“双效期刊”；2004 年被辽宁省政府授予“辽宁省宣传妇女儿童特别奖”，同年被评为“辽宁省一级期刊”。

2005 年,《妇女》杂志栏目基本固定为人物、视野、婚恋、生活四大版块。

2011 年 11 月,《妇女》杂志下半月刊《妇女・女人观天下》杂志创刊号正式出版，读者群定位职场女性。杂志拥有六大版块，分别是焦点、世相、财富、茶歇、男女、情爱。

随着新媒体时代的到来，妇女杂志社组建新媒体部，拥有“妇女杂志”和“妇女・女人观天下”两个微信公众号和一个杂志社官方网页。其中，“妇女杂志”是杂志社官方微信号，不仅发布原创新闻，还负责转发全国、省、市、县（市）、区各级妇联和杂志社工作信息，并将全国妇联、省妇联和辽宁省各市、县（市）、区的妇联微信平台整合，建立了“妇女微信矩阵”，方便各级妇联和读者使用。

五、《理论界》：为繁荣发展哲学社会科学提供理论支撑

《理论界》杂志创刊于 1985 年，理论界编辑部为辽宁省社科联的内设机构。

2003 年 12 月 31 日，省编办印发文件，同意设立理论界杂志社，为辽宁省社科联领导的自收自支事业单位。2018 年 5 月 21 日，理论界杂志社由辽宁省社科联所属转隶到辽宁报刊传媒集团（辽宁日报社）所属。《理论界》杂志是由辽宁报刊传媒集团（辽宁日报社）主管、主办的综合性学术理论期刊。

《理论界》杂志按照“一个坚持”“两个关注”“三个着力”的思路办刊，即坚持正确的政治方向、价值取向和学术导向，努力打造全国一流学术期刊；关注引领性研究、学术前沿问题研究、社会热点问题研究、辽宁地域特色文化研究，关注中青年学者特别是知名学者的最新研究成果；着力打造精品栏目和特色栏目，着力培养高层次作者群，着力提升期刊学术质量、引文转载率和社会影响力。

《理论界》设有马克思主义研究、政治文明、经济论坛、生态文明建设、哲学百家、法学论丛、社会观察、文化论苑、历史长廊、文艺评论、现代管理、国际问题、媒体与传播、语言文字、争鸣与探讨等栏目。《理论界》杂志围绕马克思主义中国化最新成果、各学科学术前沿问题、最新学术研究动态，大量刊发和积极推介广大哲学社会科学工作者特别是学术名家、中青年学者的研究成果，为繁荣发展哲学社会科学提供理论支撑。

1999 年，杂志曾被南京大学图书资料中心评为中国人文社会科学核心期刊。《理论界》是中国人民大学书报资料中心引文索引期刊、中国学术期刊（光盘版）全文收录期刊、万方数据——数字化期刊群全文收录期刊，被全国中文核心期刊扩展版收录。

2021 年 2 月 7 日中国知网显示,《理论界》共出版文献 16377 篇、总被下载 3424404 次、总被引 53712 次,（2020）复合影响因子为 0.406、（2020）综合影响因子为 0.132。2021 年 2 月 7 日万方数据知识服务平台显示,《理论界》载文量为 14962 篇、基金论文量为 2036 篇、被引量为 44014 次。2018 年中国期刊引证报告（扩刊版）数据显示,《理论界》影响因子为 0.25。

六、《家庭科学》：提高家庭生活质量的指南

《家庭科学》的前身是《独生子女健康》，是一本由新家庭报社于 1993 年 3 月 26

日创办的科普期刊，以宣传优生优育为主要内容。2000 年 10 月，杂志随同《新家庭报》划归辽宁日报报业集团，同时主管单位变更为辽宁日报社。2001 年 8 月，国家新闻出版署新报刊〔2001〕068 号文件批准杂志由《独生子女健康》更名为《家庭科学》，一直沿用至今。期刊许可证日期 2001 年 12 月 12 日，2001 年第 12 期杂志封面也由原来的《独生子女健康》变更为《家庭科学》。

《家庭科学》杂志为月刊，全国发行，国内统一刊号：CN21-1471/R，邮发代号：8-97，现有职工 10 人。

《家庭科学》杂志是宣传家庭健康知识和传播健康理念内容的科普期刊，以各级计生干部、育龄群众关心、关注的生活、生育知识为切入点，以“生活新概念，健康新主张”为办刊理念，联手众多国际、国内医学、营养、保健、养生领域的知名专家，传播全新的健康理念，提供简单实用、行之有效的健康生活模式；集权威性、知识性、实用性为一体，用简明生动的诠释方式，通俗易懂的大众语言，为读者揭示健康背后的深层奥秘，提供简单实用、行之有效的健康生活模式。重点栏目有健字当头、特别策划、健康新知、身体管理、心灵瑜伽、食疗课堂、营养主义等。

七、《记者摇篮》：打造新闻人的“朋友圈”

《记者摇篮》是现代传媒学术期刊。1960 年，辽宁日报社创办《辽宁日报通讯》，内部发行，32 开本。1985 年 2 月，经辽宁省出版总社批准，获得期刊登记证，登记号为 205 号。主管、主办单位为辽宁日报社，国内公开发行。1985 年 9 月，由《辽宁日报通讯》更名为《记者摇篮》，正式创刊，小 16 开，当月出版第一期。2018 年 2 月 10 日，主管单位由辽宁报业传媒集团（辽宁日报社）变更为辽宁报刊传媒集团（辽宁日报社），主办单位由辽宁报业传媒集团（辽宁日报社）变更为辽宁省新闻工作者协会、辽宁报刊传媒集团（辽宁日报社）。2019 年 7 月，获国家新闻出版署批复，主办单位变更为辽宁报刊传媒集团（辽宁日报社）、辽宁省新闻工作者协会，其中辽宁报刊传媒集团（辽宁日报社）为主要主办单位。

期刊国内统一连续出版物号为 CN21-1032/G2；文种：汉文；期刊类别：新闻；出版单位：辽宁北方报业传媒股份有限公司。期刊为月刊，小 16 开。自办发行，面向全国新闻媒体、高校及新闻研究机构，发行量约3000册。办刊宗旨为坚持正确的舆论导向，传播新闻信息，提高宣传艺术，培养写作人才。与国内多所大专院校进行栏目合作，对新闻传播类学术问题及新理念进行探讨和分析，为广大新闻从业人员、新闻传播类专业院校师生及新闻理论研究者提供学术交流、理论研讨的交流平台。

《记者摇篮》紧跟媒体发展趋势，历经数次改版调整，从办刊初期的新闻研究、媒体经营、通讯员园地、采编纵横、记者修养、校园新秀、市县报台等几个常规栏目，拓展到本期关注、新闻践行、采编杂谭、新闻写作、职业素养、专题探讨、品牌建设、广电试听、业务研究、学子天地、名家说图等固定栏目，涉及多种媒介、多个媒体领域的丰富议题。2020年6月改版，设计了媒界聚焦、理论解析、研学思辨、主题宣传、融媒前沿、视域广角、智媒技术、践行探索等一批新栏目，对整体进行优化提质；并以公益报道、公益广告的形式在封三或封底对省内各基层媒体单位融媒体实践标志性成果等进行集中宣传报道，增设公益在线、融媒作品赏析、新闻人的朋友圈等新专版专栏，提高杂志的艺术性、时新性和指导性。

2011年，为了增强《记者摇篮》的学术性、权威性、实用性，期刊吸收暨南大学新闻与传播学院、东北大学文法学院、沈阳师范大学文学院、辽宁大学文学院、渤海大学文学院新闻系、大连理工大学人文学院为本刊栏目协办单位。2013年，成为辽宁移动手机杂志《掌握生活》的内容提供商。2014年，《记者摇篮》“本期关注”栏目因其定位准确，独具特色，紧贴时代脉搏，在辽宁省新闻出版局、辽宁省期刊协会联合举办的第十五次辽宁省期刊编辑优秀作品评选活动中，荣获优秀栏目一等奖。2016年，与沈阳市委宣传部进行“阅评”宣传合作，每月使用一块整版；2016年9月起，为防止抄袭剽窃、一稿多投行为，采用“中国知网”社科期刊学术不端文献检测系统，升级防抄袭软件，确保期刊论文的原创性与规范化。2017年4月，申请ISSN资格获得国际标准连续出版物编码系统中国国家中心批准，《记者摇篮》杂志国际标准刊号（ISSN 2096-3858）及条码正式启用，杂志的专业化、正规化程度进一步提升。

2021年4月，按照集团统一部署，《记者摇篮》作为集团旗下子媒正式入驻《辽宁日报》北国客户端，开设记者摇篮频道，择优上传近期出版的刊物中的优秀论文，科学引导作者投稿方向。频道运营人员接受了集团组织的业务培训，严格落实意识形态工作责任制和集团有关管理办法，制定《记者摇篮网络媒体“三审三校”制度》，坚持网上网下同一标准、同一尺度，严格执行“三审制”。

从2003年起，刊发论文超1.4万篇，年均700篇，平均每期58篇。新闻理论类约占20%，新闻院校师生研学类（含基金项目研究成果）约占20%，采编业务研究类约占15%，媒体改革践行探索类（含融媒发展前沿动态趋势探析）约占15%，广播电视领域新闻传播类（含播音主持艺术论述）约占25%，媒体经营、新闻摄影、智媒技术及其他类约占5%。

在2022年3月7日中国传媒大学图书馆发布的“新闻传播学”2021CNKI《中国引文数据库》学科报告的“高影响力期刊”排名中，《记者摇篮》位列前四名。其中，“文献数”排在第三位，“被引次数”排在第四位。该排名系中传图书馆基于对CNKI《中国引文数据库》2021年度新闻与传媒类别的数据统计而来，数据准确真实，数据检索时间为2022年1月27日。2021年，杂志新闻与传媒类别在《中国引文数据库》共有5719篇论文，总被引次数9356次，篇均被引1.64次。“文献数”和“被引次数”两项指标的前四名中，除《记者摇篮》外，其他三家均为国家核心期刊。

大事记

1945年

9月21日　中共中央书记处指示：东北局所创办的机关报定名为《东北日报》。

11月1日　中共中央东北局机关报《东北日报》在沈阳创刊。首任社长李常青，首任总编辑李荒。创刊号报头由吕正操题写，沿用至1946年4月27日。

11月24日　因战局不利，东北日报社转移至本溪出报。其间，以放手发动群众为报道重点；华君武、严文井调入报社。

1946年

2月7日　东北日报社转移至海龙出报。其间，刊发《从日“满”特务机关的机密文件中看到的中国共产党与东北抗日联军》等多篇报道，用铁一般的事实为抗联正名。

4月28日　东北日报社转移至长春出报。其间发表的社论《为建设和平民主的新长春而奋斗》及评论《国民党的危机》两篇重磅文章，动员全体人民建设一个民主的新长春，全力支援民主联军，击败反动派的进攻。

同日，《东北日报》开始使用毛泽东同志手迹单字拼成的报头，沿用至1946年12月17日。

5月28日　东北日报社转移至哈尔滨出报。其间的报道集中在军事斗争方面，刊发了《民主联军总司令部嘉奖辽东伟大胜利》等大量捷报，以破除消极情绪、坚定必胜信念。

12月18日　《东北日报》开始使用毛泽东同志亲笔题写的报头，沿用至终刊。

1947年

2月19日　一版刊发“战斗模范杨子荣”的报道，催生出红色经典长篇小说《林海雪原》。

1948年

7月22日　一版刊发“爆破英雄董存瑞”的报道，并配发了中共冀察热辽分局书记、军区司令员程子华亲自撰写的短评《董存瑞同志永垂不朽》。董存瑞的英雄事迹被多次编入我国的中小学语文教材，并被拍摄成红色经典电影《董存瑞》。

8月　8月份后，《东北日报》更加突出军事报道，重点关注辽沈战役，战地记者华山、穆青、刘白羽分别采写的《英雄的十月》《空中飞来的哀音》《光明照耀着沈阳》最具影响力，成为报道东北解放战争的代表作。

12月12日　东北日报社随东北局迁回沈阳。沈阳时报社整体并入东北日报社。合并后的东北日报社社长为廖井丹，副社长为李荒（兼任总编辑）、陈楚。

1950年

4月14日　一版头题报道沈阳第五机器厂“马恒昌小组”的先进生产事迹和经验。此后，“马恒昌小组”闻名全国。

10月中旬　派出记者顾雷、吴少琦到驻安东的中国人民志愿军第13兵团报到，并很快随军入朝采访，《东北日报》成为抗美援朝战争期间唯一派出战地记者的地方党报。

12月　开辟“朝鲜通讯”专栏，连续刊发随军记者顾雷、吴少琦、常工、方青、刘爱芝、王坪等人采写的抗美援朝战地报道。

1952年

4月　对鞍钢“三大工程”的系列报道全国领先，系列报道持续到1953年。其间，在鞍山建立了东北日报社第一个地方记者站。

1953 年

11 月 12 日　一版刊发报道《鞍钢工人王崇伦　一年能完成三年生产任务》，并发表社论《重视与培养生产革新的首创精神　进一步发挥工人阶级的积极性与创造性》。

1954 年

8 月 31 日　《东北日报》终刊。奋战 9 年，成就卓然，影响深远。

9 月 1 日　《辽宁日报》创刊。首任总编辑为殷参，副总编辑为石果、王遵佗。创刊号报头由林枫题写，沿用至 1955 年 12 月 31 日。

12 月 1 日　《辽宁农民报》创刊。

1955 年

12 月 22 日　一版显位刊发报道《我省基本实现农业合作化》。

1956 年

1 月 1 日　《辽宁日报》开始使用毛泽东同志手迹单字拼成的报头，沿用至 1964 年 12 月 31 日。

1 月 30 日　一版显位刊发报道《全省十市私营工商业全部实现公私合营　手工业同时实现全行业合作化》，正式宣布："我省已基本完成了对手工业和资本主义工商业的改造任务。"

1958 年

8 月 1 日　《辽宁朝鲜文报》创刊。

1960年

3月初—4月中旬 《辽宁日报》全程见证、参与“鞍钢宪法”出台全过程。4月16日，一版发表社论《颂现代化大企业的红旗》，并以《坚持党的领导　坚持政治挂帅　坚持大搞群众运动　鞍钢树立无产阶级办企业的典范》为题，对相关举措及成就进行报道。

1963年

1月8日 发表弘扬雷锋精神的长篇通讯《永生的战士》，并配发社论《学习无产阶级革命战士雷锋的高尚品德》，展开对雷锋的集中突出宣传，产生全国影响。此后，毛泽东同志发出“向雷锋同志学习”的号召。此前的1960年12月30日，曾以《红色战士雷锋》为题，介绍过雷锋的先进事迹；1961年还刊登过“雷锋日记片断”。《辽宁日报》成为最早报道雷锋事迹的省级党报。

1965年

1月1日 《辽宁日报》开始使用毛泽东同志亲笔题写的报头，沿用至今。

1966年

6月 时任辽宁省委书记处书记周桓同志遭到错误批判，省内文化、宣传单位受到株连。《辽宁日报》总编辑殷参，副总编辑黄照、王遵佗、牛君仰、邢真等同志先后被批斗，被迫离开工作岗位。

1975年

2月4日　辽宁省营口、海城一带发生7.3级强烈地震，在抗震救灾第一线的记者，发回大量稿件，赞颂灾区人民“天崩地裂撑得住，重灾面前不低头”的精神风貌。

1976年

10月14日　中共中央公布粉碎“四人帮”的消息。按照统一部署，《辽宁日报》在10月22日破例出刊6块版，刊登特大喜讯。

1978年

5月27日　一版刊登辽宁省委第一书记任仲夷在省委党校的讲话，题目是《认清形势　把思想和行动统一到新时期总任务上来》，强调“提倡实事求是，反对说大话、空话和假话”。

同日，以《为一人昭雪　暖万人之心》为题，刊发位于沈阳、旅大的一批大专院校为700名教职员工平反、恢复名誉的报道。

6月2日　赵阜任辽宁日报社总编辑。

1979年

2月13日　一版发表思想评论《让思想冲破牢笼》，认为解放思想可别搞过头了是一种担心，大量事例说明，不是过了头，而是很不够。

4月5日　一版头题刊发辽宁省委召开干部大会为张志新平反昭雪的报道。二版刊发长篇通讯《为真理而献身》，记述张志新烈士与“四人帮”进行坚决斗争的英勇事迹，在社会上引起强烈反响。

5月13日　一版头题刊登农村部记者范敬宜《莫把开头当过头——关于农村形

势的述评》，文章用大量事实批驳怀疑三中全会精神的种种论调，阐述了贯彻三中全会精神是刚刚开头，没有什么过头问题。这篇述评被《人民日报》加按语在一版头题转载，新华社向全国发通稿，接着全国许多省报纷纷转载，在全国产生很大影响。

9月28日　一版头题用农民的一句话作标题《千好万好不如三中全会好，金条银条不如六十条》，发表综合消息，报道贯彻三中全会精神和中央两个农业文件以来，全省农村出现的大好形势。

12月5日　一版头题发表辽宁省委第一书记任仲夷的讲话《要真正把广大知识分子当成工人阶级的一部分》，进一步明确了知识分子的政治地位，激发出广大知识分子科教报国的不竭动力。

同年，开始尝试运用漫画形式强化头题宣传效果，这在全国新闻界是首创。

1980年

1月4日　一版头题刊登500字短新闻:《双庙公社农民进沈阳农学院开豆腐坊》。编辑为此配发短评《欢迎社队进城开豆腐坊》，同时还配上一幅漫画和打油诗。这条消息见报后在社会上引起强烈反响。

6月16日—21日　第八次东北三省报纸协作会议在沈阳召开。与会者围绕“全党的工作重点转移之后，报纸如何搞好经济宣传特别是工业宣传”这一问题进行了专题讨论。

12月1日　一版发表消息:《过去：粮食过“长江”群众喝菜汤，现在：到处粮满仓，外流争回乡》，展现了党的政策给岫岩农村带来深刻变化。这条消息被《人民日报》全文转载。

1981年

5月11日　一版头题报道辽宁省委第一书记郭峰、省长陈璞如和沈阳市委第一书记李涛走访“麦香村”小吃部等个体经营网点。当天，刊登三篇通讯:《“麦香村”的三位姑娘》《一个钟表快修部》《赞为国家分忧为群众解愁——退休干部张怀忠创办待业青年服务队》。

5月15日—6月26日　刊登记者李宏林的报告文学《走向新岸》，记叙了鞍山失足女青年刘艳华从犯罪到悔过自新走向新岸的全过程，提出对失足青年教育的深刻的社会问题。这篇报告文学从5月15日至6月26日共连载6期，在社会上引起强烈反响。

1982年

12月10日　一版头题用通栏大标题发表:《木器五厂得救了！——抚顺家具公司对不干事的干部就地免职》，报道抚顺市家具公司对迟迟打不开局面也不思进取，使企业走入泥潭的木器五厂厂长就地免职。稿件见报后在全国引起轰动。《人民日报》在一版进行转载，中央人民广播电台也转载广播。“就地免职”这个提法迅速见诸全国报章。

1983年

3月1日　一版头题发表记者史航采写的长篇报告文学《“牧马人”新传》，推出一代知识分子的杰出代表曲啸、魏书生等。同时，发表沈阳市委认真检查落实知识分子政策，丹东坚决把压制知识分子的人从领导岗位上撤离下来，辽阳县一批知识分子四喜临门等消息，有力地推动了知识分子政策的落实，受到知识界的热烈欢迎。

3月22日—28日　首都和省、市、自治区报纸广告协作会议在沈阳召开，辽宁日报社和全国34家报社参加。会议总结交流了报纸广告工作的经验，研究了加强协作、开创报纸广告工作新局面等问题。到会同志一致赞同，广告工作必须打破地区界限，实行广泛协作。各报社之间要互通情报，互通有无，接受各方面的支持，不断扩大协作领域。辽宁日报社领导同志到会讲话。

8月5日　由中华全国新闻工作者协会召开的办好一版经验交流会议在沈阳辽宁大厦举行。辽宁日报社总编辑赵阜、副总编辑范敬宜等同志介绍了办好一版和夜班工作的经验。

10月6日—14日　第十次东北三省报纸协作会议在沈阳和大连两市举行。会议讨论的中心议题是“坚持党性原则，更加面向群众，遵循新闻规律，提高宣传水平”，提出了今后搞好新闻改革应当注意的问题。

10月26日—11月1日　各省（区）报社参加的全国新闻广告工作会议在沈阳举行。会上讨论了党报广告工作的原则，介绍了辽宁日报社广告工作的一些做法和经验。

1984年

4月29日　开始连载《追捕“二王”纪实》，共12期。记者李宏林受公安部指派沿着追捕“二王”的路线进行采访，克服困难和危险，经过一个月的实地调查和采访，满怀激情地写出了鞭笞恶魔、赞颂人民的追捕纪实，在全国引起极大反响。

同年，《美报》创刊。

1985年

9月17日—21日　东北3家省报在沈阳召开了经营管理工作经验交流会。会议提出：搞好经营管理要有全局性、长期性，要为办好报纸服务。

同年，《记者摇篮》创刊，前身是1955年3月1日创刊的《辽宁日报通讯》。

同年，《辽宁日报·港澳海外专页》创刊。

1986年

2月　辽宁日报社印刷厂用胶印轮转机印出第一张彩版报纸，宣告胶版印刷报纸时代开始。

7月21日　一版头题刊登《企业只设一个一把手》，报道沈阳市冶金局在所属企业建立党委负责党组织建设和企业职工思想政治工作，不再干预企业生产经营活动，由厂长负全责的领导机制。报道比我国正式实行“厂长负责制”早近两个月。

8月4日　一版刊发消息《负债累累资不抵债虽经拯救复苏无望　沈阳市防爆器械厂破产倒闭》，报道上年被“黄牌”警告的3家企业中有两家企业摆脱困境，而沈阳市防爆器械厂依然亏损。沈阳市工商局依法收回企业营业执照，宣告其破产。

8月6日　刊发消息《沈阳首开证券交易市场》，报道沈阳市在国内率先举办可交易的证券市场。

8月7日　发表长篇通讯《改革的冲击波》，报道沈阳市防爆器械厂由创办到破产的运行轨迹，揭示了在“大锅饭”体制下的种种弊端。

8月9日—15日　全国省报总编辑座谈会在哈尔滨举行。总编辑们围绕适应改革开放的新形势，就经济体制改革、政治体制改革的宣传和报纸自身改革进行了探讨。辽宁日报社副总编辑谢怀基出席了会议，并在会上对改革宣传和报纸自身改革发表了意见。会后，时任辽宁日报社总编辑赵阜邀请部分省报总编辑来沈阳做客，并交流经验。

9月2日—8日　第十四次东北三省报纸协作会议在兴城市举行。大家围绕新闻改革座谈了如何更新观念办活报纸的问题。

1987年

1月8日　发表社论《毫不动摇地坚持四项基本原则》，并在其后数月连续发表了《党的领导是我们事业胜利的根本保证》等10篇本报评论员文章，突出宣传坚持四项基本原则、反对资产阶级自由化。

1988年

1月10日 一版报道辽宁省委、省政府召开加速辽东半岛外向型经济建设干部动员大会。

9月27日 《球报》创刊，当时的名称是《美报·球刊》，1993年更名为《球报》。

10月 西藏自治区党委书记胡锦涛接见《西藏日报》总编辑、《辽宁日报》援藏干部李长文。

11月3日 一版发长篇通讯《“沈—大”大陆公路的新纪元》，详细介绍沈大公路从酝酿到施工建设的历程。

11月12日 武春河任辽宁日报社总编辑。

1989年

5月 辽宁日报社正式采用激光照排新技术，成为全国省市级报社中第一家从国外进口胶印轮转机和第一家应用激光照排新技术的报社。

1990年

1月18日 一版报道省委、省政府召开科技进步大会及确定1990年为辽宁省“科技进步年”消息。配发本报评论员文章，强调落实“科技兴辽”方针，促进经济持续稳定协调发展。

3月1日 《辽宁日报》全部使用胶版印刷。这是辽宁日报社印刷工作的一次历史性飞跃。

1991 年

7 月 15 日—24 日　应辽宁日报社邀请，全国部分省（市）报总编辑座谈会在沈阳举行。与会者针对如何在新形势下进一步办好党报，更好地建设有中国特色的社会主义国家中发挥党报的优势和作用，就共同关心的新闻改革中热点问题交流看法，切磋讨论。

1992 年

2 月 27 日　在《改革开放的胆子再大一点改革开放的步伐再快一点》的刊题下，重点报道沈阳电线厂转换经营机制的经验。

8 月 17 日—20 日　连续刊载高级记者李宏林撰写的长篇报告文学《人鬼之战》，对盖县芦屯镇以段氏四兄弟为首的犯罪团伙为霸一方以及与他们沆瀣一气的腐败分子进行披露。配发本报评论员文章《必须坚持两手抓》。

11 月 8 日　开辟“国有大中型企业走向市场系列报道”专栏，连续介绍鞍山自行车总公司、沈阳电线厂、葫芦岛锌厂等转换经营机制，走向市场的经验。

同年，开展头版头题新闻大赛，全年发表 50 多篇质量较高的头题新闻。

1993 年

1 月 1 日　《辽沈晚报》正式创刊，这是辽宁日报社主办的一份立足沈阳、面向全省，以综合新闻为基础的省级都市报。

同日，《辽宁日报》改版扩版，由延续 40 多年的对开 4 版扩为对开 8 版，并创办《大周末》。

5 月 10 日　朱世良任辽宁日报社社长。

同年，辽宁日报社发起东北三省党报头版头题新闻大赛。这期间头题的内容取向注重新闻的深度和力度，着眼于宏观问题，干预生活的头题新闻也多了，如《养猪大户的转轨阵痛》《太原街的诉说》等。

1994年

7月1日　《辽宁日报》实现天天出版彩色报纸。

9月1日　庆祝《辽宁日报》创刊40周年活动在沈阳八一剧场举行。辽宁省委书记顾金池与报社员工一起参加活动。

1995年

是年，辽宁日报社驻大连记者站升格为辽宁日报社大连分社。

1997年

1月1日　《辽宁日报》在大连开始出版发行，大连地区读者当日即可阅读《辽宁日报》。

1月14日　时任辽宁日报社党委书记、社长朱世良主持召开报社党委常委会，提出了“一报为主，多点发展”的战略。“一报为主”，即按照党报性质和原则，办出一张有权威、有可读性的省委机关报。“多点发展”，即开发子报《辽沈晚报》《半岛晨报》等。

5月28日　辽宁日报社举行新闻大厦落成庆典，新闻大厦是在原址落成的。省领导王充闾、沈显惠及各界宾朋100多人参加了庆典活动。

1998年

1月1日　《半岛晨报》在大连正式出版发行。

6月26日　辽宁日报社印务中心奠基典礼在沈阳市浑南高新技术开发区举行。新建印务中心坐落于沈阳市浑南高新技术开发区世纪路4号，占地

75亩，总投资1.4亿元。

9月9日　时任辽宁省委书记闻世震到辽宁日报社检查工作。

1999年

1月1日　《辽宁日报》网络版运行。

6月26日　辽报印务中心工程破土奠基。

12月15日　国家新闻出版署批准组建辽宁日报报业集团。

2000年

1月3日　发表时任辽宁省委书记闻世震的文章《加快国有企业改革，振兴老工业基地》，全面阐述辽宁老工业基地振兴发展的重大意义、思路措施，有力澄清干部群众的模糊认识，坚定全省人民打赢国有企业改革发展的信心。

9月19日　辽报的第三张都市报《北方晨报》在鞍山市创刊。

10月18日　《辽宁日报》开通新闻网站北国网。

11月1日　辽报印务中心正式投入生产，日印刷量达到560万对开张，成为东北地区最大的报纸印刷基地。

2001年

1月1日　《辽宁日报》全部实现彩色印刷。

2月8日　谢正谦任辽宁日报社社长。

8月22日　辽报印务中心与香港高信行签约，成立辽宁日报报业集团首家合资企业——辽宁报信印刷有限公司，总投资额2500万元人民币，其中印务中心占51%为控股方。印务中心成为辽宁日报报业集团第二盈利大户和经济支柱。

10月18日　《北国网》正式开通。

12月15日　辽宁日报报业集团正式挂牌。辽宁日报报业集团（辽宁日报社）为自收自支的辽宁省委直属事业单位，机构规格相当于正厅级，实行企业化管理，集团化运作。

同年，《家庭科学》杂志、《市场与消费》杂志划归辽宁日报报业集团。

2002年

5月14日　东北三省报业经营管理研讨会在锦州举行。时任辽宁日报社社长谢正谦在会上作了《加入WTO与报业发展》的专题发言。

6月6日　中共辽宁日报社委员会、辽宁日报社编委会作出《关于授予李宏林、蒋少武"终身记者"荣誉称号的决定》。

8月22日　中宣部新闻局《新闻阅评》第429期以《辽宁日报着力营造再就业舆论强势》为题，对《辽宁日报》再就业宣传报道给予充分肯定，认为《辽宁日报》多侧面、全方位的报道产生了很好的社会效果。

同日，辽报集团举行"李宏林、蒋少武新闻从业50年学术研讨会"。

12月15日　经省委批准，辽宁日报报业集团组建新一届领导班子。姜风羽任辽宁日报报业集团社长，孙刚任总编辑。

同年，《辽宁日报》高度重视"就业，再就业和建立完善社保体系"主题报道，围绕"树立新观念，拓展就业路"专题，共见报15期30余篇文章，推出40块再就业系列报道专版，为媒体援助再就业行动共发21期、价值75万元免费广告。

同年，辽报集团在全省14个城市同时开展"媒体援助再就业曙光行动"。全省上千家企业、中介机构、劳动、保险、技能培训等部门积极参加配合，共为下岗失业人员提供用工岗位4万余个，现场达成用工意向的就有1万余人。

同年，韩克铭《台安精简一半村干部》获中国新闻奖消息三等奖。

同年，张大威《官仓老鼠》获中国新闻奖副刊年赛铜奖。

同年，申建华、冯大明、孙忠国要闻版获中国新闻奖版面年赛铜奖。

2003年

4月　集团党委决定在全集团范围内科级以上中层干部全部实行竞聘上岗，建立“公开竞聘、双向选择”的竞争机制，逐步实现从行政任用管理干部向聘用管理干部转变，切实解决员工能进不能出、干部能上不能下、待遇能高不能低的问题，最大限度地实现人力资源的合理利用和最佳配置。

7月1日　《辽宁日报》改版，将报纸所有版面整合为要闻、新闻、文体专刊三大版块。伴随改版，《辽宁日报》的编采手段和管理机制发生了深刻的变化：第一次创建了新闻数据库，使辽宁日报报业集团各媒体实现了新闻资源共享；第一次实现无纸办公，使编采人员告别纸和笔，第一次实行晚间编前会制度，提高了新闻时效性；第一次实行副总编辑总值班制度，对版面和稿件进行总体协调、调度，使整个报纸形成“一盘棋”。

7月23日　在中宣部和全国记协联合举行的全国新闻界抗击“非典”宣传工作表彰大会上，《辽宁日报》要闻部获“全国新闻界抗击非典新闻宣传先进集体”荣誉称号，系列评论《万万不可松口气》及消息《老工业基地抗“非典”做出的新贡献》获优秀作品奖，记者朱勤获此项报道优秀记者荣誉称号。

10月29日　《辽宁日报》强力推出《新辽沈战役——振兴辽宁老工业基地特别报道》大型系列策划第一期。2004年3月24日，改为《新辽沈战役进行时——振兴辽宁老工业基地特别报道》，2006年12月28日刊发最后一期。历时3年多，总计103期，多次受到中宣部《新闻阅评》和省委领导的充分肯定及社会各界的普遍关注。

同年，杨靖岫《雁归来》获中国新闻奖摄影作品年赛铜奖。

同年，许维萍《读书是福》获中国新闻奖报纸副刊作品年赛铜奖。

2004年

1月1日　集团在职职工参保省直事业单位基本养老保险，离退休人员纳入社保，由社保发放退休待遇。

4月23日　辽宁日报报业集团与沈阳师范大学在沈阳签署了合作创办“报业发行营销专业”的协议，是国内第一个为报业发行培养实用人才的专门学科，填补国内高等教育在报刊发行专业方面的空白。

5月22日　辽宁日报报业集团首届体育运动会在东北大学体育场隆重举行。总编辑孙刚宣布辽宁日报报业集团首届职工体育运动大会开幕，社长姜凤羽致开幕词。

同月，《辽宁法制报》《老同志之友》划归辽报集团。

9月1日　《辽宁日报》创刊50周年庆祝大会隆重举行。

2005年

1月28日　印务中心更名为辽宁新闻印刷集团。

1月31日　集团党委作出《关于开展向栾俊学同志学习活动的决定》，授予栾俊学同志“辽报集团杰出记者”荣誉称号。接着，全国新闻界开展学习栾俊学先进事迹活动。下一年，栾俊学荣获“辽宁省优秀共产党员”荣誉称号。

2月28日　辽宁日报社获“全国报业管理先进单位”称号。

3月30日　《中国新闻出版报》刊发《铁肩担道义　爱恨凝笔端》长篇通讯，介绍栾俊学先进事迹。

6月10日　时任省委书记、省人大常委会主任李克强在中宣部《新闻阅评》第248期作出重要批示；对《辽宁日报》重点报道给予充分肯定。

6月15日　辽宁日报报业集团召开劳动人事制度改革动员大会。时任辽宁日报社社长姜凤羽作动员报告。出台了《辽宁日报报业集团劳动人事制度改革总体实施方案》。

6月28日—7月1日　《辽宁日报》一版"建设和谐辽宁　实现全面振兴"专栏内，连发4篇关于棚户区改造的新闻，即《"一号民心工程"动作快规模大措施实（肩题）全省近10万居民先期告别棚户区（主题）》《来自棚户区改造工程的特别报道之一——从群众最期盼的事情做起》《来自棚户区改造工程的特别报道之二——沉重的担子政府挑》《来自棚户区改造工程的特别报道之三——老棚户梦圆不再遥远》，受到社会各界一致好评。

7月7日—7月12日　《辽宁日报》一版"刊发"加快解决'零就业家庭'就业问题系列报道"三篇稿件，分别是《让每个有需求的家庭至少有一人就业》《把惠及千万困难家庭的民心工程做实》《帮他们创业是全社会的共同责任》，三篇稿件对我省实施零就业家庭就业援助的德政工程进行了系统报道，引起了强烈的社会反响，受到读者的热烈支持。

7月15日　辽报集团与新华社辽宁分社在沈阳举行《时代商报》转属辽报集团仪式。

9月8日　辽宁日报报业集团举行向集团抗战老兵颁发中国人民抗日战争胜利60周年纪念章仪式。集团抗战老战士赵阜、马明华、程维君、张继彬、姚子林、马云飞获中国人民抗日战争胜利60周年纪念章。

9月26日—29日　辽报集团开展向棚户区困难群众捐款活动。集团职工向棚户区困难群众捐款9万元。

10月31日　辽报集团举行《时尚生活导报》创刊庆典。《时尚生活导报》是集团唯一一家股份制媒体。

11月1日　《辽宁日报》海外专页韩文版正式向韩国出版发行。

11月11日　创办东北第一家手机报《辽宁手机报》。

11月26日　辽报集团举行专家咨询委员会成立仪式。聘请中国人民大学新闻学院副院长喻国明等专家学者为专家咨询委员会成员。

同年，《辽宁日报报业集团劳动人事制度改革总体实施方案》出台。

同年，许维萍的《老人与钉子》获中国新闻奖报纸副刊作品年赛铜奖。

同年，《辽沈晚报》进入全国晚报都市报20强。

同年,《辽宁日报》政教部被推荐为省直唯一的“全国三八红旗集体”。

同年，辽宁新闻印刷集团进入全国印刷企业百强，并荣获“全国首批诚信印刷企业”称号。

2006年

2月上旬　《辽宁日报》刊登的《十万老棚户新厦过大年》《为官卧听潇潇竹疑是百姓疾苦声》《树起老百姓心中的丰碑》《安居乐业撑起“老棚户”一片蓝天》4篇“来自棚户区改造工程的特别报道”和2篇年终专稿，社会反响强烈。

2月21日至2月27日　《辽宁日报》在头版刊发“创新辽宁特别报道”，主稿4篇，即《自主创新　辽宁面临十字路口》《自主创新　写就传统产业升级版》《自主创新　续写老工业基地新传奇》《自主创新　角色转型更赋使命》。报道刊出后在社会上引起较大反响，国内有20多家网站转载。

3月10日　辽报集团与北京《精品购物指南》签订合作协议，共同打造《时尚生活导报》。

3月25日—26日　在上海举办的首届中国传媒创新年会上,《辽沈晚报》荣获“中国十大最具成长性创新媒体”大奖。《辽沈晚报》是东北地区唯一获此殊荣的媒体。

3月27日—3月31日　《辽宁日报》刊发“建设社会主义新农村发展县域经济特别报道”，共3篇稿件，即《“移花接木”发展县域经济》《“就地生财”发展县域经济》和《“无中生有”发展县域经济》的特别报道，在社会上产生了广泛反响，全国30多家网站予以转载，受到中宣部《新闻阅评》肯定。

4月25日　时任中国记协主席邵华泽莅临辽报集团，考察指导工作。邵华泽参观了《辽宁日报》采编平台和《辽沈晚报》采编平台，并为《辽沈晚报》题词：真实、贴近、负责。

6月11日　省文化体制改革办公室召开辽报集团改革研讨会，省委宣传部、省财政厅、省国资委、省人事厅等有关部门的领导参加研讨会。

7月　辽宁日报报业集团更名为辽宁日报传媒集团。

9月1日　《辽宁日报》陆续刊发《筹集改革成本推进国企改革》《选好战略伙伴推进国企改革》《化解企业债务推进国企改革》《维护职工权益推进国企改革》4篇特别报道，就如何深化国有企业改革进行深入分析和舆论引导，受到省内外读者的好评。

9月7日　辽报集团获批组建辽宁日报传媒集团有限公司。

9月12日　时任辽宁省委书记、省人大常委会主任李克强到辽宁日报传媒集团调研、指导工作。调研期间，李克强参观了《辽宁日报》采编平台，视察了辽沈晚报社，充分肯定《辽宁日报》为振兴辽宁老工业基地努力营造的昂扬向上、团结奋进、开拓创新的舆论氛围。

9月27日　辽报集团举行“东北传媒文化广场”奠基仪式。

同月，辽报集团领导审时度势，对市场态势做出研判后，创办了《升学指导报》。

10月8日—20日　《辽宁日报》陆续刊发《夯实和谐之基的民生战略》《保障民生之本的长效机制》《兑现庄严承诺的切实行动》《点亮万家灯火的民心工程》《着眼长远的政策保障》《倾注心力的率先突破》《以民为本的创新思维》《缘自发展的“清零”行动》8篇关注“援助零就业家庭就业”特别报道，得到中宣部《新闻阅评》的肯定。

10月19日—20日　2006首届中国品牌媒体高峰论坛在沈阳举行。来自全国各地的媒体、高校的领导、专家学者、代表200多人出席论坛。这次论坛由辽报集团主办、辽沈晚报社承办。

同月，辽宁新闻印刷集团经过股份制改造，注册为辽宁新闻印刷集团有限公司。

10月31日—11月10日　《辽宁日报》在头版刊发“来自棚户区改造一线”的特别报道，这组报道共包括《棚改责任见证执政为民》《德政工程激活棚改模式》《棚改精神创造棚改速度》《棚改成果诉说和谐民生新话题》等8篇报道，全方位、立体式展示了2006年全省棚户区改造工程取得的巨大成就。中宣部《新闻阅评》载文肯定。

11 月 15 日　辽报集团成为“中国数字报业实验室计划”首批成员单位。

12 月 25 日　辽报集团在辽宁电视台演播大厅举行《豪情岁月》大型迎新春文艺晚会。

同年，蒲若梅、刁新建、赵建明《在心里写了十年的家信》获中国新闻奖消息二等奖。

同年，张学军、李春林、杨忠厚“辽宁装备制造业”系列观察报道获中国新闻奖通讯三等奖。

同年，许维萍《岫岩农民画前途何在》获中国新闻奖报纸副刊作品年赛铜奖。

2007 年

3 月　推出了《辽宁日报传媒集团员工管理办法》，制定了全体员工“三定”实施方案，规范了用工体系，实现了员工由“身份管理”到“岗位管理”的转变。

5 月 15 日、16 日　中宣部在北京召开“科学发展　共建和谐”主题宣传研讨会。时任辽宁日报传媒集团总编辑孙刚在大会发言中全面介绍了《辽宁日报》紧密结合辽宁老工业基地振兴发展的实际，紧紧围绕坚持科学发展观，共建和谐社会的时代主旋律抓好宣传策划的经验，受到与会者的充分肯定。

7 月 26 日—7 月 30 日　《辽宁日报》“来自 5 万平方米以下棚户区改造一线的特别报道”《新棚改　以人为本奠基的公信力工程》《新棚改　伟大精神激发的效率工程》《新棚改　和谐思维谋划的安居乐业工程》3 篇稿件，见证了全省广大党员的责任感、领导干部的科学发展观和各级政府的公信力。

8 月 11 日　全国报纸总编辑新闻摄影研讨会在沈阳举行。第八届全国报纸总编辑新闻摄影研讨会报纸版面评选结果揭晓，《辽宁日报》获摄影专版一等奖，《辽沈晚报》获要闻版一等奖。

8月29日　时任中共中央宣传部文化体制改革办公室副主任高书生，专程来到辽报集团，就辽报集团体制机制创新、印务集团转制等进行专题调研。

9月　《辽宁日报》首届夏季达沃斯论坛年会系列策划受到社会各界关注。

10月　辽宁辽沈音像电子出版社成立，出版范围包括社科、科技、教育等方面的音像制品和电子出版物；2008年初，经新闻出版总署批准，出版项目增加了互联网出版服务业务。

12月8日　由中央电视台经济频道、辽宁日报传媒集团共同举办的大型媒体活动《封面2007》主题论坛在沈阳举行。

12月20日　辽宁日报传媒集团与辽宁教育电视台在沈阳正式签署构建战略合作伙伴关系框架协议，共同构建面向传媒融合时代的战略合作伙伴关系。

12月29日　“2007中国报业竞争力监测报告”出炉，《辽沈晚报》以雄厚实力再度进入全国晚报都市报20强名单。

同年，建立了《辽宁日报传媒集团管控体系》，设计了体制机制创新的主要任务、主要措施，包括集团总部职能定位、集团总部与下属单位职能划分、集团组织方案、集团管理流程体系、业绩考核管理目标和方法等，为集团走向新型党报集团描绘出了基本框架。

同年，集团房地产开发公司成立。

同年，集团投资公司成立。

同年，李春林获评“全国优秀新闻工作者”荣誉称号。

同年，王研采写、薛百成编辑的《城市里的第一场农民工春节联欢晚会》获第十七届中国新闻奖通讯三等奖。

同年，许维萍《为东北最老的那座古城找历史向度》获中国新闻奖报纸副刊作品年赛铜奖。

2008年

1月17日—18日　在北京召开的首届传媒领军人物年会暨第三届中国传媒创新年会上，姜凤羽荣获“2007年度中国十大传媒创新领军人物”称号，《辽沈晚报》荣获“2007年度中国十大创新报业”称号。

3月21日　辽宁日报传媒集团和铁岭日报社实施战略合作,《辽沈晚报·铁岭版》正式启动。之后用近两年时间，集团先后完成了与《铁岭日报》《辽阳日报》《营口日报》《本溪日报》《阜新日报》《抚顺日报》《鞍山日报》在业务层面的整合。

4月1日—3日　中央宣传部在北京召开“以改革创新精神做好新闻工作研讨班”上，时任《辽宁日报》总编辑孙刚作了精彩发言，题目是《把握“三个”关系　积极探索新闻宣传工作创新规律》。

4月8日　《中国新闻出版报》以一个整版的篇幅刊发“中国十大传媒创新领军人物”姜凤羽访谈文章。

4月25日　2007年全国城市周报十强评选结果出炉,《时尚生活导报》获“全国城市周报十强”称号和“2007年最具成长性城市周报”称号。

5月16日　辽报集团在省赈灾义演现场为四川地震灾区捐款50万元，全体员工捐款30万元。

10月8日　《辽宁日报》开始推出“改革开放30年·我的亲历”系列报道，通过个人的命运变迁展示了改革开放30年我省取得的巨大成就。

同月,《辽宁农民报》获中宣部等部门授予的“我与新农村建设”全国农民读书征文活动组织奖。

12月20日　时任辽报集团社长姜凤羽获2008年度“中国十大传媒领军人物”,《辽沈晚报》社长徐少达获“中国十大传媒创新人物”,《辽沈晚报》获“十大晚报品牌”称号。

12月31日　时任辽宁省委书记、省人大常委会主任张文岳来到辽报集团，亲切看望并慰问《辽宁日报》和《辽沈晚报》采编人员并发表了重要讲话。张文岳在讲话中强调,“《辽宁日报》为辽宁老工业基地的建设发展，做出了重要的贡献。”

同年，唐成选获新闻出版总署评选的“全国抗震救灾宣传报道先进个人”荣誉称号。

同年，长达半年的北京奥运会系列策划受到各界好评。

2009年

1月8日—9日 “中国传媒大会·2008年会”在北京召开。辽报集团荣膺“2008年中国十大最具影响力传媒”称号,《辽沈晚报》获“2008中国晚报十强”,《半岛晨报》获“2008中国十大最具成长性传媒”。

2月17日 《辽沈晚报》获全球版面设计（SND）银奖。

3月25日 中国报业协会印刷工作委员会发布《2008年度全国报纸印量调查统计报告》，辽宁新闻印刷集团以年印量31.44亿对开张，位列全国第六，比2007年的排名又上升了2名。

3月27日 辽宁日报传媒集团和环球时报社举行战略合作签字仪式，双方将在新闻采编及经营业务方面展开合作。

4月1日 《辽宁日报》进行2009年的第一次改版。报纸变瘦报，进入读图时代，是一次从形式到内容的新闻实践创新。7月1日第二次改版，报纸进报亭进家庭，让党报更亲民更接地气。2009年改版是《辽宁日报》第四次大规模改版，是《辽宁日报》发展史上具有里程碑意义的重大事件。改版不仅是形式和内容的改变，也是一场对辽宁日报传媒集团今后发展具有深远影响的思想解放运动。

4月25日 据国内权威市场研究机构——新生代市场监测机构发布的《中国市场与媒体研究CMM2009春季调查》数据报告显示,《辽沈晚报》发行数量和发行质量均在同城报纸中名列第一，平均每期阅读率连续3年排名第一。

5月15日 由时任国家新闻出版总署党组书记、署长柳斌杰带队的中央文化体制改革工作督查组来辽宁日报传媒集团视察，认为辽报集团文化体制改革做得出色，对改版及报纸进报亭进家庭改革予以肯定。

7月2日 7月1日，国务院讨论并原则通过了《辽宁沿海经济带发展规划》。这一规划的实施，将给辽宁带来重要历史机遇。《辽宁日报》反应迅速，准备充分，7月2日，推出经济特刊《辽宁迎来重大历史机遇》，共8块版。如此迅速地组织起强大的报道攻势，这在《辽宁日报》

历史上还是第一次。

7 月 24 日　时任《人民日报》副社长何崇元来辽报集团座谈。

7 月 25 日　《辽宁日报》推出 32 块版的辽宁沿海经济带主题策划特刊《辽宁转身面向大海》。

8 月 4 日　时任中宣部副部长孙志军来辽报集团考察调研。

8 月 21 日　全国文化体制改革经验交流会在江苏南京召开。时任辽宁日报传媒集团社长姜凤羽作为唯一党报集团代表在会上介绍了辽宁日报传媒集团的文化体制改革经验。辽宁新闻印刷集团有限公司荣获全国文化体制改革先进单位，是获得该荣誉称号的国内唯一印刷集团。

8 月 28 日　时任新闻出版总署副署长蒋建国来辽报集团考察调研。

9 月 25 日　《辽宁日报》推出辽宁沿海经济带主题策划之三——《阔步赶海》特刊。

10 月 1 日　国庆 60 周年大典在首都北京天安门广场举行。当天，《辽宁日报》推出国庆大典特刊《中国势》，共 20 块版，广受好评。

10 月 2 日　《辽宁日报》在报道国庆大典的 8 个版面之后，推出国庆 60 周年特刊《中国威》。《中国威》特刊共 16 块版，全方位展示国庆阅兵的盛况。

10 月 30 日　栾俊学荣获全国优秀新闻工作者最高奖——第十届长江韬奋（长江系列）奖。

11 月　辽宁日报传媒集团正式更名为辽宁报业传媒集团。至此，集团已发展形成以《辽宁日报》为主导，由相关系列报刊、网站、音像出版社和新闻印刷公司组成的多产业集团，成为东北地区经济实力最强、经济规模最大、经济效益最佳的传媒集团。

12 月 10 日—30 日　《辽宁日报》一版推出“三大战略推进收获新硕果”系列报道，共发稿 9 篇，三大战略各发稿 3 篇，对全省实施三大战略情况进行了系统总结。

12 月 16 日　《辽宁日报》成功推出了“重估中国当代文学价值”大型系列策划，历时半年，发稿 25 万字，在全国产生广泛影响。

同年，翟新群《田家村分红静悄悄》获得第十九届中国新闻奖消息二等奖。

2010年

2月7日　《辽宁日报》推出《东北虎》贺岁长卷。2010年是中国传统的虎年，虎年说虎，既有新闻性又有中国特色，同时又是一个世界性话题。

4月1日　在上海世博会倒计时30天之际，《辽宁日报》强势推出32块版《水墨世博》大型组合特刊，用“图像新闻”的形式，全角度展现上海世博会的各大场馆，在全国省级党报中形成了强烈的个性和特色。

4月6日　沈阳经济区获批全国唯一国家新型工业化综合配套改革试验区。

4月7日　《辽宁日报》在A09版至A12版推出了沈阳经济区特刊《八市同城》。

4月14日　青海省玉树藏族自治州玉树县发生7.1级地震，辽报集团向地震灾区捐款300万元，集团职工也积极为灾区捐款。

4月28日　《辽宁日报》推出的《行走世博》特刊强调服务性，32块版组合成中国画图轴一样的长卷。

5月10日　《辽宁日报》再次推出了沈阳经济区主题策划《魅力大沈阳》特刊，共4块版，以《强大的磁场效应》《优势就是魅力》等文章，对沈阳经济区升位后的变化进行全景扫描。

5月29日　辽宁报业传媒集团第二届运动会在东北大学体育场隆重开幕。时任社长姜凤羽宣布辽宁报业传媒集团第二届运动会开幕。时任总编辑孙刚致开幕词。

同日，上海世博会辽宁活动周启幕。为配合辽宁活动周活动，《辽宁日报》特别策划了“辽宁活动周特刊——辽宁时刻”，借上海世博会之机，对辽宁进行了一次卓有成效的形象宣传。

6月1日　辽宁中部城市群报纸新闻资源共享平台正式建成使用。

9月3—5日　《辽宁日报》一版头题连发3篇郭明义的故事，题目分别为《平凡岗位上伟大的人——郭明义的故事（上）》《矿区里走来和谐使者——郭明义的故事（中）》《一面具有影响力和感召力的旗帜——郭明义的故事（下）》，拉开了宣传郭明义感人事迹的序幕。

9月7日　辽宁报业传媒集团无线移动新媒体发展战略启动仪式在沈阳举行。

同日，新闻印刷集团举行日本三菱重工高速商业轮转机采购签字仪式，标志着新闻印刷集团进入商务印刷时代。

12月16日　《辽宁日报》推出大型策划“发现辽宁——‘三普’成果系列报道”，独家权威发布“三普”成果。在历时近半年的时间里，这组系列报道共刊发了59块专版，逾25万字，还有300多幅图片及模拟图画。如此大跨度、大规模、成系统地报道文物普查成果，这在中国传媒界还是首例。

同年，《中国脸谱》贺岁长卷、《中国势》特刊获世界新闻媒体视觉设计协会（SND）颁发的第31届新闻视觉设计大赛优秀奖。

同年，孙刚、张继锋、吕宝生、高爽《锦州的“祥子”读博士》获第二十届中国新闻奖通讯三等奖。

2011年

1月8日　中国传媒年会召开。姜凤羽当选2001—2010中国传媒领军人物，《辽沈晚报》当选2001—2010中国报业（晚报）领军品牌，《半岛晨报》当选2001—2010中国报业（都市报）领军品牌，《时尚生活导报》当选2010中国年度最具成长性媒体。

4月　辽报集团获“全国新闻出版行业文明单位”荣誉称号。

同月，辽报集团跻身“2010中国十大传媒集团”。

5月10日　时任中共中央政治局委员、中央书记处书记、中宣部部长刘云山到辽宁报业传媒集团调研，时任中宣部副部长翟卫华等一同参加调研。在实地考察了《辽宁日报》改版创新、辽宁中部城市群报业战略合作等情况后，刘云山充分肯定了辽报集团的改革发展成果，称赞集团新闻改革创新力度大，效果好，走在了全国党报的前列。

5月30日　《辽沈晚报》整体转企改制暨辽宁北方报业传媒有限公司成立仪式在辽报集团举行。时任新闻出版总署党组副书记、副署长蒋建国出席成立仪式并作重要讲话，时任辽宁省委常委、宣传部部长张江，时任省政府副省长滕卫平出席成立仪式。

6月25日　《辽宁日报》推出大型系列报道“辽宁千年文脉”，历时半年，共推出26期，近30万字，堪称一部辽宁文化简史。

9月26日　辽报集团举行新址大厦落成典礼。时任辽宁省委常委、宣传部部长张江出席落成典礼并为新址大厦剪彩。2011年底，全体辽报人带着依依不舍的心情，告别了承载着辽报人时代记忆和新闻情怀的旧址新闻大厦，无比豪迈地迁入了新址传媒大厦。

10月14日—11月17日　《辽宁日报》推出大型系列策划“当今中国主流道德判断”，共计20块整版，刊发稿件15万字，运用各种形式和手段，对当今中国的道德现状进行全面分析，最后得出结论——“当今中国主流道德是向上的”。策划在全国产生强烈反响。

11月13日　曾在辽宁日报社工作20余年的中国当代著名新闻工作者、人民日报社原总编辑范敬宜同志逝世。时任辽宁报业传媒集团社长姜凤羽赴北京参加遗体告别仪式，时任总编辑孙刚、副总编辑褚少研专程赴京，到范敬宜同志家中看望、慰问范敬宜家属。一些老同志纷纷以各种方式怀念范敬宜同志。

同月，时任中共中央政治局常委李长春，时任中共中央政治局委员、中央书记处书记、中宣部部长刘云山分别对“当今中国主流道德判断”作出批示。同时国内众多媒体转载“当今中国主流道德判断”。

同月，辽宁日报社与第十二届全运会组委会、省博物馆联合推出了《辽宁千年文脉》图片巡展，包括45块展板400余幅图片，作为全省迎全运的重要活动，在半年时间里，在沈阳、鞍山、铁岭、丹东、本溪等市巡回展出，受到各地群众的普遍欢迎。

12月　《半岛晨报》、《北方晨报》、《时代商报》、《辽宁法治报》、《时尚生活导报》、《老同志之友》、《家庭科学》、《升学指导报》、《酒世界》、《记者摇篮》、海力网、辽宁电子音像出版社、辽宁新闻印刷集团等媒体或经营单位改制，注入辽宁北方报业传媒股份有限公司。

同年，《东北虎》贺岁长卷四联版获得国际设计（SND）金奖。

同年，郝华忠入选全国“四个一批”人才。

同年，蒲若梅、谢文君《4个小本本串起百姓有保障的生活》获中国新闻奖消息三等奖。

同年，叶健《格力：“就算知道败诉也要上诉到底”》获中国新闻奖新闻漫画作品铜奖。

2012年

2月21日　中宣部在北京举办全国党报总编辑电台电视台台长研讨班，主题是研讨《辽宁日报》改版创新成果。时任辽宁报业传媒集团党委书记、总编辑孙刚受邀作典型发言。孙刚从新闻改革、发行改革和重大策划三部分，作了典型发言。《辽宁日报》的改革创新经验，在与会者中产生强烈反响，受到一致赞扬。

4月11日—6月25日　《辽宁日报》推出大型系列策划“中华民族精神家园考”，共出版了22期、46块专版、30多万字的报道，寻找中国人共同的精神家园，弘扬传统文化。

4月13日　孙刚任辽宁报业传媒集团社长。

7月1日　时任中共中央政治局常委李长春在辽宁省委、省政府主要领导陪同下，来到辽宁报业传媒集团调研，听取了集团社长、总编辑孙刚关于《辽宁日报》改版创新进报亭进家庭、辽宁中部城市群新闻共享平台方面的工作汇报，对集团的这两项工作给予了高度评价，对集团未来发展提出殷切期望。李长春指出，《辽宁日报》进市场本身体现了党报受广大读者欢迎的程度、贴近群众的程度，意义十分重大。

10月24日　中华全国新闻工作者协会主办的第十二届长江韬奋奖评奖结果揭晓，社长孙刚因着力推进《辽宁日报》改版创新进报亭进家庭而荣获第十二届长江韬奋奖（韬奋系列）。

11月27日　《辽宁日报》一版下辟栏加框刊发《罗阳：用生命托举中国战机完美升空》，报道了罗阳殉职的消息，拉开了宣传罗阳先进事迹的序幕。

同月，《新闻战线》2012年第11期刊发《新闻永远不老——孙刚与〈新闻战线〉记者访谈录》。

同月，省委任命田学礼为辽宁日报社党委副书记。

12月　省委任命刘景来为辽宁日报社总编辑。

同年，集团楼宇经营公司成立。

同年，北国网辽宁频道获“2011年度中国互联网站品牌栏目（频道）”。

同年，2009年《辽宁日报》改版创新的经验得到中央领导肯定并经中央媒体宣传，辽宁日报社宾客盈门，先后有《宁夏日报》《解放日报》《贵州日报》《湖北日报》《河南日报》《吉林日报》《新疆日报》《广西日报》《甘肃日报》《河北日报》《浙江日报》《陕西日报》《福建日报》等十余家省级党报的领导率队来学习取经。

2013年

1月5日　《辽宁日报》刊发《小康社会与小康文明——论全面建成小康社会》首次提出“小康文明”概念。

2月25日—3月5日　集团组成庞大的调研组，对国内6省8家报业产业转型考察调研。为之后集团供给侧结构性改革，提供有价值的方案。

5月　时任辽宁日报社社长孙刚获中华全国总工会授予的全国五一劳动奖章。

6月18日　大辽网正式上线。参与投资腾讯·大辽网，标志着集团真正介入新媒体领域。

8月—9月　中华人民共和国第十二届运动会在辽宁省沈阳市举行，《辽宁日报》推出《全运专刊·全盛志》每天8版共14期，以112块版面、700多篇稿件、500多幅图片组成十二运盛会的华彩拼图。

12月　《辽宁日报》刊发通讯《老红军和他的三个兵》，获得第二十三届中国新闻奖一等奖。

同年，《中华民族精神家园考》荣获第二十三届中国新闻奖通讯二等奖。

2014 年

7月1日　《辽宁日报》官方微博团队组建。7月4日，由“早安辽宁”这条微博开始，以“见证时代，传播辽宁”为宗旨的《辽宁日报》官方微博正式起航。《辽宁日报》官方微博影响力和传播力不断扩大，截至2023年底粉丝数220.5万。

8月1日　《辽宁日报》官方微信面市。当年，官方微信吸附用户数55万人，位居全国省级党报第一位，比第二位的《解放日报》官方微信粉丝多37万人。

同月，为推动实施乡村振兴战略，深入贯彻中共辽宁省委开展大规模选派干部到乡村工作的部署要求，按照辽宁省委组织部、辽宁省扶贫办要求，辽报集团组建驻村工作队，选派9名干部到建昌县、抚顺县乡镇村担任驻村干部并开展工作。

9月3日　丁宗皓同志担任辽宁日报社副书记、总编辑、副社长。

10月15日　集团党委会议决定，《辽宁日报》客户端的名称为“辽宁日报”，客户端的定位为“移动党报”，是《辽宁日报》在移动端新的传播媒介。10月18日，在上海优刻得信息科技有限公司注册顶级国际域名 lnrbxmt.com。

同年，《辽宁日报》第五次改版。与历次改版不同，本次改版是报、网、端、微齐发力，全面整合《辽宁日报》编采资源，以融合为着力点，全面提升报网端微对读者的黏性。丁宗皓提出党媒新闻生产的三性原则：原发性、独家性和原创性。

2015年

1月　《辽宁日报》第五次改版取得阶段性成果，系列重大策划在全国产生较大反响，多次受到中宣部《新闻阅评》的表扬，得到省委领导的批示和肯定。

2月　时任《辽宁日报》总编辑丁宗皓在《报人何为》一文中阐述“辽报策划”:“策划，已经成为《辽宁日报》有效的报道方式，我们要实现人人有策划意识，版版可策划，围绕国家和省里大事不断推出高水平策划的目标。”

3月　《辽沈晚报》编辑中心地方新闻编辑部被中华全国妇女联合会授予“全国巾帼建功先进集体”荣誉称号。

4月　《辽宁日报》推出大型策划“1895—1945中国东北角”,“文化抗战”和“经济抗战”两个系列，刊发110块专版、500多篇稿件、40余万字，其中“文化抗战”开创性地填补我国媒体抗战宣传的空白，巧妙地展示不一样的民族抗战史。中宣部《内部通信》以《辽宁日报从文化角度开拓抗战报道新领域》对“1895—1945中国东北角”“文化抗战”予以肯定。

6月12日　时任辽宁省委书记、省人大常委会主任李希对《辽宁日报》新媒体集团新三板挂牌上市及新闻客户端正式上线情况作出批示:《辽宁日报》新媒体集团在新三板挂牌上市,《辽宁日报》新闻客户端正式上线，标志着辽宁报业传媒集团在深化文化体制改革、推动传统媒体和新兴媒体融合发展上迈出坚实一步，具有十分重要的意义。

同月,《辽宁日报》新闻客户端正式上线。

同月，北国传媒（证券代码: 832647）新三板挂牌，它成为全国首家经中宣部同意在新三板挂牌上市、登陆资本市场的省级党报新媒体公司。

9月　由中宣部、中国记协组织的全国新闻战线第二届“好记者讲好故事”比赛,《辽沈晚报》记者兰晓玉演讲《价值引导　温暖前行》获全国优秀选手荣誉。

10月　中共辽宁省委办公厅、辽宁省人民政府办公厅印发《关于推动传统媒体和新兴媒体融合发展的实施意见》，将《辽宁日报》新闻客户端项目列为省直主要新闻媒体融合发展重点项目。

12月　省委宣传部下发《关于原则同意辽宁报业传媒集团发起设立辽宁新兴文化创业投资基金的批复》（辽宣函〔2015〕367号），同意集团以旗下国有文化投资运营平台——辽宁北国传媒网络科技股份有限公司（后更名为“辽宁北国文化投资股份有限公司”）作为主发起人，发起设立辽宁新兴文化产业创业投资基金（以下简称“辽宁文创基金”），基金规模1.9亿元。

同年，《辽宁日报》编辑部推出评优规则及奖项设置，包括年度十佳作品、年度优秀策划和年度媒体融合创新奖，传达出办报的“精品意识”要求。

2016年

6月27日—7月29日　《辽宁日报》推出纪念中国共产党成立95周年暨长征胜利80周年的重大主题新闻策划“铁纪·铁流”，策划分为5个主题：铸信仰、建制度、炼忠诚、讲原则、立规矩，每个主题16个版面共80块专版，60余万字。对党规党纪的发展脉络进行系统梳理和报道，这在中国新闻界尚属首次，具有强烈的现实针对性。2017年11月，以无可争议的高票，“铁纪·铁流”主题策划荣获第二十七届中国新闻奖一等奖。

9月　《1895—1945中国东北角之文化抗战》由辽宁人民出版社结集出版。《辽宁日报》大型新闻策划“1895—1945中国东北角”全部采访报道素材资料，包括文字、图片和影音资料及图书，捐献给沈阳“九·一八”历史博物馆永久收藏。

同月，由中宣部、中国记协组织的全国新闻战线第三届“好记者讲好故事”比赛，辽宁日报社记者高爽演讲《我们的长征路》获全国最佳选手荣誉、记者杨忠厚演讲《倾听你的实干》获辽宁省十佳优秀选手荣誉。

10月　辽宁人民出版社结集出版《铁纪・铁流：1921—1949》，该书被井冈山、延安、上海浦东中国三大干部培训学院收藏。

12月9日　《辽宁日报》重大主题策划“两地书”启动仪式在营口市辽河老街举行，策划历时10个月，共6期，111个专版，发稿近300篇，是地方党报首次以家书为主题和线索重新梳理地域文化发展脉络的积极尝试。2017年12月同名丛书《两地书》由辽宁人民出版社出版发行。

同年，集团参投辽宁当代文交所。

同年，《时代商报》和《时尚生活导报》休刊。

同年，辽宁文投积极布局文化金融要素市场，出资1000万元入股辽宁当代文交所。

同年，辽报集团由2012年全口径6000名员工，减少到3100名。

2017年

2月8日　时任辽宁省委书记、省人大常委会主任李希到辽宁日报社看望一线编采人员，并寄语：感谢辽报作出的重要贡献，希望辽报出“大笔杆子”。

3月　习近平总书记到十二届全国人大五次会议辽宁代表团参加审议并发表重要讲话。3月9日，《辽宁日报》一版第一时间刊发社论《沿着总书记指引的道路奋勇前进》，深入阐述习近平总书记重要讲话，为做好辽宁工作提供根本遵循和强大动力，《辽宁日报》“两微一端”制作水墨风格的动态H5融媒体产品——《沿着总书记指引的道路奋勇前进》，用新媒体技术呈现社论内容。

同月，辽宁日报社总编辑丁宗皓被国家新闻出版广电总局授予“全国新闻出版行业领军人才”荣誉称号。

6月　辽宁金印文化传媒股份有限公司在新三板上市。金印传媒（证券代码：871470）成为全国报业印刷独立挂牌第一股。

9月　由中宣部、中国记协组织的全国新闻战线第四届“好记者讲好故事”比赛，辽宁日报社记者张昕演讲《咱们工人有力量》获全国优胜选手荣誉，记者李万东《我的新闻爷爷范敬宜》获全国优秀选手荣誉。

10月　党的十九大期间，《辽宁日报》策划推出原创H5产品“春风春雨度关东”，充分展现党的十八大以来习近平总书记对辽宁的亲切关怀，以及在习近平新时代中国特色社会主义思想指导下辽宁经济社会建设取得的成就。

11月8日　第二十七届中国新闻奖评选结果揭晓，《辽宁日报》重大主题策划“铁纪・铁流”以无可争议的高票荣获一等奖。“铁纪・铁流”报道组代表、时任辽宁日报社委张小龙赴北京领奖。

11月9日　省委书记陈求发在辽宁日报社调研工作和走访慰问一线编采记者。他指出，《辽宁日报》宣传工作卓有成效，希望《辽宁日报》进一步做大做强，更有影响力。

同年，辽宁文投参与投资2800万元，获得中央2017年度市场化配置文化产业发展专项资金8000万元支持，获得省产业（创业）投资引导基金5000万元支持，引进省外社会资本1.06亿元，中国证券投资基金业协会备案编码SR8492。基金投资方向为文化数字产业。

2018年

1月24日　丁宗皓同志任辽宁日报社党委书记、社长。

5月3日　辽宁日报社全员融媒体改革启动。出台《辽宁日报全员融媒体改革实施方案》文件，涉及的部门重组、干部调整、首席制落实、考核制执行等各项改革实施方案。

5月21日　省委办公厅印发《省直公益性事业单位优化整合方案》，组建辽宁报刊传媒集团（辽宁日报社），为省委直属事业单位，机构规格相当于正厅级，承担党报党刊和其他报刊的编辑出版等职能，实行企业化管理。

6月1日　省委组织部下发《关于新组建省属事业单位和企业集团筹备组的情况通报》（辽组明字〔2018〕23号），确定辽宁报刊传媒集团（辽宁日报社）筹备组成员，筹备组组长丁宗皓。

6月20日　筹备组向省委深化机构改革工作领导小组办公室（省编委办）报送辽宁报刊传媒集团（辽宁日报社）组建实施方案。

7月9日　按中共辽宁省委〔2018〕61号文件精神，撤销中共辽宁日报社委员会，中共辽宁党刊集团委员会，成立辽宁报刊传媒集团（辽宁日报社）委员会和中共辽宁报刊传媒集团（辽宁日报社）纪律检查委员会。

7月19日　辽宁报刊传媒集团（辽宁日报社）正式挂牌成立。省委常委、宣传部部长张福海出席仪式并揭牌。

同月，刘玉玮同志担任辽宁报刊传媒集团（辽宁日报社）党委副书记、总编辑。

同月，《辽宁日报》推出大型新闻策划“向世界叫响辽宁文化”，6期特刊分别为《女神　你的微笑》《辽金　你的蹄音》《河海　你的相遇》《清前　你的金戈》《英模　你的力量》《民间　你的温度》，总计150个专版，发稿量80万字。

8月24日　中共辽宁省委办公厅通过辽宁报刊传媒集团（辽宁日报社）“三定”方案，并下发厅秘发〔2018〕68号《中共辽宁省委办公厅关于印发〈辽宁报刊传媒集团（辽宁日报社）主要职责、内设机构和人员编制规定〉的通知》。

9月　由中宣部、中国记协组织的全国新闻战线第五届“好记者讲好故事”比赛，辽宁日报社记者杨东演讲《发现丁慧》、记者陈琳琳演讲《向世界叫响辽宁文化》获辽宁省十佳优秀选手荣誉。

10月10日　建筑面积近1400平方米、集成引入大量新技术，构建全新的采编管理体系“中央厨房”——辽宁报刊传媒集团融媒体采编管理系统正式投入使用。

11月　第二十八届中国新闻奖评选结果揭晓，《辽宁日报》作品《春风春雨度关东》荣获融媒界面二等奖，并成为辽宁媒体中首次获得媒体融合奖项作品。重大主题策划“两地书”、评论《盲目“按惯例”也是懒政》同时获得二等奖。

12月17日　《辽宁日报》一版纪念改革开放40年专栏“壮阔东方潮奋进新时代”发表长篇通讯《一幢楼和一个县——追寻40年间桓仁主政者的工作轨迹》。

同年，集团在册的3100名员工裁减到1600人。

2019年

2月2日　辽宁学习平台手机端、PC端正式上线，是东北三省首家上线运营的“学习强国”地方学习平台。

2月13日　省委理论学习中心组在辽宁报刊传媒集团（辽宁日报社）新闻大厦召开专题学习会议，就坚定不移推进我省媒体融合向纵深发展提出6项工作要求。其核心要义：大力推动移动媒体建设，着力打造移动新闻精品，加快推动移动技术革新，全面提高舆论引导能力，推动主流媒体占据传播制高点。

3月5日一8月8日　《辽宁日报》推出融媒体主题策划项目“雷锋地图”，以挖掘、梳理、提炼、推广雷锋文化资源，创新表达和传播雷锋精神为主旨，陆续推出“开篇”“足迹”“遗存”“人物”“种子”“影响”六辑长卷特刊40块专版，开发移动地图、短视频、H5、长图解、文创设计、主题活动等近20款融媒体产品。中宣部表扬“雷锋地图”是“新时代雷锋精神的创新表达”。

3月　《辽宁日报》开设“壮丽70年奋斗新时代”专栏，刊发采自基层一线的“田间地头看春耕”“厂矿车间看转型”等报道，充分展示辽宁经济发展、社会进步、人民幸福的生动画面。“厂矿车间看转型”行进式主题采访活动，30余名记者奔赴全省各地生产生活一线30个点位蹲点调研采访，刊发稿件41篇，以鲜活事例讲好辽宁工业故事，获得中宣部《新闻阅评》肯定。

同月，《辽宁日报》融媒体编辑部重大主题策划编辑部被中华全国妇女联合会授予“全国巾帼文明岗”荣誉称号。

9月　由中宣部、中国记协组织的全国新闻战线第六届“好记者讲好故事”比赛，辽宁日报社记者谭硕演讲《一幢楼和一个县》获辽宁省十佳优秀选手荣誉。

同年，集团摆脱自2014年以来连续亏损状态，此后连续5年实现赢利。

同年，《北方晨报》休刊。

同年，辽宁文创基金获国家“首批新闻出版改革发展项目库合作基金”荣誉，基金管理公司北国华盖（辽宁）投资管理有限公司获得中国文娱领域最具发展潜力投资机构荣誉。

11月　第二十九届中国新闻奖评选结果揭晓，《辽宁日报》重大主题策划“向世界叫响辽宁文化”、通讯《一幢楼和一个县》同时获得二等奖。

2020年

2月1日　《辽宁日报》自主开发“抗击疫情　辽宁进行时”实时动态应用程序平台正式上线，打造“24小时‘不落幕’的新闻发布会”，直播最新疫情动态，发布权威指令公告，播报实时抗疫信息，提供全面防疫指南，使用人数超过4800万。此举在全国开创先例，受到中共中央宣传部和国务院新闻办表扬。

2月13日　辽宁日报社选派姜义双、杨靖岫、董翰博、田勇4名特派记者组成辽宁抗击疫情湖北前方报道组，出征湖北疫情一线采访，深入疫情阻击战的最前沿，用笔头和镜头记录辽宁支援湖北医疗队的工作情况和感人事迹，发出融媒体稿件600余篇，点击量超1.5亿次。

4月　集团分两步实施绩效薪酬优化调整的工作。通过本次绩效薪酬优化调整，基本解决了长期困扰集团发展的事业编和编制外聘用两种身份人员“同工不同酬”问题，为集团全局性改革和高质量发展奠定了基础。

5月18日　《辽宁日报》客户端更名“北国”正式上线。

8月　集团对涉及意识形态、党建、编采、经营、管理等方面共88项制度重新梳理完善，印发了《辽宁报刊传媒集团（辽宁日报社）管理制度汇编》。

11月　《辽宁日报》评论《解放思想，首先得有思想》获得第三十届中国新闻奖评论二等奖。

12月21日至25日　《辽宁日报》推出大型新闻策划“大地情书”，每天一期，每期一个通版，《梨树正新》《一棒玉米》《就叫新村》《第三个梦》《花海重生》“五部曲”，反映在全面建成小康社会的过程中辽宁乡村的深刻变迁。

12月26日　中国共产党辽宁报刊传媒集团（辽宁日报社）第一次代表大会隆重召开。这是集团历史上具有里程碑意义的一次代表大会。选举产生首届党委会委员、纪委会委员，确定集团未来五年的奋斗目标。

12月底　“学习强国”辽宁学习平台工作取得积极成效。多项核心指标排在全国前列。2020年，辽宁平台浏览量68.6亿次，日均1880万次，位列全国第一名；辽宁平台发稿量13.9万篇，位列全国第一名；全国平台选用量1.25万篇，位列全国第二名；创造单日发稿1938篇、全国平台单日选用319篇的纪录；全年实现新增用户210万人，增量排名全国前列，受到中宣部领导肯定。

同年，辽宁日报社特派武汉记者姜义双获得“全国优秀共产党员”“全国抗击新冠肺炎疫情先进个人”荣誉称号，记者董翰博获得“全国先进工作者”荣誉称号。

同年，辽宁日报社于勇和王宏伟获得国家新闻出版署第二届全国报刊编校技能大赛一等奖。

2021年

1月　发起设立辽宁文创二期基金，基金认缴规模1.15亿元，实缴1亿元，辽宁文投参与投资5700万元。基金投资方向为文化科技、文化消费和文化教育等领域。

3月　《辽宁日报》融媒体编辑部时政新闻编辑部被中华全国妇女联合会授予“全国巾帼文明岗”荣誉称号。

6月　辽宁日报社10名“九零后”记者创意打造推出系列vlog《请回答1921—2021》，以“九零后”视角探访红色印迹、钩沉百年党史，被评为全国优秀理论宣讲微视频，中国报业深度融合发展创新案例。

6月28日—7月1日　《辽宁日报》推出大型主题策划“人民至上”，推出4期特刊，共52个专版、近25万字，生动展现一百年来中国共产党始终践行为人民服务宗旨，始终坚持人民至上的价值追求。

9月　由中宣部、中国记协组织的全国新闻战线第八届“好记者讲好故事”比赛，辽宁日报社记者孙明慧演讲《请回答1921—2021》获全国最佳选手荣誉，记者朱忠鹤演讲《大地情书》获辽宁省十佳优秀选手荣誉、记者孙大卫演讲《辽宁的样子》获全国优秀选手荣誉。

同月，习近平总书记“9·28”重要讲话发表三周年，《辽宁日报》推出重大主题策划“启航新征程掀开新一页”，刊发“4+8”重磅述评解读报道。

11月　第三十一届中国新闻奖评选结果揭晓，《辽宁日报》重大主题策划“大地情书”获得二等奖。

12月22日　国家新闻出版署公布2021年中国报业深度融合发展创新案例，《辽宁日报》北国客户端开发搭建的“纪念中国人民志愿军抗美援朝出国作战全景数据库”成功入选60个优秀案例。

同年，《辽宁日报》融媒体二期工程全面竣工。

同年，辽宁北国文投出资2000万元与浙报集团（出资4000万）共同作为基石投资人，发起设立浙丰宏胜基金。基金重点投资数字产业、智能制造等领域。

同年，田勇被中央文明委授予“全国文明家庭”荣誉称号。

2022年

4月　组建《辽宁日报》北国融媒体中心，加快推进新闻产品、技术应用、平台终端、人才队伍等方面深度融合。

同月，成立辽宁国际传播中心，作为我省媒体国际传播的综合性大型平台，全方位开展我省国际报道、国际合作传播、媒体对外交流、媒体智库、媒体国际人脉建设等有关工作，精心打造地方旗舰外宣品牌“iLiaoning”。

5月　时任《辽宁日报》融媒体编辑部时政新闻编辑部主任柏岩英获得中华全国总工会授予的全国五一劳动奖章。

8月19日　习近平总书记时隔四年再次到辽宁考察，《辽宁日报》以前所未有的规模，从一版开始连续推出10块版面的特别报道，生动展现总书记和基层干部群众在一起的温暖瞬间、丰富细节，是习近平总书记来辽宁考察全景展示的完整版、珍藏版。

8月31日　田学礼任辽宁报刊传媒集团（辽宁日报社）总编辑。

9月　由中央宣传部（国家新闻出版署）指导、中国报业协会主办“新时代党报成就展（线上展）”，辽宁日报社原总编辑赵阜，原副总编辑范敬宜，辽宁报刊传媒集团（辽宁日报社）党委书记、社长丁宗皓荣膺“新时代党报百名优秀报人”荣誉称号。

同月，由中宣部、中国记协组织的全国新闻战线第九届“好记者讲好故事”比赛，辽宁日报社记者黄岩演讲《起跳》获全国优秀选手荣誉、记者张晓丽演讲《正青春》获辽宁省十佳优秀选手荣誉。

11月　第三十二届中国新闻奖评选结果揭晓，《辽宁日报》重大主题策划“人民至上”获得二等奖，评论《少些“数”缚》获得三等奖。

12月　集团发起设立、投资入股7只基金，总规模14.375亿元，出资1.79

亿元，账面总体投资回报率 1.58 倍。基金群总计投资项目 83 个，涉区文化科技、智能数据、文化消费、文化传媒、高新技术等领域，其中 IPO 上市项目 1 个，启动上市项目 5 个，完成再融资项目 20 个。

2023 年

1 月 15 日　省委书记郝鹏来到辽宁报刊传媒集团（辽宁日报社）就深入贯彻习近平总书记关于宣传思想工作的重要思想和习近平总书记关于东北、辽宁振兴发展的重要讲话和指示批示精神，落实全国宣传部长会议精神，扎实做好新闻宣传工作进行调研，看望慰问一线新闻工作者，并主持召开座谈会。

1 月 17 日　大连航天半岛创业投资基金投资的机械九院上市申请，获深交所审核通过。

同月，《辽宁日报》推出大型全媒体策划“国宝在辽宁”，充分展现辽宁大地蕴藏的丰富遗存、灿烂的历史文化、厚重的文化底蕴。全媒体作品国内各传播平台总展现量近亿次，系列视频在全球 60 个国家和地区总展现量逾 3000 万次。

7 月 27 日　《辽宁日报》倾心打造 24 版典藏特刊《独家记忆——东北日报和辽宁 71 本地方志中的抗美援朝》，从独特视角讲述抗美援朝的感人故事，感怀无数为抗美援朝奉献青春热血的辽宁人，纪念抗美援朝战争胜利 70 周年。

8 月 14 日　辽宁报刊传媒集团（辽宁日报社）倾力打造的北国客户端更名为辽望客户端。

9 月　由中宣部、中国记协组织的全国新闻战线第十届“好记者讲好故事”比赛，辽宁日报社记者李翔演讲《那道光，那座灯塔》和丁思文演讲《独家记忆》获辽宁省十佳优秀选手荣誉。

11 月 6 日　第三十三届中国新闻奖评选结果揭晓，《辽宁日报》消息《“48 万封来信”研究项目在我省启动》和通讯《“双喜”回家》获二等奖。